STATIONEN

STATIONEN
Third Edition
Ein Kursbuch für die Mittelstufe

Prisca Augustyn
Florida Atlantic University

Nikolaus Euba
University of California, Berkeley

CENGAGE
Learning·

Australia • Brazil • Japan • Korea • Mexico • Singapore • Spain • United Kingdom • United States

CENGAGE
Learning·

Stationen: Ein Kursbuch für die Mittelstufe, Third Edition
Prisca Augustyn, Nikolaus Euba

VP, General Manager: Cheryl Costantini

Product Director: Beth Kramer

Product Managers: Lara Semones & Martine Edwards

Managing Developer: Katie Wade

Content Coordinator: Greg Madan

Product Assistant: Kim Hunt

Outsource Development Manager: Joanne Butler

Associate Media Developer: Patrick Brand

Executive Market Development Manager: Ben Rivera

Senior Content Project Manager: Tiffany Kayes

Senior Art Director: Linda Jurras

Manufacturing Planner: Betsy Donaghey

Rights Acquisition Specialist: Jessica Elias

Production Service and Compositor: PreMediaGlobal

Text Designer: Carol Maglitta/One Visual Mind

Cover Designer: Leonard Massiglia

Cover Image: ©imagebroker.net/SuperStock

For product information and technology assistance, contact us at
Cengage Learning Customer & Sales Support, 1-800-354-9706

For permission to use material from this text or product,
submit all requests online at **www.cengage.com/permissions**
Further permissions questions can be emailed to
permissionrequest@cengage.com.

Library of Congress Control Number: 2013951252

ISBN-13: 978-1-285-73975-5

ISBN-10: 1-285-73975-2

Cengage Learning
200 First Stamford Place, 4th Floor
Stamford, CT 06902
USA

Cengage Learning is a leading provider of customized learning solutions with office locations around the globe, including Singapore, the United Kingdom, Australia, Mexico, Brazil and Japan. Locate your local office at **international.cengage.com/region.**

Cengage Learning products are represented in Canada by Nelson Education, Ltd.

For your course and learning solutions, visit **www.cengage.com.**

Purchase any of our products at your local college store or at our preferred online store **www.cengagebrain.com.**

Instructors: Please visit **login.cengage.com** and log in to access instructor-specific resources.

Printed in Canada
1 2 3 4 5 6 7 17 16 15 14 13

Brief Contents

Scope and Sequence

⊚ Station	⊚ Einblicke

● Station	● Einblicke

To the Student

WELCOME TO INTERMEDIATE GERMAN!

You've probably already know that *Stationen* means "stations." Each chapter of this textbook revolves around a city or region in the German-speaking world. As you move from station to station, we invite you to discover and explore new aspects of culture and language along the way.

You can also think of *Stationen* as referring to the "stations" between the first beginnings of a journey into German life and language and more advanced study and exploration at the intermediate level. *Stationen* is significantly different from the typical elementary format, because it allows you to practice German by discussing a large variety of different texts in German.

Engaging culture topics We believe that the best way you can practice German is if you "have something to say" about the topics that come up in the classroom. Through our own teaching experience, we've learned which cultural issues tend to intrigue students, promote lively discussions, and make meaningful writing exercises both effective and fun. In *Stationen* we have focused on themes that we think you'll particularly enjoy speaking and writing about.

Authentic readings It's our belief that working with authentic texts—literary texts, magazine and news articles, interviews, and radio reports—will empower you to progress to a more advanced level of German fluency. Therefore, *Stationen* contains authentic readings written for German speakers. We've chosen them because they complement the cultural topics, because they will be relevant to you, and because they are written at a level appropriate for intermediate readers.

Contextualized grammar While the general theme of *Stationen* derives from its rich cultural contexts, you will be able to strengthen your language skills, because grammar and vocabulary are integrated throughout each chapter. You'll be reviewing and using basic grammar and vocabulary from your beginning German course, but you'll also be guided toward the practice of more complex structures and more advanced vocabulary. As you progress and work with different types of texts, you will learn to better distinguish different styles and uses of spoken and written German.

Vocabulary building and dictionary practice *Stationen* helps you to build your vocabulary in several ways. Marginal glosses allow you to focus on extensive reading. Vocabulary lists and activities in both the textbook and the Student Activities Manual (*Arbeitsbuch*) help you practice the vocabulary you need to discuss a given topic. Specific dictionary activities help you become a more competent dictionary user. See page xvi of this preface, *Vocabulary Building and Working with a Dictionary*, for some strategies on how to more effectively and successfully study vocabulary.

Openness and Flexibility You can learn from your fellow students. If you are open and creative in the classroom and beyond, you can learn from your classmates through group and partner activities and other types of classroom interaction. Remember that just as you depend on others, they also depend on *your* active participation, openness, and creativity. *Stationen* accommodates different skill levels, so everybody can learn.

Connections and Comparisons The unifying concept in *Stationen* inherently encourages you to make connections between the places and cultural issues covered in the different chapters of the book. Moreover, since all topics and readings in *Stationen* are anchored in culture, you will find that you can't help comparing your own culture to the issues and cultural aspects you learn about in *Stationen*. Be prepared to learn not only about the foreign culture but also about your own.

 An Invitation to Explore *Stationen* gives you an opportunity to start doing your own exploration of German-language websites. The web activities (marked with a globe icon) give you some direction, but they are not meant to be *closed* activities. We've formulated the directions and questions so as to give you an idea of what to expect from a given topic, issue, or website. Think of these activities as a catalyst for further exploration.

Appealing video material Finally, *Stationen* has an accompanying video that consists of videoblogs from eleven cities in Germany, Austria, and Switzerland. This window onto contemporary German culture will enrich your classroom with engaging young video bloggers, images of public spaces, and scenes of German life.

 Reliable online platform: Heinle Learning Center gives you everything you need to master the skills and concepts of the course. The dynamic audio- and video-enhanced learning environment includes a fully interactive eBook with integrated activities, companion videos, an online Student Activities Manual with audio, an interactive VoiceBoard, interactive enrichment activities, and diagnostic activities that generate your own personalized study plan. The new Share It! feature enables you to upload and share files, such as videos, for assignments and projects. Share It! also allows you to create text or voice comments and rate your classmates' uploaded material.

VOCABULARY BUILDING AND WORKING WITH A GERMAN-ENGLISH/ ENGLISH-GERMAN DICTIONARY

Learning vocabulary Your second year of studying German is the time to develop your vocabulary actively. Toward that goal, *Stationen* will help you refine your vocabulary-building skills.

To expand your vocabulary efficiently, you can

- create a vocabulary notebook, flashcards, or flashcard apps (see below for hints)
- put the vocabulary into sentences, phrases, or expressions
- use mnemonics (ways of remembering), such as alliteration, rhyme, rhythm, music
- use associations, such as images, functions of words, parts of speech, classes or categories of words, antonyms, synonyms
- look at prefixes, suffixes, infixes, and word roots
- situate words in various contexts
- systematically review old vocabulary

Two very useful and time-tested methods for learning vocabulary are *vocabulary notebooks* and *flashcards,* for which there are lots of apps available. Here are some hints about how to make the most of them.

- In a *vocabulary notebook*, you can list vocabulary in two columns, one for German words and the other for English translations. A notebook is a good way to keep a log of all the vocabulary that comes up in class, as well as items you look up in the dictionary in class or at home.

die Herausforderung	challenge; provocation
die Herausforderungen	
niesen, nieste, hat geniest	to sneeze

- When studying vocabulary in your notebook, you can use a sheet of paper to cover up one column in the notebook and test yourself, moving your sheet of paper down the list.

- *Flashcards* have the advantage that whatever items you feel confident about can be eliminated from the stack. This will give you a sense of accomplishment as you study. Make your cards with German on one side and English on the other. There are intelligent apps that show you the items you missed more frequently than those you got right. In this edition of *Stationen,* Flashcards are audio-enhanced and can be found online in iLrn.

- Another advantage of flashcards is that you can add additional information later. For instance, you may come across an idiomatic expression that contains a vocabulary item you already have a flashcard for; you can then just add the new information to the card.

> das Schwein, die Schweine
>
> Schwein haben (= Glück haben)

> pig; to be lucky

For both vocabulary notebooks and flashcards, always remember to include:

- the definite article, the plural, and if necessary the genitive form of nouns.
- the simple past, the past participle, and the appropriate auxiliary (**haben** or **sein**) for verbs.

Working with a German-English dictionary If you don't already own a good German-English/English-German dictionary, now is the time to get one. Whenever you look something up in the German-English portion of the dictionary, make sure you take notes (either in your notebook or on a flashcard). That way you keep track of all the items you looked up in the dictionary during the course.

NOUNS

Nouns are easy to recognize in the German dictionary, because they begin with capital letters. The abbreviations *m* (masculine), *f* (feminine), and *n* or *nt* (neuter) tell you the gender of the noun. In your log, you should replace it with the proper definite article. Plurals of nouns are also abbreviated. Write out the plural forms in your log as well. In some dictionaries, the plural forms for compound nouns are not given; they are found at the entry for the root noun. Also, some dictionaries assume that the plural forms for certain common noun endings are known; for example, nouns ending in **-ung** in the singular all have **-en** as the plural ending. Be sure you check your own dictionary's conventions.

Südwind *m* south wind.	der Südwind, die Südwinde
Herausforderung *f* challenge; *(Provokation)* provocation.	die Herausforderung, die Herausforderungen

Sometimes there is no plural for a noun.

Freiheit *f no pl* freedom.	die Freiheit (no pl)

The abbreviation *pl* means that a noun is already a plural and there is no singular.

Ferien *pl* holidays *pl* (Brit), vacation *sing* (US, Univ);	die Ferien (pl)

Dictionaries often give the genitive ending.

Bewusstsein *nt* **-s,** *no pl* (*Wissen*) awareness, consciousness.	das Bewusstsein, des Bewusstseins
Doktorand *m* **-en, -en, Doktorandin** *f* graduate student studying for a doctorate.	m. der Doktorand, die Doktoranden f. die Doktorandin, die Doktorandinnen

Note that when two translations are separated by a semicolon they represent two somewhat different meanings; whereas two translations separated by a comma mean (near-)synonyms.

Herausforderung *f* challenge; (*Provokation*) provocation.

Bewusstsein *nt* **-s** *no pl* (*Wissen*) awareness, consciousness.

Sometimes it's a good idea to take note of idiomatic expressions that are given with a noun. The noun is then replaced by a ~ symbol. Try to record the most useful of these expressions in your vocabulary log.

Umkreis *m* (*Umgebung*) surroundings *pl*; (*Gebiet*) area; (*Nähe*) vicinity; **im näheren ~** in the vicinity; **im ~ von 20 Kilometern** within a radius of 20 kilometers.	der Umkreis im näheren Umkreis im Umkreis von 20 Kilometern

If the word you are looking for is a compound noun, and the first constituent is a very common item, you can probably find it in a list of second constituents in which the first part is replaced with the ~ symbol. For instance, if you are looking for the word **Reisepass**, the dictionary entry may look like this:

Reise-: **~andenken** *nt* souvenir;
~apotheke *f* first aid kit; **~begleiter** *m*
travel companion; **~fieber** *nt (fig)*
desire to travel; **~führer** *m (Buch)*
guidebook; |*(Person) siehe* **~leiter;**
~leiter *m* travel guide; **~lustig** *adj* fond
of traveling; **~pass** *m* passport; **~pläne**
pl travel plans; **~route** *f* route, itinerary;
~scheck *m* traveler's check; **~ziel** *nt*
travel destination.

To find the plural of each of these compound nouns, you must look up the dictionary
entry for the second constituent of the noun. For example, to find the plural form for
Reisepass, you have to look up **Pass**, where you'll find that the plural of **der Pass** is
die Pässe.

Pass *m* **Passes, Pässe (a)** passport **(b)**
(mountain) pass **(c)** pass (ballgames, etc.)

Note in the examples above that when one word has two or more entirely different meanings (in different fields of use), they are often listed either by letters or by
numbers — (a), (b), (c) or 1, 2, 3.

VERBS

Depending on how detailed the entries in your dictionary are, you will find information
on whether a verb is transitive (takes a direct object) or intransitive (takes no direct
object) or has variants for both. Typically the abbreviation for transitive is *vt* or *v tr*, and
the abbreviation for intransitive is *vi* or *v itr*. For your vocabulary log or flashcard, make
up a phrase with an object for a transitive verb and give the perfect tense as well.

buchen *vt* to book, to reserve.	*eine Reise buchen, buchte eine Reise, hat eine Reise gebucht*
niesen *vi* to *sneeze*.	*niesen, nieste, hat geniest*

Strong verbs (irregular verbs) are usually listed with the simple past (preterite), abbreviated by *pr* or *pret*, and the past participle, often abbreviated with *ptp* or *pp*. The
auxiliary in the perfect (either **haben** or **sein**) is sometimes abbreviated by *sn* and *hn*;
sometimes dictionaries list only the auxiliary when the verb takes **sein**, for instance by
aux sein, and if the verb takes **haben**, the auxiliary is simply not shown. Remember that
transitive verbs usually take **haben** and intransitive verbs usually take **sein**.

nẹhmen *pret* **nahm**, *ptp* **genommen** *vt* **(a)** *(ergreifen)* to take . . .	etwas nehmen, nahm etwas, hat etwas genommen
kọmmen *pret* **kam**, *ptp* **gekommen** *aux sein vi* to come.	kommen, kam, ist gekommen

In some dictionaries, participles have separate entries.

geflogen *ptp of* **fliegen**	fliegen, flog, ist geflogen

Verbs with separable prefixes are indicated either by a separation between the prefix and the verb stem or by the abbreviation *sep*. You will most likely have to refer to the main verb to get the simple past (preterite) and past participle.

ạn·kommen *irreg aux sein vi* to arrive	ankommen, kommt an, kam an, ist angekommen
ạnkommen *sep irreg aux sein vi* to arrive	kommen, kam, ist gekommen

ADJECTIVES AND ADVERBS

German adjectives *(abbr. adj)* and adverbs *(abbr. adv)* usually have the same form. An item that can be used as both an adjective and an adverb may therefore just be listed as an adjective. In your log or on your flashcard, list your adjective/adverb with phrases that you have encountered it in or that you find in the dictionary entry.

zügig *adj* swift, speedy; brisk; *Handschrift* smooth.	zügig fahren; Sie hat eine zügige Handschrift.

Sometimes adjectives are used with certain prepositions for a particular meaning. If the preposition takes a particular case for the following noun, your dictionary may indicate that case.

eifersüchtig *adj* jealous *(auf +acc* of).	eifersüchtig; Er ist eifersüchtig auf seinen Bruder. (acc.)

PRONUNCIATION

Dictionaries rely on various conventions of representing pronunciation. Some dictionaries may give you a full or partial transcription in the IPA *(International Phonetic Alphabet)*, usually in square brackets [ ]. Some dictionaries only give IPA transcriptions for foreign words with unusual pronunciation.

> **Friseurin** [fri'zœ:rin] *f* (female) hairdresser, hairstylist

Most dictionaries, however, rely on other ways to indicate stress patterns and vowel length. For instance, short vowels are often indicated by a dot underneath or a hacek above the vowel.

> **Pạss** *m* **Passes**, **Pässe (a)** passport **(b)**
> (mountain) pass **(c)** pass (ballgames, etc.)
> or
> **Păss** *m* **Passes**, **Pässe (a)** passport **(b)**
> (mountain) pass **(c)** pass (ballgames, etc.)

Long vowels are often indicated by a line underneath or above the letter:

> **Ferien** *pl* holidays *pl* (Brit), vacation *sing*
> (US, Univ)
> or
> **Fērien** *pl* holidays *pl* (Brit), vacation *sing*
> (US, Univ)

Instead of vowel length, some dictionaries indicate where the stress is by adding a quotation mark (') before the syllable that carries the main stress. This can also suggest to you whether a verb with a prefix is separable or inseparable.

> **'ankommen** *sep irreg aux sein*
> *vi* to arrive
> vs.
> **wieder'holen** *insep vt* to
> repeat

ankommen, kommt an, kam an, ist angekommen

wiederholen, wiederholte, hat wiederholt

These are only the most important conventions found in common dictionaries. Knowing your own dictionary's conventions should help you organize your vocabulary and make you feel more comfortable using any bilingual (or monolingual) dictionary.

Working with an English-German dictionary When looking up words in an English-German dictionary to find a German equivalent of an English word, make sure you are looking at the same word class. For instance, if you are trying to give someone a recipe that involves *boiling* something, be sure not to look at the <u>noun</u> *boil* in English, but rather at the <u>verb</u> *boil*. Remember that nouns usually have an *n* and verbs have a *v*.

Sometimes German will be more specific than English; in other words, when you look up a word in English, there may be several translations in German. Your dictionary will give you an idea of the context or register of each possible equivalent (usually in parentheses) and you will have to look at all the possibilities to decide which is the most suitable translation for your purpose. For example, let's imagine that you would like to say in German that *people often travel because they need a change*. You are looking for a good translation for the word *change*.

> **change 1** *n* **(a)** Veränderung *f*; *(modification also)* Änderung *f*. **a ~ in the weather** eine Wetterveränderung; **I need a ~ of scenery** ich brauche Tapetenwechsel; **to make ~ s** (Ver)änderungen vornehmen, etwas ändern
>
> **(b)** *(variety)* Abwechslung *f*; **just for a ~** zur Abwechslung
>
> **(c)** *(of one thing for another)* **Wechsel** *m*; **a ~ in the government** Regierungswechsel *m*, ein Wechsel in der Regierung; **a wheel ~** Radwechsel *m*
>
> **(d)** *no pl (money)* **Kleingeld** *nt*; **I don't have any ~ on me** ich habe kein Kleingeld dabei; . . .

You can immediately eliminate (d), because we are not talking about money. Option (c) doesn't seem too likely, because changing one thing for another is not exactly what you are looking for (i.e., government change and wheel change are a different sort of change).

But (a) and (b) both show interesting possibilities. The phrase *I need a change of scenery* under (a) is translated with "ich brauche Tapetenwechsel." It contains the noun *der Wechsel*, which is given under (c) as a change of one thing for another. If you look up the noun *die Tapete* ("wallpaper"), the phrase *ich brauche Tapetenwechsel* (literally "I need a wallpaper change") will come to life and will definitely present itself as a possibility for saying *people often travel because they need a change*. So you could actually translate your idea as "Viele Leute reisen, wenn sie einen Tapetenwechsel brauchen." There is another possibility, however, under (b)—the noun *die Abwechslung*—for which this dictionary entry gives the context of "variety." You could also translate your idea as "Viele Leute reisen, weil sie Abwechslung brauchen."

As you can see, most of the time when looking something up in a dictionary, you have to consider several possible translations, because only very rarely is there a direct one-to-one equivalent of a word in another language.

ACKNOWLEDGMENTS

We thank the staff at Heinle, Cengage Learning, especially Beth Kramer, Lara Semones, Katie Wade, Greg Madan, Linda Jurras, and Tiffany Kayes, for guiding us through the completion of *Stationen*. Many special thanks to our Content Developer, Paul Listen, whose care, expertise, and experience have once again been instrumental and much appreciated. We also wish to thank PreMedia Global for their assistance.

In addition, we thank the following people for their valuable contributions to the ancillary program of *Stationen*: Joellyn Palomaki, *University of California, Berkeley*; Peter Richardson, *Linfield College*; Brigitte Rossbacher, *University of Georgia*; Jody Stewart-Strobell, *Eastern Washington University.* And we appreciate the editorial contributions of Ulli Rapp and Kristi Tompkins.

Pre-revision review of Stationen 3e:
John Arensmeyer, University of Southern California
Lauren Brooks, The Pennsylvania State University
Monika Chavez, University of Wisconsin-Madison
Sarah Fagan, University of Iowa
Karoline Krauss, Montana State University
Mareike Müller, University of Illinois at Chicago
Mike Putnam, The Pennsylvania State University
Dorian Roehrs, University of North Texas

Ancillary contributors:
Corinna Kahnke, Duke University, Testing Program
Paul Listen, Lesson plans, sample syllabi, and transition guide
Kimberly Meurillon, iLrn Correlations
Maria Mikolchak, St. Cloud State University, PowerPoints
Patricia Schempp, The Pennsylvania State University, Web Links
Martin Sheehan, Tennessee Technological University, Testing Program
Jacob van der Kolk, The Pennsylvania State University, Hybrid Syllabus
Arden Smith, Glossary and Index

Der 2006 eröffnete Berliner Hauptbahnhof ist der größte „Turmbahnhof" Europas.

erlin's unique status in the post-war era is exemplified in the life of Marlene Dietrich and also in the history behind Germany's favorite street food, the *Currywurst*. Connie's Vlog about the Berlin art scene, an article about lunch-time dance parties, an excerpt from a popular Berlin novel, and interviews with up and coming Berlin restaurant owners complete this kaleidoscopic view of life in Berlin.

© Cengage Learning 2015

STATISTIK	
Einwohnerzahl:	3,5 Millionen
Fläche:	892 km²
Studierende im Wintersemester 2013:	160.100

◎ Station Berlin

Was wissen Sie schon?

1. Woran denken Sie, wenn Sie den Namen *Berlin* hören?
2. Was wissen Sie über die Geschichte der Stadt?

Was machen wir in Berlin?

Im Videoblog auf Seite 30 werden Sie Connie kennenlernen. Connies Kusine Friederike aus Hamburg kommt für die Sommerferien nach Berlin. Connie hat eine Liste gemacht. Da sammelt sie Ideen, was sie und Friederike zusammen machen können, damit Friederike Berlin richtig kennenlernen kann. Was würden Sie gerne in Berlin machen?

© Cengage Learning 2015

Connie im Café Adler in Berlin

- eine Radtour durch den Tiergarten machen und dann durch das Brandenburger Tor fahren
- im Zoo das kleine Nashorn sehen und danach Berliner Weiße trinken gehen
- im Prenzlauer Berg in ein türkisches Restaurant essen gehen
- einen ganzen Tag im Jüdischen Museum verbringen
- im Mauermuseum die Geschichte der Wiedervereinigung erkunden
- im Grunewald baden gehen
- in Kreuzberg auf den Flohmarkt und danach in ein kleines Café gehen
- in einem Club mal die ganze Nacht durchtanzen
- am Reichstag oben auf die Kuppel gehen
- ein Konzert in der Philharmonie anhören
- in Friedrichshain in ein paar abgefahrene Galerien und Geschäfte gehen
- im Pergamonmuseum den berühmten Pergamonaltar besichtigen
- auf den Fernsehturm hochfahren und Berlin einmal von oben sehen
- Kuchen im Café Adler probieren

Geschichte

1244	1871	1933	1945	1949	1961
Berlin wird erstmals erwähnt (mentioned).	Verfassung des Deutschen Reiches. Berlin wird Reichshauptstadt.	Die Bezirksversammlungen (local governments) werden von den Nationalsozialisten (Nazis) aufgelöst (dissolved).	Vier-Mächte-Verwaltung der alliierten Siegermächte (Allied Forces). Berlin Mitte gehört zum sowjetischen Sektor.	Gründung der Deutschen Demokratischen Republik (DDR). Ostberlin wird die Hauptstadt.	Beginn des Mauerbaus um Westberlin.

Shutterstock;
Farbzauber
Shutterstock;
Sur Shutterstock
© Sur/Shutterstock.com

1

Also, was machen wir?

Arbeiten Sie mit einem Partner / einer Partnerin und fragen Sie, was er oder sie gerne machen möchte. Was könnte man sonst noch in Berlin machen? Erweitern Sie die Liste.

Grundwortschatz:
Stadt und Land

In dieser Liste finden Sie Wörter, die Sie brauchen, wenn Sie über Stadt und Land sprechen. Gibt es noch andere Wörter, die Sie brauchen? Ergänzen Sie die Liste.

der **Berg, -e** *mountain*	die **Natur** *nature*
der **Einwohner, -** / die **Einwohnerin,** **-nen** *resident*	der **Ort, -e** *place, location*
	der **Park, -s** *park*
der **Fluss, ⁼e** *river*	die **Region, -en** *region*
das **Gebiet, -e** *area*	der **See, -n** *lake*
die **Geschichte, -n** *history; story*	die **Stadt, ⁼e** *city, town*
die **Großstadt, -städte** *metropolis,* *big city*	die **Umgebung** *surrounding* *region*
die **Hauptstadt, ⁼e** *capital city*	der **Wald, ⁼er** *forest*
die **Lage, -n** *location*	das **Zentrum,** die **Zentren** *center*
die **Landschaft, -en** *landscape,* *countryside*	

2

Orte

Arbeiten Sie gemeinsam mit einem Partner / einer Partnerin und verbinden Sie die Orte mit den passenden Beschreibungen.

1. die Großstadt	a. Hier gibt es viele Bäume.
2. der Wald	b. Hier kann man baden.
3. die Berge	c. Hier gibt es sehr viele Bewohner.
4. der Park	d. Hier ist die Mitte der Stadt.
5. das Zentrum	e. Hier kann man Mountainbike fahren.
6. der See	f. Hier kann man in der Stadt spazieren gehen.

1989	1990	1991	2001	2006	2010
9. November: Die Grenze zu Westberlin wird nach 28 Jahren geöffnet.	**3. Oktober:** Wiedervereinigung der Bundesrepublik Deutschland (BRD) im Westen und der DDR im Osten.	Berlin wird Bundeshauptstadt und Sitz der Bundesregierung.	Das neue Kanzleramt in Berlin entsteht nach Plänen des Berliner Architekten Axel Schultes.	Eröffnung des neuen Berliner Hauptbahnhofs.	Eröffnung des Dokumentationszentrums *Topographie des Terrors.*

3 Fragen zur Station

1. Wann fiel die Berliner Mauer?
2. Was ist heute das Symbol Berlins?
3. Seit wann ist Berlin die Hauptstadt Deutschlands?
4. Was macht Connie gern im Grunewald?
5. Was möchte Connie im Tiergarten machen?
6. Wie viele Einwohner hat Berlin? Wie groß ist die Fläche?
7. Wann wurde die DDR gegründet (founded)? Wie hieß die Hauptstadt der DDR?
8. Was interessiert Sie an Berlin am meisten? Warum?

Das Brandenburger Tor ist seit 1989 das Symbol der deutschen Wiedervereinigung.

FILMTIPPS

Der Himmel über Berlin (Wim Wenders, 1987) Zwei Engel, die für Menschen unsichtbar *(invisible)* sind, helfen den bedrückten Seelen, denen sie in Berlin begegnen.

Sommer vorm Balkon (Andreas Dresen, 2005) Zwei Freundinnen in Berlin verbringen ihre Sommerabende auf dem Balkon und versuchen mit ihren Problemen zurechtzukommen.

Marlene (Maximilian Schell, 1984) In diesem Dokumentarfilm erzählt Marlene Dietrich aus ihrem Leben und kommentiert Bilder aus ihren Filmen.

Eine berühmte Berlinerin
Marlene Dietrich (1901–1992)

Marlene Dietrich wurde am 27. Dezember 1901 in Berlin-Schöneberg geboren. Als sie 18 Jahre alt war, machte sie eine Ausbildung als Violinistin und studierte dann an der Berliner Hochschule für Musik. Im Alter von 23 Jahren bekam sie ihre erste Theaterrolle, und bald danach begann ihre Filmkarriere. Durch ihre Rolle in Josef von Sternbergs Film *Der blaue Engel* wurde Marlene Dietrich weltberühmt°. In diesem Film spielt sie die Kabarett-Sängerin Lola-Lola, in die sich ein respektierter Professor verliebt. Sie drehte noch sechs weitere Filme mit Sternberg und arbeitete später mit Billy Wilder, Alfred Hitchcock und Orson Welles. Sie wurde ein Hollywood-Star durch ihre

Dietrich in Blonde Venus (1932)

Filme mit Paramount Pictures und blieb in Amerika. Während des dritten Reiches versuchten nazionalsozialistische Filmemacher sie nach Deutschland zurückzuholen, um deutsche Filme mit ihr zu machen. Goebbels selbst war ein großer Bewunderer von Marlene Dietrich und man machte ihr aus Deutschland viele lukrative Angebote°. Aber sie wollte nicht für ein faschistisches Regime in Filmen auftreten°. Sie wollte der Welt zeigen, dass es auch ein anderes Deutschland gibt. Sie wollte, dass man in Deutschland und auch in der Welt versteht, dass es auch ein antifaschistisches Deutschland gibt,

---

weltberühmt *world-famous* • **Angebote** *offers* • **auftreten** *appear*

und dass viele deutsche Künstler genau wie sie im Exil leben, weil sie die Ideologie der Nazis ablehnen°. 1939 wurde sie Amerikanerin. Während des zweiten Weltkrieges trat sie vor amerikanischen Truppen in Frankreich, Italien und Nordafrika auf und bekam dafür später die amerikanische *Medal of Freedom*. In Frankreich verlieh man ihr die Ehre des *Chevalier de La Légion d'Honneur*. Sie kehrte erst in den 60er Jahren wieder nach Deutschland zurück. Ab 1976 lebte sie in Paris. 1983 veröffentlichte° sie ihre Memoiren unter dem Titel *Ich bin, Gott sei Dank, Berlinerin.* Sie starb° 1992 in Paris und wurde in Berlin begraben°.

Anlässlich° ihres 10. Todestages am 16. Mai 2002 wurde Marlene Dietrich Ehrenbürgerin° der Stadt Berlin. Dietrich definierte die Stadt Berlin folgenderweise: «Berlin: Eine Insel° innerhalb Deutschlands, berühmt für den Berliner Humor: ein scharfer, trockener, selbstverständlicher Witz, gemischt mit Galgenhumor° und Selbstironie; ein oft tragischer Humor, der ohne jeden Respekt und ohne jedes Selbstmitleid° ist. Der Berliner Dialekt gehört zu den unverblümtesten°, bildhaftesten und frechsten° der Welt.» (Aus: *Das ABC meines Lebens*, München: Deutscher Taschenbuch Verlag, 2012, S. 27)

---

ablehnen *reject* • **veröffentlichte** *published* • **starb** *died* • **begraben** *buried* • **anlässlich** *on the occasion of* • **Ehrenbürgerin** *honorary citizen* • **Insel** *island* • **Galgenhumor** *gallowshumor* **Selbstmitleid** *self-pity* • **unverblümtesten** *most unvarnished* • **frechsten** *most impertinent*

4 Fragen zu Marlene Dietrich

1. Wo ist Marlene Dietrich geboren?
2. Was hat sie studiert?
3. Wie alt war sie, als sie ihre erste Theaterrolle bekam?
4. Welcher Film hat sie berühmt gemacht?
5. Warum ist Marlene nach Amerika gegangen?
6. Warum wollte sie im Dritten Reich keine deutschen Filme mehr machen?
7. Was machte sie während des Zweiten Weltkrieges?
8. Wann wurde sie Amerikanerin?
9. Wo ist sie gestorben?
10. Wann ist sie Ehrenbürgerin von Berlin geworden?

5 Filmquiz

Hier sind ein paar Filme, die Marlene Dietrich berühmt machten. Welcher Filmtitel passt zu welcher Beschreibung?

Der blaue Engel (1930) – *Shanghai Express* (1932) – *Der große Bluff* (1939) – *Kismet* (1944) – *Die rote Lola* (1950)

1. Im wilden Westen spielen reiche Männer gerne Poker. Der Salonbesitzer Kent kennt sich mit dem Kartenspielen gut aus.
2. Im *Blauen Engel,* einem Nachtlokal im Rotlichtmilieu, verliebt sich ein älterer Lehrer in eine Sängerin.
3. In diesem abenteuerlichen Film fährt eine Frau namens Shanghai Lily mit dem Zug von Peking nach Shanghai.
4. Der Mann einer Sängerin ist ermordet worden *(was murdered)*. Eine Kollegin glaubt, die Sängerin war selbst die Mörderin.
5. Jamilla, eine Haremstänzerin in Baghdad, hat goldene Beine.

6 **Andere berühmte Berliner**

Suchen Sie Informationen über die folgenden Personen. Wer sind sie? Was haben sie gemacht?

Bertolt Brecht	Die Ärzte	Kurt Tucholsky
Rudi Dutschke	Wir sind Helden	Billy Wilder
Judith Hermann	Joy Denalane	Klaus Wowereit
Udo Lindenberg	Max Reinhardt	Alpa Gun
Bushido	Leni Riefenstahl	Tony D

7 **Suchbegriffe**

Forschen Sie mit den folgenden Suchbegriffen im Internet.

Stadt Berlin

1. Welche Konzerte und andere Veranstaltungen *(events)* gibt es im Moment?
2. Suchen Sie Informationen über die Geschichte Berlins und die Berliner Mauer. Was scheint Ihnen am interessantesten?

Berliner Mauer

3. Wie entstand die Mauer? Welche Folgen hatte sie?
4. Suchen Sie nach Fotos von der Berliner Mauer. Wie sah die Mauer aus?

Das Mauermuseum

5. Was gibt es im Mauermuseum?
6. Welche Rolle spielte der Checkpoint Charlie?

Reichstag

7. Was ist der Berliner Reichstag?
8. Wer darf oben auf die Kuppel gehen?

DDR Museum

9. Was gibt es im DDR Museum?
10. Was ist dort anders als in anderen Museen?

8 **Richtig oder falsch?**

Forschen Sie weiter in den Internet-Seiten aus Übung 7 und entscheiden Sie, ob die folgenden Aussagen (Sätze) korrekt sind. Wenn sie falsch sind, korrigieren Sie sie.

1. Checkpoint Charlie ist eine berühmte Wurstbude *(hot dog stand)* in Ostberlin.
2. John F. Kennedy sagte in seiner berühmten Rede: „Ich bin ein Berliner."
3. Die Gedächtniskirche ist die Ruine einer zerbombten Kirche.
4. Die Berliner Mauer ist 1961 gebaut worden.
5. Die Berliner Mauer war 155 km lang.
6. Die Straße des 17. Juni führt direkt zum Reichstag.
7. In Berlin gibt es nur eine Universität.
8. Der Tiergarten ist der älteste deutsche Zirkus.
9. Der Reichstag ist der offizielle Berliner Feiertag.
10. Im DDR Museum darf man alles anfassen und ausprobieren.

9 Die Berlinale

In Berlin gibt es jedes Jahr ein Filmfestival, die Berlinale. Organisieren Sie ein Filmfestival in Ihrem Kurs. Jeder Student nominiert einen deutschen Film, indem er eine kleine Präsentation über den Film, den Regisseur / die Regisseurin *(director)* oder einen Schauspieler / eine Schauspielerin gibt. Der beliebteste Film wird dann im Kurs gezeigt.

10 Lokale Presse

Gehen Sie zu den folgenden Websites im Internet. Was sind die Schlagzeilen *(headlines)*? Wie wirken diese Zeitungen auf Sie? Wie sind Sprache und Präsentation – einfach oder komplex, plakativ *(striking)* oder seriös, modern oder altmodisch? Was ist besonders interessant?

Berliner Kurier

Berliner Morgenpost

Berliner Zeitung

Tagesspiegel

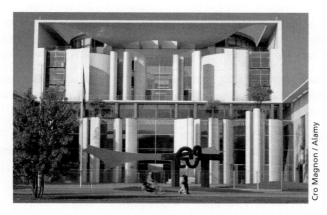

Cro Magnon / Alamy

Das Bundeskanzleramt in Berlin ist Dienstsitz *(office location)* des Bundeskanzlers / der Bundeskanzlerin.

11 Nachrichtenrunde *(news round)*

Arbeiten Sie in Gruppen oder Paaren. Berichten Sie *(Report)* über einen Aspekt, den Sie beim Surfen im Internet gefunden haben.

12 Fragen zum Nachdenken und Diskutieren

Bearbeiten Sie diese Fragen in Paaren oder kleinen Gruppen. Machen Sie Notizen und geben Sie im Kurs einen kleinen Bericht. Bringen Sie die Resultate Ihrer Internetsuche dabei ein.

1. Warum ist Berlin ein Symbol für die Wiedervereinigung Deutschlands?
2. Berlin ist Deutschlands größte Stadt, aber Berlin ist nicht das wichtigste Ziel für Touristen. Warum ist das wohl so?
3. Marlene Dietrich ist 1939 amerikanische Staatsbürgerin geworden. Sie wollte zu dieser Zeit keine deutschen Filme drehen. Warum?

Strukturen

Die Wortarten im Deutschen

The total number of German words is estimated to be somewhere between 300,000 and 500,000. They can be grouped in several classes of words, which are basically the same as in English. Approximately 46 % of German words are nouns. About 20 % are verbs. About 30 % are adjectives and adverbs. There are approximately 200 prepositions and conjunctions and fewer than 100 pronouns.

The following introduction to the classes of German words is not meant to be exhaustive. Each section is meant to give you an orientation, to help you recall what you already know, and to get you started. *Stationen* will go into more detail about each of these different word types in subsequent chapters. Later in this chapter, you will find more explanation of the declension of nouns and the conjugation of verbs.

- **Nomen** *(Nouns)*: German nouns name a person, a place, a thing, or an idea. Unlike English nouns, they are always capitalized. Also unlike English, each noun has a specific gender (masculine, feminine, neuter), and nouns are often combined with an article that indicates their gender. Nouns are declined[1] to indicate both number and case[2] (nominative, accusative, dative, genitive).

  > Ein **Student** und eine **Studentin** aus **Amerika** besuchen **Berlin**. Der **Reichstag** ist eine bekannte **Sehenswürdigkeit**, aber die **Stadtführerin** zeigt den **Studenten** noch viele andere **Sehenswürdigkeiten**.

- **Artikel** *(Articles)*: Articles are used only in conjunction with nouns. There are two kinds—definite articles **(der, die, das)**, which mean *the* in English, and indefinite articles **(ein, eine, ein)**, which mean *a* or *an* in English. Like nouns, articles can be declined.

  > **Die** bekannte Sängerin Marlene Dietrich machte **eine** Ausbildung als Violinistin.

- **Pronomen** *(Pronouns)*: Pronouns help avoid repetition of nouns. Like nouns and articles, most pronouns have different forms depending on person, gender, and case.

  Personal pronouns are used as the subject or object of a verb in most sentences.

  > Als Marlene Dietrich 23 Jahre alt war, bekam **sie** ihre erste Theaterrolle. John F. Kennedy hat „**Ich** bin ein Berliner" gesagt.

  Interrogative pronouns **(wer, wen, wem, welch-)** are words introducing a question such as *who, whom, what,* or *which one(s).*

  > **Wer** war die bekannte Berliner Sängerin, die in die USA emigrierte? **Welche** bekannten Filme hat Marlene Dietrich gedreht?

---

[1] See a detailed explanation of noun declension on p. 15.
[2] Case indicates the function of the noun in the sentence.

Possessive pronouns **(mein, dein, sein, ihr, unser, euer, ihr, Ihr)** indicate ownership and other relationships.

> Gehört der Koffer Marlene Dietrich? – Ja, das ist **ihrer**.
> **Ihre** markante Stimme war auf der ganzen Welt bekannt.

Indefinite pronouns include **all-, einige, etwas, jed-, jemand, niemand, man, nichts.**

> Fast **alle** Berliner wissen, wer Marlene Dietrich ist.
> Es gibt aber auch **einige**, die sie nicht kennen.

Demonstrative pronouns **(der, die, das, dies-, jen-, derjenige, diejenige, dasjenige, derselbe, dieselbe, dasselbe, selbst, selber)** specifically point to a noun.

> Berlin: In **dieser** Stadt hat **jeder** Bezirk einen eigenen Charakter.
> Ich bin **selbst** schon viele Male in Berlin gewesen.

Relative pronouns introduce relative clauses and refer to a preceding noun in the main clause.

> In dem Film *Shanghai Express* spielt Marlene Dietrich eine Frau, **die** mit dem Zug von Peking nach Shanghai fährt.

- **Adjektive** *(Adjectives)*: Adjectives describe nouns or pronouns. Predicate adjectives (connected to the noun or pronoun by a linking verb, such as *to be*) remain unchanged from the root, whereas attributive adjectives (preceding a noun) are declined with endings that indicate gender, number, and case.

> Marlene Dietrich war sehr **berühmt**.
> Die **berühmte** Sängerin bekam die „Medal of Freedom".

- **Verben** *(Verbs)*: Verbs describe actions, states of being, and so on. German verbs are conjugated[3] to agree with the subject of a sentence in both number (singular or plural) and person (first, second, third).

> Marlene Dietrich **kommt** aus Berlin.
> Viele Deutsche **leben** in Berlin.

- **Adverbien** *(Adverbs)*: Adverbs describe verbs, adjectives, or other adverbs. They do not change in form. Many (but not all) German adverbs have the same form as their corresponding adjectives.

> Das Stadtbild Berlins verändert sich **ständig**.
> Die neue Hauptstadt Deutschlands wächst **immer schneller**.

- **Präpositionen** *(Prepositions)*: Prepositions are usually combined with a noun or a pronoun to describe how, when, or where things take place or to give further information about people or things.

> **In** den Außenbezirken Berlins gibt es Gebiete **mit** Seen und Wäldern.

---

[3] See a detailed explanation of the conjugation of verbs on p. 23.

- **Konjunktionen** *(Conjunctions)*: Conjunctions link words, phrases, or sentences.
  Coordinating conjunctions (**und, aber, denn, oder, sondern**) connect main clauses or equivalent items in a sentence (as in lists).

  > Marlene Dietrich drehte noch sechs weitere Filme mit Sternberg **und** arbeitete später mit Billy Wilder, Alfred Hitchcock **und** Orson Welles.

  Subordinating conjunctions (**als, dass, nachdem, ob, seit, weil, wenn**) connect main clauses with subordinate clauses.

  > Die Wiedervereinigung Deutschlands bedeutet nicht, **dass** Berlin eine einheitliche Lebenswelt geworden ist.

- **Interjektionen** *(Interjections)*: Interjections are used to express emotions or to imitate certain sounds. They do not change in form and are usually syntactically isolated. Curses are interjections.

  au, aua, autsch (pain)

  uff, puh (relief)

  ih, bäh, pfui, igitt (disgust)

  ah, oh, ach, ui (neutral or positive surprise, depending on expression)

  oh je, au weia, au Backe (negative surprise)

  hallo, huhu (call for attention)

  pst, scht (call for silence)

  Achtung, Stop, Hilfe! (warnings)

  los, weg (commands to leave)

  haha, hihi (imitating laughter)

---

13 **Interjektionen**

Wie klingen die folgenden Laute auf Deutsch?

1. Diesen Laut macht ein Mensch, wenn ihm etwas nicht schmeckt.
2. Diesen Laut machen Menschen, wenn sie erleichtert *(relieved)* sind.
3. Diesen Laut machen Menschen, wenn sie negativ überrascht werden.
4. Diesen Laut macht ein Mensch, wenn er lacht.
5. Diesen Laut machen Menschen, wenn sie Ruhe wollen.
6. Diesen Laut machen Menschen, wenn sie Schmerzen haben.

a. haha
b. pst
c. au
d. oh je
e. puh
f. igitt

14 **Berlin heute – Wortarten klassifizieren**

Bearbeiten Sie gemeinsam mit einem Partner / einer Partnerin den folgenden Absatz *(paragraph)* und klassifizieren Sie die Wörter. Machen Sie möglichst genaue *(as exact as possible)* Angaben zu den einzelnen Wörtern.

 Heute (Adv.) kann (V., 3. Pers., Sing., Präsens, Aktiv) man (Pron., 3. Pers., Sing., indef.) von (Präp. + Dat.) ... usw.

Heute kann man von der Mauer nur noch Reste sehen, und das Brandenburger Tor ist ein Symbol für die Einheit und Freiheit Deutschlands. Aus allen Teilen der Welt kommen die Menschen gerne nach Berlin, weil sie hier Neues und Bewegung spüren können.

15 **Der Wortartenkasten**

Ordnen Sie mit Ihrem Partner / Ihrer Partnerin möglichst viele Wörter *(as many words as possible)* aus einem Absatz in diesem Kapitel in den Wortartenkasten. Dann schreiben Sie mit den Wörtern neue Sätze zum Thema Berlin.

Verben	Nomen	Artikel	Pronomen	Adjektive

Adverbien	Präpositionen	Konjunktionen	Interjektionen

16 **Die Welt der Poesie**

Schreiben Sie jetzt ein kleines Gedicht zum Thema Berlin und stellen Sie Ihr Gedicht dann den anderen Kursteilnehmern vor. Ihr Gedicht soll die folgende Form haben:

1. Zeile: Ein Nomen
2. Zeile: Zwei Adjektive
3. Zeile: Ein Verb im Infinitiv
4. Zeile: Eine Präposition, ein Artikel, ein Nomen
5. Zeile: Eine Interjektion
6. Zeile: Ein vollständiger Satz mit mindestens einem Nomen und einem konjugierten Verb

◉ Einblicke

17 **Fragen zum Thema**

1. Was ist zur Zeit Ihre Lieblingsmusik?
2. Gehen Sie oft zum Tanzen in Clubs? Wie heißt Ihr Lieblingsclub? Wann gehen Sie hin? Wann schließt der Club?
3. Mögen Sie Techno? Warum (nicht)?

18 **Wörterbucharbeit**

Suchen Sie im Wörterbuch nach Übersetzungsmöglichkeiten für die folgenden Begriffe:

pflichtbewusst - die Leistungsfähigkeit - die Abwechslung - sich amüsieren - der Kritikpunkt

Wie kann man sie in diesem speziellen Kontext am besten übersetzen?

Party um zwölf Uhr mittags

crisp bread Fünf Sorten Knäcke° und ein strahlender Schwede stehen am Eingang des Frannz-Clubs in Berlin. Hier soll sich gleich, um zwölf Uhr mittags, eine vergnügliche
5 Sache abspielen: Bewegung statt schweres
midday low Essen, Inspiration statt Mittagstief°. „Beim Lunch Beat tanzen sich die Menschen den Kopf frei und starten nach einer Stunde erfrischt und motiviert in den Rest
10 des Tages", sagt der Schwede, der Ola heißt. Zehn Euro kostet der Weg zu mehr Kreativität und Produktivität im Büro, dafür gibt es eine Stunde Party bei elektronischer Musik, eine kleine Mahlzeit aus Knäckebrot, Butter und
15 Käse sowie Bio-Smoothies.

requirement Stillstehen und Schauen ist verboten, Tanzen hingegen Pflicht°. Über den Job zu reden ist tabu und Alkohol natürlich verboten. Punkt 11.59 Uhr meldet sich Ola über das Mikrofon und erklärt diese Regeln. Da stehen die etwa 20 Gäste bereits pflichtbewusst auf
20 der Tanzfläche. Bewegung verbessert die Leistungsfähigkeit: Der Mensch kann sich besser konzentrieren, sich Dinge leichter merken, und körperlich bleibt er gesünder.

Steffi probiert den Lunch Beat heute aus: Über Twitter und Facebook hat sie davon gehört und sich spontan entschlossen,
25 die Mittagspause im Club zu verbringen. „Ich glaube nicht, dass ich nachher alle Jobprobleme besser löse, aber es wird bestimmt lustiger als sonst", sagt die Fertigungstechnikerin. Auch der Rest der
band kleinen Meute° von 20- bis 50-jährigen Lunch Beatern hat Spaß.
insurance representative Hipster amüsieren sich hier ebenso wie Versicherungsvertreter° –
30 man hätte Mühe abzustreiten, dass die Idee der High-Noon-Party funktioniert. Zumindest für die Gäste.

Onlineredakteur Oliver, auch ein Lunch Beater, bestätigt am Ende seines Arbeitstages, wie gut ihm die Abwechslung in der Mittagspause getan hat, wird wiederkommen und Kollegen
35 mitbringen: „Ich war hinterher ganz locker und fröhlich. Mein Kritikpunkt: Es war sehr heiß, Klamottenwechsel und Dusche sind mir zu viel Aufwand für die Mittagspause."

„I'm a Believer" von The Monkees ist Olas letzter Song. Dann geht die Musik aus, das Licht an und keine zwei Minuten später
40 ist der Saal leer. Das Tablett mit dem Knäckebrot ist allerdings immer noch voll.

Excerpt from article entitled "Party um zwölf Uhr mittags" by Yvonne Vávra in the *Berliner Zeitung* newspaper online from June 25, 2012. Reprinted by permission.

19 Fragen zum Text

1. Welche Regeln gibt es beim Lunch Beat im Frannz-Club?
2. Was gibt es zu essen und zu trinken?
3. Wer geht zum Lunch Beat im Frannz-Club?
4. Könnte es solche Tanzpartys zur Mittagszeit auch in Ihrer Stadt oder Region geben?
5. Würden Sie auch gerne einmal mittags tanzen gehen?

20 Fragen zum Nachdenken und Diskutieren

1. Warum ist Techno in Deutschland immer noch so beliebt? Spekulieren Sie!
2. Welche Musikrichtungen sind in Ihrem Land (oder anderen Ländern) populär?
3. Gibt es in Ihrer Stadt oder Region einen Kultclub? Wer geht dorthin? Warum?

21 Hitparade

Veranstalten Sie eine Hitparade im Kurs. Suchen Sie sich einen Titel aus unserer *Stationen* iTunes® Playlist und stellen Sie das Lied (Video, Künstler usw.) im Kurs vor.

FILMTIPP: *Rosenstraße* (Margarethe von Trotta, 2002)

Die New Yorkerin Hannah reist nach Berlin, um die Geschichte ihrer Eltern während der Nazizeit zu erkunden.

Strukturen

Die Deklination

German nouns are declined to show their gender, number, and case. The case of a noun indicates what function the noun has in a sentence. There are four cases in German.

- **Nominative: Subject**

  Steffi probiert den Lunch Beat heute aus.

- **Accusative: Direct Object**

  Ich glaube nicht, dass ich nachher **alle Jobprobleme** besser löse.

- **Dative: Indirect Object**

  Der Lunch Beat bietet **den Besuchern** Bewegung zur Mittagszeit.

- **Genitive: Equivalent to an English *of . . .* phrase / Possessive**

  Auch der Rest **der kleinen Meute** von 20- bis 50-jährigen Lunch Beatern hat Spaß.

The complete declension for most nouns looks as follows. Note that the declension is most evident in the article.

	Singular (masculine)	Singular (neuter)	Singular (feminine)	Plural
Nominativ	der Club	das Fest	die Musik	die Besucher
	ein Club	ein Fest	eine Musik	keine Besucher
Akkusativ	den Club	das Fest	die Musik	die Besucher
	einen Club	ein Fest	eine Musik	keine Besucher
Dativ	dem Club	dem Fest	der Musik	den Besuchern
	einem Club	einem Fest	einer Musik	keinen Besuchern
Genitiv	des Clubs	des Fest(e)s	der Musik	der Besucher
	eines Clubs	eines Fest(e)s	einer Musik	keiner Besucher

22 **Umzug nach Berlin**

Stellen Sie sich vor, Sie ziehen für ein Jahr nach Berlin. Machen Sie gemeinsam mit einem Partner / einer Partnerin eine Liste der Dinge (im Akkusativ!), die Sie mitbringen, und eine Liste der Dinge, die Sie in Berlin kaufen wollen. Diskutieren Sie dann im Kurs, welche die drei wichtigsten Dinge sind, die mitgebracht werden müssen und die gekauft werden müssen.

Das bringe ich mit:
1. *einen Pullover*
2. _____
3. _____

Das kaufe ich in Berlin:
1. *eine Kaffeetasse*
2. _____
3. _____

23 **Sehenswertes in Berlin**

Ergänzen Sie gemeinsam mit einem Partner / einer Partnerin die Sätze mit den passenden Elementen aus der Liste.

Subjekte (Nominativ)	Indirekte Objekte (Dativ)
die Weltzeituhr am Alexanderplatz der Berliner Dom	seinen Besuchern vielen Sehenswürdigkeiten

Direkte Objekte (Akkusativ)	Genitivobjekte
ein Denkmal den Zoologischen Garten	der neuen Hauptstadt Berlin politischer und poetischer Wandgemälde

z.B. Die East Side Gallery ist eine Sammlung _____.

Die East Side Gallery ist eine Sammlung *politischer und poetischer Wandgemälde.*

1. Zu DDR-Zeiten war _____ ein beliebter Treff für junge Leute.
2. Das Jüdische Museum präsentiert _____ Bilder und Objekte, die das Alltagsleben der Juden in Deutschland dokumentieren.
3. Drei Millionen Tierfreunde besuchen jährlich _____.
4. Der Reichstag und das Brandenburger Tor sind die Symbole _____.
5. Der New Yorker Architekt Peter Eisenmann entwarf _____ für die ermordeten Juden Europas.
6. _____ auf der Spreeinsel ist die größte protestantische Kirche Deutschlands.
7. Die Berliner haben _____ respektlose Namen gegeben. Zum Beispiel nennen sie die goldene Statue der Victoria auf der Siegessäule „Goldelse".

24 **Souvenirs aus Berlin**

Entscheiden Sie gemeinsam mit Ihrem Partner / Ihrer Partnerin, wem Sie die folgenden Geschenke aus Berlin mitbringen wollen. Wenn Sie noch mehr Souvenirs brauchen, suchen Sie im Internet.

 Wir bringen unserer Professorin einen Porzellan-Teller aus Berlin mit.

1. Ein Miniatur-Fernsehturm
2. Ein Berliner Plüschteddybär
3. Ein Stück von der Berliner Mauer
4. Ein Gemälde vom Reichstag
5. Eine Photo-CD mit Stadtplan
6. Ein Berlinbuch auf Englisch

Andi Berger / Used under license from Shutterstock.com

Ein Stück von der Berliner Mauer.

 25 **Berliner Luft**

Stellen Sie sich vor, Sie arbeiten für das Fremdenverkehrsamt *(tourist information office)* der Stadt Berlin und sollen für eine neue Werbekampagne möglichst viele Beschreibungen für die Stadt finden, die für Touristen attraktiv sind. Schreiben Sie mindestens sechs solcher Beschreibungen nach folgendem Muster auf.

 Berlin ist die Stadt der interessanten Museen!

Wo sagt man was?

Dativ und Akkusativ im Berliner Dialekt

Eine grammatikalische Besonderheit im Berliner Dialekt ist, dass in vielen Fällen zwischen dem Dativ und Akkusativ kein Unterschied gemacht wird, sondern nur eine Form gebräuchlich ist, die man den **Akkudativ** nennt. Meistens stehen die Nomen im Akkusativ, während die Personalpronomen im Dativ stehen. Oft werden auch die Objekte von Präpositionen in den Akkudativ gesetzt. Hier sind ein paar Beispiele.

Wie würde man folgende Sätze auf Hochdeutsch sagen?

Ick liebe dir, ick liebe dich, wie's richtig heißt, det weeß ick nich.
Der Berliner sagt immer mir, ooch wenn's richtig ist.
Nach meine Beene is ja janz Berlin verrückt.
Wir seh'n uns nach die Feiertage!

Wortschatz

die **Abwechslung, -en** *change, variety*
Alkohol ist verboten *alcohol is not allowed*
sich **amüsieren** (hat sich amüsiert) *to have fun*
auf der Tanzfläche *on the dance floor*
ausprobieren (hat ausprobiert) *to try out*
die **Bewegung, -en** *exercise, movement*
eine kleine Mahlzeit *a snack*
sich **entschließen** (entschloss sich, hat sich entschlossen) *to decide*
fröhlich *happy*

die **Klamotten** *(pl.) (slang)* *clothing*
sich **konzentrieren** (hat sich konzentriert) *to concentrate*
der **Gast, ¨e** *guest, patron*
gesund *healthy*
die **Kreativität** *creativity*
die **Mittagspause, -n** *lunch break*
die **Regel, -n** *rule*
der **Rest des Tages** *the rest of the day*
schweres Essen *heavy food*
der **Spaß** *fun*
über den Job zu reden ist tabu
    talking about work is taboo

26 Definitionen

Finden Sie die richtigen Begriffe rechts für die Definitionen links.

1. etwas Kleines zu essen
2. Zeit zum Mittagessen
3. etwas Neues; nicht die typische Routine
4. gut für Körper und Geist
5. ein Satz, der sagt, wie etwas sein muss
6. da wo man tanzt
7. neue Ideen

a. die Mittagspause
b. Kreativität
c. eine kleine Mahlzeit
d. die Regel
e. die Tanzfläche
f. die Abwechslung
g. gesund

27 Berlin

Ergänzen Sie die Sätze mit den folgenden Wörtern:

Hauptstadt – Wiedervereinigung – Mauer – Umland – Symbol

1. Berlin ist seit 1991 die deutsche _____.
2. Nach dem Fall der _____ ist Berlin wieder eine offene Stadt geworden.
3. Seit der _____ 1990 ist Berlin für viele junge Deutsche wieder ein attraktiver Wohnort geworden.
4. Im _____ von Berlin gibt es viele Seen, Flüsse und Wälder.
5. Das Brandenburger Tor ist jetzt das _____ der Wiedervereinigung.

28 Wörterbucharbeit: Wortbildung

Ergänzen Sie die Liste. Benutzen Sie, wenn nötig, das Wörterbuch.

Verb	Nomen
1. _____	die Feier
2. _____	das Erlebnis
3. sich konzentrieren	_____
4. _____	die Bewegung
5. verbieten	_____

Was ist Lunch Beat?

Ihre Oma fragt Sie, was Lunch Beat ist. Erklären Sie es ihr. Schreiben Sie einen Dialog und verwenden Sie dabei die folgenden Wörter. Arbeiten Sie in Gruppen oder Paaren und spielen Sie den Dialog im Kurs vor.

feiern – Club – Berlin – fröhlich – Abwechslung – tanzen – Mittagspause – gesund – DJ – Besucher – Stimmung – Regeln – essen – Musik - mittags um 12 Uhr – Leute

 z.B. Lunch Beat ist eine Veranstaltung ...

Wann sagt man was?

der Mensch, die Leute (pl.), die Person, die Bevölkerung

Die Begriffe **Mensch(en), Leute, Person(en)** und **Bevölkerung** kommen im Deutschen in verschiedenen (*different*) Kontexten vor. Suchen Sie Definitionen und Beispiele für diese Begriffe in Ihrem Wörterbuch. Entscheiden Sie, welcher Begriff am besten in die folgenden Kontexte passt.

1. Berlin hat eine _____ von 3,5 Millionen. In Berlins größtem Tanzclub ist Platz für 1.500 _____. Viele junge _____ in Deutschland finden Techno immer noch gut. Ältere _____ wundern sich oft über Techno-Musik und Clubs.

2. Im Hotel Goldener Adler in Berlin arbeiten 250 _____. Im Restaurant gibt es Platz für 150 _____. Das Abendessen kostet mindestens 30 Euro pro _____. Das können sich nur reiche _____ leisten (*afford*).

3. Ein großer Teil der _____ in Berlin sind Ausländer. Viele kommen aus der Türkei. Sie leben und arbeiten schon seit vielen Jahren in Deutschland. Ihre Kinder sind in Deutschland geboren und aufgewachsen und oft sprechen sie nicht Türkisch. Für diese _____ hat die Regierung (*government*) 2000 ein neues Gesetz erlassen (*passed a law*), damit sie einen deutschen Pass haben können.

Freddy Eliasson / Used under license from Shutterstock.com

Der Berliner Tiergarten ist die wichtigste Grünzone Berlins.

30

Fragen zum Thema

1. Was essen Sie, wenn Sie unterwegs Hunger haben?
2. Gibt es in Ihrer Stadt oder Region eine Spezialität?

Die Geschichte der Currywurst

Es gibt eine Berliner Spezialität, die man nicht in feinen Restaurants, sondern in den Imbissbuden° auf den Straßen findet: die Berliner Currywurst. Die Currywurst ist eine Bratwurst mit Soße. Die Imbissbudenköche mischen ihre Soßen aus Tomatenmark°, Gewürzen° und weiteren geheimen Zutaten° oft selbst.

Die Geschichte der Currywurstsoße begann nach dem Krieg, als die Amerikaner den westlichen Teil Berlins besetzten. Die Deutschen orientierten sich an der amerikanischen Kultur und so auch an den Essgewohnheiten°. Damals beobachtete der Berliner Kurt Heuwer, wie die Amerikaner Steak mit Ketchup aßen. Er erzählte seiner Frau Herta davon und sie kamen auf die Idee, nicht teures Steak, sondern eine Wurst mit Soße zu probieren.

Da man Ketchup nicht kaufen konnte, mischten sie Tomatenmark und Gewürze zu einer interessanten Soße zusammen. Kurt und Herta kauften einen Imbisswagen und verkauften ihre neue Erfindung ab 1949 an der Kaiser-Friedrich-Straße in Berlin mit großem Erfolg. Herta meldete die Idee mit der Currysoße 1959 beim Patentamt° an. So ist Herta Heuwer als offizielle Erfinderin der Currywurst-Soße registriert. In den folgenden Jahren schossen° die Currywurst-Buden in Berlin wie Pilze aus dem Boden und die Currywurst wurde zur Berliner Spezialität. Grundzutaten für die Soße sind Tomatenmark, Worcester-Soße, Chilipulver, Curry, Zucker und edelsüßer Paprika.

Eine Berliner Spezialität: die Currywurst

Kennen Sie andere amerikanische Essgewohnheiten, die in Deutschland populär sind?

Imbissbuden *hot dog stands* • **Tomatenmark** *tomato paste* • **Gewürzen** *spices* • **geheimen ...** *secret ingredients* • **Essgewohnheiten** *eating habits* • **Patentamt** *patent office* • **schossen wie Pilze aus dem Boden** *sprouted up like mushrooms*

Redemittel zum Diskutieren

Nach Erklärungen fragen

Wenn man andere beim Diskutieren nach Erklärungen fragen möchte, helfen die folgenden Redewendungen.

Wie lässt es sich erklären, dass ... ?	**Wie lässt es sich erklären, dass** die Currywurst so populär geworden ist?
Ich frage mich, ob ...	**Ich frage mich, ob** Currywurst wirklich so gut schmeckt.
Mich interessiert, warum ...	**Mich interessiert, warum** Herta Heuwer Tomatenmark mit Curry gemischt hat.
Wie kommt es, dass ... ?	**Wie kommt es, dass** es in Berlin so viele Imbissbuden gibt?
Woran liegt es, dass ... ?	**Woran liegt es, dass** amerikanische Essgewohnheiten in Deutschland so populär sind?

Erklärungen geben

Wenn man anderen etwas erklären oder Beispiele geben will, sind die folgenden Redewendungen hilfreich.

Zum Beispiel ... / Beispielsweise ...	**Zum Beispiel** war die Currysoße nach dem Krieg ein Ersatz *(substitute)* für Ketchup.
Ein Grund dafür ist, dass ...	**Ein Grund für die Popularität der Currywurst ist, dass** man sie schnell unterwegs essen kann.
Es hat damit zu tun, dass ...	**Es hat damit zu tun, dass** die Wurst in kleine Stücke geschnitten wird, die man mit einem Zahnstocher *(toothpick)* essen kann.
Das hängt damit zusammen, dass ...	**Das hängt damit zusammen, dass** die Currywurst immer noch relativ billig ist.

31 Erklärungen

Welche Fragen passen zu den Antworten?

1. Wie lässt es sich erklären, dass Marlene Dietrich in so vielen amerikanischen Filmen auftritt?
2. Ich frage mich, warum Techno in Deutschland so beliebt ist.
3. Wie kommt es, dass Berlin einen Senat hat?
4. Warum ist Berlin nach der Wiedervereinigung Hauptstadt geworden?
5. Woran liegt es, dass in Berlin so viel gebaut wird?
6. Mich interessiert, warum so viele junge Leute nach Berlin ziehen.
7. Kannst du uns erklären, warum die Mieten in Berlin oft billiger sind als in anderen deutschen Städten?

a. Zum Beispiel sind die Mieten nicht so hoch wie in anderen Städten.
b. Ein wichtiger Grund war, dass Berlin die geteilte Stadt war und durch die Wiedervereinigung wieder ganz geworden ist. Berlin ist deshalb ein Symbol für die Wiedervereinigung geworden.
c. Es hat vielleicht damit zu tun, dass elektronische Musik in Deutschland schon lange populär ist.
d. Das hängt damit zusammen, dass Berlin nicht nur Stadt, sondern auch Bundesland ist.
e. Das lässt sich dadurch erklären, dass sie 1939 Amerikanerin geworden ist.
f. Ein Grund dafür ist, dass viele Leute nach der Wende vom Osten in den Westen gezogen sind und das Angebot an Wohnungen sehr groß ist.
g. Es hat damit zu tun, dass Berlin noch nicht so lange Hauptstadt ist, und viele Gebäude im Osten renoviert werden mussten.

32 Fragen zur Diskussion

Diskutieren oder schreiben Sie über eines der folgenden Themen. Verwenden Sie dabei die Redemittel.

1. Wie lässt es sich erklären, dass Techno in Deutschland so beliebt ist? Was ist an dieser Art Musik so faszinierend?
2. Was sagen Elemente der Popkultur wie Techno oder die Currywurst über die Atmosphäre einer Stadt?

Strukturen

Das Verb: Konjugation, Tempus, Modus, Aktiv und Passiv

Konjugation

German verb forms show the subject of a sentence in number and person. This is accomplished through conjugation, the use of different endings added to the verb stem.

Number	Person	Present Tense of *machen*
Singular	(*1st*) **ich** (*2nd*) **du** (*3rd*) **er/es/sie**	mach **e** mach **st** mach **t**
Plural	(*1st*) **wir** (*2nd*) **ihr** (*3rd*) **sie**	mach **en** mach **t** mach **en**
Formal Sing. & Pl.	(*2nd*) **Sie**	mach **en**

Die Geschichte der Currywurst **beginnt** nach dem Krieg.

Kurt und Herta kaufen sich einen Imbisswagen.

- In the present tense, an **e** is inserted between the verb stem and the **st** and **t** endings if the verb stem ends in **d** or **t (finden, arbeiten)**, or if the verb stem ends in **m** or **n** preceded by a consonant other than **l** or **r (öffnen)**.

  finden: du find**e**st; er/es/sie find**e**t; ihr find**e**t

  arbeiten: du arbeit**e**st; er/es/sie arbeit**e**t; ihr arbeit**e**t

  öffnen: du öffn**e**st; er/es/sie öffn**e**t; ihr öffn**e**t

- Some verbs change the stem vowel in the second- and third-person singular.

  essen: Kurt Heuwer **isst** gerne Currywurst.

  fahren: Fährst du nach Berlin?

  See the appendix for a complete list of stem-changing verbs.
- The verbs **sein, haben, wissen,** and **werden** are used frequently and are conjugated irregularly.

	sein	haben	wissen	werden
ich	bin	habe	weiß	werde
du	bist	hast	weißt	wirst
er/sie/es	ist	hat	weiß	wird
wir	sind	haben	wissen	werden
ihr	seid	habt	wisst	werdet
sie/Sie	sind	haben	wissen	werden

- The modal verbs **dürfen, können, mögen, müssen, sollen,** and **wollen** are also irregular. See *Station 7* for a detailed look at modal verbs.

- There are two kinds of verbs with prefixes. Both types are conjugated like their root verbs (for example, **kaufen, einkaufen,** and **verkaufen** are conjugated the same way), but the prefixes are treated differently.

Non-Separable Prefixes: Verbs beginning with **be-, emp-, ent-, er-, ge-, miss-, ver-, zer-** are not separable.

Ab 1949 **verkauft** Herta ihre neue Erfindung, die Currywurst.

Separable Prefixes: Verbs beginning with **ab-, an-, auf-, aus-, ein-, mit-, vor-,** and **zusammen-** are separable, which means that when the verb is conjugated in the present tense and the simple past, the prefix is separated from the root verb and placed at the end of the main clause.

Herta **meldet** die Idee beim Patentamt **an**.

Note, however, that in a subordinate clause, a separable prefix remains with the root verb.

Es überrascht ein bisschen, dass Herta die Idee beim Patentamt **anmeldet**.

Tempus

There are six different tenses in which a German verb can be used to express time. In the past and the future, distinct tenses are used for different types of reference to those time frames. A look at the corresponding English forms should help you understand the differences.

Tense	Time Frame	Example
***Present Tense* (Präsens)**	Present	Marlene Dietrich singt und tanzt. *Marlene sings and dances. Marlene is singing and dancing. Marlene does sing and dance.*
***Present Perfect Tense* (Perfekt)**	Past	Marlene hat gesungen und getanzt.[4] *Marlene sang and danced. Marlene has sung and danced.*
***Simple Past* (Imperfekt)**		Marlene sang und tanzte. *Marlene sang and danced. Marlene was singing and dancing.*
***Past Perfect* (Plusquamperfekt)**		Marlene hatte gesungen und getanzt. *Marlene had sung and danced.*
***Future Tense* (Futur)**	Future	Marlene wird singen und tanzen. *Marlene will sing and dance.*
***Future Perfect* (Futur II)**		Marlene wird gesungen und getanzt haben. *Marlene will have sung and danced.*

[4] While the German **Perfekt** is similar in form to the present perfect in English, its function is different. The German **Perfekt** is for most German speakers the only conversational past-tense form.

Modus

As in English, German verbs can have three different moods to reflect the attitude of the speaker toward what he or she is expressing. The examples below are in the present tense, but the same three moods are also part of other tenses.

1. To express reality, German uses the indicative **(Indikativ)**.

   Marlene lacht.   *Marlene laughs.*
                     Marlene does laugh.
                     Marlene is laughing.

2. To express hypothesis, wishes, politeness, or distance, German uses the subjunctive **(Konjunktiv)**.

   Marlene würde lachen.   *Marlene would laugh.*
     (Konjunktiv II)

   In einem Interview sagte Marlene   *In an interview, Marlene*
     Dietrich, sie singe gerne.   *Dietrich said that she*
     (Konjunktiv I)   *liked to sing.*

3. To express commands, German uses the Imperative **(Imperativ)**.

   Lach, Marlene!   *Laugh, Marlene!*

Aktiv und Passiv

Like English, German verbs have two voices, depending on the relationship between the subject and the verb.

1. The active **(Aktiv)** voice is used to focus on who or what is performing an action.

   Marlene singt ein Lied über Berlin.   *Marlene sings a song about Berlin.*

2. The passive **(Passiv)** voice is used to focus on the action rather than on who or what is performing it.

   Ein Lied über Berlin wird von   *A song about Berlin is sung by*
     Marlene gesungen.   *Marlene.*

33 Post aus Berlin

Ergänzen Sie gemeinsam mit einem Partner / einer Partnerin diese E-Mail aus Berlin. Ergänzen Sie die Lücken mit dem passenden Verb von der Liste in der richtigen Form. Vergleichen Sie Ihre Ergebnisse im Kurs und schreiben Sie dann eine kurze Antwort.

machen – gehen – sein – treffen – leben – arbeiten – geben – wohnen – studieren – liegen – haben – kommen – fahren

Liebe/r … ,

seit drei Tagen _____ ich jetzt in Berlin. Ich _____ bei meinen Freunden Harald und Saskia in Friedrichshain, einem Bezirk, der im Osten der Stadt _____ . Die zwei _____ eigentlich aus Jena, aber sie _____ jetzt schon seit zehn Jahren in Berlin. Harald _____ in einer Designer-Boutique und Saskia _____ Biologie an der Freien Universität. Heute _____ ich ins Pergamon-Museum. Da _____ es eine tolle Sammlung von Kunstwerken aus der Antike mit einem riesigen Altar. Dann _____ ich mich mit Harald und Saskia und wir _____ zusammen nach Potsdam. Und was _____ du so?

Ich hoffe, du _____ auch ein bisschen Spaß zu Hause, aber sicher nicht so viel wie ich ;)

Viele Grüße

Dein/e …

34 Studentenleben in Berlin

Sie sind Student/Studentin in Berlin.

1. Schreiben Sie mit vollständigen Sätzen eine Liste von sechs Dingen, die Sie in Berlin machen und fragen Sie dann einen Partner / eine Partnerin, ob er/sie diese Dinge auch macht.
2. Ihr Partner / Ihre Partnerin antwortet.
3. Berichten Sie dann im Kurs über die Unterschiede und Gemeinsamkeiten.

S1: Ich gehe in viele Vorlesungen. Gehst du auch in viele Vorlesungen?

S2: Nein, aber ich telefoniere mit Freunden in den USA.

_____   _____

_____   _____

_____   _____

35 Berliner Biografie

Spekulieren Sie gemeinsam mit einem Partner / einer Partnerin über das Leben von Aleks und Sabine Göktürk, basierend auf der Information im Kasten. Bilden Sie vollständige Sätze und benutzen Sie dabei jedes der folgenden Verben mindestens einmal.

Verben: anrufen, arbeiten, essen, fahren, feiern, finden, kochen, nichts tun, reisen, schreiben, wissen

> Name: Aleks und Sabine Göktürk
> Alter: 31 und 36 Jahre
> Beruf: Informatiker (Aleks), Englischlehrerin (Sabine)
> Wohnort: Berlin Kreuzberg

36 Satzjagd

Suchen Sie gemeinsam mit einem Partner / einer Partnerin jeweils einen Satz in diesem Kapitel, der das folgende Kriterium erfüllt, und übersetzen Sie diesen Satz ins Englische. Stellen Sie anschließend Ihre Ergebnisse im Kurs vor.

1. Ein Satz im Präsens
2. Ein Satz im Imperfekt
3. Ein Satz im Perfekt
4. Ein Satz im Futur
5. Ein Satz im Passiv
6. Ein Imperativ
7. Ein Satz im Konjunktiv II

Mauerreste am Potsdamer Platz

» Das Video finden Sie bei **iLrn**.

Videoblog

Connie

Vor dem Sehen

„Ich bin mit meiner Kamera im Café Adler, das ist in der Nähe des Checkpoint Charlie."

A **Kulturelles Leben**

Was wissen Sie über die Kulturszene (Musik, Theater, Kunst, Literatur, Esskultur …) in Ihrer Heimatstadt? Was wissen Sie über die Kulturszene in Berlin? Machen Sie eine Liste und vergleichen Sie.

meine Heimatstadt	Berlin
_____	_____
_____	_____
_____	_____

Beim Sehen

B **Themen und Aussagen**

1. Connie spricht über verschiedene Themen. Bringen Sie die Themen in die richtige Reihenfolge.

   _____ typische Berliner Gerichte

   _____ die Musikszene

   ___1___ die Ost-West Problematik

   _____ die Wendegeneneration

   _____ die finanzielle Lage Berlins

   _____ künstlerische Projekte

2. Welche Aussagen passen zu welchem Thema?

   _____ Ich bin kein richtiger Ostberliner und auch kein richtiger Westberliner.

   _____ Die typischen Dinge essen nur die Touristen.

   _____ In Berlin werden viele Clubs geschlossen.

   _____ Wie ihr wisst, ist Berlin früher geteilt gewesen.

   _____ Der Berliner will seine Subkultur erhalten.

   _____ Berlin ist bankrott.

   _____ weil es schon noch einen kleinen Unterschied gibt

   _____ Hier lebt was und hier entsteht was.

_____ Der Berliner isst alles.

_____ eine finanzielle Misere

_____ Döner ist zur Leibspeise geworden.

_____ Somit hab' ich nur meine Kindheit im Osten erlebt.

C Stimmt's?

Kreuzen Sie an, ob die folgenden Aussagen mit dem übereinstimmen, was Connie erzählt. Berichtigen Sie die falschen Aussagen.

	STIMMT	STIMMT NICHT
1. Das Café Adler ist in der Nähe des Checkpoint Charlie.	☐	☐
2. Es gibt keinen Unterschied zwischen Leuten aus dem Osten und aus dem Westen.	☐	☐
3. Connie hat ihre Kindheit im Westen erlebt.	☐	☐
4. Kleine Barracken werden zu Clubs gemacht.	☐	☐
5. Wo wenig Geld ist, entsteht oft große Kunst.	☐	☐
6. Typische Berliner Gerichte sind mit viel Gemüse.	☐	☐

D Berliner Küche

1. Welche typischen Berliner Gerichte nennt Connie? Kennen Sie noch mehr?
2. Welche typischen Gerichte gibt es in Ihrer Heimatstadt?

Redewendungen

Connie benützt einige idiomatische Ausdrücke. Versuchen Sie gemeinsam mit Ihrem Partner / Ihrer Partnerin, diese zu erklären und erfinden Sie ein Beispiel, in dem Sie den Ausdruck verwenden.

1. Ich bin eine kleine Berliner Pflanze.
2. abgeranzte Feierstätten
3. abgefahrene künstlerische Dinge
4. die Leibspeise
5. man isst / spricht, wie einem der Schnabel gewachsen ist

Nach dem Sehen

E Reflexionen

Was haben Sie von Connie gelernt?

Worüber möchten Sie gerne noch mehr wissen?

Welche Fragen haben Sie noch an sie?

F Lokale Kulturszene

Machen Sie Ihr eigenes Vlog oder schreiben Sie einen Artikel über die Kulturszene in Ihrem Heimatort und die Gemeinsamkeiten und Unterschiede zu Berlin.

⊙ **Lektüre**

Sven Regener

Sven Regener, 1961 in Bremen geboren, lebt und arbeitet in Berlin als Musiker und Schriftsteller. Als Sänger der Band *Element of Crime* schreibt Regener auch alle Liedtexte. *Herr Lehmann* (2001) war sein erster Roman, der 2003 auch verfilmt wurde. Zwei weitere Romane beschreiben Lebenabschnitte und Abenteuer der zentralen Figur Frank Lehmann, einem jungen Mann aus Bremen, der in Berlin Kreuzberg als Barmann arbeitet.

© Peter Wafzig/Getty Images

Sven Regener schreibt alle Texte für seine Band *Element of Crime*.

Vor dem Lesen

37 **Fragen zum Thema**

1. Haben Sie ein Lieblingsrestaurant?
2. Welche Küche finden Sie am feinsten? am exotischsten? am kreativsten?
3. Haben Sie schon einmal in einem Restaurant gearbeitet?
4. Beschreiben Sie ein Restaurant. Welche Atmosphäre hat es? Wie wichtig ist die Atmosphäre? Wie wichtig ist das Essen?

38 **Was passt?**

Verbinden Sie die passenden Phrasen und Sätze.

1. von etwas überzeugt sein	a. *that is the great thing about her*
2. unter romantischen Gesichtspunkten	b. *on the contrary*
	c. *the more they assimilate*
3. das ist das Gute an ihr	d. *foremost*
4. zumindest was Essen betrifft	e. *to be convinced of something*
5. in erster Linie	f. *from a romantic perspective*
6. das macht nichts	g. *at least as far as food was concerned*
7. auf Dauer	
8. je mehr sie sich assimilieren	h. *in the long run*
9. davon kann keine Rede sein	i. *it doesn't matter*
10. im Gegenteil	j. *that is absolutely not the case*
11. das macht was her	k. *that's good*

Herr Lehmann (Auszug)

Sven Regener

Nachdem er bei einem Ausflug nach Ost-Berlin seine Freundin
Katrin verloren hat, geht Herr Lehmann zurück in sein vertrautes
Kreuzberger Viertel, um sich dort von diesem Erlebnis zu erholen.

Dann ging er in ein nahe gelegenes türkisches Restaurant der

inscriptions   5   strengeren Sorte, eines mit Koran-Inschriften° an der Wand und
ohne Alkohol und so weiter, er hatte es vor einigen Wochen erst

food stand   entdeckt, und es war zwar eigentlich mehr ein Imbiß°, aber dieser
Imbiß hatte ein paar Tische, an die man sich setzen konnte, und das
Essen war das beste türkische Essen in der Stadt, davon war Herr

10 Lehmann überzeugt. Er war damals, nachdem er es entdeckt hatte,
gleich mit Katrin hingegangen, und ihr hatte es auch gefallen, das
kleine, seltsame Restaurant, das eigentlich mehr ein Imbiß war, und
es hatte, zumindest nach Herrn Lehmanns Meinung, auch unter
romantischen Gesichtspunkten ordentlich was hergemacht.

15   Das ist das Gute an ihr, dachte Herr Lehmann, als er den
kleinen Laden betrat, der unten im neuen Kreuzberger Zentrum
untergebracht war, daß sie sich, zumindest was Essen betrifft, nicht

frills   von Schnickschnack° wie Kerzenlicht und arroganten Kellnern mit

aprons   Schürzen° blenden läßt, dachte er, daß es ihr um die Sache selbst

20 geht, um das Essen vor allem. Und auch bei der Romantik, dachte
Herr Lehmann, geht es um etwas ganz anderes als um diesen
äußeren Schnickschnack, ob es romantisch ist oder nicht, dachte er,

display case   während er das Angebot in der Vitrine° studierte, hängt in erster
Linie davon ab, mit wem man ißt und was man ißt, das hat nichts

25 mit schummrigem Licht und gefalteten Servietten zu tun. Und auch
schummriges Licht war hier nicht, ganz im Gegenteil. Es war auch
nicht besonders voll, tatsächlich war Herr Lehmann der einzige
Kunde. Dieser Laden wird seine Zeit brauchen, dachte Herr Lehmann, aber er war optimistisch, das er überleben würde, es gab ihn

30 noch nicht lange, da macht es nichts, wenn erst einmal keiner kam.
Es wird auf Dauer schon genug Leute geben, dachte Herr Lehmann,

kebabs   die so dermaßen gute Köfte° wie die hier zu schätzen wissen. Und
Köfte bestellte er sich, so wie die beiden letzten Male auch, dazu
Reis und eine Menge »von diesem Salat aus Petersilie und Kram°«,

Petersilie …: parsley and stuff
counter   35   wie er es nannte, als er mit dem Mann hinter dem Tresen° sprach,
der kaum ein Wort Deutsch verstand, aber Köfte machte, daß es
einem, wie Herr Lehmann dachte, das Wasser in die Augen treibt.

     Außerdem dachte er, als er sich mit einem Glas Tee an einen
Tisch hinten an der Wand setzte und auf sein Essen wartete, ist

40 es in den mediterranen Ländern immer alles gut beleuchtet, es
ist eine fröhlich machende Sache, dachte er, daß sie ihre Imbisse
und Restaurants immer schön hell ausleuchten, die Türken lieben

grotto   das Licht und nicht die Grotte°, aber je mehr sie sich assimilieren,
dachte er und rührte die beiden Stücke Zucker in das taillierte

45 Teeglas, desto grottiger werden die Lokale.

     Davon konnte hier aber keine Rede sein, im Gegenteil, hier
war alles blendend hell erleuchtet und die Fensterscheiben nahmen die ganze Wand nach draußen ein, und Herr Lehmann fühlte
sich wie im Urlaub, als er seinen Tee schlürfte.

Adaptiert aus: Sven Regener, *Herr Lehmann,* München: Goldmann, 2005, 231–233

Wortschatz

auf Dauer	*in the long run*	**streng**	*severe*
beleuchten	*to illuminate*	**überzeugt sein**	*to be convinced*
davon kann keine Rede sein	*that is not the case*	**unter romantischen Gesichtspunkten**	*from a romantic perspective*
im Gegenteil	*on the contrary*	**was das Essen betrifft**	*as far as the food is concerned*
schlürfen	*to sip, slurp*		
seltsam	*strange, bizarre*	**wie im Urlaub**	*like on vacation*
die **Serviette, –n**	*napkin*		

39 Fragen zum Text

1. Was ist für Herrn Lehmann in einem guten Restaurant am wichtigsten?
2. Wie findet Herr Lehmann das Restaurant „von romantischen Gesichtspunkten"?
3. Was gibt es in diesem Restaurant, das eigentlich mehr ein Imbiss ist?
4. Was bestellt Herr Lehmann?
5. Was sagt Herr Lehmann über die mediterranen Länder?
6. Was sagt Herr Lehmann über die türkischen Restaurants, die sich zu sehr assimilieren?
7. Wie fühlt sich Herr Lehmann in diesem Restaurant?

40 Fragen zum Nachdenken und Diskutieren

1. Gibt es Restaurants, in denen Sie sich wie im Urlaub fühlen? Welche? Warum?
2. Ist Ihnen in Restaurants auch nur das Essen wichtig?
3. Gibt es in Herrn Lehmanns Beschreibung vielleicht den einen oder anderen Widerspruch°?
contradiction
4. Kennen Sie Restaurants, die mehr oder weniger assimiliert sind?

41 Regeners Sprache

Durch seine Sprache erfahren wir Einiges über die Gedankenwelt des Herrn Lehmann. Was für ein Mensch ist Herr Lehmann? Wie alt ist er? Was ist ihm wichtig? Aus welcher Perspektive lernt man mit Herrn Lehmann Berlin kennen?

FILMTIPP: *Herr Lehmann* (Leander Haussmann, 2003)

Film nach dem gleichnamigen Roman von Sven Regener über das Leben eines Barmanns in Berlin-Kreuzberg.

---

42 Restaurants in unserer Stadt

Schreiben Sie einen Text über Restaurants oder Cafés in Ihrer Stadt und die Leute, die dort arbeiten. Vielleicht können Sie auch einige witzige Beobachtungen machen?

43 Neue Restaurants in Berlin

Fast jeden Tag wird in Berlin ein neues Restaurant, eine neue Kneipe oder eine neue Bar eröffnet. Ein Artikel im *ZEITmagazin* stellt drei Neueröffnungen vor. Arbeiten Sie mit einem Partner / einer Partnerin, ergänzen Sie die Tabelle mit Informationen aus dem Artikel und berichten Sie dann im Kurs.

Restaurant	Weinladen im Weinberg	Bar Raval	Little Otik
Inhaber/ Geschäftsführer			
Kommt aus ...			
Woher kommt der Name?			
Was ist das Besondere?			

Weinladen im Weinberg, Inhaberin Nadia Oussaid

ZEITmagazin: Woher kommen Sie, und seit wann sind Sie hier in Berlin?

Nadia Oussaid: Ich komme ursprünglich aus Algier und bin 1986 zum Studieren nach Berlin gekommen. 1994 habe ich den Weinladen eröffnet, und 2001 bin ich in die jetzigen Räume gegenüber dem alten Laden gezogen.

ZM: Woher hat die Bar ihren Namen?

NO: Das weiß ich wirklich nicht mehr! Vielleicht war es der wenig originelle Versuch, Weinhandlung und Prenzlauer Berg zu vereinigen.

ZM: Was ist das Besondere an Ihren Räumlichkeiten?

NO: Die alte Apotheker-Einrichtung. Details wie die Emailschilder verleihen der Bar eine Art Tante-Emma-Flair mit französischem Akzent.

ZM: Welchen Drink sollte man unbedingt probieren?

NO: Lillet auf Eis, das ist ein Aperitif aus Bordeaux.

Weinbar im Weinberg – Weinhandlung, Café und Bar, Winsstraße 64a, 10405 Berlin, Tel. 030/4413867, geöffnet Mo. bis Mi. 12 bis 20 Uhr, Do. und Fr. 12 bis 23 Uhr, Sa. 11 bis 23 Uhr

Bar Raval, Geschäftsführer Atilano González

ZEITmagazin: Woher kommen Sie, und seit wann sind Sie hier in Berlin?

Atilano González: 1993 zog ich aus Spanien hierher.

ZM: Woher hat das Raval seinen Namen?

AG: Raval ist ein Stadtteil von Barcelona, der in seiner Struktur Kreuzberg sehr ähnelt: Einwanderer, Nachtleben, Kunst und ein Problem mit der Gentrifizierung.

ZM: Was ist das Besondere an Ihren Räumlichkeiten?

AG: Die Bar ist mit rund hundert Sitzplätzen ziemlich groß, aber sie wirkt nicht so, weil sie in vier Bereiche unterteilt ist.

ZM: Was sollte man unbedingt probieren?

AG: Den Gin Mare Tonic – der Gin ist mit Basilikum, Rosmarin, Thymian und Oliven gemacht. Das Tataki von der Schulter vom Iberico-Schwein. Die Patatas Bravas – Kartoffeln mit Knoblauchmayonnaise. Und unser stadtbekanntes Schokoladencoulant.

Restaurant und Bar Raval, Lübbener Straße 1, 10997 Berlin, Tel. 030/53167954, geöffnet Mo. bis Do. und So. 18 bis 23 Uhr, Fr. und Sa. 18 bis 24 Uhr

Little Otik, Inhaber Jeffrey Sfire und Kevin Avery

ZEITmagazin: Woher kommen Sie, und seit wann sind Sie hier in Berlin?

Jeffrey Sfire: Ich bin vor vier Jahren von Brooklyn nach Berlin gezogen, zusammen mit meinem Geschäftspartner Kevin Avery.

ZM: Woher hat das Restaurant seinen Namen?

JS: So heißt ein tschechisches Märchen über ein kleines Baby mit einem unstillbaren Appetit.

ZM: Was ist das Besondere?

JS: Wir verbinden hohe Qualität mit einer entspannten, familiären Atmosphäre. Und wir verwenden ausschließlich Bioprodukte aus der Region.

Little Otik, Graefestraße 71, 10967 Berlin, Tel. 030/50362301, geöffnet Mi. bis Sa. 19 bis 23 Uhr

Source: *ZEITmagazin* No. 4, http://www.zeit.de/2013/04/Restaurant-Berlin-Internationale-Gastronomie

44 Fragen zum Nachdenken und Diskutieren

1. Welches Restaurant gefällt Ihnen am besten?
2. Wo würden Sie in Berlin gerne einmal essen gehen?
3. Kennen Sie ein ähnliches Restaurant in Ihrer Stadt oder Region?

45 Unser neues Restaurant

Arbeiten Sie gemeinsam mit einem Partner / einer Partnerin und entwerfen Sie eine Anzeige für Ihr neues Restaurant. Wo ist es? Wie heißt es? Was ist das Besondere? Was kann man dort essen und trinken? Stellen Sie Ihre Anzeigen im Kurs vor.

Italienisches Restaurant in Berlin

Zum Schluss

46 ### Berlin gestern und heute

Erinnern Sie sich noch einmal an alle Aspekte Berlins oder Deutschlands aus diesem Kapitel, die Sie besonders überraschend *(surprising)* oder interessant fanden. Vielleicht helfen dabei die folgenden Stichwörter.

Architektur	Partymenschen
Berliner Mauer	Tanzen
Currywurst	Restaurants
Imbiss	Techno
Marlene Dietrich	abgeranzte Feierstätten

Das letzte Wort: Ostalgie

Haben Sie in diesem Kapitel ein Wort entdeckt, das Sie besonders schön, treffend, praktisch oder kurios fanden? Oder fällt Ihnen ein Wort ein *(comes to mind)*, mit dem man Berlin gut beschreiben kann? Nominieren Sie ein Wort und sagen Sie, warum es Ihnen gefällt. Vielleicht können Sie damit einen Preis gewinnen?

München

Das Netz der Münchner U-Bahn verbindet 100 U-Bahn-Stationen.

© Caro / Alamy

The München chapter portrays the city with an interest in the contrasts between the progressive and the traditional, the rough and the polished. The quirky poet Christian Morgenstern exemplifies this contrast and invites you to look up some fun poetry. From the perspective of a *Flaschensammler,* the German bottle recycling system opens up interesting views onto contemporary German society. We let a classic München voice have the last word on what it means to be *fremd* with a piece by the beloved humorist Karl Valentin.

◉ Station München

Pension Bavaria

- **Ein berühmter Münchner**
  Christian Morgenstern

◉ Einblicke

Ein Münchner Flaschensammler packt aus

- **Strukturen**
  Über Vergangenes sprechen: Das Perfekt

  Befehle, Wünsche, Anleitungen: Der Imperativ

- **Videoblog: Stefan**

◉ Lektüre

Die Fremden

Karl Valentin

Materialien

Arbeitsbuch

iLrn

© Cengage Learning 2015

STATISTIK	
Einwohnerzahl:	1,43 Millionen
Fläche:	310 km²
Besucherzahl° auf dem Oktoberfest 2012:	6,4 Mio (Rekord 1985: 7,1 Mio)

Besucherzahl *number of visitors*

◉ Station München

Was wissen Sie schon?

1. Waren Sie schon mal in München?
2. Woran denken Sie, wenn Sie München hören?
3. Wie sieht wohl eine typische Münchner Pension aus?

Pension Bavaria

bed and breakfast

draft

Im Videoblog werden Sie Stefan kennenlernen. Stefans Nachbarin möchte in ihrem Haus eine Pension° eröffnen. Sie bittet Stefan um Hilfe, einen Text für eine Broschüre zu schreiben. Welche Informationen über München und die Pension dürfen in einer Broschüre für eine Pension nicht fehlen? Arbeiten Sie gemeinsam mit einem Partner / einer Partnerin und machen Sie eine Liste. Lesen Sie dann den Entwurf° von Stefans Nachbarin und vergleichen Sie die Informationen mit Ihrer Liste.

Stefan mit seinem Hund

© Cengage Learning 2015

Pension Bavaria

Alles was die „Weltstadt mit Herz"– eine lebendige Großstadt mit Tradition und internationalem Flair – zu bieten hat, ist von unserer Pension nicht weit. Besuchen Sie die Münchner Kirchen und Museen, Brauereien und Biergärten und erholen Sie sich in unseren gemütlichen Gästezimmern. Unsere kleine Pension liegt mitten im „Millionendorf". Genießen Sie bei blauem Himmel und klarer Sicht einen Blick auf die Alpenvon unserer Panoramaterrasse – ein Ausblick, den Sie nie vergessen werden! Kommen Sie nach München und lassen Sie sich für ein paar Tage in unserer zentral gelegenen und dennoch ruhigen Pension verwöhnen – wir freuen uns auf Sie!

Geschichte

1158	1504	1810	1935–1945	1939	1945
Gründung der Stadt als kleine Siedlung von Mönchen. München heißt also „bei den Mönchen".	München wird Hauptstadt des Herzogtums *(principality)* Bayern.	Das erste Oktoberfest findet statt.	München ist „Hauptstadt der Bewegung" *(capital of the [Nazi] movement)*.	Missglücktes Attentat *(failed assassination attempt)* auf Adolf Hitler.	Die Amerikaner besetzen München.

manfredxy Shutterstock;
Zyankarlo Shutterstock;
Yan Ke Shutterstock;
Shutterstock

1 | Fragen zur Station

1. In welchem Bundesland liegt München? Welche Produkte kommen aus dieser Region?
2. Wie alt ist München? Woher kommt der Name München?
3. Wo liegt München? Was liegt in der Nähe?
4. Wie viele Einwohner hat München? Wie groß ist die Fläche? Kennen Sie eine Stadt, die ungefähr so groß ist wie München?
5. Ist München Ihrer Meinung nach eine Großstadt? Warum (nicht)?
6. Warum nennen viele Leute München „die heimliche Hauptstadt" Deutschlands?
7. In München kommen Tradition und modernes Leben zusammen. Was bedeutet Tradition für Sie? Was bedeutet *modernes Leben* für Sie?

Wenn das Wetter gut ist, kann man über den Dächern von München die Alpen sehen.

2 | Schreibaufgabe: Geschichte

Schreiben Sie, basierend auf den Daten und Fakten in der Zeitlinie, die Geschichte Münchens im Perfekt.

 1504 ist München Haupstadt des Großherzogtums Bayern geworden.

1957	1972	1974	2002	2006	2013
München hat eine Million Einwohner.	Bei den Olympischen Sommerspielen werden neun israelische Athleten entführt *(kidnapped)*.	Fußballweltmeister-schaft in München: Deutschland wird zum zweiten Mal seit 1954 Weltmeister.	Eröffnung der Pinakothek der Moderne *(museum of modern art and design)*.	Eröffnung der wiederaufgebauten Synagoge Ohel Jakob im Zentrum der Stadt.	Die europäische Bürgerinitiative right2water kämpft gegen die Privatisierung des Wassers in Europa.

Ein berühmter Münchner
Christian Morgenstern (1871–1914)

Christian Morgenstern wurde am 6. Mai 1871 in München geboren. Nach abgebrochenem Jurastudium° begann Morgenstern zu schreiben. Zunächst schrieb er Literatur- und Theaterkritiken für diverse Zeitungen und Zeitschriften°. 1905 veröffentlichte° er seine erste Gedichtesammlung, *Galgenlieder*°, aus der auch das folgende Gedicht stammt.

Das Wasser
Ohne Wort, ohne Wort
rinnt das Wasser immer fort;
andernfalls°, andernfalls
spräch'° es doch nichts andres als:

Bier und Brot, Lieb und Treu. –
und das wäre auch nicht neu.
Dieses zeigt, dieses zeigt,
daß das Wasser besser schweigt°.

The Granger Collection

Christian Morgenstern

Jurastudium *law school* • **Zeitschriften** *magazines* • **veröffentlichte** *published* • **Galgenlieder** *Gallows Songs* • **andernfalls** *otherwise* • **spräch'** *would speak* • **schweigt** *is silent*

---

3 Fragen zum Gedicht

1. Welches Wort beschreibt dieses Gedicht am besten: elegant, ernst *(serious)*, grotesk, humoristisch, kurios, melancholisch, modern?
2. Für wen schreibt Morgenstern Ihrer Meinung nach? Für Kinder, für Erwachsene, für deprimierte *(depressed)* Menschen, für sich selbst?

4 Schweigen

Ein Verb wie schweigen hat nicht jede Sprache. Schweigen bedeutet „nichts sagen, still sein". Im Deutschen gibt es einige Redensarten, die mit dem Schweigen zu tun haben. Können Sie für die folgenden Sprichwörter *(proverbs)* und Redensarten die passende Definition finden?

1. Reden ist Silber, Schweigen ist Gold.
2. Der Kenner schweigt und genießt *(enjoys)*.
3. Dann ist Schweigen im Walde.
4. das Schweigen brechen
5. jemanden zum Schweigen bringen
6. sich in Schweigen hüllen *(envelop)*

a. so tun *(to pretend)*, als wüsste man nichts, weil man lieber nichts sagen will
b. Wer eine Sache gut kennt, muss nicht viel darüber reden. Er genießt einfach nur.
c. Sprechen ist gut, aber still sein ist besser.
d. Jemanden umbringen *(kill)*, weil man nicht will, dass er die Wahrheit sagt.
e. Etwas, das lange ein Geheimnis *(secret)* war, endlich sagen.
f. Wenn etwas passiert, worauf keiner mehr etwas sagen kann oder will. Dann ist alles still.

5   Andere berühmte Münchner

Suchen Sie Informationen über die folgenden Personen. Wer sind sie? Was haben sie gemacht?

Egid Quirin Asam	Franz Marc
Franz von Stuck	Werner Heisenberg
Carl Spitzweg	Karl Valentin
Gabriele Münter	Ottfried Fischer
Thomas Mann	Helmut Dietl
Lion Feuchtwanger	Lina van de Mars
Frank Wedekind	Martina Gedeck
Franz von Lenbach	Harriet Köhler
Sophie Scholl	Christopher Kloeble

FILMTIPP: *Sophie Scholl* (Marc Rothemund, 2005)

Dieser Film erzählt von der Studentenbewegung „Die weiße Rose". Die Münchner Studentin Sophie Scholl und ihr Bruder Hans haben durch ihre Flugblattaktionen gegen die Nazis ihr Leben verloren.

---

6   Suchbegriffe

Forschen Sie mit den folgenden Suchbegriffen im Internet.

Hofbräuhaus München

1. Was ist das Hofbräuhaus?
2. Wie sieht es im Hofbräuhaus aus?
3. Suchen Sie Informationen über die Gründung der Brauerei. Wann ist sie gebaut worden?

Münchner Oktoberfest

4. Suchen Sie die Geschichte der Wiesn. Wie und wann hat das Oktoberfest begonnen?
5. Wann findet das Oktoberfest statt? Wie lange dauert es?
6. Welche interessanten Fakten und Statistiken gibt es im Internet zu finden?

Deutsches Museum

7. Wann wurde das Deutsche Museum gegründet *(founded)*?
8. Was gibt es dort zu sehen? Welche ständigen *(permanent)* Ausstellungen interessieren Sie?
9. Welche Sonderausstellungen gibt es im Moment?

Die Pinakotheken

10. Wie viele Pinakotheken gibt es in München?
11. Was gibt es in der Pinakothek der Moderne?

Die Pinakothek der Moderne wurde 2002 eröffnet und ist eines der wichtigsten Museen für Moderne Kunst und Design.

Robert Fishman/DPA/Landov

7 Richtig oder falsch?

Forschen Sie weiter und entscheiden Sie, ob die folgenden Aussagen korrekt sind. Wenn sie falsch sind, korrigieren Sie sie.

1. In München begrüßt man sich oft mit *Grüezi*.
2. München liegt im Nordwesten von Deutschland.
3. Im Internet kann man die Bierhalle des Hofbräuhauses sehen.
4. Das Hofbräuhaus ist 1920 gebaut worden.
5. Das erste Oktoberfest war eine Geburtstagsfeier für König Ludwig II.
6. Das Oktoberfest findet jedes Jahr im Oktober statt.
7. Das Oktoberfest dauert einen Monat.
8. Der Festplatz des Oktoberfests heißt Theresienwiese.
9. Das Deutsche Museum ist ein Uhrenmuseum.
10. Das Deutsche Museum ist auf einer Insel im Fluss.

8 Lokale Presse

Gehen Sie zu den folgenden Websites im Internet. Was sind die Schlagzeilen? Wie wirken diese Zeitungen auf Sie? Wie sind Sprache und Präsentation – einfach oder komplex, plakativ *(striking)* oder seriös, modern oder altmodisch? Was ist besonders interessant?

Münchner Abendzeitung	*Süddeutsche Zeitung*
Münchner Merkur	*TZ*

9 Nachrichtenrunde

Arbeiten Sie in Gruppen oder Paaren. Berichten Sie über einen Aspekt, den Sie beim Surfen im Internet gefunden haben.

10 Fragen zum Nachdenken und Diskutieren

Bearbeiten Sie diese Fragen in Paaren oder kleinen Gruppen. Machen Sie Notizen und geben Sie im Kurs einen kleinen Bericht. Bringen Sie die Resultate Ihrer Internetsuche dabei ein.

1. Warum nennt man München ein „Millionendorf"? Kann eine Stadt modern und provinziell zugleich *(at the same time)* sein?
2. Was ist in München attraktiv? Was ist wirklich typisch oder einzigartig *(unique)*?
3. Gibt es Feste wie das Oktoberfest in Ihrem Land? Was ist dort ähnlich? Was ist anders?
4. Welche Vorurteile *(preconceived notions)* über München hatten Sie vor dem Lesen und Forschen in diesem Kapitel? Sind sie korrekt?

Grundwortschatz:
Essen und Trinken

das **Bier, -e** beer	das **Gericht, -e** dish
das **Brot, -e** bread	**kochen** (hat gekocht) to cook
essen (isst, aß, hat gegessen) to eat	**probieren** (hat probiert) to try
der **Fisch, -e** fish	**trinken** (trank, hat getrunken) to drink
das **Fleisch, -** meat	der **Wein, -e** wine

11 **Kategorien**

Arbeiten Sie gemeinsam mit einem Partner / einer Partnerin und finden Sie das Wort, das nicht zu den anderen passt. Erklären Sie, warum.

1. das Bier, das Brot, das Fleisch, der Fisch
2. essen, trinken, kochen, probieren
3. der Wein, das Bier, das Wasser, das Gemüse
4. das Wasser, der Saft, die Limonade, das Bier
5. essen, das Gericht, trinken, kochen
6. das Brot, der Wein, das Bier, das Gericht

Strukturen

Über Vergangenes sprechen:

Das Perfekt

The present perfect tense **(das Perfekt)** is the conversational way to speak (and write) about past events in German.

	Auxiliary	Past Participle	Examples
Weak Verbs	haben sein	**ge** + stem + **(e)t**	Auf dem Oktoberfest 1948 **hat** Peter Mathes zum ersten Mal seinen Flohzirkus **gezeigt**. In den letzten Jahren **sind** viele Millionen Touristen nach München **gereist**.
Strong Verbs	haben sein	**ge** + stem (often changed) + **en**	Während des Oktoberfests 2008 **haben** die Besucher nicht nur Bier, sondern auch ungefähr 90.000 Liter Wein **getrunken**. Für die Münchner **ist** München schon immer die heimliche Hauptstadt Deutschlands **gewesen**.
Mixed Verbs	haben sein	**ge** + stem (often changed) + **(e)t**	Die Mönche **haben** das Bier nach München **gebracht**. Viele Besucher **haben** nicht **gewusst**, dass es auf dem Oktoberfest einen Flohzirkus gibt.

- *Auxiliaries:* **Haben** is the auxiliary for most verbs. **Sein** is used for intransitive verbs that indicate movement from one place to another or a change of condition. It is also used for the verbs **sein** and **bleiben**.

- *Past participle endings:* Infinitive stems of weak and mixed verbs that end in **-t** or a consonant cluster (for example, **-rt, -nd, -gn**) add an **-e-** before the past participle ending.

  arbeit-en → gearbeit-**et**
  Viele Menschen **haben** schon Monate vor der Eröffnung am Aufbau der Oktoberfestzelte **gearbeitet**.

The other tense used in German to refer to events and actions in the past is the simple past **(das Imperfekt)**, which is most commonly used in written narratives. The simple past will be presented in *Station 3*, the next chapter.

Intransitive verbs are verbs without objects, such as **gehen.** In many variants of German, particularly in the South, it is acceptable to use **sein** with other intransitive verbs that do *not* show movement or a change of condition, such as **sitzen** or **liegen**.

- *Separable and inseparable prefixes:* Verbs with *separable* prefixes insert **-ge-** between the separable prefix and the stem. Verbs with inseparable prefixes do not add **-ge-**.

  ansiedeln → angesiedelt
  In München **haben** sich viele Firmen **angesiedelt**.

  But: besuchen → besucht
  Im Jahr 2008 **haben** über sechs Millionen Menschen das Oktoberfest **besucht**.

  veröffentlichen → veröffentlicht
  1905 **hat** Christian Morgenstern seine erste Gedichtsammlung **veröffentlicht**.

- *-ieren:* Verbs ending in **-ieren** are weak and, in addition, do not take a **ge-** prefix.

  Während des Oktoberfests 2007 **haben** die Besucher 521.872 Brathähnchen **konsumiert**.

- *Word order:* In a statement, the auxiliary follows either the subject or some other word or phrase that begins the sentence. The past participle stands at the end of the sentence.

  Christian Morgenstern **hat** viele Gedichte **geschrieben**.
  Später **sind** wir zum Oktoberfest **gegangen**.

Note: The Appendix includes a comprehensive list of the most commonly used strong and mixed verbs and their past participles.

---

12 **Der erste Tag in München**

Ergänzen Sie mit Ihrem Partner / Ihrer Partnerin die Lücken mit der richtigen, konjugierten Form von **haben** oder **sein** und bringen Sie dann die Sätze in die richtige Reihenfolge, um die Geschichte zu erzählen.

_____ Nachmittags _____ die Gruppe einen Bummel *(stroll)* durch die Innenstadt gemacht, und anschließend _____ die Professorin ihren Studierenden die Pinakothek der Moderne gezeigt, eines der beliebtesten Museen Europas.

___1___ Letzten Sommer _____ eine amerikanische Professorin mit einer Gruppe Studierenden nach München geflogen.

_____ Die Professorin wollte allerdings lieber ihre Ruhe haben. Sie _____ in einem gemütlichen italienischen Lokal Abend gegessen und _____ danach zurück ins Hotel gegangen.

_____ Um 8.00 Uhr morgens _____ sie am Flughafen „Franz-Josef Strauß" angekommen.

_____ Abends _____ die meisten Studierenden in den Biergarten am Chinesischen Turm gegangen, wo sie eine bayerische Brotzeit gegessen _____.

_____ Im Hotel _____ alle erst mal ein paar Stunden geschlafen, weil der Flug ziemlich lang gewesen _____.

_____ Dann _____ die Gruppe mit der S-Bahn direkt vom Terminal in die Innenstadt gefahren.

13 Stadtführung durch München

Ergänzen Sie mit Ihrem Partner / Ihrer Partnerin die Lücken mit dem richtigen Partizip des passenden Verbs aus den Listen.

ankommen – begrüßen – besuchen – essen – gehen – sehen – sein – treffen – trinken – wandern

Am nächsten Tag hat sich die Gruppe schon am frühen Morgen zu einer Stadtführung *(guided tour)* am Marienplatz ＿＿＿＿＿. Kurz darauf ist auch der Stadtführer ＿＿＿＿＿ und hat die Gruppe mit einem typisch Münchnerischen „Grüß Gott" ＿＿＿＿＿. Dann sind die Studierenden südlich zum Viktualienmarkt ＿＿＿＿＿, wo sie viele Marktstände mit Obst, Gemüse, Fleisch, Brot und – schon wieder! – einen Biergarten ＿＿＿＿＿ haben. Doch diesmal haben sie nichts ＿＿＿＿＿ oder ＿＿＿＿＿, sondern sind weiter in Richtung Peterskirche ＿＿＿＿＿. Während des restlichen Vormittags hat die Gruppe noch viele berühmte Plätze ＿＿＿＿＿, und am Ende sind alle ziemlich erschöpft ＿＿＿＿＿.

14 Noch ein berühmter Münchner

Vervollständigen Sie die Biografie dieses bekannten Münchner Komponisten im Perfekt. Können Sie herausfinden, wie er heißt?

arbeiten – bringen – kommen – komponieren – sterben – studieren – zurücktreten

Wer ist dieser berühmte Münchner Komponist, der von 1864–1949 gelebt hat?

Ich ＿＿*bin*＿＿ 1864 in München auf die Welt *gekommen*. 1882 ＿＿＿＿＿ ich Philosophie, Kunstgeschichte und Ästhetik an der Münchner Universität ＿＿＿＿＿. Auf einer Reise nach Ägypten ＿＿＿＿＿ ich meine erste Oper ＿＿＿＿＿, danach die Vertonungen *(compositions)* „Till Eulenspiegel" und „Also sprach Zarathustra". 1911 ＿＿＿＿＿ Max Reinhard meine musikalische Komödie „Der Rosenkavalier" zum ersten Mal auf die Bühne ＿＿＿＿＿. 1917 habe ich mit anderen die Salzburger Festspiele gegründet. Wegen meiner Zusammenarbeit mit dem jüdischen Autor Stefan Zweig ＿＿＿＿＿ ich 1934 von meinem Posten als Präsident der Reichsmusikkammer ＿＿＿＿＿, seitdem ＿＿＿＿＿ ich als Dirigent *(conductor)* in Bayreuth ＿＿＿＿＿. 1949 ＿＿＿＿＿ ich in Garmisch-Partenkirchen (südlich von München) ＿＿＿＿＿.

Jetzt können Sie vielleicht Ihre eigene kleine Kurzbiografie erzählen.

⦿ Einblicke

15 **Fragen zum Thema**

1. Nennen Sie ein paar Getränke. Was trinken Sie am liebsten?
2. Was trinken Sie zum Frühstück? Was trinken Sie tagsüber *(during the day)* oder abends?
3. Was trinken Sie gern im Restaurant oder auf Partys?
4. Welche Getränke trinkt man mit Eis?
5. Wenn Sie Wasser trinken: Kaufen Sie Wasser in Flaschen oder trinken Sie Leitungswasser *(tap water)*? Filtern Sie das Leitungswasser?
6. Was machen Sie mit den leeren Flaschen, Packungen und Dosen?

Ein Münchner Flaschensammler packt aus

receives welfare benefits

Peter L. (41) bezieht Hartz IV° – und bessert sich seine Finanzen durch das auf, was andere in den Mülleimer werfen.

cautiously

Zögerlich° schaut der stämmige kleine Mann mit der petrolblauen Jacke in die runden Öffnungen der eckigen Mülleimer. Nix drin. Peter L. (41) sammelt seit zwei Jahren Pfandflaschen. Sein „Jagd-revier" sind die Mülleimer rund um den Münchner Hauptbahn-

5 hof und im Untergrundbereich der U- und S-Bahnen. „Andere

slang for television / **lassen sich...:**
slang for get drunk

schauen in die Glotze° oder lassen sich volllaufen°. Ich gehe halt lieber raus und mache was", sagt er.

income

Das Flaschenpfand hilft ihm, sein Hartz-IV-Einkommen° aufzubessern. Außerdem mag er das ewige Daheimsitzen nicht.

10 Peter ist ledig und hat eine Wohnung für sich allein. Fast täglich startet Peter L. gegen 10 Uhr mit zwei Jutesäcken und einem blauen Rucksack auf dem Rücken in Richtung Hauptbahnhof. Er könnte auch in die Fußgängerzone gehen, aber da sind so viele Flaschensammler, dass man kaum Glück hat, dort noch was zu

15 ergattern, sagt er. „Die beste Zeit zum Sammeln ist gegen Mit-tag, denn dann kommen viele zum Essen her und schmeißen ihre Flaschen einfach weg, weil es ihnen zu umständlich ist, sie wieder zurückzugeben", sagt der füllige° Mann. Ein Glück für ihn.

© Rudi Froese/Anzenberger/Redux

Viele Pfandflaschen landen im Müll. *stocky, husky*

Am Wochenende lohnen sich vor allem die Abendstun-

20 den, wenn die Leute vor dem Clubbesuch noch eine Flasche Bier leeren. Auch Großveranstaltungen wie Fußballspiele und

gold mines

Konzerte sind wahre Goldgruben° für Flaschensammler. Momen-tan macht er mit dem Flaschenpfand-Geschäft um die zwei bis drei Euro Gewinn am Tag. Im Sommer kassiert er an zwei Tagen

loot 25 schon mal acht bis neun Euro. Die angesammelte „Beute"° bringt Peter L. nach seiner Arbeit in den nächsten Supermarkt und kauft davon Lebensmittel.

Das Flaschenpfand unterscheidet sich in drei Preisklassen.
Die Oberklasse: Einwegflaschen, wie Dosen oder Flaschen aus
30 weichem Plastik für 25 Cent. Die Mittelklasse: Mehrwegflaschen
aus Glas oder hartem Plastik für 15 Cent. Die Unterklasse:
Bierflaschen für acht Cent. Am liebsten sind Peter L. die Plastikflaschen: „Die sind leichter zu tragen als Bierflaschen".

Excerpt from online newspaper article entitled "Ein Münchner Flaschensammler packt aus" from Abend-Zeitung, written by Agnes Bauer, published
March 4, 2011. SPIEGEL 42/1989, pages 24–25. Reprinted by permission.

16 Fragen zum Text

1. Wo sammelt Peter L. meistens leere Flaschen?
2. Wann ist die beste Zeit, um Flaschen zu sammeln?
3. Wie viel Pfand bekommt Peter L. für Plastikflaschen, Glasflaschen und Dosen?
4. Welche Flaschen sammelt Peter L. am liebsten?
5. Was machen Sie mit leeren Flaschen und Dosen? Recyceln Sie Glas, Plastik und Aluminium?

Wo sagt man was?

Die Vergangenheit erzählen

Im süddeutschen Sprachraum ist seit der Zeit des Frühneuhochdeutschen (*early High German*) (ca. 1450 – ca. 1650) in der Umgangssprache (*colloquial German*) das Imperfekt kaum mehr zu finden. Mit der Ausnahme von **sein** verwendet man im Süden fast nur das Perfekt, um über die Vergangenheit zu sprechen. Im Norden Deutschlands hingegen benutzt man in der gesprochenen Sprache, vor allem bei Erzählungen, öfter das Imperfekt.

Von Hamburg nach München. Sie lesen, was ein Getränkemarktbesitzer aus dem Norden über seinen Alltag erzählt. Wie würde das ein süddeutscher Getränke-marktbesitzer sagen?

Aus dem Norden: Gestern ging es bei mir wieder drunter und drüber. Ganz früh am Morgen schon kamen die ersten Kunden. Ich verkaufte insgesamt über 100 Kästen Mineralwasser und 200 Kästen Bier. Während der Mittagspause lieferten wir Getränke aus, das war eine ziemliche Schlepperei. Am Nachmittag wurde es zwar etwas ruhiger, aber die alte Frau Hansen von nebenan hörte mal wieder nicht mit dem Quasseln auf. Und dann kamen noch ein paar Amerikaner, denen ich erstmal das Pfandflaschensystem erklärte. Um 19.00 Uhr machte ich dann schließlich Feierabend und ging nach Hause.

Aus dem Süden: Gestern ist es bei mir wieder drunter und drüber gegangen...

Wortschatz

das **Bier, -e** *beer*
die **Dose, -n** *can*
die **Flasche, -n** *bottle*
die **Fußgängerzone, -n** *pedestrian zone*
gegen Mittag *around noon*
der **Gewinn, -e** *gain, profit*
die **Lebensmittel** *(pl.)* *groceries*
das **Glas, ̈er** *glass*
das **Glück** *luck, happiness*
ledig *single*
leer *empty*
leeren *to empty*

sich **lohnen** (hat sich gelohnt) *to be worth it*
der **Mülleimer, -** *trash can*
das **Pfand, ̈er** *deposit*
das Pfand einlösen *to collect the deposit*
die **Pfandflasche, -n** *deposit bottle*
das **Plastik** *plastic*
die **Plastikflasche, -n** *plastic bottle*
der **Preis, -e** *price*
trinken (trank, hat getrunken) *to drink*

Trinkgeld

Warum heißt das kleine Extra für die Kellnerin oder den Kellner **Trinkgeld**? Es war ursprünglich *(originally)* so gedacht, dass die Kellnerin oder der Kellner sich damit etwas zu trinken kaufen sollten. Das erklärt, warum man in Deutschland meistens den Betrag *(amount)* aufrundet und dann sagt **Der Rest ist für Sie.** *(You can keep the rest.)* Man sagt **Stimmt so!** *(We're even. You don't need to give me any change.)*, wenn man ein paar Euro dazu gibt. Man spricht also mit der Bedienung über das Trinkgeld und lässt es nicht einfach beim Gehen auf dem Tisch liegen.

Wie geben Sie Trinkgeld? Warum? Was halten Sie von den deutschen Trinkgeld-Gewohnheiten *(habits)*?

17 Definitionen

Finden Sie die richtigen Begriffe für die folgenden Definitionen.

1. _____ bringt im Restaurant das Essen und die Getränke.
2. _____ bringt man zurück zum Supermarkt und bekommt das Geld für das Pfand wieder.
3. _____ kann man im Freien sitzen und Bier trinken; man darf auch oft sein eigenes Essen mitbringen.
4. Das Extra für den Kellner oder die Kellnerin nennt man _____.
5. _____ ist das Geld für die leeren Flaschen und Kästen.

a. Pfandflaschen
b. Die Bedienung
c. Trinkgeld
d. Im Biergarten
e. Das Pfand

18 Deutsche Trinkgewohnheiten

Ergänzen Sie die Sätze!

1. Die meisten _____ werden in Pfandflaschen verkauft.
2. Wenn man im Restaurant in Deutschland Wasser bestellt, bekommt man _____.
3. Das _____ ist meistens sehr gering.
4. In deutschen Restaurants gibt es Leitungswasser nicht immer _____.
5. Wenn die Flaschen und Dosen _____ sind, bringt man sie zurück und bekommt das Pfand wieder.

19 Das Pfandflaschensystem

Ein Tourist in München möchte wissen, wie das deutsche Pfandflaschensystem funktioniert. Erklären Sie es ihm. Verwenden Sie dabei die folgenden Wörter. Arbeiten Sie in Gruppen oder Paaren und schreiben Sie einen Dialog.

bezahlen – Dosen – Flaschen – Getränke – Glas – Plastikflaschen – Kästen – kaufen – leer – Pfand – Pfandflaschensystem

20 Was ist passiert?

Beschreiben Sie die Situation im Bild. Erzählen Sie, wie es zu dieser Szene gekommen ist. Beginnen Sie mit **Ein Amerikaner ist in ein deutsches Restaurant gegangen und...** Spielen Sie die Szene. Verwenden Sie dabei die folgenden Wörter.

bestellen – billig – Eis – Flasche – ganz – Getränk – Glas – Kellner/Kellnerin – Kohlensäure – Leitungswasser – Mineralwasser – schweigen – sonst – Speisekarte – trinken – umsonst

21 **Missverständnisse: Rollenspiel**

Welche anderen Missverständnisse kann es sonst noch im Restaurant geben? Denken Sie an die folgenden Aspekte. Arbeiten Sie in Paaren oder Gruppen und denken Sie sich Szenen dazu aus.

- Es gibt keine Hostess in deutschen Restaurants. Setzen Sie sich einfach an einen Tisch?
- Ein amerikanischer Gast will dem Kellner ein Trinkgeld geben.
- Eine Amerikanerin sitzt allein am Tisch im Biergarten. Ein Mann und seine Freundin fragen: „Ist hier noch frei?"

Strukturen

Befehle, Wünsche, Anleitungen:

Der Imperativ

The imperative **(der Imperativ)** is a set of verb forms used to express commands, requests, warnings, suggestions, and instructions.

There are four forms:

the singular informal **(du)**	**Geh(e)** nach München!
the plural informal **(ihr)**	**Geht** nach München!
the singular and plural formal **(Sie)**	**Gehen Sie** nach München!
the first person plural **(wir)**, equivalent to the English *let's . . .*	**Gehen wir** nach München!

Except for the **du-**imperative, the forms are identical to the corresponding forms of regular present tense verbs **(ihr geht, Sie gehen, wir gehen)**. The **du-**imperative is formed from the present tense stem, sometimes with an optional **-e** ending **(gehe)**, which is often omitted in colloquial German **(geh)**. The **e** is usually not omitted for those verbs that add **-e** in the second- and third-person singular forms **(arbeite).**

- The verb is the first element in the imperative. **Du-** and **ihr-**imperatives are expressed without the subject, whereas **Sie-** and **wir-**imperatives put the subject after the verb.

  Komm(e) her!

  Bringt eure Freunde mit nach München!

  Reisen Sie nach München!

  Fahren wir nach München!

- If the imperative is negative, the word **nicht** follows the imperative form of the verb.

  Geht **nicht** nach München!

- With the exception of **werden,** verbs that change their stem vowel from **e** to **i** or **e** to **ie** also change in the **du-**imperative.

    Essen: **Iss** nicht so viel im Hofbräuhaus!

    Lesen: **Lies** doch mal ein Gedicht von Morgenstern!

    But: Werden: **Werd(e)** doch nicht gleich sauer, wenn ich dir diese Sachen sage!

- Often, the use of an imperative can be perceived as impolitely direct or even rude. In these instances, **bitte** can be inserted to soften the command.

    Zeigen Sie mir **bitte** den Stadtplan von München!

    Sprich doch **bitte** nicht so viel!

- On signs, in public announcements, and in instructions, directives (especially negative ones) are often expressed in an impersonal tone by just using an infinitive.

    Bitte **nicht rauchen!**

22 Besuchertipps für München

Gestalten Sie mit Ihrem Partner / Ihrer Partnerin kleine Minidialoge, in denen Sie einem Besucher Tipps für den Aufenthalt in München geben. Benutzen Sie dabei Imperative in der **Sie**-Form.

 das Deutsche Museum besuchen →

BESUCHER: Was kann ich in München machen?

SIE: Besuchen Sie doch mal das Deutsche Museum.

BESUCHER: Eine prima Idee! (*oder* Ins Museum? Also, ich weiß nicht. Haben Sie noch einen anderen Vorschlag?)

1. auf den Olympiaturm fahren
2. durch den Englischen Garten wandern
3. durch die Kaufinger Straße bummeln
4. in den Augustiner-Biergarten gehen
5. auf dem Viktualienmarkt eine Brotzeit essen
6. Schloss Nymphenburg besichtigen
7. sich die Pinakothek der Moderne ansehen
8. zum Schwimmen ins Müllersche Volksbad gehen
9. mit dem Fahrrad an der Isar entlang fahren
10. im Hirschgarten spazieren gehen

23

Verbote und Gebote in München!

Wo sieht man diese Verbote und Gebote *(commands)*? Finden Sie mit Ihrem Partner / Ihrer Partnerin den passenden Kontext für die Phrasen.

 **im Hofgarten** →

Den Rasen nicht betreten!

1. im Rosengarten
2. in der Münchner Straßenbahn
3. in der U-Bahn vor der Abfahrt
4. in der Neuen Pinakothek

5. im Tierpark Hellabrunn
6. am Kleinhesseloher See
7. im Prinzregententheater

© Cengage Learning 2015

24

Verhaltensregeln für den Besuch in München

Nach der Ankunft in München gibt die Professorin ihren Studierenden noch ein paar Tipps, was sie in München machen und nicht machen sollen. Auf dieser Reise spricht sie mit den Studierenden in den **du**- und **ihr**-Formen. Spielen Sie die Rolle der Professorin und formulieren Sie Imperative.

 Lee und Suin rauchen im Hotelzimmer. →

Raucht nicht im Hotelzimmer! *(oder* Geht raus zum Rauchen!)

1. Christian singt immer laut und falsch mit seinem iPod®.
2. Julie und Chantelle stehen jeden Tag so spät auf.
3. Rob will sich unbedingt die Alte Pinakothek ansehen.
4. Dayton und Katra quatschen während der Stadtführung ständig.
5. Sabrina ist zu den anderen Studierenden ziemlich unfreundlich.
6. David und Sarah bleiben jeden Abend ewig in der Disko.
7. Mike fährt mit dem Skateboard in der Fußgängerzone.
8. Alle sprechen nicht genug Deutsch.

Obatzter
Eine bayrische Spezialität
Zutaten°

2 EL° Butter
3 EL Sahne
3 EL reifen° Camembert oder Brie
1 kleine Zwiebel (fein geschnitten)
1 Messerspitze° Pfeffer
2 EL Paprikapulver°

Anleitung
Butter, Sahne und Camembert (oder Brie) mit einer Gabel zerdrücken.° Zwiebel, Pfeffer und Paprika dazugeben. Mit Brot servieren.

© Food Centrale Hamburg GmbH / Alamy

Obatzter isst man mit Brot gerne zum Abendessen.

Zutaten *ingredients* • **Esslöffel** *tablespoon* • **reifen** *ripe* • **Messerspitze** *pinch*
Paprikapulver *paprika powder* • **zerdrücken** *mash*

 25 **Obatzter**

Obatzter machen ist nicht schwer. Hier sind die Anweisungen. Sagen Sie Ihrem Partner / Ihrer Partnerin, was er/sie machen soll.

z.B. ▶ **Zwiebeln schälen** *(peel)* →

Schäl die Zwiebeln.

1. Butter und Sahne in eine Schüssel *(bowl)* geben
2. Käse in Würfel *(cubes)* schneiden
3. Zwiebeln fein hacken
4. Pfeffer und Paprika darüber streuen *(sprinkle)*
5. alles gut mischen
6. ein paar Minuten vor dem Essen aus dem Kühlschrank nehmen
7. Brot schneiden
8. mit Petersilie *(parsley)* garnieren

26 **Was gibt es? Was nehme ich?**

 Suchen Sie ein deutsches Restaurant in Ihrer Stadt oder im Internet und finden Sie eine Speisekarte. Was gibt es? Was nehmen Sie? Bestellen Sie mit den folgenden Redewendungen.

Ich hätte gern...   Für mich bitte...
Ich nehme...   Einmal..., bitte.

27 **Rollenspiel**

Spielen Sie kleine Szenen im Restaurant mit der Speisekarte, die Sie in Übung 26 gefunden haben. Spielen Sie nicht sich selbst, sondern eine andere Person; zum Beispiel eine japanische Touristin, einen Münchner Studenten, eine Vegetarierin, einen Restaurantkritiker oder eine Reporterin für ein Gourmetmagazin usw.

Redemittel zum Diskutieren

Meinung äußern

Wenn man bei einer Diskussion seine Meinung sagen will, kann man die folgenden Formeln und Redewendungen verwenden.

Meiner Meinung nach...	**Meiner Meinung nach** wäre es besser, wenn Kinder nur Wasser oder Saft *(juice)* trinken.
Ich meine (Ich meine, dass)...	**Ich meine,** Kinder sollten nicht so viel Cola und Limo trinken.
Ich bin der Meinung (Ich bin der Meinung, dass)...	**Ich bin der Meinung, dass** für Cola und Limo zu viel Werbung *(advertisement)* gemacht wird.
Ich würde sagen (Ich würde sagen, dass)...	**Ich würde sagen, dass** Apfelsaft besser schmeckt als Cola.
Ich finde (Ich finde, dass)...	**Ich finde,** es sollte in Schulen keine Cola-Automaten *(soda vending machines)* geben.

28 Deiner Meinung nach?

Welchen der folgenden Aussagen stimmen Sie (nicht) zu?

1. Ich meine, die Deutschen essen nicht sehr gesund.
2. Ich meine, dass es hier auch ein Pfandflaschensystem geben sollte.
3. Ich bin der Meinung, dass es in allen Restaurants Leitungswasser umsonst geben sollte.
4. Ich bin der Meinung, man sollte überall auch für Aluminiumdosen ein Pfand bezahlen.
5. Meiner Meinung nach sollten die Deutschen weniger Bier trinken.
6. Ich würde sagen, dass das Essen in Deutschland sehr interessant ist.
7. Ich würde sagen, das Oktoberfest ist nur für Kinder wirklich interessant.
8. Ich finde, dass Sauerkraut furchtbar *(terrible)* schmeckt.
9. Ich finde, das Hofbräuhaus ist sehr gemütlich *(cozy)*.

29 Elegant argumentieren

Formulieren Sie die folgenden Sätze eleganter, indem Sie die Redemittel verwenden.

1. Leitungswasser schmeckt gut. Ich finde, dass…
2. Sauerkraut ist eine fantastische Beilage *(side dish)*. Meiner Meinung nach…
3. Der Kaffee ist in Österreich besser als in Deutschland. Ich bin der Meinung, dass…
4. Kinder sollten nicht so viel Cola trinken. Ich finde, …
5. Recycling ist besser als ein Pfandflaschensystem. Ich würde sagen, dass…
6. Die Deutschen sollten nicht so viel Bier trinken. Ich bin der Meinung, …
7. Die Kellner in Deutschland sind nicht sehr freundlich. Ich meine, dass…

30 Fragen zur Diskussion

Diskutieren oder schreiben Sie über eines der folgenden Themen. Verwenden Sie dabei die Redemittel.

1. Gibt es in Ihrem Staat ein Pfandflaschensystem oder ein Recyclingsystem für Glas, Aluminium und Plastik? Wie funktioniert es? Wie sollte es funktionieren?
2. Werfen wir zu viele Flaschen und Dosen in den Müll? Was können wir verbessern?
3. Wie finden Sie das deutsche Pfandflaschensystem; was sind Vor- und Nachteile?
4. In Deutschland gibt es selten kostenloses Leitungswasser im Restaurant. Was denken Sie? Sind die Preise für die Getränke in Deutschland zu hoch? Sollte es im Restaurant immer kostenloses Leitungswasser geben?

» Das Video finden Sie bei **iLrn**.

Videoblog

Stefan

Vor dem Sehen

„Wegen dem südlichen Flair bezeichnet man München auch als die nördlichste Stadt Italiens."

© Cengage Learning

A **Fragen über Fragen**

In seinem Vlog erzählt Stefan von seiner Biografie und über München. Formulieren Sie gemeinsam mit einem Partner / einer Partnerin jeweils drei Fragen, die Sie an Stefan haben.

Fragen zur Biografie

1. _____
2. _____
3. _____

Fragen zu München

1. _____
2. _____
3. _____

Beim Sehen

B **Themen und Orte**

Kreuzen Sie an, über welche Themen und Orte Stefan spricht.

☐ Schule   ☐ Literatur   ☐ Brauereien
☐ Kindergarten   ☐ Biergarten   ☐ Deutsches Museum
☐ Beruf   ☐ Starnberger See   ☐ High-Tech Standort
☐ Familie   ☐ Englischer Garten   ☐ Glockenspiel
☐ Freizeit   ☐ Oktoberfest   ☐ Pinakothek
☐ Sport   ☐ Autoindustrie   ☐ Viktualienmarkt

C **Autobiografisches**

Ergänzen Sie die Lücken mit den Wörtern, die Sie hören.

„Ich _____ hier _____, in München, und ich _____ hier auf die Grundschule _____, erstmal. Und danach _____ ich aufs Gymnasium _____, aufs Michaeligymnasium, und _____ dort mein Abitur _____. Ähm, danach _____ ich... äh... _____ ich Zivildienst *(social service year)* _____, das ist ein Dienst anstelle von Militärdienst, statt Wehrdienst *(mandatory military service)*, den hab' ich _____ beim Roten Kreuz, in München, und würde jetzt gerne Medizin studieren und _____ nicht, ob das in München geht, aber würd' auch gern woanders _____."

D Sport

Stefan erzählt, dass er in seiner Freizeit gerne Sport treibt. Welche fünf Sportarten nennt er?

1. _____ 2. _____ 3. _____ 4. _____ 5. _____

E Biergarten und Englischer Garten

Wie beschreibt Stefan den typischen Münchner Biergarten und den Englischen Garten? Arbeiten Sie mit einem Partner / einer Partnerin und notieren Sie Stichwörter für beide Bereiche.

Im Biergarten	Im Englischen Garten
Breze essen	große Parklandschaft
_____	_____
_____	_____
_____	_____
_____	_____

F Stadtrundgang

Nummerieren Sie, welche Reihenfolge Stefan für einen Stadtrundgang vorschlägt.

_____ Viktualienmarkt

_____ Hofbräuhaus

___*1*___ Marienplatz

_____ Altes Rathaus

_____ Glockenspiel

Nach dem Sehen

G Reflexionen

Schauen Sie jetzt nochmal auf die Fragen, die Sie vor dem Video formuliert haben. Sind sie beantwortet? Was haben Sie Neues erfahren? Worüber möchten Sie noch mehr wissen?

H Autobiografisches

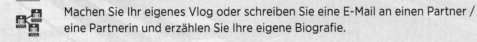

Machen Sie Ihr eigenes Vlog oder schreiben Sie eine E-Mail an einen Partner / eine Partnerin und erzählen Sie Ihre eigene Biografie.

◉ Lektüre

Karl Valentin

Karl Valentin wurde 1882 in München geboren und war ein bayerischer Humorist, Autor und Filmproduzent. Er wurde bekannt für seine Sprachspiele und seinen selbstironischen Humor. Mit seinem dadaistischen und expressionistischen Stil, der konventionelle Kunstformen parodierte, hat er auch andere Autoren wie zum Beispiel seinen Freund Bertolt Brecht beeinflusst. Valentins wichtigste Bühnenpartnerin war Liesl Karlstadt, mit der er ab 1911 fast dreißig Jahre zusammenarbeitete. Valentin, der 1948 starb, ist bis heute einer der bedeutendsten und bekanntesten Münchner Künstler.

Karl Valentin

Vor dem Lesen

31 **Assoziationen**

Was assoziieren Sie mit den folgenden Begriffen? Machen Sie zwei Assoziogramme und vergleichen Sie sie im Kurs.

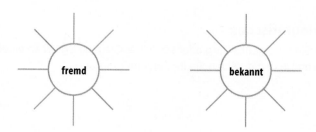

fremd   bekannt

32 **Fragen zum Thema**

Machen Sie gemeinsam mit Ihrem Partner / Ihrer Partnerin zwei Listen und diskutieren Sie im Kurs.

1. Wo oder wann fühlen Sie sich fremd?
2. Wo oder wann fühlen Sie sich zu Hause?

33 **Orte in München**

Was wissen Sie über diese Orte in München? Arbeiten Sie gemeinsam mit einem Partner / einer Partnerin und berichten Sie im Kurs.

1. die Glyptothek
2. Alte Pinakothek
3. Neue Pinakothek
4. Pinakothek der Moderne
5. Deutsches Museum
6. Hofbräuhaus

© Pxel/Alamy

Die Münchner Glyptothek

34 **Wörterbucharbeit: *fremd***

Arbeiten Sie gemeinsam mit einem Partner / einer Partnerin und recherchieren Sie die Bedeutung der folgenden Redewendungen und Phrasen mit „fremd". Finden oder erfinden Sie ein Beispiel für jede Redewendung und Phrase und stellen Sie Ihre Beispiele im Kurs vor.

1. Das ist mir fremd.
2. Ich bin hier fremd.
3. eine fremde Sprache lernen
4. ohne fremde Hilfe
5. eine fremde Kultur
6. sich mit fremden Federn schmücken
7. das Fremdwort
8. fremdgehen
9. Das Kind fremdelt nicht.
10. der Fremdkörper
11. die Fremde

Beim Lesen

Machen Sie beim ersten Durchlesen Notizen, wenn etwas nicht klar ist. Teilen Sie Ihre Fragen anderen Studierenden im Kurs mit.

Die Fremden

Karl Valentin

	PROF.:	So! – Wir haben also in der letzten Unterrichtsstunde
felt slipper		über die Filzpantoffel° gesprochen und behandeln heute
		das Hemd. Wer von euch weiß zufällig einen Reim auf
		»Hemd«?
5	VAL.:	Auf Hemd reimt sich »fremd«.
plural	PROF.:	Sehr gut! Und wie heißt die Mehrzahl° von »fremd«?
	VAL.:	Die Fremden.
	PROF.:	Jawohl, die Fremden. – Und aus was bestehen die
		Fremden?
10	VAL.:	Aus »fremd« und aus »den«.
	PROF.:	Sehr gut! — Und was ist ein »Fremder«?
	VAL.:	Fleisch – Gemüse – Mehlspeisen – Obst usw.
	PROF.:	Nein! – Nein! – Nicht was er ißt, sondern was er tut.
	VAL.:	Er reist ab.
15	PROF.:	Sehr richtig! – Er kommt aber auch an – und ist dann ein
		Fremder. – Bleibt er dann für immer ein Fremder?
	VAL.:	Nein! – Ein Fremder bleibt nicht immer ein Fremder.
	PROF.:	Wieso?
	VAL.:	Fremd ist der Fremde nur in der Fremde.
20	PROF.:	Das ist nicht unrichtig. – Und warum fühlt sich ein
		Fremder nur in der Fremde fremd?
	VAL.:	Weil jeder Fremde, der sich fremd fühlt, ein Fremder ist,
		und zwar solange, bis er sich nicht mehr fremd
		fühlt – dann ist er kein Fremder mehr.
25	PROF.:	Ausgezeichnet! – Wenn aber ein Fremder schon lange in
		der Fremde ist, – ist das dann auch ein Fremder? Oder
		ist das ein Nichtmehrfremder?
	VAL.:	Jawohl, das ist ein Nichtmehrfremder; aber es kann
		diesem Nichtmehrfremden – unbewußt – doch noch
30		einiges fremd sein.
	PROF.:	Was zum Beispiel?
	VAL.:	Den meisten Münchnern z. B. ist das Hofbräuhaus nicht
on the other hand (here used as a		fremd – hingegen° ihnen die meisten Museen fremd sind.
subordinating conjunction)	PROF.:	Sehr richtig! – Dann kann also der Einheimische in seiner
35		eigenen Vaterstadt zugleich noch ein Fremder sein. – Es gibt
		aber auch Fremde unter Fremden! Wie verstehen Sie das?
	VAL.:	Fremde unter Fremden sind – so wie ich mir das
		vorstelle –, wenn Fremde mit dem Zug über eine Brücke
		fahren und ein anderer Eisenbahnzug mit Fremden unter
40		derselben durchfährt, so sind die durchfahrenden Frem-
		den – Fremde unter Fremden, was Sie, Herr Professor,
		wahrscheinlich nicht so schnell begreifen werden.
	PROF.:	Leicht fällt es mir nicht! Aber nun wieder zum Thema. –
		Und was sind »Einheimische«?
45	VAL.:	Einheimische sind das Gegenteil von Fremde.
		Aber dem Einheimischen sind die fremdesten Fremden
		nicht fremd, – er kennt zwar den Fremden persönlich nicht,
		merkt aber sofort, daß es sich um einen Fremden handelt,

	bzw. um Fremde handelt; zumal, wenn diese Fremden in
50	einem Fremdenomnibus durch die Stadt fahren.
PROF.:	Wie ist es nun, wenn ein Fremder von einem Fremden
	eine Auskunft will?
VAL.:	Sehr einfach. – Frägt° ein Fremder in einer fremden
55	Stadt einen Fremden um irgend etwas, was ihm fremd
	ist, so sagt der Fremde zu dem Fremden: »Das ist mir
	leider fremd, ich bin hier nämlich selber fremd.«
PROF.:	Das Gegenteil von fremd ist bekannt. Ist Ihnen das klar?
VAL.:	Eigentlich ja! Denn, wenn z. B. ein Fremder einen
	Bekannten hat, so muß ihm dieser Bekannte zuerst
60	fremd gewesen sein, – aber durch das gegenseitige
	Bekanntwerden sind sich die beiden nicht mehr fremd.
	Wenn aber diese beiden Bekannten zusammen in eine
	fremde Stadt reisen, so sind diese zwei Bekannten dort
	für die Einheimischen wieder Fremde geworden.
65	– Sollten sich diese bei den Bekannten hundert Jahre in
	dieser fremden Stadt aufhalten, so sind sie auch dort den
	Einheimischen nicht mehr fremd.

Bavarian dialect for fragt (gloss for line 53, °)

"Die Fremden" by Karl Valentin appeared in an anthology entitled *War es gestern, oder war's im 4. Stock.*

Wortschatz

die **Auskunft, ̈-e** *information*
begreifen (begriff, hat begriffen)
  to understand, comprehend
bestehen aus (bestand, hat
  bestanden) *to consist of*
gegenseitig *mutual*
	der **Reim, -e** *rhyme*
	sich reimen (hat sich gereimt)
	  to rhyme
	zugleich *at the same time,*
	  simultaneously

Nach dem Lesen

35 **Fragen zum Text**

1. Was ist das Thema der Unterrichtstunde?
2. Wie lange bleibt ein Fremder ein Fremder?
3. Wie wird ein Einheimischer definiert?
4. Wie wird man zu fremden Bekannten?

36 **Lesetheater**

Lesen und spielen Sie den Text mit verteilten Rollen und stellen Sie dann Ihre Versionen im Kurs vor.

37 Valentins Sprachspiele

Arbeiten Sie gemeinsam mit einem Partner / einer Partnerin und analysieren Sie die folgenden Sprachspiele von Valentin.

1. PROF.: Jawohl, die Fremden. – Und aus was bestehen die Fremden?

   VAL.: Aus »fremd« und aus »den«.

2. PROF.: Sehr gut! — Und was ist ein »Fremder«?

   VAL.: Fleisch – Gemüse – Mehlspeisen – Obst usw.

   PROF.: Nein! – Nein! – Nicht was er ißt, sondern was er tut.

3. VAL.: Fremde unter Fremden sind – so wie ich mir das vorstelle –, wenn Fremde mit dem Zug über eine Brücke fahren und ein anderer Eisenbahnzug mit Fremden unter derselben durchfährt, so sind die durchfahrenden Fremden – Fremde unter Fremden, was Sie, Herr Professor, wahrscheinlich nicht so schnell begreifen werden.

4. VAL.: Fremd ist der Fremde nur in der Fremde.

Von Karl Valentin gibt es noch viele andere Sprachspielereien. Suchen Sie im Internet nach anderen Beispielen und stellen Sie sie im Kurs vor.

38 Fragen zum Nachdenken und Diskutieren

1. Gibt es in Ihrer Stadt oder Region Dinge oder Orte, die Ihnen fremd sind?
2. Wie lange muss man in Ihrer Stadt oder Region leben, um kein Fremder mehr zu sein?
3. Was sind positive oder negative Aspekte des Fremdseins?
4. Finden Sie Übersetzungen für die Wörter „Fremd", „bekannt" und „einheimisch" und diskutieren Sie die unterschiedlichen Bedeutungen und Konnotationen im Kurs.

39 Schreibübung: *Das ist mir fremd*

Schreiben Sie einen kurzen Bericht über ein Erlebnis oder einen Ort, bei oder an dem Sie sich sehr fremd gefühlt haben. Erklären Sie, warum.

40 Fremd in der eigenen Stadt

Denken Sie noch einmal an Peter L., den Flaschensammler vom Münchner Hauptbahnhof. Was ist ihm in seiner eigenen Stadt vielleicht fremd? Machen Sie eine Liste mit einem Partner / einer Partnerin und vergleichen Sie sie mit den anderen im Kurs.

Zum Schluss

41 München ist...

Diskutieren Sie, welche Bezeichnung Ihrer Meinung nach die Stadt München am besten charakterisiert. Erklären Sie Ihre Wahl *(choice)*!

- Millionendorf
- Weltstadt mit Herz
- Deutschlands heimliche Hauptstadt
- Lederhosenmetropole

Das letzte Wort: *Servus*

Servus ist ein traditioneller, freundschaftlicher Gruß im bayrischen Sprachgebiet. Er kommt aus dem Lateinischen und bedeutet **Ich bin dein Diener** *(I am your servant)*. **Servus** kann man zur Begrüßung und zum Abschied sagen. **Servus** ist auch in Ungarn, Rumänien und Polen gebräuchlich.

Welche anderen Abschiedsworte kennen Sie? Was sagen Sie am liebsten?

Jens Wolf/DPA/Landov

Im Münchner Biergarten

Heidelberg

Die Universitätsbibliothek Heidelberg ist die älteste
Universitätsbibliothek Deutschlands.

This chapter revolves around Germany's oldest university as the intellectual home for many famous academics. One Heidelberg alumna was the philosopher Hannah Arendt, who became an important figure among Jewish intellectual exiles in the US. Heidelberg also serves as the backdrop for contemporary debates about the education system and the constitutional mandate of academic freedom. A reading by Hermann Hesse, one of the most important critics of the education system, completes this chapter by opening up general questions about the purpose of formal education.

⊚ Station Heidelberg

Wieder zurück in Heidelberg

- **Eine berühmte Heidelberger Studentin**
  Hannah Arendt

⊚ Einblicke

Arbeit muss keinen Spaß machen

- **Strukturen**
  Vergangenes erzählen: Das Imperfekt

  Über Vergangenes sprechen: **Als, wenn, wann**

  Das Plusquamperfekt

Videoblog: Igor

⊚ Lektüre

- *Freunde*
  Hermann Hesse

Materialien

Arbeitsbuch

© Cengage Learning 2015

STATISTIK	
Einwohnerzahl:	147.000
Fläche:	109 km²
Studenten an der Universität Heidelberg:	ca. 30.000

⊙ Station Heidelberg

Was wissen Sie schon?

1. Woran denken Sie, wenn Sie Heidelberg hören?
2. Wie alt ist die Universität Heidelberg? Wann wurde Ihre Universität gegründet?
3. Wie stellen Sie sich das Studium an einer deutschen Universität vor?

Wieder zurück in Heidelberg

Nach einem Studienjahr an der University of Oklahoma ist Igor wieder in Heidelberg, um dort sein BWL Studium weiterzuführen. In einer E-Mail an seinen Freund James, den er in Oklahoma kennengelernt hat, beschreibt er seine Universität und die Stadt, in der er lebt.

Igor in Heidelberg

© Cengage Learning 2015

Hi James,

es ist nicht leicht, nach einem Jahr in den USA wieder nach Heidelberg zurückzukommen. Es gibt einige Dinge, die ich hier vermisse. Zum Beispiel, das Leben auf dem Campus ist ganz anders als hier. Der Campus in Oklahoma war groß und weit wie eine kleine Stadt. Heidelberg ist eng und klein, aber auch sehr schön. Jedes Jahr im Sommer ist die Altstadt voll mit Touristen aus der ganzen Welt. Wusstest du, dass die Universität Heidelberg die älteste Uni in Deutschland ist? Sie wurde vor mehr als sechshundert Jahren gegründet – mit vier Fakultäten°: der theologischen, der juristischen, der philosophischen und der medizinischen Fakultät. Heute hat die Heidelberger Uni 15 Fakultäten. Heidelberg war vor allem im 18 und 19. Jahrhundert ein wichtiges intellektuelles Zentrum. Die *Heidelberger Romantik* ist ja so ein Schlagwort. Da kennst du dich als German Major vielleicht besser aus als ich ;-) Später wurde die Uni Heidelberg ein Zentrum für Politik, Medizin und die Naturwissenschaften. Der Fachbereich Medizin ist seit der Gründung der Heidelberger Universität ein Schwerpunkt der Hochschule. Forschungseinrichtungen° wie das Europäische Laboratorium für Molekularbiologie und das Deutsche Krebsforschungszentrum° sind weltweit bekannt. Es ist eine lange Tradition hier und das spürt man in den Hörsälen und Seminarräumen. Sag mir, wenn du Hilfe brauchst mit deiner Bewerbung für ein Austauschprogramm, ok? Vielleicht sehen wir uns nächstes Jahr hier in Heidelberg wieder?

Mach's gut!
Ciao
Igor

Fakultäten *colleges* • **Forschungseinrichtungen** *research facilities* • **Krebsforschungszentrum** *cancer research center*

Geschichte

Frankfurt ↑

1196	1386	1693	1751	1930	1935
Erste urkundliche Erwähnung *(documentary mention)* Heidelbergs.	Gründung der Universität durch Kurfürst Ruprecht I.	Zerstörung Heidelbergs durch Ludwig XIV. von Frankreich.	Das Große Fass *(world's largest wine barrel; lit. The Big Barrel)* wird gebaut.	Grundsteinlegung für die Neue Universität (nach dem Ersten Weltkrieg), gespendet *(donated)* von US-Bürgern.	Eröffnung der Autobahn Frankfurt-Mannheim-Heidelberg

1   Meine Universität

Diskutieren oder schreiben Sie über die folgenden Fragen.

1. Was ist an unserem College oder unserer Uni besonders interessant?
2. Welche Institutionen in unserer Stadt sind bekannt?
3. Was ist wohl in Deutschland nicht so wie bei uns an der Uni?

2   Fragen zur Station

1. Wie alt ist die Universität Heidelberg?
2. Wie viele Fakultäten hatte die Universität Heidelberg am Beginn?
3. Wie viele Fakultäten hat die Universität heute?
4. Was ist in Heidelberg anders als in Oklahoma?
5. Wann sind immer viele Touristen in Heidelberg?
6. Welche wichtigen Forschungseinrichtungen gibt es in Heidelberg?
7. Wie viele Einwohner hat Heidelberg?
8. Wann wurde die Uni gegründet?

STOCKFOLIO / Alamy

Heidelberger Schloss und Altstadt

1962	**1979–1980**	**1986**	**1996**	**2004**	**2012**
Gründung der Pädagogischen Hochschule.	Gründung der Hochschule für Jüdische Studien.	600-Jahr-Feier zur Gründung der Universität.	800-Jahr-Feier der Stadt Heidelberg.	Offizielle Nominierung *(nomination)* des Heidelberger Schlosses und der Altstadt als UNESCO Weltkulturerbe.	Seit 2012 sind die 500 Euro Studiengebühren pro Semester in Baden-Württemberg wieder abgeschafft.

Eine berühmte Heidelberger Studentin

Hannah Arendt (1906–1975)

Hannah Arendt wurde am 14. Oktober 1906 in
Hannover geboren und verbrachte ihre Kindheit in
Königsberg. Sie studierte in Heidelberg Philosophie,
Theologie und Griechisch°. Ihr Heidelberger
Professor Karl Jaspers spielte in ihrem Leben eine
wichtige Rolle, denn wie Jaspers wurde Hannah
Arendt nach der Nazizeit politisch aktiv. 1933
emigrierte sie nach Paris und arbeitete bis 1940
bei einer Hilfsorganisation für jüdische Kinder. 1941
kam Hannah Arendt in die USA, wo sie zuerst als
Journalistin arbeitete. 1963 wurde sie Professorin
an der Universität von Chicago. Ab 1967 lehrte sie
politische Theorie an der *New School for Social*

Hannah Arendt (1906–1975)

Research (heute: *New School University*) in New York. Hannah Arendt schrieb unter
anderem über das Verhältnis° von Arbeit und Freizeit und den Einfluss° der Religion auf
das politische Leben.

Günter Gaus im Gespräch mit Hannah Arendt

Gaus: Sie haben im Hauptfach Philosophie und als Nebenfächer Theologie und Griechisch
studiert. Wie ist es zu dieser Studienwahl gekommen?

Arendt: Ja, wissen Sie, das habe ich mir auch oft überlegt. Ich kann dazu nur sagen:
Philosophie stand fest. Seit dem 14. Lebensjahr.

Gaus: Warum?

Arendt: Ja, ich habe Kant[1] gelesen. Da können Sie fragen: Warum haben Sie Kant gelesen?
Ich hatte das Bedürfnis°, zu verstehen.

Gaus: Ja.

Arendt: Das Bedürfnis, zu verstehen, das war sehr früh schon da. Sehen Sie, die Bücher gab
es alle zu Hause, die zog man aus der Bibliothek.

Gaus: Haben Sie außer Kant etwas gelesen, an das Sie sich besonders erinnern?

Arendt: Ja. Erstens Jaspers' »Philosophie der Weltanschauung«, erschienen, glaube ich, 1920.
Da war ich 14. Daraufhin las ich Kierkegaard[2], und so hat sich das dann gekoppelt° ...

Gaus: Kam hier die Theologie hinein?

Arendt: Ja. Das hat sich dann so gekoppelt, daß das beides für mich zusammengehörte. Ich
hatte dann nur Bedenken°, wie man das denn nun macht, wenn man Jüdin ist. Und wie
das vor sich geht. Ich hatte doch keine Ahnung, nicht wahr? Griechisch ist eine andere
Sache. Ich habe immer sehr griechische Poesie geliebt. So nahm ich Griechisch dazu,
weil das am bequemsten war. Das las ich sowieso.

Gaus: Respekt!

Arendt: Nein, das ist übertrieben°.

Gaus: Ihre intellektuelle Begabung°, Frau Arendt, so früh erprobt° – sind Sie von ihr gelegentlich als Schülerin und junge Studentin von Ihrer Umgebung getrennt worden°?

Arendt: Das hätte so sein müssen, wenn ich es gewußt hätte. Ich war der Meinung, so
sind alle.

Reprinted by permission of the estate of Günter Gaus.

Griechisch *Greek* • **Verhältnis** *relationship* • **Einfluss** *influence* • **Bedürfnis** *need, desire* • **gekoppelt**
connected • **Bedenken** *doubts* • **übertrieben** *exaggerated* • **Begabung** *talent* • **erprobt** *put to the
test* • **von ...** *separated from the world around you*

[1] Immanuel Kant – deutscher Philosoph 1724–1804
[2] Søren Kierkegaard – dänischer Philosoph und Theologe 1813–1855

Fragen zum Interview

1. Was war Hannah Arendts Motivation für das Studium? Warum studierte sie Philosophie?
2. Warum dachte Hannah Arendt, dass es problematisch war, dass sie sich für Theologie interessierte?
3. Warum studierte sie Griechisch?
4. War Hannah Arendt eine typische Studentin? Erklären Sie.
5. Welche verschiedenen Motivationen gibt es für das Studium? Was motiviert Sie?
6. Was ist Ihr Hauptfach?
7. Warum haben Sie Ihr Hauptfach gewählt?
8. Welche Fächer würden Sie studieren, wenn Sie drei Fächer wählen müssten?

FILMTIPP

The Exiles (Richard Kaplan, 1989) Dokumentarfilm über jüdische Intellektuelle im amerikanischen Exil.

Hannah Arendt (Margarethe von Trotta, 2012) Spielfilm über Hannah Arendt als Reporterin für den *New Yorker* über den Prozess gegen den Nazi Adolf Eichmann in Israel.

Grundwortschatz:
Studium

abschließen (schloss ab, hat abgeschlossen) *to finish, complete*
die **Forschung, -en** *research*
das **Institut, -e** *department, institute, center*
der **Kurs, -e** *course*
das **Semester, -** *semester*
der **Student, -en** /die **Studentin, -nen** *student*
der **Studiengang, -gänge** *major, course of study*

studieren (hat studiert) *to be a student; to study*
das **Studium (die Studien)** *degree program*
die **Theorie, -n** *theory*
die **Universität, -en** *university*
die **Wissenschaft, -en** *scholarship, science*
wissenschaftlich *scholarly, scientific*

---

4 | **Universitäres**

Arbeiten Sie mit einem Partner / einer Partnerin und verbinden Sie die Wörter mit den passenden Synonymen oder Beschreibungen.

1. Theorie
2. abschließen
3. der Student / die Studentin
4. das Institut
5. die Forschung
6. das Semester
7. der Studiengang
8. der Kurs

a. das Seminar
b. das Gegenteil von Praxis
c. beenden
d. ein Teil der Universität
e. die Suche nach der Antwort auf wissenschaftliche Fragen
f. das Studienfach
g. jemand, der an einer Universität studiert.
h. ein halbes Jahr an der Universität

5 Partnerinterview

Befragen Sie Ihren Partner / Ihre Partnerin über sein/ihr Studium. Stellen Sie die folgenden Fragen.

1. Was wolltest du werden, als du ein Kind warst?
2. Was hast du gelesen, als du 14 warst?
3. Was studierst du? Warum?
4. Haben dich andere Personen beeinflusst, als du dein Studienfach gewählt hast?
5. Was möchtest du nach dem Studium machen?
6. Was ist dir am Studium besonders wichtig? Viel für das Leben lernen? Qualifikation für eine Karriere? Viel Spaß haben?
7. Was war bisher dein interessantester Kurs? Warum?
8. Welcher Kurs war nicht so gut? Warum?

Schuljahr			Universitäten und wissenschaftliche Hochschulen	
13				
12	Berufsausbildung in Betrieb und Berufsschule			
11				
10			Gymnasium	Gesamtschule
9	Hauptschule	Realschule		
8				
7				
6				
5				
4	Grundschule			
3				
2				
1				
	Kindergarten			

From MOELLER/ADOLPH/HOECHERL-ALDEN/BERGER. Deutsch heute, 9E. © 2010 Wadsworth, a part of Cengage Learning, Inc. Reproduced by permission. www.cengage.com/permissions.

6 Andere berühmte Heidelberger und Heidelberger Studenten

Suchen Sie Informationen über die folgenden Personen. Wer sind sie? Was haben sie gemacht?

Hilde Domin	Golo Mann	Torch [Frederick Hahn]
Josef von Eichendorff	Anna Seghers	Toni Landomini
Helmut Kohl	Robert Schumann	Jan Assmann

7 Suchbegriffe

Forschen Sie mit den folgenden Suchbegriffen im Internet.

Stadt Heidelberg

1. Finden Sie heraus, was das UNESCO Weltkulturerbe ist.
2. Suchen Sie Informationen über die Heidelberger Altstadt. Welche Gebäude gibt es? Wie alt sind sie? Welche Funktion haben sie?
3. Was ist in der Stadt Heidelberg gerade aktuell?

Universität Heidelberg

4. Welche Fakultäten hat die Universität Heidelberg?
5. Was kann man im Internet über die Geschichte der Universität erfahren?
6. Finden Sie Informationen über ein Fach, das Sie besonders interessiert.

Heidelberg Tourismus

7. Welche Sehenswürdigkeiten werden im Internet beschrieben?
8. Finden Sie heraus, was der Philosophenweg ist.
9. Suchen Sie Informationen über das Heidelberger Schloss. Wie alt ist es? Wer hat es gebaut?

Die Heidelberger Hauptstraße. Hier darf man nur zu Fuß gehen.

8 ## Baden-Württemberg

Planen Sie einen Aufenthalt *(stay)* in Heidelberg und/oder im Land Baden-Württemberg.

- Was möchten Sie gerne sehen?
- Was möchten Sie gerne machen?

9 ## Richtig oder falsch?

Forschen Sie weiter in den Internet-Seiten aus Übung 7 und entscheiden Sie, ob die folgenden Aussagen korrekt sind. Wenn sie falsch sind, korrigieren Sie sie.

1. Heidelberg ist eine große Industriestadt.
2. Die Universität Heidelberg hat fünf Fakultäten.
3. Der Philosophenweg ist eine esoterische Vereinigung in Heidelberg.
4. Die Heidelberger Altstadt wurde im Zweiten Weltkrieg völlig zerstört *(destroyed)*.
5. Die Alte Brücke ist eine mittelalterliche Holzbrücke *(wooden bridge)*.
6. Der Fluss, der durch Heidelberg fließt, heißt Neckar.
7. Auf der Hauptstraße darf man nur zu Fuß gehen.
8. Im Heidelberger Schloss ist das Deutsche Apothekenmuseum *(pharmacy museum)*.

10 ## Lokale Presse

Gehen Sie zu den folgenden Websites im Internet. Was sind die Schlagzeilen? Wie wirken diese Zeitungen auf Sie? Wie sind Sprache und Präsentation – einfach oder komplex, plakativ oder seriös, modern oder altmodisch? Was ist besonders interessant?

Rhein-Neckar-Zeitung

Rhein-Neckar Web

Ruprecht Studierendenzeitung

11 Nachrichtenrunde

Arbeiten Sie in Gruppen oder Paaren. Berichten Sie über einen Aspekt, den Sie beim Surfen im Internet gefunden haben.

12 Fragen zum Nachdenken und Diskutieren

Bearbeiten Sie diese Fragen in Paaren oder kleinen Gruppen. Machen Sie Notizen und geben Sie im Kurs einen kleinen Bericht. Bringen Sie die Resultate Ihrer Internetsuche dabei ein.

1. Warum ist Heidelberg für Touristen aus aller Welt interessant?
2. Was unterscheidet Heidelberg von anderen deutschen Städten? Denken Sie an die Geschichte des Zweiten Weltkrieges.
3. Welche Motivationen gibt es für Studenten, in einer bestimmten Stadt zu studieren? Warum ist Heidelberg für Studenten attraktiv?
4. Wie haben Sie sich für Ihren Studienort entschieden? Wie haben Sie sich für Ihr Studium entschieden? Wer oder was hat Sie beeinflusst?

Strukturen

Vergangenes erzählen:

Das Imperfekt

The simple past tense **(das Imperfekt)** is most commonly used in written narratives of events and actions in the past. Telling a story in the simple past conveys a feeling of sequence and connection, like a movement through narrative time.

- The verb conjugation in the simple past tense begins with the stem of a verb. The stem is the form left after dropping the final **-(e)n** of the infinitive. For example, **reis-** is the stem of the verb **reisen**.
- While the stems of weak verbs remain unchanged in the simple past tense, the stems of many strong and mixed (irregular) verbs do change.
- A set of four personal endings is added to all verbs. (The endings for first and third person are identical.)
- Weak and mixed verbs also add a **t** between the stem and the ending.

	reisen	
Weak Verbs	ich reis**te**	wir reis**ten**
Formation: Stem + **t** + personal ending	du reis**test**	ihr reis**tet**
	er/es/sie reis**te**	sie/Sie reis**ten**

	gehen	
Strong Verbs	ich ging	wir ging*en*
Formation: Stem (often changed) + personal ending	du ging*st*	ihr ging*t*
	er/es/sie ging	sie/Sie ging*en*

	denken	
Mixed Verbs	ich dach*te*	wir dach*ten*
Formation: Stem (often changed) + **t** + personal ending	du dach*test*	ihr dach*tet*
	er/es/sie dach*te*	sie dach*ten*

- In addition, an **e** is generally inserted between the verb stem and the ending if the verb stem ends in **d** or **t (arbeiten > ich arbeitete)**, or if the verb stem ends in **m** or **n** preceded by a consonant other than **l** or **r (öffnen > ich öffnete)**.

    1878 **reiste** Mark Twain nach Heidelberg.

    Hannah Arendt **arbeitete** in den USA zuerst als Journalistin.

    Viele Vertreter der Heidelberger Romantik **kamen** als Studenten in die Stadt.

    Mark Twain **verbrachte** viel Zeit in Deutschland und Heidelberg.

    „**Wusstest du**, dass Hannah Arendt in Heidelberg studiert hat?"

- In general, the simple past tense is preferred over the present perfect tense for **haben**, **sein**, and the modals. **Haben**, **sein**, and **werden** have irregular forms that must be memorized. Modal verbs form the simple past as weak verbs do but drop the umlaut (if they have one) from the stem. See *Station 7* for detailed information on modal verbs.

haben	
ich **hatte**	wir **hatten**
du **hattest**	ihr **hattet**
er/es/sie **hatte**	sie/Sie **hatten**

sein	
ich **war**	wir **waren**
du **warst**	ihr **wart**
er/es/sie **war**	sie/Sie **waren**

müssen	
ich **musste**	wir **mussten**
du **musstest**	ihr **musstet**
er/es/sie **musste**	sie/Sie **mussten**

werden	
ich **wurde**	wir **wurden**
du **wurdest**	ihr **wurdet**
er/es/sie **wurde**	sie/Sie **wurden**

Wir **hatten** keine Ahnung, dass die Heidelberger Uni die älteste in Deutschland ist.

Bei ihrer Gründung **hatte** die Heidelberger Universität vier Fakultäten.

Ende des 18. Jahrhunderts **war** Heidelberg eine intellektuelle Hochburg.

Warst du schon einmal auf dem Heidelberger Schloss?

Bei meinem Besuch in Heidelberg **musste** ich oft an die Dichter der Romantik denken.

1963 **wurde** Hannah Arendt Professorin an der Universität von Chicago.

13 Freunde

Hier ist der Beginn einer Geschichte von Hermann Hesse, die Sie am Ende dieses Kapitels lesen werden. Sie handelt von der Freundschaft zwischen zwei Studenten. Suchen Sie gemeinsam mit einem Partner / einer Partnerin die Verben im Imperfekt und geben Sie den Infinitiv der Verben an.

> Der niedrige Kneipsaal war voll Rauch, Biergeruch, Staub und Getöse. Hans Calwer winkte seinem Freund Erwin Mühletal und ging zur Tür. "He, schon fort?" rief einer der Studenten herüber. Hans nickte nur und ging. Mühletal folgte. Sie stiegen die alte steile Holztreppe hinab und verließen das schon still werdende Haus.

Lesen Sie sich jetzt mit einem Partner / einer Partnerin gegenseitig die Aussagen zum Text vor und berichtigen Sie sie.

 S1: Hans Calwer winkte seiner Freundin.

S2: Das stimmt nicht, Hans Calwer winkte seinem Freund.

1. Der niedrige Kneipsaal war voll Essensgeruch.
2. Hans Calwer ging ans Fenster.
3. „He, Hans, wie geht's?" rief einer der Studenten herüber.
4. Hans nickte nur und setzte sich auf einen Stuhl.
5. Hans und Erwin stiegen die Holztreppe hinauf.
6. Hans und Erwin betraten das Haus, in dem es sehr laut war.

14 Mark Twain in Heidelberg

Mark Twain verbrachte mehrmals einige Monate in Deutschland, vor allem in Heidelberg. Er lernte dabei auch sehr gut Deutsch und schrieb über die deutsche Sprache und Kultur. Lesen Sie über Mark Twains Besuch in Heidelberg und schreiben Sie dann den Bericht noch einmal, aber im Imperfekt.

> 1878 reist Mark Twain nach Europa, am 6. Mai kommt er in Heidelberg an. Obwohl er eigentlich nur einen Tag bleiben will, werden schließlich drei Monate daraus. Zuerst übernachtet er im Hotel Schrieder, wo er die Vorbereitungen auf den Besuch des Großherzogs *(Grand Duke)* beobachtet. Wegen der Hitze zieht er ins Schloss-Hotel, von wo aus er einen herrlichen Blick auf die Altstadt und den Neckar hat. Er besucht Vorlesungen an der Universität und lässt sich für eine Nacht sogar in den Karzer einsperren, ein Gefängnis für Studenten, in dem man aber ein eher lockeres Leben führt, Bier trinkt und raucht. Eine Bootsfahrt auf dem Neckar inspiriert ihn schließlich dazu, ein weiteres Kapitel von „Huckleberry Finn" zu schreiben.

 1878 reiste Mark Twain nach Europa ...

From Mark Twain's Guide to Heidelberg.

15 Die Heidelberger Romantik

Arbeiten Sie mit einem Partner / einer Partnerin zusammen und ergänzen Sie die Lücken mit der richtigen Imperfektform der angegebenen Verben.

arbeiten – gehören – halten – kommen – scheinen – zählen

Im Zeitalter der Romantik _____ Heidelberg, hauptsächlich wegen seiner Schlossruine, besonders attraktiv. Viele Protagonisten der Heidelberger Romantik _____ als Studenten in die Stadt, aber auch Dozenten der Universität _____ zu den Anhängern, beispielsweise Joseph von Görres, der Vorlesungen über germanische Mythologie _____. Neben Joseph von Eichendorff _____ zu den bekanntesten literarischen Vertretern *(representatives)* wohl Achim von Arnim und Clemens Brentano, die gemeinsam an vielen Projekten _____.

Von 1805 bis 1808 veröffentlichten Clemens Brentano und Achim von Arnim *Des Knaben Wunderhorn.*

ausstellen – herausgeben (separable verb used in two parts) – interessieren – sein – werden

Unter dem Titel *Des Knaben Wunderhorn* _____ sie zum Beispiel eine Sammlung altdeutscher Volkslieder _____, die allerdings von zeitgenössischen *(contemporary)* Kritikern als „unnützer *(useless)* Mischmasch" kritisiert _____. Von großer Bedeutung *(Of great importance)* _____ auch die Brüder Boisserée, die sich für mittelalterliche Kunst _____ und im „Zaubersaal" ihres Hauses eine berühmte Sammlung mittelalterlicher Gemälde _____ . Heute befindet sich übrigens das Institut für Germanistik in diesem Gebäude.

16 Unser Tag in Heidelberg

Schreiben Sie gemeinsam mit Ihrem Partner / Ihrer Partnerin eine kleine Erzählung über einen Tag in Heidelberg. Hier finden Sie ein paar Elemente, die Sie in Ihrer Erzählung verwenden können. Benutzen Sie dabei das Imperfekt.

Aktivitäten	Adjektive	Konnektoren
am Bahnhof ankommen das Schloss besichtigen durch die Altstadt bummeln ein Hotel finden eine Wanderung auf dem Philosophenweg machen im Schloss das größte Weinfass der Welt sehen in der Altstadt das „Kurpfälzische Museum" besichtigen in einer Studentenkneipe zu Abend essen	anstrengend berühmt preiswert typisch gemütlich interessant hässlich	zuerst dann danach schließlich zuletzt

⊙ Einblicke

17 **Fragen zum Thema**

1. Was studieren Sie?
2. Gibt es in Ihrem Studium viel Zeitdruck?
3. Wie wichtig sind Noten für Sie?
4. Wie sieht ein typischer Tag im Leben eines Studenten aus?
5. Müssen Sie viele Referate, Tests und Klausuren schreiben?

18 **Partnerinterview**

Fragen Sie Ihren Partner / Ihre Partnerin. Stellen Sie den interessantesten Aspekt Ihres Interviews im Kurs vor.

1. Wie viele Klausuren hast du dieses Semester?
2. Wie viele Hausarbeiten und Referate musst du dieses Semester schreiben?
3. Hast du viel Stress? In welchem Kurs ist das der Fall?
4. Gibst du alles immer rechtzeitig ab? Oder hast du manchmal Probleme mit Prokrastination?
5. Macht dir das Studium immer Spaß?

Arbeit muss keinen Spaß machen
Fünf Fragen zum Thema Prokrastination an den Leiter der Psychotherapeutischen Beratungsstelle der Universität Heidelberg, Prof. Rainer Holm-Hadulla.

schiebt auf puts off

Herr Holm-Hadulla, warum schiebt man wichtige Aufgaben auf°?
Häufig sind mangelhafte Arbeitstechniken der Grund. Der Arbeitsalltag zwischen Arbeitszeit, Freizeit und Zwischenzeit ist schlecht strukturiert. Es fehlen Arbeitsrituale. Oftmals liegen

5 falsche Werte zugrunde. Wer sagt: „Arbeit muss Spaß machen",

limits oneself / effort

schränkt sich selbst ein°, da Arbeit eben auch Anstrengung° bedeutet. Jede produktive und kreative Leistung macht am Anfang keinen Spaß. Dieser kommt – wenn überhaupt – beim Tun. Ein dritter Grund für das Aufschiebeverhalten sind innere

10 und äußere Konflikte. Protestverhalten fällt darunter – gegen die Eltern, die Professoren oder die Sache selbst. Bei inneren Konflikten kommt es zur Selbstblockade, etwa aus Angst vor Erfolg. Jede produktive oder kreative Leistung ist auch ein Stück

loneliness

Einsamkeit°.

15 **Welche tieferen Ursachen hat das Aufschieben?**
Sie liegen häufig schon in der Schulzeit und oft auch in der frühen Kindheit. Die Arbeit der Erwachsenen ist eine Fortsetzung des kindlichen Spiels. Es kann sehr schön sein, sich in etwas zu vertiefen und in seiner Arbeit verloren zu gehen. Diesen Punkt erreicht

20 man aber nur, wenn man gelernt hat, innere

resistance	Widerstände° zu überwinden. Bei Kindern sorgen die Eltern für die Einhaltung bestimmter Regeln. Erwachsene müssen das selbst übernehmen. Auch die Medi-
social neglect because of excessive media consumption or excessive media consumption because of social neglect	25 enverwahrlosung° spielt eine Rolle – vor allem bei Jungen, die durch übermäßiges Computerspielen oder wahl- und sinnlosen Fernsehkonsum keine Arbeitsstrukturen erlernt haben.

30 **Wie fühlen sich Menschen beim Aufschieben?**

Vielen geht es sehr schlecht. Es ist ein graduelles Phänomen. Leichte Prokrastination hat jeder; schwere kann

35 zum Scheitern des Lebens führen.

In Deutschland verlassen 25 Prozent der Studierenden die Universität ohne Abschluss. Darunter sind leider viele

procrastinators Aufschieber°, die auf eine existentielle

40 Weise scheitern.

Gibt es unterschiedliche Typen von Aufschiebern?

Prinzipiell handelt es sich um vier Typen: Die Perfektionisten, denen ihre Leistung

45 nicht gut genug erscheint; die Instabilen, häufig kreative Typen, die einfach nicht

entitled, spoiled stillsitzen können. Dann die große Gruppe der Verwöhnten°, die Anstrengung nicht akzeptieren wollen, und schließlich die

overchallenged, overtaxed schlichtweg Überforderten°.

50 **Welche Rolle spielt das Umfeld dabei?**

rewarded Für intellektuelle Arbeit wird man häufig nicht direkt belohnt°.
support Daher braucht man Menschen, die für Unterstützung° sorgen und signalisieren, dass sich die Arbeit doch lohnt.

Wie können Betroffene das Problem der Prokrastination über-

55 **winden?**

Zentral ist die Entwicklung klarer Arbeitsstrukturen. Außerdem sind realistische Zielvorstellungen° hilfreich. Betroffene° sollten

goals / those affected sich von hinderlichen Werten verabschieden und akzeptieren,

satisfaction dass nicht alle Arbeit zu einer unmittelbaren Befriedigung° führt.

60 Um das zu ertragen, helfen Rituale und Belohnungsmechanis-men. Die Freizeitgestaltung ist genauso wichtig wie die Arbeit. Außerdem halte ich *deadlines* für sehr wichtig. Sie motivieren dazu, gleich mit der Arbeit zu beginnen. Ebenso bedeutsam sind kreative Pausen, in denen man nichts tut. Das gibt dem

65 Gehirn Gelegenheit zur Erholung sowie zum Speichern und Neu-Kombinieren erlernter Informationen.

Heidelberger Studenten

© Arco Images GmbH / Alamy

Nach einem Artikel von Sebastian Bühner in der *Heidelberger Studierendenzeitung* RUPRECHT 17.7.2007. Reprinted by permission.

19 Fragen zum Text

1. Wer ist Rainer Holm-Hadulla?
2. Wo arbeitet er?
3. Was sagt er über das Problem der Prokrastination bei Studenten?
4. Welche Typen von Aufschiebern gibt es laut Rainer Holm-Hadulla?
5. Holm-Hadulla sagt: „Jede Leistung ist ein Stück Einsamkeit?" Was meint er damit?
6. Holm-Hadulla hält *deadlines* für sehr wichtig. Was ist noch wichtig, um produktiv zu sein?
7. Halten Sie die Aussage für richtig, dass Arbeit keinen Spaß machen muss? Was denken Sie über diese These?

20 Wörterbucharbeit: Kleines Lexikon der Wissenschaften

Ein Wort wie **Wissenschaft** gibt es in der englischen Sprache nicht. Biologie, Physik oder Chemie sind **Naturwissenschaften.** Fächer wie Soziologie und Politikwissenschaft sind **Gesellschafts-** oder **Sozialwissenschaften.** Philosophie, Sprachen und Literatur sind **Geisteswissenschaften.** Arbeiten Sie mit dem Wörterbuch und machen Sie eine Liste für jede Kategorie!

Archäologie	Pharmazie
Chemie	Philosophie
Geschichte	Physik
Informatik	Politikwissenschaft
Jura	Psychologie
Kommunikationswissenschaft	Publizistik
Kriminologie	Romanistik
Mathematik	Soziologie
Medizin	Theaterwissenschaft

Wann sagt man was?

lernen, studieren, lehren, unterrichten

Die Verben **lernen, studieren, lehren** und **unterrichten** haben alle mit dem Studium zu tun. Suchen Sie Definitionen und Beispiele in Ihrem Wörterbuch. Entscheiden Sie, welches Verb am besten in die folgenden Kontexte passt.

1. In Heidelberg _____ heute ca. 30.000 Studenten.
2. Auch Hannah Arendt _____ in Heidelberg, bevor sie ins Exil ging.
3. Ihr Hauptfach war Philosophie. Ihr erstes Nebenfach war Theologie. Als zweites Nebenfach wählte sie Griechisch, denn das hatte sie schon in der Schule _____ und es gefiel ihr sehr.
4. Als Hannah Arendt nach Paris emigrierte, musste sie zuerst Französisch _____. Dann zog sie nach New York und arbeitete als Journalistin. Später wurde sie Professorin.
5. Sie _____ politische Theorie an der *New School for Social Research.*

Wortschatz

der **Abschluss, ⁻e** *degree, completion of course of study*

die **Angst, ⁻e** *fear*

die **Bedeutung, -en** *meaning, significance*

beeinflussen (hat beeinflusst) *to influence*

belegen (hat belegt) *to enroll (in a course)*

die **Bibliothek, -en** *library*

dauern (hat gedauert) *to last*

der **Druck** *pressure*

der **Einfluss, ⁻e** *influence*

der **Erfolg, -e** *success*

jemandem etwas **erleichtern** (hat erleichtert) *to make something easier for someone*

der **Erwachsene, -n** / *die* **Erwachsene, -n** *adult*

(etwas) **erwähnen** (hat erwähnt) *to mention (something)*

das **Examen, -** *exam*

das **Fach, ⁻er** *subject (of study)*

die **Fakultät, -en** *college, division (in a university)*

die **Geisteswissenschaft, -en** *humanities*

geistig *intellectual; intellectually*

die **Gesellschaftswissenschaft, -en** *social science*

gründen (hat gegründet) *to found*

die **Gründung** *founding; foundation*

das **Gymnasium, Gymnasien** *secondary school (leading to the* Abitur *and Higher Education)*

das **Hauptfach, ⁻er** *major (academic subject)*

die **Hochschule, -n** *institution of higher education*

intellektuell *intellectual; intellectually*

juristisch *pertaining to (the study of) law*

das **Kind, -er** *child*

die **Klausur, -en** *test, midterm*

die **Leistung, -en** *achievement*

Leistungspunkte *credits*

die **Mensa,** (pl. **Mensen**) *student cafeteria*

die **Naturwissenschaft, -en** *natural science*

das **Nebenfach, ⁻er** *minor (academic subject)*

die **Note, -n** *grade*

der **Notendurchschnitt, -e** *grade point average*

die **Prüfung, -en** *exam*

das **Referat, -e** *(classroom) presentation*

der **Schein, -e** *certificate*

schlecht *bad; badly*

schließlich *finally*

das **Schloss, ⁻er** *castle*

der **Schwerpunkt, -e** *emphasis, concentration*

das **Seminar, -e** *seminar*

die **Sozialwissenschaft, -en** *social science*

das **Studentenwohnheim, -e** *student residence*

die **Studiengebühr, -en** *tuition*

verstehen (verstand, hat verstanden) *to understand*

die **Vorlesung, -en** *lecture*

21 **Die Universität Heidelberg**

Ergänzen Sie die Sätze!

Abschluss – Noten – belegen – Notendurchschnitt – Fakultäten –
Prüfungen – Mensa – Studentenwohnheim – Nebenfächer –
Studiengebühren

Die Universität Heidelberg hat 15 _____. In Baden-Württemberg
bezahlte man von 2007 bis 2012 € 500 _____. Nicht alle Studenten
essen in der _____. Im _____ haben Studenten meistens ihr
eigenes Zimmer und manchmal sogar ein eigenes Bad. Man braucht außer
dem Hauptfach auch noch zwei _____.

22 **Universitätsinformationen**

Ergänzen Sie die Sätze.

1. In einem _____ diskutieren Studenten
   zusammen mit dem Professor.
2. Eine _____ ist ein Test in einem Kurs.
3. In manchen Kursen muss man vor den
   Teilnehmern ein _____ halten.
4. In der _____ hört man nur dem
   Professor zu.
5. An deutschen Universitäten gibt es
   den Bachelor als _____.
6. Für die Kurse bekommt man auch
   in Deutschland _____.
7. Wenn man den Kurs bestanden hat,
   bekommt man einen _____.
8. An deutschen Universitäten gibt es
   den Master als _____.

a. Klausur
b. Schein
c. Seminar
d. Vorlesung
e. Abschluss
f. Leistungspunkte
g. Studiengang
h. Referat

23 **Unser Universitätssystem**

Ein deutscher Student möchte wissen, wie das Universitätssystem in Ihrem
Land funktioniert. Erklären Sie es ihm. Verwenden Sie dabei die folgenden
Wörter.

Abschluss – belegen – dauern – Examen – Ich habe keine Ahnung! –
Klausuren – Kurse – Leistungspunkte – Prüfungen – schlecht – schließlich –
Semester – Sommer – Bachelor und Master – Studiengebühren – Tests –
Vorlesungen

24 **Aufschieben**

Denken Sie an Ihre Schulzeit. Waren Sie immer mit allen Aufgaben rechtzeitig
fertig oder haben Sie auch manchmal Sachen aufgeschoben?

1. Als ich ein Kind war, habe ich ...
2. Im Kindergarten war ich immer ...
3. Als ich in der High School war, ...
4. Wenn ich viele Hausaufgaben hatte, ...
5. Zu Hause war ich oft ...
6. In der achten Klasse ...

Wann sagt man was?

die Bildung, die Ausbildung, die Erziehung

Die Begriffe **Bildung, Ausbildung** und **Erziehung** kommen im Deutschen in verschiedenen Kontexten vor. Suchen Sie Definitionen und Beispiele in ihrem Wörterbuch. Entscheiden Sie, welcher Begriff am besten in die folgenden Kontexte passt.

1. Hermann Hesses Vater war Missionar. Als Kind hatte Hermann Hesse eine sehr religiöse _____.
2. Sein Vater legte sehr viel Wert auf _____ und wollte, dass Hermann zuerst in ein evangelisches Seminar geht und dann Theologie studiert.
3. Aber Hermann wollte nicht studieren, sondern lieber etwas Praktisches lernen; und er machte eine _____ als Buchhändler *(book seller)*.
4. Hermann Hesse hat sich oft über die Studenten geärgert, die nur studieren, um einen besseren Beruf zu bekommen. Seine Idee von _____ wird oft in seinen Romanen und Erzählungen behandelt.

Strukturen

Über Vergangenes sprechen:

Als, wenn und *wann*

The English word *when* has three possible German equivalents: **als, wenn,** and **wann**.

- **Als** *(when, as)* can be used as a subordinating conjunction and refers to a one-time event in the past.

    Als Hannah Arendt in Heidelberg lebte, studierte sie im Hauptfach Philosophie.

    When Hannah Arendt lived in Heidelberg, she studied philosophy as a major.

- **Wenn** *(whenever, if)* is a subordinating conjunction and is used to refer to recurring events in the past or present or to causal relationships and/or conditions.

    Wenn Hannah Arendt etwas lesen wollte, zog sie zu Hause einfach ein Buch aus der Bibliothek.

    Whenever Hannah Arendt wanted to read, she just pulled out a book from the library at home.

    Viele Studenten treffen sich auf der Neckarwiese, **wenn** das Wetter schön ist.

    Many students meet on the lawn by the Neckar if the weather is nice.

- **Wann** (*when*) is an interrogative pronoun and can also be used in indirect questions and as a subordinating conjunction.

  Wann besuchte Mark Twain Heidelberg?

  When did Mark Twain visit Heidelberg?

  Weißt du, **wann** Mark Twain Heidelberg besuchte?

  Do you know when Mark Twain visited Heidelberg?

  Der Professor weiß nicht genau, **wann** Mark Twain Heidelberg besuchte.

  The professor doesn't know exactly when Mark Twain visited Heidelberg.

25 **Studierende in Heidelberg**

Ergänzen Sie die Lücken mit **wenn, wann** oder **als**.

1. _____ Martin mit dem Studium begann, wusste er noch nicht genau, was er eigentlich studieren wollte.
2. Dorothee fuhr nach Italien, _____ das Wintersemester zu Ende war.
3. Martin fragt: „Weißt du, _____ genau das Herbstsemester beginnt?"
4. Martin geht mittags in die Mensa, _____ er tagsüber in der Uni ist.
5. Dorothee muss eine Semesterarbeit schreiben und ein Referat halten, _____ sie für ihr Romanistikseminar einen Schein bekommen will.
6. _____ die Uni nach den Semesterferien wieder beginnt, treffen sich viele Studierende auf der Hauptstraße.

Und Sie? Ergänzen Sie die Sätze und berichten Sie dann im Kurs.

7. Immer wenn das Semester beginnt, ...
8. Als ich zum erstenmal an die Uni kam, ...
9. Ich weiß nie, wann ...
10. Wenn ich in die Mensa gehe, ...

Redemittel zum Diskutieren

Vergleichen und Bewerten

Wenn man einen Vergleich (*comparison*) machen will, helfen die folgenden Redewendungen.

Im Vergleich zu ...	**Im Vergleich zu** anderen deutschen Städten sind die Mieten in Heidelberg sehr hoch.
Verglichen mit ...	**Verglichen mit** anderen Universitäten hat Heidelberg eine lange Tradition.
Im Gegensatz zu ...	**Im Gegensatz zu** München ist Heidelberg eine relativ kleine Stadt.
Im Unterschied zu ...	**Im Unterschied zu** anderen deutschen Städten ist Heidelberg im Krieg nicht zerstört worden.
Das lässt sich nicht vergleichen.	Das Notensystem in Deutschland und in den USA? **Das lässt sich nicht vergleichen**.
Das kann man nicht vergleichen.	Das Notensystem in Deutschland und in den USA? **Die/Das kann man nicht vergleichen!**

26 Richtig oder falsch?

Welche der folgenden Aussagen sind richtig? Wenn sie falsch sind, korrigieren Sie sie.

1. Im Vergleich zu anderen Unis ist Heidelberg eine der ältesten Hochschulen.
2. Verglichen mit anderen deutschen Universitäten ist die Universität Heidelberg sehr klein.
3. Im Gegensatz zum amerikanischen System gibt es in Deutschland nicht so hohe Studiengebühren.
4. Im Unterschied zu vielen Städten in Deutschland ist die Altstadt in Heidelberg im Zweiten Weltkrieg nicht zerstört worden.
5. Was die Universität Heidelberg von vielen anderen Universitäten in Deutschland unterscheidet, ist, dass es nur vier Fakultäten gibt.
6. Wie an den meisten Unis in Deutschland brechen fast 25 % der Studenten in Heidelberg ihr Studium ab, ohne einen Abschluss zu machen.

27 Vergleiche

Verbinden Sie die folgenden Sätze, um zu vergleichen.

 Die Studiengebühren in Deutschland sind nicht sehr hoch.

ABER: **In den USA ist das Studium oft sehr teuer.** →

Im Vergleich zu Deutschland ist das Studium in den USA oft sehr teuer.

1. Heidelberg ist im Zweiten Weltkrieg nicht zerstört worden.

   ABER: Viele andere deutsche Städte sind im Zweiten Weltkrieg zerstört worden.
2. Man weiß nicht, wer das Heidelberger Schloss gebaut hat.

   ABER: Bei den meisten Schlössern weiß man, wer sie gebaut hat.
3. Hannah Arendt wusste schon mit 14, was sie studieren wollte.

   ABER: Die meisten Teenager wissen nicht, was sie werden wollen.
4. In der Mensa gibt es immer etwas für Vegetarier.

   ABER: Nicht jedes deutsche Restaurant hat ein vegetarisches Gericht auf der Speisekarte.
5. In Baden-Württemberg gab es fünf Jahre lang Studiengebühren.

   ABER: Das gab es nicht in allen anderen Bundesländern.

28 Rollenspiel

Ein amerikanischer Student kommt für ein Jahr an die Uni Heidelberg und wundert sich über die Unterschiede. Spielen Sie eine kleine Szene an der Uni Heidelberg, z. B. in einer Vorlesung, in der Mensa, in der Bibliothek usw.

29 Fragen zur Diskussion

Diskutieren oder schreiben Sie über eines der folgenden Themen. Verwenden Sie dabei die Redemittel.

1. Sollte der Staat das Studium für alle bezahlen?
2. Sollten Studenten während des Studiums arbeiten? Oder sollte das Studium für jeden Studenten der wichtigste Job sein?
3. Wie kann man Aufschieben am besten bekämpfen?

Strukturen

Über Vergangenes sprechen:

Das Plusquamperfekt

The past perfect tense **(das Plusquamperfekt)** is used to describe an action that took place prior to some other event in the past. Thus, the past perfect tense always needs another explicit or implicit past-time context.

- The past perfect is formed by using the simple past tense of an auxiliary verb (**haben** or **sein)** and a past participle. The auxiliary follows the subject or some other word or phrase at the beginning of the clause, and the participle is placed at the end of the clause.

  Hannah Arendt **hatte** schon Kant **gelesen**, als sie sich für ein Studium der Philosophie entschied.

  Hannah Arendt had already read Kant when she decided to study philosophy.

- The past perfect is very common in clauses with **nachdem**.

  Nachdem Mark Twain im Hotel Schrieder **gewohnt hatte**, zog er ins Schloss-Hotel um.

  After Mark Twain had lived at the Hotel Schrieder, he moved to the Schloss-Hotel.

30 **Der erste Studientag für Dorothee und Martin**

Ergänzen Sie die Lücken mit den Plusquamperfektformen der angegebenen Verben. Achten Sie darauf, dass Sie auch ein konjugiertes Hilfsverb brauchen.

anmelden – kommen – reservieren – suchen

Als Dorothee und Martin am ersten Tag des Semesters in die Uni kamen, _____ sie sich schon lange vorher für ihre Seminare _____. Nachdem die beiden zehn Minuten lang _____ _____, fanden sie schließlich den Hörsaal, in dem die erste Vorlesung stattfinden sollte. Es gab nicht mehr viele Plätze, weil die meisten Studierenden schon früh _____ _____ und für ihre Mitstudierenden Plätze _____ _____.

einschlafen – essen – sprechen – trinken

Am Ende der Vorlesung bemerkte Dorothee, dass Martin _____ _____, weil der Professor so monoton _____ _____. Aber nachdem die beiden in der Mensa zu Mittag _____ und einen Kaffee _____ _____, waren sie wieder frisch für das nächste Abenteuer: ein Seminar über die Heidelberger Romantik.

31 Aus der Geschichte der Heidelberger Universität

Bilden Sie mit Ihrem Partner / Ihrer Partnerin Sätze nach dem folgenden Beispiel.

z.B. Friedrich III. macht Heidelberg zu einem Zentrum europäischer Wissenschaft und Kultur. / Die Universität Heidelberg wird international bekannt. →

Nachdem Friedrich III. Heidelberg zu einem Zentrum europäischer Wissenschaft und Kultur gemacht hatte, wurde die Universität Heidelberg international bekannt.

(**oder:** Die Universität Heidelberg wurde international bekannt, nachdem Friedrich III. Heidelberg zu einem Zentrum europäischer Wissenschaft und Kultur gemacht hatte.)

1. Am 18. Oktober 1386 beginnt das Studium Generale mit einer kirchlichen Messe. / Am nächsten Tag finden die ersten Vorlesungen statt.
2. 1618 beginnt der Dreißigjährige Krieg. / Die Blütezeit der Universität endet.
3. 1693 zerstören (destroy) die Truppen Ludwigs XVI. Heidelberg. / Die Universität bleibt für mehrere Jahre geschlossen.
4. Die Universität hat im 18. Jahrhundert viele Probleme. / 1803 wird sie reorganisiert.
5. Mit amerikanischen Spenden (donations) erbaut man nach dem Ersten Weltkrieg die Neue Universität. / Über den Eingang hängt man eine Tafel mit der Widmung „Dem lebendigen Geist" ("To the vital spirit / intellect").
6. Viele Studenten haben protestiert. / 2005 hob das Bundersverfassungsgericht das Verbot von Studiengebühren auf (lifted the ban).

Wie viel kostet das Studentenleben?

Bis Januar 2005 waren Studiengebühren in Deutschland gesetzlich verboten (forbidden by law). Das änderte sich durch eine Klage (lawsuit) der Länder Baden-Württemberg und Bayern beim Bundesverfassungsgericht (German equivalent of Supreme Court) in Karlsruhe. Die Universitäten im Land Baden-Württemberg verlangten (charged) schon länger Gebühren von Studenten, die die Regelstudienzeit (recommended number of semesters for a degree program) überschritten (exceeded); von 2007 bis 2012 mussten in Baden-Württemberg alle Studenten ab dem ersten Semester 500 € pro Semester bezahlen. 2012 sind Studiengebühren in Baden-Württemberg wieder abgeschafft worden.

Wie viel kostet das Studium in Ihrem Land? Was muss man alles bezahlen, wenn man hier an der Uni studiert? Wie viel kostet das Studium hier? Wie viel kosten Studiengebühren, Wohnung, Bücher, Essen, Transportmittel? Was braucht man sonst noch?

» Das Video finden Sie bei **iLrn**.

Videoblog

Igor

Vor dem Sehen

A **Studentenleben**

Beschreiben Sie das Studentenleben an Ihrer Universität. Gibt es einen typischen Studenten oder eine typische Studentin?

„Das Studentenleben in Heidelberg hat sehr viel zu bieten."

© Cengage Learning

B **Aus der Wirtschaftssprache**

Versuchen Sie gemeinsam mit einem Partner / einer Partnerin, die folgenden zusammengesetzten Wörter zu erklären. Machen Sie eine Liste mit allen einzelnen Wörtern. Welche anderen extrem langen Wörter kennen Sie noch in der deutschen Sprache?

1. das Wirtschaftsingenieurwesen
2. Informationskommunikationssysteme
3. der Fallstudienwettbewerb
4. die Unternehmensberatung

Beim Sehen

C **Was sehen Sie?**

Kreuzen Sie an, was Sie im Video sehen.

☐ einen Park
☐ die Fußgängerzone
☐ eine Kirche
☐ Studenten vor der Mensa
☐ ein Computerlabor
☐ ein Schwimmbad
☐ einen Globus

☐ ein verliebtes Pärchen
☐ ein kleines, rotes Auto
☐ das Heidelberger Schloss
☐ ein Panorama der Altstadt
☐ ein Straßencafé
☐ eine große Familie beim Essen
☐ eine Bartenderin

D **Stimmt's?**

Kreuzen Sie an, ob die folgenden Aussagen mit dem übereinstimmen, was Igor erzählt. Berichtigen Sie die falschen Aussagen.

	STIMMT	STIMMT NICHT
1. Igor studiert im sechsten Semester.	☐	☐
2. Er ist in Heidelberg geboren.	☐	☐
3. Igor hat ein Jahr in Oklahoma gelebt.	☐	☐
4. Amerika ist ganz ähnlich wie Deutschland.	☐	☐
5. Im *Café Zeitlos* gab es viel zu essen und zu trinken.	☐	☐
6. Die Atmosphäre an der Uni ist sehr anonym.	☐	☐

E   Die Fallstudie

Verbinden Sie die Elemente aus Igors Vlog zu vollständigen Sätzen.

1. Natürlich ist es auch sehr wichtig in der Universität,
2. Eine Sache, die ich da mal gemacht habe, war,
3. Man hat vier Stunden Zeit,
4. Ein Fallstudienwettbewerb läuft so ab,
5. Danach gab's noch ein nettes Get-together,
6. Es ist erstaunlich, wie viel man trinken und auch essen kann,

a. dass eine Unternehmensberatung ankommt, sich einen Fall ausdenkt und den Studenten bereitstellt, dass sie ihn lösen sollen.
b. und zwar im *Café Zeitlos*.
c. wenn man nicht selber bezahlt.
d. um den Fall zu lösen, und wir hatten so einen Fall im vergangenen Januar.
e. Engagement nebenbei zu zeigen.
f. dass ich mit ein paar Freunden an einem Fallstudienwettbewerb teilgenommen habe.

Redewendungen

In welchem Kontext benutzt Igor die folgenden Redewendungen und Ausdrücke? Versuchen Sie gemeinsam mit Ihrem Partner / Ihrer Partnerin, die Ausdrücke zu erklären, und erfinden Sie ein Beispiel, in dem Sie den Ausdruck verwenden.

1. eine kleine, eingeschworene Gemeinde
2. das kostet auch mal locker acht Euro
3. die Getränkekarte hoch und runter genießen

Nach dem Sehen

F   Reflexionen

Was für ein Typ Student ist Igor?

Was ist für ihn wichtig?

Wie stellen Sie sich sein Studentenleben in Heidelberg vor?

Welche Lebensziele hat er wohl?

G   Mein Studentenleben

Machen Sie Ihr eigenes Vlog oder schreiben Sie eine E-Mail an einen Partner / eine Partnerin und erzählen Sie von Ihrem eigenen Studentenleben.

⊙ Lektüre

Hermann Hesse

Hermann Hesse wurde am 2. Juli 1877 in Calw
(Baden-Württemberg) geboren. Nach kurzem
Aufenthalt in der Klosterschule Maulbronn beendete Hesse seine Schulbildung und machte eine
Lehre als Buchhändler. Schon während seiner
Lehrjahre begann er zu schreiben. Bald nach
seinen ersten erfolgreichen Werken zog er 1904
als freier Schriftsteller in ein altes Bauernhaus
am Bodensee. 1911 reiste er nach Indien und zog
kurz darauf in die Schweiz, zuerst nach Bern und
1919 schließlich nach Montagnola (Tessin); dort
schrieb er seine wichtigsten Romane und verbrachte den Rest seines Lebens. 1955 erhielt° er
den Friedenspreis des Deutschen Buchhandels.
Er starb° 1962.

AP Photo/M. Hesse

Hermann Hesse

---

erhielt *received* • **starb** *died*

Vor dem Lesen

32 **Fragen zum Thema**

1. Kennen Sie Studenten, die in einer Verbindung / Burschenschaft
   (fraternity) sind?
2. Was wissen Sie über diese Organisationen?
3. In Deutschland gibt es Studentenverbindungen (Burschenschaften)
   meistens nur für Männer. Gibt es in Ihrem Land auch Verbindungen für
   Frauen? Was unterscheidet sie von den Organisationen für Männer?
4. Ist das Studium eine Vorbereitung auf Beruf und Karriere oder lernt man
   auch für das Leben?
5. Was bedeutet Freundschaft für Sie? Haben Sie viele Freunde? Gibt es eine
   beste Freundin oder einen besten Freund?

Beim Lesen

Versuchen Sie beim ersten Durchlesen zu entscheiden, was für ein Text das ist und in
welchem Tempus er geschrieben ist (Aktivität 33). Konzentrieren Sie sich dann auf die
Abfolge der Szenen im Text (Aktivität 34) und die verwendeten Verbformen (Aktivität 35). Denken Sie dann über die Figuren und ihre Charakterprofile nach (Aktivität 36).

33 **Textsorte und Tempus**

Überfliegen Sie den Text und beantworten Sie die Fragen.

1. In welchem Tempus ist der Text geschrieben?
2. Um was für eine Art Text handelt es sich wohl? Ist es eine Kurzgeschichte
   (short story), ein Zeitungsartikel, ein Teil eines Romans *(novel)* oder eine
   Erzählung *(novella, story)*?

34 **Szenen im Text**

Machen Sie Notizen über die Folge der Szenen im Text. Wo sind die Personen? Wer ist noch da?

 Studentenkneipe, viele Studenten sind da, es ist laut …

35 **Imperfekt**

Finden Sie beim Lesen alle Verbformen im Imperfekt, die sich auf Hans oder Erwin oder auf Hans und Erwin zusammen beziehen. Legen Sie eine Tabelle nach folgendem Beispiel an.

Namen	Imperfekt	Infinitiv	Partizip der Vergangenheit
Hans	winkte	winken	gewinkt

36 **Charakterprofile**

Machen Sie Notizen über die drei Personen im Text. Sammeln sie Adjektive, mit denen die drei Männer beschrieben werden. Was machen sie (nicht) gern? Was für Typen sind sie? Wie denken sie über das Studium?

37 **Die Entscheidung**

Hans Calwer trifft in dieser Geschichte eine wichtige Entscheidung. Beschreiben Sie diesen Prozess und entscheiden Sie, ob er das Richtige getan hat.

Freunde

Hermann Hesse

Der niedrige Kneipsaal° war voll Rauch, Biergeruch, Staub und Getöse°.   *pub hall / noise*

Hans Calwer winkte seinem Freund Erwin Mühletal und ging zur Tür.

»He, schon fort?« rief einer der Studenten herüber.

5 Hans nickte nur und ging, Mühletal folgte. Sie stiegen die alte, steile Holztreppe hinab und verließen das schon still werdende Haus. Kalte Winternachtluft und blaues Sternenlicht empfing° sie auf dem leeren, weiten Marktplatz. Hans schlug den Weg nach seiner Wohnung ein°. Der Freund folgte ein Stück weit schweigend, er begleitete° Calwer fast jeden Abend nach Haus.   *greeted*   *schlug … took a turn toward home*   *accompanied*

10 Bei der zweiten Gasse aber blieb er stehen. »Ja«, sagte er, »dann Gutnacht. Ich geh ins Bett.«

»Gutnacht«, sagte Hans unfreundlich kurz und ging weiter. Doch kehrte er nach wenigen Schritten wieder um und rief den Freund an.

15 »Erwin!«

»Ja?«

»Du, ich geh noch mit dir.«

»Auch recht. Ich geh aber ins Bett, ich schlafe schon halb.«

Hans kehrte um und nahm Erwins Arm. Er führte ihn aber nicht
20 nach Hause, sondern zum Fluß hinab, über die alte Brücke und in
die lange Platanenallee, und Erwin ging ohne Widerspruch° mit.

objection

»Also, was ist los?« fragte er endlich. »Ich bin wirklich müde.«
»So? Ich auch, aber anders.«
»Na?«
25 »Kurz und gut, das war meine letzte Mittwochskneipe.«
»Du bist verrückt.«
»Nein, du bist's, wenn dir das noch Spaß macht. Lieber brüllen,
sich auf Kommando vollsaufen, idiotische Reden anhören und sich
von zwanzig Simpeln° angrinsen und auf die Schulter klopfen°

simpletons, / slap

30 lassen, das mach ich nicht mehr mit. Eingetreten bin ich in die Burschenschaft seinerzeit, wie jeder, im Rausch°. Aber hinaus gehe ich

im … delirious

vernünftig und aus guten Gründen. Und zwar gleich morgen.«
»Ja, aber – «
»Es ist beschlossen, und damit fertig. Du bist der einzige, der
35 es schon vorher erfährt°; du bist auch der einzige, den es etwas

find out

angeht. Ich wollte dich nicht um Rat bitten.«
»Dann nicht. Also du trittst aus. Ganz ohne Skandal geht es ja
nicht.«
»Vielleicht doch.«
40 »Vielleicht. Nun, das ist deine Sache.«
»Ich will mein eigener Herr sein und nimmer der Hanswurst° von

fool

drei Dutzend Bundesbrüdern°. Das ist alles.«

fraternity brothers

»Und wenn es dir nach drei Wochen leid tut?«
»Du mußt wirklich Schlaf haben. Gutnacht, ich geh noch
45 spazieren.«
Hans ging langsam davon, mit einem nervösen, künstlich° leich-

artificial

ten Schritt, den Erwin gut kannte.
»Geh nur! Geh nur!« grollte° er halblaut und sah Hans nach, bis er

grumbled

im Dunkel verschwunden° war.

disappeared

■

50 Immer und immer war er der Gutmütige, Geduldige gewesen,
und sooft es ein Zerwürfnis° gegeben hatte, war immer er zuerst

disagreement

gekommen und hatte um Verzeihung gebeten°. Nun ja, er war

hatte … asked for forgiveness

eben einmal ein guter Kerl. Aber wozu das alles? Was war denn
schließlich an diesem Hans Calwer, daß man ihm nachlaufen
55 mußte? Ja, ein bißchen Witz und eine gewisse Sicherheit im
Auftreten, das hatte er wohl, und er konnte geistreich° sein.

witty

Aber auf der andern Seite war er recht eingebildet°, spielte

conceited

den Interessanten, sah auf alle Leute herab°. Dieser Stolz, diese

sah … looked down on others

Sicherheit, diese Hochnäsigkeit° war unverzeihlich°.

arrogance / unforgivable

■

60 Indessen ging Hans flußabwärts, von Allee zu Allee. Er überlegte,
was morgen zu tun sei. Es war unangenehm, seinen Austritt° aus

leaving

der Verbindung° zu erklären.

fraternity

Ohne Erwin hätte er es schon früher getan. Erwin hatte ihn noch
gehalten, denn er war Hans ja damals in die Verbindung gefolgt.
65 Erwin war kein Durchschnittsmensch°, aber er war unsicher und

average person

schwach. Hans erinnerte sich an die ersten Jahre ihrer Freund-

schaft. Seither war alles von Hans ausgegangen: Spiele, Streiche°,
Moden, Sport, Lektüre. Erwin war den sonderbarsten Einfällen mit
Bewunderung° gefolgt, er hatte ihn eigentlich nie allein gelassen.
70 Er hatte ihn fast immer verstanden, ihn immer bewundert°, er war
auf alles eingegangen°.

Wenn Erwin bei der Verbindung blieb, dann hatte Hans ihn verloren. Wieder ergriff ihn, wie schon manchesmal, ein hilfloser
Zorn° über all den Schwindel in der Welt und über sich selber, daß
75 er ihm immer wieder vertraut° hatte. So war es auch mit der Universität und vor allem mit dem Studentenwesen. Die Universität
war eine veraltete, schlecht organisierte Schule; sie gewährte°
dem Studenten eine fast grenzenlose Freiheit, um ihn nachher
durch ein formelhaftes Prüfungswesen° wieder desto gründlicher
80 einzufangen°. Doch war man vor Protektion und Bestechung°
nicht sicher°. Nun, das plagte° ihn wenig. Aber das Studentenleben, die Abstufung° der Gesellschaften nach Herkunft° und Geld,
die komische Uniformierung, die sinnlos gewordene Romantik mit
Altheidelberg und Burschenfreiheit, das alles existierte nicht nur
85 fort, er selbst war in die lächerliche Falle gegangen°!

■

Hans mußte an einen Studenten denken, der mehrmals in
einer Vorlesung über orientalische Religionswissenschaft sein
Banknachbar gewesen war. Der trug einen dicken Lodenmantel,
schwere Bauernstiefel, geflickte° Hosen und ein derbes,° gestrick-
90 tes Halstuch und war vermutlich ein theologiestudierender Bau-
ernsohn°. Dieser hatte für die eleganten Kollegen mit Mützen und
Bändern nur ein gutes, aber überlegenes° Lächeln. Nun dachte
Hans, dieser unscheinbare° Student stehe ihm doch viel näher als
die bisherigen Kameraden, und er beneidete° ihn ein wenig um
95 seine zufriedene Ruhe. Da war einer, der wie er ganz allein stand,
und der offenbar das beschämende Bedürfnis° wie die anderen
zu sein gar nicht kannte.

■

In den Vorlesungen des Orientalisten war Hans jenem Studenten
seither regelmäßig° begegnet und hatte häufig neben ihm
100 gesessen. Er hatte gesehen, daß er die Vorträge sauber und mühelos stenographierte.

Einmal saß er wieder in seiner Nähe und beobachtete den fleißi-
gen Mann. Er sah in dessen Gesicht das Aufmerken° und Verstehen ausgedrückt. Er sah ihn einigemal nicken, einmal lächeln, und
105 er bewunderte ihn dafür. Er beschloß, den Studenten kennenzu-
lernen. Als die Vorlesung zu Ende war, folgte Hans dem Lodenmantel aus der Ferne°, um zu sehen, wo er wohne. Zu seinem
Erstaunen° aber machte der Unbekannte in keiner der bekannten
Gassen halt. Hans wurde neugierig und folgte in kleinerer Entfer-
110 nung. Hans folgte ihm in eine völlig unbekannte Gegend hinaus,
da hörte der andere seine Schritte und drehte sich um. Hans zog
den Hut und sagte Gutentag. Beide blieben stehen.

»Sie gehen spazieren?« fragte Hans.

»Ich gehe heim.«

pranks
admiration
admired
war … agreed to everything

hilfloser … helpless anger
trusted

allowed

exam routine
trap / bribery
safe / bothered
ordering / origin

war … ran into the absurd trap

patched / coarse

farmer's son
superior
inconspicuous
envied

desire

regularly

paying attention

aus … from a distance
astonishment

	115 »Ja, wo wohnen Sie denn? Gibt es hier draußen noch Häuser?«
	»Hier nicht, aber eine halbe Stunde weiter. Da liegt ein Dorf, Blau-
	bachhausen, und da wohne ich.«
	»Darf ich ein Stück mitgehen? Mein Name ist Calwer.«
	»Ja, es freut mich. Ich heiße Heinrich Wirth. Aus dem Buddha-
Buddha seminar	120 Kolleg° her kenne ich Sie ja schon länger. Sie haben früher immer
	so eine rote Kappe aufgehabt.«
	Hans lachte. »Ja«, sagte er. »Aber das ist jetzt vorbei. Es war ein
misunderstanding	Mißverständnis°.« Wirth sah ihn an und nickte. »Denken Sie, das
	freut mich?«
	125 »Warum denn?«
	»Oh, es hat keinen besonderen Grund. Ich hatte aber manchmal
	ein Gefühl, daß Sie nicht da hineinpassen.«
observed	»Haben Sie mich denn beobachtet°?«
	»Nicht gerade. Aber man sieht einander doch. Am Anfang dachte
a man above reproach	130 ich, das ist auch so ein Tadelloser°. Es gibt ja solche, nicht?«
	»Ja, es gibt solche. O ja.«
hatte ... had done you an injustice	»Also. Und dann sah ich, ich hatte Ihnen unrecht getan°. Ich
	merkte ja, daß Sie wirklich zum Hören und Lernen herkamen.«
	»Nun, das tun die andern doch wohl auch.«
	135 »Meinen Sie? Ich glaube, nicht viele. Die meisten wollen eben ein
	Examen machen, weiter nichts.«
	»Dazu muß man doch aber auch lernen.«
	»Auch ja, aber nicht viel. Was man in einem Kolleg über Buddha
	lernen kann, kommt im Examen nicht vor.«
edification	140 »Aber zur Erbauung° sind eigentlich die Hochschulen auch wieder
	nicht da. Das religiös Wertvolle an Buddha kann man selbst in
	einem Buch lesen.«
	»Das wohl. Das meine ich auch nicht.«
cows' bellowing	Kuhgebrüll° tönte durch die Stille der leeren Felder herüber.
	145 »Blaubachhausen«, sagte Wirth und deutete auf das Dörfchen.
Abschied ... say goodbye	Hans wollte Abschied nehmen° und umkehren.
	»Nun sind Sie gleich zu Hause«, sagte er, »und ich will nun auch
	umkehren und sehen, daß ich zum Mittagessen komme.«
	»Tun Sie das nicht«, meinte Wirth freundlich. »Kommen Sie
completely	150 vollends° mit und sehen Sie, wo ich wohne. Essen können Sie im
mit ... be satisfied with milk	Dorf auch haben, und wenn Sie mit Milch zufrieden sind°, können
	Sie mein Gast sein.«
nahm ... gladly accepted the invitation	Hans nahm die Einladung gerne an°. »Sie haben es weit in die
	Stadt«, sagte er.

■

	155 Indessen war es Erwin nicht wohl. Seine Kameraden wußten, daß
reason	Hans die Ursache° war.
	Eines Abends kam er an Hansens Wohnung vorbei und sah Licht
homesickness	in dessen Fenster. Er blieb stehen und sah mit Heimweh° und
	Scham hinauf. Hans saß oben am Klavier und spielte. Nach einer
went out	160 Viertelstunde erlosch° das Licht, und bald darauf sah er wie Hans
	in Begleitung eines großen, unfein gekleideten jungen Menschen
	das Haus verließ. Erwin wußte, daß Hans nicht jedem beliebigen
nicht ... didn't play piano for just anyone	Menschen auf dem Klavier vorspielte°. Also hatte er schon wieder
	einen Freund gefunden! . . .

Hesse, Hermann. "Freunde. Die Erzählungen" © 1973 by Suhrkamp. Reprinted with
friendly permission by Suhrkamp Verlag, Germany.

Wortschatz

austreten (tritt aus, trat aus, ist ausgetreten) *to leave (a club or association), cancel membership*

begegnen (ist begegnet) *to meet s.o.*

begleiten (hat begleitet) *to accompany, come with s.o.*

beschließen (beschloss, hat beschlossen) *to decide, make a decision*

bewundern (hat bewundert) *to admire*

die Burschenschaft, -en *fraternity*

das Dorf, ¨er *village*

eingebildet *conceited, arrogant*

eintreten (tritt ein, trat ein, ist eingetreten) *to join (a club or association)*

folgen (ist gefolgt) *to follow*

das Heimweh *homesickness, nostalgia*

hineinpassen (passt hinein, passte hinein, hat hinein gepasst) *to fit in*

die Hochnäsigkeit *arrogance*

der Kerl, -e *guy, chap (colloquial)*; **ein guter Kerl** *a nice guy*

das Klavier, -e *piano*

die Kneipe, -n *pub, bar*

die Mode, -n *fashion, trend*

neugierig *curious(ly)*

nicken (hat genickt) *to nod*

der Rat *advice*

die Sache, -n *thing, aspect, issue;* **das ist deine Sache** *that's your business*

die Scham *shame*

der Schritt *gait, step*

der Schwindel *corruption, dishonesty*

die Sicherheit *security, confidence*

sonderbar *strange*

umkehren (kehrt um, kehrte um, ist umgekehrt) *to turn around*

die Verbindung, -en *fraternity*

verrückt *crazy*

vertrauen (hat vertraut) *to trust*

sich vollsaufen (säuft sich voll, soff sich voll, hat sich vollgesoffen) *to get drunk (vulgar)*

weit *far*

wertvoll *valuable*

winken (hat gewinkt/ gewunken) *to wave at s.o.*

der Zorn *anger*

Nach dem Lesen

38 **Fragen zum Text**

1. Wo waren Hans und Erwin am Beginn der Geschichte?
2. Welche wichtige Entscheidung hat Hans getroffen?
3. Wie reagiert Erwin auf seinen Entschluss **(decision)**?
4. Wie denkt Erwin über Hans?
5. Wie denkt Hans über Erwin?
6. Hans begegnet einem Studenten, den er schon oft bemerkt hatte. Wie sieht dieser Student aus? Was denkt Hans über ihn?
7. Was haben Hans und Heinrich gemeinsam? Was unterscheidet sie?
8. Was bedeutet diese Episode für Erwin?

39 Fragen zum Nachdenken und Diskutieren

1. Was wird aus Hans Calwer und Heinrich Wirth? Können sie Freunde werden?
2. Was wird aus Hans und Erwin? Können sie Freunde bleiben?
3. Wie denkt Heinrich Wirth über das Studium? Ist Hans Calwer seiner Meinung?
4. Was hat sich am Studium seit dieser Zeit geändert? Was ist gleich geblieben?
5. Hermann Hesse selbst hat nie an einer Universität studiert. Kann man an dieser Geschichte seine Meinung über das Lernen an sich und die Universität als Institution erkennen?

40 Schreibübung

1. Wie geht die Geschichte weiter? Erzählen Sie die Geschichte – im Imperfekt – zu Ende. Was wurde aus den drei Personen? Sie können die Geschichte genau da weiterschreiben, wo sie hier aufhört, oder darüber schreiben, was zwanzig Jahre später aus den drei Männern geworden ist.
2. Erzählen Sie die Geschichte (im Imperfekt) aus Erwins Perspektive. Schreiben Sie dazu einige innere Monologe (z. B. wie denkt Erwin über Hans Calwer, die Burschenschaft, das Studium, Heinrich Wirth?).
3. Heinrich Wirth glaubt, die meisten Studenten wollen nicht wirklich lernen, sondern wollen einfach ein Examen machen. Wie denken Sie darüber?

41 Studentenlieder

1. Kennen Sie die „Alma Mater" Ihrer Universität? Welche Themen werden dort angesprochen?
2. Welche Themen werden wohl in einem Studentenlied zu Hesses Zeiten angesprochen? Machen Sie gemeinsam mit einem Partner / einer Partnerin eine Liste und vergleichen Sie Ihre Listen im Kurs.
3. Welche Rolle spielen Studentenlieder heute?

42 Alt-Heidelberg du feine

Joseph Victor von Scheffel (1826–1886) schrieb mehrere Gedichte über Heidelberg. Eines davon wurde in der Vertonung S. Anton Zimmermanns (1807–1876) als Studentenlied populär. Nach Scheffel wurde die dem Schloss gegenüberliegende Scheffel-Terrasse benannt.

Alt-Heidelberg, du feine,
Du Stadt an Ehren reich,
Am Neckar und am Rheine
Kein' andre kommt dir gleich.

Stadt fröhlicher Gesellen,
An Weisheit schwer und Wein,
Klar ziehn des Stromes Wellen,
Blauäuglein blitzen drein.

Und kommt aus lindem° Süden   *dulcet*
Der Frühling übers Land,
So webt er dir aus Blüten
Ein schimmernd Brautgewand.

Auch mir stehst du geschrieben
Ins Herz gleich einer Braut,
Es klingt wie junges Lieben
Dein Name mir so traut°.   *familiar*

Und stechen° mich die Dornen,   *prick*
Und wird mir's drauß zu kahl,
Geb' ich dem Roß die Spornen°   Geb… *I will spur the horse*
Und reit' ins Neckartal.

43 Schreibübung: Studentenlied

Schreiben Sie ein Studentenlied über Ihre Stadt oder Ihre Universität. Tragen Sie das Lied im Kurs vor!

Zum Schluss

44 Unileben in Heidelberg

Diskutieren Sie zum Schluss noch einmal im Kurs, welche Aspekte des Universitätsstudiums, der Uni Heidelberg oder der Stadt Heidelberg Sie am meisten überrascht haben. Vielleicht helfen dabei die folgenden Stichworte.

Abbrecher	Fakultäten	Studentenleben
Abschluss	Leistungsdruck	Studiengebühren
Burschenschaft	Prokrastination	Studium
Einsamkeit	Spaß	Vorlesungen

Das letzte Wort: Akademische Freiheit

Die „Freiheit von Forschung, Lehre und Studium" ist im Grundgesetz der Bundesrepublik Deutschland **(constitution of the BRD)** verankert **(anchored)**. Das bedeutet, die Dozenten können die Kurse frei gestalten **(create)** und dürfen ihre wissenschaftliche Meinung frei äußern. Die Studierenden können ihre Kurse frei wählen und in ihrem Studium Schwerpunkte **(areas of concentration)** nach eigener Wahl setzen. Vorgeschriebene **(prescribed)** Stundenpläne widersprechen **(contradict)** dem Grundgedanken der „akademischen Freiheit". Die „Qual der Wahl" **(lit. "torture of selection," the problem of having too much to choose from)** am Studienbeginn ist die logische Folge der Freiheit.

Wie viel akademische Freiheit haben Sie in Ihrem Studium?
Wie viel akademische Freiheit sollte man haben?

Hamburg

Der Stadtteil um die Binnenalster wird oft „die gute Stube" *(living room)* Hamburgs genannt.

The Hamburg chapter evokes the themes of migration and immigration and the idea of moving on. Hamburg is home to Germany's most important concentration of press and media. Sabine Christiansen exemplifies the life of a transnational career through her early interest in foreign languages and her exceptional media career. The globalization of the media world may also play an important role in eroding the formal *Sie*, a topic that addresses the reader's socio-pragmatic skills. The reading by Wolfgang Herrndorf makes the reader aware of a younger, more globalized generation, and how what we think and do depends on the culture we grew up in.

⊙ Station Hamburg

Hamburg - das Tor zur Welt

- **Eine berühmte Hamburger Medienfrau**
  Sabine Christiansen

⊙ Einblicke

Jung, dynamisch, du?

- **Strukturen**
  Höflichkeit, Hypothesen und Wünsche: Der Konjunktiv II

  Bitten, Wünsche und Vermutungen: Der Konjunktiv bei Modalverben

  Über Vergangenes sprechen: Der Konjunktiv der Vergangenheit

Videoblog: Jan Henning

⊙ Lektüre

Tschick Wolfgang Herrndorf

Materialien

Arbeitsbuch

iLrn™

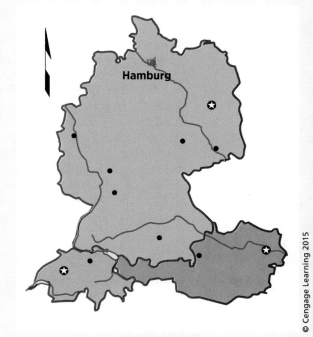

© Cengage Learning 2015

STATISTIK	
Einwohnerzahl:	1,8 Millionen
Fläche:	755 km²
1850–1939 via Hamburg emigriert:	5 Millionen Menschen

Station Hamburg

Was wissen Sie schon?

1. Waren Sie schon mal in Hamburg?
2. Wie groß ist Hamburg?
3. Woran denken Sie, wenn Sie den Namen Hamburg hören?
4. Was wissen Sie über die Hanse?

Jan Henning studiert Medien- und Kommunikationswissenschaft an der Universität Hamburg. Für ein Seminar in Medienproduktion muss er ein kurzes Video über Hamburg machen. Hier ist sein Manuskript.

© Cengage Learning. 2015

Jan Henning in Hamburg

Hamburg – Das Tor zur Welt

Hamburg – 1.8 Millionen Menschen leben in Deutschlands zweitgrößter Stadt. Die Region um Hamburg, und damit das Bundesland Hamburg, zählt rund 5 Millionen Einwohner. Die *Freie und Hansestadt*[1] Hamburg liegt in der Norddeutschen Tiefebene°. Der Hamburger Hafen ist einer der größten der Welt. Durch die geografische Lage und seine Geschichte als Handels- und Hafenstadt ist Hamburg noch heute das *Tor zur Welt*. Von Hamburg aus sind schon seit dem Mittelalter Handelsschiffe ausgefahren – Millionen von Menschen sind von Hamburg aus in andere Länder ausgewandert°, vor allem nach Amerika. Hamburg ist auch auf eine andere Weise das Tor zur Welt: Fast die Hälfte der in Deutschland verkauften Zeitungen und Zeitschriften kommen aus Hamburg. Auch in Film, Musik, Kultur, Rundfunk und Fernsehen gehört Hamburg zu den wichtigsten Standorten in Deutschland.

Tiefebene *lowlands* • **ausgewandert** *emigrated*

[1] „Freie Hansestädte" were autonomous in their government and privileged by the emperor and/or bishop, for instance, by not having to pay certain taxes, and so on. The word *Hanse* comes from *Hansa* = Old High German for *group,* later specifically for a group with common economic interests.

Geschichte

1189	1356	1700	1806	1912	1940–1943
Kaiser Friedrich Barbarossa erlaubt der Stadt zollfreien Handel und Schifffahrt.	Hamburg wird Hansestadt.	Hamburg ist der wichtigste Hafen für den Getreideexport *(grain export)* nach Westeuropa, Nordeuropa und Italien.	Hamburg wird „freie Hansestadt".	Hamburg ist nach New York und London der drittgrößte Hafen der Welt.	Durch Luftangriffe *(air raids)* werden 50 % der Wohnungen, 80 % des Hafens und 40 % der Industrie in Hamburg zerstört.

Die Hanse

Die Hanse war ein Bund zwischen vielen Städten im Nord- und Ostseeraum. Im Jahr 1356 schlossen sich mehrere Kaufleute *(tradesmen)* zu einer Gemeinschaft *(association)* zusammen *(banded together)*. Zur Hanse gehörten rund 70 Städte und 130 weitere Städte waren damit verbunden. Die Städte Hamburg, Bremen, Lübeck, Rostock, Greifswald, Stralsund, Demmin und Wismar tragen bis heute den Namen *Hansestadt*.

Kennen Sie andere Städtegemeinschaften? Welche?

1 Fragen zur Station

1. Wo liegt Hamburg? Was ist in der Nähe?
2. Wie wichtig ist der Hamburger Hafen?
3. Wann wurde die Stadt eine Hansestadt?
4. Was ist eine Hansestadt?
5. Wie viele deutsche Zeitungen und Zeitschriften kommen aus Hamburg?
6. Wie viele Einwohner hat Hamburg? Wie groß ist die Fläche?
7. Wie alt ist der Hamburger Hafen?
8. Was geschah zwischen 1940 und 1943 in Hamburg?

2 Text für ein Video über Hamburg

Mit dem Text „Hamburg – Das Tor zur Welt" möchte Jan Henning ein Video über Hamburg machen. Suchen Sie Informationen über Hamburg aus der Geschichte, der Statistik oder im Internet.

1. Worüber könnte Jan Henning noch sprechen?
2. Wie könnte man den Text weiter schreiben, um Hamburg in einem Video zu beschreiben?

1949	1989	1996	2007	2008	2015
Bei der Gründung der BRD wird Hamburg ein selbstständiges Bundesland.	Der Hamburger Hafen wird 800 Jahre alt.	Hamburg wird Sitz des Internationalen Seegerichtshofs *(International Tribunal for the Law of the Sea).*	Eröffnung des Emigrationsmuseums Ballinstadt.	Die neu errichtete HafenCity wird zum Hamburger Stadtteil erklärt.	Der Star-Architekt Richard Meier entwirft ein weiteres Gebäude für den Hamburger Stadtteil Hafencity.

Wann sagt man was?

die Branche, das Wesen, das Geschäft

Wenn man im Deutschen über einen Bereich oder Sektor der Wirtschaft spricht, wie zum Beispiel das Verlegen *(publishing)* von Büchern, Zeitungen und Zeitschriften, dann kann man diesen Bereich das **Verlagswesen** oder auch das **Verlagsgeschäft** nennen. Die **Branche** ist ein ähnliches Wort; die **Verlagsbranche** bedeutet alles, was mit dem Verlegen von Büchern, Zeitungen und Zeitschriften zu tun hat. Wenn man also auf English sagt *I'm in the insurance business,* kann man auf Deutsch sagen **Ich arbeite im Versicherungswesen** oder **in der Versicherungsbranche**. Damit sagt man nur, dass man in diesem Sektor arbeitet, aber nicht, was man eigentlich macht.

Viele Menschen in Deutschland finden es zu persönlich, wenn man gleich nach ihrem Beruf fragt. Statt *(Instead of)* zu sagen **Ich bin Sekretärin** oder **Ich bin Redakteur** sagt man oft lieber **Ich arbeite im Verlagswesen**.

Wie ist das in Ihrem Land? Fragt man gleich nach dem Beruf? Was sind Gründe dafür?

Grundwortschatz:
Presse und Medien

die **Aufnahme, -n** *recording, footage, shot*
der **Autor, -en** / die **Autorin, -nen** *author*
der **Bericht, -e** *report*
informieren (hat informiert) *to inform*
der **Sprecher, -** / die **Sprecherin, -nen** *speaker, announcer, anchor*

das **Thema,** *pl.* **Themen** *topic*
der **Verlag, -e** *publisher*
veröffentlichen (hat veröffentlicht) *to publish*
die **Zeitung, -en** *newspaper*
zitieren (hat zitiert) *to quote, cite*

3 Definitionen

Arbeiten Sie gemeinsam mit einem Partner / einer Partnerin und verbinden Sie die passenden Elemente.

1. Ein Verlag...
2. Ein Autor...
3. Ein Sprecher...
4. Eine Zeitung...
5. Eine Aufnahme...
6. Ein Thema...

a. wird in einer Talkshow diskutiert.
b. informiert die Leser.
c. wird von einem Reporter mit der Kamera gemacht.
d. spricht im Radio oder Fernsehen.
e. schreibt einen Bericht.
f. veröffentlicht eine Zeitung.

Eine berühmte Hamburger Medienfrau

Sabine Christiansen (1957–)

Sabine Christiansen wurde 1957 in einer kleinen Stadt in Schleswig-Holstein geboren. Nach dem Abitur arbeitete sie sieben Jahre lang bei *Lufthansa*° als Flugbegleiterin°. Danach machte sie ein Volontariat° beim Norddeutschen Rundfunk° in Kiel und Hamburg. Nach ihrer Ausbildung wurde Sabine Christiansen Politik- und Wirtschaftsreporterin beim Norddeutschen Rundfunk und moderierte von 1985 bis 1987 das *Hamburg Journal* im Fernsehen. 1987 wurde sie Co-Moderatorin der

Sabine Christiansen

Tagesthemen, Deutschlands wichtigster Nachrichtensendung. Sabine Christiansen wurde schnell zu einer respektierten Moderatorin. Sie gewann viele Preise und Auszeichnungen° und gehört heute zu den bekanntesten Fernsehjournalisten. 1997 startete sie ihr eigenes Programmformat mit der Sendung *Sabine Christiansen*. Die Talkshow etablierte sich innerhalb kürzester Zeit und wurde mit rund 5 Millionen Zuschauern eines der erfolgreichsten Formate im deutschen Fernsehen. Ab 2007 moderierte Sabine Christiansen bei CNBC die Sendung *Global Players with Sabine Christiansen*. 2002 gründete sie ihre eigene Produktionsfirma TV21 und ist seitdem Deutschlands erfolgreichste Medienunternehmerin°.

Lufthansa *German airline* • **Flugbegleiterin** *flight attendant* • **Volontariat** *internship*
Rundfunk *regional public radio and TV* • **Auszeichnungen** *awards* • **Medienunternehmerin** *media entrepreneur*

4   ## Vor dem Lesen

Beantworten Sie die Fragen mithilfe des Internets.

Die Tagesschau

1. Was sind die wichtigen Themen in der Tagesschau heute?
2. Wie ist die Website? Welche Bilder sind zu sehen?
3. Auf der Tagesschau-Website kann man auch Reportagen anhören und ansehen. Hören und sehen Sie einmal, was es gibt! Was ist interessant?

Sabine Christiansen

4. Sabine Christiansen war zuerst Flugbegleiterin und ist dann Reporterin geworden. Was haben die Berufe gemeinsam? Suchen Sie Informationen über Sabine Christiansens Leben und ihre Fernsehkarriere im Internet.
5. Kennen Sie erfolgreiche Medienfrauen? Was haben sie mit Sabine Christiansen gemeinsam? Wie sehen sie aus? Wie sprechen sie?
6. Welche Nachrichtensendung sehen Sie oder hören Sie sich an?

Interview mit Sabine Christiansen

Tagesspiegel: Was macht die Marke° Christiansen aus°?

S.C.: Also, sich selbst als Marke zu betrachten, ist sehr sehr seltsam°. Es gibt Menschen, die fühlen sich wohl dabei, für mich wird es ein Fremdkörper bleiben. Trotzdem weiß ich, dass es heute gar nicht anders geht.

Tagesspiegel: Ihr Name ist mittlerweile ein großes Kapital. Sie könnten, nach dem Vorbild° der amerikanischen Talkmasterin Oprah Winfrey, die Marke ausbauen, eine eigene Zeitschrift herausgeben, Spezial-Sendungen produzieren...

S.C.: Oder es lassen, denn eine Marke ist auch mit Umsicht° zu behandeln. Wir haben uns natürlich Gedanken darüber gemacht, aber ich bin da lieber vorsichtig°. Vielleicht ist der Bedarf° in der momentanen Zeit auch nicht so groß.

Tagesspiegel: Welche Träume hatte die 17-jährige Sabine?

S.C.: Ich liebe meine Heimat Schleswig-Holstein, aber ich war mir immer sicher, dass ich dort nicht bleiben wollte. Ich war als Schülerin oft in Frankreich, in der Schule habe ich auch Russisch gelernt, wollte immer gern für eine Zeit im Ausland leben...

Tagesspiegel: Russisch? Wirklich?

S.C.: Naja, das war schon furchtbar schwer, vier Jahre lang, aber ich dachte mir, was man hat, hat man. Also, ich wollte die Welt kennenlernen, und Sprachen zu lernen ist mir immer leicht gefallen. [...]

Tagesspiegel: Nach der Schule haben Sie sieben Jahre lang bei Lufthansa als Flugbegleiterin gearbeitet. Was lernt man in dem Job?

S.C.: Sich in einer Welt auszukennen, die in den 70er Jahren, als ich bei Lufthansa war, noch keinen großartigen Massentourismus zu fernen Zielen kannte. Man lernt Sprachen und fremde Kulturen kennen, Menschen schnell einzuschätzen°, wie offen ist jemand, wie ehrlich, wie gehen die oben mit denen unten um...

Tagesspiegel: ... damals gab es noch eine Bar für die First-Class, die im Flugzeug eine Etage höher war.

S.C.: Man trifft die vermeintlich° Mächtigen und erlebt sie manchmal ganz schwach°, wenn sie plötzlich Flugangst haben oder sonst irgendein Problem: Eben war er noch furchtbar arrogant, jetzt sitzt er vor einem und zittert°. Man bekommt in dem Beruf sehr schnell ein entspannteres° Verhältnis° zur Macht°, zu Höhenflügen und Landungen, Auf und Abs.

Tagesspiegel: Nach der Lufthansa wurden Sie Lokalreporterin beim Norddeutschen Rundfunk – von der großen weiten Welt zurück in die Heide°.

S.C.: Bei meinem Einstellungsgespräch fragte mich einer aus der Runde der Programm-direktoren, wo ich denn gerade herkäme. Aus Rio, antwortete ich. Und wie, fragte er, wollen Sie dann aus Husum° berichten? Ich antwortete: Mit einem Aufnahmegerät°, und außerdem kenne ich wenigstens den Weg dorthin. Mir fiel der Abschied vom Fliegen wirklich leicht, die Zeit war vorbei.

Tagesspiegel: Sie können gut Abschied nehmen?

S.C.: Ja. Weil ich meistens das Gefühl habe, man sieht sich ja wieder, und ich freue mich auf unser Wiedersehen. Wenn ich aber etwas für mich beende, dann mache ich das total.

Tagesspiegel: Kommen wir zum Schluss noch einmal an die Oberfläche zurück. Nie über-legt, ob Sie Ihre Haare mal nicht mehr blond färben° sollten?

S.C.: Einmal, bei den *Tagesthemen*, habe ich sie braun gefärbt. Alle waren entsetzt°! Also habe ich gesagt, okay, wenn es so sein soll, und bin wieder zu meiner alten Farbe zurück. Man kann ja auch aus blond im Leben etwas machen.

Marke *brand* • **macht aus** *characterizes* • **seltsam** *strange* • **Vorbild** *model* • **Umsicht** *care* • **vorsichtig** *cautious* • **Bedarf** *demand* • **einzuschätzen** *determine s.o.'s character* • **vermeintlich** *so-called* **schwach** *weak* • **zittert** *trembles* • **entspannteres** *more relaxed* • **Verhältnis** *relationship* • **Macht** *power* • **Heide** *heath (region in Schleswig-Holstein)* • **Husum** *town near Hamburg* • **Aufnahmegerät** *recording device* • **färben** *dye* • **entsetzt** *appalled*

5 **Fragen zum Interview**

1. Möchte Sabine Christiansen wie Oprah Winfrey ihre eigene Zeitschrift herausgeben? Erklären Sie.
2. Welche Träume hatte Sabine Christiansen, als sie jung war? Was wollte sie gerne machen?
3. Warum hat sie Sprachen gelernt?
4. Was hat sie gelernt, als sie Flugbegleiterin bei Lufthansa war?
5. Spekulieren Sie! Warum ist Sabine Christiansen so erfolgreich?
6. Wie hat sie sich bei ihrem Vorstellungsgespräch beim NDR verhalten?
7. Warum färbt sich Sabine Christiansen die Haare blond?
8. Sind die Interview-Fragen respektvoll und distanziert oder sehr persönlich?
9. Spricht der Interviewer Sabine Christiansen mit **du** oder **Sie** an?

6 **Andere berühmte Hamburger**

Suchen Sie Informationen über die folgenden Personen. Wer sind sie? Was haben sie gemacht?

Hark Bohm	Felix Mendelssohn-Bartholdy	Samy Deluxe
Wolfgang Borchert	Hans-Erich Nossack	Fettes Brot
Johannes Brahms	Helmut Schmidt	Peter Heppner
Hanne Darboven	Klaus Störtebecker	Siegfried Lenz

7 **Partnerinterview**

Fragen Sie Ihren Partner / Ihre Partnerin und berichten Sie dann im Kurs.

1. Woher kommen deine Vorfahren?
2. Wann sind sie hier hierher gekommen?
3. Warum sind sie gekommen?
4. Kennst du Leute, die erst vor Kurzem aus ihrem Land emigriert sind? Woher sind sie gekommen? Warum?

8 **Suchbegriffe**

Forschen Sie mit den folgenden Suchbegriffen im Internet.

Stadt Hamburg

1. Welche Neuigkeiten gibt es?
2. Gibt es Werbung? Wofür?

Die Hamburger Geschichte *(Die Hanse)*

3. Wann war Hamburg die größte Stadt Deutschlands?
4. Welchen Aspekt der Hamburger Geschichte finden Sie besonders interessant?

Emigrationsmuseum Ballinstadt

5. Wo ist das Emigrationsmuseum Ballinstadt?
6. Wie kann man hier genealogische Forschung *(genealogical research)* betreiben?

9 Fernsehen

Suchen Sie Informationen über das deutsche Fernsehen. Finden Sie eine Sendung *(program)*, die Sie interessiert, und stellen Sie sie im Kurs vor.

10 Lokale Presse

Gehen Sie zu den folgenden Websites im Internet. Was sind die Schlagzeilen? Wie wirken diese Zeitungen auf Sie? Wie sind Sprache und Präsentation – einfach oder komplex, plakativ oder seriös, modern oder altmodisch? Was ist besonders interessant?

Hamburger Abendblatt

Hamburger Morgenpost

Klönschnack

11 Überregionale Presse aus Hamburg

Aus Hamburg kommen auch zwei sehr wichtige überregionale Zeitungen: *Die Zeit* und *Der Spiegel*. Vergleichen Sie die Websites!

1. Welche Farben sind jeweils auf der Startseite?
2. Was sind die Schlagzeilen *(headlines)*?
3. Wie ist die Sprache – einfach oder komplex?
4. Wie ist die Präsentation – seriös oder sensationsgierig *(sensational)*?
5. Welche Fotos gibt es?

12 Nachrichtenrunde

Arbeiten Sie in Gruppen oder Paaren. Berichten Sie über einen Aspekt, den Sie beim Surfen im Internet gefunden haben.

13 Fragen zum Nachdenken und Diskutieren

Bearbeiten Sie diese Fragen in Paaren oder kleinen Gruppen. Machen Sie Notizen und geben Sie im Kurs einen kleinen Bericht. Bringen Sie die Resultate Ihrer Internetsuche dabei ein.

1. Wie hat die geografische Lage Hamburgs die Stadtgeschichte beeinflusst?
2. Was haben Sie über den Hamburger Hafen und die Hanse gelernt?
3. Für wen war (oder ist) Hamburg das *Tor zur Welt*?
4. Ist die Konzentration der Presse in Hamburg ein Problem oder hat sie Vorteile?

Am Elbufer in Hamburg

Strukturen

Höflichkeit, Hypothesen und Wünsche:
Der Konjunktiv II

In *Station 1*, you reviewed the concept of mood in a verb.

1. Reality is expressed with the **indicative** present, simple past, present perfect, and past perfect tenses.
2. Commands and suggestions are made using the **imperative.**
3. To express hypotheses, wishes, politeness, and distance, German speakers use the **subjunctive.**

- The subjunctive II **(Konjunktiv II)** is used to make requests more polite and to express unreal, contrary-to-fact, or hypothetical conditions.

    Der Interviewer fragt Sabine Christiansen: „**Würden** Sie mir bitte ein paar Fragen **beantworten**?"

    Wenn Sabine Christiansen Lust **hätte, könnte** sie nach dem Vorbild von Oprah Winfrey ihre eigene Zeitschrift herausgeben.

- The subjunctive II for present time is formed by adding personal endings to the stem of a verb's simple past form. The subjunctive form of weak verbs is not distinguishable from its simple past form. Strong and mixed verbs add an umlaut to stems with **a, o** and **u.** Some mixed verbs substitute **e** for **ä** (e.g. **nennen, kennen, rennen**). Modal verbs add an umlaut if they have one in the infinitive.

Infinitive (Simple Past)	sein (war)	haben (hatte)	werden (wurde)
ich	wäre	hätte	würde
du	wärest	hättest	würdest
er/es/sie	wäre	hätte	würde
wir	wären	hätten	würden
ihr	wäret	hättet	würdet
sie/Sie	wären	hätten	würden

Infinitive (Simple Past)	gehen (ging)	kommen (kam)	wissen (wusste)
ich	ginge	käme	wüsste
du	gingest	kämest	wüsstest
er/es/sie	ginge	käme	wüsste
wir	gingen	kämen	wüssten
ihr	ginget	kämet	wüsstet
sie/Sie	gingen	kämen	wüssten

- In general, the subjunctive II forms of **sein, haben, werden, gehen, kommen, wissen**, and the modal verbs (**dürfen, können, mögen, müssen, sollen, wollen**)[2] are the only ones commonly used.

- For all other verbs, the form **würde + infinitive** is frequently used.

  Wenn die Touristen genug Zeit hätten, **würden** sie eine Rundfahrt im Hamburger Hafen **machen**.

  Die 17-jährige Sabine Christiansen **würde** gerne im Ausland **leben**.

- Since the repetitive use of **würde + infinitive** sounds awkward and inconcise in serious writing, the **würde**-construction is used more commonly in spoken German. Nevertheless, it is sometimes used even in writing, because the subjunctive II form of a weak verb is often ambiguous and could be mistaken for a simple past form. To clarify meaning, **würde + infinitive** is used.

  Wenn Sabine Christiansen nicht in Hamburg **wäre**, **würde** sie vielleicht in Russland **leben**.

---

14 **Wunschsätze**

Sie wollen mit dem Zug nach Hamburg fahren, aber nichts klappt so, wie es soll. Bilden Sie gemeinsam mit einem Partner / einer Partnerin Wunschsätze nach dem folgenden Muster.

 Die Fahrt zum Bahnhof ist sehr lang.

Wenn die Fahrt doch kürzer wäre!

Or: Wenn die Fahrt doch nicht so lang wäre!

1. Der Bahnhof ist sehr groß.
2. Wir haben noch keine Fahrkarten.
3. Das Wetter ist schlecht.
4. Sie haben nichts zu lesen für die Fahrt.
5. Der Zug ist sehr voll.
6. Wir haben nichts zu trinken.
7. Der Schaffner ist unfreundlich.
8. Die Sitze sind zu hart.

---

[2] Modal verbs will be covered in more detail later in this chapter.

15 Was wäre, wenn...

Erzählen Sie Ihrem Partner / Ihrer Partnerin in zwei Sätzen, was Sie in den folgenden Situationen machen würden. Ihr Partner / Ihre Partnerin macht sich Notizen und berichtet dann im Kurs.

z.B. **wenn Sie morgen nach Hamburg fliegen würden** →

Wenn ich morgen nach Hamburg fliegen würde, würde ich schnell meinen Koffer packen.

1. wenn Sie nur fünf Stunden in Hamburg hätten
2. wenn Sie in Hamburg wohnen würden
3. wenn Sie ein erfolgreicher TV-Moderator / eine erfolgreiche TV-Moderatorin wären
4. wenn Sie jetzt 6 Wochen Ferien hätten
5. wenn Sie 10 000 Euro hätten, die Sie in Hamburg ausgeben könnten
6. wenn Sie Herausgeber Ihrer eigenen Zeitung wären

16 Ein Tag in Hamburg

Stellen Sie sich vor, Sie würden einen Tag in Hamburg verbringen. Wählen Sie fünf Aktivitäten unten, die Sie am liebsten an diesem Tag unternehmen würden, und kreuzen Sie diese auf der Liste an. Dann bilden Sie Gruppen von 2–4 Studenten und versuchen Sie, die Aktivitäten Ihrer Partner zu erraten. Für jede richtig erratene Antwort erhalten *(receive)* Sie einen Punkt. Vielleicht bekommen Sie am Ende des Spiels sogar einen Preis.

z.B. S1: Seth, würdest du gerne ins alte UFA-Kino in der Bernstorffstraße gehen?

S2: Ja, das würde ich gerne machen *(1 Punkt für S1)*. Emma, würdest du auch gerne ins alte UFA-Kino gehen?

S3: Nein, ich würde nicht gerne ins Kino gehen *(kein Punkt für S2)*. Chris, würdest du gerne das Musical „König der Löwen" sehen?

☐ ins alte UFA-Kino in der Bernstorffstraße gehen

☐ einen Bummel über den Hamburger Fischmarkt machen

☐ das Musical „König der Löwen" sehen

☐ in den Tierpark Hagenbeck gehen

☐ im Thomas-I-Punkt Inline-Skates leihen

☐ auf der Boberger Düne wandern

☐ den Kosmos-Simulator im Planetarium erleben

☐ in die Sauna in der Bartholomäus-Therme gehen

☐ die Ausstellung „Hamburg im 20. Jahrhundert" im Museum besichtigen

☐ ein Theaterstück im Thalia-Theater sehen

☐ in der Hamburger Musikhalle ein klassisches Konzert hören

☐ ins Gewürzmuseum gehen

☐ ein Konzert im „Downtown Blues Club" besuchen

Vergleichen Sie am Ende Ihre Ergebnisse im Kurs. Gibt es besonders bevorzugte *(preferred)* Aktivitäten? Gibt es Sachen, die niemand machen möchte? Warum wohl?

⊙ Einblicke

17 **Fragen zum Thema**

1. Welche Personen nennen Sie beim Vornamen, wen nennen Sie beim Nachnamen?
2. Finden Sie es gut, wenn sich in einer Firma alle Mitarbeiter beim Vornamen nennen?
3. In welchen Situationen sollte man in Deutschland **Sie** sagen; und wann kann man **du** sagen?
4. Muss man in Deutschland immer **Sie** sagen, wenn man eine Person nicht kennt?

Jung, dynamisch, du?

Wer sagt am Arbeitzplatz „du" und wer sagt „Sie"? Darf man die Chefin „duzen", wenn man von ihr „geduzt" wird? Darf man den Vorgesetzten mit dem Vornamen ansprechen, wenn er einen mit dem Vornamen anspricht?

Durch solche Unsicherheiten kommt es manchmal auch vor, dass man den Vornamen benutzt, aber „Sie" sagt („Haben Sie den Bericht schon fertig gemacht, Rüdiger?"). Früher hat man das „Du" offiziell angeboten („Sollten wir nicht langsam zum ‚Du' übergehen – also ich bin der Holger!"). Auch Spitznamen° und Kurzformen wurden offiziell angeboten („Ich bin die Sabine, aber alle nennen mich Biene!").

Du oder Sie am Arbeitsplatz?

du 23,8%

Sie 15%

du oder Sie 61,2%

Heute duzt fast jeder Vierte seine Mitarbeiter.

Quelle: *Financial Times Deutschland, www.ftd.de, 10.02.2012*

Es kann problematisch sein, wenn man Personen voreilig° beim Vornamen nennt oder mit „du" anspricht. Wenn man nicht weiß, ob man „du" oder „Sie" sagen soll, kann man versuchen, die direkte Anrede so gut wie möglich zu vermeiden°. Solche Situationen enstehen, wenn eine Person viel älter ist als man selbst und man diese Person nicht sehr gut kennt. Die Anrede mit „Sie" signalisiert Respekt, und das Alter der Gesprächspartner° ist einer der wichtigsten Faktoren. Für Personen zwischen 25 und 40 ist es am schwierigsten. Man will locker sein, aber nicht unhöflich.

Werden wir uns in der Zukunft vielleicht alle „duzen" und mit Vornamen ansprechen? Wahrscheinlich nicht. Es wird immer Situationen geben, in denen man dem Gesprächspartner Respekt zeigen will. Noch gehören die Anreden mit „Herr" und „Frau" zum respektvollen Verhalten im Berufsleben („Guten Tag, Frau Schneider! Bitte setzen Sie sich, ich bringe Ihnen gleich unseren Steuerbericht!"). Die Höflichkeitsform im Deutschen ist ein wichtiger Aspekt des sozialen Verhaltens, auf den man nicht so leicht verzichten° kann.

Unternehmen *enterprises* • **Spitznamen** *nicknames* • **voreilig** *prematurely* • **vermeiden** *avoid*
Gesprächspartner *conversation partner* • **verzichten** *do without*

18 **Fragen zum Text**

1. Wann kann es Unsicherheiten mit der Anrede geben?
2. Was sind Spitznamen? Sind sie am Arbeitsplatz angebracht *(appropriate)*?
3. Was signalisiert die Anrede mit **Sie**?
4. Finden Sie es gut, wenn alle Kollegen in einer Firma sich beim Vornamen nennen? Welche Vorteile hat das?

19 **Rollenspiel**

Arbeiten Sie in Paaren oder Gruppen und erfinden *(invent)* Sie Szenen zu den folgenden Situationen. Entscheiden Sie, welche Anrede (**du** oder **Sie**) am besten ist.

1. Zwei ältere Damen im Café
2. Kollegen im feinen Restaurant
3. Studenten in der Mensa
4. Leute in der Straßenbahn
5. Nachbarn beim Gartenfest
6. Professor und Studenten in einem Kurs

Plattdeutsch

Die niederdeutschen *(Low German)* Dialekte auf dem platten *(flat)* Land im Norden Deutschlands heißen **Plattdeutsch.** Die plattdeutschen Dialekte haben einiges mit der englischen und der niederländischen Sprache gemeinsam.

Plattdeutsch	Hochdeutsch	Plattdeutsch	Hochdeutsch
Dag (*oder* Dach)	Tag	Schipp	Schiff
dat	das	sitten	sitzen
eten	essen	slapen	schlafen
ik	ich	wat	was
Peper	Pfeffer		

Im 16. Jahrhundert wurde das Hochdeutsche zur Standardsprache und das Plattdeutsch wurde vor allem in den Städten durch das Hochdeutsche verdrängt *(replaced)*. Seit dem 19. Jahrhundert wird das Plattdeutsch als regionale Sprache gepflegt *(maintained)*, aber immer weniger junge Menschen in Norddeutschland sprechen Plattdeutsch.

Verstehen Sie die folgenden Sprichwörter *(proverbs)*?

1. Regnd dat morgns na Klock acht, regnd dat meist den ganzen Dach.
2. Wat een nich in Kopp hett, dat mutt he in de Been hebben.
3. Wat de Buur nich kennt, dat itt he nich.

Wortschatz

der **Abschied, -e** *good-bye, parting*
anbieten (bietet an, bot an, hat angeboten) *to offer*
die **Anrede, -n** *form of address*
ansprechen (spricht an, sprach an, hat angesprochen) *to address (s.o.)*
der **Arbeitsplatz, ⁼e** *work place*
das **Berufsleben** *professional life*
bestehen aus (bestand, hat bestanden) *to consist of*
die **Branche, -n** *business sector*
das **Bundesland, ⁼er** *federal state of the BRD*
der **Chef, -s** / die **Chefin, -nen** *boss, supervisor*
duzen (hat geduzt) *to address (s.o.) with du*
erfolgreich *successful*
die **Firma** (*pl.* **Firmen**) *company*
furchtbar *horrible; horribly*
die **Gemeinschaft, -en** *association*
der **Gesprächspartner, -** / die **Gesprächspartnerin, -nen** *interlocutor*
der **Hafen, ⁼** *harbor, port*
die **Hälfte, -n** *half*
der **Handel** *commerce*
die **Hanse** *Hanseatic League*
höflich *polite; politely*
die **Höflichkeitsform, -en** *polite form (of address)*
der **Kollege, -n** / die **Kollegin, -nen** *colleague, coworker*
jemandem **leichtfallen** (fällt leicht, fiel leicht, ist leichtgefallen) *to come easy to s.o.*
Das fällt mir nicht leicht. *It doesn't come easy to me.*
locker *relaxed, laid back*

der **Luftangriff, -e** *air raid*
die **Marke, -n** *brand*
die **Medien** (*pl.*) *media*
der **Moderator, -en** / die **Moderatorin, -nen** *moderator, TV host*
der **Nachname, -n** *last name*
die **Nachrichten** (*pl.*) *the news (for example, on TV)*
öffentlich *public; publicly*
der **Respekt** *respect*
der **Rundfunk** *radio (the medium)*
die **Sendung, -en** *show (on radio or TV)*
der **Spitzname, -n** *nickname*
der **Traum, ⁼e** *dream*
unhöflich *impolite; impolitely*
die **Unsicherheit, -en** *insecurity*
das **Unternehmen, -** *business, corporate enterprise*
das **Verhalten** *behavior*
das **Verhältnis, -se** *relationship*
das **Verlagswesen** *publishing business/industry*
verlegen (hat verlegt) *to publish*
(etwas) **vermeiden** (vermied, hat vermieden) *to avoid (s.th.)*
(auf etwas) **verzichten** (hat verzichtet) *to do without (s.th.)*
voreilig *premature; prematurely*
der **Vorname, -n** *first name*
der/die **Vorgesetzte, -n** *superior, person in authority*
die **Werbung** *advertising, marketing; advertisement*
die **Wirtschaft, -en** *economy*
die **Zeitschrift, -en** *magazine*
die **Zeitung, -en** *newspaper*
der **Zuschauer, -** / die **Zuschauerin, -nen** *viewer, audience*

20 Hamburg

Ergänzen Sie die Sätze!

1. Hamburg ist eine Stadt und auch ein _____ der BRD.
2. Der Hamburger _____ gehört zu den 20 größten der Welt.
3. In Hamburg werden viele _____ verlegt.
4. In vielen _____ sagen immer mehr Kollegen Du.
5. Die Anrede mit dem Vornamen schafft eine _____ Arbeitsatmosphäre.

21

Am Arbeitsplatz

Finden Sie die richtigen Definitionen für die folgenden Begriffe.

1. Diese Person schreibt in einer Zeitung oder berichtet im Fernsehen.
2. Diese Person moderiert eine Fernseh- oder Radiosendung.
3. Jemand, der eine Sendung im Fernsehen sieht.
4. Die wichtigste Person in einer Firma.
5. Eine Person, mit der man zusammenarbeitet.
6. Person, die am Arbeitsplatz direkt über einem steht und kontrolliert, was man macht.

a. der Vorgesetzte
b. der Kollege
c. der Journalist
d. der Moderator
e. der Zuschauer
f. der Chef

22

Du oder Sie?

Ein Student im ersten Semester Deutsch möchte wissen, wann man auf Deutsch **du** und **Sie** sagt. Erklären Sie es ihm. Verwenden Sie dabei die folgenden Wörter.

Anrede – ansprechen – Arbeitsplatz – duzen – erfolgreich – Freunde – höflich – Höflichkeitsform – leicht – locker – Nachname – Respekt – Verhältnis – vermeiden – Vorname

23

Schreibübung mit Respekt!

Schreiben Sie kleine Notizen, Briefe oder E-Mails an die folgenden Personen und achten Sie dabei auf die Anrede. Wie erweist man jemandem Respekt? Wie zeigt man seine Höflichkeit?

Liebe Frau Professor Wemhöner,

bitte entschuldigen Sie...

1. Schreiben Sie eine E-Mail an Ihren Deutschprofessor. Sie können nicht zum Kurs kommen...
2. Schreiben Sie eine Notiz an Ihren Chef. Er hat Ihnen eine Aufgabe gegeben, die Sie nicht erledigen konnten...
3. Schreiben Sie eine Notiz an Ihren Nachbarn, der nachts immer viel zu laute Musik macht.
4. Schreiben Sie eine Mail an einen Mitstudenten, der Ihnen seine Notizen überlassen soll, weil Sie im Kurs gefehlt haben.
5. Schreiben Sie an Ihre Mutter, weil Ihnen diesen Monat das Geld ausgegangen ist und Sie die Miete noch nicht bezahlt haben.
6. Schreiben Sie an den Direktor Ihrer Bibliothek. Sie haben vergessen, sieben Bücher zurückzubringen...
7. Schreiben Sie an Ihre Lieblingsprofessorin. Sie soll Ihnen einen Empfehlungsbrief für ein Stipendium schreiben.

24 Was ist passiert?

Wie ist das Verhältnis zwischen der Person am Schreibtisch und Herrn Mühleisen? Sind sie Kollegen? Wer ist der Chef? Beschreiben Sie die Situation! Verwenden Sie dabei die folgenden Wörter.

anbieten – Anrede – ansprechen – Arbeitsplatz – Chef – duzen – Firma – höflich – Höflichkeitsform – Kollege – locker – Nachname – Respekt – schwierig – Spitzname – unhöflich – Unsicherheit – Unternehmen – Verhalten – vermeiden – Vorname – Vorgesetzter

© Cengage Learning

Strukturen

Bitten, Wünsche und Vermutungen

Der Konjunktiv bei Modalverben

Modal verbs are often used in the subjunctive, where they take on a slightly different meaning than in the indicative.

Infinitive (Simple Past)	dürfen (durfte)	können (konnte)	mögen (mochte)
ich	dürfte	könnte	möchte
du	dürftest	könntest	möchtest
er/es/sie	dürfte	könnte	möchte
wir	dürften	könnten	möchten
ihr	dürftet	könntet	möchtet
sie/Sie	dürften	könnten	möchten
	would/might be permitted to	*could/would be able to*	*would like to*

Infinitive (Simple Past)	müssen (musste)	sollen (sollte)	wollen (wollte)
ich	müsste	sollte	wollte
du	müsstest	solltest	wolltest
er/es/sie	müsste	sollte	wollte
wir	müssten	sollten	wollten
ihr	müsstet	solltet	wolltet
sie/Sie	müssten	sollten	wollten
	would have to	*should*	*would want to*

While **können** in the indicative can also be used to express possibility and **müssen** to express probability, their subjunctive forms emphasize uncertainty.

Vom Aussehen her **könnte** der Chefredakteur genauso gut ein Student sein.

Um 9.00 Uhr **müssten** die Geschäfte in Hamburg eigentlich geöffnet haben.

---

25 ## Was ich gerne möchte

 Formulieren Sie höfliche Bitten und Wünsche mit dem Konjunktiv von Modalverben. Benutzen Sie möglichst viele verschiedene Modalverben und geben Sie auch Alternativen!

z.B. **etwas zu trinken haben** →

Könnte ich bitte etwas zu trinken haben? (*oder* Dürfte ich etwas zu trinken haben?)

1. etwas zu essen bestellen
2. nicht so schnell sprechen
3. auf die Toilette gehen
4. das Telefon benutzen
5. den Stadtplan von Hamburg sehen
6. mir sagen, wie spät es ist
7. mir eine Cola bringen
8. deine E-Mail-Adresse geben

26 ## Ihre Reaktion, bitte!

 Reagieren Sie auf die folgenden Situationen und spekulieren Sie über den Effekt dieser Fakten. Benutzen Sie dabei Modalverben im Konjunktiv.

z.B. **Die Wettervorhersage: „Höchsttemperaturen in Hamburg morgen bis zu 30 Grad"** →

Es dürfte ziemlich heiß werden. (*oder* Es könnte ziemlich heiß werden.)

1. Die Toiletten im Stadtpark sind schmutzig.
2. Der Mann im Café schreibt den ganzen Tag.
3. Kein Mensch ist im Tierpark Hagenbeck.
4. Viele Segelschiffe haben im Hamburger Hafen angelegt.
5. Sie haben im Deutschkurs beim Goethe-Institut in Hamburg eine schlechte Note bekommen.
6. Auf der Reeperbahn ist laute Musik zu hören.

Redemittel zum Diskutieren

Sagen, was wahrscheinlich oder unwahrscheinlich ist

Wenn man sich nicht sicher ist, dann spricht man oft nur von Wahrscheinlichkeit *(probability)*. Mit diesen Redemitteln kann man Wahrscheinlichkeit ausdrücken *(express)*.

wahrscheinlich…	**Wahrscheinlich** werden sich immer mehr Kollegen am Arbeitsplatz duzen.
vermutlich…	Immer mehr Kollegen werden sich **vermutlich** am Arbeitsplatz duzen.
Ich vermute (nicht), dass…	**Ich vermute nicht, dass** sich mehr Kollegen duzen als siezen.
Ich nehme (nicht) an, dass…	**Ich nehme an, dass** ältere Kollegen vielleicht Probleme mit dem Duzen haben.
Es ist fraglich, ob…	**Es ist fraglich, ob** man auf das höfliche *Sie* ganz verzichten kann.
Es sieht (nicht) so aus, als ob…	**Es sieht so aus, als ob** das höfliche *Sie* eine wichtige Funktion hat.
anscheinend	**Anscheinend** muss man immer erst *Sie* sagen und warten, bis der ältere Gesprächspartner das *Du* anbietet.
Es scheint, dass / als ob…	**Es scheint, als ob** jüngere Menschen sich schneller duzen.
Es wird wohl (nicht) so sein, dass…	**Es wird wohl nicht so sein, dass** man alle jüngeren Leute gleich duzen kann; es kommt immer auf die Situation an.

---

27 ### Noch mehr Spekulationen

Spekulieren Sie über das **Sie**. Beginnen Sie mit den Redemitteln, die kursiv *(in italics)* gedruckt sind.

1. In zehn Jahren sagen junge Leute am Arbeitsplatz nicht mehr **Sie**.
   – *Wahrscheinlich…*
2. Deutsche Studenten sagen untereinander immer **du**. – *Ich vermute, dass…*
3. Um 1900 haben sich Studenten nicht geduzt. – *Ich nehme nicht an, dass…*
4. Mischformen werden am Arbeitsplatz immer häufiger benutzt. – *Es sieht so aus, als ob…*
5. Die förmliche Anrede am Arbeitsplatz wird bald nur noch sehr selten gebraucht werden. – *Es wird wohl so sein, dass…*

28 ### Fragen zur Diskussion

Diskutieren oder schreiben Sie über eines der folgenden Themen. Verwenden Sie dabei die Redemittel.

1. Ist eine lockere Arbeitsatmosphäre wichtiger als Höflichkeit und Respekt?
2. Finden Sie es gut, wenn alle Kollegen in einer Firma **du** sagen, egal wie alt sie sind und wie ihre Kompetenzen sind?
3. Wie kann man die Probleme mit der Anrede am Arbeitsplatz am besten lösen?

29 **Spekulationen**

Wenn Deutsche sich kennenlernen, fragen sie nicht sofort nach dem Beruf. Wenn zwei Menschen sich im Park treffen, weil sie dort immer mit ihren Hunden spazieren gehen, dann kann es sehr lange dauern, bis sie über ihre Arbeit sprechen. Warum ist das wohl so? Was ist wahrscheinlich? Welchen der folgenden Spekulationen stimmen Sie (nicht) zu? Benutzen Sie in Ihren Antworten auch den Konjunktiv.

 Wahrscheinlich interessieren sich die Deutschen nicht für Berufe.

Das würde ich nicht sagen. (oder Das könnte sein.)

1. Wahrscheinlich interessieren sich die Deutschen nicht für Berufe.
2. Vermutlich wollen sie die Person erst kennenlernen, bevor sie nach dem Beruf fragen.
3. Ich vermute, dass viele Leute nicht sagen wollen, was sie beruflich machen.
4. Ich nehme an, dass die hohe Arbeitslosigkeit *(unemployment)* etwas damit zu tun hat.
5. Es ist fraglich, ob die hohe Arbeitslosigkeit etwas damit zu tun hat.
6. Es sieht so aus, als ob Leute sich erst für den Charakter einer Person interessieren.
7. Es scheint die Deutschen nicht zu interessieren, was andere beruflich machen.
8. Anscheinend sind die Deutschen zu reserviert, um über ihre Berufe zu sprechen.
9. Es wird wohl so sein, dass man es einer Person überlassen will, selbst zu sagen, wo sie arbeitet.

Strukturen

Über Vergangenes sprechen:
Der Konjunktiv der Vergangenheit

- The past subjunctive is used to express unreal, contrary-to-fact, or hypothetical conditions in the past.

    In ihrer Jugend **hätte** Sabine Christiansen gerne im Ausland **gelebt**.

- It is formed by combining the subjunctive II form of the auxiliary **haben (hätte)** or **sein (wäre)** with the past participle:

ich	**hätte** gefragt	wir	**hätten** gefragt	ich	**wäre** gekommen	wir	**wären** gekommen
du	**hättest** gefragt	ihr	**hättet** gefragt	du	**wärest** gekommen	ihr	**wäret** gekommen
er/es/sie	**hätte** gefragt	sie/Sie	**hätten** gefragt	er/es/sie	**wäre** gekommen	sie/Sie	**wären** gekommen

    Wenn ich den Chef des Verlags nicht mit „du" **angesprochen hätte, wäre** ich Redakteur beim „Spiegel" **geworden**.

- Sentences can contain both past and present tense subjunctives if the meaning calls for them.

  > Wenn ich den Chef des Verlags nicht mit „du" **angesprochen hätte, würde** ich jetzt viel Geld **verdienen**.

- The past subjunctive of modal verbs is formed in two different ways:

  If the modal is not accompanied by an infinitive, you can use the auxiliary **hätte** and the past participle of the modal.

  > Ich **hätte** die Stelle als Redakteur so gern **gewollt**.

  If the modal is accompanied by an infinitive, the auxiliary **hätte** is used in combination with a double infinitive. This construction is most common with the modals **können**, **müssen**, and **sollen**.

  > Ich **hätte** den Chef des Verlags lieber nicht **duzen sollen**.

---

30 **Was hätten Sie anders gemacht?**

Herrn Schützes Reise nach Hamburg war eine Katastrophe. Fragen Sie Ihren Partner / Ihre Partnerin, was er/sie an seiner Stelle gemacht hätte, um die Reise besser gelingen zu lassen.

> **z.B.** **Herr Schütze hat zum Frühstück fünf Tassen starken Kaffee getrunken.** →
> An seiner Stelle hätte ich nicht fünf Tassen starken Kaffee getrunken.

1. Er hat seinen Geldbeutel im Frühstücksraum des Hotels liegen lassen.
2. Er hat sein Auto im Halteverbot geparkt.
3. Er hat einen Polizisten mit „du" angesprochen.
4. Er hat sich im Hamburger Hafen verlaufen.
5. Er hat Sabine Christiansen auf der Straße nicht erkannt.
6. Er hat den Weg zurück zum Hotel nicht gefunden.

31 **Was hätte man besser machen _sollen, können, müssen_?**

Spekulieren Sie mit Ihrem Partner / Ihrer Partnerin darüber, was man anders hätte machen können, damit die folgenden Probleme nicht entstanden wären. Benutzen Sie dabei Modalverben.

> **z.B.** **S1: Das Tennisturnier am Hamburger Rothenbaum ist schon ausverkauft.** →
> S2: Wir hätten uns die Tickets schon letzten Monat kaufen sollen.

1. Das Museum Hamburg schließt in zehn Minuten.
2. Das Restaurant im Schanzenpark ist wegen der kaputten Heizung im Winter geschlossen.
3. Das Institut für die Geschichte der Naturwissenschaften an der Uni Hamburg wird aus finanziellen Gründen geschlossen.
4. Viele Gebäude in der HafenCity sind nicht flutsicher _(floodproof)_ gebaut worden.
5. Im Stadtteil Finkenwerder gibt es keine günstigen Wohnungen.
6. Im Hamburger Hafen gibt es zu viele Hafenrundfahrt-Boote.

32 **Rote Grütze**

Rote Grütze ist eine Spezialität aus dem Norden. Das Rezept ist sehr einfach.
Frau Happich macht Rote Grütze immer nach diesem Rezept mit Wasser, aber
Frau Schlottau (eine alte Hamburgerin) hat Frau Happichs Grütze probiert
und hätte sie anders gemacht. Sagen Sie, wie Frau Schlottau es gemacht
hätte!

z.B. **nur Johannisbeeren, Himbeeren und Kirschen nehmen** →
   Ich hätte nur Johannisbeeren, Himbeeren und Kirschen genommen.

1. Keine Erdbeeren und Blaubeeren nehmen
2. die Grütze nur mit Beerensaft machen
3. die Beeren viel länger kochen
4. die Grütze nach dem Kochen durch ein Sieb *(strainer)* geben, um die
   Himbeerkerne zu entfernen *(remove)*.
5. mehr Speisestärke dazugeben
6. die Rote Grütze nur mit kalter Milch servieren

Rote Grütze

Eine Spezialität aus dem Norden
Zutaten

1 Kilo (1000g)° rote Beeren frisch oder gefroren (Johannisbeeren,   *2.2 pounds*
Himbeeren, Kirschen, Brombeeren, Erdbeeren, Blaubeeren)
200ml° Wasser oder Beerensaft   *1 cup*
4 El. Speisestärke°   *cornstarch*
3-4 El. Zucker (je nach Geschmack°)   *je... to taste*

Anleitung
Die Beeren zusammen mit dem Wasser (oder Saft) und
dem Zucker zum Kochen bringen° und rühren. Die Speisestärke mit   *zum... bring to a boil*
etwas kaltem Wasser mischen und dazugeben.
Zucker dazugeben, den Herd ausschalten° und noch eine Zeit lang rühren.   *turn off*
Die Rote Grütze kalt werden lassen und mit Vanillesoße
oder Vanilleeis servieren!

Rote Grütze

» Das Video finden Sie bei **iLrn**.

Videoblog

Jan Henning

Vor dem Sehen

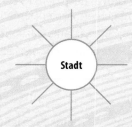

„Hamburg wird auch bezeichnet als Tor zur Welt, und das stimmt, weil sich dort ganz viel öffnet."

A **Assoziationen**

Was assoziieren Sie mit den folgenden Begriffen? Machen Sie Assoziogramme und vergleichen Sie Ihre Assoziationen im Kurs.

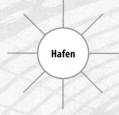

B **Medienstandort Hamburg**

Gibt es in Ihrem Heimatland Medienzentren? Wo? Welche Medien gibt es dort? Was wissen Sie über den Medienstandort Hamburg? Welche Zeitungen und Zeitschriften werden in Hamburg publiziert?

Beim Sehen

C **Stimmt's?**

Kreuzen Sie an, ob die folgenden Aussagen mit dem übereinstimmen, was Jan Henning erzählt. Berichtigen Sie die falschen Aussagen.

	STIMMT	STIMMT NICHT
1. Jan Henning findet es faszinierend, am Hafen zu stehen.	☐	☐
2. In der Stadt gibt es sehr viele alte Menschen.	☐	☐
3. Es gibt sehr viele wichtige Zeitungsverlage in Hamburg.	☐	☐
4. Wenn man ältere Hamburger trifft, muss man auf jeden Fall „Sie" sagen.	☐	☐
5. Die jungen Hamburger sind ein bisschen „sophisticated".	☐	☐
6. Jan Henning liebt die Vielfalt *(diversity)* der Stadt.	☐	☐

D Am Hafen und in der Stadt

Wie beschreibt Jan Henning den Hamburger Hafen und die Stadt? Arbeiten Sie mit einem Partner / einer Partnerin und notieren Sie Stichwörter für beide Bereiche. Wie würden Sie den Hafen und die Stadt beschreiben? Ergänzen Sie die Liste mit Ihren eigenen Stichwörtern.

Am Hafen	In der Stadt
Tor zur Welt	viele junge Menschen
_____	_____
_____	_____
_____	_____

Redewendungen

In welchem Kontext benutzt Jan die folgenden Redewendungen und Ausdrücke? Versuchen Sie gemeinsam mit Ihrem Partner / Ihrer Partnerin, die Ausdrücke zu erklären, und erfinden Sie ein Beispiel, in dem Sie den Ausdruck verwenden.

1. gut drauf sein
2. leicht ins Gespräch kommen
3. besonders ans Herz legen

E Hamburger Medienwelt

Wie heißen die drei Zeitungen oder Zeitschriften, über die Jan Henning spricht?

1. _____   2. _____   3. _____

Ordnen Sie gemeinsam mit Ihrem Partner / Ihrer Partnerin die folgenden Stichwörter von Jan Henning den passenden Zeitungen oder Zeitschriften zu:

sehr lebendig   **in Deutschland und auf der ganzen Welt**   *gut geschrieben*

groß und umfangreich   **Wirtschaftsmagazin**   informiert über alles Wichtige

spannend wie ein Roman   **nicht nur über Wirtschaft, sondern über Menschen**

Nach dem Sehen

F Reflexionen

Wie gefällt Ihnen Hamburg? Was haben Sie aus dem Vlog Neues erfahren über die Stadt und ihre Menschen? Sieht die Stadt so aus, wie Sie sie sich vorgestellt haben? Worüber hätten Sie gerne noch mehr Informationen?

⊙ Lektüre

Wolfgang Herrndorf

Wolfgang Herrndorf ist 1965 in Hamburg geboren. Er studierte Malerei und arbeitete als Zeichner für verschiedene Zeitschriften. Sein 2010 erschienener Roman *Tschick* bekam viele Auszeichnungen, darunter den Deutschen Jugendliteraturpreis, und wurde auch als Theaterstück ein großer Erfolg.

Vor dem Lesen

33 **Fragen zum Thema**

1. In *Tschick* geht es um zwei 14-jährige Jungen, die mit einem gestohlenen Auto durch Deutschland fahren. Was würden Sie gerne über die Figuren oder die Handlung wissen?

2. Was für einen Roman erwarten Sie?

   ernst – lustig – melancholisch – traurig – philosophisch – zynisch – ironisch – Jugendsprache

3. Die Geschichte wird von Maik Klingenberg, einem 14-jährigen Jungen, erzählt. Was für eine Sprache erwarten Sie von einem 14-jährigen Erzähler?

   elegante Formulierungen – viel Jugendslang – komplexe Sätze – einfache Sätze – viele Fremdwörter

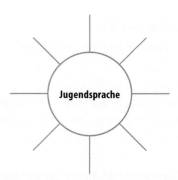

34 **Partnerinterview: Spitznamen**

Fragen Sie einen Partner oder eine Partnerin, ob er oder sie einen Spitznamen hat und woher der Spitzname kommt. Besprechen Sie interessante Beispiele im Kurs.

Maik

In diesem Ausschnitt spricht der Erzähler, Maik Klingenberg, über sich selbst. Er überlegt sich, was es bedeutet, wenn man keinen Spitznamen hat.

Tschick
(Ausschnitte)
Wolfgang Herrndorf

Ich hatte nie einen Spitznamen. Ich meine, an der Schule. Aber auch sonst nicht. Mein Name ist Maik Klingenberg. Maik. Nicht Maiki, nicht Klinge und der ganze andere Quatsch auch nicht, immer nur Maik. Außer in der Sechsten, da hieß ich mal kurz
5   Psycho. Das ist auch nicht der ganz große Bringer, wenn man Psycho heißt. Aber das dauerte auch nicht lang, und dann hieß ich wieder Maik.

   Wenn man keinen Spitznamen hat, kann das zwei Gründe haben. Entweder man ist wahnsinnig langweilig und kriegt
10 deshalb keinen, oder man hat keine Freunde. Wenn ich mich für eins von beiden entscheiden müsste, wär's mir, ehrlich gesagt, lieber, keine Freunde zu haben, als wahnsinnig langweilig zu sein. Weil, wenn man langweilig ist, hat man automatisch keine Freunde, oder nur Freunde, die noch langweiliger sind als man
15 selbst.

   Es gibt aber auch noch eine dritte Möglichkeit. Es kann sein, dass man langweilig ist *und* keine Freunde hat. Und ich fürchte, das ist mein Problem. [...]

Tschick

Im nächsten Ausschnitt aus dem Roman beschreibt Maik, wie sein Lehrer, Herr Wagenbach, einen neuen Schüler namens Andrej mit in die Klasse bringt.

35 Ausdrücke

Verbinden Sie die Ausdrücke mit passenden Übersetzungen.

1. Keiner konnte ihn leiden.
2. Tschick war ein Asi.
3. Bitte?
4. Willst du uns vielleicht kurz etwas über dich erzählen?
5. Und jetzt ging die erste Veränderung mit Tschick vor.
6. Irgendwo fiel eine Stecknadel zu Boden.
7. Wagenbach nickte ernst.
8. Mir egal.
9. aus Gründen der Höflichkeit
10. Ich nehme dein Schweigen als Zustimmung.
11. Und er sagte es mit einem ironischen Ton.
12. Oder hast du was dagegen?

a. *Or are you opposed to that?*
b. *Tschick was trash.*
c. *I don't care.*
d. *I take your silence as a sign of approval.*
e. *And now there was a change in Tschick's behavior for the first time.*
f. *Pardon?*
g. *And he said this with an ironic tone in his voice.*
h. *for the sake of politeness*
i. *Wagenbach nodded, looking serious.*
j. *Nobody could stand him.*
k. *Would you like to tell us a little bit about yourself?*
l. *A pin dropped somewhere.*

Ich konnte Tschick von Anfang an nicht leiden. Keiner konnte
20 ihn leiden. Tschick war ein Asi, und genau so sah er auch aus.
Wagenbach schleppte ihn nach Ostern in die Klasse, und wenn
ich sage er *schleppte* ihn in die Klasse, dann meine ich das auch
so. Erste Stunde nach den Osterferien: Geschichte. [...]
     Wagenbach kam also rein in dem schlechten Anzug und

Kacke is a mildly vulgar term similar 25 mit der braunen Kacktasche° unterm Arm wie immer, und hinter
to 'poo'; Kacktasche refers to the color ihm her schleppte sich dieser Junge, der wirkte, als wäre er
and appearance of the book bag. / kurz vorm Koma° oder so. Wagenbach knallte seine Tasche aufs
kurz ... close to a coma Pult und drehte sich um. Er wartete mit zusammengezogenen
shuffled up Augenbrauen, bis der Junge langsam herangeschlurrt° war, und
30 sagte dann: «Wir haben hier einen neuen Mitschüler. Sein Name
ist Andrej – »
     Und dann schaute er auf seinen Notizzettel, und dann
schaute er wieder den Jungen an. Offenbar sollte der seinen
Nachnamen selber sagen. Aber der Junge guckte mit seinen zwei
35 Schlitzaugen durch den Mittelgang ins Nichts und sagte auch
nichts. [...]
     «Andrej», sagte Wagenbach, starrte auf seinen Zettel und
bewegte lautlos die Lippen. «Andrej Tsch... Tschicha... tschoroff.»
mumbled Der Russe nuschelte° irgendetwas.
40   «Bitte?»
     «Tschichatschow», sagte der Russe, ohne Wagenbach
anzusehen.
     Wagenbach zog Luft durch ein Nasenloch ein. Das war so
tic eine Marotte° von ihm. Luft durch ein Nasenloch.
45   «Schön Tschischaroff. Andrej. Willst du uns vielleicht kurz
etwas über dich erzählen? Wo du herkommst, auf welcher Schule
du bisher warst?»
     Das war Standard. Wenn Neue in die Klasse kamen, mussten
sie erzählen, wo sie her waren und so. Und jetzt ging die erste
50 Veränderung mit Tschick vor. Er drehte den Kopf ganz leicht zur
Seite, als hätte er Wagenbach erst in diesem Moment bemerkt.
Er kratzte sich am Hals, drehte sich wieder zur Klasse und sagte:
«Nein.» Irgendwo fiel eine Stecknadel zu Boden.
     Wagenbach nickte ernst und sagte: «Du willst nicht erzählen,
55 wo du herkommst?»
     «Nein», sagte Tschick. «Mir egal.»
     «Na schön, dann erzähle ich eben was über dich, Andrej.
Aus Gründen der Höflichkeit muss ich dich schließlich der Klasse
vorstellen.»
60   Er sah Tschick an. Tschick sah die Klasse an.
     «Ich nehme dein Schweigen als Zustimmung», sagte
Wagenbach. Und er sagte es mit einem ironischen Ton, wie alle
Lehrer, wenn sie so was sagen.
     Tschick antwortete nicht.
65   «Oder hast du was dagegen?», fragte Wagenbach.
     «Beginnen Sie», sagte Tschick und machte eine
Handbewegung.
     [...]

36 Fragen über Tschick

1. Was ist an dieser Szene typisch für die Situation, wenn ein neuer Schüler in die Klasse kommt?
2. Was ist nicht typisch?
3. Sprechen Sie darüber, wie eine typische Szene aussehen könnte, wenn ein neuer Student in Ihren Kurs kommen würde.
4. Spielen Sie eine typische Szene im Kurs.

Im Krankenhaus

Nachdem Maik und Tschick sich in den Sommerferien kennenlernen und dann mit einem gestohlenen Auto durch Deutschland fahren, passiert ein Unfall. Tschick wird am Fuß verletzt und muss ins Krankenhaus. In diesem Kapitel müssen Maik und Tschick vor einer Krankenschwester einen Telefonanruf vortäuschen°, damit sie unerkannt aus dem Krankenhaus wieder herauskommen, um nach Berlin zurückzufahren.

fake, pretend

37 Ein Telefonanruf nachts um vier

Fragen Sie einen Partner / eine Partnerin, wie er oder sie reagieren würde, wenn jemand nachts um vier anruft. Wie würden Sie sich nachts um vier melden? Was würden Sie sagen? Würden Sie sich um den Anrufer Sorgen machen?°

sich Sorgen machen *worry*

Berlin wäre ja ein bisschen weit weg, meinte sie, und wo wir
70   denn jetzt hinmüssten. Ich erklärte ihr, dass wir hier auf Besuch
bei unserer Tante wären und alles kein Problem – und das hätte
ich besser nicht gesagt. Die Krankenschwester fragte mich zwar
nicht, wo diese Tante wohnte, aber dafür schleppte sie mich
sofort ins Schwesternzimmer und stellte mich vor ein Telefon.

verkniff ... suppressed the   75   Tschick verkniff sich den Schmerz°, wedelte mit den Krücken°
pain / crutches   und rief, wir könnten eigentlich auch zu Fuß gehen, und die
Krankenschwester sagte: «Probiert's halt erst mal. Oder wisst ihr
die Nummer nicht?»

«Doch, klar», sagte ich. Ich sah ein Telefonbuch auf dem
80   Tisch liegen, das wollte ich nicht auch noch in die Hand gedrückt
kriegen. Also wählte ich irgendeine Nummer in der Hoffnung,
dass niemand ranging. Vier Uhr nachts.

Ich hörte es tuten. Die Krankenschwester hörte es vermutlich
auch, denn sie blieb neben uns stehen. Das Beste wäre
85   natürlich gewesen, bei uns zu Hause anzurufen, das war eine
eine ... a sure thing   sichere Bank°, dass da niemand abhob. Aber mit der Berliner
Vorwahl zusammen war das eine elfstellige Nummer, und die
suspiciously   Krankenschwester schaute jetzt schon misstrauisch° genug. Es
klingelte einmal, zweimal, dreimal, viermal. Ich dachte, ich könnte
90   langsam auflegen und sagen, dass unsere Tante sicher noch fest
schlafen würde und wir zu Fuß –

«Chrr...äch, Reiber», meldete sich ein Mann.

«Oh. Hallo, Tante Mona!»

groaned

«Reiber!», stöhnte° der Mann schlaftrunken. «Keine Tante.
95 Keine Mona.»

«Hab ich dich geweckt?», fragte ich. «Ja, natürlich, blöde
Frage. Aber es ist Folgendes.» Ich gab der Krankenschwester
ein Zeichen, dass alle unsere Probleme gelöst waren und sie sich
wieder an die Arbeit machen könnte, falls es welche gab.

100 Es schien keine zu geben. Eisern blieb sie neben mir stehen.

«Hallo, verwählt!», hörte ich die Stimme. «Reiber hier.»

«Ja, ich weiß. Und ich hoffe, du hast nicht...oh ja...ja», sagte

deutete ... gave Tschick and the   ich und deutete Tschick und der Krankenschwester mit einem
nurse a look to show 105   Blick an°, wie überrascht – und besorgt – Tante Mona war, zu dieser Stunde einen Anruf von uns zu erhalten.

Die Stille im Telefonhörer war fast noch irritierender als das

puffing   Schnaufen° zuvor.

«Ja, nein... es ist etwas passiert», fuhr ich fort. «André hat
einen kleinen Unfall gehabt, ihm ist was auf den Fuß gefallen...

haben ... gave him a cast 110   nein... nein. Wir sind im Krankenhaus. Sie haben ihn eingegipst°.»

Ich sah die Krankenschwester an. Sie rührte sich nicht.

noises   Aus dem Telefonhörer kamen unverständliche Geräusche°,
und plötzlich war die Stimme wieder da. Diesmal nicht mehr ganz
so schlaftrunken. «Verstehe», sagte der Mann. «Wir führen ein

fiktives ... pretend conversation 115   fiktives Gespräch°.»

«Ja», sagte ich, «aber das macht nichts. Ist auch nicht

hairline fracture   wirklich schlimm, ein Haarriss° oder so.»

«Und ich bin Tante Mona.»

«Nein. Ich meine, ja...ja, genau...ja.»

120   «Und neben dir steht einer und hört zu.» Der Mann machte
ein Geräusch, dass ich zuerst nicht deuten konnte. Ich glaube, er
lachte leise.

«Ja. Ja...»

«Und wenn ich jetzt laut schreie, hast du ein Riesenproblem,
125 richtig?»

«Bitte nicht, äh...nein. Du musst dir wirklich keine Sorgen
machen. Es ist alles geregelt.»

«Gar nichts ist geregelt», sagte die Krankenschwester

miffed   pampig°. «Sie muss euch abholen.»

130   «Brauchst du Hilfe?», fragte der Mann.

«Was?»

Die Krankenschwester sah aus, als wollte sie mir jeden
Moment den Hörer aus der Hand nehmen und selbst mit Tante
Mona sprechen.

135   «Du müsstest uns abholen, Tante Mona. Geht das? Ja? Ja?»

«Ich versteh nicht ganz, worauf das hinausläuft», sagte der
Mann, «aber du klingst, als wärst du in echten Schwierigkeiten.
Bedroht dich jemand?»

«Nein.»

140   «Ich meine, sich den Fuß brechen, nachts um vier Anrufe

slang for to fake   faken°, und du klingst, als wärst du höchstens dreizehn. Du bist in
Schwierigkeiten. Oder ihr seid es.»

«Ja, naja.»

«Und kannst natürlich nicht sagen, in welchen. Also nochmal:
145 Brauchst du Hilfe?»

offer

«Nein.»

«Sicher? Mein letztes Angebot°.»

«Nein.»

«Okay. Dann hör ich einfach zu», sagte der Mann.

150 «Jedenfalls, wenn du uns mit dem Auto abholen könntest», sagte ich verwirrt.

«Wenn du nicht willst.» Er kicherte. Und das brachte mich endgültig aus dem Konzept. Wenn er aufgelegt hätte oder

slang for yelled

rumgeschrien°, das hätte ich noch verstanden, nachts um vier.

155 Aber dass er sich die ganze Zeit amüsierte und uns seine Hilfe

alter ... equivalent of wow

anbot – alter Finne°. Seit ich klein war, hatte mein Vater mir beigebracht, dass die Welt schlecht ist. Die Welt ist schlecht, und der Mensch ist auch schlecht. Trau keinem, geh nicht mit Fremden und so weiter. Das hatten mir meine Eltern erzählt, das hatten

160 mir meine Lehrer erzählt, und das Fernsehen erzählte es auch. Wenn man Nachrichten guckte: Der Mensch ist schlecht. Wenn man Spiegel TV guckte: Der Mensch ist schlecht. Und vielleicht stimmte das ja auch, und der Mensch war zu 99 Prozent schlecht. Aber das Seltsame war, dass Tschick und ich auf unserer Reise

165 fast ausschließlich dem einen Prozent begegneten, das nicht schlecht war. Da klingelt man nachts um vier irgendwen aus dem Bett, weil man gar nichts von ihm will, und er ist superfreundlich und bietet auch noch seine Hilfe an. Auf so was sollte man in der Schule vielleicht auch mal hinweisen, damit man nicht völlig

170 davon überrascht wird. Ich war jedenfalls so überrascht, dass ich

slang for stottern

nur noch rumstotterte°.

«Und... in zwanzig Minuten, gut, ja. Du holst uns ab. Gut.»

krönenden ... grand finale

Zum krönenden Abschluss° der Performance wandte ich mich wieder an die Krankenschwester und fragte: «Wie heißt das

175 Krankenhaus nochmal?»

«Falsche Frage!», zischte der Mann sofort.

Die Krankenschwester runzelte die Stirn. Mein Gott, war ich blöd.

«Virchow-Klinik», sagte sie langsam. «Das ist das einzige

180 Krankenhaus im Umkreis von *fünfzig* Kilometern.»

«Allerdings», sagte der Mann.

«Ah... sagt sie auch gerade!», sagte ich und zeigte auf den Telefonhörer.

aus ... from around here

«Und aus der Gegend° seid ihr auch nicht», sagte der

Scheiße am Hacken haben slang
for be in trouble

185 Mann. «Ihr habt ja richtig Scheiße am Hacken°. Ich hoffe, ich les wenigstens morgen in der Zeitung, was los war.»

definitely

«Ja, hoffe ich auch», sagte ich. «Mit Sicherheit.° Wir warten dann.»

«Alles Gute euch.»

190 «Ihn... dir auch!»

Der Mann lachte nochmal, und ich legte auf.

[...]

■ ■ ■

Wortschatz

das **Angebot, -e** *offer*

sich **an die Arbeit machen** (hat gemacht) *to get busy*

auflegen (hat aufgelegt) *to hang up (the phone)*

auf Besuch *for a visit*

bedrohen (hat bedroht) *to threaten*

besorgt *worried*

blöd *stupid, idiotic*

es ist etwas passiert *something happened*

der **Hörer, -** *(telephone) receiver*

in Schwierigkeiten sein *to be in trouble*

jemandem etwas in die Hand drücken (hat gedrückt) *slang expression meaning to give someone something*

(jemanden) wecken (hat geweckt) *to wake (s.o.) up*

die **Krankenschwester, -n** *(female) nurse*

eine **Nummer wählen** (hat gewählt) *to dial a number (on the phone)*

probieren (hat probiert) *to try*

ein **Problem lösen** (hat gelöst) *to solve a problem*

rangehen (ging ran, ist rangegangen) *to answer the telephone*

überrascht *surprised*

das **Zeichen, -** *sign*

zu Fuß gehen *to walk, go on foot*

---

38 **Slang**

Verbinden Sie die Slangausdrücke mit den passenden Ausdrücken in Standarddeutsch.

1. Das ist nicht der ganz große Bringer.
2. er war ein Asi
3. knallte seine Tasche aufs Pult
4. Das wollte ich nicht auch noch in die Hand gedrückt kriegen.
5. Es ist alles geregelt.
6. wenn er rumgeschrien hätte
7. dass ich nur noch rumstotterte
8. Ihr habt ja richtig Scheiße am Hacken.

a. Ihr seid ja in echten Schwierigkeiten.
b. stellte seine Tasche energisch aufs Pult
c. Ich wollte nicht, dass jemand mir das auch noch gibt.
d. dass ich nur noch stotterte
e. Es ist alles in Ordnung.
f. wenn er geschrien hätte
g. er war ein sozial benachteiligter Junge
h. Das ist nicht besonders positiv.

Nach dem Lesen

39 **Fragen zum Text**

Beantworten Sie die Fragen zum Text.

1. Was für ein Typ ist Maik? Wie würden Sie ihn beschreiben?
2. Wie beschreibt er Tschick?
3. Wie sieht wohl ihre Freundschaft aus? Wer hat die Ideen? Wer klaut das Auto? Wer fährt?
4. Spekulieren Sie, wie die Geschichte weitergeht. Glauben Sie, alles geht gut aus?

40 Alles Gute

Analysieren Sie Maiks Versprecher° in dieser Szene am Telefon: *slip of the tongue*

«Alles Gute euch.»
«Ihn... dir auch!»
Der Mann lachte nochmal, und ich legte auf.

41 Fragen zum Nachdenken und Diskutieren

Diskutieren oder schreiben Sie über die folgenden Fragen:

1. In welchen Situationen zeigen Maik und Tschick Respekt für Erwachsene? In welchen Situationen sind sie vielleicht respektlos?
2. Wen respektiert Maik? Wen nicht?
3. Ist Tschick respektlos gegenüber Herrn Wagenbach?
4. Glauben Sie, dass Schüler und Studenten durch das formale ‚Sie' ein distanzierteres und respektvolleres Verhältnis zu ihren Lehrern und Professoren haben?

42 Der Mensch ist schlecht

Lesen Sie noch einmal den folgenden Auszug aus dem Text.

> „Wenn man Nachrichten guckte: Der Mensch ist schlecht. Wenn man Spiegel TV guckte: der Mensch ist schlecht. Vielleicht stimmte das ja auch, und der Mensch war zu 99 Prozent schlecht. Aber das Seltsame war, dass Tschick und ich auf unserer Reise fast ausschließlich dem einen Prozent begegneten, das nicht schlecht war."

Denken Sie noch einmal an die Medien und vor allem das Fernsehen. Stimmt es, dass die Medien sich mehr auf das Schlechte konzentrieren als auf das Gute?

Zum Schluss

43 Medien

Diskutieren Sie noch einmal im Kurs über die Medien.

1. Welche Zeitschriften und Zeitungen lesen Sie gerne?
2. Wo sehen, hören oder lesen Sie die neuesten Nachrichten?
3. Sind die Zeitschriften und Zeitungen in Deutschland anders als in Ihrem Land? Welche Unterschiede haben Sie gefunden?

Das letzte Wort: Tschüs!

Der kurze Gruß zum Abschied war ursprünglich nur im Norden zu hören, vor allem in den Hansestädten. Fremde Seeleute gebrauchten häufig das französische **adieu** oder das spanische **adiós**. Daraus wurde dann zunächst **adjüs** und später **tschüs.**

Zu wem und in welchen Situationen würden Sie **tschüs** sagen?

Leipzig

Die Straßenbahnen der Leipziger Verkehrsbetriebe fahren schon seit 1872 (elektrisch ab 1896).

The Leipzig chapter takes a diachronic perspective on life in East Germany. Where we live and how we live is at the center of our themes. By focusing on Leipzig's urban landscape and its current problems, readers consider the lasting effects of 40 years of the GDR in the East. In one of our most compelling video blogs, a Leipzig resident talks about her city, the remnants of the past, and the challenges of the present. An eyewitness report of one of the demonstrations in Leipzig that played a key role in the peaceful revolution of 1989 may well dispel some myths about the process that led to the fall of the Wall.

◎ Station Leipzig

Ein Gespräch mit Feline
- **Eine berühmte Leipzigerin**
  Clara Schumann

◎ Einblicke

Abriss der Gründerzeit?
- **Strukturen**
  Die indirekte Rede: Der Konjunktiv I
  Die Satzarten im Deutschen

Videoblog: Feline

◎ Lektüre

„Schließt euch an!" Ulrich Schwarz

Materialien

Arbeitsbuch

Leipzig

SACHSEN

© Cengage Learning. 2015

STATISTIK	
Einwohnerzahl:	531 000
Fläche:	300 km^2
Leere *(vacant)* Wohnungen in Leipzig 2011:	34 000 (von insgesamt 320 000)

◎ Station Leipzig

Was wissen Sie schon?

1. Was wissen Sie schon über Leipzig?
2. Was wissen Sie über den Fall der Mauer?
3. Im folgenden Interview wird Leipzig als Stadt der Musik dargestellt. Was assoziieren Sie mit dem Thema „Musik"? Was macht eine Stadt zur Stadt der Musik? Gibt es eine Stadt der Musik in Ihrem Land? Welche Wörter im Interview beziehen sich auf Musik?

Ein Gespräch mit Feline

Die Studentin Feline, die Leipzig im Videoblog vorstellt, wird für eine Zeitschrift für internationale Studenten interviewt.

© Cengage Learning 2015

Feline, was findest du besonders charakteristisch für die Stadt Leipzig?
Feline: Leipzig ist eine Stadt der Musik. Richard Wagner war ein berühmter Sohn der Stadt, und Johann Sebastian Bach arbeitete dort von 1723 bis 1750 als Musikdirektor und Kantor der Thomaskirche. Die Stadt Leipzig pflegt Bachs Erbe° bis heute durch das Bach-Archiv, den international bekannten Thomanerchor und das berühmte Gewandhausorchester. Das Gewandhaus-orchester ist eines der ältesten Konzertorchester Europas und die Oper° Leipzig ist eine der ältesten deutschen Musikbühnen. Sogar die Mitglieder der Popgruppe „Die Prinzen" waren einmal Thomaner und haben ihre musikalische Karriere mit Werken von Johann Sebastian Bach begonnen.

Was sollte man noch über Leipzig wissen?
Feline: Die Leipziger Messe° feierte 1997 ihr 500-jähriges Jubiläum° auf dem neu eröffneten Messegelände°. Die Leipziger Buchmesse° findet dort jedes Jahr im März statt. Auch die Universität Leipzig

feierte im Jahr 2009 ein großes Jubiläum: 600 Jahre Uni Leipzig. Goethe selbst studierte von 1765 bis 1768 in Leipzig.

Welche Rolle spielte Leipzig bei der deutschen Wiedervereinigung 1989?
Feline: Leipzig war der Ausgangspunkt° der *Friedlichen Revolution*, die durch die Demonstrationen vor der Nikolaikirche zum Fall der Berliner Mauer und zur deutschen Wiedervereinigung führte.

Wie sieht heute, fast 30 Jahre später, das Leipziger Stadtbild aus?
Feline: Leipzig ist bis heute von Stadtvierteln der Gründerzeit[1] geprägt°. 12 000 Gebäude mit 100 000 Wohnungen stammen aus der Gründerzeit, und seit der Wende stehen viele Stadthäuser leer. Seit einiger Zeit versucht die Stadt Leipzig, durch Sanierung° und Abriss° ein neues Stadtbild zu schaffen.

Erbe *heritage* • **Oper** *opera* • **Messe** *fair* • **Jubiläum** *anniversary* • **Messegelände** *fairgrounds*
Buchmesse *book fair* • **Ausgangspunkt** *starting point* • **geprägt** *characterized by*
Sanierung *renovation* • **Abriss** *demolition*

[1] *Gründerzeit* refers to the years 1871–1895, period of industrialization in Germany.

Geschichte

1015	1212	1409	1497	1539	1723–1750
Die *urbs Libzi (city of Leipzig)* wird zum ersten Mal erwähnt.	Gründung des Augustinerklosters St. Thomas.	Gründung der Universität Leipzig.	Leipzig erhält das kaiserliche Messerecht *(is given the right to organize trade fairs).*	Martin Luther predigt in der Thomaskirche.	J. S. Bach ist Kantor der Thomaskirche und Stadtmusikdirektor.

1 Fragen zur Station

1. Wo liegt Leipzig? Was liegt in der Nähe?
2. Wie viele Einwohner hat Leipzig? Wie groß ist die Fläche?
3. Wie alt ist die Universität Leipzig?
4. Wer predigte 1539 in der Thomaskirche?
5. Welcher berühmte deutsche Dichter studierte in Leipzig?
6. Was geschah 1943?
7. Was geschah 1989 in Leipzig?
8. Welches Problem hat die Stadt Leipzig mit vielen alten Stadthäusern?
9. Wann findet die Leipziger Buchmesse statt?
10. Wann lebte J. S. Bach in Leipzig? Was machte er dort?
11. Wie pflegt die Stadt heute die Erinnerung an J. S. Bach?

Eine berühmte Leipzigerin

Clara Schumann (1819–1896)

Clara Josephine Wieck wurde am 13. September 1819 geboren. Im Alter von fünf Jahren begann sie mit dem Klavierunterricht bei ihrem Vater, Friedrich Wieck. Schon mit neun hatte sie ihren ersten Auftritt° im Leipziger Gewandhaus; und als sie elf Jahre alt war, gab sie im Gewandhaus ihr erstes Solokonzert. Damit begann die große, internationale Karriere der Leipziger Pianistin und Komponistin Clara Wieck. Als sie volljährig° war, heiratete sie gegen den Willen ihres Vaters den 9 Jahre älteren Komponisten Robert Schumann. Clara und Robert hatten zusammen sieben Kinder und Clara reiste weiterhin durch die Welt, um Konzerte zu geben.

Lebrecht Music and Arts Photo Library

Clara Wieck, bevor sie Robert Schumann heiratete.

Auftritt *performance* • **volljährig** *21 years old*

1765–1768	1943	1949	1989	1990	2009
Goethe studiert an der Uni Leipzig.	Schwerster Luftangriff *(air raid)* auf die Stadt Leipzig.	Gründung der DDR (Leipzig liegt in der DDR).	Friedensdemonstrationen vor der Nikolaikirche.	Wiedervereinigung der BRD und DDR.	600-jähriges Jubiläum der Universität Leipzig.

Clara und Robert Schumann

Robert hörte Clara zum ersten Mal Klavier spielen, als sie neun Jahre alt war. Dann begann auch er bei Claras Vater, Friedrich Wieck, Klavierstunden zu nehmen. Später verliebten sich Clara und Robert ineinander, aber Claras Vater war gegen die Verbindung. 1837 schrieb Robert in einem Brief an Clara, dass er sie heiraten wolle. Er schrieb, dass er an nichts anderes mehr denken könne, bevor sie ihm nicht ihr „Ja" gebe. Da Clara damals erst 18 Jahre alt war und ohne die Zustimmung ihres Vaters nicht heiraten konnte, schrieb sie einen Brief an das Kammergericht°. In diesem Schreiben erklärte sie dem Gericht, dass sie und Robert schon lange den Wunsch hatten zu heiraten. Clara schrieb, dass es sehr schwer für sie sei, ohne den Segen° ihres Vaters heiraten zu müssen; aber dass sie sich sicher sei, das Richtige zu tun. Am 12. September 1840 (einen Tag vor ihrem 21. Geburtstag) heirateten Clara und Robert in Leipzig.

Kammergericht *court* • **Segen** *blessing*

2 Robert und Clara

Arbeiten Sie gemeinsam mit einem Partner / einer Partnerin und vervollständigen Sie die Sätze mit Informationen aus dem Text. Vergleichen Sie Ihre Antworten im Kurs.

1. Als Clara neun Jahre alt war, ...
2. Clara und Robert verliebten sich, aber...
3. Robert schrieb Clara, dass...
4. Sie konnten nicht heiraten, weil...
5. Clara schrieb an das Kammergericht, weil...
6. Clara schrieb, dass...

3 Briefe

Arbeiten Sie in Paaren oder kleinen Gruppen. Schreiben Sie Roberts Brief an Clara! Schreiben Sie Claras Brief an das Leipziger Kammergericht!

4 Gegen den Willen der Eltern

Fragen Sie Ihren Partner / Ihre Partnerin und berichten Sie im Kurs.

1. Hast du schon einmal etwas gegen den Willen deiner Eltern gemacht?
2. Wann war das?
3. Würdest du es wieder so machen? Warum (nicht)?

5 Goethezitat

Dieses Zitat (quote) stammt von Goethe, der selbst als junger Mann in Leipzig studiert hat. Finden Sie eine gute Übersetzung dafür!

> **Wie es auch sei,**
>
> **das Leben,**
>
> **es ist gut.**
>
> *Goethe*

Sind Sie auch dieser Meinung?

6 Andere berühmte Leipziger

Suchen Sie Informationen über die folgenden Personen. Wer sind sie? Was haben sie gemacht?

Friederike (Freddy) Lippold	Richard Wagner	Christa Wolf
Johann Sebastian Bach	Uwe Johnson	Die Prinzen
Samuel Hahnemann	Thorsten Wolf	Neo Rauch
Friedrich Nietzsche	Peter Escher	Rosa Loy

AP Photo / Eckehard Schulz

Im Bosehaus in Leipzig gegenüber der Thomaskirche ist das Bacharchiv und das Bachmuseum.

7 Suchbegriffe

Forschen Sie mit den folgenden Suchbegriffen im Internet.

Stadt Leipzig
1. Welche Veranstaltungen gibt es im Moment in Leipzig?
2. Finden Sie einen Stadtplan von Leipzig. Suchen Sie die Universität und die Oper.
3. Welche Informationen finden Sie über die Leipziger Gastronomie?

Leipziger Buchmesse
4. Suchen Sie Fotos von der Buchmesse. Was gibt es dort zu sehen?
5. Welche Veranstaltungen gab es auf der letzten Buchmesse?
6. Ist die Leipziger Buchmesse nur für Buchhändler?

Gewandhaus zu Leipzig
7. Suchen Sie ein Bild vom Gewandhaus. Wie sieht es aus? Wie alt ist es?
8. Was steht auf dem Spielplan?

Leipziger Thomanerchor
9. Wer singt im Thomanerchor?
10. Wie wird man Thomaner?

8 Musikveranstaltungen

Suchen Sie verschiedene Musikveranstaltungen in Leipzig und finden Sie ähnliche Veranstaltungen oder Konzerte in Ihrer Stadt oder Region, oder sogar an Ihrer Universität. Vergleichen Sie! Wer spielt? Wer dirigiert? Wer singt? Wie viel kosten die Eintrittskarten? Wo möchten Sie am liebsten hingehen? Warum?

9 Richtig oder falsch?

Forschen Sie weiter in den Websites aus Übung 7 und entscheiden Sie, ob die folgenden Aussagen korrekt sind. Wenn sie falsch sind, korrigieren Sie sie.

1. Das Leipziger Opernhaus liegt zwischen Goethestraße und Georgiring.
2. Die Universität liegt im Zentrum von Leipzig.
3. Auerbachs Keller ist durch Goethes Roman *Die Wahlverwandtschaften* berühmt geworden.
4. Die Leipziger Buchmesse ist nur für Buchhändler *(booksellers)*.
5. Der Thomanerchor ist ein Männerchor und singt Werke von Mozart.
6. Das alte Gewandhaus wurde 1944 zerstört.
7. Das neue Gewandhaus wurde 1971 eröffnet.

JENS WOLF / DPA / Landov

Kurt Masur dirigiert ein Konzert im großen Saal im Gewandhaus. Dieser Saal hat eine ausgezeichnete Akustik für 1 900 Zuhörer.

10 Lokale Presse

Gehen Sie zu den folgenden Websites im Internet. Was sind die Schlagzeilen? Gibt es Informationen über Stadtsanierung? Wie wirken diese Seiten auf Sie? Wie sind Sprache und Präsentation – einfach oder komplex, plakativ oder seriös, modern oder altmodisch? Was ist besonders interessant?

Leipziger Volkszeitung

Leipzig News

Stadtteilmagazin Grünau

11 Nachrichtenrunde

Arbeiten Sie in Gruppen oder Paaren. Berichten Sie über einen Aspekt, den Sie beim Surfen im Internet gefunden haben.

12 Fragen zum Nachdenken und Diskutieren

Bearbeiten Sie diese Fragen in Paaren oder kleinen Gruppen. Machen Sie Notizen und geben Sie im Kurs einen kleinen Bericht. Bringen Sie die Resultate Ihrer Internetsuche dabei ein.

1. Ist Leipzig eine typische Stadt im Osten?
2. Was hat sich wohl in Leipzig nach der Wende verändert? Spekulieren Sie!
3. Warum stehen so viele Wohnungen in Leipzig leer? Was sind Vor- und Nachteile einer schrumpfenden *(shrinking)* Stadt?

Grundwortschatz:
Haus und Wohnen

bauen (hat gebaut) *to build*
besitzen (besaß, hat besessen) *to own*
der **Garten, ⸚en** *garden*
das **Gebäude, -** *building*
das **Haus, ⸚er** *house*

der **Hof, ⸚e** *courtyard, yard*
der **Platz, ⸚e** *place, room, square*
verlassen (verlässt, verließ, hat verlassen) *to leave*
die **Wohnung, -en** *apartment, flat*
das **Zuhause** *home*

13 ## Kategorien

Arbeiten Sie gemeinsam mit einem Partner / einer Partnerin und finden Sie das Wort, das nicht zu den anderen passt. Erklären Sie, warum.

 das Haus, das Gebäude, die Wohnung, ~~der Garten~~
In einem Garten kann man nicht wohnen.

1. bauen, das Zuhause, besitzen, verlassen
2. ankommen, verlassen, erreichen, einziehen
3. der Garten, der Hof, der Platz, die Wohnung
4. Wohnung, bauen, Haus, Platz
5. Gebäude, Haus, Zuhause, Wohnung

Strukturen

Die indirekte Rede:
Der Konjunktiv I

- The subjunctive I **(Konjunktiv I)** is a verb form used for indirect discourse (reported speech). The subjunctive I signals that the information being conveyed is coming from a source other than the speaker. It is used mostly in newspapers, reports on radio and TV, and in academic writing.

  Feline sagt, Leipzig **sei** eine Stadt der Musik.

  Feline sagt, die Stadt Leipzig **pflege** Bachs Erbe bis heute.

- The present-tense subjunctive I is formed by adding subjunctive endings to the unchanged infinitive stem of a verb (because the infinitive is considered the first principal part of a verb, the indirect discourse subjunctive is called subjunctive I).

denken			
ich	denk**e**	wir	denk**en**
du	denk**est**	ihr	denk**et**
er/es/sie	denk**e**	sie/Sie	denk**en**

- The verb **sein**, however, is irregular.

sein			
ich	**sei**	wir	**seien**
du	**sei(e)st**	ihr	**seiet**
er/es/sie	**sei**	sie/Sie	**seien**

- For most verbs (see **denken** for example), only the third-person singular (**er/es/sie**) of the subjunctive I is frequently used in indirect discourse. To distinguish from the indicative, the other persons (**ich**, **du**, **Sie**, **wir**, **ihr**, **sie**) usually appear as subjunctive II forms.

  Feline sagt, die Buchmesse **finde** jedes Jahr im März statt. (subj. I)

  Feline sagt, 12 000 Gebäude **würden** aus der Gründerzeit **stammen**. (subj. II)

- The past subjunctive I is formed by using the subjunctive I form of the auxiliary **haben** or **sein** and the past participle.

träumen			
ich	**habe** geträumt	wir	**haben** geträumt
du	**habest** geträumt	ihr	**habet** geträumt
er/es/sie	**habe** geträumt	sie/Sie	**haben** geträumt

sein			
ich	**sei** gewesen	wir	**seien** gewesen
du	**sei(e)st** gewesen	ihr	**seiet** gewesen
er/es/sie	**sei** gewesen	sie/Sie	**seien** gewesen

  Clara schreibt, sie **habe** gestern von Robert **geträumt**.

  In der Zeitung stand, viele Leipziger **seien** bei den Montagsdemonstrationen **gewesen**.

- If the text in the direct discourse is in a past tense (present perfect or simple past), the indirect discourse version needs to be in the past subjunctive, regardless of the tense of the introductory verb.

  Clara schreibt: „Ich *habe* schon lange den Wunsch *gehabt*, Robert zu heiraten."

  Clara schreibt, sie **habe** schon lange den Wunsch **gehabt**, Robert zu heiraten.

  Clara schrieb: „Ich *war* sicher, das Richtige zu tun."

  Clara schrieb, sie **sei** sicher **gewesen**, das Richtige zu tun.

14 Die Universität Leipzig

Vervollständigen Sie die Sätze in der indirekten Rede mit den Informationen aus dem Bericht über die Universität Leipzig:

(1) Die Leipziger Universität ist die zweitälteste Universität Deutschlands. (2) Es sind über 26 000 Studenten eingeschrieben. (3) Im Jahr 2009 feierte die Universität ihr 600-jähriges Jubiläum. (4) Viele berühmte Deutsche haben hier studiert, unter anderem Goethe, Leibnitz und Samuel Hahnemann. (5) Auch Bach und Wagner sind hier Studenten gewesen. (6) In der DDR ist die Universität in Karl-Marx-Universität Leipzig umbenannt worden. (7) Heute trägt die Universität wieder ihren ursprünglichen Namen *Alma mater lipsiensis.* (8) Im Lokalradio *mephisto 97.6* machen Studenten ihr eigenes Radioprogramm – aber nicht nur für Studenten.

1. In dem Bericht steht, die Leipziger Universität...
2. Die Autoren schreiben, es...
3. Im Jahr 2009, so der Bericht, ...
4. Die Autoren behaupten, viele...
5. Es wird geschrieben, dass auch Bach und Wagner...
6. Es wird berichtet, dass die Universität...
7. Heute, so die Autoren weiter, ...
8. Schließlich heißt es, ...

15 Der Internetauftritt von Leipzig

Im folgenden Zeitungsartikel wird über eine Pressemitteilung des Leipziger Tourismusverbandes berichtet. Identifizieren Sie gemeinsam mit Ihrem Partner / Ihrer Partnerin die Verbformen in der indirekten Rede und erklären Sie, wann und warum Konjunktiv I und Konjunktiv II benutzt werden.

Natürlich, so heißt es in der Pressemitteilung, gebe es mehr als zehn Gründe, um der über 800-jährigen Messe- und Kulturstadt Leipzig einen Besuch abzustatten. Die Stadt verändere täglich ihr Gesicht. Überall spüre man die Aufbruchstimmung und die zahlreichen Aspekte des Slogans „Leipziger Freiheit". Neben riesigen Baugruben würden restaurierte Handelshäuser und Passagen ein besonderes Flair ausstrahlen. Gerade jetzt sei die Boomtown Leipzig spannender und lebendiger als jemals zuvor. Kaum eine andere Stadt könne auf eine so große Musiktradition verweisen wie Leipzig. Weiterhin kann man in der Pressemitteilung erfahren, dass das Gewandhausorchester seit über 250 Jahren zur Pflege und Entwicklung klassischer Musik beitrage und untrennbar mit der Stadt verbunden sei. Der vor über 800 Jahren entstandene Thomanerchor singe jeden Freitagabend Kantaten in der Thomaskirche. Außerdem heißt es, viele Touristen würden jedes Jahr das Wohnhaus von Felix Mendelssohn Bartholdy besichtigen.

16 Fakten über Leipzig

Sammeln Sie 5–6 Tatsachen, die Sie über Leipzig erfahren haben. Fragen Sie dann Ihren Partner / Ihre Partnerin, welche Fakten er/sie gesammelt hat, und berichten Sie in der indirekten Rede.

S1: In Leipzig gibt es jedes Jahr eine Buchmesse.

S1: Meine Partnerin sagt, in Leipzig gebe es...

⊙ Einblicke

17 **Fragen zum Thema**

1. Gibt es historische Gebäude in Ihrer Stadt? Wie alt sind sie?
2. Was sollte man mit historischen Gebäuden (nicht) machen?
3. Wie alt ist das Haus, in dem Sie wohnen?
4. Wohnen Sie in der Stadt oder am Stadtrand?
5. Hat Ihr Haus / Ihre Wohnung alles was Sie brauchen / möchten?
6. Was wissen Sie über die Gründerzeit in Deutschland? Wann war das?

Abriss der Gründerzeit?

In Leipzig stehen seit der Wiedervereinigung viele Häuser leer.
Die Stadt will manche Häuser abreißen°, um dadurch die Mieten
in der Stadt zu stabilisieren. Die Wohnungen in der Altstadt sind
unattraktiv geworden, weil sie alt sind, keine Zentralheizung
5 haben und oft nicht einmal heißes Wasser. Da die Wohnungen
nicht vermietet werden können, entstehen statt Einnahmen
immer mehr Kosten.

Um die Situation richtig zu verstehen, muss man an die Zeit
zurückdenken, als die DDR noch existierte: Viele alte Stadthäuser
10 aus der Gründerzeit wurden nie renoviert und sind heute noch
genauso, wie sie im neunzehnten Jahrhundert waren. Die alten
Häuser wurden vernachlässigt°, denn die Partei bevorzugte den
Bau von neuen Plattenbauten°. Diese Wohnanlagen, die heute
so eintönig° und trist wirken, lockten° damals mit Zentralheizung
15 und fließend heißem Wasser.

Nach der Wiedervereinigung kam der große Bau-Boom. Es
wurde überall auf dem Land neu gebaut. Gleichzeitig sind viele
Menschen vom Osten in den Westen gezogen. So stehen heute
Tausende von Wohnungen leer.

demolish, tear down — (marginal gloss, line 2: abreißen°)

neglected — (marginal gloss, line 12: vernachlässigt°)
housing projects typical for GDR — (marginal gloss, line 13: Plattenbauten°)
monotonous / lured — (marginal gloss, line 14: eintönig° / lockten°)

Plattenbauten aus der DDR-Zeit.

Andreas Rentz / Getty Images

20   Vor einigen Jahren entwickelte sich ein kurioses Problem:
      Einige Leute benutzten die leeren Häuser in der Stadt als
landfill   Mülldeponie°. In Deutschland muss man für
fee   jede Mülltonne, die man füllt, eine Gebühr°
      bezahlen. Das Geld wollten sich einige
25   Leute sparen, indem sie ihren Müll einfach
dumped   in leer stehenden Häusern abluden°. Eine
      städtische Initiative musste dafür sorgen,
unoccupied   dass unbewohnte° Häuser abgeschlossen
      werden.
30   Viele der leeren Häuser, oft sogar
      ein ganzes Stadtviertel, sind mittlerweile
      abgerissen worden, um Stadtteile attrak-
green zones   tiver zu machen und Grünflächen° zu
      schaffen. Mit innovativen Programmen
guardians 35 werden Ladenbesitzer zu „Wächtern°" über
      die alte Bausubstanz, ohne Miete zu zahlen.
      Manche „tote" Straße ist so wieder belebt worden.
      Es wird interessant sein zu beobachten, wie sich die Stadt
      Leipzig in den kommenden Jahren entwickeln wird.

Leere Stadthäuser in Leipzig

18 ### Fragen zum Text

1. Warum sind die alten Leipziger Stadthäuser für viele Leute unattraktiv geworden?
2. Warum hat man die Stadthäuser während der DDR-Zeit vernachlässigt?
3. Was hat die Partei damals gebaut?
4. Was geschah nach der Wiedervereinigung?
5. Was wollen die Leipziger Stadtplaner jetzt tun?
6. Welches kuriose Problem gab es vor einigen Jahren mit dem Müll?

19 ### Indirekte Rede

Berichten Sie mit einem Partner / einer Partnerin über die Probleme in Leipzig. Geben Sie die wichtigsten Informationen aus dem Lesetext in der indirekten Rede wieder und schreiben Sie sechs Sätze.

 Im Text steht, viele Wohnungen in Leipzig seien unattraktiv geworden.

1. Im Text steht, ...
2. Die Autoren behaupten, ...
3. Weiterhin heißt es, ...
4. Man kann auch lesen, ...
5. Die Autoren schreiben, ...
6. Schließlich wird gesagt / gefragt, ...

Weg von der Stadt Leipzig – Einfamilienhäuser im Grünen.

20 Fragen zum Nachdenken und Diskutieren

1. In manchen leeren Häusern dürfen junge Selbstständige (*small business owners*) mietfrei einen Laden unterhalten. Was könnte man sonst noch tun?
2. Viele Leipziger wollten sich nach der Wende ein Haus im Grünen bauen. Warum wollten sie wohl hinaus aus der Stadt?
3. Warum sind viele Leute aus dem Osten nach der Wende in den Westen gezogen? Spekulieren Sie.

Wortschatz

abreißen (riss ab, hat abgerissen) *to tear down, demolish*

der **Abriss** *demolition*

der **Bau** *construction*

die **Bühne, -n** *stage*

die **DDR (Deutsche Demokratische Republik)** *(former) GDR (German Democratic Republic); East Germany*

die **Einnahmen** (*pl.*) *revenue*

sich **entwickeln** (hat sich entwickelt) *to develop, change, transform*

erhalten (erhält, erhielt, hat erhalten) *to receive, be given*

friedlich *peaceful; peacefully*

zu etwas **führen** (hat geführt) *to lead to s.th.*

das **Gebäude, -** *building*

die **Gebühr, -en** *fee*

die **Gründerzeit** *late 1800s (years of rapid industrial expansion in Germany)*

die **Jahrhundertwende** *turn of the century*

das **Jubiläum** (*pl.* **Jubiläen**) *jubilee, anniversary*

die **Kosten** (*pl.*) *costs*

leer stehen (steht leer, stand leer, hat leer gestanden) *to sit vacant*

die **Messe, -n** *trade fair*

das **Messegelände** *trade fair grounds*

der **Müll** *garbage*

die **Mülltonne, -n** *garbage can*

die **Oper, -n** *opera*

pflegen (hat gepflegt) *to maintain, take care of*

die **Sanierung, -en** *renovation*

schaffen (schuf, hat geschaffen) *to shape; to create*

sich **sicher sein** (ist sich sicher, war sich sicher, ist sich sicher gewesen) *to be certain*

das **Stadthaus, ¨-er** *townhouse (3 to 4 stories or more)*

das **Stadtviertel, -** *city neighborhood, quarter*

sich **verlieben** (hat sich verliebt) *to fall in love*

vermieten (hat vermietet) *to rent out*

vernachlässigen (hat vernachlässigt) *to neglect*

versuchen (hat versucht) *to try*

vorschlagen (schlägt vor, schlug vor, hat vorgeschlagen) *to suggest*

der **Westen** *West Germany; the West*

die **Wohnanlage, -n** *housing development*

die **Zentralheizung** *central heating*

21 Definitionen

Finden Sie die richtigen Begriffe für die folgenden Definitionen.

1. die alten Bundesländer der BRD
2. die Zeit um 1900
3. Ostdeutschland vor der Wende
4. Teil einer Stadt
5. das Renovieren von alten Häusern
6. Zeit der Industrialisierung in Deutschland Ende des 19. Jahrhunderts
7. Bauprojekt mit vielen Wohnungen oder Häusern

a. die Jahrhundertwende
b. das Stadtviertel
c. die Sanierung
d. die Gründerzeit
e. DDR
f. der Westen
g. die Wohnanlage

Wann sagt man was?

der Ort, der Platz, die Stelle

Was ist der Unterschied zwischen **Ort**, **Platz** und **Stelle**? Arbeiten Sie mit dem Wörterbuch und finden Sie eine Definition für diese drei Begriffe.

1. Leipzig ist ein schöner _____. Es gibt ein interessantes, kulturelles Programm.
2. Entschuldigen Sie, ist hier noch ein _____ frei? Alle anderen Tische sind voll.
3. An dieser _____ soll Goethe einmal gesessen haben, als er hier studiert hat.

---

22 Wohnen in Leipzig

Ergänzen Sie die Sätze!

1. Die Stadt Leipzig will viele Häuser_____, weil sie leer stehen.
2. Viele _____ in der Stadt sind noch genauso wie im 19. Jahrhundert.
3. In der DDR-Zeit hat man die alten Stadthäuser _____ und in Plattenbauten investiert.
4. Die alten Stadthäuser haben oft kein fließend heißes Wasser und keine _____.
5. Nach der Wiedervereinigung kam der _____ -Boom.
6. Viele Menschen sind in den _____ gezogen.
7. Jetzt stehen viele Wohnungen _____.

23 Eine schrumpfende Stadt?

Ein Bekannter hat in der Zeitung gelesen, dass Leipzig eine schrumpfende *(shrinking)* Stadt sei. Erklären Sie ihm, warum das geschrieben wird. Verwenden Sie dabei einige Wörter von der Liste.

abreißen – Abriss – Bau – bauen – sich entwickeln – (zu etwas) führen – Gebäude – die Kosten – leer stehen – der Müll – mehr Parks – pflegen – renovieren – Sanierung – schaffen – Stadthäuser – Stadtviertel – vermieten – versuchen – Westen – nach der Wende – Wohnanlage – keine Zentralheizung

24 Partnerinterview: Traumhaus

Fragen Sie Ihren Partner / Ihre Partnerin, wo und wie er/sie gerne wohnen möchte. Machen Sie Notizen und berichten Sie die interessantesten Details im Kurs. Können Sie verstehen, warum viele alte Stadthäuser in Leipzig leer stehen?

Wann sagt man was?

wohnen, leben

Die Verben **wohnen** und **leben** werden im Englischen mit dem Verb *to live* ausgedrückt. **Wohnen** hat mit der Adresse einer Person zu tun **(Ulrike wohnt in der Schönauer Straße)**; das Verb **leben** sagt etwas über die Lebensweise *(lifestyle, life situation)* **(Ulrikes Mutter lebt schon seit vielen Jahren allein)**. Ergänzen Sie den Text über Ulrike und Rolf Göltner.

Ulrike Göltner _____ mit ihrem Mann Rolf in einer kleinen Wohnung in der Schönauer Straße. Die alte Heizung ist kaputt, und jedes Jahr, wenn es im Winter kalt wird, sagt Ulrike: „Ich kann so nicht weiter _____.“ Ihr Mann Rolf, sagt dann immer, es sei doch kein Problem, in Leipzig eine andere Wohnung zu finden. „Dann ziehen wir eben um“, sagt er immer. „Wo möchtest du denn gerne _____? In einer Wohnung oder in einem Haus im Grünen?“ Ulrike weiß aber, dass es nicht so einfach ist. Sie könnten bei Ulrikes Mutter _____, aber das will Rolf nicht. Ulrikes Mutter hat viel Platz in ihrem Haus, denn ihr Mann, Ulrikes Vater, _____ nicht mehr. Er ist schon vor fünf Jahren gestorben. Sie könnten im Erdgeschoss _____ und Ulrikes Mutter im ersten Stock. Ulrike würde gerne die Miete sparen, die sie für die Wohnung in der Schönauer Straße bezahlen, aber wenn sie vom Geld spricht, sagt Rolf immer „Der Mensch _____ nicht vom Brot allein!“ Es wird wohl noch eine Weile dauern, bis die beiden umziehen.

---

25 Wörterbucharbeit: Wortbildung

Ergänzen Sie die folgende Tabelle.

	Verb	Nomen
1.	*bauen*	das Gebäude
2.	_____	der Abriss
3.	sich entwickeln	die _____
4.	_____	die Kosten
5.	vermieten	die _____
6.	_____	die Sanierung
7.	vorschlagen	der _____

Redemittel zum Diskutieren

Vorschläge machen und Rat geben

Mit den folgenden Redewendungen signalisiert man im Gespräch, dass man eine Idee hat oder einen Vorschlag machen will.

Ich schlage vor, ...	**Ich schlage vor**, die Altbauten in Leipzig abzureißen.
Ich würde vorschlagen, ...	**Ich würde vorschlagen**, die Altbauten zu renovieren.
Darf ich einen Vorschlag machen?	**Darf ich einen Vorschlag machen?**
Wie wäre es, wenn... ?	**Wie wäre es, wenn** man zuerst nur die schönsten Häuser renoviert?
Es wäre keine schlechte Idee, ...	**Es wäre keine schlechte Idee**, auch neue Architektur in das Stadtbild zu integrieren.
Es wäre gut, ...	**Es wäre gut**, die Leipziger Bürger zu diesem Problem zu befragen.
Es wäre ratsam, ...	**Es wäre ratsam**, auch ein paar Architekten in die Diskussion zu integrieren.

26 Ideen für die Stadtsanierung

Entscheiden Sie, ob die folgenden Vorschläge gut oder schlecht, praktisch oder unpraktisch sind. Erklären Sie Ihre Meinung.

1. **Ich schlage vor**, die Fassaden stehen zu lassen und hinten ein neues, modernes Haus zu bauen. Dann behält die Stadt ihren Charakter und es gibt neue Wohnungen.
2. **Ich würde vorschlagen**, die Stadthäuser Stein für Stein abzubauen und sie dann in einer anderen Stadt wieder aufzubauen. Dann wird nichts zerstört.
3. **Darf ich einen Vorschlag machen**? Ich finde, man sollte die Häuser einfach stehen lassen; so hat man eine Art Gründerzeit-Museum im Freien.
4. **Es wäre keine schlechte Idee**, aus den Steinen der abgerissenen Häuser neue Häuser im Stil der Gründerzeit zu bauen.
5. **Es wäre am besten**, alle leeren Häuser einfach abzureißen und dort schöne Parks und Grünanlagen zu bauen. **Es wäre nicht schlecht**, wenn man das Baumaterial der abgerissenen Häuser dazu recyceln könnte.
6. **Es wäre ratsam**, die Häuser abzureißen, bevor sie einstürzen *(collapse)*.

27 Fragen zur Diskussion

Machen Sie andere Vorschläge!

1. Was könnte man tun, um das Problem der alten Stadthäuser in Leipzig zu lösen?
2. Ist das Schrumpfen einer Stadt nur ein Problem oder hat es auch positive Seiten?

Strukturen

Die Satzarten im Deutschen

A sentence typically consists of a subject and a verb and can also contain direct and indirect objects. Additional modifying elements can be adjectives, adverbs, participial phrases, prepositional phrases, and infinitive phrases.

Clara and Robert Schuman — *subject*
hatten — *verb*
sieben Kinder. — *direct object*

In der Stadt Leipzig — *prepositional phrase*
stehen — *verb*
viele Wohnungen — *subject*
lange — *adverb*
leer, — *adjective*

Damals als Innovation gedacht, — *participial phrase*
wirken — *verb*
Plattenbauten — *subject*
heute oft — *adverbs*
eintönig und trist. — *adjectives*

Type	Description / Definition	Examples
Simple sentence	Verb is second element (not necessarily second word) of the sentence.	Plattenbauten **wirken** heute oft eintönig und trist. Nach der Wiedervereinigung **kam** der große Bau-Boom. Viele Stadthäuser aus der Gründerzeit **wurden** nie renoviert.
Compound sentence with two main clauses	Two main clauses of equal importance linked by a coordinating conjunction	Nach der Wiedervereinigung kam der große Bau-Boom, **und** viele Menschen sind gleichzeitig vom Osten in den Westen gezogen.
Compound sentence with main clause first	A main clause and one or more subordinate clauses. The subordinate clauses are introduced by a subordinating conjunction (such as **weil**) or a relative pronoun (such as **die**). In a subordinate clause, the verb is the last element.	Die Wohnungen in der Altstadt sind nicht sehr komfortabel, **weil** sie alt *sind*. Aus der Gründerzeit gibt es viele Häuser, **die** heute *leerstehen*.
Compound sentence with subordinate clause first	A subordinate clause preceding the main clause is considered the first element in the sentence. Therefore, the verb of the main clause is positioned directly after the subordinate clause (in second position in the sentence).	*Da die unrenovierten Wohnungen nicht vermietet werden können,* **entstehen** für die Stadt immer mehr Kosten. *Weil die Partei den Bau von Plattenbauten bevorzugte,* **wurden** die alten Häuser in vielen Stadtteilen vernachlässigt.

28

Dr. Faust in Auerbachs Keller

Angeblich *(Supposedly)* soll im Jahre 1525 der Faust, über den später Goethe schrieb, tatsächlich an Auerbachs Keller in Leipzig vorbeigekommen sein. Verbinden Sie die folgenden Satzteile und erzählen Sie die Anekdote von Fausts Besuch in Leipzig.

1. In den Büchern der Stadt Leipzig ist es überliefert, ___*e*___

2. Um die Leipziger Messe zu besuchen, _____

3. Als sie in der belebten Stadt umherbummelten, _____

4. Dort wollten gerade einige Männer ein Weinfass aus dem Keller tragen, _____

5. Dr. Faust sah dies und fragte, _____

6. Es gab einen Streit mit den Männern, _____

7. Um die Situation zu klären, versprach der Weinherr demjenigen das Fass°, _____

8. Daraufhin stieg Dr. Faust auf das Fass, als ob es ein Pferd wäre, _____

9. Der erstaunte Weinherr musste ihm das versprochene Fass geben, _____

   a. kam er mit seinen Studenten in die Stadt zu Besuch.

   b. warum die Männer so ein Theater machen würden.

   c. kamen sie an einem Weinkeller vorbei.

   d. aber sie schafften es nicht.

   e. dass Dr. Faust 1525 in Wittenberg als Professor für Magie beschäftigt war.

   f. und ritt aus dem Keller.

   g. und Dr. Faust teilte das Geschenk mit seinen Studenten.

   h. die wegen dieser Frage ziemlich ärgerlich waren.

   i. der es allein aus dem Keller bringen könne.

versprach ... *the proprietor promised the cask to the one*

29

Eine berühmte Person besucht Leipzig

Erzählen Sie mit Ihrem Partner / Ihrer Partnerin die Geschichte einer berühmten Person Ihrer Wahl (z. B. ein Filmstar, ein Musiker, ein Autor usw.), die Leipzig besucht, indem Sie die Sätze vervollständigen. Anschließend stellen Sie Ihre Geschichte im Kurs vor. Können die anderen Kursteilnehmer erraten *(guess)*, wer Ihre berühmte Person ist?

1. Die berühmte Person besucht Leipzig, weil...
2. Die berühmte Person ist nicht mit dem Auto gefahren, sondern...
3. Im Zentrum von Leipzig angekommen, überlegt die berühmte Person, ob er/sie...
4. Weil alle Hotels belegt sind, ...
5. Am ersten Abend in Leipzig ... und...
6. Die berühmte Person, die..., geht am nächsten Morgen...
7. Viele Menschen in Leipzig..., aber...
8. Zum Abschied...

» Das Video finden Sie bei **iLrn**.

Videoblog

Feline

Vor dem Sehen

  A **Themen**

Was wissen Sie zu den folgenden drei Themen? Machen Sie gemeinsam mit Ihrem Partner / Ihrer Partnerin eine Liste.

„Es lohnt sich wirklich, mal nach Leipzig zu kommen und sich das alles anzuschauen."

Musikstadt Leipzig	Montagsdemonstrationen	Abriss der Gründerzeit

Beim Sehen

B **In Leipzig**

Ordnen Sie die Aussagen in der Reihenfolge, in der Sie sie im Video sehen.

_____ Die Nikolaikirche ist ein Traum aus weißem Marmor.

_____ In der Mädlerpassage ist Auerbachs Keller, der in Goethes Faust vorkommt.

_____ Gerade im Zentrum sind ganz viele wunderbare Häuser wieder hergerichtet mit wunderschönen Fassaden.

_____ Bach hat seine ganze Musik für die Thomaskirche geschrieben und das, das hört man, wenn man die Musik hört.

___*1*___ Die neue Uni sieht aus wie ein großes, aufgeklapptes Buch.

_____ Vor dem Restaurant hängt das Fass mit Faust und dem Mephisto drauf, die davonreiten.

_____ Im Krieg ist ganz vieles weggebombt worden und manche Häuser sind einfach eingestürzt, weil sich niemand drum gekümmert hat.

_____ Aus den Demonstrationen entwickelte sich ein Volksaufstand ohne Waffen und ohne Blut.

C „Wir sind das Volk!"

Verbinden Sie die Elemente zu vollständigen Sätzen.

1. Der Pastor von der Nikolaikirche _____

2. Die Versammlungen in der Kirche _____

3. Aus diesen Versammlungen gingen dann _____

4. Später sind auch in anderen Städten die Menschen auf die Straße gegangen _____

5. Aus den Demonstrationen _____

6. Schließlich hatte die Regierung keine Chance mehr, _____

a. die Montagsdemonstrationen hervor.

b. entwickelte sich ein Volksaufstand.

c. weil es zu viele Demonstranten waren.

d. und haben mit der Parole „Wir sind das Volk" gegen die Regierung demonstriert.

e. wurden von der SED zunächst ignoriert.

f. hat damals angefangen, gegen die DDR-Führung zu predigen.

D Abriss der Gründerzeit

Ergänzen Sie die Sätze mit den Informationen, die Sie von Feline hören.

1. In Leipzig gibt's ja wunderbar viele alte Gebäude, aber die DDR _____ .

2. Und es gibt immer noch Häuser, _____ .

3. Es ist eben das Problem, dass man bei vielen Häusern noch nicht weiß, _____ .

4. Das kostet natürlich furchtbar viel Geld, aber _____ .

E Beschreibungen

Wie beschreibt Feline die folgenden Orte und Gebäude? Machen Sie gemeinsam mit einem Partner / einer Partnerin eine Stichwortliste und ergänzen Sie die Liste dann mit Ihren eigenen Eindrücken.

Augustusplatz	Mädlerpassage	Nikolaikirche
der Universitätsplatz	großes Fass	Transparent

Nach dem Sehen

F Reflexionen

Schauen Sie noch einmal auf Ihre Liste vom Anfang und ergänzen Sie sie mit den Informationen und Eindrücken aus dem Video. Was haben Sie aus dem Vlog Neues erfahren? Worüber hätten Sie gerne noch mehr Informationen?

G Zusammenfassend

Schreiben Sie eine Zusammenfassung des Vlogs in der indirekten Rede.

Feline erzählt...

◉ Lektüre

In Leipzig bei den Montagsdemonstrationen 1989.

Die westlichen Medien, besonders das westdeutsche Fernsehen, das man in der DDR empfangen konnte, haben 1989 eine wichtige Rolle gespielt. Ostdeutsche Medien haben damals über die Demonstrationen nicht berichtet. Erst durch die Berichte im Westen und das Fernsehen haben die DDR-Bürger erfahren, dass sich in ihrem Land eine friedliche Revolution entwickelt.

Der Spiegel ist eines der wichtigsten Wochenmagazine in Deutschland. Schauen Sie einmal in die Online-Version, um zu sehen, welche Themen im Moment aktuell sind. Der *Spiegel*-Redakteur **Ulrich Schwarz** war 1989 bei den Demonstrationen in Leipzig dabei und schrieb daraufhin diesen Artikel.

Vor dem Lesen

30 **Fragen zum Thema**

Welche Art von Demonstrationen gibt es? Vielleicht haben Sie selbst schon einmal für oder gegen etwas demonstriert. Welche Reaktionen kann es geben?

1. Haben Sie schon einmal für oder gegen etwas demonstriert?
2. Wofür oder wogegen würden Sie demonstrieren?
3. 1989 nannte man Leipzig die Hauptstadt der Friedlichen Revolution. Wie stellen Sie sich eine friedliche Revolution vor?
4. Welche Probleme kann es bei Demonstrationen geben? Was kann zu Gewalt (*violence*) führen?

Beim Lesen

In diesem Text erzählt ein Journalist von einer Demonstration in Leipzig im Oktober 1989, bei der er selbst dabei war. Verfolgen Sie den Verlauf der Demonstration in der Stadt Leipzig (Aktivität 31). Achten Sie beim Lesen zuerst auf die Gruppen und Personen (Aktivität 32), die im Text erwähnt werden. Finden Sie dann passende Übersetzungen für einige Passagen aus dem Text (Aktivität 33).

31 Stadtplan

Zeichnen Sie den Verlauf der Demonstration auf dem Stadtplan von Leipzig nach. Schreiben Sie auf, was an bestimmten Stationen passiert ist.

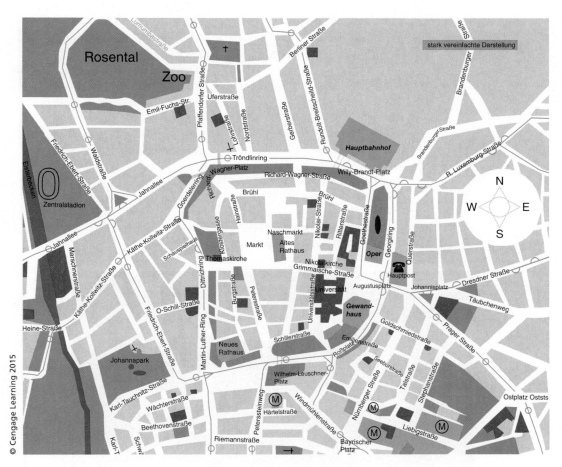

Leipzig

32 Welche Gruppen und Personen waren dabei?

Notieren Sie, wen der Autor erwähnt. Machen Sie Notizen.

33   50 000 Menschen in Bewegung

In diesem Bericht beschreibt Ulrich Schwarz, wie ein Zug von 50 000 Menschen am 9. Oktober 1989 in einer friedlichen Demonstration durch Leipzig zog. Finden Sie für die folgenden Sätze aus dem Text die passende Übersetzung. Arbeiten Sie mit einem Partner / einer Partnerin.

1. Plötzlich ist der kleine Vorplatz mit kleinen Gruppen gefüllt.
2. Vor der Kirche wird die Menge immer dichter.
3. Der Zug setzt sich von der Nikolaikirche in Bewegung...
4. Der Zug biegt in die Grimmaische Straße...
5. Der Zug rollt, sich lawinenartig vergrößernd, über den Karl-Marx-Platz...
6. Die Masse wälzt sich wie ein Lavastrom am Hauptbahnhof vorbei.
7. Die Menge kriecht um die Stadt.
8. Der Zug zieht an der Bezirksverwaltung der Stasi vorbei.
9. So plötzlich wie sich der Zug gebildet hat, löst er sich auf.

a. *The demonstration passes the Stasi headquarters.*
b. *The demonstration rolls across the Karl-Marx-Platz expanding like an avalanche . . .*
c. *The small courtyard is instantly filled with small groups of people.*
d. *The crowd rolls past the main train station like a lava stream.*
e. *The demonstration dissolves as quickly as it formed.*
f. *The crowd slowly creeps through the city.*
g. *The demonstration turns into the Grimmaische Straße . . .*
h. *In front of the Nikolaikirche, the demonstration sets into motion . . .*
i. *In front of the church, the crowd thickens.*

Die Montagsdemonstrationen begannen an der Nikolaikirche.

„Schließt euch an!"°"

Spiegel-*Redakteur Ulrich Schwarz über die Massendemonstration in Leipzig am 9. Oktober 1989*

Der Eingang der Nikolaikirche mitten in der Leipziger Innenstadt bietet ein farbenprächtiges Bild: Vor dem Portal liegen in dichten Bündeln Herbstblumen in leuchtenden Farben, dazwischen brennen Kerzen. Vor den vergitterten Kirchenfenstern Dutzende

bunches of flowers 5 Blumensträuße°.

Dazwischen hat jemand mit sauberer Handschrift einen Bibelvers geheftet: „Zur Freiheit hat uns Christus befreit. Bleibt daher fest und

yoke / slavery laßt euch nicht von neuem das Joch° der Knechtschaft° auflegen." Die Blumen sind für jene jungen Leipziger, die in den letzten Wochen

arrested / sich in ... practiced democracy 10 verhaftet° wurden, weil sie sich in Demokratie geübt° hatten.

dominates In der Kirche, die erst vor kurzem renoviert wurde, herrscht°

frequent schon mittags reges° Kommen und Gehen. Menschen jeden Alters sitzen in den Bänken. Um einen kleinen Tisch vorn beim Chor drängen sich jene, die in einem Buch per Unterschrift

ihre ... express their solidarity 15 ihre Solidarität mit den Verhafteten bekunden° wollen. Dane-

with those who were arrested ben klebt ein Aufruf der Oppositionsgruppe *Neues Forum* zur

nonviolence Gewaltlosigkeit°.

seltsame ... strange tension Eine seltsame Spannung° liegt an diesem 9. Oktober über der

rumors / workers' militia Stadt. Gerüchte° schwirren: Die Betriebskampfgruppen° haben

order to use weapons / received 20 für heute Schießbefehl° erhalten°.

ordered Tatsache ist: In den Betrieben wurden die Eltern aufgefordert°, ihre Kinder bis spätestens 15 Uhr aus den Kindergärten zu holen. Berufstätige, die in der Innenstadt arbeiten, bekommen früher frei und sind gehalten°, die City zu verlassen. Die Verkäufer auf

sind ... are told 25 dem Markt vor dem Alten Rathaus sollen spätestens um fünf ihre

booths Stände° zumachen.

Cafés und Restaurants im Umfeld der Nikolaikirche sind schon am frühen Nachmittag aus „technischen" oder aus „innerbetrieb-

internal lichen"° Gründen geschlossen. Nur ein Schnellbuffet am

30 „Naschmarkt", dessen Stammkundschaft sich erkennbar aus

beer-numb / habitual drinkers bierdumpfen° Gewohnheitstrinkern° zusammensetzt, bleibt

abruptly geöffnet. Um 14 Uhr wechselt schlagartig° das Publikum um die Nikolaikirche. Plötzlich ist der durch einen Bauzaun geschickt verkleinerte Vorplatz mit Pärchen und kleinen Gruppen gefüllt

gay parade 35 – die "Schwulenparade"° hat begonnen; wie der Volksmund

cynically / state security police spöttisch° den Aufmarsch der Staatssicherheit° nennt, die stets zur Sicherung des Regimes antritt.

= Lastkraftwagen Eine Stunde später folgen lange Lkw°-Kolonnen, beladen mit uni-

police formierter Volkspolizei°. Die Wagen halten in Seitenstraßen nahe

tarps 40 der Kirche, die Mannschaften bleiben unter den Planen° versteckt. Die Nikolaikirche, in der um 17 Uhr das traditionelle Friedensgebet beginnt, hat bereits eine halbe Stunde zuvor keinen Stehplatz mehr frei. Im Fenster über dem Eingang hängt ein großes Schild „wegen Überfüllung geschlossen"; dazu der Hinweis, daß in drei

services 45 weiteren Gotteshäusern zur gleichen Zeit Andachten° stattfinden.

Vor der Kirche wird die Menge immer dichter. Sie schweigt. Die Ansammlung wächst auf einige hundert Meter durch die Grimmaische Straße bis hin zum Karl-Marx-Platz, an dem das Neue Gewandhaus und die Oper stehen. Um fünf sind es einige
50 tausend, um halb sechs mehr als 10 000, um sechs, als die 3 000 Frommen° und Neugierigen° aus der Nikolaikirche kommen, ist der Karl-Marx-Platz schwarz von Menschen, 20 000 mindestens. Zaghaft° ertönen erste Rufe: „Gorbi, Gorbi"[2], „Demokratie jetzt", „Wir sind keine Rowdys."
55 Die Menge wartet weiter. Plötzlich, ohne erkennbare Regie°, setzt sich der Zug° von der Nikolaikirche in Bewegung, biegt in die Grimmaische Straße, rollt, sich lawinenartig° vergrößernd, über den Karl-Marx-Platz auf den Georgiring Richtung Bahnhof. „Schließt euch an, schließt euch an", skandieren die Marschierer.
60 Als die Spitze der Kolonne den Platz der Republik vor dem Leipziger Hauptbahnhof erreicht, sind dem Ruf rund 50 000 gefolgt. Junge Leute und ältere, an Kleidung und Habitus° als Mitglieder der herrschenden Klasse kenntlich, und Intelligenzler, Langhaarige und Herren mit akkuratem Haarschnitt. „Gorbi, Gorbi", schallt es zu den
65 Häuserfronten hoch und, vom Beton verstärkt, zurück. Auch ältere Ehepaare, den obligaten Einkaufsbeutel am Handgelenk°, klatschen dazu rhythmisch in die Hände.
„So etwas", ruft ein Mann mit leicht zitternder Stimme, „hat Leipzig noch nicht erlebt." Und er fällt in den Schrei der 10 000 um
70 ihn herum ein: „Wir sind das Volk, wir sind das Volk."
Die Masse wälzt sich wie ein Lavastrom° am Hauptbahnhof vorbei – wenn jetzt Polizei dazwischenginge, um die „nicht genehmigte Veranstaltung"°, wie es im Ostbürokratendeutsch° heißt, auseinanderzutreiben, sie hätte keine Chance – außer mit der Waffe°.
75 Die Vopo° ist kaum zu sehen. Die Stasi° ist verschwunden. Hinter verschlossenen Bahnhofstüren stehen einige Dutzend martialische Gestalten mit Helmen° und Knüppeln°, das ist alles. Doch die Demonstranten sehen nicht einmal hin. Die Menge kriecht° um die Stadt, die Parolen° wiederholen sich: „Freiheit, Gleichheit,
80 Brüderlichkeit", „keine Gewalt°", „Neues Forum, Neues Forum", und immer wieder „Gorbi, Gorbi".
Die Stimmung ist beängstigend° friedlich. Selbst als der Zug an der Bezirksverwaltung° der Stasi vorbeizieht, ist kein aggressives Wort zu hören. Statt dessen richten° die Demonstranten ihren Appell
85 an die vor dem Eingang stehenden Volkspolizisten: „Polizisten, schließt euch an, schließt euch an."
In keinem Moment jener zwei Stunden, die der Zug rund um die City dauert, kommt das Gefühl von Gefahr° auf oder von Konfrontation. Die Polizei versucht nicht, die Menschen abzudrängen°.
90 Verkehrspolizisten° schaffen der stillen Demo freie Bahn; und selbst dort, wo Autos oder Straßenbahnen plötzlich zwischen die Menge geraten, bleibt die Stimmung sanft° und gelassen°. „Hupen°, hupen", schallt es, und zögerlich erst, dann kräftiger, kommt Antwort zurück und die Fahrer hupen.

believers / curious ones (50)

cautiously (53)

ohne ... without prompting (55)
procession
like an avalanche

manner (62)

wrist (66)

wie ... like a lava flow (71)
nicht ... unpermitted event /
bureaucratic language of the East
weapon
= Volkspolizei / = Staatssicherheit (75)

helmets / clubs
creeps
slogans
violence

frighteningly
headquarters
direct

danger
divert
traffic police

calm / relaxed
honk

[2] nickname for Russian president Mikhail Gorbachev

obvious 95   Die Sympathien derer am Rand sind unübersehbar° und deutlich
zu hören. Vor dem Hotel International steht das Personal, aus
einem Fenster des Neuen Gewandhauses hält eine junge Frau
sparkler / wave   eine Wunderkerze°, von den Balkonen der Häuser winken° und
klatschen viele Bewohner. Die Demonstranten auf der Straße
reward / applause 100   quittieren° jede Zustimmung mit dankbarem Beifall°.

So plötzlich, wie sich der Zug bildete, löst er sich auf – wenig
später gibt es in der Goethestraße hinter dem Karl-Marx-Platz
astounding   verblüffende° Szenen. Mit einigen Demonstranten sprechen
Männer der Betriebskampfgruppen, jener Arbeitermiliz, die am
105   Freitag zuvor noch im lokalen SED[3] Blatt Leipziger Volkszeitung
gedroht hatte, sie sei bereit, „diese konterrevolutionären Aktionen
prevent   endgültig und wirksam zu verhindern°. Wenn es sein muß, mit der
Waffe in der Hand!"

„Wen wollt ihr schützen?" fragt ein junger Mann einen weißhaari-
110   gen Kampfgruppenkommandeur. Der antwortet: „Ich bin auch
nicht gern rausgegangen. Ich habe meinen Leuten gesagt:
Vergeßt nicht, das sind unsere Menschen, die da draußen
demonstrieren."

      „Warum seid ihr dann ausgerückt?"
115   „Wir mußten verhindern, daß etwas zerstört wird."
      „Da habt ihr recht", sagt der junge Mann.

Als der Zug fast vorbei ist, ertönt plötzlich aus den Lautsprechern
des Leipziger Stadtfunks, die an markanten Punkten der Innenstadt aufgestellt sind, Musik – und das erste sensationelle Echo
120   der Partei: ein Appell, unterzeichnet vom Chefdirigenten des
Gewandhaus-Orchesters, Kurt Masur, dem Pfarrer Peter Zimmer-
mann, dem Kabarettisten Bernd Lutz Lange und, sensationeller-
weise, drei Sekretären der Bezirksleitung der SED. Text:

responsibility   *Unsere gemeinsame Sorge und Verantwortung° hat uns*
125   *heute zusammengeführt. Wir sind von der Entwicklung in*
touched, moved   *unserer Stadt betroffen° und suchen nach einer Lösung.*
exchange of opinions   *Wir alle brauchen einen freien Meinungsaustausch° über*
die Weiterführung des Sozialismus in unserem Land.
Deshalb versprechen die genannten Leute allen Bür-
130   *gern, die ganze Kraft und Autorität dafür einzusetzen,*
daß dieser Dialog nicht nur im Bezirk Leipzig, sondern
auch mit unserer Regierung geführt wird. Wir bitten Sie
levelheadedness / peaceful   *dringend um Besonnenheit°, damit der friedliche° Dialog*
möglich wird.

135   Den Anruf zur Besonnenheit hören die meisten nicht mehr. Sie
leuchtenden ... happy faces   sind gegangen, viele mit leuchtenden Gesichtern°, in denen
pride   der Stolz° steht, sich endlich bekannt zu haben – gegen die
Machthaber, aber für ihre DDR. Nur einmal versuchten ein paar
Demonstranten, den Schlachtruf der Ausreiser „Wir wollen
140   raus" anzustimmen. Sie wurden vom Gegenchor übertönt:
„Wir bleiben hier."

um ... around 50 years old   „Heute waren wir 50 000", sagt ein Mann um die 50° selbstbewußt
without fear   und angstfrei°, „nächsten Montag werden es 100 000 sein."

„Schließt euch an!" by Ulrich Schwarz. Reprinted with the permission of Spiegel-Verlag.

[3] Sozialistische Einheitspartei Deutschlands – regime party in the GDR

Wortschatz

sich **anschließen** (schloss sich an, hat sich angeschlossen) *to join a group*
der **Berufstätige, -n** / die **Berufstätige, -n** *employee*
der **Betrieb, -e** *workplace, factory*
dabei sein (ist dabei, war dabei, ist dabei gewesen) *to be there; to participate*
die **Demonstration, -en** *demonstration*
drohen (hat gedroht) *to threaten*
der **Eingang, ⸚e** *entrance*
das **Friedensgebet, -e** *prayer for peace*
die **Gewalt** *force; violence*
die **Gewaltlosigkeit** *nonviolence*

hupen (hat gehupt) *to honk (a car's horn)*
die **Innenstadt, ⸚e** *center of town, downtown*
die **Kerze, -n** *candle*
die **Lösung, -en** *solution*
die **Mannschaft, -en** *military unit*
die **Regierung, -en** *government*
der **Ruf, -e** *call*
schweigen (schwieg, hat geschwiegen) *to be silent, say nothing*
verhaften (hat verhaftet) *to arrest*
der **Volksmund** *vernacular, the people's language;* **wie es im Volksmund heißt** *as they say*

Nach dem Lesen

34 **Fragen zum Text**

1. Wo begann die Demonstration?
2. Für wen waren die Blumen an der Kirche?
3. Was forderte die Oppositionsgruppe *Neues Forum*?
4. Was sagte ein Gerücht am 9. Oktober über die Betriebskampfgruppen?
5. Was hatte die Partei an diesem Tag für die Berufstätigen in der Innenstadt angeordnet?
6. Was nannte man in der DDR im Volksmund die *Schwulenparade*?
7. Wie kam die Volkspolizei in die Innenstadt? Wo stationierten sich die Polizisten?
8. Was riefen die Demonstranten, als sie durch die Innenstadt marschierten?
9. Was sagten die Demonstranten zu den Polizisten?

35 **Fragen zum Nachdenken und Diskutieren**

1. Warum haben die Polizisten und Kampfgruppen diese Demonstrationen nicht verhindert? Kennen Sie andere Beispiele aus der Geschichte, wo solche Demonstrationen bekämpft oder verhindert wurden?
2. Was hat Sie an diesem Bericht am meisten überrascht?
3. Glauben Sie, die Kirche hat dabei eine wichtige Rolle gespielt?

36 Satzarten

Suchen Sie mit Ihrem Partner / Ihrer Partnerin die folgenden Satzarten im Text.

1. den kürzesten Satz
2. den längsten Satz
3. einen „einfachen" Hauptsatz *(main clause)*
4. zwei Hauptsätze, die mit einer koordinierenden Konjunktion verbunden sind
5. einen Hauptsatz, der von einem untergeordneten Nebensatz *(subordinate clause)* gefolgt wird
6. einen untergeordneten Nebensatz, der von einem Haupsatz gefolgt wird
7. zwei Sätze, die mit einer Präpositionalphrase eingeleitet werden

37 Wir sind das Volk

In seinem Buch „*Wir sind das Volk!*" sammelte der Fernsehredakteur Ekkehard Kuhn Interviews mit Demonstranten und anderen wichtigen Personen, die am 9. Oktober 1989 in Leipzig dabei waren. Schreiben Sie die folgenden Aussagen in indirekte Rede um!

 Kurt Masur: „Es war das Wunder von Leipzig."

Kurt Masur sagte, es sei das Wunder von Leipzig gewesen.

1. Stasioffizier am 3. Oktober: „Wir brauchen jetzt Konsequenz und Härte *(strength)*, damit wir den Sozialismus in der DDR sichern können."
   Ein Stasioffizier sagte am 3. Oktober, die Stasi ...
2. Junger Mann am Morgen des 9. Oktober 1989: „Das ist der entscheidende Tag!"
   Am Morgen des 9. Oktober sagte ein junger Mann, dass ...
3. Junger Mann: „Es war vielleicht ein Vorteil *(advantage)*, dass damals wegen der Messe westliche Presse im Land war."
   Ein junger Mann sagte, es ...
4. Junger Mann: „Das Glücksgefühl *(happiness)* kommt nicht noch mal in diesem Leben."
   Ein junger Mann sagte, dass ...
5. Ältere Frau: „Ich betrachte diese Zeit als das Beste in meinem Leben."
   Eine ältere Frau sagte, sie ...
6. Junge Frau: „Manche haben geweint."
   Eine junge Frau sagte, manche ...
7. Ein Mann um die 50: „Heute waren wir 50 000."
   Ein Mann um die 50 sagte, heute ...
8. Ein Mann mit leicht zitternder Stimme: „So etwas hat Leipzig noch nicht erlebt."
   Ein Mann mit leicht zitternder Stimme sagte, so etwas ...
9. Die Demonstranten: „Wir sind keine Rowdys."
   Die Demonstranten sagten, sie ...

Schreibübung

1. Schreiben Sie einem Freund / einer Freundin, welche Passagen in diesem Artikel Sie besonders beeindruckt *(impressed)* oder überrascht haben. Benutzen Sie dabei die indirekte Rede und den Konjunktiv I.

 Mich hat besonders beeindruckt, dass ein Polizist gesagt hat, die Polizei sei nur gekommen, damit nichts zerstört wird ... Ein anderer interessanter Aspekt war...

2. Schreiben Sie einen Brief an Ihren Präsidenten / Abgeordneten über ein Problem in Ihrem Land. Was sollte anders werden? Beginnen Sie den Brief mit:

> Sehr geehrte Frau Abgeordnete,
>
> schon seit längerer Zeit mache ich mir Gedanken über...
> oder
>
> Sehr geehrter Herr Präsident,
>
> ich nehme an, es wird Sie interessieren zu hören, dass...

3. Haben Sie schon einmal eine Demonstration gesehen, die nicht friedlich verlaufen ist? Was ist passiert? Sie können den Verlauf einer Demonstration beschreiben, wie der Redakteur Ulrich Schwarz die Demo in Leipzig beschrieben hat.

FILMTIPP: *Wendefilme*

Seit den 90er Jahren beschäftigen sich viele deutsche Filme mit dem Prozess der Wiedervereinigung und der Zeit nach 1989.

Good Bye, Lenin! (Wolfgang Becker, 2003) Dieser Film beginnt mit den Demonstrationen und zeigt die Veränderungen im Leben einer Familie aus dem Osten nach der Wiedervereinigung.

Das Leben der Anderen (Florian Henckel von Donnersmarck, 2006) Vor dem Fall der Mauer beobachtet ein Stasi-Spitzel Künstler und Schriftsteller im Ost-Berlin der DDR.

Stilles Land (Andreas Dresen, 1992) Kurz vor der Wiedervereinigung kommt ein junger Regisseur in ein Provinztheater im Norden der DDR und erlebt dort den Fall der Mauer.

Skunk Taxi/Shutterstock.com

Der Mathematiker und Philosoph Gottfried Wilhelm Leibniz (1646–1716) besuchte die Nikolaischule und studierte an der Universität Leipzig.

Zum Schluss

 39 **Ost und West**

Sprechen Sie noch einmal über Ost- und Westdeutschland. Welche Stereotypen und Vorurteile gibt es? Welche Ideen über Ost- und Westdeutschland gibt es in Ihrem Land? Verwenden Sie die folgende Stichwortliste für eine letzte Diskussion.

Arbeit   Schulen und Universitäten

Essen   Religion

Konsum   Statussymbole

Reisen

Das letzte Wort: Ostalgie

Nach der Wiedervereinigung spricht man oft von **Ostalgie**, einer Sehnsucht nach dem alten Osten und nach bestimmten Aspekten des Lebens in der DDR.

Forschen Sie im Internet, was es unter dem Begriff **Ostalgie** zu finden gibt. Vielleicht finden Sie Produkte, die in der DDR populär waren.

Der Trabant (oder 'Trabi') wurde von 1957 bis 1990 in Zwickau (Sachsen) gebaut.

Frankfurt

Der Flughafen Frankfurt am Main ist Deutschlands wichtigster Flughafen.

© imagebroker / Alamy

I n Frankfurt, we focus on the international and multicultural aspects of Germany. We discuss German permissiveness when it comes to body culture and the media, because it shows that for immigrants from different cultures integration is a complex process of finding one's place in a society. We look at how immigrants become German citizens. An article by Theo Sommer discusses the most important trends in the past 50 years to better understand what it means to be a German citizen today.

Station Frankfurt

Willkommen in Frankfurt

- **Ein sehr berühmter Frankfurter**
  Johann Wolfgang von Goethe

Einblicke

Oben ohne

- **Strukturen**
  Vorgänge beschreiben:
  - Das Passiv
  - Alternativen zum Passiv

Videoblog: Verena

Lektüre

Leben in Deutschland: Wie leben wir, was hat sich verändert – und warum?
Theo Sommer

Materialien

Arbeitsbuch

© Cengage Learning 2015

STATISTIK	
Einwohnerzahl:	695 000 (davon 24,5 % Ausländer)
Fläche:	250 km^2
Zahl der Banken in Frankfurt:	ca. 400

⊙ Station Frankfurt

Was wissen Sie schon?

1. Waren Sie schon mal in Frankfurt?
2. Woran denken Sie, wenn Sie Frankfurt hören?
3. Was wissen Sie über die Banken in Deutschland und die Europäische Zentralbank?

Willkommen in Frankfurt

Verena arbeitet als Relocation Consultant bei einer Firma in Frankfurt. Sie hilft Leuten, die nach Frankfurt kommen, um hier für eine der vielen internationalen Banken zu arbeiten. Herr Seif ist ein ägyptischer Finanzexperte, der bald mit seiner Frau und seinen zwei Töchtern nach Frankfurt ziehen wird. Verena schickt Herrn Seif diesen Brief.

Verena stellt sich vor

© Cengage Learning. 2015

> Lieber Herr Seif,
>
> vor Ihrer Ankunft in Frankfurt möchte ich mich Ihnen gerne vorstellen. Mein Name ist Verena und ich freue mich darauf, Ihnen und Ihrer Familie das neue Leben in Frankfurt so angenehm wie möglich zu machen. Frankfurt ist eine sehr multikulturelle und ausländerfreundliche Stadt. Fast ein Drittel der Bevölkerung in Frankfurt sind ausländische Bürger.
>
> Es wäre sehr schön, etwas mehr über Ihre Familie zu erfahren, damit ich Ihnen die Informationen über das Leben in Deutschland und die Stadt Frankfurt geben kann, die für Sie und Ihre Familie wichtig sind. Ich habe schon mit der internationalen Schule für Ihre Töchter Kontakt aufgenommen und einige Informationen beim Amt für multikulturelle Angelegenheiten° für Sie gesammelt.
>
> Ich freue mich, schon bald von Ihnen zu hören. Es grüßt Sie schon jetzt recht herzlich
>
> Ihre Verena
>
> PS: Ich weiß, dass Sie im Oktober ankommen, wenn die internationale Buchmesse hier in Frankfurt stattfindet. Das könnte eine interessante Veranstaltung für Ihre Töchter sein!

Amt für multikulturelle Angelegenheiten *office for multicultural affairs*

Geschichte

794	1150	1480	1530	1585	1749
Unter Karl dem Großen *(Charlemagne)* wird Frankfurt – „Franconofurd" – erstmals erwähnt.	In jüdischen Quellen wird die Frankfurter Messe (Herbstmess) erwähnt.	Die Buchmesse wird fester Bestandteil der Messe. Frankfurt hat 10 000 Einwohner.	Frankfurt wird Zentrum des Buchdrucks und Buchhandels.	Gründung der Frankfurter Börse.	Goethe wird in Frankfurt geboren.

1   Eine ägyptische Familie in Frankfurt

Welche Aspekte des Lebens in Deutschland könnten für eine ägyptische Familie mit zwei Töchtern *interessant* oder *problematisch* sein?

> Politik – Religion – Kleidung – Medien (Fernsehen) – Schule – Arbeit – Essen und Trinken

2   Fragen zur Station

1. Wie viele Einwohner hat Frankfurt? Wie groß ist die Fläche?
2. Seit wann gibt es die Frankfurter Messe?
3. Wann wurde die Stadt gegründet?
4. Was findet jedes Jahr im Oktober in Frankfurt statt?
5. Welcher berühmte Dichter kommt aus Frankfurt?
6. Was geschah 1943–1944 in Frankfurt?
7. Welche wichtigen Finanzinstitutionen haben ihren Sitz in Frankfurt?
8. Warum gibt es in Frankfurt ein Amt für Multikulturelle Angelegenheiten?
9. Wer ist Verena? Was ist ihr Beruf?

Grundwortschatz:
Nationale Identität

aufwachsen (wächst auf, wuchs auf, ist aufgewachsen) *to grow up*	die **Generation, -en** *generation*
das **Ausland** *foreign countries*	die **Heimat** *home, homeland*
der **Ausländer , -** / die **Ausländerin, -nen** *foreigner*	die **Herkunft** *origin*
	die **Identität, -en** *identity*
die **Bundesrepublik** *Federal Republic*	**stammen** *to descend, come (from)*
	ursprünglich *originally*

1936	1943–1944	1998	2005	2008	2014
Eröffnung des Frankfurter Flughafens.	Die Innenstadt wird durch Luftangriffe fast ganz zerstört.	Einführung des Euro. Die Europäische Zentralbank entsteht in Frankfurt.	Die BRD führt ein neues Ausländergesetz *(immigration law)* ein, das die Einbürgerung *(naturalization)* einfacher machen soll.	Der deutsche Einbürgerungstest wird eingeführt.	Die Goethe-Universität wird 100 Jahre alt.

3 Definitionen

Arbeiten Sie gemeinsam mit einem Partner / einer Partnerin und finden Sie die passenden Definitionen zu den Wörtern.

1.	die Herkunft	a.	der Staat Deutschland
2.	aufwachsen	b.	wo das Zuhause ist
3.	das Ausland	c.	eine Gruppe von Menschen gleichen Alters
4.	die Bundesrepublik	d.	wo man herkommt
5.	die Identität	e.	seine Kindheit oder Jugend verbringen
6.	die Heimat	f.	wer und was man ist
7.	ursprünglich	g.	wie es ganz am Anfang war
8.	die Generation	h.	ein Land, das nicht das eigene ist

Ein sehr berühmter Frankfurter

Johann Wolfgang von Goethe (1749–1832)

Johann Wolfgang von Goethe wurde am 28. August 1749 in Frankfurt geboren. Er wurde von seinem Vater, Johann Caspar Goethe, unterrichtet° und studierte später auf Wunsch seines Vaters Jura° in Leipzig und Straßburg. Nach einer kurzen Karriere als Anwalt° in Frankfurt begann Goethe zu schreiben, und viele seiner bekanntesten Werke wurden in seinen jungen Jahren in Frankfurt geschrieben. Goethe interessierte sich für Literatur und Kunst und, wie schon sein Vater, für die Naturwissenschaften. 1775 zog Goethe auf Wunsch des Herzogs Carl August von Sachsen nach Weimar. Durch die Verbindung zu Carl August war Goethe finanziell unabhängig° und wurde später sogar Staatsminister. Goethe machte viele Reisen und wurde durch sein literarisches Werk zum bekanntesten deutschen Dichter. Sein Einfluss auf Literatur, Kunst und Musik geht weit über die Grenzen° Deutschlands hinaus und macht ihn zu einer der wichtigsten kulturellen Figuren Europas.

unterrichtet *taught* • **Jura** *law* • **Anwalt** *lawyer* • **unabhängig** *independent* • **Grenzen** *borders*

FILMTIPPS

Die Braut (Egon Günther, 1999) Dramatischer Film über Goethes Beziehung mit Christiane Vulpius in moderner Sprache.

Goethe! (Philipp Stölzl, 2010) Spielfilm über Goethes Liebe zu Charlotte Buff, über die er später *Die Leiden des jungen Werther* schrieb.

4 Forschungsprojekt Goethe

Suchen Sie weitere Informationen über Goethes Leben und Werk und besprechen Sie die Resultate im Kurs.

> **Wandrers Nachtlied°**
> Über allen Gipfeln°
> Ist Ruh,
> In allen Wipfeln°
> Spürest° du
> Kaum einen Hauch°;
> Die Vögelein schweigen im Walde.
> Warte nur, balde
> Ruhest du auch.
>
> *Johann Wolfgang von Goethe*

Nachtlied *evening song* • **Gipfeln** *mountain tops* • **Wipfeln** *tree tops* • **spürest** *sense, feel*
kaum... *barely a breeze*

5 Fragen zum Gedicht

1. Welches Wort beschreibt dieses Gedicht am besten: elegant, ernst *(serious)*, grotesk, humoristisch, kurios, melancholisch? Erklären Sie Ihre Wahl!
2. Dieses Gedicht wird oft als Reiselied bezeichnet. Wie kann man das erklären?
3. Finden Sie Wörter in diesem Gedicht, die eine andere Form haben, als wir sie im modernen Deutsch erwarten? Welche Funktion haben diese formalen Aspekte?
4. Was meint Goethe mit „Warte nur, balde ruhest du auch"?

6 Eine moderne Version

Schreiben Sie Goethes *Wanderers Nachtlied* in moderne Sprache um.
Sie können beginnen mit:

> *Über den Bergen*
> *ist es ruhig...*

7 Kaum einen Hauch

Das Wort *kaum* bedeutet „fast gar nicht" oder „fast kein". Formulieren Sie die folgenden Sätze anders.

> **(z.B.)** **Man spürt kaum einen Hauch.** →
> Man spürt fast keinen Hauch.

1. Es waren kaum Leute da.
2. Ich kann mich kaum daran erinnern.
3. Es ist kaum zu glauben.
4. Er hat kaum etwas gegessen.
5. Sie haben sich kaum gekannt.

Frankfurts höchstes Symbol: Der Commerzbank-Wolkenkratzer

Das Commerzbank-Hochhaus in Frankfurt ist eines der ersten ökologischen Bürogebäude *(office building)* der Welt. Jedes Büro hat Tageslicht und die Fenster können geöffnet werden, um frische Luft hereinzulassen. Das dreiseitige Gebäude hat vierstöckige Gärten, die wie eine Spirale nach oben verlaufen. So hat jeder Level nur zwei Seiten Büros und eine Seite Garten, wo man sich erholen kann.

Gibt es so ein Hochhaus auch in Ihrer Stadt (in Ihrem Land)?

Jorg Greuel/Photonica/Getty Images

Das Commerzbank-Hochhaus in Frankfurt

Wann sagt man was?

verwenden, benutzen, brauchen, verbrauchen

Die Verben **verwenden, benutzen, brauchen** und **verbrauchen** werden oft verwechselt. Arbeiten Sie mit dem Wörterbuch und finden Sie jeweils eine gute Definition und ein gutes Beispiel. Vervollständigen Sie dann den folgenden Text mit dem passenden Verb.

Der englische Architekt Sir Norman Foster entwarf das Commerzbank-Hochhaus in Frankfurt als ökologisches Bürogebäude. Er wollte so wenig wie möglich künstliches *(artificial)* Licht _____ und allen Büros natürliches Tageslicht geben. In jedem Büro kann man die Fenster öffnen und so _____ man die meiste Zeit keine Klimaanlage zur Ventilation. Im Commerzbank-Tower wird deshalb 50 % weniger Energie _____ als in anderen Gebäuden dieser Größe. In den Gärten wurden Pflanzen von verschiedenen Regionen _____. Je nach Ausrichtung *(Depending on orientation)* nahm man Pflanzen aus Nordamerika, Asien und dem Mittelmeerraum. Für die Stahlkonstruktion _____ Foster riesige Stahlpfosten, die über acht Stockwerke verlaufen. Vom ersten Entwurf *(design)* bis zum Beginn des Baus _____ Foster drei Jahre. 1997 wurde das Hochhaus fertig.

8

Geld regiert die Welt

Mit mehr als 400 Banken und den wichtigsten deutschen und europäischen Finanzinstitutionen dreht sich in Frankfurt vieles ums Geld. Finden Sie Definitionen für die folgenden Sprichwörter und Redewendungen.

1. Geld regiert die Welt.
2. Er wirft das Geld zum Fenster hinaus.
3. Der schwimmt im Geld.
4. Sie wirft mit Geld um sich.
5. Es ist nicht mit Geld zu bezahlen.
6. Das ist alles nur Geldmacherei.

a. Es ist so wertvoll *(valuable)*, dass man es nicht mit Geld kaufen kann.
b. Er hat Millionen.
c. Er gibt Geld für unnötige *(unnecessary)* Dinge aus.
d. Geld ist immer der wichtigste Aspekt.
e. Sie gibt viel Geld aus, um anderen zu zeigen, dass sie viel Geld hat.
f. Eine Sache existiert nur, um damit Geld zu verdienen.

Wann sagt man was?

gefallen, lieben, mögen, gern haben

Die Begriffe **gefallen**, **lieben**, **mögen** und **gern haben** (gern essen usw.) kann man auf Englisch alle mit *to like* übersetzen, aber im Deutschen muss man zwischen ihnen unterscheiden. Man sagt **gefallen**, wenn man das Äußere oder die Ästhetik meint; **lieben**, **mögen** und **gern haben** beziehen sich mehr auf eine innere Qualität oder Charakteristik. Arbeiten Sie mit dem Wörterbuch und finden Sie gute Beispiele für jedes Verb. Bilden Sie Sätze.

z.B. **der Commerzbank-Wolkenkratzer** →

Der Commerzbank-Wolkenkratzer gefällt mir sehr.

mein Vater →

Ich liebe meinen Vater.

1. Frankfurter Würstchen *(sausages)*
2. Goethes Gedicht *Wanderers Nachtlied*
3. der Frankfurter Flughafen
4. mein Deutschprofessor / meine Deutschprofessorin

5. meine neue Digitalkamera
6. Tomatensalat
7. meine Mutter
8. ins Kino gehen

Johann Wolfgang von Goethe

9 **Partnerinterview. Ich mag…**

Fragen Sie Ihren Partner / Ihre Partnerin, was ihm/ihr gefällt, wen oder was er/sie liebt, mag, gern hat und gerne macht. Fragen Sie nach jeweils fünf Beispielen und berichten Sie das Interessanteste der Klasse.

1. Was gefällt dir?
2. Wen oder was liebst du?
3. Wen oder was magst du?
4. Wen oder was hast du gern?
5. Was machst du gern?

 z.B. Mir gefallen lange, blonde Haare, rote Rosen, die Goethelieder von Franz Schubert und mein Auto. Mir gefallen Hochhäuser nicht.

10 **Andere berühmte Frankfurter**

Suchen Sie Informationen über die folgenden Personen. Wer sind sie? Was haben sie gemacht?

Theodor W. Adorno	Erich Fromm	Julian Smith
Bettina von Arnim	Jürgen Habermas	Xavier Naidoo
Clemens Brentano	Arthur Schopenhauer	Jennifer Knäble
Anne Frank	Sabrina Setlur	

11 **Suchbegriffe**

Forschen Sie mit den folgenden Suchbegriffen im Internet.

Stadt Frankfurt

1. Wie präsentiert sich Frankfurt im Internet?
2. Suchen Sie Informationen über historische Gebäude in Frankfurt. Was ist der Römer?

Goethe-Haus Frankfurt

3. Was gibt es im Goethe-Haus? Wie viele Etagen hat es?
4. Wie sehen die Zimmer im Goethe-Haus aus?

Maintower

5. Welche Kunstobjekte gibt es im *Maintower*?
6. Wie hoch ist die Aussichtsterrasse?
7. In welchem Stockwerk ist das Restaurant? Finden Sie die Speisekarte! Was würden Sie gerne essen und trinken?

Frankfurter Buchmesse

8. Suchen Sie Fotos von der Buchmesse. Was ist darauf zu sehen?
9. Suchen Sie Zahlen und Fakten über die Buchmesse. Wie viele Besucher gab es dieses (letztes) Jahr?

Amt für Multikulturelle Angelegenheiten der Stadt Frankfurt

10. Welche Veranstaltungen gibt es?
11. Welche Integrationsprobleme werden durch das AMKA gelöst *(solved)*?
12. Suchen Sie Informationen über die Aktivitäten des AMKA.

12 Hessen

Machen Sie eine virtuelle Reise durch das Land Hessen (Kassel, Wiesbaden, Darmstadt, Bad Homburg, Fulda, Limburg, Mainz, Marburg, Rüdesheim, Wetzlar usw.). Finden Sie in jeder Stadt einen interessanten Aspekt, über den Sie im Kurs berichten können!

13 Richtig oder falsch?

Forschen Sie weiter und entscheiden Sie, ob die folgenden Aussagen korrekt sind. Wenn sie falsch sind, korrigieren Sie sie.

1. Das Gebäude der Frankfurter Börse wurde 1874–1879 gebaut.
2. Das Goethe-Haus wurde 1944 zerstört und dann wieder originalgetreu aufgebaut.
3. Der Römer ist ein Weinkeller in Frankfurt.
4. Das Restaurant im Maintower ist im 50. Stock.
5. Der Commerzbank-Wolkenkratzer ist das höchste Gebäude in Europa.
6. Die Frankfurter Buchmesse findet jedes Jahr im Juli statt.
7. Das AMKA hilft Ausländern bei der Integration.

14 Lokale Presse

Gehen Sie zu den folgenden Websites im Internet. Was sind die Schlagzeilen? Wie wirken diese Zeitungen auf Sie? Wie sind Sprache und Präsentation – einfach oder komplex, plakativ oder seriös, modern oder altmodisch? Was ist besonders interessant?

Frankfurter Rundschau

Frankfurter Neue Presse

Frankfurter Allgemeine

15 Nachrichtenrunde

Arbeiten Sie in Gruppen oder Paaren. Berichten Sie über einen Aspekt, den Sie beim Surfen im Internet gefunden haben.

16 Fragen zum Nachdenken und Diskutieren

Bearbeiten Sie diese Fragen in Paaren oder kleinen Gruppen. Machen Sie Notizen und geben Sie im Kurs einen kleinen Bericht. Bringen Sie die Resultate Ihrer Internetsuche dabei ein.

1. Weil der Fluss, der durch Frankfurt fließt, der Main ist, nennt man Frankfurt auch "Mainhattan". Was hat „Mainhattan" mit Manhattan gemeinsam? Sind es nur die Wolkenkratzer?
2. Warum ist Frankfurt eine internationale Stadt? Was macht eine Stadt „international"?
3. Welche Aspekte des öffentlichen Lebens in Deutschland finden Sie besonders interessant? Was ist vielleicht für manche ausländischen Bürger sogar problematisch?

Strukturen

Vorgänge beschreiben:

Das Passiv

As explained in *Station 1*, German verbs have two voices. The *active voice* is used to reflect the subject of the sentence performing an action. In the *passive voice,* the process is emphasized rather than what or who caused it; something is being done.

Active	Passive
Viele Leute nennen Frankfurt „Mainhattan".	Frankfurt wird „Mainhattan" genannt,
subject verb object	subject verb verb
(performer of action)	
Many people call Frankfurt „Mainhattan".	*Frankfurt is called „Mainhattan".*

- A passive verb consists of a conjugated form of the auxiliary **werden +** the past participle.

  Frankfurt **wird** oft „Mainhattan" **genannt**.

  Die Besucher der Stadt **werden** an die Skyline von Manhattan **erinnert**.

- The agent (who or what is doing something) does not have to be mentioned in a passive sentence, but when it is mentioned, the preposition **von** is used.

  Frankfurt wird auch „Bankfurt" genannt.

  Von manchen Leuten wird Frankfurt auch „Bankfurt" genannt.

- With dative verbs, verbs with a prepositional complement, or verbs referring to a general activity, passive sentences do not require a nominative subject.

  Dem 100-jährigen Frankfurter **wird** vom Bürgermeister zum Geburtstag **gratuliert**.

  Über Goethe wird gerne und viel **diskutiert**.

  Innerhalb des Frankfurter Flughafens **darf** nur in bestimmten Zonen **geraucht werden**.

- Modal verbs, while rarely used in the passive voice by themselves, are frequently combined with other verbs in passive-voice structures. The modal verb is conjugated in the second position and is accompanied by a passive infinitive (past participle **+ werden**) at the end of the sentence.

  Wegen eines Schneesturms muss der Frankfurter Flughafen **geschlossen werden**.

  In allen Büros der Commerzbank können die Fenster **geöffnet werden**.

- The passive voice can be used in all tenses and in the subjunctive.

Tense	Passive	Passive with Modal Verbs
Präsens	Der Euro wird eingeführt.	Ein neues Ausländergesetz muss eingeführt werden.
Imperfekt	Der Euro wurde eingeführt.	Ein neues Ausländergesetz musste eingeführt werden.
Perfekt	Der Euro ist eingeführt worden[1].	Ein neues Ausländergesetz hat eingeführt werden müssen.
Plusquamperfekt	Der Euro war eingeführt worden.	Ein neues Ausländergesetz hatte eingeführt werden müssen.
Futur	Der Euro wird eingeführt werden.	Ein neues Ausländergesetz wird eingeführt werden müssen.
Konjunktiv Präsens	Der Euro würde eingeführt.	Ein neues Ausländergesetz müsste eingeführt werden.
Konjunktiv Vergangenheit	Der Euro wäre eingeführt worden.	Ein neues Ausländergesetz hätte eingeführt werden müssen.

17 **Was wird am Frankfurter Flughafen gemacht?**

Kombinieren Sie gemeinsam mit Ihrem Partner / Ihrer Partnerin die Satzelemente mit einem passenden Verb und bilden Sie dann Sätze im Passiv.

 1-g: Im Flughafen wird viel gewartet.

1. Im Flughafen / viel
2. Pro Jahr / über 1,75 Millionen Tonnen Luftfracht *(airfreight)*
3. In zwei Flughafengalerien / Kunstwerke aus der ganzen Welt
4. Gegen die Vergrößerung des Flughafens / von vielen Anwohnern
5. Bei den Sicherheitskontrollen / das Handgepäck
6. Für die Besucher des Flughafens / Erlebnistouren und Rundfahrten
7. Von Frankfurt aus / in die ganze Welt

a. anbieten
b. ausstellen
c. fliegen
d. demonstrieren
e. durchsuchen
f. verschicken
g. warten

[1] In the passive, the past participle of **werden** drops the **ge-** prefix.

18 **Die Geschichte des Palmengartens**

Ergänzen Sie gemeinsam mit einem Partner / einer Partnerin die Lücken mit den passenden Passivformen aus der Liste. Benutzen Sie dabei das Imperfekt.

angeboten wurde – benutzt werden – wurden … beschädigt – eröffnet werden – wurde … gebaut – wurde … gefeiert – wurde … gegründet – wurden … renoviert

1868 ___*wurde*___ der Palmengarten von dem Frankfurter Gartenarchitekten Heinrich Siesmayer ___*gegründet*___, als eine große Sammlung exotischer Pflanzen von Herzog Adolph von Nassau zum Verkauf _____ _____. Darauf _____ auf einem Gelände der Stadt Frankfurt ein Garten mit einem großen Gesellschaftshaus und Palmengarten _____. Am 16. März 1871 bereits konnte das Palmenhaus feierlich _____ _____. Im Zweiten Weltkrieg _____ das Gelände und die Häuser schwer _____ und zwischen 1945 und 1948 durfte der Palmengarten nur von amerikanischen Besatzungstruppen _____ _____. Bis Anfang der 60er Jahre _____ alle Gewächshäuser und Gebäude _____ und 1968 _____ das 100-jährige Jubiläum _____. Nach einem weiteren Umbau 1992 gehören heute auch ein Tropicarium und ein Subantarktishaus zur Anlage.

19 **„Art after work"**

So heißt eine Aktion der Frankfurter Museen. Bilden Sie gemeinsam mit einem Partner / einer Partnerin einige (3–4) Sätze im Passiv mit Modalverben, in denen Sie das „Art after work" Angebot *(offer)* der Frankfurter Museen beschreiben. Sie könnten dabei auch den Konjunktiv benutzen!

 Ihr Abend kann mit einem Museumsbesuch der besonderen Art begonnen werden. *oder* Ihr Abend könnte mit einem Museumsbesuch der besonderen Art begonnen werden. *oder* Ihr Abend sollte mit einem Museumsbesuch der besonderen Art begonnen werden.

Beginnen Sie Ihren Abend mit einem Museumsbesuch der besonderen Art! Jeden ersten Donnerstag im Monat können Sie Kunst und Unterhaltung auf neue Weise miteinander verbinden. Genießen *(Enjoy)* Sie interessante Kurzführungen in der Sammlung oder in den Sonderausstellungen des Städel! Den Abend sollten Sie dann unbedingt in entspannter Atmosphäre in der *Holbein's Lounge* beenden. Außerdem bieten wir Ihnen jeden 3. Donnerstag im Monat einen inspirierenden Abend mit spannenden Themenführungen zu unserem vielfältigen Ausstellungsprogramm. Mitbringen müssen Sie nichts, außer ein bisschen Zeit und Interesse für Kunst. Gern können Sie bei uns auch eine individuelle Führung für Ihre Mitarbeiter, Kollegen oder Freunde buchen. Die Tickets für Führung und Welcome-Drink müssen Sie sieben Tage im Voraus kaufen.

⊙ Einblicke

20 **Fragen zum Thema**

1. „Oben ohne" ist, wenn Frauen kein Top tragen. Gibt es das in Ihrem Land?
2. Was tragen Männer und Frauen in Ihrem Land im Schwimmbad oder am Strand?
3. Gibt es in Ihrem Land Filme oder Fernsehserien, die Kinder oder Jugendliche nicht sehen sollten? Warum sollten sie diese Filme nicht sehen?
4. Gibt es in Ihrem Land Zeitschriften oder Magazine, die nicht im Supermarkt verkauft werden? Warum nicht?
5. Wer in Deutschland hat wohl Probleme mit der Freizügigkeit mancher Leute?
6. Welche Rolle spielt die deutsche Freizügigkeit wohl bei der Integration von Ausländern?

Oben ohne

Nackte Körper sind in Deutschland ein Teil des Alltags. Zeitschriften zeigen oft nackte Frauen auf der Titelseite; die populärste Tageszeitung Deutschlands erscheint so gut wie nie ohne Nacktfotos.

Duschgelwerbung° im Fernsehen zeigt die sich duschende Person nicht nur von hinten. In Filmen und Fernsehserien wird Nacktheit nicht zensiert. Wer am Zeitungsstand oder am Lesematerial im Supermarkt vorbeigeht, kann es nicht verhindern, mit dieser Freizügigkeit in Kontakt zu kommen. Wer den Fernseher einschaltet oder ins Kino geht, muss damit rechnen.

Am Kiosk

Körperkultur und Freizügigkeit existieren nicht nur in den Medien, sondern auch im täglichen Leben. In öffentlichen Freibädern schwimmen und sonnen sich viele Damen gern „oben ohne"°, das heißt ohne Oberteil. An öffentlichen Stränden und Seebädern ist Nacktheit keine Seltenheit. In Dampfbädern und Saunen wundert man sich sehr über die amerikanischen oder asiatischen Besucher in Schwimmbekleidung, denn da sitzen die Deutschen aus Überzeugung° völlig unbekleidet; man hält es für ungesund, dort in Badehosen oder Badeanzügen zu sitzen. Man bringt ein Handtuch mit in die Sauna und setzt sich darauf. Männer und Frauen sind in solchen Badeanstalten nicht immer getrennt. In öffentlichen Saunen gibt es zwar designierte Frauen-Saunen, aber den Männern bleibt meistens nichts anderes übrig, als in die „gemischte" Sauna zu gehen.

Duschgelwerbung *shower gel commercial* • **oben...** *topless* • **Überzeugung** *conviction*

21 **Fragen zum Text**

1. Was ist oft auf den Titelseiten bestimmter Magazine und Zeitungen?
2. Gibt es nackte Körper in Deutschland nur im Fernsehen?
3. Was bedeutet *oben ohne*?
4. Was tragen die Deutschen in der Sauna?

Fragen zum Nachdenken und Diskutieren

1. Finden Sie es gut, dass man in Deutschlands Freibädern „oben ohne" baden darf?

2. Finden Sie es gut, dass man sich in Parks und an Stränden und Seen nackt sonnen darf?

3. Was denken Sie über Nacktheit in den Medien? Sollte man zensieren?

4. Sind Sie überrascht, dass Nacktheit in Deutschland so alltäglich ist?

5. Wie denken Ausländer und Immigranten wohl über die freizügigen Deutschen?

Wolfram Steinberg / Visum / The Image Works

Fussballfans verfolgen ein Spiel auf einer Großbildleinwand in Frankfurt.

Wortschatz

die **Angelegenheit, -en** *issue, concern, matter*

die **Badeanstalt, -en** *public pool or spa*

der **Badeanzug, ̈-e** *swimsuit*

die **Badehose, -n** *swimming trunks*

der **Besucher, -** / die **Besucherin, -nen** *visitor*

die **Börse, -n** *stock exchange*

der **Buchdruck** *book printing*

der **Buchhandel** *book trade*

der **Buchhändler, -** / **Buchhändlerin, -nen** *book trader, book retailer*

die **Buchmesse, -n** *book fair*

das **Dampfbad, ̈-er** *steam bath*

das **Drittel, -** *third*

die **Einbürgerung** *naturalization (of citizens)*

feststellen (stellt fest, hat festgestellt) *to realize; to notice*

fliegen (flog, ist geflogen) *to fly*

der **Flug, ̈-e** *flight*

der **Flughafen, ̈-** *airport*

der **Fluss, ̈-e** *river*

die **Freizügigkeit** *permissiveness; forwardness*

gemischt *mixed*

genießen (genoss, hat genossen) *to enjoy*

getrennt *separated*

das **Hochhaus, ̈-er** *high-rise building*

der **Kiosk, -e** *newsstand*

der **Körper, -** *body*

die **Körperkultur** *culture of the body*

nackt *nude*

die **Nacktheit** *nudity, nakedness*

das **Oberteil, -e** *top (for example, of a bikini)*

die **Quelle, -n** *source*

die **Schwimmbekleidung** *swim wear*

sich **sonnen** (hat sich gesonnt) *to lie in the sun*

spüren (hat gespürt) *to sense, feel*

der **Strand, ̈-e** *beach*

überrascht *surprised; with surprise*

die **Überzeugung, -en** *conviction, opinion*

übrig bleiben (bleibt übrig, blieb übrig, ist übrig geblieben) *to be left over*

ungesund *unhealthy*

verhindern (hat verhindert) *to prevent*

vertreten sein (ist vertreten, war vertreten, ist vertreten gewesen) *to be represented*

der **Wolkenkratzer, -** *skyscraper*

sich **wundern** (hat sich gewundert) *to be surprised*

die **Zeitschrift, -en** *magazine*

zensieren (hat zensiert) *to censor*

zerstören (hat zerstört) *to destroy*

23 Definitionen

Finden Sie die richtigen Begriffe für die folgenden Definitionen.

1. Hier kommt man an, wenn man nach Frankfurt fliegt.
2. Hier liegt man in der Sonne.
3. Hier werden neue Bücher und andere Medien präsentiert.
4. Hier werden Zeitungen verkauft.
5. Hier werden wichtige Finanzgeschäfte gemacht.
6. Hier geht man baden und schwimmen.

   a. am Flughafen
   b. an der Börse
   c. am Kiosk
   d. am Strand
   e. auf der Buchmesse
   f. in der Badeanstalt

24 Besuch in Frankfurt

Ergänzen Sie die Sätze!

1. Wir sind mit *Lufthansa* nach Frankfurt _____. Der _____ war sehr angenehm.
2. Der _____ Frankfurt am Main ist der größte in Deutschland, von dort werden wir nächste Woche wieder abfliegen.
3. Der _____, der durch Frankfurt fließt, heißt Main. Und man nennt Frankfurt oft „Mainhattan", weil es relativ viele _____ gibt.
4. Frankfurt ist eine internationale Stadt. Fast ein Drittel der Bevölkerung in Frankfurt sind _____. Deshalb hat Frankfurt ein Amt für multikulturelle _____.
5. Wir waren _____, dass es in Frankfurt so viele Banken gibt.

25 Am Kiosk

Beschreiben Sie die Situation im Bild. Die folgenden Wörter können dabei nützlich sein.

Medien – Zeitungen – Fernsehen – Fotos – Kiosk – Körper –
Kinder – nackt – Nacktheit – Oberteil – öffentlich –
in öffentlichen Parks – überrascht – im Schwimmbad –
ungesund – sich wundern – Zeitschrift – zensieren

z.B. Ein Mann und eine Frau gehen an einem Kiosk vorbei...

© Cengage Learning 2015

26 Komposita *(compound nouns)*

Wie im Englischen kann man auch im Deutschen Wörter zu Komposita zusammensetzen. Im Englischen schreibt man die Komposita nicht immer als ein Wort *(z. B. swim + trunks = swim trunks, aber home + work = homework)*. Im Deutschen schreibt man Komposita *immer* als ein Wort; der letzte Teil des Kompositums bestimmt den Artikel und die Pluralform.

 der Arm + das Band + die Uhr = die Armbanduhr

Ergänzen Sie die folgende Tabelle.

SIMPLEX	SIMPLEX	KOMPOSITUM
zentral	**die Bank**	**die Zentralbank**
1. das _____	die Messe	die Buchmesse
2. das Buch	der _____	der Buchhandel
3. der _____	der _____	der Flughafen
4. _____	das _____	das Hochhaus
5. das Buch	der Druck	_____
6. der Dampf	das Bad	_____
7. der Körper	die Kultur	_____
8. ober-	das Teil	_____
9. die Wolken	der Kratzer	_____
10. _____	_____	das Vaterland
11. das Bad	_____	die Badeanstalt
12. frei-	das Bad	_____
13. die Palmen	der Garten	_____
14. _____	_____	das Gewächshaus
15. der Wein	_____	der Weinkeller

Redemittel zum Diskutieren

Beispiele geben

Mit den folgenden Redewendungen signalisiert man im Gespräch, dass man ein Beispiel geben will.

zum Beispiel…	Als bekannter Frankfurter fällt mir **zum Beispiel** Goethe ein.
beispielsweise…	Das Commerzbank-Hochhaus in Frankfurt ist **beispielsweise** ein ökologisches Bürogebäude.
Nehmen wir als Beispiel…	**Nehmen wir als Beispiel** für eine deutsche Großstadt Frankfurt.
Mir fällt zum Beispiel … ein.	Geld in Deutschland? Da **fällt mir zum Beispiel** Frankfurt **ein**.
Ich finde, zum Beispiel, dass…	**Ich finde, zum Beispiel, dass** Kioske tolle Einkaufsmöglichkeiten bieten.

27 **Gute Beispiele?**

Ordnen Sie den Fragen 1–5 die richtigen Antworten zu.

1. Gibt es in Deutschland richtige Wolkenkratzer?
2. Wie kann man Ausländern bei der Integration helfen?
3. Was fällt Ihnen zu Goethe ein?
4. Was ist typisch für die deutsche Kultur?
5. Ist Frankfurt eine internationale Stadt?

a. Durch öffentliche Institutionen wie beispielsweise das Amt für Multikulturelle Angelegenheiten in Frankfurt.

b. Mir fällt zum Beispiel ein, dass er in Frankfurt geboren ist und dort gelebt hat.

c. Ja, zum Beispiel das Commerzbank-Hochhaus oder den Maintower in Frankfurt.

d. Ich finde zum Beispiel, dass die Deutschen sehr freizügig sind. Nackte Körper auf Zeitschriften sind kein Problem.

e. Ich finde ja. Nehmen wir als Beispiel die internationale Buchmesse. Jedes Jahr kommen Verlage aus der ganzen Welt nach Frankfurt und präsentieren ihre Medien.

28 **Ja, zum Beispiel...**

Antworten Sie auf die folgenden Fragen, indem Sie Beispiele geben.

(z.B.) **Warum ist Frankfurt eine internationale Stadt?** →

Beispielsweise gibt es dort den größten deutschen Flughafen.

1. Warum ist Frankfurt eine internationale Stadt? —Beispielsweise...
2. Was kann man in Frankfurt machen, wenn man sich für Goethe interessiert? —Man kann zum Beispiel...
3. Welche interessanten Gebäude gibt es in Frankfurt? —Es gibt zum Beispiel...
4. Welche historischen Sehenswürdigkeiten kann man in Frankfurt besichtigen? —Mir fällt zum Beispiel ... ein.
5. Warum leben wohl so viele Ausländer in Frankfurt? —Es könnte zum Beispiel sein, dass...
6. Was würdest du gerne in Frankfurt machen? —Ich würde zum Beispiel gerne...

29 **Fragen zur Diskussion**

Diskutieren Sie oder schreiben Sie über eines der folgenden Themen. Verwenden Sie dabei die Redemittel.

1. Gibt es Fernsehsendungen, die Sie als Kind nicht sehen durften? – Ja, ich erinnere mich zum Beispiel an...
2. Welche Folgen könnte die Freizügigkeit in den Medien haben? – Zum Beispiel...
3. Sollte man in Parks und öffentlichen Badeanstalten immer Kleidung tragen?

Strukturen

Vorgänge beschreiben:
Alternativen zum Passiv

To avoid repeated use of the passive voice, there are several active-voice alternatives in which the agent of an action is not explicitly expressed.

Alternatives to Passive Voice	Passive Equivalents
man: This pronoun is often used when there is no specific subject. Wenn **man** den Fernseher einschaltet, wird man oft mit Freizügigkeit konfrontiert.	Wenn der Fernseher *eingeschaltet wird...*
sich lassen: This verb expresses that something can be done or that someone lets something be done. Es **lässt sich** kaum vermeiden, in Zeitschriften Nacktheit zu sehen. Goethe **lässt sich** nicht immer leicht ins Englische übersetzen.	Es kann kaum *vermieden werden...* Goethe kann nicht immer leicht ins Englische *übersetzt werden.*
Reflexive verbs: Reflexive verbs are occasionally used as alternatives to the passive voice. Wie **schreibt sich** „Siesmayer"?	Wie wird „Siesmayer" *geschrieben*?
sein ... zu + infinitive: The construction *sein zu + infinitive* expresses something that can or must be done. Der Frankfurter Flughafen **ist** leicht mit der Bahn **zu erreichen.** Bei der Passkontrolle im Flughafen **ist** der Reisepass **vorzuzeigen.**	Der Frankfurter Flughafen *kann* leicht mit der Bahn *erreicht werden.* Bei der Passkontrolle im Flughafen *muss* der Reisepass *vorgezeigt werden.*

Tupungato/Shutterstock.com

2012 wurden am Flughafen Frankfurt über 57 Millionen Passagiere gezählt.

Die Frankfurter Einbauküche

Im folgenden Bericht über ein ganz spezielles Küchendesign verwenden die Autoren ausschließlich das Passiv. Schreiben Sie gemeinsam mit einem Partner / einer Partnerin die Sätze neu und verwenden Sie dabei die angegebenen Alternativen zum Passiv.

1. Die Frankfurter Küche wird als Prototyp einer kleinen, gut organisierten Einbauküche bezeichnet. (man)
2. Ergonomische Studien wurden zur Grundlage für eine rationalisierte Küchenplanung gemacht. (man)
3. Zum Beispiel werden Teller in ein Abtropfgestell gestellt, damit man sie nicht mehr abtrocknen muss. (sich lassen)
4. Auch viele andere Arbeitsschritte können schneller erledigt werden. (sein ... zu + *infinitive*)
5. Durch die kleine, flexible Küche werden die Baukosten bei neuen Wohnungen reduziert. (sich lassen)
6. In der Designsammlung der Bergischen Universität in Wuppertal kann eine vollständig original erhaltene Küche besucht werden. (sein ... zu + besuchen)

Das Frankfurter Museumsufer

Was kann man in diesen Museen sehen und machen? Kombinieren Sie die passenden Beschreibungen und bilden Sie Sätze mit Alternativen zum Passiv. Schaffen Sie dabei jeweils zwei unterschiedliche Versionen.

z.B. Im Städel Museum kann man eine Malereisammlung vom 14. Jahrhundert bis zur Gegenwart sehen. (*oder* Im Städel Museum ist eine Malereisammlung zu sehen.)

1. Städel Museum
2. Postmuseum
3. Architekturmuseum
4. Filmmuseum
5. Brauerei-Museum im Henninger Turm
6. Museum für Kunsthandwerk
7. Völkerkundemuseum

a. Gegenstände und Bilder zur Post- und Kommunikationsgeschichte
b. Exponate über fremde Kulturen und Religionen
c. Bautechnik und Baukunst
d. Malereisammlung vom 14. Jahrhundert bis zur Gegenwart
e. Informationen zur Geschichte des Bierbrauens
f. Themenblöcke zur Vorgeschichte des Kinos und zur Filmgeschichte
g. Möbel, Glas und Keramik aus Europa und Asien

Peter Adams Photography Ltd / Alamy

Wegen der Hochhäuser wird Frankfurt oft Mainhattan genannt.

» Das Video finden Sie bei **iLrn**.

Videoblog

Verena

Vor dem Sehen

A **Assoziationen**

Was assoziieren Sie mit dem folgenden Begriff? Machen Sie ein Assoziogramm und vergleichen Sie Ihre Assoziationen im Kurs.

„Frankfurt ist als Handels- und Dienstleistungszentrale geprägt von der Börse, den Banken und der Buchmesse."

© Cengage Learning 2015

Multikulti

Beim Sehen

B **Was sehen Sie?**

Kreuzen Sie an, was Sie im Video sehen.

- ☐ ein Kino
- ☐ einen Park
- ☐ Hochhäuser
- ☐ ein Museum
- ☐ einen Tierpark
- ☐ eine Autobahn
- ☐ ein Opernhaus
- ☐ einen Kindergarten
- ☐ Symbole für die EU
- ☐ Menschen auf der Straße
- ☐ zwei Flaschen Apfelwein
- ☐ Männer mit Aktentaschen
- ☐ eine Brücke über den Main
- ☐ einen Obst- und Gemüsestand
- ☐ eine Frau mit Kind und Fahrrad

C **Stimmt's?**

Kreuzen Sie an, ob die folgenden Aussagen mit dem übereinstimmen, was Verena erzählt. Berichtigen Sie die falschen Aussagen.

	STIMMT	STIMMT NICHT
1. Frankfurt ist sehr multikulturell.	☐	☐
2. Aus der ganzen Welt kommen Leute, um in Frankfurt zu arbeiten.	☐	☐
3. Wegen der Manager wird alles moderner und schicker gestylt.	☐	☐
4. In einigen Schulen gibt es über 50 % Ausländer.	☐	☐
5. In Frankfurt gibt es eine Buchmesse.	☐	☐
6. Gelbe Soße mit Kartoffeln und Ei ist ein typisches Frankfurter Gericht.	☐	☐

D Freunde aus aller Welt

Aus welchen Ländern kommen Verenas Freunde?

E Kulturelle Institutionen

Welche kulturellen Institutionen nennt Verena? Machen Sie gemeinsam mit einem Partner / einer Partnerin eine Liste!

Redewendungen

Verena benutzt die folgenden Redewendungen und Ausdrücke. Arbeiten Sie mit einem Partner / einer Partnerin und finden Sie die passende Erklärung. Versuchen Sie dann ein Beispiel zu erfinden, in dem Sie die Redewendung oder den Ausdruck verwenden.

1. Geld scheffeln
2. Handkäse mit Musik
3. die Architekturkoryphäe
4. sich aufmöbeln
5. nicht auf die Schnauze gefallen sein
6. eine Rarität sein

a. versuchen, besser auszusehen
b. immer etwas zu sagen haben
c. viel Geld verdienen
d. ein weltbekannter Architekt
e. ein Frankfurter Gericht mit Käse und Zwiebeln und Essig
f. der/die Einzige sein

Nach dem Sehen

F Reflexionen

Wie gefällt Ihnen Frankfurt? Was haben Sie aus dem Vlog Neues erfahren über die Stadt und ihre Menschen? Worüber hätten Sie gerne noch mehr Informationen?

G Ihre Freunde

Woher kommen Ihre Freunde? Machen Sie Ihr eigenes Vlog oder schreiben Sie eine E-Mail an Ihren Partner / Ihre Partnerin.

⦿ Lektüre

Theo Sommer

Theo Sommer, geboren 1930 in Konstanz, studierte Geschichte und Politische Wissenschaften in Tübingen, Indiana und Chicago. Von 1967 bis 1970 hatte er einen Lehrauftrag für Politische Wissenschaften an der Universität Hamburg. Theo Sommer arbeitet seit 1949 als Journalist; 1958 wurde er Redakteur der *Zeit*, deren Chefredakteur *(editor-in-chief)* er von 1973 bis 1992 war. Seit 2000 fungiert er als *Editor-at-large*. Seine Bücher und Aufsätze in internationalen Publikationen machten Sommer auch im Ausland bekannt.

Vor dem Lesen

32 **Fragen zum Thema**

1. Was hat sich in Ihrem Land in den letzten 50 Jahren verändert?
2. Wie alt waren Ihre Großeltern (Eltern), als sie geheiratet haben? Wollen Sie heiraten?
3. Wie wichtig war das Fernsehen vor 50 Jahren? Welche Rolle spielt es jetzt?
4. Was war die Rolle der Frau vor 50 Jahren? Und was ist sie jetzt?
5. Wie wichtig war die Kirche vor 50 Jahren? Welche Rolle spielt sie jetzt?

33 **Wörterbucharbeit: Familie und Arbeit**

Arbeiten Sie in Gruppen und suchen Sie die folgenden Begriffe im Wörterbuch; sammeln Sie für jeden Begriff fünf weitere Wörter, die Sie damit assoziieren.

 Kinderbetreuung *(child care)* →

Kinderbetreuung, Kinderkrippe, Kindergarten, Mutter, Vater, arbeiten

Altenpflege	Dienstleistungssektor	sich trauen lassen
Altersversorgung	Einwanderer	Teilzeitarbeit
Arbeitskraft	Familienplanung	Urlaub
Bauer	Industriearbeiter	
sich bestatten lassen	sich taufen lassen	

Beim Lesen

Die Zeiten ändern sich (*Times are changing*), und das Leben unserer Eltern und Großeltern war in vielen Aspekten ganz anders als unser Leben jetzt. Dieser Text beschreibt Aspekte des Lebens, die sich in Deutschland stark geändert haben. Denken Sie über diese Aspekte des Lebens nach und vergleichen Sie sie mit Ihrem Land (Aktivität 32).

34 **Sieben Trends**

Der Autor beschreibt in diesem Text sieben Trends, die die deutsche Gesellschaft seit den 50er Jahren verändert haben. Machen Sie beim Lesen Notizen zu jedem Trend. Finden Sie Beispiele für diese Trends auch in Ihrem Land (in Ihrer Familie)? Schreiben Sie eine Überschrift zu jedem Trend und stellen Sie Ihre Überschriften im Kurs vor.

Leben in Deutschland: Wie leben wir, was hat sich verändert – und warum?
Nach einem Artikel von Theo Sommer in Die Zeit

Wer sind wir Deutschen – und was sind wir? Wie wurden wir, was wir heute sind? Und wohin geht es? Die wenigsten Zeitgenossen° wissen die Antworten. Auf beunruhigende Weise° wissen wir, dass wir immer schneller der Zukunft entgegenwirbeln. Aber wir
5 können weniger Verlässliches° über die Zukunft sagen als alle früheren Generationen...

■

Der Mensch, so er Mann war, hatte ein vorhersehbares° Arbeitsleben; die Frau sorgte sich um Kinder und Küche. Das Fahrrad war das schnellste Fortbewegungsmittel der meisten, auf deutschen
10 Straßen fuhren erst eine halbe Million Autos (heute sind es fast 100-mal mehr). Das Fernsehen, damals gerade am Beginn, drang° in kaum ein Wohnzimmer. Nach Krieg und Vertreibung° – neun Millionen Flüchtlinge° aus dem Osten – war jeder glücklich, Wurzeln schlagen° und sein Häuschen bauen zu dürfen. Man
15 heiratete früh, wurde mit 25 Vater oder Mutter; Kinder kamen nach Lust und Laune der Natur, Scheidung° blieb ein peinliches Missgeschick. Der Kirchgang am Sonntagvormittag war so selbstverständlich wie der Familienspaziergang am Nachmittag.

■

Diese Welt ist dahin. Lebensformen haben sich seitdem massiv
20 verändert. An die Stelle der Lebensläufe aus einem Guss° sind neue Biographien getreten. Die Vita° der Menschen zersplittert°. Im Beruflichen wie im Privaten wird sie zunehmend aufgespalten° in Teilzeit-Etappen, die das Arbeitsleben in eine Abfolge von Jobs verwandeln. Lebensgefährten° werden zu Lebensabschnitts-
25 begleitern in einem System konsekutiver Polygamie, die alte Haushaltsfamilie wird zum „multilokalen Beziehungsnetzwerk"°. Die Kirchen haben an Mitgliedern° wie an Einfluss verloren, die Philosophen finden wenig Gehör°. Die meisten Menschen schalten heutzutage auf Autopilot – ohne ihm wirklich zu trauen.

■

30 Sieben Trends haben die Entwicklung unserer Gesellschaft im zurückliegenden halben Jahrhundert bestimmt – ob zum Guten oder zum Bösen, steht noch dahin°.

■

Erstens: Die Menschen werden älter. Dank des medizinischen Fortschritts° leben die Menschen länger. Männer werden in
35 Deutschland heute im Durchschnitt 75 Jahre alt, Frauen 82 Jahre. Sie werden damit über 30 Jahre älter als vor einem Jahrhundert und rund zehn Jahre älter als vor einem halben Jahrhundert. Dies wirft alle früheren Kalkulationen für die Altersversorgung über den Haufen.

■

Margin glosses (left column):

- contemporaries
- Auf ... In a disturbing way
- what is reliable or certain
- predictable
- reached
- displacement
- refugees
- Wurzeln ... put down roots
- divorce
- aus ... out of the same mold
- life/splits apart
- zunehmend ... increasingly split up, fragmented
- life companions, significant others
- network of relationships
- parishioners
- attention
- is not clear yet
- progress

Zweitens: Das Land ergraut°. Im Jahre 1950 wurden in
Deutschland 1,4 Millionen Kinder geboren, 50 Jahre später nur
noch etwas mehr als die Hälfte. Damals standen 15 Millionen
Kinder unter 14 Jahren 6,7° Millionen Menschen im Alter von
über 65 Jahren gegenüber; heute beträgt das Verhältnis der
beiden Altersgruppen 1:1. Hinter diesen Zahlen verbirgt° sich eine
demografische Revolution; unter anderem ist diese Revolution
eine Folge des Pillenknicks[2] . Die Pille hat die Familien- und
Lebensplanung von Grund auf verändert.

◼

Drittens: Karriere ist für Frauen mehr und mehr zur Alternative
für Küche und Kinder geworden, in vielen Fällen zur Ergänzung.
Etwa 58 Prozent aller Frauen stehen heute im Berufsleben
(31 Prozent 1950). Mehr Frauen, die arbeiten, bedeutet jedoch,
dass die Familien sich anders organisieren müssen. Auch Staat
und Wirtschaft müssen neue Wege gehen – Teilzeitarbeit,
Kinderbetreuung und Altenpflege müssen so eingerichtet sein,
dass Karrieremütter nicht auf Kosten ihrer Familie auf die Karriere
verzichten° müssen.

◼

Viertens: Die Arbeitswelt hat sich verändert. Das alte Schema –
Entwicklung, Produktion, Verkauf – ist weithin aufgelöst°.
Auslagerung – Outsourcing auf Neudeutsch – ist das Prinzip.
Diese „neue Unübersichtlichkeit", zwingt° den Menschen ein
Gefühl des Ausgeliefertseins° auf. Sie haben mitbekommen,
dass die Bauern auf weniger als drei Prozent der Bevölkerung
geschrumpft sind. Nun merken sie, dass auch die Zahl der
Industriearbeiter fortdauernd sinkt – von fast der Hälfte der
Erwerbstätigen° im Jahre 1950 auf 21,6 Prozent zu Beginn des
21. Jahrhunderts. Im Dienstleistungssektor° sind heute zwei
Drittel aller Erwerbstätigen beschäftigt; 1950 war es nur ein
Drittel. Wird der Mensch als Arbeitskraft so überflüssig sein
wie das Pferd° nach der Einführung des Traktors?

◼

Fünftens: Die Kirche verliert immer mehr an Bedeutung –
besonders im Osten –, das ist nicht zu übersehen. Heute gehören
noch 74 Prozent im Westen und 27,8° Prozent im Osten der
evangelischen oder katholischen Kirche an; aber nur noch ein
Viertel der Bevölkerung im Westen geht regelmäßig in die Kirche;
weit weniger im Osten. Der Prozentsatz derer, die sich katholisch
taufen, trauen oder bestatten lassen, ist seit 1953 auf rund die
Hälfte gesunken; bei den Protestanten sieht es ähnlich aus.

◼

Sechstens: Früher lag Österreich den Deutschen näher als Tibet.
Das nächste Tal war schon eine Welt entfernt, Urlaub verbrachte
man bei der Oma im Garten, bestenfalls in einer Pension an der
Ostsee. Heute ist Mobilität die Normalität. Mallorca und Malediven,
Gran Canaria und Grand Canyon liegen gleichsam um die Ecke°.
Jedes Jahr reisen 34 Millionen deutsche Urlauber in die Ferne.

◼

[2] *lit.* "dip of the pill". It refers to the decrease in birth rates after the introduction of the
birth-control pill.

Margin glosses:

- *turns grey* (40)
- *sechs Komma sieben = 6.7*
- *is hiding*
- *do without*
- *dissolved*
- *forces*
- *Gefühl ... feeling of helplessness*
- *employees*
- *service industry*
- *horse*
- *siebenundzwanzig Komma acht = 27.8*
- *um ... around the corner*

85 **Siebtens:** Vor 75 Jahren lebten nur wenige Ausländer in
Deutschland. Heute stammt – wenn man die illegalen Einwanderer
zu den 7,9 Millionen legalen Zuwanderern hinzurechnet – jeder
zehnte Einwohner aus der Fremde. Assimilation, Integration
oder Multikulti? Die Uraltfrage° „Was ist des Deutschen
90 Vaterland?"° kehrt in moderner Gestalt wieder°. Wer gehört
dazu, wer nicht? Und welche Aspekte ihrer Kultur dürfen die
Einwanderer behalten, die Deutsche werden oder werden wollen?

perennial question
Was ... What is our homeland? /
wiederkehren = to return

■

"Leben in Deutschland", by Theo Sommer, *Die Zeit*. Reprinted by permission of *Die Zeit* on behalf of Theo Sommer.

Wortschatz

ähnlich *similar; similarly*

das **Arbeitsleben** *work life, career*

der **Begleiter, -** / die **Begleiterin, -nen** *companion*

bestimmen (hat bestimmt) *to determine, characterize*

dazu gehören (gehört dazu, gehörte dazu, hat dazu gehört) *to belong with*

der **Einfluss, ⸚e** *influence*

die **Entwicklung, -en** *development*

der/die **Erwerbstätige, -en** *employee*

das **Fortbewegungsmittel, -** *means of transportation*

die **Fremde** *(pl.)* *foreign countries*

die **Gesellschaft, -en** *society*

der **Lebensabschnitt, -e** *phase of one's life*

der **Lebenslauf, ⸚e** *course of (one's) life; CV, résumé*

die **Lebensumstände** *(pl.)* *living conditions; life circumstances*

das **Mitglied, -er** *member*

die **Pille, -n** (birth control) *pill*

regelmäßig *regular; regularly*

scheinbar *apparently*

schrumpfen (ist geschrumpft) *to shrink*

selbstverständlich *taken for granted; self-evident*

sich **sorgen** (hat sich gesorgt) *to worry about; take care of*

der **Spaziergang, ⸚e** *walk*

der **Staat** *government; state*

(jemandem) **trauen** (hat getraut) *to trust (s.o.)*

(ein Paar) **trauen** (hat getraut) *to marry (a couple)*

die **Unübersichtlichkeit, -en** *confusion, mess*

das **Vaterland** *native country, country of origin, homeland*

sich **verbergen** (verbirgt sich, verbarg sich, hat sich verborgen) *to hide*

verbringen (verbrachte, hat verbracht) *to spend (time)*

sich **verwandeln** (hat sich verwandelt) *to change (into s.th. else)*

die **Wirtschaft** *economy*

die **Zukunft** *future*

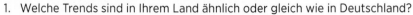

Nach dem Lesen

35 **Fragen zum Text**

1. Was war nach dem Krieg das schnellste Transportmittel?
2. Wie viele Flüchtlinge kamen nach dem Krieg nach Deutschland?
3. Wie alt werden Männer und Frauen heute in Deutschland?
4. Was ist der Pillenknick?
5. Wie viel Prozent der Frauen arbeiten heute in Deutschland?
6. Wo geht man mehr in die Kirche, im Osten oder im Westen?
7. Wie viele Deutsche reisen pro Jahr in Urlaub?
8. Wie viel Prozent der Bevölkerung in Deutschland sind Ausländer?

36 **Fragen zum Nachdenken und Diskutieren**

1. Welche Trends sind in Ihrem Land ähnlich oder gleich wie in Deutschland?
2. Welche Trends finden Sie besonders problematisch?
3. Welche Rolle spielt die Kirche in Ihrem Land?
4. Was hat das Leben in den letzten 5 Jahren wohl am meisten verändert?

37 **Beispiele**

Finden Sie Beispiele für die sieben Trends in Ihrem Land. Arbeiten Sie in Gruppen, um Beispiele zu finden, die problematisch sind und die sich Ihrer Meinung nach ändern müssten.

38 **Textsorte**

Der Text stammt aus einer Serie von Artikeln, die in *Die Zeit* erschienen sind und dann in einem Buch veröffentlicht wurden. Woran kann man erkennen, dass dieser Text ein Artikel in einer Zeitung war?

39 **Familiengeschichte**

Wählen Sie eine Person in Ihrer Familie aus der ältesten Generation und beschreiben Sie den Lebensweg dieser Person in den letzten 50 Jahren. Konzentrieren Sie sich auf Aspekte, die heute ganz anders sind.

z.B. Mein Großvater Harry wurde 1942 als eines von vier Kindern geboren. Seine Mutter hieß ... Heute lebt mein Großvater alleine in einem kleinen Haus in...

FILMTIPP: *Fatih Akin*

Der deutsch-türkische Regisseur Fatih Akin ist durch seine Filme *Im Juli* (2000), *Solino* (2002), *Gegen die Wand* (2004) und *Soul Kitchen* (2009) zu einem der gefragtesten Filmemacher geworden.

Wie wird man deutsch? Deutsch werden durch Einbürgerung

Seit dem 1. Januar 2000 gibt es ein neues Einbürgerungsgesetz. In Deutschland lebende Ausländer dürfen einen Antrag auf Einbürgerung stellen *(file an application for naturalization / citizenship)* wenn sie...

- seit mindestens acht Jahren rechtmäßig *(legally)* in Deutschland leben
- seit drei Jahren eine Aufenthaltserlaubnis haben
- sich zum Grundgesetz der Bundesrepublik Deutschland bekennen
- ihren Lebensunterhalt ohne Sozial- oder Arbeitslosenhilfe bestreiten *(pay for)*
- kein Verbrechen begangen haben *(have committed no crime)*
- ausreichende *(sufficient)* deutsche Sprachkenntnisse haben

Bei der Einbürgerung muss in der Regel die ausländische Staatsangehörigkeit aufgegeben werden. Die Mehrstaatigkeit *(double citizenship)* deutscher Staatsbürger ist unerwünscht *(not encouraged)*.

Kinder von Ausländern, die in Deutschland geboren werden

Ein Kind, das in Deutschland von ausländischen Eltern geboren wird, ist nicht automatisch deutscher Staatsbürger. Seit 1. Januar 2000 gilt das Geburtsrecht für in Deutschland geborene Kinder von ausländischen Eltern,

- wenn ein Elternteil sich bei der Geburt seit mindestens acht Jahren dauerhaft und rechtmäßig in Deutschland aufhält *(is living)* und
- seit mindestens drei Jahren eine unbefristete Aufenthaltsgenehmigung *(extended residence permit)* hat.

Finden Sie diese Regel gut? Wie ist es in Ihrem Land?

Seit 2008 müssen Antragsteller auf Einbürgerung einen *Einbürgerungstest* bestehen. Dabei müssen sie Fragen zur deutschen Rechtsordnung, Kultur und Geschichte beantworten.

Colin Utz/Alamy

Seit 2008 gibt es auch in Deutschland einen Einbürgerungstest.

40 Fragen zum Thema Einbürgerung

1. Wie können Ausländer Deutsche werden?
2. Ist ein Kind, das in Deutschland geboren wird, automatisch deutsch? Erklären Sie.
3. Was sind die Bedingungen für die Einbürgerung von Ausländern?
4. Wie funktioniert die Einbürgerung in Ihrem Land?

41 Fragen zum Nachdenken und Diskutieren

1. Wie ist das Immigrationsgesetz in Ihrem Land? Was ist anders als in Deutschland?
2. Sollte jeder, der in einem Land geboren wird, automatisch Staatsbürger *(citizen)* sein?
3. Warum ist Mehrstaatigkeit *(dual citizenship)* in Deutschland unerwünscht? Ist die Integration von Ausländern Ihrer Meinung nach leichter, wenn sie nur Deutsche sind?
4. Welche Aspekte ihrer Kultur sollten Einwanderer behalten, auch wenn sie Deutsche werden?

42 Schreibübung

Wählen Sie eine der Fragen und schreiben Sie einen Bericht. Sie können über eine bestimmte Gruppe von Einwanderern in Ihrem Land oder über eine bestimmte Person schreiben. Geben Sie Beispiele und verwenden Sie dabei die Redemittel. Die Redemittel in *Station 2* können auch hilfreich sein, um Ihre Meinung zu äußern.

1. Welche Aspekte ihrer Kultur sollten Einwanderer behalten, welche besser nicht? Schreiben Sie über eine Person oder eine Gruppe von Einwanderern, die sie kennen. Beschreiben sie, woher sie gekommen sind, wie ihr Leben vorher war und aus welchen Gründen sie gekommen sind.
2. Was sind positive und negative Aspekte einer multikulturellen Gesellschaft? Beschreiben Sie positive und negative Beispiele der multikulturellen Gesellschaft aus Ihrer Stadt / Region oder in Ihrem Land.
3. Ist es wichtig, dass alle Einwanderer die Sprache ihres Einwanderungslandes sprechen? Verwenden Sie die Redemittel aus *Station 2* und begründen Sie Ihre Meinung sorgfältig *(carefully)*.

Zum Schluss

43 Multikulturelles Deutschland

Denken Sie noch einmal an das multikulturelle Deutschland und die Integration von Ausländern. Die größte Gruppe der Einwanderer sind die Familien und Nachkommen *(decendants)* der türkischen Gastarbeiter, die seit den 50er Jahren nach Deutschland gekommen sind. Welche Aspekte der deutschen Kultur sind für Türken und andere Ausländer wohl besonders problematisch? Diskutieren Sie mit den folgenden Stichwörtern.

Arbeit	Freizügigkeit	Integration
Diskriminierung	multikulturelle Gesellschaft	Einbürgerungstest
Einbürgerung	Religion	Sprache

D as letzte Wort: *Geld*

Wenn man zynisch oder mit Humor über Geld spricht, benutzt man oft andere Wörter wie **Kohle** *(coal)*, **Kies** *(gravel)*, **Schotter** *(gravel)*, **Moos** *(moss)*, **Moneten** oder **Pinkepinke**. In administrativen und professionellen Kontexten sagt man statt **Geld** lieber **finanzielle Mittel** *(financial means)*, **Mittel** oder **finanzielle Unterstützung** *(financial support)*.

Spekulieren Sie, warum man oft statt **Geld** etwas anderes sagt! Wie sprechen Sie über Geld?

Gena96/Shutterstock.com

Der Euro wurde 2002 eingeführt.

Köln

Gerolstein
Daun
1 ↑

Koblenz
Köln
↗ 48 ↗

1
6,2 km

Die Autobahn A1 wurde in den 1930er Jahren geplant und ist heute im Großraum Köln eine der wichtigsten Verkehrsverbindungen zwischen Nord und Süd.

© incamerastock / Alamy

A gainst the background of Köln, the reader has an opportunity to think about what patriotism, citizenship, and national pride mean in the German context. What makes us feel proud is specific to the culture we grew up in and the values it has instilled in us. With these ideas in mind, we invite you to consider what it means to be a German citizen in the 21st century, as reflected in the video blog and a collection of student interviews about Germany, Europe, patriotism and national pride.

◉ **Station Köln**

Köln - meine Stadt

- **Ein berühmter Kölner**
  Heinrich Böll

◉ **Einblicke**

Unterschriftenaktion „Nationalstolz"

- **Strukturen**
  Einstellungen ausdrücken:
  Die Modalverben
  Über Zukünftiges sprechen:
  Das Futur
  Das Futur II

Videoblog: Milos

◉ **Lektüre**

Endlich locker sehen
FOCUS

Materialien

Arbeitsbuch

(iLrn™

NORDRHEIN-WESTFALEN

Köln

© Cengage Learning 2015

STATISTIK	
Einwohnerzahl:	1 Mio.
Fläche:	450 km²
Kölner Wohngebäude, die zwischen 1949 und 1975 gebaut wurden:	mehr als 50 %

⊙ Station Köln

Was wissen Sie schon?

1. Was wissen Sie über Köln?
2. Was haben Sie schon vom Kölner Dom gehört?
3. Köln wurde im Krieg fast ganz zerstört. Was bedeutet das für die Kultur, die Architektur und das Leben in der Stadt?

Köln – meine Stadt

Milos studiert Geschichte und Philosophie an der Universität zu Köln. Er ist Mitglied der Studenteninitiative *Köln – meine Stadt*, die neuen Studenten hilft, sich in der Stadt zurechtzufinden. Auf der Website der Studenteninitiative stellt Milos sich vor:

© Cengage Learning 2015

Milos

Milos Katic, 1987 in Köln geboren. Meine Eltern sind 1972 aus Montenegro nach Deutschland gekommen. Köln ist meine Stadt und meine Heimat. Ich bin in Köln-Deutz aufgewachsen und in die Schule gegangen und bin jetzt im dritten Semester Geschichte und Philosophie. Ich kenne Köln besser als jeden anderen Ort auf der Welt. Ich habe mich auch intensiv mit der Geschichte der Stadt beschäftigt und weiß einiges von der Römerzeit° bis zum Zweiten Weltkrieg. Wenn ich durch die Straßen von Köln gehe, dann denke ich oft daran, dass diese Stadt einmal „der größte Trümmerhaufen° der Welt" war und erst 1959 wieder so viele Einwohner hatte wie vor dem Krieg. Ich stehe manchmal an einer Straßenecke und stelle mir vor, wie es einmal war; und dann sagt irgendeiner plötzlich zu mir: „Wo willste denn hin, Jung?" weil ich da stehe und träume. Wenn dich neben der Gegenwart auch die Geschichte der Stadt interessiert und du gerne über Kultur und Politik diskutierst, bin ich immer per E-Mail und mittwochs von 4-5 Uhr im Studentenwerk zu erreichen.

Römerzeit *Roman period* • **Trümmerhaufen** *pile of rubble*

Geschichte

50 n. Chr.	785	1164	1248	1388	1880
Die römische Kaiserin Agrippina ließ ihre „Colonia" zur Stadt erklären.	Karl der Große (Charlemagne) gründet das Erzbistum (archbishopric) Köln.	Der Kölner Erzbischof Rainald von Dassel bringt die Reliquien der Heiligen Drei Könige (Three Wise Men) nach Köln.	Grundsteinlegung für den Dom als Grabeskirche der Heiligen Drei Könige.	Die Universität Köln wird gegründet.	Der Dom wird vollendet.

HultonArchive /iStockphoto.com
Werner Dieterich / Alamy
Jasmin Awad /iStockphoto.com

1 **Fragen an Milos**

Arbeiten sie mit einem Partner / einer Partnerin und überlegen Sie sich, was Sie Milos fragen würden, wenn Sie an der Uni Köln neu wären.

2 **Fragen zur Station**

1. Wo liegt Köln? Was liegt in der Nähe?
2. Wann wurde die Stadt gegründet? Was bedeutet der Name Köln?
3. Wann begann der Bau des Doms? Wann wurde der Dom vollendet?
4. Was passierte im Zweiten Weltkrieg in Köln?
5. Wann hatte Köln wieder so viele Einwohner wie vor dem Krieg?
6. Wie viele Einwohner hat Köln jetzt? Wie groß ist die Fläche?

3 **Partnerinterview: Vaterland**

Fragen Sie Ihren Partner / Ihre Partnerin und berichten Sie das Interessanteste im Kurs.

1. Wo bist du geboren? Wo sind deine Eltern und Großeltern geboren?
2. Welche Sprachen spricht man in deiner Familie?
3. Wo fühlst du dich am meisten zu Hause? Warum?
4. Was vermisst du, wenn du im Ausland bist?
5. Kennst du Menschen mit Migrationshintergrund? Woher kommen sie?
6. In welchem Land würdest du vielleicht gerne leben? Wo könntest du nicht leben?

Joern Sackermann / Alamy

Köln am Rhein ist eine der ältesten deutschen Städte.

1930	1932	1940–1945	1967	1998	2005	2013
Henry Ford legt den Grundstein für die Kölner Fordwerke.	Die erste deutsche Autobahn ensteht zwischen Köln und Bonn.	Zahlreiche Bombenangriffe zerstören über 90 % der Innenstadt.	Erste Kunstmesse.	Eröffnung der Kölnarena, Deutschlands größter Veranstaltungshalle.	Papst Benedikt XVI. feiert mit einer Million jungen Gläubigen den Weltjugendtag in Köln.	Eröffnung des umgebauten Opernhauses in Köln.

Grundwortschatz:
Gesellschaft

beitragen (trägt bei, trug bei, hat beigetragen) *to contribute*	die **Mehrheit, -en** *majority*
der **Bürger, -** / die **Bürgerin, -nen** *citizen*	der **Nachteil, -e** *disadvantage*
	die **Öffentlichkeit, -en** *public*
die **Gesellschaft, -en** *society; company*	**unterstützen** (hat unterstützt) *to support*
integrieren (hat integriert) *to integrate*	der **Vorteil, -e** *advantage*
	die **Wirklichkeit, -en** *reality*

4 **Anders gesagt**

Arbeiten Sie miteinem Partner / einer Partnerin und finden Sie die Synonyme oder Wörter mit einerähnlichen Bedeutung.

1. unterstützen
2. die Wirklichkeit
3. der Nachteil
4. der Vorteil
5. integrieren
6. der Bürger
7. die Mehrheit
8. die Gesellschaft

a. die Realität
b. der Fehler
c. das Plus
d. die Allgemeinheit
e. assistieren
f. einbringen
g. der Einwohner
h. der Großteil

Ein berühmter Kölner
Heinrich Böll (1917–1985)

Sahm Doherty / Time Life Pictures / Getty Images

Heinrich Böll wurde am 21. Dezember 1917 in Köln geboren. 1937 begann er eine Lehre als Buchhändler, musste sie aber bald wieder abbrechen. 1939 wurde er zur Wehrmacht° eingezogen. Der Krieg führte Böll nach Frankreich, Russland, Rumänien, Ungarn und wieder ins Rheinland. 1942 heiratete er in Köln Annemarie Cech, mit der er später vier Söhne hatte. Nach dem Krieg studierte Böll Germanistik an der Universität Köln und begann intensiv zu schreiben. Seine literarischen Werke waren oft durch Kriegserlebnisse° geprägt. Um seine Familie ernähren zu können, musste er oft noch andere Arbeit aufnehmen, zum Beispiel als Schreinergehilfe°.

Heinrich Böll zu Hause, 1982

Doch bald erhielt Böll Preise für seine Werke und wurde zu einem der bedeutendsten deutschen Schriftsteller der Nachkriegszeit. 1972 erhielt er sogar den Nobelpreis für Literatur. Böll war über die Grenzen Deutschlands hinaus politisch engagiert und beteiligte sich stark an der Friedensbewegung der frühen 80er Jahre. Nach seinem Tod 1985 wurde die Heinrich-Böll-Stiftung gegründet; eine Organisation für politische Bildung im In- und Ausland, die den Grünen° nahe steht.

Beitrag *contribution* • **demokratischen …** *culture of open political discussion* • **Wehrmacht** *army in the Third Reich* • **Kriegserlebnisse** *experiences during the war* • **Schreinergehilfe** *carpenters' helper* **Grünen** *green party*

Eine deutsche Erinnerung

Interview mit René Wintzen (1973)

René Wintzen: Seit 1946 haben drei Schriftsteller deutscher Sprache den Nobelpreis für Literatur erhalten. 1946, gleich nach dem Krieg, war es Hermann Hesse, 1966 Nelly Sachs und 1972 schließlich wurden Sie, Heinrich Böll, mit diesem Preis ausgezeichnet. Obwohl sie deutsch schrieben, besaßen Hermann Hesse und Nelly Sachs die deutsche Staatsbürgerschaft° nicht mehr. Hesse war inzwischen Schweizer und Nelly Sachs Schwedin geworden. Beide hatten das nationalsozialistische Deutschland verlassen. Beide hatten sich gewissermaßen° von ihren Ursprüngen° losgesagt und waren in Distanz getreten zu ihrem Vaterland.

Damit will ich folgendes sagen: als die Schwedische Akademie Sie auszeichnete, ehrte sie einen Deutschen, einen wirklichen Deutschen; keinen Flüchtling, keinen Emigranten, keinen Juden oder Verfolgten°, sondern einen, der deutscher Staatsbürger war wie zweiundsechzig Millionen andere. Damit wurde Deutschland und der deutschen Literatur im Dritten Reich, während des Krieges und nach dem Krieg in Ihrer Person und in Ihrem Werk Anerkennung gezollt°. Empfinden Sie das ebenso wie ich? Fühlen Sie sich tatsächlich als Deutscher, ja mehr noch: als Staatsbürger der Bundesrepublik Deutschland?

Heinrich Böll: Die Frage kann ich eindeutig mit Ja beantworten. Die beiden Nobel-Preisträger, die Sie genannt haben, also Nelly Sachs und Hermann Hesse, haben deutsch geschrieben, aber sie waren keine deutschen Staatsbürger mehr. Hesse, bewußt emigriert wegen einer Entwicklung in Deutschland, die er nicht mitmachen wollte oder nicht teilen, an der er nicht verantwortlich beteiligt sein wollte aus einem internationalen Pazifismus heraus, Nelly Sachs vertrieben° aus Deutschland, knapp dem Tod entronnen°. Natürlich fühle ich mich deutsch, ich spreche deutsch, ich schreibe deutsch, ich bin als Deutscher geboren, hab mich auch nie als Nicht-Deutscher empfunden, wie käme ich dazu? Das ist für mich eine Selbstverständlichkeit°, die gar keine, aber auch gar keine nationalistische Komponente hat. Ich glaube, daß jemand mit der Sprache, in der er schreibt, mehr bekennt° als Nationalitäts-Zugehörigkeit. Begriffe wie Vaterland, Nation, nicht der Begriff Heimat, das ist wieder etwas ganz anderes, sind eigentlich sekundär, fast oberflächlich°, in manchen Fällen sogar dumm, verglichen mit der Verbindung oder dem Ausdrucksmittel° Sprache für einen Schriftsteller. Es gibt überhaupt keine höhere Form des Bekenntnisses zu einem Volk°, als in seiner Sprache zu schreiben; selbst wenn man schlecht schreibt. Denn man benutzt ja die Sprache als Ausdrucksmittel, und das bedeutet viel mehr als ein Paß oder ein Personalausweis oder ein Wahlzettel°.

"Werke. Interviews 1. 1961-1978" by Heinrich Böll, published by Bernd Balzer.
© 1979 by Verlag Kiepenheuer & Witsch GmbH & Co. KG, Köln.

Staatsbürgerschaft citizenship • **gewissermaßen** in a certain way • **Ursprüngen** origins
Verfolgten persecuted person • **wurde Anerkennung gezollt** was given respect
vertrieben displaced • **dem ...** narrowly escaped death • **Selbstverständlichkeit** obvious fact
bekennt reveals • **oberflächlich** superficial • **Ausdrucksmittel** means of expression
Bekenntnisses ... loyalty to a people • **Wahlzettel** election ballot

5 Fragen zum Interview

1. Warum ist Hermann Hesse in die Schweiz gegangen?
2. Warum ist Nelly Sachs Schwedin geworden?
3. Warum nennt René Wintzen Heinrich Böll einen „wirklichen Deutschen"?
4. Was ist für Heinrich Böll das wichtigste Bekenntnis zu einem Volk?

6 Andere berühmte Kölner

Suchen Sie Informationen über die folgenden Personen. Wer sind sie? Was haben sie gemacht?

Konrad Adenauer	Stefan Raab
Joseph Frings	Alfred Biolek
Heidi Klum	Carolin Kebekus
Nico (Christa Päffgen)	Gaby Köster
Georg Simon Ohm	Heiner Lauterbach
Michael Schumacher	Wolfgang Niedecken
Dirk Bach	Wolf Vostell
Hella von Sinnen	Oliver Pocher

7 Suchbegriffe

Forschen Sie mit den folgenden Suchbegriffen im Internet.

Stadt Köln

1. Welche Veranstaltungen gibt es im Moment?
2. Der Kölner Dom ist Deutschlands meistbesuchte Sehenswürdigkeit. Was gibt es sonst noch zu besichtigen?
3. Was gibt es über den Kölner Karneval?

Kölner Dom

4. Suchen Sie Informationen über die Geschichte des Kölner Doms. Wann feierte der Dom sein 750-jähriges Jubiläum?
5. Was gibt es in der Domgalerie? Finden Sie ein interessantes Bild!

Museen in Köln

6. Suchen Sie Informationen über das Museum Ludwig. Was ist dort zu finden?
7. Was gibt es im Wallraf-Richartz Museum?
8. Was für ein Museum ist das Imhoff Museum?

8 Werbetext

Welches ist Ihr liebstes Museum? Schreiben Sie einen Werbetext (oder eine Broschüre) für deutsche Besucher über Ihr Lieblingsmuseum auf Deutsch. Nehmen Sie die Website eines der Kölner Museen als Modell.

Kölsch

Der Kölner Stadtdialekt, das *Kölsch*, wird in seiner stärksten Form zwar mehr von älteren Kölnern gesprochen, doch es spielt für die Identität der Kölner eine wichtige Rolle. Das Kölsch wird von der regionalen Presse, in Kölner Theatern und vor allem beim Kölner Karneval gepflegt. Die 1983 gegründete *Akademie för uns kölsche Sproch* unterhält unter anderem ein Online-Wörterbuch.

Können Sie die folgenden Kölner Weisheiten mit ihrer standardsprachlichen Übersetzung zusammen bringen?

1. Leever rich un jesund als ärm un krank.
2. Wat nix is, dat is nix.
3. Wenn et nit ränt, dann dröpp et.
4. Do krisste en Aap.
5. Jedem Jeck jefällt sing Mötz.
6. Wenn de jeck weeß, fängk et em Kopp aan.
7. Ovends danze un springe, morjends de Botz net finge.
8. Jeder es sich selvs der nökste.
9. Vun nix kütt nix.
10. Ömesöns es dä Dud.
11. Mer läv nur eimol.
12. Küss de hück nit, küss de morje.

a. Was nichts ist, das ist nichts.
b. Kommst du heute nicht, kommst du morgen.
c. Umsonst ist der Tod.
d. Jeder ist sich selbst der Nächste.
e. Lieber reich und gesund, als arm und krank.
f. Wenn es nicht regnet, dann tropft es. (= Irgendetwas passiert immer.)
g. Man lebt nur einmal.
h. Wenn du verrückt wirst, fängt das im Kopf an.
i. Von nichts kommt nichts.
j. Jedem Verrückten gefällt seine Mütze. (= Jeder nach seinem Geschmack.)
k. Da kriegst du einen Affen. (= Da wird man verrückt.)
l. Abends tanzen und springen, morgens die Hose nicht finden.

9 | Richtig oder falsch?

Forschen Sie weiter und entscheiden Sie, ob die folgenden Aussagen korrekt sind. Wenn sie falsch sind, korrigieren Sie sie.

1. Kölsch ist ein Bier, und auch der Kölner Dialekt heißt Kölsch.
2. Der Karneval beginnt jedes Jahr am 11. November.
3. Die Reliquien der Heiligen Drei Könige sind 1664 nach Köln gebracht worden.
4. Im Museum Ludwig ist die größte Popart-Sammlung Europas.
5. Das Imhoff Museum ist ein Uhrenmuseum.
6. Man kann in Köln Reste der römischen Stadtmauer finden.

Wählen Sie jetzt eines der sechs Themen und forschen Sie etwas weiter. Berichten Sie darüber im Kurs!

10 **Lokale Presse**

Gehen Sie zu den folgenden Websites im Internet. Was sind die Schlagzeilen? Wie wirken diese Zeitungen auf Sie? Wie sind Sprache und Präsentation – einfach oder komplex, plakativ oder seriös, modern oder altmodisch? Was ist interessant?

> *Kölner Stadtanzeiger*
>
> *Kölner Wochenspiegel*
>
> *Kölnische Rundschau*
>
> *Köln Einblick*
>
> *Stadtrevue: Das Kölnmagazin*
>
> *Tagnacht*

Werner Dieterich / Alamy

Das Museum Ludwig in Köln

 11 **Nachrichtenrunde**

Arbeiten Sie in Gruppen oder Paaren. Berichten Sie über einen Aspekt, den Sie beim Surfen im Internet gefunden haben.

 12 **Fragen zum Nachdenken und Diskutieren**

Bearbeiten Sie diese Fragen in Paaren oder kleinen Gruppen. Machen Sie Notizen und geben Sie im Kurs einen kleinen Bericht. Bringen Sie die Resultate Ihrer Internetsuche dabei ein.

1. Welche Aspekte charakterisieren Köln als eine historische Stadt, welche Aspekte machen Köln zu einer Stadt der Gegenwart?

2. Man sagt, die Deutschen sind im Gespräch sehr direkt. Kann es auch negative Folgen haben, wenn man im Gespräch zu direkt ist?

3. Sprechen Sie oft über politische Themen? Für welche politischen Themen sollte sich jeder interessieren? Gibt es aktuelle Beispiele in den Medien?

Strukturen

Einstellungen° ausdrücken:

attitudes

Die Modalverben

- Modal verbs are used to indicate the attitude a speaker has about what is being said.

Modal Verb	Attitude	English (Rough Equivalent)
dürfen	permission	*may*
können	possibility; ability	*can, be able to*
mögen (subjunctive = **möchte**)	liking desire; requesting	*like would like to (have)*
müssen	probability; necessity	*must, have to*
sollen	obligation	*be supposed to*
wollen	wanting; intention	*want, want to; intend to*

- Modal verbs are usually used with an infinitive. The conjugated modal verb is the second element in the sentence or clause (after the subject or some other phrase), and the infinitive comes at the end.

    In Köln **können** Künstler in über 100 Galerien ihre **Werke ausstellen.**

    Im Kölner Stadtplan **kann** man das ursprüngliche römische Straßennetz **erkennen.**

- Here is the present tense conjugation of each modal verb. Note that they are all irregular in the present-tense singular.

	dürfen	können	mögen	müssen	sollen	wollen
ich	darf	kann	mag	muss	soll	will
du	darfst	kannst	magst	musst	sollst	willst
er/es/sie	darf	kann	mag	muss	soll	will
wir	dürfen	können	mögen	müssen	sollen	wollen
ihr	dürft	könnt	mögt	müsst	sollt	wollt
sie/Sie	dürfen	können	mögen	müssen	sollen	wollen

- To express the past of modal verbs, in most cases the simple past tense is preferred over the present perfect tense. The modals are conjugated like weak verbs but drop the umlaut from the infinitive stem.

	dürfen	können	mögen	müssen	sollen	wollen
ich	durfte	konnte	mochte	musste	sollte	wollte
du	durftest	konntest	mochtest	musstest	solltest	wolltest
er/es/sie	durfte	konnte	mochte	musste	sollte	wollte
wir	durften	konnten	mochten	mussten	sollten	wollten
ihr	durftet	konntet	mochtet	musstet	solltet	wolltet
sie/Sie	durften	konnten	mochten	mussten	sollten	wollten

- When used with other verbs, the present perfect tense of modals uses a double-infinitive construction, placing the modal verb last.

  Heinrich Böll **hat** sich nie als Nicht-Deutscher **empfinden können.**

  Im Zweiten Weltkrieg **hat** Böll in der Wehrmacht **dienen müssen.**

13 **Das „Mmmuseum"**

Im Kölner Schokoladenmuseum kann man die Kulturgeschichte der Schokolade hautnah miterleben. Ergänzen Sie gemeinsam mit einem Partner / einer Partnerin die passenden Modalverben in der richtigen Form.

Wer Schokolade _____, _____ unbedingt das Schokoladenmuseum in Köln besuchen. Hier _____ Besucher eine Zeitreise durch die Kulturgeschichte der Schokolade machen. Im begehbaren Tropenhaus _____ man das tropische Klima erleben. Auf zwei Ebenen _____ Besucher sehen, wie Schokolade und Trüffel hergestellt werden.

Am Ende _____ jeder Besucher noch vom Schokoladenbrunnen naschen. Wer dann noch mehr _____, _____ im Museumscafé aus über 20 Trinkschokoladen wählen. Übrigens: Kinder bis 6 Jahre _____ keinen Eintrittt bezahlen, aber sie _____ natürlich nicht ohne Begleitung von Erwachsenen ins Museum.

14 **Besuch in Köln**

Was kann und muss man in Köln machen? Suchen Sie mit Ihrem Partner / Ihrer Partnerin Vorschläge für einen Stadtführer für die Stadt Köln und schreiben Sie eine Liste mit jeweils *(each)* zwei Dingen, die man in Köln machen kann (wenn man Lust hat) und die man in Köln unbedingt machen muss. Vergleichen Sie dann Ihre Liste im Kurs und rechtfertigen *(justify)* Sie Ihre Vorschläge.

Mikhail Markovskiy/Shutterstock

Der Kölner Dom

15 **Meine Kindheit**

Vervollständigen Sie die Sätze, interviewen Sie einen Partner / eine Partnerin, machen Sie sich Notizen und berichten Sie den anderen Kursteilnehmern.

z.B. S1: Als ich drei Jahre alt war, konnte ich schon Englisch und Spanisch sprechen. Und du, was konntest du machen, als du drei warst?

S2: Als ich drei Jahre alt war, konnte ich …

1. Als ich drei Jahre alt war, konnte ich immer …
2. Als Kind musste ich oft …
3. Mit sechs Jahren wollte ich gerne …
4. Als ich zwölf Jahre alt war, sollte ich eigentlich …, wollte aber viel lieber …
5. Als Kind durfte ich nie …
6. Mit sechzehn Jahren konnte ich endlich …

⊙ Einblicke

16 **Fragen zum Thema**

1. Sind Sie patriotisch? Was bedeutet das für Sie?
2. Sind Sie stolz auf Ihr Land (Ihren Staat, Ihre Stadt)? Warum?
3. Was ist in Ihrem Land besonders gut? Was ist nicht so gut?
4. Glauben Sie, die Deutschen sind sehr patriotisch? Erklären Sie.
5. Glauben Sie, junge Deutsche sind stolz auf ihr Land?

17 **Unser Land**

Arbeiten Sie in Paaren oder Gruppen und ordnen Sie die folgenden Aussagen
danach, wie patriotisch sie sind (1 ist am meisten und 8 am wenigsten
patriotisch). Welche Aussage trifft am besten auf Sie zu?

———— „Ich möchte bleiben, wo ich bin."

———— „Auch hier gibt es Negatives, aber wir konzentrieren uns auf das
Positive."

———— „Ich bin stolz auf mein Land."

——1—— „Es gibt kein besseres Land als dieses."

———— „Ich liebe dieses Land."

———— „Ich fühle mich hier sehr wohl (*comfortable*)."

———— „Hier ist auch nicht alles perfekt, aber ich lebe gern hier."

———— „Hier ist es nicht viel anders als in anderen Ländern."

Unterschriftenaktion „Nationalstolz"

*Unterschriftenaktion ... referendum
on national pride / party leader*

environmental secretary

right-wing radicalism

insult

defend

resign

important figures

success

office

Vor einigen Jahren wurde in Deutschland die Unterschriftenaktion
„Nationalstolz"° durchgeführt. Das interessanteste daran
war die Vorgeschichte: Der damalige Parteivorsitzende° der
CDU (Christlich Demokratische Union) hatte in einer Rede im
5 Bundestag gesagt, er sei „stolz, Deutscher zu sein". Der damalige
Umweltminister°, ein Mitglied der Grünen, hatte den CDU-
Parteivorsitzenden daraufhin als „Skinhead" bezeichnet; er war
der Meinung, dass solche Ausdrücke des Nationalstolzes den
Rechtsradikalismus° unterstützen.
10   Die CDU wollte sich gegen die Beleidigung° ihres Vorsitzenden
wehren° und startete die besagte Unterschriftenaktion; sie
befragten die Bevölkerung nach ihrer Meinung zu dieser Affäre.
Sie forderten sogar, dass der Umweltminister zurücktreten° sollte.
Einige Spitzenkandidaten° der CDU fanden die Aktion sehr
15 „bedenklich", obwohl sie danach als voller Erfolg° bezeichnet
wurde. Der Umweltminister der Grünen ist letztendlich aber im
Amt° geblieben.

einen ... *hit a sensitive spot*

Die Unterschriftenaktion hat in der Bevölkerung einen empfindlichen Nerv getroffen° und es gab viele Diskussionen
20 über Nationalstolz. Dürfen die Deutschen keinen Nationalstolz haben? Ist Nationalstolz oder Patriotismus an sich problematisch, egal in welchem Land?

Ein weiterer Aspekt, der die Diskussion in Deutschland kompliziert, ist das Verhältnis zwischen Ost und West. Ein
25 ostdeutscher Leser einer großen Zeitung schrieb in einem öffentlichen Brief an seinen Ministerpräsidenten: „Die ganze Stolz-Debatte ist eine westdeutsche Angelegenheit." Die deutsche Geschichte hat ihre dunklen Kapitel, und den Deutschen fällt es nicht leicht, von Nationalstolz zu sprechen. Doch seit
30 der Wiedervereinigung ist das Thema noch komplizierter

rather
cautious

geworden. Der ostdeutsche Leser gab in seinem Brief eine eher° zurückhaltende° Definition des Nationalstolzes: „Vielleicht geht es nur darum, dass man bleiben möchte, wo man ist."

18 Fragen zum Text

1. Wer sagte vor einigen Jahren im deutschen Bundestag, er sei stolz, Deutscher zu sein?
2. Wer nannte den CDU-Vorsitzenden damals „Skinhead"? Warum?
3. Was forderte die CDU vom damaligen Umweltminister?
4. Warum ist das Thema *Nationalstolz* in Deutschland besonders kompliziert?
5. Wie definierte ein ostdeutscher Leser einer großen Zeitung *Nationalstolz*?

19 Fragen zum Nachdenken und Diskutieren

1. Wie definieren Sie *Nationalstolz*? Wie definieren Sie *Patriotismus*?
2. Ist es gut, patriotisch zu sein? Kann Patriotismus auch negativ sein?
3. Warum ist es in Deutschland ein Problem, wenn ein Politiker im Bundestag sagt, er sei „stolz, Deutscher zu sein"?
4. Können Sie sich ein Szenario wie dieses in Ihrem Land vorstellen?

© Paul Prescott/Shutterstock.com

Deutsche Fahnen sieht man in Deutschland bei internationalen Fußballspielen.

Die wichtigen Parteien in Deutschland

Arbeiten Sie in Gruppen, indem jede Gruppe eine Partei übernimmt. Finden Sie Informationen auf den Websites der Parteien und berichten Sie über den Internetauftritt *(web presence)* jeder Partei. Arbeiten Sie mit den folgenden Fragen.

1. Wie präsentiert sich die Partei? Welche Farben sind auf der Website?
2. Wie heißt das Motto der Partei? Welche Slogans sind zu finden?
3. Welche Themen sind aktuell? Was ist das wichtigste Thema?
4. Finden Sie die Vorsitzende oder den Vorsitzenden der Partei? Welche Informationen kann man über die Personen finden?
5. Welche Parteien sitzen heute im deutschen Bundestag? Welche Parteien bilden die Regierung? Suchen Sie die Informationen im Internet und diskutieren Sie im Kurs.

Partei	Gegründet	Mitglieder *(members)*
SPD (Sozialdemokratische Partei Deutschlands)	1863 / 1875	ca. 521 000
CDU (Christlich Demokratische Union)	1945	ca. 529 000
CSU (Christlich Soziale Union)	1945	ca. 163 000
FDP (Freie Demokratische Partei)	1948	ca. 58 500
Bündnis 90 / Die Grünen	1980	ca. 45 000
Die Linke	1989	ca. 76 000
Piraten (Piratenpartei Deutschland)	2006	ca. 30 000

Plenarsaal des deutschen Bundestages

Strukturen

Über Zukünftiges sprechen

Das Futur

- Like English, German makes use of the present tense to express events in the immediate future. The future tense is used to talk about the distant future, to emphasize an assumption or intention, or to explicitly point to the future.

  Present tense: Heute **besuchen** wir Heidelberg. Morgen **besuchen** wir Köln.

  Future tense: Nächstes Jahr **werden** wir Tokio **besuchen**.

- The future tense in German is formed by using the auxiliary **werden** + an infinitive.

  Der Dom steht heute in Köln und er **wird** auch morgen noch in Köln **stehen**.

  Niemand weiß, welche Partei Deutschland in zehn Jahren **regieren wird**.

- The future tense in German is also used to express probability in the present. In this case, the particles **schon** and **wohl** are often added.

  Es **wird _schon /wohl_ stimmen**, dass Heinrich Böll einer der berühmtesten Schriftsteller Deutschlands ist.

---

21 ### Auch nächstes Jahr wieder – Chronologie des Kölner Karnevals

Schauen Sie sich die Chronologie des Kölner Karnevals an, bringen Sie die Ereignisse in die richtige Reihenfolge und machen Sie dann Vorhersagen *(predictions)* für den Karneval im nächsten Jahr.

 Im nächsten Jahr wird der Karneval wieder am 11.11. um 11 Uhr 11 eröffnet werden. Um diese Zeit ...

_____ Rosenmontag	Am Höhepunkt des Karnevals zieht der Rosenmontagszug auf einem 6,54 Kilometer langen Weg durch die Kölner Innenstadt. Die meisten Kölner haben an diesem Tag frei.	
___*1*___ 11.11., 11 Uhr 11	Offizielle Eröffnung des Karnevals auf dem alten Markt. Um diese Zeit beginnt wieder die sogenannte „Fünfte Jahreszeit".	
_____ Aschermittwoch	An diesem Tag ist alles vorbei und man trifft sich zum traditionellen Fischessen.	
_____ Weiberfastnacht	An diesem Donnerstag wird der Straßenkarneval eröffnet und die Frauen übernehmen die Herrschaft in der Stadt.	
_____ Veilchendienstag	Dieser Tag ist vergleichsweise *(comparatively)* ruhig. Am Abend verbrennt man den „Nubbel", eine lebensgroße Strohpuppe, die für alle Sünden büßen *(pay for all sins)* muss.	

22 Was ist hier wohl los?

Spekulieren Sie in jeweils 2–3 Sätzen mit Ihrem Partner / Ihrer Partnerin über die folgenden Situationen und benutzen Sie dabei das Futur mit **wohl.**

 Es wird wohl warm sein ...

1.

Mechika / Alamy

2.

Yadid Levy / Alamy

3.

vario images GmbH & Co.KG / Alamy

4.

Vladimir Rys / Getty Images

5.

Sabine Lubenow / FAN Travelstock / Jupiter Images

Wortschatz

das **Amt, ⁻er** *office*

sich (mit …) **auseinandersetzen** (setzt sich auseinander, setzte sich auseinander, hat sich auseinandergesetzt) *to deal with (s.th.)*

bedeutend *important, meaningful*

die **Befreiung** *liberation*

der **Beitrag, ⁻e** *contribution*

die **Beleidigung, -en** *offense, insult*

bezeichnen (hat bezeichnet) *to call, name*

der **Bundestag** *German parliament*

der **Dom, -e** *cathedral*

der **Eintritt** *admission (fee)*

empfindlich *sensitive*

entstehen (entstand, ist entstanden) *to develop, come into existence*

der **Erfolg, -e** *success*

die **Gattin, -nen** *wife (formal)*

das **Gespräch, -e** *conversation*

die **Heimat** *home, place of origin*

die **Kunstmesse, -n** *art fair*

letztendlich *finally, in the end*

die **Nachkriegszeit** *period after the war*

der **Nationalstolz** *nationalism*

die **Offenheit** *openness*

die **Partei, -en** *(political) party*

patriotisch *patriotic*

der **Patriotismus** *patriotism*

die **Politik** *politics*

der **Politiker, -** / die **Politikerin, -nen** *politician*

der **Rechtsradikalismus** *right-wing radicalism*

die **Rede, -n** *speech*

referieren (hat referiert) *to give a talk, deliver a speech*

der **Schriftsteller, -** / die **Schriftstellerin, -nen** *writer, author*

sinken (sank, ist gesunken) *to sink*

die **Spur, -en** *trace*

die **Stadtmauer, -n** *city wall*

stolz *proud; proudly*

der **Teilnehmer, -** / die **Teilnehmerin, -nen** *participant*

der **Vertreter, -** / die **Vertreterin, -nen** *representative*

(etwas) **vollenden** (hat vollendet) *to complete (s.th.)*

der/die **Vorsitzende, -n** *leader, head (of an organization)*

sich **wehren** (hat sich gewehrt) *to defend oneself*

der **Weltkrieg, -e** *world war*

der **Wiederaufbau** *reconstruction*

wirklich *real, genuine; really*

zurückhaltend *reserved, cautious; reservedly*

---

23 Definitionen

Finden Sie die richtigen Begriffe für die folgenden Definitionen.

1. Man freut sich über etwas, was man (gemacht) hat, und zeigt diese Freude gerne anderen Menschen.
2. Man ärgert sich schnell oder regt sich schnell über etwas auf (sich aufregen = *get upset*).
3. Man wartet lieber und hält sich zurück.
4. Man liebt sein Land und ist stolz darauf, dort zu leben.

a. patriotisch
b. zurückhaltend
c. empfindlich
d. stolz

24 Die Nationalstolzdebatte

Ergänzen Sie die Sätze mit Wörtern aus dem Wortschatz!

1. Vor einigen Jahren wurde in Deutschland eine Unterschriftenaktion zum Thema _____ durchgeführt.
2. Ein Politiker hielt eine _____ im Bundestag und sagte, er sei _____, Deutscher zu sein.
3. Ein anderer _____ nannte ihn deshalb einen Skinhead, denn er fand, dass solche Aussagen den _____ unterstützen.
4. Glauben Sie, dass _____ und Nationalstolz dasselbe sind?
5. Kann man _____ sein, ohne den Rechtsradikalismus zu _____?

25 Patriotismus in Deutschland – ein heikles Thema

Ein Freund möchte wissen, wie patriotisch die Deutschen sind. Wie kann man dieses heikle (*sensitive*) Thema am besten beschreiben? Sie können Wörter aus der Liste verwenden.

bedeutend – Bevölkerung – Bundestag – diskutieren – Geschichte – Heimat – Nachkriegszeit – negativ – patriotisch – Politik – Politiker – positiv – Rechtsradikalismus – stolz – unterstützen – Vaterland – sich wehren – Weltkrieg – zurückhalten

26 Was könnte man in Köln machen?

Ein Freund fährt nach Köln, aber er weiß nicht viel über die Stadt. Geben Sie ihm ein paar Tipps und Informationen! Verwenden Sie dabei die folgenden Wörter, aber seien Sie auch kreativ und sagen Sie ihm, was Sie sonst noch über Köln wissen.

bedeutend – Dom – Großstadt – Kunst – Kunstmesse – Museen – Schriftsteller – Stadtmauer – vollenden – Weltkrieg – Wiederaufbau

---

Wann sagt man was?

reden, sprechen, sich unterhalten, erklären, diskutieren

Die Verben **reden, sprechen, sich unterhalten, erklären** und **diskutieren** beschreiben verschiedene Arten der Konversation. Arbeiten Sie mit dem Wörterbuch und finden Sie gute Definitionen für jedes Verb. Ergänzen Sie dann die folgenden Sätze!

1. Über Politik reden wir zu Hause …
2. Meine Freunde unterhalten sich meistens über …
3. Es macht uns Spaß, über … zu diskutieren.
4. Mein Vater erklärt uns oft …
5. Meine Mutter redet nicht gern über …
6. Mit den Nachbarn unterhalten wir uns oft über …
7. Die ältere Generation redet nicht so gern über …
8. Einmal habe ich mit meinen Eltern lange über … diskutiert.
9. Ich finde Politiker sprechen immer …
10. Mir hat nie jemand erklärt, …

Redemittel zum Diskutieren

Sicher sein, nicht sicher sein, Zweifel haben

Mit den folgenden Redewendungen signalisiert man im Gespräch, ob man sich sicher ist oder ob man Zweifel (doubt) hat.

Sicher sein

Ich bin davon überzeugt, dass ...

Ich bin davon überzeugt, dass die Amerikaner patriotischer sind als die Deutschen.

Es besteht kein Zweifel, dass ...

Es besteht kein Zweifel, dass Köln die Hauptstadt des Karnevals ist.

Ich bin sicher, dass ...

Ich bin sicher, dass Köln am Rhein liegt.

Nicht sicher sein, Zweifel haben

Ich bin nicht sicher, ob ...

Ich bin nicht sicher, ob Patriotismus gut oder schlecht ist.

Ich weiß nicht (so recht), ob ...

Ich weiß nicht, ob mich diese Frage besonders interessiert.

Ich bin mir nicht im Klaren, ob ...

Ich bin mir nicht im Klaren, ob junge Deutsche Nationalstolz haben oder nicht.

Es ist zweifelhaft, ob ...

Es ist zweifelhaft, ob die Deutschen jemals wieder stolz auf ihr Land sein werden.

Ich bezweifle, dass ...
(Das bezweifle ich.)

Ich bezweifle, dass man unbedingt stolz auf seine eigene Nation sein muss.

Da bin ich nicht (ganz) sicher.

Nationalstolz ist dumm? **Da bin ich nicht (ganz) sicher.**

Nicht unbedingt.

Nationalstolz ist altmodisch (old fashioned)? **Nicht unbedingt.**

27 Ja oder Nein?

Welchen Aussagen stimmen Sie zu, welchen nicht? Warum?

1. **Ich bin davon überzeugt, dass** Patriotismus keine negativen Folgen haben kann.
2. **Es besteht kein Zweifel, dass** patriotische Symbole einen positiven Effekt auf ein Land haben.
3. **Ich bin sicher, dass** die Deutschen genauso patriotisch sind wie andere Völker. Sie zeigen (show) es nur anders.
4. **Ich bin davon überzeugt, dass** mehr Patriotismus in Deutschland zu mehr Rechtsextremismus und Ausländerhass führen würde.
5. **Ich weiß nicht, ob** es gut ist, wenn junge Deutsche sich zu viel mit der deutschen Geschichte identifizieren.
6. **Ich bin mir nicht im Klaren, ob** die Deutschen im Ausland wirklich so ein negatives Image haben.
7. **Ich bezweifle, dass** das Image der Deutschen im Ausland durch Filme oder andere Medien beeinflusst wird.

28 **Ich bin sicher ...**

Formulieren Sie Sätze, indem Sie die Redemittel verwenden wie im Beispiel.

 Der CDU-Vorsitzende war kein Rechtsextremist. →

Ich bin davon überzeugt, dass der CDU-Vorsitzende kein Rechtsextremist war.

1. Der CDU-Vorsitzende sah nicht aus wie ein Skinhead.
2. Die Unterschriftenaktion „Nationalstolz" war ein Erfolg.
3. Die Politiker in Deutschland sind zu direkt.
4. Für Ostdeutsche ist das Thema *Nationalstolz* besonders kompliziert.
5. Es war richtig, dass der Umweltminister im Amt geblieben ist.
6. Patriotismus ist mehr als bleiben wollen, wo man geboren ist.

29 **Fragen zur Diskussion**

Diskutieren oder schreiben Sie über eines der folgenden Themen. Verwenden Sie dabei die Redemittel.

1. Könnte es eine Episode wie die Unterschriftenaktion „Nationalstolz" auch in Ihrem Land geben? Warum (nicht)?
2. Sprechen Politiker in Ihrem Land anders miteinander als die deutschen Politiker?
3. Kann Patriotismus negativ sein?

FILMTIPP: *Kebab Connection* (Anno Saul, 2005)

Ibo, ein junger Türke, träumt davon, Kung-Fu Filme zu machen. Als seine deutsche Freundin schwanger wird, kommt er nicht nur bei den Eltern in Schwierigkeiten.

Strukturen

Über Zukünftiges sprechen

Das Futur II

- The future perfect tense **(das Futur II)** is used to express something that will have happened in the future.

    Vor dem Ende des Jahres **werden** viele Touristen aus dem In- und Ausland Köln **besucht haben.**

    Bis zum Ende des Jahres **werden** auch viele Besucher aus Amerika nach Köln **gereist sein.**

- The future perfect tense is formed by using a conjugated form of the auxiliary **werden** + past participle + **haben** or **sein** in the infinitive

		besuchen	**reisen**
ich	**werde**		
du	**wirst**		
er/es/sie	**wird**	besucht haben	gereist sein
wir	**werden**		
ihr	**werdet**		
sie/Sie	**werden**		

- The future perfect is also used to express probability about something that has already happened. In this case, the particles **schon** and **wohl** are often added.

    Der Rhein hat Hochwasser. Es **wird *wohl*** viel **geregnet haben.**

    Die Kölner Innenstadt ist ziemlich ruhig. Die meisten Menschen **werden *schon*** ins Bett **gegangen sein.**

30 Gute Vorsätze in Köln

Sie haben viel vor bei Ihrem Besuch in Köln und in Ihrem Leben. Schreiben Sie für jede Situation einen guten Vorsatz. Interviewen Sie dann einen Partner / eine Partnerin über seine/ihre persönlichen guten Vorsätze, machen Sie sich Notizen und berichten Sie im Kurs.

1. bis heute Nachmittag / drei Museen besuchen
2. vor dem Ende des Abends / den Dom besichtigen
3. am Ende meines Aufenthalts / viel über Köln erfahren
4. vor dem Ende des Semesters / ...
5. spätestens nächstes Jahr / ...
6. vor meinem 40. Geburtstag / ...

31 Köln steht Kopf

Spekulieren Sie mit Ihrem Partner / Ihrer Partnerin darüber, was wohl die Ursache *(cause)* für die folgenden Situationen gewesen ist.

Alle Kölner sind schrecklich müde. →

Sie werden wohl zu lange gefeiert haben.

1. Am Rosenmontag ist die Kölner Innenstadt menschenleer.
2. Der Rhein hat eine leuchtend *(shining)* gelbe Farbe.
3. Die Amerikaner lesen lieber Heinrich Böll als Stephen King.
4. In den Museen Kölns muss man keinen Eintritt mehr bezahlen.
5. Der Kölner Dom ist verschwunden.
6. Die neue Kölner Spezialität ist „Hot Dog".

» Das Video finden Sie bei **iLrn**.

Videoblog

Milos

Vor dem Sehen

„Köln ist bekannt für den Kölner Dom und den Karneval."

A **Assoziationen**

Was fällt Ihnen zum Thema „Karneval"
ein? Machen Sie ein Assoziogramm
und vergleichen Sie Ihre Assoziationen
im Kurs.

Karneval

B **Die Zukunft**

Wie wird die Zukunft in Ihrem Land aussehen? Wie wird die Zukunft in
Deutschland aussehen? Machen Sie gemeinsam mit Ihrem Partner / Ihrer
Partnerin Prognosen über Leben und Gesellschaft in zehn Jahren. Benutzen
Sie dabei das Futur.

Beim Sehen

C **Themen**

Milos spricht über verschiedene Themen. Bringen Sie sie in die richtige
Reihenfolge.

_____ der Karneval

_____ das klassische Bild des Deutschen

_____ der Rhein

__1__ seine Nationalität

_____ der Kölner Dom

_____ Ausländer in Deutschland

D **Der Kölner Dom**

Wie beschreibt Milos den Kölner Dom? Wie würden Sie den Dom
beschreiben?

E Aussagen

Verbinden Sie die Elemente zu vollständigen Sätzen.

1. Milos ist Deutscher,
2. Seine Eltern sind als Gastarbeiter gekommen,
3. Der Rhein ist ein großer Fluss,
4. Der Karneval in Köln
5. Das klassische Bild des Deutschen
6. Man hat selten das Gefühl,

a. der manchmal ein bisschen steigt.
b. um in Deutschland zu arbeiten.
c. wird jedes Jahr gefeiert.
d. wird allmählich verschwinden.
e. aber jugoslawischer Abstammung.
f. dass man sich als Ausländer nicht auch deutsch fühlt.

F Der Karneval

Wie beschreibt Milos den Karneval? Stimmt das mit Ihren Assoziationen überein?

G Einwanderungsland Deutschland?

Ergänzen Sie die folgenden Aussagen aus Milos' Vlog mit den fehlenden Wörtern.

Also, die ... die Deutschen _____ dann so, das Bild des Deutschen, glaub'

ich, _____ sich so'n bisschen _____ , weil halt ja, Deutschland _____

halt ein Einwandererland. Viele Leute aus den unterschiedlichsten Teilen der

Welt _____ nach Deutschland um zu leben, so wie auch meine Eltern, und

das klassische Bild des Deutschen, des deutschen Schäferhunds _____

allmählich _____ .

Nach dem Sehen

H Reflexionen

Wie gefällt Ihnen Köln? Was für ein Typ ist Milos? Wie spricht er? Was macht Milos wohl gerne? Spekulieren Sie.

I Einwanderungsland Deutschland?

Milos behauptet, es sei einfach, Deutscher zu werden. Stimmt das? Bedenken Sie, was Sie in diesem Kapitel gelesen und diskutiert haben, recherchieren Sie und berichten Sie dann im Kurs. Wie ist es in Ihrem Land? Vergleichen Sie.

⊙ Lektüre

Vor dem Lesen

32 **Fragen zum Thema**

1. Sind Sie stolz auf Ihr Land, wenn Sie im Ausland sind?
2. Wie denken andere Nationen über Ihr Land?
3. Gibt es Negatives in der Geschichte Ihres Landes?

Beim Lesen

Lesen Sie zuerst alle Interviews durch und machen Sie Notizen zu jeder Person, ihrer Meinung zum Patriotismus, zu Europa und zu anderen Ländern (Aktivität 33). Achten Sie auch darauf, welche Verbindungen die Personen herstellen (Aktivität 34). Schreiben Sie beim zweiten Durchlesen für jede befragte Person eine kleine Zusammenfassung. Was haben alle gemeinsam *(in common)* (Aktivität 35)? Konzentrieren Sie sich dann noch einmal auf die Modalverben und ihre Verwendung (Aktivität 36).

33 **Andere Länder**

Die befragten Personen vergleichen Deutschland mit anderen Ländern. Was sagen die Personen über andere Länder? Einige der Befragten sprechen auch über Europa. Was wird über Deutschland und Europa gesagt? Machen Sie Notizen!

34 **Verbindungen**

Welche Aspekte verbinden die befragten Personen mit dem Thema *National-stolz*? Machen Sie eine Liste.

35 **Zusammenfassen**

Fassen Sie jedes Interview in ein paar Sätzen zusammen *(summarize)* und finden Sie eine passende Überschrift. Was ist für die Person der wichtigste Aspekt? Findet die Person, dass *Nationalstolz* ein wichtiges Thema ist? Wie ist die Haltung *(attitude)* der Person zu diesem Thema?

36 **Modalverben**

Unterstreichen Sie alle Modalverben, die Sie im Text finden, und bestimmen Sie sie grammatikalisch so genau wie möglich. Was ist die konkrete Bedeutung im jeweiligen Zusammenhang?

> **z.B.**
>
> Ich **kann** *(ability)* mir nicht vorstellen, dass das Thema *Nationalstolz* Jugendliche heute überhaupt interessiert.
>
> ***kann*** = first-person singular, present tense
>
> Man **darf** *(permission)* selbstbewusst sein, **sollte** *(recommendation)* es aber nicht übertreiben.
>
> ***darf*** = third-person singular, present tense; ***sollte*** = third-person singular, subjunctive II present tense

Endlich locker° sehen – Darf man stolz sein auf Deutschland, oder ist Patriotismus hierzulande für immer out?

FOCUS befragte Schüler zum Thema Patriotismus

lit.: loose

ALEXANDER, 17

Zeit ... time-consuming

exaggerated

glorification

are melting together

origin

Das ist eine Zeit raubende° und nutzlose Diskussion. Als ob wir keine anderen Probleme in diesem Land hätten. Ich glaube, dass meine Generation nicht viel Wert auf einen übertriebenen° Nationalstolz legt. Ich vermisse es auch nicht, dass der Patriotismus in Deutschland nicht so zelebriert wird wie in den USA oder Frankreich. Was nutzt denn die Verherrlichung° seines eigenen Landes? Die Staaten verschmelzen° immer mehr; die Grenzen verschwinden. Da ist es eher ein Hindernis, wenn man sich zu sehr auf seine Herkunft° beruft. Letztendlich ist es doch eine Garantie für gar nichts, wenn man Deutscher ist. Wir können höchstens froh darüber sein, dass wir in diesem Land leben können.

RUTH, 18

fabricated issue

aufs ... lit.: lead someone onto slippery ice; conversational maneuver to expose the opponent

extremist party

Ich kann mir nicht vorstellen, dass das Thema *Nationalstolz* Jugendliche heute überhaupt interessiert. Das Ganze ist doch eine lächerliche Scheindiskussion°, in der sich die Parteien gegenseitig aufs Glatteis führen° und Vorwürfe machen wollen. Wenn jemand sagt „ich bin stolz Deutscher zu sein", klingt das für mich sehr nach Republikanern°. Der Satz kommt aus der rechten Ecke. Warum sollte man das denn sonst sagen, außer wenn man nichts anderes als den Nationalstolz vorzuweisen hat? Stolz kann man nur auf eine Leistung sein, die man selber erbracht hat. Wenn schon habe ich eher ein europäisches Gemeinschaftsgefühl°.

europäisches ... feeling of European unity

FELIX, 18

confident, self-assured

Wenn es Hitler und den Nationalsozialismus nicht gegeben hätte, könnte man wahrscheinlich eher sagen: „Ich bin stolz, Deutscher zu sein." Um sich heute von den Rechtsradikalen eindeutig zu distanzieren, sollte man auf diesen Satz besser verzichten. Wer ihn trotzdem sagen möchte, sollte genau erklären, warum er dazu steht. Ich lebe gern in Deutschland und bin gern Deutscher. Wenn ich im Ausland bin, stelle ich auch die guten Seiten meines Landes heraus. Es ist nicht schlimm, wenn man selbstbewusst° auftritt. Übertreiben sollte man es aber nicht. Dafür hat man als Deutscher keinen Grund.

MAXIMILIAN, 18

Ich finde es schwierig, ein Nationalgefühl zu entwickeln. Vielleicht ist das auch heute nicht mehr zeitgemäß. Womit soll man sich denn identifizieren? [. . .] Die Stolz-Debatte geht an mir eher vorbei. Unsere Generation sollte nicht mehr für die Fehler der Nationalsozialisten verantwortlich gemacht werden. Auf der anderen Seite können wir nicht auf Verdienste Goethes stolz sein.

Der hat übrigens viel in Italien gelebt und geschrieben. Die Sache mit der Nationalität sollte man endlich locker sehen. Als Frage der Sympathie: Der Schumi[1] ist mir zum Beispiel unsympathisch,
45 deutsch oder nicht. Da halte ich zu Mika Häkkinen[2].

TIM, 17

Ich fühle mich in Deutschland wohl und mag mein Land. Wenn man sich als Deutscher zu seinem Vaterland bekennt, läuft man vor allem Gefahr, als Nationalist in die Ecke gestellt zu werden.

Auf Grund ... Because of our past 50 Auf Grund unserer Vergangenheit° ist es einfach schwierig, diesen Satz zu sagen. Seinen Stolz sollte man besser für sich behalten. Die Politiker führen diese Debatte nur, um sie parteipoli-
to exploit them politically / tisch auszuschlachten°. Wenn Trittin° sagt, dass Laurenz Meyer°
= Umweltminister Jürgen Trittin / wie ein Skinhead aussieht, dann sind das auch Nazi-Methoden.
= ehemaliger CDU-Generalsekretär 55 Das Aussehen eines Menschen hat nichts mit seiner politischen Einstellung zu tun.

ADRIAN, 18

So eine Debatte ist nur in Deutschland möglich. Ein Heimatgefühl, innere Verbundenheit, Stolz muss doch absolut nichts mit
60 Rechtsradikalismus zu tun haben. Das muss man doch Deutsch-
allow land zugestehen° wie Amerika, Frankreich oder anderen Ländern
misused auch. Aber die Begriffe [. . .] sind eben zu stark missbraucht° worden. Auf Grund unserer Geschichte wird das für die Deutschen
difficult journey noch lange eine Gratwanderung° bleiben.

65 ### NELLY, 16

Ich finde es richtig, was der Bundespräsident gesagt hat. Man
contributed kann nur auf etwas stolz sein, wozu man selbst etwas beigetragen° hat. Ich bin höchstens stolz darauf, was Deutschland erreicht hat. Damit kann ich mich identifizieren. Auf unsere Demokratie bin ich
affluence 70 stolz, auf unser Sozialsystem, unseren Wohlstand° und dass wir in Frieden mit anderen Ländern zusammenleben. Für die Politiker ist es meiner Ansicht nach sehr schwer, zu diesem Thema Stellung zu
to take a position nehmen°. Einerseits müssen sie als Repräsentanten für ihr Land stehen, andererseits darauf achten, nicht in eine radikale Ecke
confrontation 75 gestellt zu werden. Die Aggressivität der Auseinandersetzung° zeigt, wie wichtig die Nationalstolz-Diskussion anscheinend für unser Land ist.

NICO, 18

Ich fühle mich vor allem als Europäer. Ich reise gern und viel und
80 kenne mich überall, glaube ich, ganz gut aus. Da will ich auch nicht, dass mich jemand im Ausland wegen meiner Nationalität
schief ... = kritisiert schief anschaut°. Nicht, dass es mir unangenehm wäre, Deutscher zu sein – ich kann ja schließlich nichts dafür. Aber stolz kann ich darauf irgendwie auch nicht sein. Wenn wir allerdings die Europa-
85 Meisterschaft im Fußball gewinnen, bin ich als Patriot beim Feiern auch ganz vorn mit dabei.

"Endlich locker sehen" by Kerstin Holzer and Marco Wisniewski, Focus 12/2001. Reprinted with the permission of Focus.

[1] Michael Schuhmacher, German Formula-1 race car driver
[2] Finnish Formula-1 race car driver.

Wortschatz

das **Aussehen**   looks, appearance

etwas für sich **behalten** (behält, behielt, hat behalten)   to keep s.th. to oneself; **Das solltest du für dich behalten.** You'd better keep that to yourself.

die **Einstellung, -en**   attitude

der **Europäer, -** / die **Europäerin, -nen**   European

das **Gefühl, -e**   feeling

das **Hindernis, -se**   obstacle, hurdle, impediment

klingen (klang, hat geklungen)   to sound

die **Leistung, -en**   accomplishment

(etwas) **locker sehen** (sieht, sah, hat gesehen)   to take (something) lightly, make light of (s.th.)

nutzlos   useless

selbstbewusst   confident, self-assured

das **Sozialsystem, -e**   social system

überhaupt   at all

übertreiben (übertrieb, hat übertrieben)   to exaggerate

unangenehm   unpleasant

unsympathisch   unpleasant (person)

vermissen (hat vermisst)   to miss

verschmelzen mit (verschmolz, ist verschmolzen)   to melt together (with)

verschwinden (verschwand, ist verschwunden)   to disappear

(auf etwas) **Wert legen** (hat gelegt)   to insist (on s.th.); **Darauf lege ich viel Wert.** That is very important to me.

sich **wohl fühlen** (fühlt sich wohl, fühlte sich wohl, hat sich wohl gefühlt)   to feel good, be comfortable

der **Wohlstand**   affluence

Nach dem Lesen

37   **Fragen zum Text**

1. Was denkt Alexander über seine Generation?
2. Was sagt Alexander über das Verschmelzen der Staaten und das Verschwinden der Grenzen?
3. Was sagt Ruth über die Motivation der Parteien, über das Thema *Nationalstolz* zu debattieren?
4. Welche Einstellung hat Ruth zum Thema „Nationalstolz"?
5. Was sagt Felix über sein Verhalten als Deutscher im Ausland?
6. Was sagt Maximilian über die Fehler der älteren Generationen?
7. Was sagt Tim über den Umweltminister und den CDU-Vorsitzenden?
8. Wie denkt Adrian über Patriotismus und Rechtsextremismus?
9. Worauf ist Nelly stolz?
10. Wann ist Nico patriotisch?
11. Welche anderen Länder kommen in den Aussagen der Jugendlichen vor?

38

Fragen zum Nachdenken und Diskutieren

1. Welche Person ist dem Patriotismus gegenüber am kritischsten?
2. Welche Aussagen haben Sie am meisten überrascht?
3. Welche Person erklärt ihren Standpunkt am besten?
4. Welche Person ist am ehesten ein wenig patriotisch?
5. Was sagen die Schüler über Europa?
6. Was sagen sie über die USA?

39

Meine Meinung ...

Vervollständigen Sie die Sätze aus den Interviews, indem Sie Ihre eigene Meinung äußern.

1. Die Staaten verschmelzen immer mehr; die Grenzen verschwinden. Da ist es _____, wenn man sich auf seine Nationalität beruft, weil _____.
2. Wenn jemand sagt „ich bin stolz, Deutscher zu sein", klingt das für mich _____.
3. Wenn ich im Ausland bin, versuche ich _____.
4. Unsere Generation sollte _____.
5. Die deutschen Politiker führen diese Debatte über den Nationalstolz, weil _____.
6. Es muss doch auch in Deutschland möglich sein, _____.
7. Die Aggressivität in diesem politischen Szenario der Nationalstolzdebatte zeigt, dass _____.
8. Ich fühle mich vor allem als _____. Ich will nicht, dass mich jemand im Ausland _____.
9. Wenn wir die Meisterschaft im _____ gewinnen, bin ich _____.

40

Rollenspiel

Veranstalten Sie eine Talkshow im Unterricht und debattieren Sie über die Unterschriftenaktion „Nationalstolz". Sie brauchen einen Moderator, den Vorsitzenden und einige Spitzenkandidaten der CDU, den Umweltminister und weitere Politiker der Grünen und vielleicht einige junge Deutsche und Amerikaner, die ihre Meinung äußern wollen.

41

Schreibübung I

1. Schreiben Sie aus diesen Interviews einen zusammenhängenden Bericht über die Haltung junger Deutscher zum Patriotismus. Extrahieren *(Extract)* Sie aus den Interviews die Aspekte, die wichtig für Ihren Bericht sind.

    Junge Deutsche denken relativ kritisch über Patriotismus und Nationalstolz. Einige junge Deutsche glauben, dass ...

2. Stellen Sie – im Futur und Futur II – Vermutungen *(assumptions)* darüber an, wie wohl die nächste Generation der jungen Deutschen zu dieser Frage stehen wird. Verwenden Sie dabei die Redemittel.

    Ich bin mir nicht sicher, ob die nächste Generation der jungen Deutschen sich viele Gedanken über Nationalstolz machen wird. Vielleicht wird in Europa ...

Schreibübung II

1. Schreiben Sie über die Nationalstolz-Debatte in Deutschland im Allgemeinen und vergleichen Sie sie mit anderen Ländern, die Sie kennen. Verwenden Sie dabei die Redemittel aus Kapitel 3.

 Verglichen mit jungen Amerikanern denken deutsche Jugendliche relativ kritisch über Patriotismus ...

2. Fragen Sie einige Personen, ob sie patriotisch sind (fragen Sie, warum sie patriotisch sind und was es für sie bedeutet), und schreiben Sie einen Bericht. Sie können aus Ihren Interviews die wichtigsten Aspekte extrahieren und so einen Bericht schreiben.

 Bei uns denkt man über Patriotismus ganz anders als in Deutschland ...

 Brief

Schreiben Sie aus Ihrer Perspektive einen Brief über das Thema *Nationalstolz* an eine Person in Deutschland. Verwenden Sie dabei die Redemittel.

 Liebe(r) _____,

ich habe gestern an Dich denken müssen, denn ich habe in einem Nachrichtenmagazin einen Artikel über das Thema Nationalstolz in Deutschland gelesen und ...

Zum Schluss

Aktuelle Themen

Denken Sie noch einmal darüber nach, mit wem Sie über was sprechen. Was sind Themen, die Sie im Moment interessieren? Worüber diskutieren Sie oft? Glauben Sie, junge Deutsche diskutieren anders oder über andere Themen als junge Leute in Ihrem Land?

Das letzte Wort: *locker*

Locker sein bedeutet **entspannt** (relaxed) **sein**. Etwas **locker sehen** heißt es **leicht nehmen** (take it lightly) und nicht so viel darüber diskutieren und nachdenken.

Was könnte oder sollte man in Ihrem Land **locker sehen**?

Dresden

Am Terrassenufer in Dresden liegen moderne und historische Schiffe, mit denen man auf der Elbe bis nach Tschechien fahren kann.

The Dresden chapter revolves around the relationship between art and politics. We are introduced to the Dresdner Brücke artists and their work, which was considered „entartete Kunst" and, therefore, destroyed or confiscated during the Nazi period. The political engagement of Jewish pianist, conductor, and Wagner enthusiast Daniel Barenboim is an interesting contemporary example. Dealing with Barenboim's career in Germany, his scandalous breach of the Wagner boycott in Israel, and texts by Erich Kästner and Günther Eich, students have plenty of opportunity to contemplate the role art plays in politics and German public life.

Materialien

Arbeitsbuch

iLrn™

© Cengage Learning 2015

STATISTIK	
Einwohnerzahl:	530.000
Fläche:	330 km²
Museen in Dresden:	Über 50

⊙ Station Dresden

Was wissen Sie schon?

1. Was wissen Sie über die Stadt Dresden?
2. Haben Sie schon von der Frauenkirche in Dresden gehört?
3. Was wissen Sie über den Komponisten Richard Wagner?

Stephanie in Dresden

Stephanies Tagebuch

Donnerstag, den 14. November

Konzert in der Frauenkirche

Es ist ein verrücktes Gefühl, wenn man sich etwas sehr lange gewünscht hat und dann wird es tatsächlich wahr. Heute haben wir mit dem Gustav Mahler Jugendorchester in der Frauenkirche gespielt. Das war wirklich ein wunderbares Gefühl. Ich kann mich noch erinnern, als die Frauenkirche nur ein Haufen Geröll° war, bis sie in mühevoller Arbeit 2005 wieder aufgebaut wurde.

rubble

In der Geschichte gab es in Dresden unglaublich tragische Zeiten, aber es ist auch viel Schönes geschaffen worden. So viele wichtige Komponisten haben hier gelebt und gearbeitet. Carl Maria von Weber und Robert Schumann. Richard Wagner komponierte hier seine Opern Tannhäuser und Lohengrin. Beim Konzert heute musste ich daran denken, wie schnell Dresden 1945 in einer Nacht zerstört wurde; und wie lange es gedauert hat, das alles wieder aufzubauen. Nur Musik kann man nicht zerstören.

1   Fragen zum Text

1. Wo hat Stephanie mit dem Gustav Mahler Orchester gespielt?
2. Wann ist die Frauenkirche zerstört worden?
3. Wann ist die Frauenkirche wieder aufgebaut worden?
4. Haben Sie schon einmal etwas Tolles gemacht, das Sie sich vorher lange gewünscht hatten?

Geschichte

1206	1547	1698	18. Jh.	1842–1864	1905
Das slavische Dorf *Drezdany* wird erstmals als Stadt erwähnt.	Nach der Reformation wird Dresden Hauptstadt des protestantischen Landes.	Kurfürst August der Starke wird König von Polen und Dresden wird europäisches Kulturzentrum.	Dresden wird zur Barockstadt; Zwinger, Frauenkirche und viele andere Bauten entstehen.	Richard Wagner lebt in Dresden. Die Semperoper wird weltberühmt.	Die Künstlergruppe *Die Brücke* entsteht. Dresden wird Zentrum des Expressionismus.

Fragen zur Station

1. Welche wichtigen Werke der Baukunst gibt es in Dresden?
2. Welche berühmten Komponisten lebten in Dresden?
3. Welche Opern komponierte Wagner in Dresden?
4. Warum ist Dresden noch heute ein Symbol der Zerstörung?
5. Wann wurde die Semperoper wieder eröffnet?
6. Was geschah nach dem Krieg mit der Dresdner Frauenkirche?

Grundwortschatz:
Kunst und Musik

ansehen (sieht an, sah an, hat angesehen) *to look at, watch* die **Ausstellung , -en** *exhibit* **bekannt** *well known* **berühmt** *famous* die **Bühne, -n** *stage*	der **Effekt, -e** *effect* **klingen** (klang, hat geklungen) *to sound* das **Konzert, -e** *concert* die **Kunst, ¨** *art* das **Museum,** *pl.* **Museen** *museum*

3 **Kategorien**

Arbeiten Sie gemeinsam mit einem Partner / einer Partnerin und finden Sie das Wort, das nicht zu den anderen passt. Erklären Sie, warum.

1. das Museum, die Ausstellung, das Konzert, die Kunst
2. die Bühne, die Ausstellung, das Konzert, klingen
3. die Ausstellung, die Bühne, die Kunst, der Effekt
4. bekannt, klingen, berühmt, beliebt
5. das Bild, die Fotografie, die Skulptur, die Oper
6. das Instrument, der Stuhl, die Stimme, das Radio

1933–1945	1945	1985	1989	2005	2011
Die Nazis verbieten die künstlerischen Bewegungen in Dresden.	Fünf Luftangriffe am 13. Februar 1945 zerstören das Zentrum von Dresden fast vollständig.	Die Semperoper wird nach dem Wiederaufbau wieder eröffnet.	Massendemonstrationen führen zur Wiedervereinigung Deutschlands.	60 Jahre nach der Zerstörung wird die Frauenkirche wieder eröffnet.	Neubau des Militärhistorischen Museums von Architekt Daniel Libeskind.

Eine berühmte Dresdner Bewegung°

Die Künstlergruppe Die Brücke (1905–1913)

1905 gründeten die vier Architekturstudenten Ernst Ludwig Kirchner, Erich Heckel, Karl Schmidt-Rottluff und Fritz Bleyl in Dresden die Künstlervereinigung *Die Brücke*, die zu den wichtigsten Repräsentanten des deutschen Expressionismus gehört.

Galerie Neue Meister, Staatliche Kunstsammlungen Dresden

Ernst Ludwig Kirchner: *Eisenbahnüberführung Löbtauer Straße in Dresden*

1906 kamen Emil Nolde, Max Pechstein, der Schweizer Maler Cuno Amiet und der Holländer Lambertus Zijl zur Gruppe und die erste von sieben Jahresmappen° wurde veröffentlicht. Danach folgten zahlreiche Wanderausstellungen°. 1910 trat Otto Müller bei, der an den Akademien in Dresden und München studiert hatte. Müllers Stil hatte mit den leuchtenden° Farben der *Brücke* nicht viel gemeinsam, aber seine Einstellung° zu Leben und Kunst verband ihn eng mit den anderen Künstlern.

In einem Metzgerladen° in einem Dresdner Arbeiterviertel° arbeiteten sie gemeinsam an alltäglichen Motiven: Landschaften, Straßenszenen, Porträts, Atelierszenen und Akten°. In den Sommermonaten trennten sich die Künstler, um dann in Dresden ihre Erfahrungen zusammen zu verarbeiten. Ihre Bilder sollten Kunst und Leben in Harmonie bringen.

Ihre Vorbilder° fanden die jungen Maler durch Ausstellungen in Dresden: 1905 van Gogh, 1906 Munch, Nolde, Seurat, Gauguin und van Gogh, 1908 wieder van Gogh. Eine andere Inspirationsquelle waren Holzfiguren und Masken aus der Südsee, die Kirchner im Völkerkunde-Museum° in Dresden entdeckt° hatte.

In ihren Bildern entfernte sich die Farbe von der Natur und wurde zum reinen Ausdruck der Emotion: leuchtend und impulsiv. Die traditionelle Perspektive und die akademischen Proportionen wurden aufgegeben, um impulsiv und spontan zu arbeiten.

In der sechsjährigen gemeinsamen Arbeit hatten sich die Künstler so stark entwickelt, dass das Arbeiten in der Gruppe nicht mehr notwendig war. Als Erster trat Pechstein aus, 1913 löste sich die Gruppe auf und die Künstler arbeiteten alleine weiter.

1933 wurden alle ihre Mitglieder von den Nazis als „entartet°" diffamiert°; ihre Bilder wurden aus Museen entfernt, verkauft oder verbrannt.

Jahresmappen *annual collections* • **Wanderausstellungen** *traveling exhibitions*
leuchtenden *luminous, bright* • **Einstellung** *attitude* • **Metzgerladen** *butcher's shop*
Arbeiterviertel *working-class neighborhood* • **Akten** *nudes* • **Vorbilder** *models*
Völkerkunde-Museum *ethnology museum* • **entdeckt** *discovered* • **entartet**
degenerate • **diffamiert** *defamed*

4 Richtig oder falsch?

Sagen Sie, ob die folgenden Aussagen über die Künstlergruppe *Die Brücke* richtig oder falsch sind. Wenn sie falsch sind, korrigieren Sie sie.

1. *Die Brücke* wurde 1905 in Dresden gegründet.
2. *Die Brücke* repräsentiert den Impressionismus.
3. Die Künstler arbeiteten in einem eleganten Atelier in einer Dresdner Villa.
4. Im Sommer fuhren sie alle zusammen an die Nordsee.
5. Ihre Inspiration waren Künstler wie van Gogh und Gauguin.
6. 1908 fuhren alle zusammen in die Südsee.
7. 1913 löste sich die Gruppe auf und alle arbeiteten alleine weiter.
8. Die Nazis hielten die Kunst der *Brücke* für „entartet" und konfiszierten alle Bilder aus den Museen.

5 **Sätze verbinden**

Verbinden Sie die Satzteile 1–6 mit den Satzteilen a–f, um sinnvolle Sätze zu bilden.

1. Die *Brücke*-Künstler malten in leuchtenden Farben,

2. Die *Brücke*-Künstler malten alltägliche Motive,

3. Otto Müller hatte nicht viel mit dem Stil der Brücke gemeinsam,

4. Um spontan und impulsiv zu malen,

5. Sie trennten sich 1913,

6. Die Nazis konfiszierten die Bilder aus den Museen,

a. damit die Farbe zum Ausdrucksmittel der Emotionen wurde.

b. denn seine Bilder hatten nicht die leuchtenden Farben, die für die *Brücke*-Künstler charakteristisch waren.

c. weil sie Kunst und Leben harmonisch verbinden wollten.

d. weil das gemeinsame Arbeiten in der Gruppe nicht mehr notwendig war.

e. entfernten sie sich von traditionellen Perspektiven und Proportionen.

f. weil sie sie für „entartet" hielten.

6 **Künstlerportraits**

Bilden Sie Gruppen oder Paare und suchen Sie Informationen über einen der im Text genannten Künstler. Suchen Sie Biografien und Beispiele für die Werke des jeweiligen Künstlers. Berichten Sie dann im Kurs über die Motive, die Farben, den Stil, die Einflüsse, Inspirationsquellen und Intentionen des Künstlers.

Scala / Art Resource, NY

Ernst Ludwig Kirchner: Eine Künstlergemeinschaft (Die Maler der Brücke). 1925–1926

7 **Andere berühmte Dresdner**

Suchen Sie Informationen über die folgenden Personen. Wer sind sie? Was haben sie gemacht?

Günter Behnisch

Otto Dix

Erich Kästner

Victor Klemperer

Oskar Kokoschka

Robert Schumann

Richard Wagner

Carl Maria von Weber

Gerhard Richter

Lutz Fleischer

Olaf Bär

Durs Grünbein

Ricarda Roggan

Franziska Gerstenberg

STATION ACHT ● **DRESDEN** 223

8 Suchbegriffe

Forschen Sie mit den folgenden Suchbegriffen im Internet.

Stadt Dresden

1. Welche aktuellen Nachrichten gibt es?
2. Was finden Sie über Dresden als Kunststadt?
3. Finden Sie Informationen über die Musikszene in Dresden.

Frauenkirche

4. Finden Sie Informationen über die Geschichte der Frauenkirche.
5. Was kann man über den Wiederaufbau der Frauenkirche erfahren?
6. Suchen Sie Bilder der Frauenkirche aus verschiedenen Epochen der Geschichte.

Semperoper

7. Was kann man über die Geschichte der Semperoper erfahren?
8. Was finden Sie über die Flut von 2002?
9. Was steht auf dem aktuellen Spielplan?

Staatliche Kunstsammlungen Dresden

10. Suchen Sie Informationen über die wichtigsten Museen in Dresden. Was ist das Grüne Gewölbe (Green Vault)? Was gibt es in der Gemäldegalerie Alte Meister zu sehen? Was gibt es in der Gemäldegalerie Neue Meister?
11. Suchen Sie im Bildarchiv nach Künstlern oder Bildern, die Sie interessieren. Was finden Sie?
12. Wo ist die Sixtinische Madonna zu finden?

Grünes Gewölbe Museum

9 Sachsen

Suchen Sie Informationen über die Regionen im Bundesland Sachsen: Erzgebirge, Vogtland, Sächsische Schweiz, Oberlausitz und die Städte Meißen und Chemnitz. Erfinden Sie einen Fernseh-Werbespot (TV commercial) für eine Region oder Stadt, in dem Sie die interessanten Aspekte der Region oder Stadt beschreiben. Arbeiten Sie in Gruppen. Spielen Sie die Werbespots im Kurs vor!

10 Richtig oder falsch?

Forschen Sie weiter und entscheiden Sie, ob die folgenden Aussagen richtig sind. Wenn sie falsch sind, korrigieren Sie sie.

1. Die historische Altstadt liegt rechts der Elbe.
2. In der Semperoper kann man die Sächsische Staatskapelle hören.
3. Der Zwinger ist ein großer Tierpark in Dresden.
4. Die Frauenkirche wurde 1945 zerstört.
5. 1992 beschloss die Stadt Dresden, die Frauenkirche wieder aufzubauen.
6. Gottfried Semper war Komponist und Dirigent der Sächsischen Staatskapelle.
7. Das Grüne Gewölbe ist ein Weinkeller im Residenzschloss.
8. Michelangelo malte 1512 die Sixtinische Madonna.
9. In der Galerie Neue Meister kann man einige Bilder von Ernst Ludwig Kirchner finden.

11 Lokale Presse

Gehen Sie zu den folgenden Websites im Internet. Was sind die Schlagzeilen? Wie wirken diese Zeitungen auf Sie? Wie sind Sprache und Präsentation – einfach oder komplex, plakativ oder seriös, modern oder altmodisch? Was ist besonders interessant?

Dresdner Neueste Nachrichten

Sächsische Zeitung

Blitz! Das Stadtmagazin

Dresdner Kulturmagazin

12 Nachrichtenrunde

Arbeiten Sie in Gruppen oder Paaren. Berichten Sie über einen Aspekt, den Sie beim Surfen im Internet gefunden haben.

13 Fragen zum Nachdenken und Diskutieren

Bearbeiten Sie diese Fragen in Paaren oder kleinen Gruppen. Machen Sie Notizen und geben Sie im Kurs einen kleinen Bericht. Bringen Sie die Resultate Ihrer Internetsuche dabei ein.

1. Inwiefern kann Kunst etwas mit Politik zu tun haben? Denken Sie an die Künstlergruppe *Die Brücke* oder andere Künstler, die Sie kennen.
2. Für viele Menschen ist Dresden eine traurige Stadt, denn im Krieg ist vieles zerstört worden. Ist der Wiederaufbau alter Gebäude ein Versuch, die Geschichte zu vergessen? Erklären Sie Ihre Meinung.
3. Welche Aspekte machen Dresden zu einer Stadt der Kunst? Vergleichen Sie Dresden mit Köln. Was haben die Städte gemeinsam, was ist anders?
4. Stephanie sagt, „Musik kann man nicht zerstören." Hat sie recht?

Strukturen

Satzverbindungen

Koordinierende Konjunktionen

Coordinating conjunctions connect words, phrases, or clauses. Unlike subordinating conjunctions, which will be covered later in this chapter, they do not affect basic word order.

Coordinating Conjunction	Examples
und *(and)* adds information by linking another word, phrase, or clause	Die Künstlervereinigung *Die Brücke* wurde 1905 gegründet **und** gehört zu den wichtigsten Bewegungen des deutschen Expressionismus. Der Schweizer Maler Cuno Amiet **und** der Holländer Lambertus Zijl kamen 1906 zur Künstlervereinigung *Die Brücke*.
oder *(or)* shows an alternative between two words, phrases, or clauses	Oft arbeiteten die Künstler gemeinsam an Straßenszenen **oder** Porträts. Viele Touristen besuchen in Dresden die Semperoper **oder** machen mit dem Schaufelraddampfer eine Fahrt auf der Elbe.
denn *(because)* provides a cause	Alle Bilder wurden aus den Museen entfernt, **denn** die Nazis hielten die Kunst der *Brücke* für „entartet". Stephanie freut sich, **denn** sie hat gestern mit dem Jugendorchester in der Frauenkirche gespielt.
aber *(but)* adds a phrase or clause with contrasting information	1945 wurde die Frauenkirche zerstört, **aber** 60 Jahre später ist sie wieder für Besucher eröffnet worden. Otto Müllers Stil hatte mit der *Brücke* nicht viel gemeinsam, **aber** seine Einstellung zu Leben und Kunst verband ihn mit den anderen Künstlern.
sondern *(but rather)* adds a phrase or clause with contrasting information that contradicts information given in the first phrase; the first phrase has to contain a negation, such as **nicht, kein-, nie**	*Die Brücke* ist kein Bauwerk, **sondern** der Name einer Künstlervereinigung. Nicht der Rhein, **sondern** die Elbe fließt durch Dresden.

14 August der Starke

Wählen Sie mit Ihrem Partner / Ihrer Partnerin gemeinsam die passende Konjunktion und setzten Sie sie in die Lücken ein.

Friedrich August wurde 1670 geboren. In seiner Jugend konnte er nach Italien
_____ (aber/und/sondern) Frankreich reisen, _____ (oder/und/denn) sein Bruder war für die Thronfolge bestimmt. Doch 1694 starb der Bruder unvorhergesehen, _____ (sondern/und/denn) Friedrich August musste die Regierungsgeschäfte des Kurfürsten von Sachsen übernehmen. 1697 wurde er zum König von Polen gekrönt, _____ (aber/sondern/und) er galt nicht in der Politik als erfolgreich, _____ (aber/sondern/und) in der Kunst. Während seiner Zeit entstanden große Gemäldesammlungen _____ (und/aber/oder) prächtige *(splendid)* Barockbauten wie etwa der Zwinger _____ (sondern/denn/oder) die Frauenkirche. Nach seinem Tod 1733 wurde August der Starke nicht in Sachsen, _____ (und/aber/sondern) in Warschau begraben, _____ (aber/sondern/oder) sein Herz wurde nach Dresden gebracht.

„Der goldene Reiter": Friedrich August der Starke

15 Ein koordiniertes Gedicht

Schreiben Sie mit Ihrem Partner / Ihrer Partnerin ein Gedicht mit Konjunktionen nach dem folgenden Muster und stellen Sie es dann im Kurs vor.

Adjektiv / Nomen / **und** / Adjektiv / Nomen
Nicht / Verb im Infinitiv / **sondern** / Verb im Infinitiv
Ein vollständiger Satz, verbunden mit **denn**
Nomen / **oder** / Nomen
Adjektiv / **aber** / Adjektiv

Lange Straßen und hohe Fassaden
Nicht stehen, sondern weitergehen
[...]

⊙ Einblicke

16

Fragen zum Thema

1. Hören Sie gern klassische Musik?
2. Haben Sie schon von dem Pianisten und Dirigenten Daniel Barenboim gehört?
3. Was wissen Sie über Richard Wagner und seine Opern?

Daniel Barenboim: Ein Leben in Deutschland

Als Daniel Barenboim als junger Pianist nach dem Zweiten Weltkrieg von Wilhelm Furtwängler[1]
5 eingeladen wurde, bei den Berliner Philharmonikern zu spielen, verbot sein Vater ihm nach Deutschland zu reisen. Kurz nach dem
10 Krieg war es für einen jungen jüdischen Musiker zu früh, in Berlin zu arbeiten. Barenboim lebte damals mit seinen Eltern in Israel. In

Daniel Barenboim

15 späteren Jahren dirigierte Barenboim überall auf der Welt, vor allem in Deutschland, und wurde zu einem der populärsten Musiker und Dirigenten.

2003 gewann Barenboim mit der Berliner Staatskapelle den Grammy für die beste Opernaufnahme mit Richard Wagners
liking 20 *Tannhäuser.* Barenboims Vorliebe° für Wagner ist für viele Juden nicht ganz verständlich. Viele Menschen bringen noch heute Wagners Opern mit dem Nationalsozialismus in Verbindung. Wagners Opern thematisieren die germanische Mythologie und
supposedly Adolf Hitler hat Wagners Opern angeblich° deshalb geliebt.
25 Das ist für viele Menschen ein Grund, Wagner mit der Nazizeit zu assoziieren. In Israel wird Wagner deshalb seit dem Krieg boykottiert.

Wagner enthusiast Der Musiker und Wagner-Liebhaber° Barenboim schrieb in einem Artikel in *Die Zeit* über sein Leben in Deutschland:
30 » Die Deutschen haben der Welt soviel Geistiges geschenkt – man denke an Bach, Beethoven, Wagner, Heine, Goethe, um nur einige Beispiele zu nennen, aber vielleicht ist es durch die schrecklichen Erfahrungen in der Nazizeit schwer für einen
seiner ... his history as a whole Deutschen, sich mit seiner Gesamtgeschichte° auseinanderzu-
35 setzen. Es gibt bestimmte Dinge, die zum Deutschsein gehören, und andere Dinge, die universal sind. Beides beeinflusst das kulturelle Leben in Deutschland. Man darf keine Angst vor

[1] Dirigent der Berliner Philharmoniker

diesen Dingen haben. Ich sehe das als Musiker und bedingt
durch meine persönliche Geschichte: Ich bin in Argentinien
40 geboren, meine Großeltern waren Juden aus Russland, ich bin
in Israel aufgewachsen und habe mein ganzes Leben in Europa
gelebt. Ich denke in der Sprache, die ich in dem Moment spreche, und ich fühle mich deutsch, wenn ich Beethoven dirigiere,
und italienisch, wenn ich Verdi dirigire. Und dabei habe ich nicht

unfaithful 45 das Gefühl, dass ich dadurch meinem Ich untreu° bin – ganz im
Gegenteil. «

Bei einem Konzert der Berliner Staatskapelle beim Israel
Festival in Jerusalem verursachte Barenboim 2001 einen Skandal:
Der in Israel aufgewachsene Barenboim spielte Richard Wagners
50 Overtüre zu *Tristan und Isolde* als Zugabe, nachdem das offizielle
Programm beendet war. Einige Dutzend Mitglieder des Publikums
stürmten wütend aus dem Saal und in den Tagen danach erfuhr
Barenboim heftige Kritik aus allen politischen Richtungen.

Am Abend nach dem Konzert gab Barenboim der Tageszeitung
55 *Haaretz* ein Interview:[2]

H: *Warum war es Ihnen so wichtig, dieses Werk von Wagner
aufzuführen?*

originally **B:** „Das Festival hat mich gebeten, das Programm, zu dem
fehlender … lack of democratic freedom 60 ursprünglich° Wagner gehört hatte, zu ändern. Für mich war
das ein Ausdruck fehlender demokratischer Freiheit°. Alles in
allem kann man Wagner keinen Vorwurf für all diese Probleme
Alles … Wagner cannot be blamed for machen°, sondern es sind die Gedankenverbindungen° einer
these problems / = Assoziationen Minderheit. Solche Assoziationen zwischen Wagner und dem
dreadful, horrible, terrible Nationalsozialismus sind fürchterlich°. Die Menschen haben
65 das Recht, diese Gedankenverbindungen herzustellen, aber
sie haben nicht das Recht, andere daran zu hindern, Wagner
zu hören. Das ist einfach nicht demokratisch. Paradoxerweise
wäre es eine Art Triumph für die Nazis, wenn Wagner in Israel
nicht gespielt wird. Ich habe von vielen Menschen Briefe
disappointed 70 erhalten, die enttäuscht° waren, als wir Wagner aus dem
ursprünglichen Programm gestrichen haben."

H: *Hätte es nicht einen besseren Moment gegeben, als es so
durch die Hintertür zu tun?*

= ehrlich **B:** „Ich weiß es nicht. Es ist keine wirklich aufrichtige° Debatte –
sich … presume to have the right to 75 es gibt hier Leute, die sich erlauben°, für andere zu
entscheiden."

H: *Wie haben Sie sich gefühlt, als man „Faschist" und „Go
home" rief?*

B: „Menschen, die meinen, ich wäre ein Faschist, tun mir Leid."

80 **H:** *Welche Bedeutung hat das Konzert jetzt im Nachhinein für Sie?*

B: „Es war die persönliche, ganz private Gelegenheit, meine
Ansichten über Demokratie zum Ausdruck zu bringen. Danach
kann die Minderheit nicht für die Mehrheit entscheiden. Ab
jetzt muss jeder Orchesterleiter und jedes Festival entscheiden,
85 ob sie Wagner in Israel weiter boykottieren wollen."

---

[2] "Skandal oder Chance" by Zipi Shohat, translated by Jan Thorn-Prikker. Reprinted by permission of Haaretz Daily
Newspaper and the Goethe Institut.

17 **Fragen zum Text**

1. Warum durfte Barenboim als junger Mann der Einladung Furtwänglers nach Deutschland nicht folgen?
2. Wo lebte Barenboim nach dem Krieg?
3. Welchen deutschen Komponisten liebt Barenboim besonders?
4. Welche Assoziationen haben viele Menschen mit Wagners Opern?
5. Wo wird Wagners Musik boykottiert?
6. Wie denkt Barenboim über Deutschland und über Wagner?
7. Wie verursachte Barenboim 2001 in Israel einen Skandal?

18 **Wörterbucharbeit: Im Konzert**

Arbeiten Sie mit dem Wörterbuch und spekulieren Sie, wie das Publikum in einem Konzert reagieren könnte, wenn etwas Negatives passiert.

applaudieren	hinausgehen
auf die Bühne stürmen	klatschen
auf die Stühle steigen	laut schreien
„Buh" rufen	mit den Füßen auf dem Boden trampeln
den Dirigenten angreifen	pfeifen
Eier auf die Bühne werfen	protestieren

19 **Fragen zum Diskutieren**

1. Finden Sie heraus, wann Wagner geboren und gestorben ist. Was hat Richard Wagner mit dem Nationalsozialismus zu tun? Gibt es eine Verbindung?
2. Wie ist Daniel Barenboims Haltung (attitude) zu Wagner?
3. Verstehen Sie, warum Wagner in Israel normalerweise nicht gespielt wird? Macht es Sinn, einen Komponisten zu boykottieren? Was kann man dadurch erreichen (achieve)?

20 **Wiederholung: Konjunktiv**

Wo und wann hat Barenboim das Richtige / Falsche getan? Was hätte Barenboim (nicht) machen sollen? Was hätte er (anders) machen sollen?

z.B. Er hätte der Festival-Leitung sagen sollen, dass er nach dem Konzert Wagner spielen will.

21 **Fragen zum Nachdenken und Diskutieren**

1. Wie kann man für den Wagner-Boykott in Israel argumentieren?
2. Was sind Argumente gegen den Wagner-Boykott in Israel?
3. Was motivierte Barenboim, Wagner in Israel zu spielen?
4. Hat Barenboim das Festival für private Interessen genutzt?
5. Wie hätte Barenboim seine Ansichten über Demokratie anders äußern können?

22 **Schreibübungen**

1. Erzählen Sie noch einmal, was beim Israel Festival und danach passiert ist. Diskutieren Sie dabei die Argumente für und gegen Barenboims Verhalten *(behavior)*. Ist seine Wagner-Aufführung in Israel ein Skandal oder eine Chance? Sie können dabei so tun, als ob *(pretend that)* Sie bei dem Festival dabei waren, und in der Presse darüber berichten.

 Beim Israel Festival gab der Dirigent Daniel Barenboim nach seinem Konzert eine kontroverse Zugabe …

2. Schreiben Sie einen Bericht über Barenboims Konzert in Israel aus der Perspektive des Festivaldirektors. Schreiben Sie, was der Festivaldirektor während des Konzerts und danach fühlt und denkt. Vielleicht schreibt er am Abend nach dem Festival in sein Tagebuch.

 Ich werde diesen Daniel Barenboim nie wieder zu einem Festival nach Israel einladen …

3. Schreiben Sie einen Brief an Daniel Barenboim. Stellen Sie ihm Fragen oder sagen Sie ihm, was Sie über die Wagner-Episode in Israel denken.

 Lieber Herr Barenboim,

ich habe in der Zeitung gelesen, dass Sie in Israel das Vorspiel zu „Tristan und Isolde" gespielt haben. Ich finde das …

Strukturen

Satzverbindungen

Zweiteilige Konjunktionen

Two-part conjunctions link words, phrases, and clauses in a parallel way.

Two-Part Conjunction	English Equivalent	Examples
entweder … oder	*either . . . or*	Von vielen Menschen wird Wagner **entweder** bewundert **oder** verachtet.
sowohl … als auch	*as well as; both . . . and*	Barenboim meint, **sowohl** das Deutschsein **als auch** universale Faktoren würden das kulturelle Leben in Deutschland beeinflussen.
nicht nur … sondern auch	*not only . . . but also*	Daniel Barenboim ist **nicht nur** ein hoch begabter Dirigent, **sondern auch** ein talentierter Pianist.
weder … noch	*neither . . . nor*	Barenboim fühlt sich **weder** als Argentinier **noch** als Israeli, sondern denkt in der Sprache, die er im Moment spricht.

Wortschatz

alltäglich *common, everyday*

(etwas) **ändern** (hat geändert) *to change (s.th.)*

aufbauen (baut auf, hat aufgebaut) *to construct*; **wieder aufbauen** *to reconstruct*

aufführen (führt auf, hat aufgeführt) *to perform*

die **Aufführung, -en** *performance*

sich **auflösen** (löst sich auf, hat sich aufgelöst) *to dissolve, disintegrate*

die **Aufnahme, -n** *audio recording; photograph*

der **Ausdruck, ⸚e** *expression*

bedingt *related to, caused by*

der **Dirigent, -en** / die **Dirigentin, -nen** *conductor (of an orchestra)*

dirigieren (hat dirigiert) *to conduct (an orchestra)*

einladen (lädt ein, lud ein, hat eingeladen) *to invite*

entdecken (hat entdeckt) *to discover*

entfernen (hat entfernt) *to remove*

das **Ereignis, -e** *event*

die **Erfahrung, -en** *experience*

die **Farbe, -n** *color*

die **Flut, -en** *flood*

das **Geistige** *intellectual work*

im Gegenteil *on the contrary*

in Verbindung bringen (mit) (bringt, brachte, gebracht) *to associate (with), relate (to)*

der **Jude, -n** / die **Jüdin, -nen** *Jewish person*

jüdisch *Jewish*

komponieren (hat komponiert) *to compose (music)*

der **Künstler, -** / die **Künstlerin, -nen** *artist*

künstlerisch *artistic; artistically*

leuchtend *bright, vibrant (color)*

der **Liebhaber, -** *enthusiast*

die **Mehrheit** *majority*

die **Minderheit** *minority*

die **Mühe, -n** *effort*

der **Nationalsozialismus** *National Socialism (Nazism)*

die **Oper, -n** *opera*

das **Orchester, -** *orchestra*

der **Pianist, -en** / die **Pianistin, -nen** *pianist*

schrecklich *terrible; terribly*

sich **trennen** (hat sich getrennt) *to separate*

das **Ufer, -** *bank (of a river)*

sich **untreu sein** (ist sich untreu, war sich untreu, ist sich untreu gewesen) *to be unfaithful to oneself*

verbieten (verbot, hat verboten) *to forbid, prohibit*

verbinden (verband, hat verbunden) *to connect, make a connection*

verboten *prohibited, forbidden*

verbrennen (verbrannte, hat verbrannt) *to burn*

verloren gehen (geht verloren, ging verloren, ist verloren gegangen) *to be lost*

verständlich *comprehensible*

das **Vorbild, -er** *model*

die **Vorliebe, -n** *preference, liking (for s.th.)*

23 Werbung für Dresden

Arbeiten Sie in kleinen Gruppen, finden Sie jeweils vier Beispiele für die vier
Kategorien und entwerfen Sie dann einen kleinen Werbetext für Dresden-
Besucher. Schreiben Sie dabei jeweils zwei Sätze mit **entweder ...
oder**, **sowohl ... als auch**, **nicht nur ..., sondern auch** und **weder ... noch**.
Stellen Sie dann Ihren Werbetext im Kurs vor.

	Historische Gebäude	Sonstige Sehenswürdigkeiten	Berühmte Persönlichkeiten	Das gibt es nicht in Dresden.
1.				
2.				
3.				
4.				

24 Definitionen

Finden Sie die richtigen Begriffe für die folgenden Definitionen.

1. auseinander gehen
2. jemanden bitten, zu kommen
3. etwas Interessantes finden
4. seinen Prinzipien nicht folgen
5. etwas ins Feuer werfen
6. etwas wegnehmen
7. sagen, dass man etwas nicht machen soll

a. etwas entdecken
b. jemanden einladen
c. sich trennen
d. etwas verbrennen
e. sich untreu sein
f. etwas entfernen
g. etwas verbieten

25 Daniel Barenboim

Ergänzen Sie die Sätze mit Wörtern aus dem Wortschatz!

1. Nach dem Zweiten Weltkrieg lebte der junge Barenboim bei seinen Eltern
   in Israel. Wilhelm Furtwängler _____ *(Imperfekt)* ihn _____, bei
   den Berliner Philharmonikern zu spielen.

2. Barenboims Vater _____ ihm, in Deutschland zu arbeiten.

3. Viele Juden verstehen Barenboims _____ für Wagner nicht.

4. Die Musik von Wagner war in Israel lange _____.

5. Barenboim sagt: „Die Deutschen haben der Welt viel _____
   geschenkt.“

6. Wagner hat seine Oper *Tannhäuser* in Dresden _____.

7. Barenboim ist nicht nur Pianist, sondern auch _____.

26 Kunststadt Dresden

Ein Tourist in Dresden möchte wissen, was es in Dresden an Kunst zu sehen gibt. Was können Sie ihm sagen?

Ausstellungen – *Die Brücke* – entfernt – Expressionismus – Farben – Flut – Galerie Alte Meister – Galerie Neue Meister – Grünes Gewölbe – Hochschule für Bildende Künste – leuchtend – Museen – Nazizeit – Raffael – *Sixtinische Madonna* – Staatliche Kunstsammlung Dresden – verboten – verbrannt – Vorbilder – *Zwinger*

27 Was gibt es in unserer Stadt?

Suchen Sie ein Museum in Ihrer Stadt oder in der Region (oder im Internet) und finden Sie heraus, welche Austellungen es gibt. Arbeiten Sie in Gruppen/ Paaren und entscheiden Sie, welche Ausstellung Sie am interessantesten finden und warum. Berichten Sie über diese Ausstellung im Kurs!

28 Rollenspiel mit Wagner

Lesen Sie die Inhaltsangabe unten und schreiben Sie dann Wagners Oper „Tristan und Isolde" in folgenden Szenen:
Reise nach Irland
Im Garten der Burg
König Marke erfährt vom Zaubertrank
Tristan und Isoldes Ende
Arbeiten Sie in Gruppen. Sie brauchen mindestens vier Personen: Tristan – Isolde – König Marke – einen Erzähler.

Tristan und Isolde

Tristan wird auf einer Reise in Irland schwer verwundet°. Isolde pflegt° den verwundeten Tristan mit magischen Heilkräutern°. Tristan muss an den Hof von König Marke in Cornwall reisen. Dort findet er heraus, dass Marke Isolde heiraten will; und Tristan selbst soll Isolde überreden, den König zu heiraten. Auf der Fahrt zu König Marke trinken Tristan und Isolde einen Becher Wein, ohne zu wissen, dass es ein Liebestrank° ist. Tristan und Isolde verlieben sich und treffen sich heimlich° im Garten der Königsburg – obwohl Isolde und König Marke schon verheiratet sind. König Marke ist sehr böse auf° Tristan und Isolde und er will Tristan deshalb töten lassen. Als Zeichen der Liebe und Treue gibt Isolde Tristan einen Ring. Tristan flieht. Als König Marke erfährt, dass Tristan und Isolde sich durch einen Zaubertrank verliebt haben, verzeiht° er den beiden. Aber Tristan stirbt vor Schwäche und Sehnsucht°, Isolde stirbt vor Schmerz° über Tristans Tod.

---

verwundet *wounded* • **pflegt** *cares for* • **Heilkräutern** *medicinal herbs* • **Liebestrank** *love potion*
heimlich *secretly* • **böse ...** *mad at* • **verzeihen** *forgive* • **Sehnsucht** *longing* • **Schmerz** *sorrow*

Die Adjektive **künstlerisch** und **künstlich** klingen sehr ähnlich, sind es aber nicht. Finden Sie im Wörterbuch die passenden Definitionen und setzen Sie das jeweils passende Wort in die folgenden Sätze ein.

1. Otto Müller wurde erst 1910 Mitglied der *Brücke*. Sein _____ Stil war jedoch etwas anders.
2. Bei _____ Licht kann ein Künstler nicht gut arbeiten. Kunst braucht natürliches Licht.
3. Ernst Ludwig Kirchner nahm sich 1938 das Leben, denn er konnte den Verlust *(loss)* seiner _____ Freiheit nicht ertragen *(bear)*.
4. Die _____ Vorbilder der *Brücke*-Maler waren van Gogh und Gauguin.

Strukturen

Satzverbindungen

Subordinierende Konjunktionen

Subordinating conjunctions link a main clause with a dependent clause.

> Isolde pflegte Tristan, **weil** er verwundet war.

- The main clause and the subordinate clause are always separated by a comma. If the subordinate clause begins the sentence, the verb of the main clause is positioned directly after the comma.

> **Weil** Tristan verwundet war, **pflegte** Isolde ihn.

- The conjugated verb in a dependent clause is always the last element.

- The following conjunctions are used to express **temporal** relationships between clauses.

als	*when, as*	**seit, seitdem**	*since*
als ob	*as if, as though*	**sobald**	*as soon as*
bevor	*before*	**solange**	*as long as*
bis	*until; by*	**sooft**	*whenever*
ehe	*before*	**während**	*while*
nachdem	*after*		

> **Als** der König vom Zaubertrank **erfährt**, verzeiht er Tristan.

> **Bevor** Daniel Barenboim in Europa **lebte**, wuchs er in Israel auf.

- The following conjunctions are used to express **causal** relationships between clauses.

da	*as, since, seeing that*
damit	*so that*
dass	*that*
so dass	*so that*
ob	*whether, if even*
obgleich, obschon, obwohl	*though, although*
weil	*because*
wenn	*when, if, whenever*
wenn ... auch	*even though, even if*
wenn ... nicht / kein	*unless*

Weil sie ihn **liebt**, gibt Isolde Tristan einen Ring.

Isolde trifft Tristan heimlich im Garten, **obwohl** sie schon mit König Marke verheiratet **ist**.

- The following conjunctions are used to express **modalities**.

anstatt dass	*instead of (doing)*
falls	*in case*
indem	*by*
ohne dass	*without (doing)*

Isolde zeigt Tristan ihre Liebe, **indem** sie ihm einen Ring **gibt**.

Tristan und Isolde trinken Wein, **ohne dass** sie **wissen**, dass es ein Liebestrank ist.

29 Tristan und Isolde

Vervollständigen Sie gemeinsam mit einem Partner / einer Partnerin die folgenden Sätze.

1. Tristan weiß nicht, dass König Marke …
2. Nachdem Tristan und Isolde einen Becher Wein trinken, …
3. Tristan und Isolde treffen sich im Garten, obwohl …
4. König Marke ist böse, weil …
5. Tristan flieht, nachdem …
6. Nachdem Tristan gestorben ist, …
7. Opern finde ich (nicht) interessant, weil …

30 Restaurant-Hitliste

Bilden Sie mit Ihrem Partner / Ihrer Partnerin aus den Empfehlungen unten eine Hitliste der fünf interessantesten Restaurants in Dresden. Begründen Sie Ihre Entscheidung jeweils mit einem untergeordneten Nebensatz.

> z.B. Platz eins bekommt das *Kö 5*, weil es dort einen romantischen Innenhof gibt.

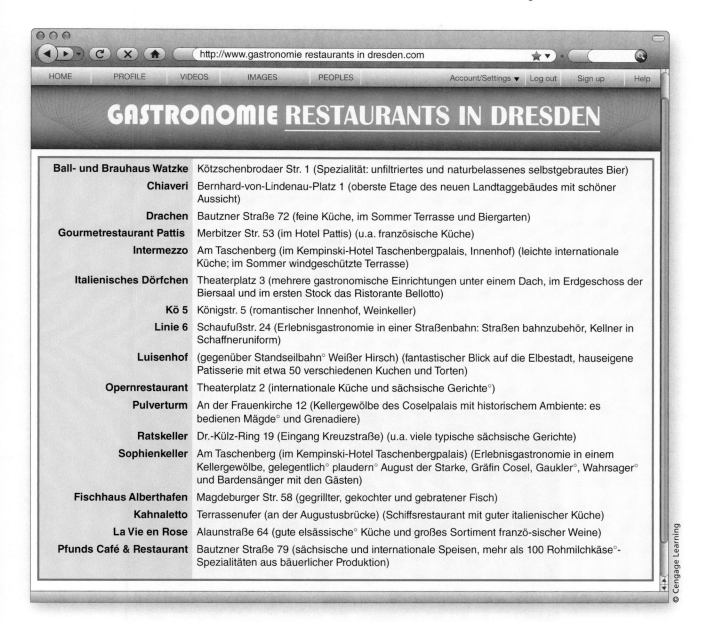

http://www.gastronomie restaurants in dresden.com

HOME | PROFILE | VIDEOS | IMAGES | PEOPLES | Account/Settings ▼ | Log out | Sign up | Help

GASTRONOMIE RESTAURANTS IN DRESDEN

Ball- und Brauhaus Watzke	Kötzschenbrodaer Str. 1 (Spezialität: unfiltriertes und naturbelassenes selbstgebrautes Bier)
Chiaveri	Bernhard-von-Lindenau-Platz 1 (oberste Etage des neuen Landtaggebäudes mit schöner Aussicht)
Drachen	Bautzner Straße 72 (feine Küche, im Sommer Terrasse und Biergarten)
Gourmetrestaurant Pattis	Merbitzer Str. 53 (im Hotel Pattis) (u.a. französische Küche)
Intermezzo	Am Taschenberg (im Kempinski-Hotel Taschenbergpalais, Innenhof) (leichte internationale Küche; im Sommer windgeschützte Terrasse)
Italienisches Dörfchen	Theaterplatz 3 (mehrere gastronomische Einrichtungen unter einem Dach, im Erdgeschoss der Biersaal und im ersten Stock das Ristorante Bellotto)
Kö 5	Königstr. 5 (romantischer Innenhof, Weinkeller)
Linie 6	Schaufußstr. 24 (Erlebnisgastronomie in einer Straßenbahn: Straßen bahnzubehör, Kellner in Schaffneruniform)
Luisenhof	(gegenüber Standseilbahn° Weißer Hirsch) (fantastischer Blick auf die Elbestadt, hauseigene Patisserie mit etwa 50 verschiedenen Kuchen und Torten)
Opernrestaurant	Theaterplatz 2 (internationale Küche und sächsische Gerichte°)
Pulverturm	An der Frauenkirche 12 (Kellergewölbe des Coselpalais mit historischem Ambiente: es bedienen Mägde° und Grenadiere)
Ratskeller	Dr.-Külz-Ring 19 (Eingang Kreuzstraße) (u.a. viele typische sächsische Gerichte)
Sophienkeller	Am Taschenberg (im Kempinski-Hotel Taschenbergpalais) (Erlebnisgastronomie in einem Kellergewölbe, gelegentlich° plaudern° August der Starke, Gräfin Cosel, Gaukler°, Wahrsager° und Bardensänger mit den Gästen)
Fischhaus Alberthafen	Magdeburger Str. 58 (gegrillter, gekochter und gebratener Fisch)
Kahnaletto	Terrassenufer (an der Augustusbrücke) (Schiffsrestaurant mit guter italienischer Küche)
La Vie en Rose	Alaunstraße 64 (gute elsässische° Küche und großes Sortiment franzö-sischer Weine)
Pfunds Café & Restaurant	Bautzner Straße 79 (sächsische und internationale Speisen, mehr als 100 Rohmilchkäse°-Spezialitäten aus bäuerlicher Produktion)

© Cengage Learning

Standseilbahn *funicular railway* • **Gerichte** *dishes* • **Mägde** *peasant girls* • **gelegentlich** *occasionally* • **plaudern** *chat*
Gaukler *jester* • **Wahrsager** *fortune tellers* • **elsässische** *Alsatian* • **Rohmilchkäse** *cheese made from raw milk*

31 Und du?

Interviewen Sie einen Partner / eine Partnerin darüber, welche Restaurants aus der Liste er/sie wählen würde, und berichten Sie dann im Kurs. Gibt es Favoriten?

> **z.B.** S1: Wohin gehst du, wenn du Fisch essen möchtest?
>
> S2: Wenn ich Fisch essen möchte, gehe ich ins Fischhaus Alberthafen.

1. Wo würdest du essen, wenn du dich für sächsische Küche interessierst?
2. Wohin gehst du, damit du französische Küche genießen kannst?
3. Wo würdest du hingehen, falls du italienisch essen möchtest?
4. Warum würdest du (nicht) in den Luisenhof gehen?
5. In welches Restaurant würdest du gerne gehen, obwohl du eigentlich nicht genug darüber weißt?
6. Wo würdest du essen, wenn du eine schöne Aussicht haben willst?

32 Konjunktionen-Spiel

Verbinden Sie mit Ihrem Partner / Ihrer Partnerin die folgenden Sätze mit so vielen verschiedenen Konjunktionen wie möglich. Stellen Sie Ihre Varianten im Kurs vor und erklären Sie die unterschiedlichen Kontexte.

> **z.B.** **Tristan wird in Irland verwundet. Isolde pflegt ihn mit Heilkräutern.** →
>
> Tristan wird in Irland verwundet und / aber Isolde pflegt ihn mit Heilkräutern.
>
> *oder* Isolde pflegt Tristan mit Heilkräutern, weil er in Irland verwundet wurde.

1. Dresden ist eine höchst interessante Stadt. Wir fahren im Sommer dorthin.
2. *Die Brücke* hat viel zur deutschen Kultur beigetragen. Die Nazis diffamierten die Kunst als „entartet".
3. Barenboim dirigiert Wagner in Israel. Die Aufführung von Wagners Werken ist in Israel verboten.
4. Tristan und Isolde lieben sich. Isolde ist mit König Marke verheiratet.

Semperoper Dresden bei Nacht

Inge Johnsen / www.Shutterstock.com

Redemittel zum Diskutieren

Mit einer Meinung übereinstimmen° oder nicht übereinstimmen

agree

Mit diesen Redewendungen kann man in einem Gespräch signalisieren, dass man zu einem Thema eine Meinung hat.

Ich finde (nicht), dass …	**Ich finde, dass** die Dresdner Frauenkirche eine der schönsten Kirchen Europas ist.
Ich bin (nicht) der Meinung, dass …	**Ich bin nicht der Meinung, dass** Musik und Kunst viel mit Politik zu tun haben.
Ich denke (nicht), dass …	**Ich denke nicht, dass** Wagner etwas mit dem Nationalsozialismus zu tun hat.
Ich glaube (nicht), dass …	**Ich glaube, dass** August der Starke kein erfolgreicher Politiker war.
Damit stimme ich nicht überein!	**Damit stimme ich nicht überein!** August der Starke war ein äußerst erfolgreicher Politiker!
Dem kann ich nicht zustimmen!	**Dem kann ich nicht zustimmen!** Er war ein kunstsinniger Mensch, aber kein politischer.
Ich bin anderer Meinung!	**Ich bin anderer Meinung!** August der Starke war sowohl in der Kunst als auch in der Politik ein Genie!

---

33 ### Ihrer Meinung nach?

Welchen der folgenden Aussagen stimmen Sie (nicht) zu? Verwenden Sie dabei die Redemittel!

1. Wagners Opern sind sehr deprimierend *(depressing)*. —Ich finde (nicht), dass …
2. In Wagners Opern geht es um perfekte Liebe. —Ich bin (nicht) der Meinung, dass …
3. *Tristan und Isolde* ist eine sehr romantische Oper. —Ich finde (nicht), dass …
4. Wagners Opern sind sehr interessant. —Damit stimme ich (nicht) überein! …
5. Wagners Opern sind sehr nationalistisch. —Dem kann ich (nicht) zustimmen! …

34 ### Fragen zur Diskussion

Diskutieren oder schreiben Sie über eines der folgenden Themen. Verwenden Sie dabei die Redemittel.

1. Was kann man damit erreichen, wenn man eine bestimmte Art von Kunst oder Musik verbietet?
2. Sollte Barenboim als international bekannter Künstler und Jude seine Vorliebe für Wagner verheimlichen *(keep secret)*? Wie ist Barenboims Haltung *(attitude)* zu Deutschland?

» Das Video finden Sie bei **iLrn**.

Videoblog

Stephanie

Vor dem Sehen

In Dresden entstehen täglich neue interessante Geschichten.

A **Musik**

Welche Musik hören Sie gern? Welche deutschsprachigen Komponisten und Musiker kennen Sie schon?

B **Sehenswürdigkeiten**

Welche interessanten Sehenswürdigkeiten gibt es in Ihrer Heimatstadt? Kann man sie besichtigen?

Beim Sehen

C **Was sehen Sie?**

Kreuzen Sie an, was Sie im Video sehen.

- ☐ ein Schiff auf der Elbe
- ☐ Windsurfer
- ☐ einen Stadtplan
- ☐ ein Schloss
- ☐ einen Park
- ☐ die Frauenkirche
- ☐ das Stadttheater

- ☐ die Semperoper
- ☐ einen Rosengarten
- ☐ eine Bergbahn
- ☐ ein Plakat für *Falstaff*
- ☐ ein Straßencafé
- ☐ eine Diskothek
- ☐ Kinder an einem Brunnen

D **Stimmt's?**

Kreuzen Sie an, ob die folgenden Aussagen mit dem übereinstimmen, was Stephanie erzählt. Berichtigen Sie die falschen Aussagen.

	STIMMT	STIMMT NICHT
1. Dresden liegt an der Elbe.	☐	☐
2. Die Frauenkirche wurde im Krieg total zerstört.	☐	☐
3. Das *Blaue Wunder* ist eine U-Bahn Linie.	☐	☐
4. *Die Brücke* wurde Anfang dieses Jahrhunderts gegründet.	☐	☐
5. *Die Prinzen* kommen aus Dresden.	☐	☐
6. In Dresden gibt es eine interessante Klubszene.	☐	☐

E **Musik in Dresden**

Was erzählt Stephanie über das Musikleben in Dresden?

F **Das Dresdner Nachtleben**

Ergänzen Sie die Sätze.

1. In Dresden gibt es eine _____ Klubszene.
2. Man kann _____ haben und viel _____.
3. Es entstehen dort täglich _____ interessante _____.

Redewendungen

Stephanie benutzt einige idiomatische Ausdrücke und Redewendungen.
Versuchen Sie gemeinsam mit Ihrem Partner / Ihrer Partnerin, diese zu erklären,
und erfinden Sie ein Beispiel, in dem Sie den Ausdruck verwenden.

1. aus aller Welt
2. die Nacht zum Tag machen
3. man kann jede Menge erleben

Nach dem Sehen

G **Reflexionen**

Wie gefällt Ihnen Dresden?

Was haben Sie aus dem Vlog Neues erfahren über die Stadt und ihre
Menschen?

Wie präsentiert Stephanie ihre Stadt?

H **Sehenswürdig**

Machen Sie Ihr eigenes Vlog oder schreiben Sie eine E-Mail an einen Partner /
eine Partnerin und berichten Sie über eine bekannte Sehenswürdigkeit an
Ihrem Heimat- oder Studienort.

⊙ Lektüre

Erich Kästner

Der Schriftsteller Erich Kästner (1899–1974)
verbrachte die ersten zwanzig Jahre seines Lebens
in seiner Heimatstadt Dresden, studierte in Leipzig
und arbeitete dann als Journalist und Schriftsteller
in Berlin. Obwohl er während des Naziregimes
als Schriftsteller verboten war und seine Bücher
verbrannt wurden, emigrierte er nicht. Nach dem
Krieg zog er nach München, wo er 1974 starb.

© SZ Photo / Gert Maehler / The Bridgeman
Art Library

Vor dem Lesen

35 **Fragen zum Thema**
1. Kennen Sie Kunst, Literatur oder Filme, die sich mit dem Zweiten
   Weltkrieg beschäftigen?
2. Welche Personen stehen in Kunst, Literatur und Film über den Zweiten
   Weltkrieg meistens im Vordergrund?

36 **Indirekte Rede**

Im folgenden Text vermeidet Erich Kästner oft die direkte Rede, indem er
einen Dialog in indirekter Rede repräsentiert. Schreiben Sie die folgenden
Beispiele in direkte Rede um. Überlegen Sie sich, welchen Effekt die indirekte
Rede hier hat. Arbeiten Sie, wenn nötig, mit dem Wörterbuch.

 Nein, es herrsche Reisesperre.

"Nein, es herrscht Reisesperre."

1. Ohne die Befürwortung einer amtlichen Stelle dürfe niemand die
   Reichshauptstadt verlassen.
2. Ich müsse mich an meine Berufsorganisation wenden.
3. Ich sei aber in keiner Organisation, sagte ich.
4. Ja, dann freilich, dann bekäme ich auch nirgendwo eine Reiseerlaubnis
   und am Schalter keine Fahrkarte nach Dresden.
5. Und meine Eltern? fragte ich, – vielleicht seien sie tot, vielleicht
   verwundet, sicher obdachlos, zwei alte einsame Leute!
6. Ich käme am Sonnabend, schrieb ich, zu warten.
7. Ja, die beiden ständen seit dem frühen Morgen am Neustädter Bahnhof.
8. Die Mutter habe sich nicht halten lassen. Wir hätten uns gewiß verfehlt.
9. Sie, die nette alte Frau, habe ihnen gleich und immer wieder geraten …

37 **Wörterbucharbeit**

Erich Kästner beschreibt die Zerstörung Dresdens durch viele Metaphern. Welche Metaphern sind das? Arbeiten Sie mit dem Wörterbuch, um für die folgenden Beispiele gute Übersetzungen zu finden:

 z.B. Man geht hindurch, als liefe man im Traum durch Sodom und Gomorrha. [Metapher: *Die zerstörte Stadt ist ein Alptraum / Dresden ist Sodom und Gomorrha.*]

→ Walking through this feels like a bad dream of walking through Sodom and Gomorrah.

z.B. Fünfzehn Quadratkilometer Stadt sind abgemäht und fortgeweht. [Metapher: *Eine Naturgewalt hat die Stadt fortgeweht.*]

→ Fifteen square kilometers of city have been razed to the ground and blown away.

1. ... Hügel und Täler aus Schutt und Steinen.
2. ... bizarre Hausecken und dünne Kamine stechen wie vereinzelte Bäume in die Luft.
3. ... gegenüberliegende Häuser sind ineinandergestürzt, als seien sie sich im Tod in die Arme gesunken.
4. Wie von einem Zyklon an Land geschleuderte Wracks riesenhafter Dampfer liegen zerborstene Kirchen umher.
5. Die ausgebrannten Türme der Kreuz- und der Hofkirche, des Rathauses und des Schlosses sehen aus wie gekappte Masten.
6. Der goldene Herkules überstand seltsamerweise den feurigen Taifun.
7. Gebäude sind im Gluthauch des Orkans wie Blei geschmolzen.

WALTER HAHN / AFP / Getty Images

August Schreitmüllers „Güte" auf dem Dresdner Rathausturm nach den Angriffen am 13. Februar 1945.

... und dann fuhr ich nach Dresden

Während Dresden in den Abendstunden des 13. Februars 1945 zerstört wurde, saß ich in einem Berliner Luftschutzkeller, blickte auf die abgegriffene Blaupause einer Planquadratekarte von Deutschland°, hörte den Mikrophonhelden des »Gefechtsstands Berlin°« von feindlichen Bomberströmen reden und begriff, mittels der von ihm heruntergebeteten Planziffern°, daß meine Vaterstadt soeben zugrunde ging. In einem Keller jener Stadt saßen meine Eltern ...

Am nächsten Morgen hetzte ich zum Bahnhof. Nein, es herrsche Reisesperre°. Ohne die Befürwortung einer amtlichen Stelle dürfe niemand die Reichshauptstadt verlassen. Ich müsse mich an meine Berufsorganisation wenden. Ich sei aber in keiner Organisation, sagte ich. In keiner Fachschaft, in keiner Kammer, nirgends. Warum denn nicht? Weil ich ein verbotener Schrift-steller sei! Ja, dann freilich, dann bekäme ich auch nirgendwo eine Reiseerlaubnis und am Schalter keine Fahrkarte nach Dresden. Und meine Eltern? fragte ich, – vielleicht seien sie tot, vielleicht verwundet, sicher obdachlos, zwei alte einsame Leute! Man zuckte die Achseln. Der Nächste, bitte. Halten Sie uns nicht unnötig auf.

Es war nicht einmal böser Wille. Es war die Bürokratie, die mir den Weg versperrte und an der ich nicht vorbei konnte. Die Bürokratie, dieser wasserköpfige, apokalyptische Wechselbalg der Neuzeit°. Ich war gefangen. Das Gefängnis hieß Berlin. Ich wartete. Die Gerüchte überschlugen sich. Ich biß die Zähne zusammen. Am zehnten Tage nach dem Angriff fiel eine Post-karte in den Briefkasten. Eine dreckige, zerknitterte Karte mit ein paar zittrigen Zeilen. Die Eltern lebten. Die Wohnung war nur leicht beschädigt. Die Karte kam an meinem Geburtstag ...

In diesen Septembertagen war ich, seit Weihnachten 1944, zum ersten Male wieder daheim. Ich käme am Sonnabend, schrieb ich, zu warten. Als ich schließlich gegen Abend klingelte, öffnete eine freundliche alte Frau. Es war die den Eltern zugewiesene Untermieterin. Ja, die beiden ständen seit dem frühen Morgen am Neustädter Bahnhof. Die Mutter habe sich nicht halten lassen. Wir hätten uns gewiß verfehlt. Sie, die nette alte Frau, habe ihnen gleich und immer wieder geraten ...

Ich sah die Eltern schon von weitem. Sie kamen die Straße, die den Bahndamm entlang führt, so müde daher, so enttäuscht, so klein und gebückt. Der letzte Zug, mit dem ich hätte eintreffen können, war vorüber. Wieder einmal hatten sie umsonst gewartet ... Da begann ich zu rufen. Zu winken. Zu rennen. Und plötzlich, nach einer Sekunde fast tödlichen Erstarrens, beginnen auch meine kleinen, müden, gebückten Eltern zu rufen, zu winken, und zu rennen.

Es gibt wichtige und unwichtige Dinge im Leben. Die meisten Dinge sind unwichtig. Bis tief ins Herz hinein reichen die für wahr und echt gehaltenen Phrasen. Gerade wir müßten heute wie nie

copy of a map of Germany by quadrants
military radio report
quadrant numbers on the map

travel curfew

bloated, apocalyptic creature

vorher und wie kein anderes Volk die Wahrheit und die Lüge, den
50 Wert und den Unfug unterscheiden können. Die zwei Feuer der
Schuld und des Leids sollten alles, was unwesentlich in uns ist, zu
Asche verbrannt haben. Dann wäre, was geschah, nicht ohne Sinn
gewesen. Wer nichts mehr auf der Welt besitzt, weiß am ehesten,
was er wirklich braucht. Wem nichts mehr den Blick verstellt, der
55 blickt weiter als die anderen. Bis hinüber zu den Hauptsachen. So
ist es. Ist es so?

Das, was man früher unter Dresden verstand, existiert nicht
mehr. Man geht hindurch, als liefe man im Traum durch Sodom
und Gomorrha. Durch den Traum fahren mitunter klingelnde
60 Straßenbahnen. In dieser Steinwüste hat kein Mensch etwas zu
suchen, er muss sie höchstens durchqueren. Von einem Ufer des
Lebens zum anderen. Vom Nürnberger Platz weit hinter dem
Hauptbahnhof bis zum Albertplatz in der Neustadt steht kein
Haus mehr. Das ist ein Fußmarsch von etwa vierzig Minuten.
65 Rechtwinklig zu dieser Strecke°, parallel zur Elbe, dauert die   *perpendicular to this route*
Wüstenwanderung fast das Doppelte. Fünfzehn Quadratkilometer°   *15 square kilometers*
Stadt sind abgemäht und fortgeweht. Wer den Saumpfad
entlangläuft, der früher einmal in der ganzen Welt unter dem
Namen „Prager Straße" berühmt war, erschrickt vor seinen
70 eigenen Schritten. Kilometerweit kann er um sich blicken. Er
sieht Hügel und Täler aus Schutt und Steinen. Eine verstaubte
Ziegellandschaft. Gleich° vereinzelten, in der Steppe verstreuten   *just like*
Bäumen stechen hier und dort bizarre Hausecken und dünne
Kamine in die Luft. Die schmalen Gassen, deren gegenüberlieg-
75 ende Häuser ineinandergestürzt sind, als seien sie sich im Tod in
die Arme gesunken, hat man durch Ziegelbarrieren abgesperrt.
Wie von einem Zyklon an Land geschleuderte Wracks riesen-   *giant*
hafter° Dampfer liegen zerborstene Kirchen umher. Die ausgebrannten Türme der Kreuz- und der Hofkirche, des Rathauses
80 und des Schlosses sehen aus wie gekappte Masten°. Der goldene   *like broken ship masts / statue of Hercules*
Herkules° über dem dürren Stahlgerippe des Rathaushelms
erinnert an eine Gallionsfigur, die, seltsamerweise und reif zur
Legende, den feurigen Taifun, dem Himmel am nächsten, überstand. Die steinernen Wanten und Planken der gestrandeten
85 Kolosse sind im Gluthauch des Orkans wie Blei° geschmolzen und   *molten in the heat of the fire storm like lead*
gefrittet. Was sonst ganze geologische Zeitalter braucht, nämlich
Gestein zu verwandeln – das hat hier eine einzige Nacht zuwege
gebracht. [...]

Freunde hatten gesagt: »Fahre nicht hin. Du erträgst es
90 nicht.« Ich habe mich genau geprüft. Ich habe den Schmerz
kontrolliert. Er wächst nicht mit der Anzahl der Wunden. Er
erreicht seine Grenzen früher. Was dann noch an Schmerz
hinzukommen will, löst sich nicht mehr in Empfindung auf. Es ist,
als fiele das Herz in Ohnmacht.

Extract from: Erich Kästner: Gesammelte Schriften © Atrium Verlag,
Zürich. Reprinted by permission.

Wortschatz

die **Asche**   ash
böser Wille   malice
Es war kein böser Wille.   There was
  no ill will intended.
(vor etwas) **erschrecken** (erschrickt,
  erschrak, ist erschrocken)   to get
  scared (by s.th.)
(etwas) **ertragen** (erträgt, hat
  ertragen)   to endure (s.th.)
das **Gerücht, -e**   rumor
das **Leid**   pain, sorrow
die **Lüge, -n**   lie
in Ohnmacht fallen (fällt in ~,
  fiel in ~, ist in Ohnmacht
  gefallen)   to faint
jemandem (etwas) **raten** (rät, hat
  geraten)   to advise someone (s.th.)
schmelzen (schmilzt, schmolz, ist
  geschmolzen)   to melt

der **Schmerz**   pain
die **Schuld**   guilt
der **Schutt**   debris
der **Unfug**   nonsense, foolishness
der **Untermieter, -** / die
  Untermieterin, -nen   renter, tenant
vereinzelt   solitary, single
jemanden **verfehlen** (hat verfehlt)
  to miss someone, fail to meet
den **Weg versperren**   to block the
  path
der **Wert, -e**   value
zerbersten   burst, explode
zugrunde gehen   to perish
etwas **zuwege bringen**   to
  accomplish s.th.
jemandem etwas **zuweisen**   to
  assign s.th. to someone

38 Fragen zum Text

1. Wo war Erich Kästner am 13. Februar 1945? Wo waren seine Eltern?
2. Warum konnte Erich Kästner nicht nach Dresden fahren?
3. Wie hat er erfahren, dass seine Eltern noch am Leben waren?
4. Wann fuhr Kästner 1945 zum ersten Mal nach Dresden?
5. Wer wohnte im September 1945 bei seinen Eltern?
6. Warum haben seine Eltern nicht zu Hause auf ihn gewartet?
7. Wie erlebt er die zerstörte Stadt?
8. Beschreibt er, wie er sich dabei fühlt?

39 Wichtiges und Unwichtiges

In diesem Text äußert Kästner seine Gedanken in relativ abstrakter Sprache. Arbeiten Sie mit einem Partner und übersetzen Sie den folgenden Ausschnitt ins Englische. Kann man daraus ableiten, wie Kästner sich im September 1945 in Dresden gefühlt hat?

Es gibt wichtige und unwichtige Dinge im Leben. Die meisten Dinge sind unwichtig. Bis tief ins Herz hinein reichen die für wahr und echt gehaltenen Phrasen. Gerade wir müßten heute wie nie vorher und wie kein anderes Volk die Wahrheit und die Lüge, den Wert und den Unfug unterscheiden können. Die zwei Feuer der Schuld und des Leids sollten alles, was unwesentlich in uns ist, zu Asche verbrannt haben. Dann wäre, was geschah, nicht ohne Sinn gewesen. Wer nichts mehr auf der Welt besitzt, weiß am ehesten, was er wirklich braucht. Wem nichts mehr den Blick verstellt, der blickt weiter als die anderen. Bis hinüber zu den Hauptsachen. So ist es. Ist es so?

Vor dem Weiterlesen

 40 **Wichtiges und Unwichtiges für Sie**

 Machen Sie eine kleine Liste mit Dingen in Ihrem Leben, die Ihnen persönlich wichtig sind, und mit Dingen, die Ihnen unwichtig sind. Vergleichen Sie Ihre Listen im Kurs und diskutieren Sie.

Günter Eich

Günter Eichs (1907–1972) Gedicht *Inventur* entstand gegen Ende des Zweiten Weltkrieges durch die Erfahrungen des Autors in einem Kriegsgefangenenlager. Es gilt als eines der wichtigsten Beispiele der „Trümmerliteratur", Literatur „des Kahlschlags" oder „der Stunde Null".

Inventur

Dies ist meine Mütze,
dies ist mein Mantel,
hier mein Rasierzeug
im Beutel aus Leinen.

Konservenbüchse:
Mein Teller, mein Becher,
ich hab in das Weißblech
den Namen geritzt.

Geritzt hier mit diesem
kostbaren Nagel,
den vor begehrlichen°
Augen ich berge°.

Im Brotbeutel sind
ein Paar wollene Socken
und einiges, was ich
niemand verrate,
so dient es als Kissen
nachts meinem Kopf.
Die Pappe hier liegt
zwischen mir und der Erde.

Die Bleistiftmine
lieb ich am meisten:
Tags schreibt sie mir Verse,
die nachts ich erdacht.

Dies ist mein Notizbuch,
dies meine Zeltbahn,
dies ist mein Handtuch,
dies ist mein Zwirn°.

begehrlichen *desiring* • **berge** *hide* • **Zwirn** *thread*

Fragen zum Text

1. Wer spricht hier und in welcher Situation befindet sich die Person?
2. Wie verhält sich die Person zu anderen Personen? Welche Rolle spielt die Umwelt?
3. Welche Dinge erscheinen besonders wichtig?
4. Wie unterscheidet sich die vierte Strophe von den anderen?
5. Welche Dinge könnten noch im Brotbeutel sein?
6. Welche Rolle spielt das Schreiben?

 Schreibaufgabe: Inventur

Machen Sie selbst Inventur und schreiben Sie Ihr eigenes Gedicht. Orientieren Sie sich dabei am Muster von Günter Eich. Stellen Sie Ihre Gedichte dann im Kurs vor.

 Vergleiche

Arbeiten Sie mit einem Partner / einer Partnerin. Vergleichen Sie den Effekt 1. des Fotos von Dresden 1945, 2. von Kästners Erzählung ... *und dann fuhr ich nach Dresden* und 3. von Günther Eichs *Inventur* und fragen Sie Ihren Partner / Ihre Partnerin:

1. Was gibt dir am meisten das Gefühl zu verstehen, wie es 1945 war?
2. Wovon würdest du gerne mehr lesen / sehen wollen? Warum?
3. Wovon würdest du auf keinen Fall mehr lesen / sehen wollen? Warum?

Fragen zum Nachdenken und Diskutieren

1. Was sagt uns Kästner über das zerstörte Dresden? Wovon spricht er nicht?
2. Wie repräsentiert Günter Eichs *Inventur* die Stimmung der „Stunde Null"?
3. Welche Rolle spielen Kunst und Literatur für die Repräsentation der Geschichte?
4. Welche Rolle können Kunst und Literatur für die Menschen spielen, die die Zerstörung erlebt haben?
5. Was können Kunst und Literatur für die Menschen bewirken, die die Zerstörung nicht erlebt haben?

Zum Schluss

 Kunst und Politik

Diskutieren Sie noch einmal über das Verhältnis von Kunst, Geschichte und Politik!

- *Die Brücke* – „entartete" Kunst?
- Wagner in Israel
- Trümmerliteratur

Das letzte Wort: *Zugabe*

Nach einem Konzert applaudiert das Publikum, um zu zeigen, dass ihm die Musik gefallen hat. Wenn man lange genug applaudiert, kann es eine **Zugabe** geben oder sogar mehrere. Wenn man sehr begeistert ist, kann man „Bravo" rufen oder durch die Finger pfeifen. Wenn es nicht so toll war, kann es sein, dass ein paar Leute „Buh" rufen.

Was war Ihr schönstes Konzert? Gab es Zugaben? Wie haben die Zuhörer reagiert?

Stefano Paterna / Alamy

Die Dresdner Frauenkirche, erbaut 1731–1743, wurde im Zweiten Weltkrieg zerstört und 1995–2005 wieder aufgebaut.

Salzburg

Bei einer Fahrt mit dem Fiaker (so heißen diese Pferdekutschen in Österreich) kann man die Salzburger Altstadt kennenlernen.

T he birthplace of Mozart and home to the *Salzburger Festspiele* is often called *die Bühne der Welt*, as Katharina our video blogger tells us. The reading for this chapter is from a contemporary Austrian thriller that describes an unspeakable crime that unfolds on that very stage.

◉ Station Salzburg

Katharinas E-Mail

- **Der berühmteste Salzburger aller Zeiten**
  Wolfgang Amadeus Mozart

◉ Einblicke

Kaffeehausfrühstück

- **Strukturen**
  Näher beschreiben und informieren:

  Relativsätze und Relativpronomen

  Das Subjekt als Objekt: Reflexivpronomen

Videoblog: Katharina

◉ Lektüre

Silentium!
Wolf Haas

Materialien

Arbeitsbuch

iLrn™

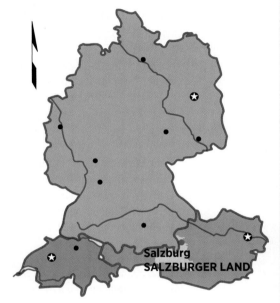

Salzburg
SALZBURGER LAND

© Cengage Learning 2015

STATISTIK	
Einwohnerzahl:	150 000
Fläche:	66 km^2
Hotel betten in Salzburg:	10 500

◉ Station Salzburg

Was wissen Sie schon?

1. Haben Sie den Film *The Sound of Music* gesehen? Wie ist die Landschaft um Salzburg?
2. Woran denken Sie, wenn Sie Salzburg hören?
3. Was wissen Sie über die Salzburger Festspiele?

Katharina aus Salzburg

© Cengage Learning

Katharinas E-Mail

Unsere Videobloggerin Katharina, die als Redakteurin bei einer Salzburger Zeitung arbeitet, schreibt eine Mail an ihre Freundin Kerstin in Lienz. Kerstin will am nächsten Wochenende zu Katharina nach Salzburg kommen.

Hallo Mädel,

das Wetter schaut gut aus fürs Wochenende! Bring Deine Wanderstiefel mit und Deinen Rucksack, dann machen wir die Tour, die im Juni ins Wasser gefallen ist°.
Danach entspannen wir uns in der Infrarot-Sauna in dem Hotel, von dem ich Dir schon erzählt habe. Mit Dir kann ich mich immer am besten vom Stress erholen.
Ich freu mich schon auf Dich!
Deine Kati

---

ins Wasser gefallen ist *got rained on*

1   Entspannung und Erholung

1. Wie entspannen Sie sich am besten?
2. Mit wem können Sie sich am besten erholen?

Geschichte

Hallstattzeit	**Römerzeit**	**470**	**700**	**1077**	**13.– 17. Jh.**	**16. Jh.**
(ca. 1000–450 v. Chr.) Die Region ist durch das Salz, das dort gefunden wird, dicht besiedelt.	(41–54 n. Chr.) Salzburg *(Juvavum)* wird unter Kaiser Claudius eine Stadt.	Eine Mönchsgemeinde *(community of monks)* entsteht.	Ein Frauenkloster wird gegründet.	Die Festung Hohensalzburg wird auf den Ruinen eines römischen Kastells gebaut.	Durch den Salzhandel wird das Bürgertum reich.	Bauernkriege und Reformation. Der Arzt und Chemiker Paracelsus lebt und arbeitet in Salzburg.

2 Wissenswertes über Salzburg

Verbinden Sie die Definitionen mit den passenden Begriffen.

1. der Komponist, der 1756 geboren ist
2. die Burg, in der es ein interessantes mittelalterliches Museum gibt
3. die Praline, die ein Salzburger erfunden hat
4. ein Kulturfestival, das jedes Jahr im Sommer stattfindet
5. die Stadt, in der 1964 der Film *The Sound of Music* gedreht wurde
6. das Kaffeehaus, in dem schon Mozart seine Melange getrunken hat
7. der Dirigent, der die Salzburger Festspiele berühmt machte

a. Wolfgang Amadeus Mozart
b. Salzburg
c. die Hohensalzburg
d. die Mozartkugel
e. das Café Tomaselli
f. Herbert von Karajan
g. die Salzburger Festspiele

3 Fragen zur Station

1. Wie heißt die Festung in Salzburg?
2. Wann ist Mozart geboren?
3. Durch wen sind die Salzburger Festspiele berühmt geworden?
4. Warum ist das Café Tomaselli so bekannt?
5. Wodurch sind viele Salzburger im 13. bis 17. Jahrhundert reich geworden?
6. Welches große Jubiläum feierte Salzburg im Jahre 2006?

Murat Ayranci / SuperStock

Salzburgpanorama

27. Januar 1756	1920	1956–1960	1997	2006	2013
Wolfgang Amadeus Mozart wird geboren.	Beginn der ersten Salzburger Festspiele	Bau des Großen Festspielhauses	Aufnahme der Altstadt in die Liste des UNESCO Weltkulturerbes.	Mozarts 250. Geburtstag wird in Salzburg und ganz Österreich groß gefeiert.	Zahlreiche Ausstellungen und Projekte erinnern an den 1913 geborenen Zukunftsforscher Robert Jungk.

Der berühmteste Salzburger aller Zeiten°

of all times

Wolfgang Amadeus Mozart (1756–1791)

Wolfgang Amadeus Mozart kam am 27. Januar 1756 in Salzburg zur Welt. Von den sieben Kindern der Familie Mozart überlebten° nur Wolfgang und seine ältere Schwester Nannerl. Schon im Alter von fünf Jahren begann er zu komponieren. Er besuchte weder Schule noch° Universität und war ein Drittel seines Lebens auf Reisen. Als junger Mann arbeitete er als Konzertmeister und Hoforganist° in Salzburg und feierte einen Triumph nach dem anderen auf Konzertreisen durch ganz Europa. Später ging er nach Wien und finanzierte seinen Lebensunterhalt als Opernkomponist, Musiklehrer und Pianist mit eigenen Kompositionen. In Wien heiratete er gegen den Willen seines Vaters Constanze Weber. Auch in Wien wurde Mozart offizieller Kammermusiker am Hof, wodurch er und Constanze gut leben konnten. Er starb 1791 im Alter von 35 Jahren.

Barbara Krafft / The Bridgeman Art Library / Getty Images

Wolfgang Amadeus Mozart

überlebten *survived* • **weder noch** *neither nor* • **Hoforganist** *court organist*

---

 4 **Partnerinterview über das Spielen**

Mozart war ein leidenschaftlicher Spieler. Spielen Sie auch gerne? Fragen Sie Ihren Partner / Ihre Partnerin, was er oder sie gerne spielt. Berichten Sie dann den interessantesten Aspekt des Interviews im Kurs.

1. Spielst du ein Instrument? Seit wann spielst du _____?
2. Spielst du gerne Fußball, Tennis oder andere Ballsportarten?
3. Spielst du Karten? Welche Spiele kennst du? Spielst du um Geld?
4. Spielst du gern Theater? Welche Rolle(n) hast du gespielt?
5. Spielst du Schach *(chess)* oder andere Brettspiele *(board games)*?
6. Was hast du als Kind am liebsten gespielt?
7. Was spielst du jetzt am liebsten?

Grundwortschatz:
Veranstaltungen

auftreten (tritt auf, trat auf, ist aufgetreten) *to appear*

kulturell *cultural*

künstlerisch *artistic*

präsentieren (hat präsentiert) *to present*

das **Programm, -e** *program*

das **Publikum** *audience*

stattfinden (findet statt, fand statt, hat stattgefunden) *to take place*

die **Stimmung, -en** *atmosphere, mood*

die **Veranstaltung,- en** *event*

der **Zuschauer, -** / die **Zuschauerin, -nen** *spectator*

5 Die Salzburger Festspiele

Arbeiten Sie gemeinsam mit einem Partner / einer Partnerin und ergänzen Sie die Sätze mit den passenden Wörtern aus dem Grundwortschatz.

1. Die Salzburger Festspiele _____ jedes Jahr im Sommer _____.
2. Es gibt viele unterschiedliche _____, zum Beispiel Theaterstücke, Konzerte und Opern.
3. Das _____ der Festspiele ist jedes Jahr anders.
4. Die _____ kommen aus der ganzen Welt.
5. Viele bekannte Orchester, Dirigenten und Schauspieler _____ bei den Salzburger Festspielen _____.
6. Oft kann man auch im _____ bekannte Künstler und andere Prominente sehen.

Mozart: Glück°, Spiel und Leidenschaft°

(Nach einem Artikel in den *Salzburger Nachrichten* vom 20.12.2003 von Catarina Carsten)

Mozart: hat er „Glück gehabt"? Aber ja. Hat er gespielt? Aber ja.

Mozart, seine Eltern, seine Schwester, seine Freunde dürften alle mehr als ein Dutzend Kartenspiele gekannt haben. Ja, man erwartete, dass „Personen von beiderlei Geschlecht° Meister und Meisterinnen in verschiedenen Spielen sein sollen" (aus einem Altwiener Spielanleitungsbuch aus dem Jahre 1756). Das galt für Karten- und Brettspiele, Tanz-, Wort- und Kegelspiele°, Rätsel-° und Pfänderspiele°, das Billardspiel sowie das sonn- und feiertägliche Bölzelschießen°.

Die Geschlechter waren zu dieser Zeit getrennt – beim Spiel kamen sie zusammen, waren „gleichberechtigt". Das Spiel war wohl auch ein Zeitvertreib°. Man muss bedenken, dass es damals weder Fax noch Telefon gab, weder Radio noch Fernsehen, noch Computer. Die Winter waren lang, man spielte also. Hier wurde zu allen Jahreszeiten, besonders in den langen Wintermonaten, gespielt.

Hat Mozart gespielt?

Aber ja. Die ersten frühkindlichen Spiele, die ersten Kinderreime° und -lieder wird er von seiner Mutter und seiner fünf Jahre älteren Schwester Nannerl gelernt haben. Auch das Klavierspiel gehört dazu. Nannerl erhielt mit sieben Jahren von Vater Leopold den ersten Klavierunterricht. Der kleine Bruder hörte zu. Als er mit vier Jahren von seinem Vater unterrichtet wurde, konnte er das Menuett, das er ihm vorspielte, in einer halben Stunde mühelos nachspielen.

Nichtspieler waren nicht gesellschaftsfähig°

Als junger Mann, so berichtet seine Schwester in ihrem Tagebuch°, beherrschte er unzählige Gesellschaftsspiele°. Von seiner Frau Constanze erfahren wir, dass er ein ausgezeichneter und begeisterter Tänzer war

---

Glück *luck* • **Leidenschaft** *passion* • **Geschlecht** *sex* • **Kegelspiele** *bowling games*
Rätsel *riddle* • **Pfänderspiele** *forfeit games* • **Bölzelschießen** *shooting game*
Zeitvertreib *pastime* • **Kinderreime** *nursery rhymes* • **nicht ...** *not socially accepted*
Tagebuch *diary* • **Gesellschaftsspiele** *parlor games*

(„besonders schön tanzte er das Menuett"), der keinen Ball ausließ, und dass er vor allem „ein leidenschaftlicher Billardspieler" war. Bei allen Spielarten, auch beim Bölzelschießen und Kegeln, wurde um Geld gespielt, meist nur um Kreuzer°, oft aber auch um Gulden°. Aus Nannerls Tagebüchern geht hervor, dass Mozart an diesem geselligen Leben regen Anteil genommen hat°.

Der leidenschaftliche Billardspieler

Ein Zeitgenosse° schreibt 1815 aus der Erinnerung an Mozart: „Er war ein leidenschaftlicher Billardspieler und spielte schlecht." Und ein paar Zeilen später: „Immer hatte er Geld nothwendig°[1]." Mozarts Frau Constanze schreibt in einer Biografie, die 1828 herausgegeben wurde, über ihn: „Er versäumte° weder die öffentlichen Maskenbälle im Theater noch die Hausbälle bei Freunden." Manchmal fragt man sich, wann er bei so vielen Bällen, Festen, Redouten°, die bis in den Morgen gingen, zum Komponieren gekommen ist. Hat er auch auf seinen langen und zahlreichen Reisen gearbeitet? Denn man weiß, dass Mozart ein Drittel seines kurzen Lebens in der Postkutsche° zugebracht hat.

Mozarts Freude an Wortspielen

Auch an diesen Spielen hat er es zur Meisterschaft gebracht. Er muss eine helle Freude daran gehabt haben, Sätze und Worte umzustellen, in Spottversen° oder Rätseln zu sprechen und zu schreiben. Er spielte: mit Worten, mit Tönen, er selbst soll nach Aussagen von Zeitgenossen immer in Bewegung gewesen sein, mit Händen und Füßen – er spielte immer.

Hatte Mozart Spielschulden°?

Ob Mozart Spielschulden hatte, ist nicht nachzuweisen°, aber es ist anzunehmen°. Was seine Einkünfte betrifft, so will man wissen, dass Mozart in Wien 1787 zum Kaiserlichen Kammermusiker ernannt wurde mit einem Jahresgehalt von 800 Gulden. (Vater Leopold bezog vergleichsweise eine jährliche Summe von 400 Gulden. Eine Dienstmagd verdiente im Jahr 10 Gulden.) Er war der erklärte Liebling der Wiener Gesellschaft und bei Hofe°. Es wird berichtet, dass der Kaiser Mozart nach einem Konzert „mit dem Hut in der Hand ein Kompliment machte und ‚bravo Mozart' schrie". Fest steht, dass Mozart in seiner Wiener Zeit sehr viel Geld verdiente und standesgemäß° leben konnte. Er konnte also ein Leben führen, wie er es sich in Salzburg erträumt hatte.

Ob Mozart ein Opfer° seiner Spielleidenschaft wurde, ist nicht nachzuweisen. Wir sind auf Vermutungen° angewiesen. Dass er ein „leidenschaftlicher Spieler" war, steht fest. Im Grunde spielte er immer. Seine unsterbliche Musik hat er uns als unverlierbares Geschenk hinterlassen.

Kreuzer *small unit of 18th-century Austrian currency* • **Gulden** *large unit of 18th-century currency*
regen ... *participated actively* • **Zeitgenosse** *contemporary* • **Immer ...** *He always needed money*
versäumte *missed* • **Redouten** *Tanzfeste* • **Postkutsche** *carriage* • **Spottversen** *satirical verse*
Spielschulden *gambling debt* • **ist ...** *cannot be proven* • **anzunehmen** *likely* • **bei ...** *at court*
standesgemäß *according to his social standing* • **Opfer** *victim* • **Vermutungen** *assumptions*

[1] The spelling "nothwendig" is the 18th-century spelling of the modern German "notwendig."

Reprinted with the permission of Salzburger Nachrichten.

6   **Fragen zum Text**

Der Salzburger Professor Dr. Günther G. Bauer arbeitete zehn Jahre lang an seinem Mozartbuch *Mozart. Glück, Spiel und Leidenschaft*, über das Catarina Carstens im vorhergehenden Artikel schreibt. Er war zuerst Schauspieler *(actor)* und Regisseur *(director)*, bis 1998 Professor für Schauspiel und 1983–1991 Rektor der damaligen Hochschule *Mozarteum* in Salzburg.

1. Für wen ist Prof. Bauers Buch geschrieben? Für Historiker, für Musikwissenschaftler oder für Mozartliebhaber?
2. Ist Prof. Bauers Buch ein wissenschaftliches Buch?
3. Würden Sie das Buch gerne einmal lesen? Warum (nicht)?

7   **Mozarts Leidenschaften**

Lesen Sie den Text noch einmal durch und machen Sie eine Liste von Mozarts Leidenschaften. Sagen Sie, ob Sie das auch gerne machen!

 Mozart hat viele Kartenspiele gekannt. Ich kenne …

Mozart konnte schon mit vier Jahren Klavier spielen. Ich …

> ### Wann sagt man was?
>
> #### *kennen, wissen*
> ---
> Die Verben **kennen** und **wissen** kann man im Englischen beide mit *to know* übersetzen. Im Deutschen verwendet man **kennen** mit Sachen und Personen (Nomen) und **wissen** mit Tatsachen (Verben) in Nebensätzen. Setzen Sie die richtigen Verben in die folgenden Sätze ein.
>
> **Kennst du** *Eine kleine Nachtmusik* **von** *Mozart*?
>
> **Weißt du**, dass Mozart gerne Billard gespielt hat?
>
> 1. Mozart hat wahrscheinlich mehr als ein Dutzend Kartenspiele _____.
> 2. Aus dem Buch *Der beliebte Weltmensch* von 1795 _____ wir, dass Männer und Frauen im 18. Jahrhundert beim Spielen gleichberechtigt waren.
> 3. Durch seine vielen Reisen _____ Mozart viele Städte in Europa.
> 4. Von Nannerls Tagebuch _____ man, dass Mozart gerne getanzt hat.
> 5. Mozart _____ viele Wiener Aristokraten.
> 6. Niemand _____, ob Mozart Spielschulden hatte.

---

8   **Wörterbucharbeit: Glück im Spiel**

Arbeiten Sie mit dem Wörterbuch und finden Sie die richtigen Definitionen für die folgenden Redensarten.

1. Er setzt alles aufs Spiel.
2. Sei kein Spielverderber!
3. Er hat mehr Glück als Verstand.
4. Er ist ein Glückspilz.
5. Was wird hier gespielt?
6. Ich habe euer Spiel durchschaut.

a. Er gewinnt nicht durch Strategie oder Wissen, sondern durch Glück.

b. Er riskiert alles.

c. Komm, mach mit!

d. Ich weiß, was ihr wollt. Ich kenne jetzt euer Geheimnis.

e. Was ist euer Plan? Sagt mir, was ihr vorhabt!

f. Er hat immer großes Glück.

9   Andere berühmte Salzburger

Suchen Sie Informationen über die folgenden Personen. Wer sind sie? Was haben sie gemacht?

Thomas Bernhard	Benita Ferrero-Waldner
Peter Handke	Franz Martin Wimmer
Herbert von Karajan	Muriel Baumeister
Paracelsus	Sabina Hank
Georg Trakl	Eckart Witzigmann
Stefan Zweig	Robert Jungk
Ruth Aspöck	

10   Suchbegriffe

Forschen Sie mit den folgenden Suchbegriffen im Internet.

Salzburg

1. Wie wird Salzburg im Internet präsentiert?
2. Welche Veranstaltungen gibt es im Moment in Salzburg?
3. Finden Sie drei historische Gebäude und suchen Sie Informationen darüber.

Salzburger Festspiele

4. Welche Opern werden dieses Jahr auf den Salzburger Festspielen gespielt?
5. Wie viel kosten die Eintrittskarten?
6. Suchen Sie Informationen über die Geschichte der Salzburger Festspiele? Was passierte 1933? Wer war 1960–1989 der große Maestro der Festspiele?

Universität Mozarteum

7. Was studiert man an der Universität Mozarteum? Welche Studienrichtungen gibt es?
8. Suchen Sie Informationen über die Universität Mozarteum. Was für eine Institution war das Mozarteum, bevor es eine Universität wurde?
9. Was ist aktuell? Welche Neuigkeiten gibt es?

Mozartkugel

10. Wo gibt es die Original-Mozartkugeln?
11. Wer hat die Mozartkugel erfunden?

Café Tomaselli

12. Was kann man im Internet über die Kaffeehaustradition erfahren?
13. Welche Spezialitäten gibt es?
14. Was wird über das Kaffeehaus und die österreichische Lebensart gesagt?

Salzburger Land

15. Welche Sportarten gibt es im Sommer im Salzburger Land?
16. Was kann man im Winter hier machen?

11 Salzburgreise oder Salzburger Rezepte

(1) Suchen Sie Informationen über Salzburg im Internet und überlegen Sie mit einem Partner, was Sie gerne machen würden, oder
(2) recherchieren Sie die Rezepte der österreichischen Spezialitäten.

1. Planen Sie mit einem Partner / einer Partnerin eine Reise nach Salzburg. Finden Sie ...

   • ein Hotel, das Ihnen gefällt.

   • ein paar Restaurants, in denen Sie gerne essen würden.

   • ein Konzert oder ein Theaterstück, das Sie gerne besuchen würden.

   • ein Geschäft, in dem Sie gerne etwas kaufen würden.

   Berichten Sie im Kurs, wie viel alles kostet und wo Sie die Informationen gefunden haben.

2. Suchen Sie Rezepte für die folgenden österreichischen Spezialitäten. Berichten Sie im Kurs, welche Zutaten man braucht und wie man sie macht.

Salzburger Nockerln	Palatschinken
Frittatensuppe	Germknödel
Sachertorte	Erdapfelgulasch (Kartoffelgulasch)
Linzer Torte	Liptauer
Marillenknödel (Aprikosenknödel)	

12 Richtig oder falsch?

Forschen Sie weiter und entscheiden Sie, ob die folgenden Aussagen korrekt sind. Wenn sie falsch sind, korrigieren Sie sie.

1. Die Getreidegasse ist eine Pferderennbahn in Salzburg.
2. Das Schloss Mirabell wurde 1606 gebaut.
3. In den Festspielhäusern finden jedes Jahr die Festspiele statt.
4. Auf den Salzburger Festspielen gibt es nur Opern von Mozart.
5. Herbert von Karajan war ein berühmter Salzburger Opernsänger.
6. Am Mozarteum kann man Kunst und Musik studieren.
7. Das Mozarteum heißt erst seit 1998 Universität Mozarteum.
8. Im Salzburger Land sind Ferien auf dem Bauernhof sehr beliebt.
9. Der Konditor (pastry chef) Paul Fürst hat 1980 die Mozartkugel erfunden.
10. Das Café Tomaselli wurde 1705 gegründet.

Die Getreidegasse in Salzburg ist heute eine der beliebtesten Einkaufsstraßen Europas.

13 Lokale Presse

Gehen Sie zu den folgenden Websites im Internet. Was sind die Schlagzeilen? Wie wirken diese Zeitungen auf Sie? Wie sind Sprache und Präsentation? Was ist besonders interessant?

Salzburger Nachrichten

Salzburger Fenster

14 Nachrichtenrunde

Arbeiten Sie in Gruppen oder Paaren. Berichten Sie über einen Aspekt, den Sie beim Surfen im Internet gefunden haben.

15 Fragen zum Nachdenken und Diskutieren

Bearbeiten Sie diese Fragen in Paaren oder kleinen Gruppen. Machen Sie Notizen und geben Sie im Kurs einen kleinen Bericht. Bringen Sie die Resultate Ihrer Internetsuche dabei ein.

1. Welche Aspekte haben die kleine Stadt Salzburg so berühmt gemacht?
2. Für wen ist Salzburg besonders interessant?
3. Wie stellen Sie sich die Salzburger Festspiele vor? Wer besucht sie?

Strukturen

Näher beschreiben und informieren

Relativsätze und Relativpronomen

A relative clause provides more information about a previously mentioned idea, thing, or person.

- Relative clauses are linked by a relative pronoun to the noun they describe. Relative pronouns are identical to definite articles, except for the dative plural and all the genitive forms.

  Nahe der deutschen Grenze liegt die Stadt Salzburg, die für ihre Festspiele bekannt ist.

	Masculine	Neuter	Feminine	Plural
Nominative	der	das	die	die
Accusative	den	das	die	die
Dative	dem	dem	der	**denen**
Genitive	**dessen**	**dessen**	**deren**	**deren**

- While the gender and number of the relative pronoun are determined by the preceding noun, case depends on the function of the relative pronoun in the relative clause.

  Mozart ist **der Salzburger Komponist,** | **der** jeden Ball besuchte.
  MASKULIN SINGULAR | NOMINATIV *(subject of the relative clause)*

  Mozart ist **der Salzburger Komponist,** | **den** die ganze Welt kennt.
  MASKULIN SINGULAR | AKKUSATIV *(direct object of the relative clause)*

- Sometimes a relative pronoun can be preceded by a preposition. In that case, the relative pronoun takes the case required by the preposition.

  Das Haus, **in dem** Mozart geboren wurde, ist eine der größten Sehenswürdigkeiten Salzburgs.

  In den Bürger- und Adelshäusern standen Spieltische, **an denen** leicht 15 bis 20 Gäste Platz finden konnten.

- Relative clauses usually follow the noun they relate to[2]. As in other subordinate clauses, the conjugated verb is positioned at the very end of the clause.

  Bölzelschießen war **ein Spiel, das** man vor allem an Sonn- und Feiertagen **spielte**.

  Die Menuette, die sein Vater ihm **vorspielte**, konnte Mozart nach einer halben Stunde mühelos nachspielen.

16 Salzburger Ratespiel

Kombinieren Sie gemeinsam mit Ihrem Partner / Ihrer Partnerin die folgenden Elemente.

z.B. Die Festung Hohensalzburg ist die größte Burg Mitteleuropas, die fast vollständig erhalten ist.

1. Die Festung Hohensalzburg ist	der Vorname einer Frau,	der die Salzburger Festspiele weltberühmt gemacht hat.
2. *Tomaselli* ist	die größte Burg Mitteleuropas,	
3. Constanze ist	der Name des Dirigenten,	die ein Ziel für viele Skifahrer und Wanderer ist.
4. Herbert von Karajan ist	das berühmte Musical,	in dem Mozart oft Melange getrunken hat.
5. Das Salzburger Land ist	der Name des Kaffeehauses,	die fast vollständig erhalten ist.
6. *The Sound of Music* ist	die Gegend,	das in Salzburg verfilmt wurde.
		die mit einem weltberühmten Komponisten verheiratet war.

17 Mehr Informationen, bitte!

Arbeiten Sie gemeinsam mit Ihrem Partner / Ihrer Partnerin und vervollständigen Sie die Sätze gemeinsam.

1. Salzburg ist eine kleine Stadt, die …
2. Salzburg hat eine barocke Altstadt, in der …
3. Mozart ist ein Komponist, der …
4. *The Sound of Music* ist ein Musical, das …
5. Jeden Sommer gibt es die Salzburger Festspiele, die …
6. Kartenspiele sind Spiele, die …
7. Ein Glückspilz ist eine Person, die …
8. Die Mozartkugel ist eine Kugel, durch die …

Die Festspielhäuser in Salzburg

FILMTIPP: *Mozart: Aufzeichnungen einer Jugend* (Klaus Kirschner, 1976)

Ein Film über Mozarts Kindheit und Jugend, den kein Mozartliebhaber auslassen sollte.

[2] Past participles and short infinitive phrases can come between the noun and the relative clause, however: Billard ist *eines der Spiele gewesen*, das Mozart gerne gespielt hat.

Einblicke

18 **Fragen zum Thema**

1. Trinken Sie gern Kaffee?
2. Gehen Sie oft ins Café? Was für ein Café ist das?
3. Wie lange sitzen Sie im Café? Was machen Sie dort?
4. Lesen Sie manchmal im Café?
5. Kennen Sie ein Café oder Restaurant, in dem es immer Frühstück gibt?

Dieser etwas impressionistische Bericht aus den *Salzburger Nachrichten* beschreibt die Atmosphäre in einem der berühmtesten Kaffeehäuser Österreichs.

Auf der Terrasse des Café Bazar, Salzburg

Kaffeehausfrühstück

fried pastry   Der Krapfen° kam auf einem Teller mit einer Gabel. In meinem Kopf lief ein Film ab: Gabel nehmen, damit das Gebäck zerkleinern ... Der Ober beobachtete mich. „Wir servieren zwar den Krapfen mit einer Gabel. Aber die Gabel zu benutzen ..." – er
5   zögerte – „ ... ich denke, das wäre nicht nötig." Besser könnte er Österreich nicht beschreiben.

    „Hat schon jemand einmal die Gabel benutzt?" fragte ich. „Ja, neulich eine Amerikanerin." Der Ober lächelt ein wenig. „In Belgien isst man Kuchen sogar mit Messer und Gabel", sagte ich.
10   „Amerikaner essen immer nur mit einer Hand", sagte der Ober scharfsinnig. Der Krapfen war übrigens wunderbar und frisch. Ich frühstückte im „Bazar", denn ich hatte einen Kollegen um Rat gebeten, der Innenstädter und passionierter Kaffeehaus-Frühstücker ist. Er nannte das „Café Fingerlos" und den „Österreichischen Hof",
15   aber er selbst geht immer ins „Bazar". Warum? Die Begründung ist einfach: „Es gibt hier den besten Kaffee Salzburgs."

    Den Besten? Das Wasser ist stadtweit dasselbe, Kaffee und Maschine sind käuflich. Woher kommen die Unterschiede? Der

fine tuning   Kollege vermutet, dass es um die Feineinstellung° geht, um die
pressure   20   glückliche Mischung aus Temperatur und Druck°. Und tatsächlich, ich bin von meinem doppelten Espresso begeistert.

guidebooks / ranking	Aus den Reiseführern° folgt eine andere Rangordnung° der Salzburger Kaffeehäuser. Da steht das „Café Tomaselli" als „a must" und „famous traditional Austrian Café" und das „Bazar"
	25 steht nur als „less famous and likewise traditional". Es ist interessant zu wissen, dass die Besitzerin des „Café Tomaselli" bis vor einigen Jahren auch die Besitzerin des „Café Bazar" war. Als Vera Tomaselli das „Café Bazar" verkaufte, versprach der Käufer „Nichts wird sich ändern". So gibt es wie immer Frühstück zu
Austrian word for Brötchen	30 jeder Tageszeit. Man bestellt Semmeln°, Butter und Eier auch am
tolerated	Nachmittag. Tee wird geduldet°. Gebäck, Orangensaft und Butter
reg. Plastikdöschen, small plastic cup	sind frisch; Marmelade kommt zwar aus dem Plastikdoserl°, ist
tender	aber die feinste Marke. Eier, weich gekocht im Glas mit zartem° Schinken, sind erstklassig. Ober, Gäste und Zeitungen geben die
addicted	35 besondere Atmosphäre. Es gibt Leute, die sind süchtig° danach.

"Kaffeehausfrühstück," excerpt from the article "Frühstück im Café Bazar zu Salzburg" in Salzburger Fenster, Feb. 7, 2001. Used with permission.

19   **Fragen zum Text**

1. Was sagt der Ober über die Gabel, mit der der Krapfen serviert wird?
2. Wie soll der Gast den Krapfen essen?
3. Was sagt der Ober über die Amerikaner?
4. Warum wird der Krapfen im Café Bazar mit Gabel serviert?
5. Wer hat dem Gast das Café Bazar empfohlen? Warum?
6. Was steht in den Reiseführern über die Salzburger Kaffeehäuser?
7. Wer ist Vera Tomaselli?
8. Was versprach der neue Besitzer des Café Bazar Vera Tomaselli?
9. Was gibt es im Kaffeehaus zum Frühstück?

Das Café Tomaselli in Salzburg wurde 1705 gegründet und ist somit das älteste Kaffeehaus Österreichs.

20 **Wer hat das gesagt?**

Sagen Sie, wer das Folgende gesagt hat. Kommentieren Sie die Aussagen.

1. „Nichts wird sich ändern."
2. „In Belgien isst man Kuchen sogar mit Messer und Gabel."
3. „Amerikaner essen immer nur mit einer Hand ..."
4. „Es gibt hier [Café Bazar] den besten Kaffee Salzburgs."
5. „Da steht das Café Tomaselli als ‚a must'."

a. Der Ober, der den Krapfen serviert hat.
b. Der Kollege, der dem Autor das Café Bazar empfohlen hat.
c. Der Gast, der den Artikel geschrieben hat.
d. Der Käufer, der von Vera Tomaselli das Café Bazar gekauft hat.
e. Im Reiseführer, in dem der Gast über die Salzburger Kaffeehäuser gelesen hat.

> „Das Kaffeehaus ist die Heimat für Leute, die allein sein wollen, aber dazu Gesellschaft *(company)* brauchen."
>
> Alfred Polgar, Schriftsteller

21 **Schreibübung**

1. Kommentieren Sie das obige Zitat von Alfred Polgar. Wohin gehen Sie, wenn Sie „allein sein wollen, aber dazu Gesellschaft brauchen"?
2. Schreiben Sie einen Eintrag über das Café Bazar mit Informationen aus dem Text.
3. Schreiben Sie über ein Café in Ihrer Stadt. Wie kann man die Atmosphäre einer Lokalität am besten beschreiben?

Mozarts Geburtshaus

22 **Definitionen**

Finden Sie die richtigen Begriffe für die folgenden Definitionen.

1. Kaffee, den man in österreichischen Kaffeehäusern gerne trinkt.
2. Das Kaffeehaus, in dem schon Mozart seine Melange getrunken hat.
3. Das Haus, in dem Mozart geboren wurde.
4. Die Festung, die auf einem Berg *(mountain)* in Salzburg steht.
5. Das Festival, das jedes Jahr in Salzburg stattfindet.
6. Die runde Praline, die ein Salzburger erfunden hat.

a. Café Tomaselli
b. Melange
c. Getreidegasse 9
d. Salzburger Festspiele
e. Hohensalzburg
f. Mozartkugel

Wortschatz

das **Angebot, -e** *offer*
begeistert *excited*
beobachten (hat beobachtet) *to watch (s.o. or s.th.)*
der **Besitzer, -** / die **Besitzerin, -nen** *owner*
die **Burg, -en** *castle*
das **Denkmal, ̈er** *monument*
einen Film **drehen** (hat gedreht) *to make a movie*
der/die **Einheimische, -n** *local person*
die **Erholung** *rest, relaxation*
erstklassig *first class, excellent; excellently*
die **Festspiele** *(pl.)* *festival*
die **Festung, -en** *castle*
die **Freude** *fun*
die **Gasse, -n** *narrow street*
das **Gebäck** *pastry, pastries, baked goods*
das **Gebiet, -e** *area*
gleichberechtigt *having equal rights*
der **Hof, ̈e** *court*
der **Innenstädter, -** / die **Innenstädterin, -nen** *city dweller*
das **Kaffeehaus, ̈er** *traditional Austrian café*
der **Krapfen, -** *fried pastry*

lächeln (hat gelächelt) *to smile*
leidenschaftlich *passionate*
die **Melange** *coffee with whipped cream*
die **Mozartkugel, -n** *praline invented in Salzburg*
mühelos *without trouble, easily*
nachweisen (weist nach, wies nach, hat nachgewiesen) *to prove*
scharfsinnig *quick witted, astute; astutely*
der **Schinken, -** *ham*
die **Schulden** *(pl.)* *debt*
die **Sehenswürdigkeit, -en** *sight, tourist attraction*
die **Semmel, -n** *roll (regional term)*
süchtig *addicted*
das **Tagebuch, ̈er** *diary*
versprechen (verspricht, versprach, hat versprochen) *to promise*
vollständig *completely*
weder ... noch *neither . . . nor*
wunderbar *wonderful*
zart *tender*
der **Zeitgenosse, -n** / die **Zeitgenossin, -nen** *contemporary*
das **Ziel, -e** *destination, goal, target*

Wann sagt man was?

bequem, gemütlich

Die Adjektive **bequem** und **gemütlich** kann man im Englischen beide mit *comfortable* übersetzen. Im Deutschen sagt man **bequem** nur dann, wenn etwas für den Körper angenehm ist, und man sagt **gemütlich** für eine angenehme Atmosphäre.

Ergänzen Sie den Text mit den richtigen Adjektiven.

Wer nach Salzburg fährt, sollte _____ Schuhe anziehen, denn man kann die meisten Sehenswürdigkeiten am besten zu Fuß erreichen. Nach einem Spaziergang durch die Altstadt kann man sich in einem _____ Kaffeehaus erholen *(relax, regenerate)*. Der Kaffee und das Gebäck sind wunderbar. Die Sessel in den Kaffeehäusern sind _____ und man kann so lange sitzen bleiben, wie man möchte und sich unterhalten *(have a conversation)* oder eine Zeitung lesen. Abends geht man in ein Konzert oder zum Abendessen in ein _____ Restaurant. Eine berühmte Salzburger Spezialität sind die Salzburger Nockerln *(Salzburg speciality of sweet pan-fried dumplings)*. Vielleicht können Sie im Internet ein Rezept finden? Aber ziehen Sie _____ Kleidung an, wenn Sie Salzburger Nockerln probieren, denn man isst meistens zu viel davon!

---

23 ## Salzburginformation

Eine Freundin, die bald eine Europareise machen will, fragt Sie, ob Salzburg eine interessante Stadt ist. Was sagen Sie ihr? Schreiben Sie einen Dialog und spielen Sie die Szene im Kurs vor. Verwenden Sie dabei möglichst viele der folgenden Begriffe.

begeistert – beobachten – der/die Einheimische – einen Film drehen – die Erholung – erstklassig – das Gebiet – gemütlich – die Innenstädter – versprechen – zart – das Ziel

Salzburger Sehenswürdigkeiten, Aktivitäten und Spezialitäten	
die Altstadt	die Musik
die Burg	der Salzburger Dom
das Denkmal	die Salzburger Festspiele
die Festung Hohensalzburg	das Salzburger Land
die Getreidegasse	der Schinken
das Kaffeehaus	die Sehenswürdigkeit
der Krapfen	die Semmel
die Landschaft	das Schloss Mirabell
die Melange	der Sommer
das Mozarthaus	*The Sound of Music*
Mozartkugeln	der Winter

24 Was ist passiert?

Arbeiten Sie in Paaren oder Gruppen. Beschreiben Sie die Situation im Bild und verwenden Sie dabei wenigstens zehn der folgenden Wörter. Spielen Sie dann die Szene.

begeistert – beobachten – Besitzer – der/die Einheimische(n) – erstklassig – Gebäck – Kaffee – Kaffeehaus – lächeln – leidenschaftlich – Melange – süchtig – wunderbar

 Ein amerikanischer Student ging ins Kaffeehaus und ...

© Cengage Learning

25 Rollenspiel

Spielen Sie andere kleine Szenen im Caféhaus. Spielen Sie nicht sich selbst, sondern jemand anderes; zum Beispiel eine schwedische Touristin; einen deutschen Studenten; einen Restaurantkritiker oder eine Reporterin für ein Gourmetmagazin; jemand, der keinen Kaffee trinken darf; usw.

Im Kaffeehaus

Redemittel zum Diskutieren

Sagen, was man gerne hat

Mir gefallen / Mir gefällt ...

Mir gefällt an Salzburg besonders die Altstadt.

Ich esse / trinke gern ...

Ich esse gern Salzburger Nockerln.

Ich esse / trinke lieber ...

Du isst lieber Wiener Schnitzel.

Ich finde ... gut / nicht so gut.

Ich finde das Konzept der Kaffeehäuser **gut**.

Ich mag ...

Ich mag die gemütliche Atmosphäre besonders gerne.

Mit dem Verb **gefallen** sagt man, dass einem die äußere Erscheinung (äußere ... *outer appearance*) oder eine äußere Charakteristik einer Sache gut gefällt. Das Verb **mögen** verwendet man, wenn man über eine innere Qualität und nicht über das Aussehen spricht.

Ich **mag** Robert. **Mir gefällt** sein neues Auto.

---

26 ### Und du?

Welchen der folgenden Aussagen stimmen Sie (nicht) zu? Wenn Sie nicht zustimmen, sagen Sie, was Sie mögen.

1. Mir gefallen die alten, traditionellen Cafés am besten.
2. Ich trinke Kaffee gerne mit Milch und Zucker.
3. Ich trinke lieber Cola.
4. Ich mag nur Espresso mit viel Zucker.
5. Ich finde den Kaffee in der Mensa sehr gut.
6. Ich esse gern Kuchen und Gebäck.
7. Mir gefallen die kleinen, engen *(narrow)* Gassen in Salzburg.
8. Ich finde Mozarts Musik fantastisch.
9. Ich gehe gern alleine ins Café und lese ein Buch.

27 ### Was magst du? Was gefällt dir? Was machst du gern?

Sagen Sie, was sie mögen, was Sie gerne machen und was Ihnen gefällt.

im Internet surfen und Kaffee trinken – Eis – Filme aus den sechziger Jahren – frisches Gebäck – heiße Schokolade – Kaffee mit Milch – Kuchen mit Sahne – mit Freunden ins Café gehen – Mozartkugeln – Mozarts Sonaten – Ski fahren – traditionelle Restaurants – wandern

28 ### Fragen zur Diskussion

Diskutieren oder schreiben Sie über eines der folgenden Themen. Verwenden Sie dabei die Redemittel.

1. Stimmt es, dass Amerikaner nur mit einer Hand essen? Welche anderen Charakteristiken des Essverhaltens *(eating behavior)* kennen Sie?
2. In welche Art Restaurant gehen Sie am liebsten? Warum? Was essen und trinken Sie dort gerne?
3. Welches Restaurant, das Sie kennen, ist besonders traditionell?

Strukturen

Das Subjekt als Objekt

Reflexivpronomen

Reflexive pronouns refer to the subject of the sentence.

nonreflexive: Eine Touristin kauft einen Apfel und wäscht ihn im Mozartbrunnen.

A tourist buys an apple and washes it in the Mozart Fountain.

reflexive: Eine Touristin wäscht sich im Mozartbrunnen.

A tourist washes herself in the Mozart Fountain.

- The reflexive pronoun stands as close as possible to the subject it refers to without affecting the regular placement of verbs.

- In the first person (ich, wir) and second person informal (du, ihr), reflexive pronouns are identical to regular accusative and dative pronouns.

		First Person	Second Person Informal
Accusative	*Singular*	mich	dich
	Plural	uns	euch
Dative	*Singular*	mir	dir
	Plural	uns	euch

Heute Nachmittag werde ich **mich** hoffentlich für ein paar Stunden ins Tomaselli setzen können.

Ihr habt **euch** ein schönes Wochenende in Salzburg gemacht.

Ich bestelle **mir** eine Melange im Tomaselli.

Wir kauften **uns** eine riesige Packung Mozartkugeln.

- The form of the reflexive pronoun for all second-person formal (Sie) and third-person forms is **sich**.

		Personal Pronouns	Reflexive Pronouns
2nd Person Formal Accusative	*Singular and Plural*	Sie	
2nd Person Formal Dative	*Singular and Plural*	Ihnen	
3rd Person Accusative	*Singular*	ihn/es/sie	sich
	Plural	sie	
3rd Person Dative	*Singular*	ihm/ihm/ihr	
	Plural	ihnen	

Ziehen Sie **sich** bequeme Kleidung an, wenn Sie Salzburger Nockerln essen!

Die Stadt Salzburg präsentiert **sich** als Kulturmetropole.

Der Gast kaufte **sich** einen Krapfen.

Unzählige Touristen sehen **sich** jeden Tag das Mozartdenkmal an.

- Certain German verbs always take accusative reflexive pronouns.

  Nach dem Bummel durch die Salzburger Altstadt **habe ich mich** im Kaffeehaus **ausgeruht**.

  These verbs include:

sich ausruhen	*to rest*
sich beeilen	*to hurry*
sich benehmen	*to behave*
sich erholen	*to relax; to recuperate*
sich erkälten	*to catch a cold*
sich irren	*to be wrong*
sich umsehen	*to look around*
sich verlaufen / verfahren	*to get lost (on foot / by car)*
sich verspäten	*to be late*
sich (über etwas) wundern	*to be surprised / perplexed (about s.th.)*

- Depending on their specific meaning, certain other German verbs can also take accusative reflexive pronouns.

  Die Besucher der Salzburger Festspiele **amüsieren sich** bei der Aufführung des „Jedermann".

  These verbs include:

sich amüsieren	*to enjoy oneself*
sich ändern	*to change*
sich entschuldigen	*to apologize*
sich (gut, schlecht ...) fühlen	*to feel (well, bad . . .)*
sich hinlegen	*to lie down*
sich interessieren	*to be interested*
sich langweilen	*to be bored*
sich (hin)setzen	*to sit down*
sich treffen	*to meet*
sich unterhalten	*to have a conversation*

- Some verbs always take a dative reflexive pronoun to indicate a particular meaning.

  Ich **habe mir eingebildet**, Salzburger Nockerln essen zu müssen.

  Stell dir vor, du könntest einen ganzen Sommer in Salzburg verbringen.

  Verbs taking a dative reflexive pronoun include:

sich etwas ansehen	*to take a look at something*
sich etwas aussuchen	*to choose s.th.*
sich etwas bestellen	*to order s.th. for oneself*
sich etwas einbilden	*to imagine something / to think of s.th. as (not) true*
sich etwas leisten	*to afford something*
sich etwas merken	*to take note of something*
sich etwas überlegen	*to think something over*
sich etwas vorstellen	*to imagine something*

29 Das älteste Kaffeehaus Österreichs

Ergänzen Sie die Sätze mit den folgenden Verben.

sich aussuchen   sich treffen

sich bestellen   sich unterhalten

sich erholen   sich wundern

sich interessieren

    Das Café Tomaselli in Salzburg wurde schon 1705 gegründet und ist Österreichs ältestes Kaffeehaus. Seit über dreihundert Jahren trinkt man dort die Melange, isst frisches Gebäck und _____ über das Neueste in Salzburg. Man _____ Kuchen oder Gebäck beim Herrn Ober oder _____ etwas vom Kuchenbuffet _____. Im Tomaselli _____ leidenschaftliche Salzburger Kaffeehausfrühstücker zum täglichen Frühstück; und viele Touristen _____ von einem anstrengenden *(strenuous)* Stadtrundgang. Manche _____ über die vielen verschiedenen Kaffeevarianten, die es im Tomaselli gibt. Doch wer _____ für die Kaffeehauskultur _____, weiß, dass alle diese Varianten eine lange Geschichte haben und zur Tradition gehören.

30 Partnerinterview

Fragen Sie Ihren Partner / Ihre Partnerin und berichten Sie dann das Interessanteste im Kurs. Sagen Sie auch etwas über sich selbst und versuchen Sie dabei, möglichst viele Reflexivverben zu verwenden.

Jennifer fühlt sich bei Starbucks am wohlsten. Sie bestellt sich meistens einen doppelten Espresso. Ich fühle mich in der Mensa wohler, weil man sich dort besser unterhalten kann ...

1. In welchem Restaurant oder Café fühlst du dich am wohlsten? Was bestellst du dir dort gerne?
2. Wo kannst du dich am besten erholen?
3. Wo triffst du dich am liebsten mit Freunden?
4. Was interessiert dich an Österreich am meisten?
5. Worüber hast du dich in diesem Kapitel am meisten gewundert?

31 Ketten-Prosa

Arbeiten Sie in Gruppen und schreiben Sie eine Geschichte über zwei Personen, die Salzburg besuchen. Schreiben Sie zuerst jeweils jeder einen Satz und verwenden Sie dabei möglichst viele Reflexivverben. Stellen Sie dann die Sätze im Kurs vor und bringen Sie sie in eine interessante Reihenfolge, sodass eine Geschichte entsteht.

» Das Video finden Sie bei **iLrn**.

Videoblog

Katharina

Vor dem Sehen

„Salzburg, sagt man, ist die Bühne der Welt."

A **Assoziationen**

Was assoziieren Sie mit den folgenden Begriffen? Machen Sie Assoziogramme und vergleichen Sie Ihre Assoziationen im Kurs.

in den Bergen

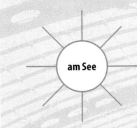

am See

B **Berühmte Persönlichkeiten**

Wer ist wohl der berühmteste Salzburger? Gibt es in Ihrem Heimatort auch eine berühmte Persönlichkeit? Berichten Sie im Kurs!

Beim Sehen

C **Themen und Aussagen**

Katharina spricht über verschiedene Themen. Bringen Sie die Themen in die richtige Reihenfolge.

_____ Mozart
___1___ die Berge um Salzburg
_____ Café Tomaselli
_____ Ski fahren
_____ die Österreicher
_____ die Stadt Lienz

Welche Aussagen passen zu welchen Themen?

_____ Die Österreicher sind genauso modern wie alle andern.

_____ Dort oben wird dann natürlich Glühwein getrunken.

_____ Das liegt in Osttirol, ein ganzes Stück weg von Salzburg.

_____ Ich liebe seine Musik.

_____ Sie versuchen zumindest immer freundlich zu sein.

_____ Man kann, wenn man möchte, auch mit den Bergbahnen hochfahren.

_____ Dort kann man Prominenz antreffen.

_____ Das ist eins der ältesten Kaffeehäuser in ganz Österreich.

_____ Er starb auch wieder in Salzburg.

_____ Das habe ich aber damals als Kind schon gelernt.

_____ Es gibt aber auch Vorurteile.

_____ Die Stadt ist ein bisschen kleiner.

© Cengage Learning

D Visuelles

Kreuzen Sie an, ob die folgenden Aussagen mit dem übereinstimmen, was Sie sehen. Berichtigen Sie die falschen Aussagen.

	STIMMT	STIMMT NICHT
1. Mitten durch Salzburg fließt ein großer Fluss.	☐	☐
2. Vor dem Café Tomaselli gibt es grüne Sonnenschirme.	☐	☐
3. Mozarts Geburtshaus ist rot.	☐	☐
4. Die Sachertorte ist quadratisch.	☐	☐
5. Durch die engen Straßen fährt eine Straßenbahn.	☐	☐
6. Am Ende sieht man einen Springbrunnen.	☐	☐

E Sachertorte

Wie beschreibt Katharina die Sachertorte? Können Sie im Internet ein Rezept finden? Woher kommt der Name?

F Die Österreicher

Verbinden Sie die Elemente zu vollständigen Sätzen.

1. Die Österreicher werden
2. Die Österreicher sind zum größten Teil
3. Es gibt auch Vorurteile
4. Es gibt Unterschiede
5. Man denkt, die Österreicher seien altmodisch,
6. In Wien

a. gegen die Österreicher.
b. weil man immer nur an Mozart denkt.
c. gibt's auch Punks.
d. sehr herzliche Menschen.
e. unterschiedlich gesehen.
f. zwischen Wien, Salzburg und den anderen Regionen.

Nach dem Sehen

G Reflexionen

Wie gefällt Ihnen Salzburg? Was haben Sie aus dem Vlog Neues erfahren über die Stadt und ihre Menschen? Was würden Sie in Salzburg gerne einmal machen?

H Berühmt

Machen Sie Ihr eigenes Vlog oder schreiben Sie eine E-Mail an einen Partner / eine Partnerin und berichten Sie von einer berühmten Persönlichkeit in Ihrem Heimatort.

⊙ Lektüre

Wolf Haas

Wolf Haas ist 1960 in Maria Alm geboren. Nach dem Abschluss seines Linguistik-Studiums und einer Dissertation mit dem Thema „Die sprachtheoretischen Grundlagen der konkreten Poesie" arbeitete er zwei Jahre als Universitäts-Lektor in Swansea (Südwales). Seit 1990 lebt er in Wien. Sein Romandebüt *Auferstehung der Toten* machte ihn im deutschsprachigen Raum als Krimiautor bekannt. Sein vierter Fall für den Privatdetektiv Brenner, *Silentium!,* erhielt 2000 den deutschen Krimi-Preis.

Vor dem Lesen

32 Fragen zum Thema

1. Was ist typisch für einen Kriminalroman oder einen Kriminalfilm?
2. Welche Personen gibt es in einem typischen Kriminalroman oder -film?
3. Welche berühmten Detektive kennen Sie?
4. Welche besonderen Charaktereigenschaften und Methoden haben diese Detektive?
5. Der Detektiv im Kriminalroman „Silentium!" von Wolf Haas heißt Brenner und war 19 Jahre lang Polizist in Österreich. Was für ein Typ ist er wohl?
6. Brenner wird in ein Internat *(boarding school)* in der Nähe von Salzburg gerufen. Spekulieren Sie, was passiert sein könnte.

33 Gerüche

Im ersten Ausschnitt aus dem Kriminalroman geht es unter anderem um Gerüche. Bearbeiten Sie die folgenden Fragen mit einem Partner / einer Partnerin und berichten Sie dann im Kurs.

1. Was riechen Sie, wenn Sie nach Hause kommen?
2. Was riechen Sie, wenn Sie auf dem Campus sind?
3. Was bedeutet es, wenn man sagt, dass man *jemand nicht riechen kann*?
4. Was bedeutet es, *eine gute Nase zu haben*?

34 Redewendungen

Arbeiten Sie mit einem Partner / einer Partnerin und finden Sie die richtigen Definitionen für die folgenden Redewendungen. Versuchen Sie dann, mit Hilfe eines Wörterbuches genauere Erklärungen zu finden, und schreiben Sie gemeinsam zu jeder Redewendung ein Beispiel.

1. Da trifft einen ja der Schlag.
2. Etwas ist zum Greifen nahe.
3. ein Brocken von einem Kerl
4. mit der Kirche ums Kreuz / ums Dorf
5. ein Auge auf jemanden werfen
6. quietschlebendig sein

a. Etwas scheint so nahe zu sein, dass man glaubt, es anfassen zu können.

b. ein großer Mann mit einer ziemlich mächtigen Figur

c. Man ist fröhlich und glücklich und freut sich am Leben.

d. Man beobachtet jemanden und interessiert sich für ihn oder sie.

e. Es ist eine totale Überraschung.

f. unnötig kompliziert

Beim Lesen

Im ersten Ausschnitt aus dem Kriminalroman „Silentium!" beschreibt der Autor den Schauplatz und die Hauptfigur des Buches (Aktivität 35).

35 ### Schauplatz und Hauptfigur

Achten Sie auf die besondere Weise, in der der Autor das Internat und Detektiv Brenner, die Hauptfigur seines Kriminalromans, beschreibt. Was fällt Ihnen auf? Was gefällt Ihnen? Was stört Sie? Welche sprachlichen Besonderheiten fallen Ihnen auf (Stil, Grammatik, Wortwahl, wie der Autor mit dem Leser spricht)? Wo benutzt der Autor Ironie?

Silentium!
Wolf Haas

Der Ex-Polizist Brenner kommt als Detektiv in ein Salzburger Internat, um einer Reihe mysteriöser Morde auf die Spur zu kommen.

Wie der Brenner im Marianum° angekommen ist und in das leer-stehende Hilfspräfektenzimmer° eingezogen ist, hat ihn der Geruch sofort an die Polizeikasernen erinnert. Weil neunzehn Jahre Polizist gewesen, bevor er sich selbständig gemacht hat, und da erinnert

5   dich im restlichen Leben natürlich alles an die Polizei.

∎

Und ob du es glaubst oder nicht, jedes Stockwerk in dieser riesigen alten Internatsburg hat wieder seinen eigenen Geruch gehabt. Aber richtig zuordnen haben sich die Gerüche trotzdem nicht lassen. Küche und Speisesaal waren zwar im Erdgeschoß,

10   aber die ranzigen° Essensgerüche sind durch das ganze Haus gezogen, und obwohl sie die neue Hauskirche direkt in das Dach hineingepflanzt haben, also vier Stock von der Küche entfernt, hat sie oft gerochen wie das reinste Wirtshaus.

∎

Architektonisch war die Dachkirche ein Meisterwerk, da haben sie

15   vor zehn Jahren ein supermodernes Vogelnest auf die alten Klos-termauern gesetzt, und beim Eintreten hat dich fast der Schlag getroffen, weil Kirchendecke komplett aus Glas, praktisch Himmel zum Greifen nahe. Aber geruchstechnisch problematisch. Weil aus irgendeinem Grund hat es die Küchendämpfe° hinaufgesaugt.

20   Aber unglaublich, wie schnell der Mensch sich an neue Gerüche gewöhnt, und am dritten Tag hat der Brenner sie schon gar nicht mehr richtig wahrgenommen. Natürlich kein Problem, weil er ist ja vom Internatsleiter sowieso nicht angestellt worden, damit er die Gerüche analysiert. Der Herr Regens hat ja nicht einen Detek-

25   tiv für die Gerüche gebraucht! Sondern paß auf, was ich dir sage. Normalerweise war der Brenner nicht so ein Feinspitz° bei den Gerüchen. Wenn du neunzehn Jahre bei der Polizei warst, dann hast du genug Gelegenheiten gehabt, um dir solche Empfind-lichkeiten abzugewöhnen. Und der Brenner sowieso nie sehr auf der überzüchteten° Seite. Schon rein das Äußerliche. Ein

Glossary (left margin):
- boarding school in Salzburg
- room for the assistant director of the school
- rancid
- kitchen smog
- regional expression for a sensitive, distinguishing person
- overly cultivated

30 untersetzter Brocken mit einem Gesicht, an dem die Pockennarben
noch das Glatteste waren, weil bei ihm die steilen Falten gleich
zentimentertief in die Wangen geschnitten haben. Sprich nur
level of difficulty eine Preisfrage mit sehr geringem Schwierigkeitsgrad°, ob es
former cop sich hier eher um einen österreichischen Exbullen° oder um einen
35 berühmten französischen Parfumschnupperer handelt.

■

Daß ihn ausgerechnet im Marianum auf einmal die Gerüche so
beschäftigt haben, das war wieder einmal, wie soll ich sagen, da
gloss over möchte ich gar nichts beschönigen°. Das war eben der Brenner.
investigating a crime Das ist ihm beim Ermitteln° oft schon ein bißchen im Weg ges-
40 tanden. Immer das Unwichtige zuerst. Das war eine Krankheit,
von der ist der Brenner einfach nicht losgekommen. Immer mit
der Kirche ums Kreuz. Bei der Polizei haben seine Vorgesetzten
es ihm auszutreiben ... cure versucht, es ihm auszutreiben°, aber nichts da, der Brenner ist
him of that / moved away from ... nicht einen Millimeter von seiner Methode abgerückt°. Und das
45 Schlimmste daran ist, sie ist ansteckend. Ich merke ja gerade, daß
ich auch mit dem Unwichtigsten angefangen habe. Weil am Ende
eternity vier Tote, da braucht man sich an und für sich nicht eine Ewigkeit°
mit den Gerüchen aufhalten.

Wolf Haas, „Silentium!" Copyright © 1999 by Rowohlt Taschenbuch Verlag GmbH,
Reinbek bei Hamburg. Reprinted by permission.

Nach dem Lesen

36 Fragen zum Text

1. Wie wird das Internat beschrieben?
2. Was haben Sie über Brenner erfahren? Ist er ein „klassischer" Detektiv?
3. Wie wird Brenners „Methode" beschrieben?
4. Wer ist der Erzähler?
5. Was ist wohl das Verhältnis des Erzählers zum Privatdetektiv Brenner?
6. Wie wird der Leser angesprochen? Was für einen Effekt hat das?
7. Welche sprachlichen Besonderheiten fallen Ihnen auf? Welchen Effekt hat das auf den Leser? Kennen Sie andere Romane, in denen ein sehr spezifischer Stil verwendet wird?
8. Welche ironischen Elemente können Sie in dem Ausschnitt identifizieren?

Ein Konzert in der Felsenreitschule

Vor dem Weiterlesen

37 **Die Felsenreitschule**

Der zweite Ausschnitt aus dem Roman spielt in der ehemaligen Felsenreit-schule, die heute als Aufführungsort für die Salzburger Festspiele dient. Ver-binden Sie mit einem Partner / einer Partnerin die Sätze zu Relativsätzen.

1. In der Felsenreitschule finden heute Theaterstücke und Opern statt. Sie wurde ursprünglich als erzbischöfliche Sommerreitschule gebaut.
2. Das Publikum saß damals in dreistöckigen Arkaden. Sie dienen heute als natürliche Kulisse.
3. In der Felsenreitschule gibt es Platz für 1 437 Zuschauer. Sie kommen aus aller Welt nach Salzburg.
4. Die Bühne wird von einem Regendach geschützt. Es kann geöffnet werden.
5. Man muss wegen des fehlenden Lichts und Regens regelmäßig einen neuen pflanzen.
6. Seit 1926 kann man bei den Salzburger Festspielen Konzerte, Opern und Theaterstücke sehen. Sie sind auf der ganzen Welt berühmt.

Beim Weiterlesen

Im zweiten Ausschnitt aus dem Kriminalroman trifft Brenner Fräulein Schuh, Sekretärin bei den Salzburger Festspielen (Aktivität 38).

38 **Die Geschichte vom Fräulein Schuh**

Im nächsten Ausschnitt kommen vier neue Personen vor:

- Fräulein Schuh
- der Salzburger „John F. Kennedy"
- ein Selbstmörder
- eine Putzfrau

Sammeln Sie die Informationen, die Sie über diese Personen bekommen. Achten Sie auch weiterhin auf sprachliche Besonderheiten, die ihnen auffallen, und machen Sie sich Notizen.

Bei der Sekretärin der Felsenreitschule, Fräulein Schuh, klingelt am Nachmittag das Telefon. Ist vielleicht wieder einmal jemand vom offenen Dach auf die Bühne gestürzt? Fräulein Schuh hat damit nur allzuviel Erfahrung . . .

Beim Fräulein Schuh hat das Telefon aus der Felsenreitschule geklingelt, grundlos mitten am Nachmittag. Da hat das Fräulein Schuh sofort dieses spezielle Gefühl gehabt. Ich möchte nicht sagen Erregung, aber ein bißchen ding°. Da hätte ihr die Putzfrau
5 am Telefon gar nicht mehr sagen müssen, daß wieder einmal ein Toter in der Felsenreitschule liegt. Das hat sie schon gespürt.

■

Sie hat nervös die Schlüssel für die tausend Durchgangstüren zur Felsenreitschule gesucht, ist dabei zufällig an der Cointreau-Flasche vorbeigekommen, und dann ist sie so langsam Richtung

ding used as a replacement for a word one can't think of or is too embarrassed to mention

10 Felsenreitschule geschlichen, daß man hätte glauben können,
sie macht gar keine Schritte, sondern ihr Kniezitterer° vibriert sie
shaky knees langsam hinüber. Grund zur Eile hat keiner bestanden, das hat
sie aus jahrzehntelanger Erfahrung gewußt. Weil natürlich, die
siebzig Meter freier Fall hat noch keiner überlebt. Mit einer Aus-
15 nahme natürlich. Mit der dieser ganze siebte Sinn beim Fräulein
Schuh damals angefangen hat.

■

Weil du darfst eines nicht vergessen. Das Fräulein Schuh hat
schon sehr jung im Festspielhaus angefangen, und zwar 1963, in
dem Jahr, wo sie den John F. Kennedy erschossen haben. Und
20 damals haben sie im Festspielhaus einen Bühnenarbeiter gehabt,
der hat dem amerikanischen Präsidenten ähnlich gesehen wie
ein Zwillingsbruder. Hat natürlich das junge Fräulein Schuh ein
bißchen ein Auge auf den Salzburger John F. Kennedy geworfen.

■

Anfang der sechziger Jahre natürlich noch nicht jede Sekretärin
25 und jeder Bühnenarbeiter eine luxuriöse Wohnung gehabt. Jetzt
haben sich die beiden gern während der Arbeit in der menschen-
leeren Felsenreitschule getroffen. Irgendwie vielleicht ein bißchen
gespenstisch, wenn du dich vor zweitausend leeren Theaterses-
seln dem Liebestaumel hingibst, aber irgendwie natürlich auch
30 ein bißchen romantisch.
Besonders im Sommer, wenn das Dach der Felsenreitschule offen
war, da sind sie auf dem von der Sonne beschienenen Bühnen-
dock boden gelegen, warm wie ein Bootssteg° im Hochsommer, auf
der einen Seite nichts als die leeren Stuhlreihen, auf der anderen
35 Seite nichts als die Felswand mit den Arkaden, und über ihnen
nichts als der blaue Himmel. Am Abend haben die Professionellen hier die Liebesgeschichten von dem Salzburger Wunderkind
gespielt, „Zauberflöte" oder das eine Stück, das sogar in
einem Bordell spielt, aber untertags Fräulein Schuh und
40 John F. Kennedy, frage nicht.

■

Und jedes einzelne Mal ist es sehr schön gewesen. Aber einmal
war es doch etwas ganz Besonderes. Wo sich das Fräulein Schuh
in ihrer Erschöpfung gerade ein bißchen von ihrem verschwitzten
John F. Kennedy weggedreht und in die leeren Zuschauerreihen
45 hineingeschaut hat, quasi leiser Schauer, wenn da in der
Dunkelheit jemand sitzen würde und ihnen zugeschaut hätte.
Aber so ist es im Leben, die Gefahr kommt immer aus einer
anderen Richtung als erwartet.

■

boys playing foosball Genau so, wie bei den zwei Tischfußballbuben° im Marianum die
Bavarian for Treppe 50 Gefahr nicht über die Kellerstiege° herabgekommen ist, sondern
direkt aus dem Tisch, ist auch in der Felsenreitschule kein Mensch
im Zuschauerraum gesessen, da hat das Fräulein Schuh ja immer
locked dreimal geschaut, ob alles abgesperrt° ist. Aber natürlich, gegen
das Höhere kannst du mit Absperren nichts machen. Weil das
earthquake 55 Fräulein Schuh hat auf einmal ein leichtes Erdbeben° gespürt.
Es war aber kein echtes Erdbeben, quasi Richterskala und

latitudes / sporadic shocks

Zentralanstalt für Meteorologie und Geodynamik. Obwohl es ja auch in unseren Breiten° immer wieder die gewissen Ausläufer° gibt, und ein paar Jahre später in Salzburg das furchtbare Erdbeben von
60 Friaul noch ordentlich zu spüren gewesen, Risse in den Kirchen, große Denkmalsache, frage nicht. Aber das Erdbeben im Sommer 1963 hat sich das Fräulein Schuh nur eingebildet.

■

Und aus dem Felsen ist auch niemand herausgekommen. Andererseits, irgendwas muß passiert sein, sonst hätte sie ja nicht
65 das Gefühl gehabt, hinter ihr wäre gerade der Blitz eingeschlagen. Sie hat sich umgedreht, um den John F. Kennedy zu fragen, aber große Überraschung, der John F. Kennedy ist nicht mehr dagewesen. Sondern ein wildfremder Mann ist an seiner Stelle gelegen und hat das nackte Fräulein Schuh ganz verwundert
70 angeschaut. Das war aber kein Theatertrick, sondern eben ein Selbstmordkandidat. Der ist so weich auf dem John F. Kennedy gelandet, dass jetzt nur der John F. Kennedy tot war, aber er selber ist quietschlebendig auf einem roten Teppich gelegen, der
trickled out unter ihm immer breiter herausgerieselt° ist.

■

75 Später hat sich das Fräulein Schuh oft ein bißchen übersinnlich getröstet, also nicht nur Cointreau, sondern eben auch: Vielleicht hat es so sein sollen, daß er im selben Jahr stirbt wie der amerikanische Präsident. Der überlebende Mönchsberg-Springer hat dann glücklich weitergelebt, und der zahlt heute noch zu Aller-
80 heiligen einen Kranz für seinen Retter, obwohl er ihn nur so kurz kennengelernt hat.

■

Nur damit du verstehst, warum sich beim Fräulein Schuh diese zwei verschiedenen Sachen so verknüpft haben, daß sie immer ganz ding geworden ist, wenn ihr jemand in die Felsenreitschule
85 gehüpft ist. Warum sie jetzt so verträumt in die Felsenreitschule geschlurft ist. Umgekehrt muß ich sagen, wenn der Brenner ein bißchen schneller getan hätte, wäre vielleicht dieser Mensch, den die Putzfrau gefunden hat, mit dem Leben davongekommen.

■

„Ich habe keine Zeit", hat das Fräulein Schuh ihm zugezischt,
90 praktisch Begrüßungsworte. „Mir ist schon wieder einer in die Felsenreitschule gehüpft. Der Föhn°!"
„Es ist doch gar kein Föhn."
„Wer sagt das?"
„Mein Kopf."

Der Föhn *warm wind on the Northern side of the Alps, during which many people in Southern Germany and Austria complain about headaches*

Wortschatz

absperren *to fence off*	der **Riss, -e** *crack*
ansteckend *contagious*	**schleichen** (schlich, ist geschlichen) *to creep*
sich **einbilden** *to imagine*	**steil** *steep*
ermitteln *to investigate*	**trösten** *to console*
die **Empfindlichkeit** *sensibility, sensitivity*	**übersinnlich** *psychic, paranormal*
die **Erregung, -en** *excitement, arousal*	**verschwitzt** *sweaty*
die **Erschöpfung, -en** *exhaustion*	**verträumt** *dreamy*
die **Gefahr, -en** *danger*	**zischen** *to fizz, to hiss*
grundlos *without reason*	**wahrnehmen** (nimmt wahr, nahm wahr, hat wahrgenommen) *to notice, to realize*
der **Retter, -** / die **Retterin, -nen** *savior*	

39 **Fragen zum Text**

1. Warum klingelt bei Fräulein Schuh das Telefon?
2. Wie reagiert sie auf den Anruf?
3. Wer war der Salzburger John F. Kennedy?
4. Warum trafen sich 1963 Fräulein Schuh und der Salzburger John F. Kennedy in der Felsenreitschule?
5. Was passierte mit dem Salzburger Kennedy?
6. Wie hat sich das Fräulein Schuh getröstet?
7. Wie begrüßt das Fräulein Schuh den Privatdetektiv Brenner?
8. Was bedeutet *Mir ist schon wieder einer in die Felsenreitschule gehüpft*?
9. Wer hat den Toten gefunden?
10. Wer war der einzige, der den Fall vom Dach der Felsenreitschule überlebt hat?

40 **Relativsätze**

Verbinden Sie gemeinsam mit einem Partner / einer Partnerin die Nomen mit dem passenden Relativsatz.

1. Eine Sekretärin,
2. Der Tote,
3. Der Mönchsberg-Springer,
4. Der Bühnenarbeiter,
5. Die Gefahr,
6. Das Erdbeben in Friaul,
7. Die Felsenreitschule,
8. Das Jahr,

a. in der Opern und Theaterstücke aufgeführt werden.
b. den die Putzfrau in der Felsenreitschule gefunden hat.
c. in dem der amerikanische Präsident erschossen wurde.
d. bei der am Nachmittag grundlos das Telefon geklingelt hat.
e. der dem amerikanischen Präsidenten ähnlich sieht.
f. das auch in Salzburg noch zu spüren gewesen war.
g. die immer aus einer anderen Richtung kommt als erwartet.
h. der glücklich weiterlebt.

41 Schreibübungen

1. **Polizeibericht.** Schreiben Sie die Geschichte des Salzburger John F. Kennedy aus der Perspektive von Fräulein Schuh oder dem Selbstmörder, so wie sie in einem Polizeibericht stehen könnte.

2. **Wolf Haas' telegraphischer Stil.** Wolf Haas lässt oft, wie manchmal in der gesprochenen Sprache, das Verb aus. Schreiben sie die folgenden Sätze um, indem Sie die ausgelassenen Verbformen einfügen:

   a. Weil am Ende vier Tote, da braucht man sich an und für sich nicht eine Ewigkeit (*eternity*) mit den Gerüchen aufhalten.

   b. Anfang der sechziger Jahre natürlich noch nicht jede Sekretärin und jeder Bühnenarbeiter eine luxuriöse Wohnung gehabt.

   c. [...], und ein paar Jahre später in Salzburg das furchtbare Erdbeben von Friaul noch ordentlich zu spüren gewesen, Risse in den Kirchen, große Denkmalsache, frage nicht.

3. **Wie geht's weiter?** Wer ist der/die Tote in der Felsenreitschule? War es wirklich ein Selbstmord? Schreiben Sie die Szene mit Fräulein Schuh und Brenner weiter.

4. **Der Film zum Buch.** Sie wollen das Buch „Silentium!" verfilmen. Welche Schauspieler spielen die Hauptrollen? Warum? Entwerfen Sie gemeinsam ein Filmplakat und stellen Sie es im Kurs vor.

Zum Schluss

42 Deutsche und Österreicher

Diskutieren Sie über das Verhältnis (*relationship*) der Deutschen und der Österreicher. Mögen sie sich? Respektieren sie sich? Denken Sie dabei an die folgenden Aspekte.

- Bevölkerung
- Geschichte
- Größe des Landes
- Kultur
- Tourismus

Das letzte Wort: *Piefke*

Das österreichische Wort **Piefke** für die Preußen (*Prussians*) geht auf den deutschen Militärmusiker Gottfried Piefke (1817–1884) zurück. Am 31. Juli 1866 fand am Ende des preußisch-österreichischen Krieges in der Nähe von Wien eine große Parade vor König Wilhelm I. (*Prussian King Wilhelm I*) statt. Neben Gottfried Piefke dirigierte sein Bruder Rudolf (1835–1900) ein Musikkorps. Die Wiener riefen damals „Die Piefkes kommen!" Dieser Ruf wurde zum Synonym für die 50 000 paradierenden Preußen. Bis heute nennt man in Österreich die Deutschen die „Piefkes".

Warum erfindet man solche Spitznamen für andere Nationalitäten? Was sagt der Spitzname „Piefke" über das Verhältnis der Österreicher und der Deutschen? Kennen Sie andere solche Spitznamen? Was bedeutet es, solche Spitznamen zu verwenden?

Die Wiener Hofburg liegt mitten in der Stadt, wo man sich vor allem zu Fuß bewegt.

This chapter deals with the contrasts between city and country, rich and poor. The controversial Wiener Opernball and the resulting demonstrations and riots and Thomas Bernhard's love-hate relationship with Austria exemplified in his novel *Wittgensteins Neffe* invite you to discuss these contrasts from your own perspective.

Materialien

Arbeitsbuch

ⒾLrn™

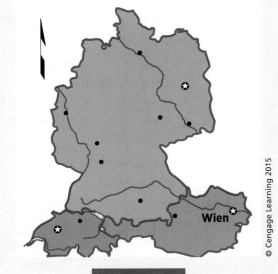

© Cengage Learning 2015

STATISTIK

Einwohnerzahl:	1,73 Millionen (von 8,5 Millionen Einwohnern in Österreich)
Fläche:	415 km^2
Preis einer Eintrittskarte zum Wiener Opernball 2014:	250 Euro

⊙ Station Wien

Was wissen Sie schon?

1. Was wissen Sie über die österreichische Geschichte?
2. Sind Sie auf dem Land oder in der Stadt aufgewachsen? Gibt es einen Unterschied in Ihrer Region zwischen dem Leben auf dem Land und in der Stadt?
3. Kennen Sie die „Carmina Burana"?
4. Haben Sie schon einmal einen Flashmob gesehen oder bei einem Flashmob mitgemacht?

Simons Wien Blog

Flashmob im Westbahnhof

Samstag, den 4. Juni

Am Wochenende hab' ich meinen Onkel Werner in Weigelsdorf besucht. Das ist ein kleiner Ort etwa eine halbe Stunde südlich von Wien. Der Onkel Werner hat einen Geflügelhof°. Als Kind hab' ich beim Onkel Werner immer meine Ferien verbracht. Das war für mich als Stadtratte° immer sehr interessant. Ich bin ja in Wien aufgewachsen. Als ich gestern am Westbahnhof in Wien angekommen bin, ist mir dieser Kontrast zwischen Stadt und Land sehr klar geworden. Ich bin nämlich am Westbahnhof in einen Flashmob geraten, wie es ihn nur in Wien geben kann. Gerade als ich mit dem Zug aus Weigelsdorf am Westbahnhof angekommen bin, haben sie in der Bahnhofshalle Carmina Burana gespielt. Von der Provinz in die Weltstadt der Musik! Ich habe dann erfahren, dass das der Chor und das Orchester der Wiener Volksoper waren, die im Westbahnhof einen Flashmob veranstaltet haben. Vom Hühnerhof in der Provinz zum Konzert im Bahnhof. Ich glaube, so fühlen sich alle, die zum ersten Mal nach Wien kommen und die Hofburg sehen, die Opern, die Museen und den Rest der alten Monarchie.

Geflügelhof *chicken farm* • **Stadtratte** *city person*, lit. *'city rat'*

Geschichte

100	1365	1679 & 1713	1700	1814–1915	1900	1910
Das römische Reiterlager *Vindobona* („White Fort") wird zum Kastell befestigt.	Gründung der Universität Wien	Große Pestepidemien *(plague epidemics)*	Nach den Türkenkriegen *(Turkish Wars)* Aufstieg zur Kaiserstadt	Wiener Kongress – Wien ist Mittelpunkt der Neuordnung Europas.	Wien wird zum Zentrum des Jugendstils (Künstlervereinigung *Secession*).	Wien hat mehr als 2 000 000 Einwohner.

Thomas Zoblb, 2010 / Used under license from Shutterstock.com; Marisa Allegra Williams/iStockphoto.com; MOL, 2010/Used under license from Shutterstock.com

Fragen zur Station

1. Wo ist Simon aufgewachsen?
2. Wo hat Simon als Kind seine Ferien verbracht?
3. Wie viele Einwohner hat Wien?
4. Wie groß ist die Fläche?
5. Wie viele Einwohner hat Österreich?
6. Wann wurde Wien gegründet?
7. Wann waren die großen Pestepidemien?
8. Seit wann gibt es die Republik Österreich?
9. Wann war die Zeit des Jugendstils?

Die Innenstadt von Wien mit Stephansdom

Ein weltberühmter Wiener

Sigmund Freud (1856–1939)

Sigmund Freud wurde 1856 in Freiberg (Mähren) als Sohn
eines Wollhändlers° geboren. 1859 zogen seine Eltern nach
Wien in die Berggasse 19. 1873 begann Freud das Studium
der Medizin an der Universität Wien; er promovierte 1881
zum Doktor der Medizin. Nach einem Studienaufenthalt in
Frankreich wurde Freud 1885 Professor für Neuropathologie
an der Uni Wien. Er experimentierte mit „Sprechtherapie"
und Hypnose und im Jahr 1896 benutzte er zum ersten
Mal den Begriff *Psychoanalyse*. Nach vielen Beiträgen° zur

Sigmund Freud, 1931

Wollhändler *wool merchant* • **Beiträge** *contributions*

1918	1938	1955	1973–1979	2005	2013
Die Republik „Deutsch-Österreich" wird ausgerufen, mit Wien als Hauptstadt.	Anschluss an das Deutsche Reich *(event making Austria part of the Third Reich).*	Die Republik Österreich entsteht.	Wien ist die dritte UNO-Stadt *(city with a "permanent mission" to the United Nations).*	Auf dem Wiener Opernball wird das Rauchverbot eingeführt.	Die Staatsoper Wien feiert die 200. Geburtstage von Wagner und Verdi.

Psychoanalyse schrieb Freud in späteren Jahren auch über Kultur und Religion. Nach dem Einmarsch° deutscher Truppen in Österreich 1938 emigrierte Freud, der Jude war, mit seiner Familie nach London, wo er 1939 starb. Nach seinem Tod eröffnete seine Tochter Anna ein Freud-Museum in London. Das 1971 eröffnete Freud-Museum in Wien befindet sich in der Berggasse 19, wo Freud 47 Jahre lang lebte.

Der Traum

. . . Es gibt Träume, die so deutlich sind wie das Erleben°, so deutlich, daß wir sie eine Zeitlang nach dem Erwachen noch nicht als Träume erkennen; andere, die unsäglich schwach sind, schattenhaft° und verschwommen°. [. . .] Träume können ganz sinnvoll sein oder wenigstens kohärent, ja sogar geistreich°, phantastisch schön; andere wiederum sind verworren°, wie schwachsinnig, absurd, oft geradezu toll. Es gibt Träume, die uns ganz kaltlassen, andere, in denen alle Affekte laut werden, ein Schmerz bis zum Weinen, eine Angst bis zum Erwachen, Verwunderung, Entzücken° usw. Träume werden meist nach dem Erwachen rasch vergessen, oder sie halten sich einen Tag lang in der Weise, daß sie bis zum Abend immer mehr blaß und lückenhaft° erinnert werden; andere erhalten sich so gut, zum Beispiel Kindheitsträume, daß sie 30 Jahre später wie frisches Erleben vor dem Gedächtnis stehen. . . . Kurz, dies bißchen nächtliche Seelentätigkeit° verfügt über ein riesiges Repertoire, kann eigentlich noch alles, was die Seele bei Tag schafft, aber es ist doch nie dasselbe. [. . .] (aus: Sigmund Freud, *Vorlesungen zur Einführung in die Psychoanalyse*)

Sigmund Freud, Vorlesungen zur Einführung in die Psychoanalyse. © 1940 Imago Publishing, London.

Einmarsch *invasion* • **Erleben** *experiencing* • **schattenhaft** *shadow-like* • **verschwommen** *fuzzy*
geistreich *inspiring, meaningful* • **verworren** *convoluted* • **Entzücken** *delight*
lückenhaft *fragmented* • **Seelentätigkeit** *mental activity*

---

2   ## Wörterbucharbeit: Freuds wichtigste Werke

Arbeiten Sie mit dem Wörterbuch und finden Sie gute Übersetzungen für die deutschen Titel der folgenden Werke Sigmund Freuds.

1. *Die Traumdeutung* (1900)
2. *Totem und Tabu: Einige Übereinstimmungen im Seelenleben der Wilden und der Neurotiker* (1912–1913)
3. *Das Unbewusste* (1915)
4. *Das Unbehagen in der Kultur* (1915)
5. *Zeitgemäßes über Krieg und Tod* (1915)
6. *Das Unheimliche* (1919)
7. *Jenseits des Lustprinzips* (1923)

3   ## Partnerinterview: Träume

Was war Ihr interessantester Traum? Seien Sie kreativ! Erfinden *(Invent)* Sie Träume, falls Sie sich nicht an Ihre Träume erinnern können. Nun fragen Sie Ihren Partner / Ihre Partnerin und berichten Sie den interessantesten Traum Ihres Interviewpartners im Kurs. Vielleicht können Sie den Traum auch analysieren?

1. Was war dein schönster Traum?
2. Was war dein absurdester Traum?
3. Kannst du dich an etwas erinnern, das du als Kind oft geträumt hast?
4. Hast du schon einmal geträumt, dass du fliegen kannst?
5. Was ist der letzte Traum, an den du dich erinnern kannst?

4 Traumdeutung

Berichten Sie über einen interessanten Traum, den Sie oder eine andere Person einmal gehabt haben, und versuchen Sie, den Traum zu analysieren. Tauschen Sie sich mit Ihrem Partner über Ihren Traumbericht aus zum Vergleich.

5 Andere berühmte Wiener

Suchen Sie Informationen über die folgenden Personen. Wer sind sie? Was haben sie gemacht?

Falco (Johann Hölzel)	Johann Strauß	Ilse Aichinger
Gustav Klimt	Christine Nöstlinger	Alfred Dorfer
Niki Lauda	André Heller	Karlheinz Essl
Egon Schiele	Friedrich Torberg	Ernst Jandl
Arthur Schnitzler	Ludwig Hirsch	Friedensreich
Franz Schubert	Wolfgang Schüssel	Hundertwasser

6 Suchbegriffe

Forschen Sie mit den folgenden Suchbegriffen im Internet.

Stadt Wien

1. Wie heißt das Motto der Stadt Wien?
2. Was ist aktuell?

Wien Info

3. Was kann man in Wien alles besichtigen?
4. Wie viele Opern gibt es in Wien?
5. Was gibt es für Kunstinteressierte?

Wiener Hofburg

6. Was ist in der Hofburg zu sehen?
7. Wer war Sissi?
8. Was gibt es in der Silberkammer?

Stephansdom

9. Wo liegt der Stephansdom?
10. Wann begann die Geschichte des Doms?
11. Welche Legenden gibt es um den Dom?

Schönbrunn

12. Welche Farbe hat das Schloss Schönbrunn?
13. Was gibt es in Schönbrunn?

Sigmund Freud Museum

14. Wo ist das Sigmund Freud Museum?
15. Was gibt es zu sehen?

Wiener Staatsoper

16. Was wird diesen Monat in der Staatsoper gespielt?
17. Finden Sie Informationen über den Wiener Opernball. Was ist Ihrer Meinung nach besonders interessant?

Die Wiener Hofburg

7 Impressionen aus Wien

Arbeiten Sie in Gruppen und (1) forschen Sie im Internet über das Angebot der Wiener Staatsoper, oder (2) machen Sie ein Interview mit einer Person, die schon einmal in Wien war. Berichten Sie dann im Kurs!

1. Was wird in der Wiener Staatsoper gespielt? Finden Sie Informationen über eine Oper, die im Moment an der Wiener Staatsoper gespielt wird. Suchen Sie Biografien der Komponisten, Librettisten, Sänger und Sängerinnen, die Sie interessant finden. Geben Sie eine Zusammenfassung *(summary)* der Handlung *(plot)* und Informationen über den Hintergrund der Oper. Berichten Sie im Kurs auch, wie und wo Sie die Informationen gefunden haben.
2. Finden Sie eine Person, die schon einmal in Wien war, und machen Sie ein Interview. Fragen Sie die Person, was sie/er in Wien gemacht hat und was ihr/ihm am besten gefallen hat. Machen Sie Notizen, suchen Sie Bilder und Informationen am Internet, die zum Interview passen, und berichten Sie im Kurs.

8 Richtig oder falsch?

Forschen Sie weiter und entscheiden Sie, ob die folgenden Aussagen korrekt sind. Wenn sie falsch sind, korrigieren Sie sie.

1. Die Hofburg ist ein Schloss am Stadtrand von Wien.
2. Sissis richtiger Name war Elisabeth.
3. In Wien gibt es viele traditionsreiche Kaffeehäuser.
4. Unter dem Stephansdom ist ein Weinkeller.
5. In Schönbrunn gibt es einen großen Tierpark.
6. Das Sigmund Freud Museum in Wien ist genau so, wie es war, als Freud dort gelebt hat.
7. Beim Wiener Opernball müssen alle Damen weiße Ballkleider tragen.
8. Der Opernball findet alle vier Jahre statt.

9 Lokale Presse

Gehen Sie zu den folgenden Websites im Internet. Was sind die Schlagzeilen? Wie wirken diese Zeitungen auf Sie? Wie sind Sprache und Präsentation? Was ist besonders interessant?

Der Standard   *City Manager*   *Wiener Zeitung*

Kurier   *Wien Live*

10 Nachrichtenrunde

Arbeiten Sie in Gruppen oder Paaren. Berichten Sie über einen Aspekt, den Sie beim Surfen im Internet gefunden haben.

11 Fragen zum Nachdenken und Diskutieren

Bearbeiten Sie diese Fragen in Paaren oder kleinen Gruppen. Machen Sie Notizen und geben Sie im Kurs einen kleinen Bericht. Bringen Sie die Resultate Ihrer Internetsuche dabei ein.

1. Welche Aspekte machen Wien nostalgisch? Welche Aspekte machen Wien zur modernen Metropole?
2. Können Sie sich vorstellen, dass es Leute gibt, die gegen den Opernball sind? Warum könnte das sein?

Strukturen

Sätze ergänzen
Infinitivkonstruktionen

German infinitive clauses expand and complement main clauses. They are used when the subject of both clauses is identical or when the subject of the main clause is an impersonal **es.** They can follow or precede the main clause.

- Infinitive clauses are formed with **zu** + infinitive, which are always placed at the end of a clause.

  Viele Wiener freuen sich, in einer so schönen Stadt **zu wohnen.**

  Eine gewisse Nostalgie **zu spüren**, ist in Wien typisch.

- If a verbal complement or a modal is part of the infinitive clause, **zu** always precedes the final element.

  Es ist herrlich, im Wiener Volksgarten **spazieren zu gehen.**

  Manche Menschen hoffen, Träume **verstehen zu können.**

- Verbs of perception **(hören, sehen, spüren, fühlen)** and the verb **lassen** do not take **zu** in infinitive constructions.

  An Silvester **hört** man die Glocke im Stephansdom durch die ganze Stadt **klingen.**

  Viele Wiener **lassen** den Tag im Kaffeehaus **ausklingen.**

- The prepositions **um** *(in order to)*, **ohne** *(without)*, and **anstatt** *(instead of)* introduce infinitive clauses with **zu**.

  Viele Touristen besuchen Wien, um die berühmten Lippizaner-Pferde **zu sehen.**

  Viele Touristen verlassen Wien, ohne das Sigmund Freud Museum besucht **zu haben.**

  Anstatt ein Strauß-Konzert **zu hören**, gehen einige Wiener lieber ins Kabarett.

---

12 **Im Prater**

Verbinden Sie gemeinsam mit einem Partner / einer Partnerin die Haupt- und Infinitivsätze. Berichten Sie dann im Kurs, was Sie über den Prater erfahren haben.

1. Wer Wien besucht, sollte nicht vergessen,
2. Zu einem Ausflug in den Prater gehört es auch,
3. Um die vielen Wiesen, Wälder und Wasserflächen zu erkunden,
4. Für Kinder ist es ein großes Vergnügen,
5. Viele Skater finden es toll,
6. Etwas zu essen und zu trinken zu finden,

a. ist bei den vielen Cafés und Würstelbuden nicht schwer.
b. einmal mit dem historischen Riesenrad zu fahren.
c. einen Spaziergang durch den Prater zu machen.
d. mit der über 80 Jahre alten Liliputbahn durch den Prater zu fahren.
e. leiht man sich am besten ein Fahrrad.
f. die schnurgerade 4,5 Kilometer lange Hauptallee entlang zu rollen.

Wienerisch

„Wienerisch" nennt man den Dialekt, der von vielen Menschen in Wien gesprochen wird. Simon, der Video-Blogger aus diesem Kapitel, lädt Sie nach Wien ein, und zwar auf Wienerisch. Sehen Sie sich seine Einladung an und versuchen Sie, die folgenden Sätze aus der Einladung ins Hochdeutsche zu übersetzen.

Bezirk

1. I bin da Simon und i kumm aus'm vierten Hieb°.
2. I hoff, dass ihr boid nach Wien kummts und mi besuchen tuts.

cool, toll

3. Wann ihr kummts, des wär allerdings sehr schön, dann moch ma lauta leivante° Sochn in da Stodt.

Weinlokal / Aprikosenknödel

4. Da geh ma zum Heurigen°, geh ma zum Tichy am Reumannplatz Marillenknödel° essen, Eismarillenknödel, des is supa-leivant.
5. Uns foit scho einiges ei, wosma mocha kenna.

Versuchen Sie nun, einige der Besonderheiten des Wiener Dialekts zu erklären.

---

13 Ausflug nach Wien

Stellen Sie sich vor, Sie haben eine Reise nach Wien gewonnen. Was werden Sie dort versuchen zu machen? Vervollständigen Sie die Sätze mit einer Infinitivkonstruktion, interviewen Sie dann einen Partner / eine Partnerin und berichten Sie den anderen Kursteilnehmern.

> S1: Was hast du in Wien vor?
>
> S2: Ich habe vor, in Wien den Vergnügungspark im Prater zu besuchen. Und du, was hast du vor?
>
> S1: Ich habe vor, Schönbrunn zu besichtigen.

1. Ich habe vor, in Wien ...
2. Ich werde versuchen, in Wien ...
3. Es würde mir Spaß machen, in Wien ...
4. Es würde mir keinen Spaß machen, in Wien ...
5. In Wien wird es leicht sein, ...
6. In Wien wird es schwer sein, ...

14 Ein klassischer Wien-Film: *Der dritte Mann*

Der Regisseur Carol Reed machte aus einer Erzählung von Graham Greene einen spannenden Thriller, der im Wien der Nachkriegszeit spielt und heute zu einem der großen Filmklassiker zählt. Verbinden Sie mit einem Partner / einer Partnerin die Sätze zu einer Infinitivkonstruktion und benutzen Sie dabei **anstatt ... zu, ohne ... zu** oder **um ... zu.** Variieren Sie dabei auch die Wortstellung.

> Der Regisseur Carol Reed brauchte nur fünf Wochen. Er drehte *Der dritte Mann* im Nachkriegs-Wien. →
>
> Der Regisseur Carol Reed brauchte nur fünf Wochen, um *Der dritte Mann* im Nachkriegs-Wien zu drehen. (*oder* Um *Der dritte Mann* im Nachkriegs-Wien zu drehen, brauchte der Regisseur Carol Reed nur fünf Wochen.)

1. Der Schriftsteller Holly Martins (Joseph Cotten) kommt nach Wien. Er will seinen Freund Harry Lime (Orson Welles) besuchen.

2. Bei seiner Ankunft in Wien erfährt Martins vom Tod seines Freundes Lime bei einem Unfall. Er trifft Lime am Bahnhof nicht.

3. Mehrere Zeugen (witnesses) berichten, sie hätten am Unfallort einen dritten Mann gesehen. Sie haben sein Gesicht nicht erkannt.

4. Ein Hausmeister verabredet sich mit Martins in einer Bar. Er will ihm über den Unfall erzählen.

5. Harry Limes Geliebte Anna arbeitet als Schauspielerin in Wien. Sie hat keinen gültigen Pass.

6. Martins untersucht den mysteriösen Tod seines Freundes. Er glaubt nicht, dass Lime wirklich gestorben ist.

Kinoplakat zum Film *Der dritte Mann*

Grundwortschatz:
Politik

europäisch *European*
global *global*
herrschen (hat geherrscht) *to rule*
international *international*
der **Konflikt, -e** *conflict*
die **Organisation, -en** *organization*

der **Terrorismus** *terrorism*
das **Wachstum** *growth*
die **Wirtschaft, -en** *economy*
der **Zusammenhang,
 -hänge** *connection, context*

15 ### Kleines Lexikon der Politik

Arbeiten Sie gemeinsam mit einem Partner/einer Partnerin und ergänzen Sie die Definitionen mit den passenden Wörtern aus dem Grundwortschatz.

1. Krieg: bewaffneter _____ zwischen zwei Staaten
2. EU: _____ Union
3. UNO: Eine _____ mehrer Staaten
4. Monarchie: Ein König oder eine Königin _____ über ein Land.
5. weltweit: _____
6. _____ : gewalttätiger Extremismus

⊙ Einblicke

16   **Fragen zum Thema**

1. Tanzen Sie gerne? Haben Sie schon einmal einen Tanzkurs gemacht?
2. Haben Sie schon einmal auf einem Ball getanzt? Wo und wann war das?
3. Was wissen Sie über den Wiener Opernball? Wo findet er statt?
4. Wer geht wohl auf den Wiener Opernball?

Opernball mit tausend Polizisten

Schon zu Mozarts Zeiten trafen sich die Schönen und Reichen in Wien auf Bällen und Tanzfesten. In seiner heutigen Form geht der Wiener Opernball auf die Festlichkeiten des Wiener Kongresses[1] (1814–1815) zurück. Seit 1935 gibt es jedes Jahr den Wiener Opernball im angeblich° schönsten Ballsaal der Welt in der Wiener Staatsoper. Jedes Jahr bewerben sich° junge Wiener als Debütanten und Debütantinnen, um den Ball zu eröffnen. Das Vortanzen° und die Proben° nehmen sie gerne auf sich, um sich einen Abend lang wie Prinzen und Prinzessinnen zu fühlen.

Schon seit den 80er Jahren finden Demonstrationen *gegen* den Opernball statt. Die Demonstranten protestieren gegen den Luxus der Reichen und lenken° die Aufmerksamkeit stattdessen auf Wirtschaftskrise° und Arbeitslosigkeit in Europa, Hungerkatastrophen in der dritten Welt, Kriege oder Umweltprobleme.

Auf dem Opernball

Bis vor einigen Jahren sind die Demonstrationen ruhig und friedlich abgelaufen, aber in letzter Zeit gab es immer wieder Krawalle°, verletzte Polizisten, und zunehmenden° Vandalismus. Neben den friedlichen Demonstranten protestieren nun auch andere Gruppen, die den Opernball als Symbol des Kapitalismus und Imperialismus sehen. Das große High-Society-Ereignis in Österreichs Hauptstadt hat nun auch seine Schattenseite°. Im Zusammenhang der Globalisierung repräsentiert der Opernball für manche Kritiker die problematischen Strukturen der wirtschaftlichen Macht.

Einige prominente Gäste sind wegen der Demonstrationen in den letzten Jahren nicht mehr gekommen, aber der Ballsaal in der Oper ist trotzdem immer ausverkauft. Es wird Walzer getanzt und Roulette gespielt; in den Nebensälen der Oper gibt es Barockmusik und Dixie und im Keller gibt es eine Disko. Und draußen vor der Tür halten tausend Polizisten die Demonstranten unter Kontrolle.

Margin glosses:
- supposedly — angeblich
- bewerben ... apply — bewerben sich
- dancing in front of an audience / rehearsals — Vortanzen / Proben
- direct — lenken
- economic crisis — Wirtschaftskrise
- riots — Krawalle
- increasing — zunehmenden
- dark side — Schattenseite

[1] Der Wiener Kongress (18. September 1814 – 9. Juni 1815) war eine Konferenz aller europäischen Mächte zur Neuordnung Europas nach der Niederlage Napoleons.

17 **Fragen zum Text**

1. Wo ist der angeblich schönste Ballsaal der Welt?
2. Was machen die Debütantinnen und Debütanten auf dem Opernball?
3. Warum gibt es Demonstrationen gegen den Opernball?
4. Warum sind viele Prominente in den letzten Jahren nicht mehr zum Opernball gegangen?

18 **Fragen zum Nachdenken und Diskutieren**

1. Ist der Wiener Opernball Ihrer Meinung nach ein Symbol des Kapitalismus?
2. Ist der Opernball Ihrer Meinung nach ein Symbol des Imperialismus?
3. Kennen Sie andere Veranstaltungen, die ähnliche Demonstrationen provozieren?

Wortschatz

ablaufen (läuft ab, lief ab, ist abgelaufen) *to run*

angeblich *supposedly*

die **Aufmerksamkeit** *attention*

Aufsehen machen (hat Aufsehen gemacht) *to attract interest, show off*

ausverkauft *sold out*

der **Ball, ⁻e** *ball, dance*

der **Ballsaal** (*pl.* **Ballsäle**) *ballroom*

beschädigt *damaged*

der **Demonstrant, -en** / die **Demonstrantin, -nen** *demonstrator*

die **Demonstration, -en** *demonstration*

demonstrieren (hat demonstriert) *to demonstrate, protest*

emigrieren (ist emigriert) *to emigrate*

eröffnen (hat eröffnet) *to open*

das **Gedächtnis** *memory*

gespannt sein (war gespannt) *to be curious*

die **Habsburger** *the Habsburg*
Dynasty (Austrian emperors from 1765–1918)

die **Hypnose** *hypnosis*

der **Kaiser, -** / die **Kaiserin, -nen** *Emperor, Empress*

der **Krawall, -e** *riot*

die **Landschaft, -en** *landscape, scenery*

die **Nostalgie** *nostalgia*

nostalgisch *nostalgic*

der **Österreicher, -** / die **Österreicherin, -nen** *Austrian*

der **Palast, ⁻e** *palace*

prominent *illustrious, famous*

promovieren (hat promoviert) *to earn a doctorate*

protestieren (hat protestiert) *to protest*

die **Psychoanalyse** *psychoanalysis*

der **Studienaufenthalt, -e** *study-abroad stay*

der **Traum, ⁻e** *dream*

vortanzen (tanzt vor, hat vorgetanzt) *to dance (in front of an audience)*

Ergänzen Sie die Sätze

Finden Sie die richtigen Begriffe für die folgenden Sätze.

1. _____ darf seit 2005 nicht mehr geraucht werden.
2. _____ findet jedes Jahr der Opernball statt.
3. _____ kann man Kaffee trinken und Zeitung lesen.
4. _____ haben die Habsburger gelebt.
5. _____ gibt es häufiger *(frequent)* Probleme mit Krawallen.

a. Auf dem Opernball
b. Bei der Demonstration
c. In der Hofburg
d. Im Kaffeehaus
e. In der Wiener Staatsoper

20

Sigmund Freud

Ergänzen Sie die Sätze mit den folgenden Wörtern.

emigrierte – eröffnete – promovierte – Psychoanalyse – Studienaufenthalt – Träumen *(dat. pl.)*

1. Sigmund Freud, der Erfinder der _____, wohnte 47 Jahre lang in der Berggasse 19 in Wien.
2. Freud studierte an der Universtät Wien Medizin und _____ 1881 mit dem Doktortitel.
3. Bei einem _____ in Frankreich lernte er viel über Hypnose.
4. Er beschäftigte sich viel mit der Analyse von _____ und veröffentlichte im Jahr 1900 ein Buch mit dem Titel *Die Traumdeutung*.
5. 1939 _____ Freud mit seiner Familie nach London.
6. Nach seinem Tod _____ seine Tochter Anna in London ein Museum.

Wann sagt man was?

heute Abend, heute Nacht

Im Deutschen muss man zwischen **heute Abend** und **heute Nacht** unterscheiden. Mit **heute Nacht** meint man wirklich nur die Nacht (die Zeit, in der man normalerweise schläft). Wenn man **gestern Abend** sagt, spricht man vom Abend des Vortages; mit **gestern Nacht** meint man nur die Nacht des Vortages. Ergänzen Sie die Sätze.

1. _____ um zehn Uhr sind wir in Wien angekommen. Wir sind gleich zu unserer Pension gefahren und auf unser Zimmer gegangen.
2. Ich bin heute sehr früh aufgewacht, weil ich _____ nicht besonders gut schlafen konnte. Das Bett war viel zu weich *(soft)*.
3. Nach dem Frühstück in der Pension sind wir gleich in die Stadt gegangen. Wir sind im Museum gewesen und in zwei verschiedenen Kaffeehäusern. _____ um acht gehen wir in die Oper.
4. Hoffentlich können wir _____ besser schlafen, damit wir morgen wieder viel unternehmen können.
5. Vielleicht können wir _____ nach der Oper noch in den berühmten Weinkeller gehen, der hier gleich um die Ecke liegt.
6. Vielleicht ist es gut, wenn wir _____ etwas später schlafen gehen. Dann werden wir _____ auch in einem weichen Bett gut schlafen.

21 Was ist passiert?

Beschreiben Sie die Situation im Bild. Erzählen Sie, wie es zu dieser Szene gekommen ist, und verwenden Sie dabei wenigstens zehn der folgenden Wörter.

Aufmerksamkeit	Krawall
Aufsehen machen	Nostalgie
ausverkauft	nostalgisch
Ballsaal	Opernball
Demonstrant/Demonstrantin	Presse
Demonstrationen	prominente Gäste
demonstrieren	protestieren
Ereignis	Tradition
Imperialismus	vortanzen
jedes Jahr	Wiener Staatsoper
Kapitalismus	

z.B. Ein Mann und eine Frau sind zum Wiener Opernball gegangen ...

© Cengage Learning

22 Rollenspiele

Schreiben Sie kleine Szenen und spielen Sie sie im Kurs vor. Arbeiten Sie in Gruppen und geben Sie jedem Teilnehmer eine Rolle.

1. Herr und Frau Winkelhuber sind zum ersten Mal auf dem Opernball. Vor der Staatsoper werden sie mit Tomaten und faulen Eiern beworfen. Der Abend ist ruiniert.

2. Bei einer Talkshow im österreichischen Fernsehen diskutieren die folgenden Personen über den Opernball und die Demonstrationen: der Direktor der Wiener Staatsoper, der Wiener Bürgermeister, einige Mitglieder der antikapitalistischen Organisation SCHLUSS MIT LUXUS, ein Fernsehmoderator.

Redemittel zum Diskutieren

Sagen, dass etwas egal ist

Es ist mir egal, …	**Es ist mir egal**, dass Geld die Welt regiert *(rules)*.
Es ist mir gleich, …	**Es ist mir gleich**, ob ich reich oder arm bin.
Es macht mir nichts aus, …	**Es macht mir nichts aus**, jeden Tag das Gleiche zu essen.
Mir ist es nicht wichtig, …	**Mir ist es nicht wichtig**, teure Kleider zu tragen.
Mich stört es nicht, …	**Mich stört es nicht**, wenig Geld zu haben.
Es ist mir gleichgültig, ob …	**Es ist mir gleichgültig**, ob ich auf den Opernball oder in die Disko gehe.

23 Mir egal

Welchen der folgenden Aussagen stimmen Sie (nicht) zu?

1. Es ist mir egal, ob andere Leute Geld und Luxus haben. Ich bin zufrieden.
2. Es ist mir gleich, ob ich bei einem Fest Champagner oder Mineralwasser trinke. Wichtig ist, dass man mit netten Leuten zusammen ist.
3. Es macht mir nichts aus, wenn andere mehr haben als ich. Gesundheit ist wichtiger als Reichtum *(wealth)*.
4. Mir ist es nicht wichtig, ein teures Auto zu haben. Ich fahre sowieso lieber mit dem Bus oder der Bahn.
5. Mich stört es nicht, wenn andere neue Kleider haben und ich nicht. Ich ziehe am liebsten meine alten Sachen an.
6. Es ist mir gleichgültig, ob ich in einem feinen Restaurant esse oder zu Hause. Ich kann sehr gut kochen.
7. Mir ist es egal, was ich esse. Ich kann mich auch nur von Fastfood ernähren.
8. Mir ist es gleich, was ich trage. Ein altes T-Shirt kann genauso gut aussehen wie ein Designer-Hemd.

24 Fragen zur Diskussion

Diskutieren oder schreiben Sie über eines der folgenden Themen. Verwenden Sie dabei die Redemittel.

1. Gibt es in Ihrer Stadt oder in Ihrem Land auch Demonstrationen gegen die Schönen und Reichen? Wie denken Sie über diese Ereignisse?
2. Gibt es Veranstaltungen, die vielleicht bessere Symbole des Kapitalismus sind als der Opernball? Wie denken Sie darüber?
3. Was bedeutet der Opernball für Wien? Traditionsreiches Fest oder veraltete *(archaic, outdated)* Veranstaltung, die man abschaffen *(discontinue)* sollte?

Strukturen

Genauer beschreiben

Adverbien

Adverbs are used to describe verbs, adjectives, or other adverbs. They often have the same form as their corresponding adjective, but they do not take endings.

> Die Proteste gegen den Opernball werden **immer** mehr.

> Bis vor ein paar Jahren sind die Demonstrationen gegen den Opernball **ruhig** und **friedlich** abgelaufen.

> **Oft** protestieren in den letzten Jahren Demonstranten gegen den Luxus der Reichen.

- A number of adverbs are used to link sentences or clauses.

außerdem	*moreover, furthermore*
daher	
darum	
deshalb	*therefore, thus, for this reason*
deswegen	
aus diesem Grund	
dennoch	*nevertheless*
stattdessen	*instead of this*
trotzdem	*in spite of this, nevertheless*

> Einige Gäste kommen wegen der Demonstrationen nicht mehr zum Opernball, **trotzdem** ist er jedes Jahr ausverkauft.

> Beim Opernball wird Walzer getanzt und Roulette gespielt. **Außerdem** gibt es im Keller eine Disko.

- Adverbs of time describe when or how quickly an action takes place.

auf einmal	*suddenly*
plötzlich	
bald	*soon*
damals	*(back) then*
eines Morgens/Abends/Tages	*one morning/evening/day*
einst	*once*
inzwischen	*in the meantime*
jetzt	*now*
nun	
langsam	*slowly*
neulich	*recently, just*
gerade	
schon	*already*
wieder	*again*

- Adverbs of frequency describe how often an action takes place.

nie	*never*
einmal	*once*
ab und zu	*now and then*
manchmal	*sometimes*
oft	*often*
immer	*always*

- Adverbs of sequence describe in what order a series of events takes place.

anfangs	*in the beginning*
zuerst	*(at) first*
bald darauf	*soon thereafter*
dann	*then*
danach } nachher }	*afterward*
später	*later*
schließlich } zuletzt }	*at last, finally*
vorher	*before*
zum Schluss	*in the end, in conclusion*

- Adverbs of place describe where an action takes place.

anderswo	*elsewhere*
außen	*on the outside*
da } dort }	*there*
drüben	*over there*
hier	*here*
hinten	*behind*
innen	*on the inside*
irgendwo	*somewhere*
links	*(on the) left*
nirgendwo	*nowhere*
oben	*above*
rechts	*(on the) right*
unten	*below*
überall	*everywhere*
vorn	*in front*

25 Gegenteile

Gruppieren Sie gemeinsam mit Ihrem Partner / Ihrer Partnerin die Adverbien aus den Listen nach Gegenteilen und schreiben Sie Beispielsätze zum Thema *Wien* oder *Menschen in Wien*.

Adverb	Beispiel	Gegenteil	Beispiel
anfangs	Anfangs lebte Sigmund Freud in Wien.	zum Schluss (zuletzt, schließlich)	Zum Schluss lebte Freud im Exil in London.

26 Helmut Qualtinger: „Bin i a Mensch oder a Wiener?"

Die folgenden Informationen über das Leben des berühmten Wiener Schriftstellers, Kabarettisten und Schauspielers Helmut Qualtinger sind etwas chaotisch und isoliert. Verbinden Sie mit Ihrem Partner / Ihrer Partnerin die Elemente zu einem zusammenhängenden Text und benutzen Sie dabei möglichst viele der folgenden Adverbien:

anfangs – bald darauf – daher – danach – dann – darum – deshalb – deswegen – aus diesem Grund – schließlich – später – zuerst – zuletzt

1928 wird Helmut Qualtinger in Wien geboren. Nach dem Krieg arbeitet er als Journalist. Ab 1947 tritt er als Kabarettist auf. 1949 hat sein erstes Theaterstück Premiere. Im deutschen Sprachraum wird Qualtinger als Herr Karl berühmt. Mit dieser Figur kritisiert Qualtinger den „normalen" Wiener. Herr Karl ist eine erfundene° Person, die im Keller eines Lebensmittelgeschäfts arbeitet. Er erzählt über sein Leben und scheint ein netter Mensch zu sein. In Wirklichkeit ist er jedoch ein Nazi-Sympathisant und Mitläufer.

Helmut Qualtinger – Schauspieler, Schriftsteller und Kabarettist

Qualtinger ist berühmt und berüchtigt° für seine Streiche°. 1951 verbreitet° er unter Zeitungsreportern, dass der berühmte Eskimodichter Kobuk Wien besuchen werde. Zahlreiche Reporter versammeln sich am Wiener Westbahnhof. Aus dem Zug steigt Qualtinger mit Pelzmantel° und Pelzmütze°. Ein Radioreporter fragt ihn nach seinen ersten Eindrücken° von Wien. Qualtinger antwortet: „Haaß is"°.

Bis 1960 arbeitet er an Kabarettstücken mit dem *namenlosen Ensemble*. In den 70er Jahren spielt Qualtinger in mehreren Filmen mit. Sein letzter Film ist *Der Name der Rose* mit Sean Connery. Qualtinger ist in dieser Zeit sehr krank und leidet unter starken Schmerzen°. Mit 57 Jahren stirbt Qualtinger in seiner Geburtsstadt Wien.

---

erfundene *imaginary, invented* • **berüchtigt** *notorious* • **Streiche** *pranks* • **verbreitet** *spread*
Pelzmantel *fur coat* • **Pelzmütze** *fur hat* • **Eindrücken** *impressions* • **„Haaß is"** = heiß ist es
(Viennese) • **leidet ...** *suffers from great pain*

» Das Video finden Sie bei **iLrn**.

Videoblog

Simon

Vor dem Sehen

„Das Wiener Kaffeehaus ist ideal für
Leute, die nichts tun wollen, aber doch
viel dabei machen können."

© Cengage Learning

A **Getränke**

Fragen Sie Ihren Partner / Ihre
Partnerin, machen Sie sich Notizen
und berichten Sie dann im Kurs.

Was trinkst du gerne? Trinkst du auch
Kaffee oder Tee? Wann? Wie oft? Wie?
Wo? Wie fühlst du dich, wenn du
Kaffee trinkst?

Beim Sehen

B **Themen**

Simon spricht in seinem Vlog über verschiedene Themen. Bringen Sie sie
in die richtige Reihenfolge. Berichten Sie dann, was Sie zu den einzelnen
Themen erfahren haben.

_____ Thomas Bernhard

_____ Sigmund Freud

_____ Wiener Kaffeehäuser

_____ Wiener Kaffeearten

_____ Die Wiener Innenstadt

_____ Das Café Bräunerhof

C **Im Kaffeehaus**

Kreuzen Sie an, ob die folgenden Aussagen mit dem übereinstimmen,
was Simon erzählt. Berichtigen Sie die falschen Aussagen.

	STIMMT	STIMMT NICHT
1. Im Wiener Kaffehaus kann man nur einen Kaffee bestellen und den ganzen Tag sitzen.	☐	☐
2. Es gibt einen „Refill".	☐	☐
3. Im Kaffehaus kann man Zeitungen lesen.	☐	☐
4. Es gibt Kaffee nur mit Sahne.	☐	☐
5. Die Kellner im Café Bräunerhof sind sehr freundlich.	☐	☐
6. Das Café Bräunerhof war das Lieblingscafé von Sigmund Freud.	☐	☐

D Kleine Wiener Kaffeekunde

Welche Beschreibung passt zu welchem Kaffeegetränk?

1. kleiner und großer Schwarzer
2. kleiner und großer Brauner
3. Verlängerter
4. Melange
5. Wiener Eiskaffee
6. Einspänner

a. kleiner Schwarzer, aber mit Sahne – ein großer Brauner ist die doppelte Menge.

b. ein Verlängerter mit heißer Milch und Schaum – ähnlich wie ein Cappuccino

c. ein eisgekühlter, flüssiger Kaffee mit einer oder mehreren Kugeln Vanille-Eis

d. schwarzer Kaffee, der wie ein Espresso gemacht wird – der große ist die doppelte Menge.

e. ein großer Schwarzer im Glas mit sehr viel Sahne, benannt nach den Kutschen, die nur mit einem Pferd fahren

f. ein kleiner Brauner, Mokka bzw. Schwarzer, mit der doppelten Menge Wasser

E Sigmund Freud

Ergänzen Sie, was Simon über Sigmund Freud erzählt.

Der Begründer der _____ Psychoanalyse ist natürlich undenkbar wegzudenken von Wien, kann man sagen. Eine … eine der großen _____ von Freud war natürlich die Untersuchung des Unbewussten und dessen Wirkung *(effect)* auf den _____, und was in Wien alles unbewusst vorhanden *(present)* ist, das könnte _____ füllen. Darauf kann man jetzt nicht eingehen. Auf jeden Fall ist die Adresse Bergstraße 17 oder 18, sehen Sie, ich weiß es selber nicht so genau, ich glaube 17, eine _____ Adresse, zu der eigentlich jeder Wienbesucher auch hinpilgern sollte. Die berühmte Couch, auf der Freud seine Patienten therapiert hat und _____, ist allerdings nicht zu sehen. Da ist nur eine kleine Replik vorhanden. Diese _____ sich in London. Warum in London? Weil natürlich Freud, wie viele Menschen, wie viele jüdische Mitbürger in Wien eigentlich in den 30er Jahren, _____ musste.

Nach dem Sehen

F Was für ein Typ ist Simon?

Können Sie in diesem Videoblog etwas über Simons Charakter erfahren? Ist er immer ernst oder gibt es auch ironische, zynische oder lustige Bemerkungen in Simons Vlog? Welche Dialektwörter verwendet Simon? Welche Interessen hat Simon wohl? Spekulieren Sie!

G Mein Lieblingsort

Machen Sie Ihr eigenes Vlog oder schreiben Sie eine E-Mail an einen Partner / eine Partnerin und berichten Sie über einen Ort oder ein Café, an dem / in dem Sie sich besonders gerne aufhalten und Ihre Zeit verbringen.

⊙ Lektüre

Thomas Bernhard

Thomas Bernhard wurde am 9. Februar 1931 in Holland geboren. Seine Mutter hatte im Sommer 1930 Österreich verlassen. Schon im Herbst 1931 kam er zu den Großeltern nach Wien, die später mit ihm nach Seekirchen im Salzburgerland zogen. 1945 besuchte Bernhard ein humanistisches Gymnasium in Salzburg, brach aber mit 15 Jahren vorzeitig ab und begann eine Lehre in einem Lebensmittelgeschäft. Aufgrund einer Lungentuberkulose kam er ins Krankenhaus. Während der anschließenden Aufenthalte in Sanatorien und Lungenkrankenhäusern begann Thomas Bernhard intensiv zu lesen und zu schreiben. 1951 begann Bernhard ein Musikstudium am Mozarteum in Salzburg und nahm an einem Schauspielseminar teil. Gleichzeitig arbeitete er als Journalist bei verschiedenen Zeitungen. Danach lebte er bis zu seinem Tod 1989 als freier Schriftsteller in Österreich.

Thomas Bernhard erhielt viele literarische Auszeichnungen in Deutschland und Österreich. In seinem Testament° verbot er alle Publikationen und Aufführungen° seiner Werke in Österreich. Dieses Verbot wurde im Juli 1998 durch eine Privatstiftung wieder aufgehoben°.

Testament *will* • **Aufführungen** *performances* • **aufgehoben** *rescinded, nullified*

Vor dem Lesen

27 **Fragen zum Thema**
1. Leben Sie auf dem Land oder in der Stadt?
2. Welche Vorteile hat man auf dem Land? Welche in der Stadt?
3. Was hat die Stadt Wien ihren Einwohnern zu bieten?
4. Was ist besonders schön an Österreich?

28 **Satzstruktur**

Formulieren Sie die folgenden Sätze aus Bernhards Text in einer anderen Form. Sie können komplexe Sätze auch als mehrere kürzere Sätze umformulieren.

 Der Mittelpunkt dieser Notizen ist mein damals mit mir auf dem Wilhelminenberg (hospital complex in Vienna) **stationierter Freund Paul.** →

Der Mittelpunkt dieser Notizen ist mein Freund Paul, der damals mit mir auf dem Wilhelminenberg stationiert war. (oder Der Mittelpunkt dieser Notizen ist mein Freund Paul. Paul war damals mit mir auf dem Wilhelminenberg stationiert.)

1. Wie der Paul war auch ich damals in einem Krankenbett aufgewacht, und vollkommen logisch der Paul in der Irrenanstalt (mental hospital) und ich in der Lungenanstalt (lung disease hospital), also der Paul auf dem Pavillion Ludwig und ich auf dem Pavillion Hermann.

2. Der Paul ist verrückt geworden, weil er sich gegen alles gestellt hat und naturgemäß (natürlich) dadurch umgeworfen worden ist, wie ich umgeworfen worden bin, weil ich mich gegen alles gestellt habe, nur ist er *verrückt* geworden aus demselben Grund aus dem ich *lungenkrank* geworden bin.

3. Nachdem er abgemagert *(emaciated)* aus dem Pavillion Ludwig entlassen wurde, fuhr er im Auto eines seiner Brüder oder im Taxi an den Traunsee, wo seine Familie in einem Hochtal zwischen Altmünster und Traunkirchen ein zweihundert Jahre altes Bauernhaus hatte, und verkroch sich *(hid)* ein paar Tage oder Wochen.

4. Wenn das Wetter gut war, hörte er sich im Hof sitzend eine von mir im ersten Stock abgespielte Schallplatte an, die bei geöffneten Fenstern vom Hof unten vorzüglich *(excellent)* anzuhören war.

5. Einmal wollte ich die *Neue Zürcher Zeitung* haben, ich wollte einen Aufsatz *(article)* über Mozarts *Zaide* lesen, der in der *Neuen Zürcher Zeitung* angekündigt *(announced)* war; und da ich die *Neue Zürcher Zeitung*, wie ich glaubte nur in Salzburg bekommen kann, bin ich die achtzig Kilometer im Auto einer Freundin mit dieser und mit dem Paul in die *weltberühmte* Festspielstadt gefahren.

Beim Lesen

Thomas Bernhard schreibt über seine Freundschaft mit Paul Wittgenstein. In Aktivität 29 konzentrieren Sie sich darauf, was Bernhard über Paul schreibt; in Aktivität 30 sammeln Sie Informationen zu Bernhards Leben auf dem Land und in der Stadt. In Aktivität 31 verfolgen Sie, wie Bernhard eine Anekdote über einen wichtigen Literaturpreis erzählt.

29 **Paul**

Bernhards Buch *Wittgensteins Neffe* beschreibt die Freundschaft zwischen Thomas Bernhard und Paul Wittgenstein, dem Neffen des Philosophen Ludwig Wittgenstein. Was sagt Bernhard in diesem Text über Paul? Wie war Paul? Was hat er gerne gemacht? Wie war ihre Freundschaft? Machen Sie Notizen!

30 **Wörterbucharbeit: Stadt und Land**

Thomas Bernhard hatte ein kompliziertes Verhältnis zu Österreich. In diesem Textausschnitt nennt er Österreich *rückständig, borniert, hinterwäldlerisch* und *größenwahnsinnig*. Arbeiten Sie mit dem Wörterbuch und finden Sie gute Definitionen für diese Adjektive! Dann suchen Sie im Text positive Aussagen über sein Leben in Wien und auf dem Land in Nathal!

31 **Der Grillparzerpreis**

Im letzten Teil des Textes beschreibt Bernhard die Episode der Grill-parzerpreisverleihung *(award ceremony for the Grillparzer prize)*. Der Grillparzerpreis ist einer der wichtigsten Preise für Literatur in Österreich. Was war für Thomas Bernhard an der Preisverleihung problematisch? Machen Sie Notizen!

Wittgensteins Neffe

Thomas Bernhard

Der Mittelpunkt dieser Notizen ist mein damals mit mir auf
dem Wilhelminenberg stationierter Freund Paul. Wie der Paul
war auch ich damals in einem Krankenbett aufgewacht, und
vollkommen logisch der Paul in der Irrenanstalt und ich in der
5 Lungenanstalt, also der Paul auf dem Pavillion Ludwig und
ich auf dem Pavillion Hermann. Wie der Weg des Paul immer
wieder in einer Irrenanstalt hatte enden müssen, so hat mein
Weg immer wieder in einer Lungenanstalt enden müssen. Der
Paul ist verrückt geworden, weil er sich gegen alles gestellt
10 hat und naturgemäß dadurch umgeworfen worden ist, wie ich
umgeworfen worden bin, weil ich mich gegen alles gestellt habe,
nur ist er *verrückt* geworden aus demselben Grund, aus dem ich
lungenkrank geworden bin.

■

Paul war der leidenschaftlichste° Opernbesucher, den Wien
15 je gehabt hat. Er war der Opernfanatiker, der sich auch noch
nach seiner totalen Verarmung° den tagtäglichen Opernbesuch
geleistet hat wenigstens auf dem Stehplatz. Er war als
Premierenmacher gefürchtet. Er riß mit seiner Begeisterung die
ganze Oper mit, er konnte so laut in Bravorufe oder in Pfiffe°
20 ausbrechen wie keiner vor und keiner nach ihm. Ich kann einen
Erfolg machen, wenn ich will und wenn die Voraussetzungen°
dafür gegeben sind, sagte er, und ich kann einen totalen
Mißerfolg genauso machen, wenn die Voraussetzungen dafür
gegeben sind; und die Voraussetzungen sind immer gegeben:
25 Wenn ich der erste bin, der Bravo schreit oder der erste, der
pfeift. Die Wiener haben Jahrzehnte nicht gemerkt, daß der
Urheber° ihrer Operntriumphe letzten Endes der Paul gewesen ist.

■

Nachdem er abgemagert aus dem Pavillion Ludwig entlassen
wurde, fuhr er im Auto eines seiner Brüder oder im Taxi an den
30 Traunsee, wo seine Familie in einem Hochtal zwischen Altmünster
und Traunkirchen ein zweihundert Jahre altes Bauernhaus hatte
und verkroch sich ein paar Tage oder auch Wochen. Wenn er am
Traunsee war, besuchte er mich in meinem Haus in Nathal. Wenn
das Wetter gut war, hörte er sich im Hof sitzend eine von mir
35 im ersten Stock abgespielte Schallplatte an, die bei geöffneten
Fenstern vom Hof unten vorzüglich anzuhören war. *Einen Mozart
bitte. Einen Strauss bitte. Einen Beethoven bitte*, sagte er. Wir
hörten stundenlang zusammen Musik, ohne auch nur ein Wort zu
sprechen. Das liebten wir beide. Ein kleines, von mir bereitetes
40 Abendessen beendete den Tag und ich fuhr ihn in sein Haus
zurück. Diese wortlosen Musikabende mit ihm werde ich nie
vergessen. Er blieb solange, bis ihm das Land auf die Nerven ging
und er nichts als nach Wien zurück wollte.

■

Waren Freunde bei mir, machte er mit diesen und mir
Spaziergänge, widerwillig°, aber er machte sie. Auch ich bin kein
Spaziergeher, ich gehe schon lebenslänglich nur widerwillig
spazieren, aber mit Freunden gehe ich spazieren. Ich bin absolut
kein Spaziergeher und ich bin auch kein Naturfreund und auch
kein Naturkenner. Ich kenne die Natur überhaupt nicht und ich
hasse sie, denn sie bringt mich um. Ich lebe in der Natur nur, weil
mir die Ärzte gesagt haben, dass ich *in der Natur* leben soll, wenn
ich überleben will, aus keinem anderen Grund. Ich existiere ganz
gegen meinen Willen auf dem Land, das alles in allem immer nur
gegen mich ist. Und natürlich war der Paul auch so wie ich durch
und durch ein Stadtmensch.

■

Einmal wollte ich die *Neue Zürcher Zeitung* haben, ich wollte
einen Aufsatz über Mozarts *Zaide* lesen, der in der *Neuen
Zürcher Zeitung* angekündigt war; und da ich die *Neue Zürcher
Zeitung*, wie ich glaubte, nur in Salzburg bekommen kann, bin
ich die achtzig Kilometer im Auto einer Freundin mit dieser und
dem Paul in die *weltberühmte* Festspielstadt gefahren. Aber in
Salzburg habe ich die *Neue Zürcher Zeitung* nicht bekommen.
Da hatte ich die Idee, mir die *Neue Zürcher Zeitung* in Bad
Reichenhall zu holen und wir sind nach Bad Reichenhall gefahren,
in den *weltberühmten* Kurort°. Aber auch in Bad Reichenhall habe
ich die *Neue Zürcher Zeitung* nicht bekommen und so fuhren wir
alle drei mehr oder weniger enttäuscht° nach Nathal zurück. Als
wir aber schon kurz vor Nathal waren, meinte der Paul plötzlich,
wir sollten nach Bad Hall fahren, in den *weltberühmten* Kurort,
denn dort bekämen wir bestimmt die *Neue Zürcher Zeitung*
und den Aufsatz über die *Zaide* und wir sind tatsächlich die
achtzig Kilometer nach Bad Hall gefahren. Aber auch in Bad Hall
bekamen wir die *Neue Zürcher Zeitung* nicht. Da es von Bad Hall
nach Steyr *nur ein Katzensprung* ist, zwanzig Kilometer, fuhren wir
auch noch nach Steyr, aber auch in Steyr bekamen wir die *Neue
Zürcher Zeitung* nicht. Nun versuchten wir unser Glück in Wels,
aber auch in Wels bekamen wir die *Neue Zürcher Zeitung* nicht.
Wir waren insgesamt dreihundertfünfzig Kilometer gefahren nur
um die *Neue Zürcher Zeitung* und hatten am Ende kein Glück
gehabt. So waren wir dann völlig erschöpft°, wie sich denken läßt,
in ein Welser Restaurant gegangen, um etwas zu essen und uns
zu beruhigen, denn die Jagd° nach der *Neuen Zürcher Zeitung* hat
uns an den Rand unserer physischen Möglichkeiten° gebracht.

■

Man denke nur, daß ich die *Neue Zürcher Zeitung* selbst in
Spanien und in Portugal und in Marokko in den kleinsten
Orten mit nur einem Hotel bekomme. Bei uns nicht! Und an
der Tatsache, daß wir in so vielen angeblich so wichtigen
Orten die *Neue Zürcher Zeitung* nicht bekommen haben,
entzündete sich unser Zorn gegen dieses rückständige,
borniertes°, hinterwäldlerische°, gleichzeitig geradezu abstoßend
größenwahnsinnige Land. Wir sollten uns nur immer da aufhalten,

Margin glosses:
45 reluctantly
65 health resort, spa
disappointed
80 exhausted
hunt
Rand … limit of our physical abilities
90 narrow-minded / provincial

wo wir wenigstens die *Neue Zürcher Zeitung* bekommen, sagte
ich und der Paul war absolut meiner Meinung. Dann bleibt uns
aber in Österreich in Wirklichkeit nur Wien, sagte er. Ich bin bis
95 heute nicht zu dem Aufsatz über die *Zaide* gekommen. Aber
damals habe ich geglaubt, ihn haben zu müssen. Und der Paul hat

desire mich in meinem unbedingten Verlangen° unterstützt und mich
auf die Suche durch halb Oberösterreich und bis nach Bayern
offenen ... convertible getrieben. Und das in einem offenen Auto°.

■

100 Meine Beziehung zu Paul war naturgemäß schwierig und sie hat
als ... proved to be the most exhausting sich im Laufe der Zeit als die anstrengendste erwiesen°; sie war
affirmations of friendship an ihre Höhe- und Tiefpunkte und an ihre *Freundschaftsbeweise*°
angeklammert. Welche Rolle beispielsweise der Paul bei der
awards ceremony sogenannten Verleihung° des Grillparzerpreises an mich gespielt
105 hat, fällt mir ein. Wie er den Unsinn dieser Preisverleihung
durchschaut und sie *eine österreichische Perfidie* genannt hat.
Ich erinnere mich, daß ich mir für diese Preisverleihung einen
neuen Anzug gekauft habe, weil ich glaubte, nur in einem neuen
Anzug in der Akademie der Wissenschaften auftreten zu können.
110 Es war der hundertste Todestag Grillparzers gewesen und
gerade an diesem Tag mit dem Grillparzerpreis ausgezeichnet
extraordinary zu werden, empfand ich als außerordentlich°. Jetzt zeichnen
countrymen mich die Österreicher, meine Landsleute°, die mich bis zu
diesem Zeitpunkt immer nur mit Füßen getreten haben, sogar
115 mit dem Grillparzerpreis aus. Nicht ohne Stolz war ich aus
place in the center of Vienna dem Kleidergeschäft heraus und auf den Kohlmarkt° getreten,
um in die Akademie der Wissenschaften hinüberzugehen. Ich
humiliation habe Preisverleihungen immer als Erniedrigung° empfunden,
uplifting, respectful experience nicht als Erhöhung° und habe immer an das Geld gedacht, das
120 sie einbringen. Der Grillparzerpreis aber ist mit keinerlei Geld
verbunden. Ich dachte dieser Preis sei eine Ausnahme. Und ich
dachte auf dem Weg in die Akademie, daß ich wahrscheinlich
vor der Akademie der Wissenschaften empfangen werde. Aber
es hatte mich überhaupt niemand empfangen. Wir gingen hinein
125 und setzten uns in die Mitte des Festsaales. Der Präsident der
Akademie begann seine Reden über Grillparzer. Während der
Reden hat die Ministerin in der ersten Reihe geschlafen und,
snored wie ich deutlich hören konnte, geschnarcht°. Von mir hatte kein
Mensch Notiz genommen. Nach dem Festakt rief die Ministerin:
little poet 130 *Wo ist denn der Dichterling*°? Ich lief hinaus auf die Straße und
ich höre noch, wie der Paul in dem Moment zu mir sagt:
Du ... You let them abuse you! *Du hast dich mißbrauchen lassen!*° Bevor ich mit Paul ins
famous hotel with a restaurant Sacher° gegangen bin, habe ich den Anzug in das Kleidergeschäft
zurückgebracht. Der Anzug sei mir zu eng und ich wolle einen
135 neuen. Als ich schon wieder auf der Straße war, dachte ich daran,
daß bald ein Anderer mit dem Anzug, den ich zu der sogenannten
Grillparzerpreisverleihung angehabt habe, durch Wien laufen
amused wird. Das belustigte° mich.

■

Es war selbstverständlich, daß wir ins Sacher gingen. Ich kenne
140 das Sacher aus einer Zeit vor jetzt schon beinahe dreißig Jahren,
in welcher ich beinahe täglich dort war. Im Sacher hatte ich
alle Zeitungen, die ich haben mußte, und habe sie stundenlang
in Ruhe studieren können. Im Sacher bin ich niemals irritiert,
bothered deprimiert oder belästigt° worden und ich habe im Sacher oft
145 sogar arbeiten können. Ich bin doch immer ein Stadtmensch
gewesen, ein Großstadtmensch. Nicht umsonst atme ich sofort
auf, wenn ich in Wien bin. Umgekehrt aber muß ich, wenn ich ein
paar Tage in Wien bin, nach Nathal fliehen, wenn ich nicht an der
scheußlichen Wiener Luft ersticken will.

■

150 Drei Tage Wien und ich halte es nicht mehr aus, drei Tage Nathal
und ich halte es nicht mehr aus. In seinen letzten Lebensjahren
hat Paul sich diesem Hin- und Herreiserythmus angeschlossen
und war sehr oft mit mir nach Nathal und wieder zurück und
umgekehrt. Ich gehöre wie Paul zu den Menschen, die im Grunde
155 keinen Ort auf der Welt aushalten und die nur glücklich sind
zwischen den Orten.

Bernhard, Thomas. "Wittgensteins Neffe. Eine Freundschaft." © 1987 by Suhrkamp
Verlag. Reprinted with friendly permission by Suhrkamp Verlag Berlin.

Wortschatz

anstrengend *strenuous*
etwas **aushalten** (hält aus, hielt aus,
   hat ausgehalten) *to bear, endure
   s.th.;* **Ich halt(e) es nicht mehr
   aus.** *I can't take it anymore.*
die **Ausnahme, -n** *exception*
außerordentlich *extraordinary*
die **Begeisterung** *excitement,
   rapture*
ersticken (ist erstickt) *to suffocate*
jemanden **mit Füßen treten** (tritt, trat,
   hat getreten) *to treat s.o. badly,
   with disrespect*
der **Größenwahn** *megalomania*

größenwahnsinnig *megalomaniac*
rückständig *underdeveloped,
   behind the times*
scheußlich *terrible, disgusting;
   terribly, disgustingly*
der **Stehplatz, ⁼e** *standing ticket
   (for the opera)*
jemanden **umbringen** (bringt um,
   brachte um, hat umgebracht) *to
   kill s.o.*
verarmt *impoverished*
die **Verarmung** *impoverishment*
widerwillig *unwillingly,
   unenthusiastically*

Nach dem Lesen

32   Fragen zum Text

1. Warum mussten Paul Wittgenstein und Thomas Bernhard immer wieder ins Krankenhaus?
2. Warum war Paul Wittgenstein der Urheber der Wiener Operntriumphe?
3. Wohin fuhr Paul, nachdem er aus dem Krankenhaus kam?
4. Warum musste Thomas Bernhard auf dem Land leben?
5. Was machten Paul Wittgenstein und Thomas Bernhard oft zusammen in Nathal?
6. Was passierte, als Thomas Bernhard die *Neue Zürcher Zeitung* haben wollte?
7. Warum nannte Bernhard Österreich ein rückständiges, hinterwäldlerisches Land?
8. Warum kaufte sich Bernhard vor der Preisverleihung einen neuen Anzug?
9. Was machte die Ministerin während der Reden über Grillparzer?
10. Wohin sind Paul Wittgenstein und Thomas Bernhard nach der Preisverleihung gegangen?

33   Bernhards Sprache und Stil

Die folgenden Textbeispiele sind charakteristisch für Bernhards Schreibstil. Ein wichtiger Aspekt seines Stils ist das Wiederholen elementarer Phrasen. Suchen Sie diese Phrasen heraus und versuchen Sie die Ausschnitte ohne diese Wiederholungen zu schreiben. So erschreiben Sie sich einen Einblick in Bernhards wichtigstes Stilmittel.

1. *Wie der Weg des Paul immer wieder in einer Irrenanstalt hatte enden müssen, so hat mein Weg immer wieder in einer Lungenanstalt enden müssen. Der Paul ist verrückt geworden, weil er sich gegen alles gestellt hat und naturgemäß dadurch umgeworfen worden ist, wie ich umgeworfen worden bin, weil ich mich gegen alles gestellt habe, nur ist er verrückt geworden aus demselben Grund, aus dem ich lungenkrank geworden bin.*

2. *Auch ich bin kein Spaziergeher, ich gehe schon lebenslänglich nur widerwillig spazieren, aber mit Freunden gehe ich spazieren. Ich bin absolut kein Spaziergeher und ich bin auch kein Naturfreund und auch kein Naturkenner. Ich kenne die Natur überhaupt nicht und ich hasse sie, denn sie bringt mich um. Ich lebe in der Natur nur, weil mir die Ärzte gesagt haben, dass ich in der Natur leben soll, wenn ich überleben will, aus keinem anderen Grund.*

34   Auf der Suche nach der *Neuen Zürcher Zeitung*

Verfolgen Sie die Fahrtroute auf der Landkarte auf der folgenden Seite und beschreiben Sie die Stationen der Suche nach der *Neuen Zürcher Zeitung*. Benutzen Sie dabei das folgende Gerüst *(framework)* mit Zeitadverbien.

1. Zuerst ...
2. Dann ...
3. Danach ...
4. Schließlich ...
5. Zuletzt ...

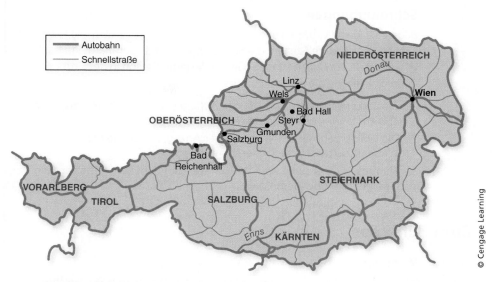

Bundesstraßen in Österreich

35   Sätze verbinden!

Welcher Satz passt zu welcher Infinitivkonstruktion?

1. P. W. fuhr zum alten Bauernhaus seiner Familie, ...

2. T. B. und P. W. hörten gerne stundenlang Musik, ...

3. Sie fuhren 350 km in einem offenen Auto, ...

4. T. B. hat den Aufsatz über Mozarts *Zaide* nie bekommen, ...

5. T. B. kaufte sich einen Anzug für die Verleihung des Grillparzerpreises, ...

6. T. B. fand es außerordentlich, ...

7. Nach drei Tagen in Wien musste T. B. wieder nach Nathal fahren, ...

a. weil er glaubte, nur in einem neuen Anzug in der Akademie der Wissenschaften auftreten zu können.

b. aber damals hat er geglaubt, ihn haben zu müssen.

c. ohne auch nur ein Wort zu sprechen.

d. um sich dort für ein paar Tage zu verkriechen.

e. um die Neue *Zürcher Zeitung* zu finden.

f. um nicht an der schrecklichen Wiener Luft zu ersticken.

g. gerade am 100. Todestag Grillparzers mit dem Preis ausgezeichnet zu werden.

36   Fragen zum Nachdenken und Diskutieren

1. Inwiefern ist Bernhards Erzählung *Wittgensteins Neffe* autobiografsch?

2. Wie spricht Bernhard in *Wittgensteins Neffe* über seine Beziehung zu Österreich?

3. Wird Thomas Bernhard in Österreich und Deutschland gleich respektiert und geliebt? Spekulieren Sie.

37 Schreibübungen

Bilden Sie kleine Gruppen und schreiben Sie Rollenspiele über die folgenden Szenen oder andere Szenen, die Sie sich mit Thomas Bernhard und Paul Wittgenstein vorstellen können. Geben Sie jeder Person in der Gruppe eine Rolle. Spielen Sie die Szenen im Kurs vor.

1. Die Jagd nach der *Neuen Zürcher Zeitung* (Aufsatz über Mozarts *Zaide*, 350 km fahren, offenes Auto, Welser Restaurant)
2. Die Grillparzerpreisverleihung (neuer Anzug, Akademie der Wissenschaften, Hotel Sacher)
3. Thomas Bernhard und Paul Wittgenstein auf dem Land (Spaziergang, Musik hören, Abendessen)

Zum Schluss

38 Wien ist ...

Woran denken Sie jetzt, wenn Sie Wien hören? Diskutieren Sie, welche Begriffe Wien am besten charakterisieren. Erklären Sie Ihre Wahl.

- Kaffeehauskultur und Nostalgie
- Festliche Bälle und Operntriumphe
- Tourismus, Schlösser und Paläste
- Metropole zwischen Ost und West
- Großstadt im idyllischen Österreich

Barry Winiker/Index Stock Imagery/ PhotoLibrary

Die Wiener Staatsoper wurde 1869 im Renaissancestil gebaut.

Das letzte Wort: *Weltschmerz*

Der **Weltschmerz** ist eine Art Pessimismus und Resignation gegenüber der Welt und dem Leben. Vielleicht war es vor allem der Weltschmerz, den Thomas Bernhard mit Paul Wittgenstein gemeinsam hatte.

Wie könnte man den Begriff *Weltschmerz* vielleicht übersetzen? Kennen sie andere Begriffe, die für eine Kultur spezifisch sind und die man nur schwer übersetzen kann?

©Renata Sedmakova/Shutterstock.com

Schubert-Denkmal im Wiener Stadtpark.

Zürich

Mit Schiffen und Wassertaxis fährt man auf der Limat bis in den Zürichsee. Kennen Sie andere Städte mit Flüssen und Seen?

In the Zürich chapter, we meet Max Frisch and Friedrich Dürrenmatt as the most important Swiss authors who dealt with Switzerland as a nation in the post-war era. We open discussions on the necessity of the Swiss Army, Switzerland's contested neutrality, the ethnic and linguistic diversity of Switzerland, and the idea of the Swiss Confederation as a model for the new Europe.

◉ Station Zürich

Solveigs E-Mail

- **Ein berühmter Zürcher**
  Max Frisch

◉ Einblicke

Soldaten sehen wenig Sinn in der Armee

- **Strukturen**
  Beschreiben: Attributive Adjektive

  Ergänzungen: Adjektive mit Präpositionen

  Vergleichen: Komparativ und Superlativ

Videoblog: Solveig

◉ Lektüre

Der Besuch der alten Dame Friedrich Dürrenmatt

Materialien

Arbeitsbuch

(iLrn™

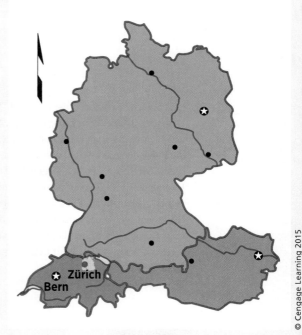

© Cengage Learning 2015

STATISTIK	
Einwohnerzahl:	376 000 (von 8 Millionen Schweizern)
Fläche:	88 km^2
Hauptsprache in Zürich:	Deutsch 85 % der Bevölkerung von Zürich sprechen vorwiegend *(primarily)* Deutsch

Station Zürich

Was wissen Sie schon?

1. Woran denken Sie, wenn Sie Zürich und die Schweiz hören?
2. Wie stellen Sie sich die Schweiz vor?
3. Waren Sie schon mal in der Schweiz?

Solveigs E-Mail

Die Zürcher Buchhändlerin Solveig kommt nach ihrem Studium in Tübingen wieder nach Zürich zurück. In einer Mail an ihre Freundin Judith aus Tübingen erklärt sie, warum sie nach Zürich zurückgekommen ist, um dort in einer Buchhandlung zu arbeiten.

Solveig

© Cengage Learning

Liebe Judith,

jetzt bin ich also wieder hier in Zürich. Es ist ein interessantes Gefühl, nach ein paar Jahren in Deutschland wieder in Zürich zu sein. Man sieht auf einmal Dinge, die man vorher nicht richtig wahrgenommen hat: Die schönen Villenvororte° und Weinanbaugebiete° um den Zürichsee, die Berge. Ich merke jetzt, wie sehr mir die Sprache gefehlt hat. Das Schweizerdeutsch ist eben meine Muttersprache. Ich glaube den Deutschen oder Österreichern ist oft nicht klar, dass Hochdeutsch für uns fast wie eine Fremdsprache ist. Ich habe in den letzten Wochen auch gemerkt, wie sehr ich Zürich als intellektuelles und kulturelles Zentrum der Schweiz schätze. Ich möchte gern ein paar Jahre hier in der Buchhandlung arbeiten und das kulturelle Leben in Zürich genießen, vor allem das Theater und die Kunstszene. Komm bald einmal, damit du verstehst, warum Zürich für mich so gut ist.
Liebe Grüße
Deine Solveig

Villenvororte *upscale suburbs* • **Weinanbaugebiete** *vinyards*

Geschichte

100 v. Chr.	58 v. Chr.	15 v. Chr.	536	1291	1351	1499	1798
Kelten wandern in das Gebiet der heutigen Schweiz ein.	Das Römische Reich erobert das Gebiet der Schweiz.	Die römische Zollstation *Turicum* (= Zürich) wird gegründet.	Die Franken erobern den größten Teil des Landes.	Schwyz, Unterwalden und Uri schließen den *Bund der Eidgenossen* (CH = *Confoederatio Helvetica*).	Zürich tritt dem Bund der Eidgenossen bei.	Loslösung *(secession)* vom Deutschen Reich durch den Schwabenkrieg	Die Helvetische Republik wird gegründet.

1 Solveigs Zürich

1. Warum ist Solveig nach Zürich zurückgekommen?
2. Was möchte sie jetzt machen?
3. Wo möchten Sie einmal gerne leben? Warum?

2 Fragen zur Station

1. Wo liegt die Schweiz?
2. Wie alt ist Zürich? Woher kommt der Name der Stadt?
3. Wo liegt Zürich? Was liegt in der Nähe?
4. Wie viele Einwohner hat Zürich? Wie groß ist die Fläche? Kennen Sie eine Stadt, die ungefähr so groß ist wie Zürich?
5. Was gibt es im Umland von Zürich?
6. Seit wann dürfen Frauen in der Schweiz wählen *(vote in elections)*?

Der Zürichsee liegt südwestlich von Zürich.

Siegfried Eigstler/Stone/Getty Images

1848	1914–1945	1971	1986	1991	2002	2011	2013
Die Schweiz erhält eine neue Verfassung *(constitution)* (parlamentarische Republik).	Während der beiden Weltkriege bleibt die Schweiz neutral.	Einführung des Wahlrechts *(right to vote)* für Frauen	Ablehnung *(rejection)* des Beitritts zur UNO	Einführung des Rechts *(right)* auf Wehrdienstverweigerung *(military service conscientious objector status)*	Die Schweiz wird 190. Mitglied der UNO.	Die Regierung beschließt Reformen für die Schweizer Armee.	Die Schweizer Armee wird von 400 000 auf 200 000 Mann reduziert.

Grundwortschatz:
Sprache

der **Ausdruck**, ⸚e *expression*	**reden** (hat geredet) *to speak, talk about something*
die **Bedeutung**, **-en** *meaning*	**schweigen** (schwieg, hat geschwiegen) *to be silent*
der **Begriff**, **-e** *term, idea, concept*	**wiederholen** (hat wiederholt) *to repeat*
beschreiben (beschrieb, hat beschrieben) *to describe*	**zusammenfassen** (hat zusammengefasst) *to summarize*
betonen (hat betont) *to emphasize*	
das **Gespräch** *conversation*	

3 **Synonyme und Umschreibungen**

Arbeiten Sie gemeinsam mit einem Partner / einer Partnerin und finden Sie die passenden Wörter aus dem Grundwortschatz.

1. etwas noch einmal machen: _____
2. sprechen: _____
3. nichts sagen: _____
4. eine Unterhaltung: _____
5. etwas besonders deutlich machen: _____
6. sagen, wie etwas ist: _____
7. den Inhalt eines Textes kurz darstellen: _____
8. ein bestimmtes Wort: _____

Ein berühmter Zürcher

Max Frisch (1911–1991)

Max Frisch wurde am 15. Mai 1911 in Zürich als Sohn eines Architekten geboren. 1930 begann er an der Universität Zürich mit dem Studium der Germanistik. Doch nach dem Tod seines Vaters musste er das Studium aus finanziellen Gründen abbrechen und arbeitete stattdessen als freier Mitarbeiter° für die *Neue Zürcher Zeitung* und andere Zeitungen. 1934 schrieb Frisch seinen ersten Roman, doch bald darauf verbrannte er alle Manuskripte und beschloss, mit dem Schreiben aufzuhören. 1936 begann er deshalb mit dem Studium der Architektur und schloss es 1941 als Diplom-Architekt ab. Aber bald fing Frisch wieder an zu schreiben. Er schrieb vor allem Dramen, die sich mit dem Krieg und der Nachkriegszeit beschäftigen.

Henri Cartier-Bresson/Magnum Photos

Max Frisch

Wie sein Zeitgenosse° Friedrich Dürrenmatt kritisierte Frisch die Neutraliät der Schweiz während des Zweiten Weltkrieges. Obwohl Frisch und Dürrenmatt viel gemeinsam hatten (sie waren beide Gegner° der Schweizer Armee, arbeiteten zusammen am Zürcher Schauspielhaus), war ihr Verhältnis nur fast eine Freundschaft°.

---

freier ... *freelance writer* • **Zeitgenosse** *contemporary* • **Gegner** *opponents* • **fast ...** *almost a friendship*

4   Fragen über Max Frisch

1. Warum musste Max Frisch sein Germanistikstudium abbrechen?
2. Womit beschäftigen sich Max Frischs Romane?
3. Was für eine Beziehung hatten Frisch und Dürrenmatt?
4. Was wollte Max Frisch beruflich machen, nachdem er seine ersten Manuskripte verbrannt hatte?

©Jack Metzger, Image Archive ETH-Bibliothek Zürich

Die Schweizer Schriftsteller Max Frisch und Friedrich Dürrenmatt in der Kronenhalle in Zürich. Frisch und Dürrenmatt verband eine komplizierte Freundschaft. In der Kronenhalle trafen sie sich gern zum Diskutieren. Die Kronenhalle ist eines der berühmtesten Restaurants der Welt. Hier treffen sich noch heute Intellektuelle, Künstler und Autoren.

5   Ein weltberühmtes Restaurant

1. Beschreiben Sie das Foto mit möglichst vielen Adjektiven. Arbeiten Sie mit dem Wörterbuch, wenn nötig.

Die Kronenhalle ist ein teures, altes Restaurant. Frisch und Dürrenmatt sitzen an einem kleinen Tisch. Frisch trägt eine dicke, schwarze Brille. Beide tragen dunkle Anzüge. ...

2. Suchen Sie Informationen über die Kronenhalle im Internet und beschreiben Sie die Atmosphäre, das Essen, die Architektur und so weiter.

FILMTIPP: *Homo Faber* (Volker Schlöndorff, 1991)

Verfilmung von Max Frischs Roman *Homo Faber* mit Sam Shepard und Julie Delpy.

---

6 **Frisch und Dürrenmatt**

Das Verhältnis zwischen den bekanntesten Schweizer Autoren Max Frisch und Friedrich Dürrenmatt beruhte *(rested, was based on)* auf vielen Gemeinsamkeiten *(things they had in common)*, aber es gab auch Aspekte, in denen sich die beiden Schriftsteller unterschieden. Verwenden Sie die folgenden Wörter, um Frisch und Dürrenmatt zu vergleichen.

 Frisch ist 1911 geboren. Dürrenmatt ist 1921 geboren. (älter) →

Frisch war zehn Jahre älter als Dürrenmatt.

1. Frisch hatte als junger Architekt und Schriftsteller viel Erfolg. Dürrenmatt konnte als junger Mann seine Frau und seinen Sohn kaum ernähren, weil er wenig Geld hatte. (ärmer)
2. Frisch machte viele Reisen ins Ausland. Dürrenmatt reiste nicht gern. (weniger)
3. Frisch absolvierte 650 Tage Militärdienst. Dürrenmatt wurde wegen seiner Kurzsichtigkeit *(near-sightedness)* nach wenigen Wochen vom Militärdienst befreit. (länger)
4. Frisch war Agnostiker. Dürrenmatt hat sich als Sohn eines Pfarrers immer mit Religion beschäftigt. (religiöser)
5. Frisch war immer sehr sportlich und fit. Dürrenmatt war Diabetiker. (gesünder)

7 **Rollenspiel**

Frisch und Dürrenmatt trafen sich oft in der *Kronenhalle (restaurant)* in Zürich. Schreiben Sie ein Gespräch zwischen Frisch und Dürrenmatt (z. B. als sie sich zum ersten Mal treffen) und spielen Sie es im Kurs vor.

8 **Andere berühmte Zürcher**

Suchen Sie Informationen über die folgenden Personen. Wer sind sie? Was haben sie gemacht? Was haben sie mit Zürich zu tun?

Max Bill	Johanna Spyri	Christian Kracht
James Joyce	Huldrych Zwingli	Ruth Dreifuss
Gottfried Keller	Martin Suter	Pipilotti Rist
Thomas Mann	Peter Stamm	

9 **Suchbegriffe**

Forschen Sie mit den folgenden Suchbegriffen im Internet.

Stadt Zürich

1. Was finden Sie besonders interessant?
2. Welche Museen gibt es in Zürich?

Informationen zur Schweiz

3. Wie heißen die drei wichtigen geografischen Regionen der Schweiz?
4. Wie viele Ausländer leben in der Schweiz?
5. Suchen Sie Informationen über die vier offiziellen Sprachen der Schweiz. Was ist das *Rumantsch Grischun*?

Max Frisch Archiv

6. Was ist die ETH Zürich?
7. Was gibt es im *Max Frisch Archiv*?
8. Gibt es in Max Frischs Biografie Informationen, die Sie überraschen?

Centre Dürrenmatt

9. Was gibt es im *Centre Dürrenmatt*?
10. Suchen Sie Informationen über die Geschichte des *Centre Dürrenmatt*.
11. Suchen Sie Malereien und Zeichnungen *(drawings)* von Dürrenmatt! Was für ein Künstler war er?

10 Brief an einen Schweizer

Arbeiten Sie in Gruppen oder Paaren. Schreiben Sie einen Brief an einen Schweizer / eine Schweizerin und fragen Sie ihn/sie alles, was Sie schon immer über die Schweiz wissen wollten. Stellen Sie Fragen über das Leben in der Schweiz, das Essen, die Medien, die Politik, die Kunst und die Kultur; was immer Sie interessiert. Tauschen *(Exchange)* Sie dann Ihren Brief mit anderen Studenten im Kurs. Forschen Sie im Internet, um die Fragen im Brief Ihres Mitstudenten so gut wie möglich zu beantworten.

11 Richtig oder falsch?

Forschen Sie weiter und entscheiden Sie, ob die folgenden Aussagen korrekt sind. Wenn sie falsch sind, korrigieren Sie sie.

1. Deutsch ist die wichtigste Sprache der Schweiz.
2. Der Jura liegt im Osten der Schweiz.
3. Außer den vier Nationalsprachen werden in der Schweiz auch noch andere Sprachen gesprochen.
4. Die ETH ist eine Bibliothek in Zürich.
5. Im *Max Frisch Archiv* gibt es nur Manuskripte von Frischs Romanen und Theaterstücken.
6. Als junger Mann hat Frisch sogar einmal als Sportreporter gearbeitet.
7. Das *Centre Dürrenmatt* ist ein Museum, in dem Dürrenmatts Malereien und Zeichnungen ausgestellt werden.

12 Lokale Presse

Gehen Sie zu den folgenden Websites im Internet. Was sind die Schlagzeilen? Wie wirken diese Zeitungen auf Sie? Wie sind Sprache und Präsentation? Was ist besonders interessant?

Neue Zürcher Zeitung

Der Tagesanzeiger

Tagblatt der Stadt Zürich

13 Nachrichtenrunde

Arbeiten Sie in Gruppen oder Paaren. Berichten Sie über einen Aspekt, den Sie beim Surfen im Internet gefunden haben.

14 Fragen zum Nachdenken und Diskutieren

Bearbeiten Sie diese Fragen in Paaren oder kleinen Gruppen. Machen Sie Notizen und geben Sie einen kleinen Bericht im Kurs. Bringen Sie die Resultate Ihrer Internetsuche dabei ein.

1. Welche Gründe gibt es wohl dafür, dass die Schweiz nicht der Europäischen Union beitreten will? Spekulieren Sie!
2. Inwiefern ist Zürich eine kleine Stadt? In welchen Aspekten ist Zürich eine wichtige Stadt?

Strukturen

Beschreiben

Attributive Adjektive

Adjectives are used to describe a noun or a pronoun. Attributive adjectives precede and describe a noun. They take either weak or strong endings according to the rules explained:

Rule	Endings	Examples
Weak endings are used when the information about gender, number and case of a noun is provided by a preceding definite article, indefinite article, or pronoun (**all-, dies-, jed-, jen-, manch-, solch-, welch-**).	There are only two weak adjective endings: 1. **-e** for the nominative singular of all three genders and for the accusative singular of the neuter and feminine genders 2. **-en** for all other forms.	**Der** schön**e** See liegt in den Schweizer Bergen. Nicht **jeder** schön**e** See liegt in der Schweiz.

	Mas	Neu	Fem	Plu
Nom		-e		
Akk				
Dat		-en		
Gen				

- Note: In the two examples above, the definite article **der** and the word **jeder** provide the information that **See** is masculine, nominative, and singular. Therefore, the ending on the following adjective, **schön**, is weak.

Rule	Endings	Examples
Strong endings are used to provide the information about gender, number, and case of the following noun. They are used if there is no preceding article or pronoun or if the form of the preceding article doesn't give clear gender information (for example, the indefinite article **ein**.)	Strong adjective endings are very similar to the endings of the definite articles.	Oh, schön**er** See! Ein klein**er** See liegt in den Bergen.

	Mas	Neu	Fem	Plu
Nom	-er	-es	-e	-e
Akk	-en	-es	-e	-e
Dat	-em	-em	-er	-en
Gen	-en	-en	-er	-er

- Note: In the first example above, no information about gender, number, or case precedes the adjective **schön**. In the second example, **ein** provides number but not gender and case. Therefore, the ending on the adjective in each example must be strong in order to provide the information that **See** is masculine, nominative, and singular.

- Here is a comparative list of all adjective endings:

	Masculine	Neuter	Feminine	Plural
Nom.	der klein**e** See ein klein**er** See klein**er** See	da**s** schön**e** Land ein schön**es** Land schön**es** Land	die groß**e** Stadt eine groß**e** Stadt groß**e** Stadt	di**e** grün**en** Wälder kein**e** grün**en** Wälder grün**e** Wälder
Acc.	d**en** klein**en** See ein**en** klein**en** See klein**en** See	da**s** schön**e** Land ein schön**es** Land schön**es** Land	die groß**e** Stadt eine groß**e** Stadt groß**e** Stadt	di**e** grün**en** Wälder kein**e** grün**en** Wälder grün**e** Wälder
Dat.	d**em** klein**en** See ein**em** klein**en** See klein**em** See	d**em** schön**en** Land ein**em** schön**en** Land schön**em** Land	d**er** groß**en** Stadt ein**er** groß**en** Stadt groß**er** Stadt	d**en** grün**en** Wälder**n** kein**en** grün**en** Wälder**n** grün**en** Wälder**n**
Gen.	d**es** klein**en** Sees ein**es** klein**en** Sees klein**en** Sees	d**es** schön**en** Landes ein**es** schön**en** Landes schön**en** Landes	d**er** groß**en** Stadt ein**er** groß**en** Stadt groß**er** Stadt	d**er** grün**en** Wälder kein**er** grün**en** Wälder grün**er** Wälder

- Adjectives in a series take the same endings:

    Viele Touristen machen eine Bootsfahrt auf dem schön**en**, tiefblau**en** Zürichsee.

- Pronouns that function like attributive adjectives take specific endings:

Limiting Adjectives / Pronouns	Rule	Example
etwas genug wenig viel	• singular only • take no endings • other adjectives that follow have strong endings	In der Schweiz gibt es **viel** gut**en** Wein.
andere einige mehrere wenige viele	• plural only • take weak or strong endings, depending on use • other adjectives that follow take the same ending	In der Schweiz gibt es **mehrere** groß**e** Seen.
ein paar	• plural only • no ending • other adjectives that follow have strong endings	Kennst du auch **ein paar** klein**e** Seen in der Schweiz?
alle	• strong endings • other adjectives that follow have weak endings	Ich kenne nicht **alle** klein**en** Seen in der Schweiz.

- Adjectives referring to nationality are not capitalized and take endings like other adjectives. Adjectives referring to the name of a city are capitalized and take an **-er** ending.

    Zürch**er** Geschnetzeltes ist eine weltberühmte schweizerische[1] Spezialität. Viele Menschen schätzen *(value)* auch die deutsch**e** und die österreichisch**e** Küche.

---

[1] Some use the form "Schweizer," which is an exception to the stated rules.

Zürcher Geschnetzeltes

Schreiben Sie das Rezept für Zürcher Geschnetzeltes mit dem Indefinit-pronomen *man* in ganzen Sätzen.

Zuerst schnetzelt man das Kalbfleisch in dünne Streifen. Dann putzt man ...

Zürcher Geschnetzeltes, eine schweizerische Spezialität mit Kalbfleisch, Champignons und Sahnesauce. Dazu serviert man „Rösti" aus geriebenen *(grated)* und gebratenen rohen Kartoffeln.

Zürcher Geschnetzeltes

- 600g mageres Kalbfleisch in dünne Streifen schnetzeln
- 250g frische Champignons putzen und in feine Scheiben schneiden
- 50g rohe Zwiebeln fein hacken
- 50g ungesalzene Butter in einer grossen Pfanne schmelzen lassen und die Kalbfleischstreifen darin bräunen
- das gebräunte Fleisch herausnehmen und warm stellen
- geschnittene Champignons leicht anbraten
- gehackte Zwiebeln zugeben und goldgelb werden lassen
- mit einer kleinen Tasse herbem° Weisswein ablöschen und   °dry
  zugedeckt 5 Min. dünsten
- frische Sahne halbsteif schlagen
- das noch warme Fleisch wieder in den Topf geben
- die geschlagene Sahne, etwas gehackte Petersilie und geriebene Zitronenschale hinzugeben
- mit Salz und Pfeffer würzen

© Cengage Learning 2015

Paul Klee

Geben Sie die richtigen Endungen für die Adjektive an!

Paul Klee war wohl der berühmtest_____ Schweizer Künstler. Im Juni 2005 wurde das international_____ Zentrum Paul Klee in Bern eröffnet. Paul Klee (1879–1940) zählt heute zu den bedeutendst_____ Künstlern des 20. Jahrhunderts. Neben 4000 Gemälden, Aquarellen und Zeichnungen sind dort auch biografisch_____ Materialien zu sehen. Die Bestände des Zentrums gelten als die größt_____ Sammlung eines einzigen Künstlers. Das Zentrum Paul Klee ist nicht nur ein innovativ_____ Kunstmuseum, sondern auch ein führend_____ Forschungszentrum für das Leben und Werk Paul Klees. Der berühmt_____ italienisch_____ Architekt Renzo Piano hat kein traditionell_____ Museum gebaut, sondern eine grün_____ Insel, aus der sich die Architektur in Form von drei Wellen erhebt *(rises in the form of three waves)*. Diese außergewöhnlich_____ *(exceptional)* Architektur des Zentrums ist gleichzeitig eine einmalig_____ Landschaftsskulptur.

17 **Wörterbucharbeit: Kunst von Paul Klee beschreiben**

Suchen Sie in der Bibliothek oder im Internet ein Kunstwerk von Paul Klee und beschreiben Sie es, indem Sie passende Adjektive finden. Arbeiten Sie dabei mit dem Wörterbuch.

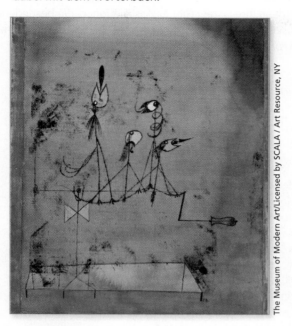

Die Zwitschermaschine von Paul Klee

18 **Zürich für Besucher**

Ein Reporter hat einen Artikel über Zürich geschrieben, aber sein Stil ist ziemlich farblos, weil er keinerlei attributive Adjektive benutzt hat. Machen Sie den Text interessanter, indem Sie die passenden Adjektive aus der Liste in die Lücken setzen. Achten Sie auch auf die Endungen, die Ihnen Hinweise auf das Genus *(gender)* der passenden Nomen geben können.

atemberaubendem *(breathtaking)* – beeindruckenden *(impressive)* – gemütlichen - lokalen - gute – herrlicher – historische – interessanter – kleinen – schöner – tiefblauen – weltbekannte – weltberühmten

Zürich ist eine _____ Stadt, die mitten im Herzen Europas liegt. Sie liegt am _____ Zürichsee mit _____ Blick auf die _____ Schweizer Alpen. Aber außer _____ Natur findet man in Zürich auch das Kunstzentrum der Schweiz mit _____ Museen und _____ Stadtarchitektur. Wer sich fürs Shopping interessiert, findet Mitbringsel *(souvenirs)* auf dem Flohmarkt am Bürkliplatz oder bei einem Einkaufsbummel durch die _____ Altstadt. Am Abend kann man _____ Küche und die _____ Weine in _____ Gasthäusern genießen oder den Tag in einem der _____ Straßencafés ausklingen lassen.

19 „Denk' ich an die Schweiz ..."

Machen Sie gemeinsam mit Ihrem Partner / Ihrer Partnerin eine Liste von sechs Assoziationen, die Sie mit Zürich und/oder der Schweiz verbinden. Jede Assoziation soll mindestens ein attributives Adjektiv beinhalten. Vergleichen Sie dann Ihre Listen. Gibt es Assoziationen, die besonders häufig vorkommen? Diskutieren Sie, ob es sich hier möglicherweise um Stereotype oder Vorurteile *(prejudices)* handeln könnte.

z.B. ▶ Wenn ich an die Schweiz denke, denke ich an den berühmten Käse.

Müesli!

Das **Müesli** (deutsch: **Müsli**) ist ein Gericht *(dish)* aus rohen Haferflocken *(oats)*, das man in der Schweiz nicht nur zum Frühstück isst. Das Wort **Müesli** ist die schweizerdeutsche Verkleinerungsform von **Mues** (deutsch: **Mus** = englisch: *gruel, mush*). Das Müesli wurde um 1900 von dem Schweizer Arzt Maximilian Oskar Bircher-Benner erfunden, der damit seinen Patienten die Rohkost *(raw foods)* näher bringen wollte. Das sogenannte **Birchermüesli** ist somit das Vorbild der heutigen Frühstückskultur.

Was essen Sie am liebsten zum Frühstück?

Müesli isst man in der Schweiz nicht nur zum Frühstück.

20 **Rezept: Original Müesli nach Dr. Bircher-Benner**

Geben Sie die Adjektivendungen an.

Zuerst muss man einen Esslöffel roh_____ Haferflocken zwölf Stunden lang in drei Esslöffel kalt_____ Wasser einweichen *(soak)*. Dann gibt man einen Esslöffel *(tablespoon)* frisch_____ Zitronensaft und einen Esslöffel gesüßt_____ Kondensmilch *(evaporated milk)* dazu. Direkt vor dem Servieren gibt man einen geriebenen saur_____ Apfel direkt in das Mus und mischt alles gut, damit das Apfelfleisch nicht braun _____ wird. Zum Schluss streut *(sprinkles)* man einen Esslöffel gerieben_____ Haselnüsse oder Mandeln darüber.

◎ Einblicke

21

Fragen zum Thema

1. Die Autoren Frisch und Dürrenmatt haben die Neutralität der Schweiz jeweils auf ihre Art kritisiert. Warum kann es problematisch sein, sich neutral zu verhalten?

2. Frisch und Dürrenmatt waren beide dafür, die Schweizer Armee abzuschaffen *(to terminate completely)*. Was spricht für die Schweizer Armee? Was spricht gegen sie?

Soldaten sehen wenig Sinn in der Armee

Soldaten sehen wenig Sinn in ihrem Militärdienst[1]. Laut einer Umfrage unter Armeeangehörigen hatten nur 40 Prozent auch tatsächlich das Gefühl, einen Beitrag zur Sicherheit der Schweiz zu leisten.

5   Etwa gleich wenige können aus dem Militärdienst einen Nutzen für ihr ziviles Leben ziehen. Dies geht aus einer Umfrage vom vergangenen Jahr bei über 11 000 Soldaten und Kadermitgliedern hervor, über welche die *Neue Zürcher Zeitung* am Freitag berichtete und deren

10 Resultate der Nachrichtenagentur SDA vorliegen.

    Den Sinn der Armee sehen offenbar auch viele Arbeitgeber nicht: Nur 40 Prozent der Befragten gaben an, ihr Arbeitgeber habe Verständnis für ihren Militärdienst. Und weniger als 30 Prozent würden einem

15 Bekannten eine militärische Weiterbildung empfehlen.

    Als sehr positiv bewerten die Soldaten die Kameradschaft und eher positiv die Kompetenz ihrer Ausbilder. Zwei Drittel sind mit dem Material zufrieden. Hingegen empfinden nur etwas mehr als die Hälfte ihren Dienst als anspruchsvoll und klar aufgebaut.

Soldaten der Schweizer Armee

Armeechef zieht Konsequenzen

20   „Die Zahlen sind schlecht und genügen nicht. Wir müssen den Soldaten besser erklären, weshalb die Schweiz eine Armee hat und braucht", sagte Armeesprecher Christoph Brunner.

Tagblatt Online, 15. Februar 2013 09:46:00

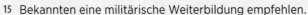

Fragen zum Text

1. Was finden Schweizer Rekruten positiv? Was nicht?
2. Was sagt der Armeesprecher zu diesem Ergebnis?
3. Wie sieht man die Armee in Ihrem Land?

---

[1] The Swiss Army is a militia (with mandatory military service) and not a professional army.

Schweizer Hochdeutsch und Schweizerdeutsch

Schweizerdeutsch wird in der Schweiz von allen sozialen Schichten *(backgrounds)* als normale Umgangssprache *(colloquial language)* gesprochen; Dialekt zu sprechen ist also kein soziales Stigma. Auch im Umgang mit Behörden *(government offices)* spricht man Dialekt. Auch im Radio und im regionalen Fernsehen hört man Schweizer Mundart. Schweizer Hochdeutsch wird hauptsächlich schriftlich verwendet und wird deshalb auch oft *Schriftdeutsch* genannt. Viele Nichtschweizer halten das Schweizer Hochdeutsch oft für den Schweizer Dialekt, weil die Schweizer auch das Schweizer Hochdeutsch mit hörbarem Akzent sprechen.

Bei der Volkszählung *(census)* von 2000 betrug der Anteil der deutschsprachigen Schweizer 64 % der Bevölkerung. Von diesen gaben 93 % an, im Alltag Dialekt zu sprechen. 66 % davon gaben an, *nur* Dialekt und kein Hochdeutsch zu sprechen.

Obwohl das Schweizer Hochdeutsch eine offizielle Nationalsprache ist, ist sie für die meisten Schweizer eigentlich eine Fremdsprache *(foreign language)*. Ein Aussterben *(extinction)* des Dialekts (Schweizerdeutsch) ist nicht zu befürchten.

Versuchen Sie mit einem Partner die folgenden Schweizerdeutschen Vokabeln auf Hochdeutsch zu übersetzen.

> eis, zwoi, drü, vier, foif
> rot, gähl, blau, grüen, wiis
> Mueter, Vater, Eltere, Schwöschter, Brüeder
> Auge, Muul, Nase, Ohr, Zah
> Öpfel, Orangsche, Banane, Erdbeeri, Zitronä
> Hund, Chatz, Chüngel, Ross, Muus

23 Richtig oder falsch?

Sagen Sie, ob die folgenden Aussagen richtig oder falsch sind! Wenn sie falsch sind, korrigieren Sie sie.

1. Man spricht entweder Dialekt oder Standardsprache.
2. Wenn die Schweizer Hochdeutsch sprechen, sprechen sie mit Akzent.
3. Im Umgang mit Behörden spricht man in der Schweiz immer Hochddeutsch.
4. Die deutschsprachigen Schweizer sprechen meistens Dialekt.
5. Hochdeutsch ist für die meisten Schweizer eine Fremdsprache.

Strukturen

Ergänzungen
Adjektive mit Präpositionen

Some predicate adjectives are frequently extended by a preposition and a prepositional object in the required case, creating a prepositional phrase.

- Adjectives with prepositions followed by the accusative case include the following:

Adjektiv + Präposition (+ Akkusativ)	English equivalent
böse auf	angry at
gespannt auf	in suspense about
gewöhnt an	accustomed to
neidisch auf	envious of
neugierig auf	curious about
stolz auf	proud of
wütend auf	furious at

Viele Besucher sind **neugierig auf** die kulturellen Sehenswürdigkeiten der Schweiz.

Die Bewohner Zürichs sind längst **an** die vielen Touristen **gewöhnt**.

- Adjectives with prepositions followed by the dative case include the following:

Adjective + Preposition (+ Dative)	English equivalent
abhängig von	dependent on
arm an	poor in
beeindruckt von	impressed by
begeistert von	enthusiastic about
bereit zu	ready to
fähig zu	able to
interessiert an	interested in
reich an	rich in
überzeugt von	convinced of
verrückt nach	crazy about, crazy for
(etwas/jemandem)	(something/someone)

Die Schweiz ist **reich an** Naturschönheiten.

Durch ihre Neutralität ist die Schweiz nicht politisch **abhängig von** anderen Ländern.

- If the object of a prepositional phrase is an entire clause including a verb, German uses a special construction with an anticipatory **da**-compound. These will be covered in more detail in *Station 12*.

In Zürich

 Kombinieren Sie gemeinsam mit Ihrem Partner / Ihrer Partnerin die folgenden Elemente. Vielleicht können Sie die Liste auch noch erweitern?

> **z.B.** Ich bin begeistert von den Zürcher Museen.

Ich bin ...	begeistert von	die Architektur
Wir sind ...	beeindruckt von	die vielen Einkaufsmöglichkeiten
Die Zürcher sind ...	verrückt nach	die herrliche Natur
	stolz auf	Käsefondue und Raclette
	gewöhnt an	der Schweizer Dialekt
	interessiert an	der Blick auf die Alpen
	ein bisschen neidisch auf	der gute Schweizer Käse
	???	die feine Schokolade
		die teuren Preise
		die Zürcher Museen

25 Und Sie persönlich?

 Interviewen Sie Ihren Partner / Ihre Partnerin, machen Sie sich Notizen und berichten Sie dann im Kurs.

1. Wovon bist du überzeugt?
2. Worauf bist du neugierig?
3. Worauf bist du ab und zu böse?
4. Wonach bist du verrückt?
5. Wozu bist du fähig?
6. Worauf bist du gespannt?
7. Woran könntest du dich nie gewöhnen?
8. Worauf bist du stolz?

26 Ergänzen Sie die Sätze

 Finden Sie die richtigen Begriffe für die folgenden Sätze.

1. _____ nennt man alle alemannischen Dialekte der Schweiz.
2. Viele Schweizer sprechen Hochdeutsch mit starkem _____.
3. Ein _____ unterscheidet sich von der Standardsprache nicht nur in der Aussprache, sondern auch in der Grammatik und im Wortschatz.
4. Hochdeutsch ist für die meisten Schweizer eine _____.
5. Das _____ ist Hochdeutsch mit Schweizer Akzent.

a. Fremdsprache
b. Dialekt
c. Akzent
d. Schweizerdeutsch
e. Schweizer Hochdeutsch

Wortschatz

abbrechen (bricht ab, brach ab, hat abgebrochen) *to interrupt, discontinue*

abschaffen (schafft ab, schaffte ab, hat abgeschafft) *to do away with, abolish*

abschließen (schließt ab, schloss ab, hat abgeschlossen) *to finish, complete*

der **Akzent, -e** *accent (pronunciation)*

die **Armee, -n** *army, military*

befürchten (hat befürchtet) *to fear*

beitreten (tritt bei, trat bei, ist beigetreten) *to join*

sich **beschäftigen** mit (hat sich beschäftigt) *to be concerned with*

bewerten (hat bewertet) *to judge, consider*

einen **Bund schließen** (schließt einen Bund, schloss einen Bund, hat einen Bund geschlossen) *to form a federation*

der **Dialekt, -e** *dialect*

sich **drehen** um (hat gedreht) *to revolve around*

die **Eidgenossenschaft** *Swiss federation*

einführen (führt ein, führte ein, hat eingeführt) *to introduce*

festhalten an (hält fest, hielt fest, hat fest gehalten) *to hold on to (s.th.)*

der **Franken, -** *Swiss currency*

die **Fremdsprache, -n** *foreign language*

gemeinsam haben *to have (s.th.) in common*

genießen (genoss, hat genossen) *to enjoy*

halten für (hält, hielt, hat gehalten) *to take (s.th.) for (s.th. else)*

sich **heraushalten** (hält sich heraus, hielt sich heraus, hat sich herausgehalten) *to keep out of (s.th.)*

der **Hintergrund, ⸚e** *background*

mitwirken (wirkt mit, hat mitgewirkt) *to participate*

die **Mundart, -en (der Dialekt, -e)** *dialect*

der **Offizier, -e** *title of high military rank, officer*

der **Rundblick, -e** *panorama, view*

das **Schweizerdeutsch** *dialects of Switzerland*

das **Schweizer Hochdeutsch** *variant of Standard German spoken in Switzerland*

der **Soldat, -en** *soldier*

umliegend *surrounding*

unabhängig *independent; independently*

verbrennen (verbrannte, hat verbrannt) *to burn*

vermeiden (vermied, hat vermieden) *to avoid*

das **Wahlrecht** *right to vote*

wählen (hat gewählt) *to elect*

wechseln (hat gewechselt) *to change, switch*

der **Wehrdienst (Militärdienst)** *military service*

der **Zivildienst** *alternative to military service, e.g., in hospitals*

27 Die Schweiz

Ein Freund möchte etwas über die multilinguale Schweiz erfahren. Erklären Sie ihm, was Sie darüber wissen. Verwenden Sie dabei die folgenden Wörter.

Akzent – Deutsch – Dialekt – Europäische Union – Fernsehen – festhalten – Franken – Französisch – Fremdsprache – gemeinsam haben – Geschichte – Italienisch – Mundart – Osten – Radio – Rätoromanisch – Schule – Schweizer Hochdeutsch – Schweizerdeutsch – sprechen

28 Die Schweiz und das Militär

Vervollständigen Sie die Sätze, indem Sie die folgenden Wörter in die richtige Lücke einsetzen.

abzuschaffen – befürchten – beschäftigt – festhalten – vermeiden – Wehrdienst – Weltkrieg – Zivildienst

Frisch und Dürrenmatt haben sich mit der Frage _____, ob die Schweiz noch eine Armee braucht oder nicht. Beide Autoren waren dafür, die Armee ganz _____. Doch die Schweizer wollen an ihrer Armee _____. Die meisten Schweizer glauben, dass man eine Armee braucht, um Krieg zu _____. Die politischen Probleme haben sich seit dem Zweiten _____ verändert. Statt eines Krieges _____ die meisten Schweizer, dass sich die Armee auf Terrorismus und Probleme der inneren Sicherheit konzentrieren muss. Obwohl immer mehr junge Männer den _____ vermeiden wollen und sich für den _____ entscheiden, sind die meisten Schweizer dafür, die Armee in ihrer alten Form zu behalten.

29 Militärdienst oder Zivildienst?

Welchen Weg würden Sie gehen? Wehrdienst oder Zivildienst? Warum? Verwenden Sie dabei wenigstens acht der folgenden Wörter.

arbeiten - Armee - Disziplin - sich entscheiden - Erfolg - helfen - sich heraushalten - Kameraden - Krieg - Militärdienst - Offizier - Politik - Soldat - vermeiden - Wehrdienst - Zivildienst

Ich würde zum Militär gehen, weil …

Ich würde Zivildienst machen, weil …

30 Wehrdienstverweigerer

Wenn man in der Schweiz den Wehrdienst verweigert *(is a conscientous objector)* und lieber Zivildienst leisten möchte, muss man schriftlich und mündlich begründen *(give reasons)*, warum man den Militärdienst nicht leisten kann. Schreiben Sie (a) einen Brief an die *Zürcher Beratungsstelle für Militärverweigerung und Zivildienst*[3] und erklaren Sie, warum Sie lieber Zivildienst leisten wollen, oder (b) schreiben Sie einem Freund, dass Sie in die Armee gehen wollen.

Sehr geehrte Damen und Herren,

ich möchte hiermit erklären, warum ich nicht zum Wehrdienst antreten werde:

…

Hochachtungsvoll

[Ihr Name]

Lieber Uli,

ich habe beschlossen zur Armee zu gehen, weil …

31 Rollenspiel

Nach der schriftlichen Bewerbung für den Zivildienst folgt in der Schweiz eine Anhörung *(interview)* vor einer Kommission. Arbeiten Sie in Gruppen. Geben Sie jeder Person eine Rolle (als Wehrdienstverweigerer oder Mitglieder der Kommission), schreiben Sie Dialoge und spielen Sie diese im Kurs vor.

Redemittel zum Diskutieren

Betonen, was wichtig ist

Mit den folgenden Redemitteln kann man betonen *(emphasize)*, was man für besonders richtig hält.

Vor allem …	**Vor allem** sollte jeder eine Fremdsprache lernen.
Auf jeden Fall / Auf alle Fälle …	**Auf jeden Fall** lernen sie Hochdeutsch erst in der Schule.
Jedenfalls …	**Jedenfalls** ist Hochdeutsch für die meisten Schweizer eine Fremdsprache.
(Die) Hauptsache ist … Das Wichtigste ist …	**(Die) Hauptsache ist**, dass geschriebene Texte auf Hochdeutsch sind.

---

[3] This is a counseling service for conscientious objectors.

32 Was ist wichtig?

Welchen der folgenden Aussagen stimmen Sie (nicht) zu?

1. Vor allem sollte jeder Mensch mindestens eine Fremdsprache lernen.
2. Auf jeden Fall lernt man mit einer anderen Sprache auch eine andere Kultur.
3. Das Wichtigste dabei ist, dass man seine eigene Kultur aus einer anderen Perspektive sieht.
4. Vor allem sollte jeder Englisch können.
5. Hauptsache ist, es gibt eine Sprache, die die meisten Leute verstehen.
6. Jedenfalls ist es nicht wichtig, in einem Land mehrere Sprachen zu sprechen.
7. Vor allem kostet es sehr viel, wenn alles in mehreren Sprachen gedruckt werden muss.
8. Das Wichtigste beim Lernen einer Fremdsprache ist, dass man eine absolut korrekte Aussprache *(pronunciation)* hat.

33 Anders formuliert

Formulieren Sie die folgenden Sätze um, indem Sie die Redemittel verwenden.

 Vor allem sollte jeder eine andere Sprache lernen.

1. Jeder sollte eine andere Sprache lernen.
2. Wer eine andere Sprache lernt, versteht seine Muttersprache besser.
3. Man muss offen für neue Dinge sein.
4. Man sollte wissen, wie man ein Wörterbuch benutzt.
5. Es ist gut, wenn man viel in der Fremdsprache liest.

34 Partnerinterview: Sprachen

 Fragen Sie Ihren Partner / Ihre Partnerin. Berichten Sie das Interessanteste im Kurs.

1. Welche Sprachen sprichst du? Wie hast du sie gelernt?
2. Warum lernst du Deutsch?
3. Welche anderen Sprachen interessieren dich? Warum?

35 Fragen zur Diskussion

 Diskutieren oder schreiben Sie über eines der folgenden Themen. Verwenden Sie dabei die Redemittel.

1. Was sind die Vorteile einer multilingualen Gesellschaft wie der Schweiz?
2. Die Schweiz ist nicht nur ein Land, in dem Käse und Uhren hergestellt werden. Was sind die wichtigsten Aspekte, die uns helfen, die Schweiz besser zu verstehen?
3. Wie ist wohl das Verhältnis zwischen Schweizern und Deutschen? Spekulieren Sie!

Strukturen

Vergleichen

Komparativ und Superlativ

Comparisons in German can be made using the expressions **so ... wie** *(as . . . as)* and **nicht so ... wie** *(not as . . . as)* or a comparative (oftentimes with **als**) or superlative construction.

> Basel ist **nicht so** groß **wie** Zürich.
>
> Basel ist **kleiner** als Zürich.
>
> Zürich ist die **größte** Stadt der Schweiz.

- The comparative and superlative of attributive adjectives used before a noun are formed in the following ways:

	Attributive Adjective	Rule
Positive	schön-	adjective stem + adjective ending
Comparative	schöner-	adjective stem + **er** + adjective ending
Superlative	schönst-	adjective stem + **st** + adjective ending

> Viele halten Bern für eine schö**ne** Stadt.
>
> Andere meinen, Basel sei eine schön**ere** Stadt als Bern.
>
> Manche denken, Zürich sei die schön**ste** Stadt der Schweiz.

- The comparative and superlative of adverbs and predicate adjectives (those that follow a noun) are formed in the following ways:

	Adverbs & Predicate Adjective	Rule
Positive	friedlich	adjective stem
Comparative	friedlich**er**	adjective stem + **er**
Superlative	**am** friedlich**sten**	**am** + adjective stem + **sten**[4]

> Zürich ist ziemlich **klein**.
>
> Basel ist klein**er** als Zürich.
>
> Bern ist **am** kleinsten.

- Adjectives and adverbs that end in **-e** add only **-r** in the comparative.

> leis**e** → **leiser**

---

[4] This is the weak adjective ending following the contracted preposition and definite article **an** + **dem** = **am**.

- Adjectives and adverbs of one syllable ending in **-d**, **-t**, **-s**, **-ß**, **-z**, or **-sch** add an **e** in the superlative.

  laut → am laut**est**en   stolz → am stolz**est**en

  heiß → am heiß**est**en   hübsch → am hübsch**est**en

- Note, however, that adjectives and adverbs of more than one syllable and ending in **-d**, **-t**, or **-sch** do not add **e** in the superlative.

  spannend → am spannend**st**en

  komisch →am komisch**st**en

- The following adjectives or adverbs have irregular comparative and/or superlative forms.

Adjective	Comparative	Superlative
bald	eher	am ehesten
dunkel	dunkler	am dunkelsten
groß	größer	am größten
gut	besser	am besten
hoch	höher	am höchsten
nahe	näher	am nächsten
teuer	teurer	am teuersten
viel	mehr	am meisten

- A number of short adjectives and adverbs take an umlaut in the comparative.

Adjective	Comparative	Superlative
alt	älter	am ältesten
arm	ärmer	am ärmsten
dumm	dümmer	am dümmsten
gesund	gesünder	am gesündesten
grob	gröber	am gröbsten
hart	härter	am härtesten
jung	jünger	am jüngsten
kalt	kälter	am kältesten
klug	klüger	am klügsten
krank	kränker	am kränksten
kurz	kürzer	am kürzesten
lang	länger	am längsten
oft	öfter	am öftesten
scharf	schärfer	am schärfsten
schwach	schwächer	am schwächsten
stark	stärker	am stärksten

36

Entscheidungsfragen

Bilden Sie gemeinsam mit Ihrem Partner / Ihrer Partnerin Entscheidungsfragen und interviewen Sie sich dann gegenseitig. Berichten Sie den anderen Kursteilnehmern.

z.B.

oft – Was würdest du in der Schweiz _____ machen?
(Bergsteigen / Skifahren)

Was würdest du in der Schweiz öfter machen: Bergsteigen oder Skifahren?

1. oft   Was würdest du in der Schweiz _____ machen?
              (Wandern / in ein Museum gehen)

2. interessant Was fändest du _____? (das Opernhaus / das
              Kunsthaus Zürich)

3. wichtig   Was wäre dir _____? (viel Geld / viel Zeit für einen
              Besuch in Zürich)

4. gern   Was würdest du _____ essen? (Käsefondue / Zürcher
              Geschnetzeltes)

5. gut   Was würde dir _____ gefallen? (eine Fahrt mit der
              Uetliberg Bahn / ein modernes Theaterstück in einem
              Zürcher Theater)

6. viel   Was würde dir _____ Spaß machen? (ein Shopping-
              Bummel auf der Bahnhofstrasse / eine Bootsfahrt auf
              dem Zürichsee)

Ulrich Mueller/www.Shutterstock.com

Die Predigergasse im Niederdorf in Zürich

37

Kleine Schweizer Landeskunde

Ergänzen Sie gemeinsam mit einem Partner / einer Partnerin die Lücken mit den Superlativformen eines passenden Adjektivs aus der Liste. Achten Sie dabei auch auf die richtige Adjektivendung!

bedeutend – bekannt – dicht – groß – hoch – lang – reich – viel

1. Zürich ist die _____ Stadt der Schweiz; hier leben die _____ Schweizer.
2. Der _____ Berg der Schweiz ist mit 4 643 Metern die Dufourspitze. Der _____ Berg der Schweiz ist jedoch das Matterhorn.
3. Mit 365 Kilometern ist der Rhein der _____ Fluss der Schweiz.
4. Die Schweiz hat das _____ Autobahnnetz der Welt.
5. Paul Klee gilt als der _____ Maler der Schweiz.
6. Die Schweiz gilt als eines der _____ Länder der Welt.

Die Sprachen der Schweiz

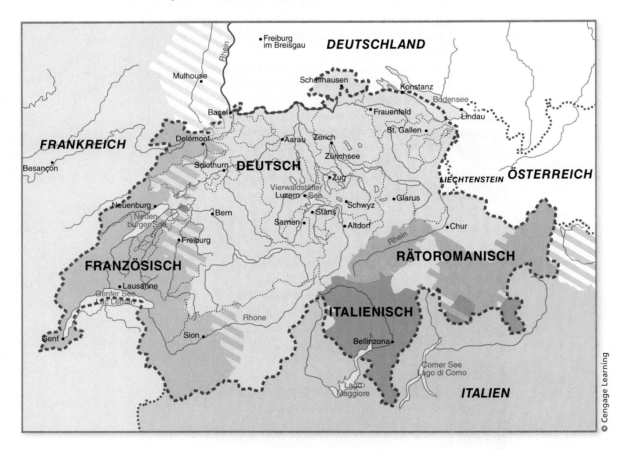

38 **Sprachen in der Schweiz**

 Machen Sie gemeinsam mit Ihrem Partner / Ihrer Partnerin möglichst viele Aussagen über die Sprachen in der Schweiz und benutzen Sie dabei Komparative und Superlative.

z.B. Rätoromanisch wird von den wenigsten Schweizern gesprochen.

Sprachenvielfalt in der Schweiz

In der Schweiz sprechen viele Menschen mehrere Sprachen. Die meisten Graubündner sprechen Rätoromanisch und Deutsch. Viele Schweizer sprechen drei Sprachen oder mehr.

65,6 %   Deutsch (Landessprache)

22,8 %   Französisch (Landessprache)

8,4 %   Italienisch (Landessprache)

0,6 %   Rätoromanisch (Landessprache)

9,0 %   Andere Sprachen

Sprache	1990	2010	Zunahme in Prozent
Deutsch	4,64 Mio.	4,2 Mio.	−9
Französisch	1,4 Mio.	1,48 Mio.	+6
Italienisch	475 000	540 000	+14
Rätoromanisch	35 000	32 500	−7

Source: Bundesamt für Statistik (http://www.bfs.admin.ch)

FILMTIPP: *Das Boot ist voll* (Markus Imhoof, 1981)

Eine Gruppe jüdischer Flüchtlinge sucht während des Zweiten Weltkrieges in der Schweiz Asyl, aber die Schweizer Behörden machen es den Flüchtlingen nicht leicht.

» Das Video finden Sie bei **iLrn**.

Videoblog

Solveig

Vor dem Sehen

„Weil die Schweiz nicht zur EU gehört, haben wir auch noch unseren schönen Schweizer Franken."

© Cengage Learning

A **Literarisches**

Fragen Sie Ihren Partner / Ihre Partnerin, machen Sie Notizen und berichten Sie dann im Kurs.

Was liest du gerne? Wer ist dein Lieblingsschriftsteller? Warum? Was ist dein Lieblingsbuch? Warum? Was passiert in dem Buch?

B **Assoziationen**

Was assoziieren Sie mit den folgenden Begriffen? Machen Sie Assoziogramme und vergleichen Sie Ihre Assoziationen im Kurs.

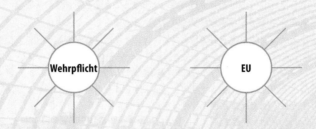

Beim Sehen

C **Über die Schweiz**

Solveig spricht über verschiedene Themen. Bringen Sie die Aussagen in die richtige Reihenfolge.

_____ In der Schweiz gibt es den Schweizer Franken.

___*1*___ Die Schweiz gehört nicht zur EU.

_____ Es gibt vier Landessprachen.

_____ Ein bekannter Schweizer Schriftsteller ist Max Frisch.

_____ Die Schweiz hat eine Armee.

_____ Die Schweiz ist ein Binnenland.

D **Die Schweizer Armee**

Ergänzen Sie die folgenden Aussagen.

1. Es sind etwa 115 000 Männer und Frauen, die in der Armee _____ sind.
2. Die Aufgaben der Schweizer Armee _____ darin, in Krisengebieten zu helfen und das Land zu verteidigen (*defend*).
3. Wenn es keine Armee geben würde, _____ kein Land sich verteidigen.
4. Die Schweiz ist so klein – kann sie sich denn gegen andere Länder _____ verteidigen?

E Nachbarländer

Welche Nachbarländer der Schweiz nennt Solveig?

F Sprachen in der Schweiz

Kreuzen Sie an, ob die folgenden Aussagen mit dem übereinstimmen, was Solveig erzählt. Berichtigen Sie die falschen Aussagen.

	STIMMT	STIMMT NICHT
1. Rätoromanisch ist am Aussterben.	☐	☐
2. Rätoromanisch ist dem Englischen sehr ähnlich.	☐	☐
3. Das Tessin liegt nahe an Italien.	☐	☐
4. Italienisch wird in der Westschweiz gesprochen.	☐	☐
5. Die wenigsten Schweizer sprechen Deutsch.	☐	☐
6. Im Fürstentum Liechtenstein spricht man Italienisch.	☐	☐

G Max Frischs „Andorra"

Verbinden Sie die Elemente zu vollständigen Sätzen.

1. Solveig hat gerade
2. Es ist ein Stück,
3. Es handelt von einem Jungen,
4. Es geht darum, dass die Menschen
5. Manchmal glauben wir dann selber, wir sind so,
6. Am Ende wird der Junge

a. oft so sind, wie andere sie sehen.
b. geholt und getötet.
c. „Andorra" von Max Frisch gelesen.
d. dem alle einreden, dass er Jude ist.
e. das sehr gut auch in die heutige Zeit passt.
f. obwohl wir gar nicht so sind und sein möchten.

Nach dem Sehen

H Wie denkt Solveig?

Kann man aus Solveigs Vlog erfahren, wie sie über die folgenden Aspekte denkt? Erkären Sie Ihre Antwort.

	Ja	Nein
die Schweizer Armee	☐	☐
den Status der Schweiz in Europa	☐	☐
die vier Landessprachen	☐	☐
Max Frisch	☐	☐

I Literarisches

Machen Sie Ihr eigenes Vlog oder schreiben Sie eine E-Mail an einen Partner / eine Partnerin, in dem Sie von Ihrem Lieblingsschriftsteller und/oder Buch erzählen, so wie Solveig von Max Frisch und „Andorra" erzählt.

⊙ Lektüre

Friedrich Dürrenmatt

Friedrich Dürrenmatt wurde am 5. Januar 1921 in einem kleinen Ort im Emmental geboren. Sein Vater, ein protestantischer Pfarrer°, zog 1935 mit seiner Familie nach Bern, wo Friedrich zunächst Literatur und Kunstgeschichte und später Philosophie studierte. 1946 heiratete Dürrenmatt die Schauspielerin Lotti Geissler, mit der er drei Kinder hatte. Dürrenmatts Dramen, Kriminalromane und Hörspiele° beschäftigen sich vor allem mit der Nachkriegszeit, mit der Neutralität der Schweiz und der Frage, wie man richtig leben soll.

Pfarrer *minister* • **Hörspiele** *radio plays*

Vor dem Lesen

39 **Fragen zum Thema**

1. Was wissen Sie schon über Friedrich Dürrenmatt?
2. Womit hat sich Dürrenmatt beschäftigt? Worüber hat er geschrieben?
3. Dürrenmatt nannte die Schweiz *Don Quijote der Völker*. Warum? Spekulieren Sie.

40 **Wörterbucharbeit: Dürrenmatt und seine Werke**

Die folgenden Adjektive aus einem Text des Verlegers Heinz Ludwig Arnold über Dürrenmatt beschreiben seine Person, seine Werke und seinen Stil. Arbeiten Sie mit dem Wörterbuch und schreiben Sie gute Definitionen auf Deutsch.

kritisch →

> Definition: akzeptiert nicht alles, so wie es ist, fragt nach Gründen, sagt seine Meinung

Dürrenmatt war …

1. ein exorbitanter Leser
2. gelassen
3. nicht ideologisch
4. kritisch
5. ständig lernend
6. nicht moralistisch
7. nüchtern
8. sicher
9. nie verbissen
10. ein wacher Beobachter
11. nicht zynisch

Jetzt entscheiden Sie, welche Adjektive auf Sie oder Ihren Partner / Ihre Partnerin passen und welche nicht passen. Erklären Sie warum.

Ich bin kein exorbitanter Leser, weil ich nicht genug Zeit habe.

41 Fragen zum Thema

1. Ein altes deutsches Sprichwort sagt „Geld regiert die Welt" – stimmt das? Was kann man mit Geld kaufen? Was kann man nicht kaufen? Machen Sie die Listen und besprechen Sie dann Ihre Listen im Kurs.

2. Was ist „gerecht", was ist „ungerecht"? Sammeln Sie konkrete Beispiele und/oder Anekdoten und diskutieren Sie im Kurs.

3. Besprechen Sie den Unterschied zwischen „Individuum" und „Kollektiv". Wann kann man als Individuum etwas besser erreichen, wann als Kollektiv? Geben Sie konkrete Beispiele. Welche Konflikte kann es zwischen Individuum und Kollektiv geben? Welche Konflikte kann es zwischen verschiedenen Kollektiven geben?

Uraufführung von Dürrenmatts *Der Besuch der alten Dame* 1956 im Schauspielhaus Zürich: Die Güllener. Mitte: Gustav Knuth als Ill (mit Tasche).

42 Inhalt und Namen

Lesen Sie jetzt eine kurze Inhaltsangabe von *Der Besuch der alten Dame*. Untersuchen Sie dann in kleinen Gruppen, vielleicht mithilfe eines Wörterbuchs, die Bedeutung der Namen in Dürrenmatts Stück und diskutieren Sie Ihre Ergebnisse dann im Kurs:

> *Güllen* (eine kleine Stadt)
>
> *Claire Zachanassian – Klara Wäscher* (zwei Namen einer Frau)
>
> *Alfred Ill* (ein Mann)

Der Besuch der alten Dame

————————————(Inhaltsangabe)————————————

Die Milliardärin Claire Zachanassian kommt in die verarmte und heruntergekommene° Kleinstadt Güllen, in der sie als Klara Wäscher ihre Kindheit verbracht hat. Damals hatte der Güllner Alfred Ill ihr gemeinsames Kind nicht anerkannt und zwei Zeugen bestochen°, um seine Vaterschaft zu bestreiten°. Das Kind starb, Claire musste Güllen verlassen und sich als Prostituierte den Lebensunterhalt verdienen, bis sie an der Seite von wechselnden Ehemännern reich wurde. Jetzt fordert sie Gerechtigkeit und macht den Bürgern Güllens ein unmoralisches Angebot. Sie bietet der Stadt eine Milliarde für den Kopf von Alfred Ill. Zunächst lehnen die Bürger das Angebot entrüstet° ab, aber bald beginnen sie Geld auszugeben, das sie eigentlich nicht haben. In der Gemeindeversammlung wird argumentiert, es ginge nicht um Geld, sondern um Gerechtigkeit, und man fasst einen einstimmigen Entschluss.

---

heruntergekommene *run down* • **bestochen** *bribed* • **seine ...** *to deny his fatherhood* **entrüstet** *appalled*

43 Güllen

Lesen Sie jetzt den Ausschnitt aus der Beschreibung des Bühnenbilds für den ersten Akt, in dem Claire in Güllen ankommt. Sammeln Sie die Wörter und Phrasen, die den Zustand Güllens beschreiben. Was für ein Bild soll dem Zuschauer vermittelt werden? Zeichnen Sie dann gemeinsam mit einem Partner / einer Partnerin oder in kleinen Gruppen ein Bühnenbild und stellen Sie es im Kurs vor.

> *Glockenton° eines Bahnhofs, bevor der Vorhang aufgeht. Dann die Inschrift°: Güllen. Offenbar der Name der kleinen Stadt, die im Hintergrund angedeutet ist: ruiniert, zerfallen. Auch das Bahnhofsgebäude verwahrlost, je nach Land mit oder ohne Absperrung, ein halbzerrissener Fahrplan an der Mauer, ein verrostetes Stellwerk°, eine Türe mit der Anschrift: Eintritt verboten. Dann, in der Mitte, die erbärmliche Bahnhofstraße. Auch sie nur angedeutet. Links ein kleines Häuschen, kahl, Ziegeldach, zerfetzte Plakate an der fensterlosen Mauer.*

Glockenton *sound of a bell* • **Inschrift** *inscription* • **Stellwerk** *railway control center*

44 Adjektive

Arbeiten Sie gemeinsam mit einem Partner / einer Partnerin und ergänzen Sie die Beschreibungen mit den passenden Adjektiven und der richtigen Endung.

fensterlos – verwahrlost – klein – halbzerrissen – zerfetzt – erbärmlich – angedeutet

1. Eine im Hintergrund _____ Stadt.

2. Das _____ Bahnhofsgebäude.

3. Ein _____ Fahrplan.

4. Die _____ Bahnhofsstraße.

5. Das _____ Häuschen.

6. Die _____ Plakate an einer _____ Mauer.

45 Erwartungen

Welchen Entschluss fällt die Gemeindeversammlung? Spekulieren Sie gemeinsam mit Ihrem Partner / Ihrer Partnerin darüber, wie das Theaterstück wohl enden wird, und besprechen Sie Ihre Vermutungen und Vorschläge im Kurs.

Beim Lesen

Der folgende Auszug aus *Der Besuch der alten Dame* zeigt, was die Güllener mit dem Kaufmann Ill am Ende machen. In Aktivität 46 bringen Sie den Ablauf der Handlung in die richtige Reihenfolge.

46 **Chronologie**

Bringen Sie gemeinsam mit einem Partner / einer Partnerin die Handlung in die richtige Reihenfolge.

_____ Roby und Toby tragen die Leiche Ills hinaus.

_____ Der Arzt stellt Ills Tod fest.

___1___ Der Pfarrer setzt sich zu Ill.

_____ Ill geht in die Gasse der schweigenden Männer.

_____ Claire Zachanassian gibt dem Bürgermeister einen Scheck.

_____ Der Bürgermeister gibt Ill eine Zigarette.

_____ Zwei Journalisten kommen.

_____ Der Polizist reißt Ill in die Höhe.

Der Besuch der alten Dame
Friedrich Dürrenmatt

Die Bühne wird dunkel. Im schwachen Mondlicht sind die Menschen nur undeutlich zu sehen.

DER BÜRGERMEISTER: Bildet eine Gasse.
DER BÜRGERMEISTER: Herr Pfarrer, darf ich bitten.

5 *Der Pfarrer geht langsam zu Ill, setzt sich zu ihm.*

DER PFARRER: Nun Ill, Ihre schwere Stunde ist gekommen.
ILL: Eine Zigarette.
DER PFARRER: Eine Zigarette, Herr Bürgermeister.
DER BÜRGERMEISTER, *mit Wärme*: Selbstverständlich. Eine
10 besonders gute.

Er reicht die Schachtel dem Pfarrer, der sie Ill hinhält. Der nimmt eine Zigarette, der Polizist gibt ihm Feuer, der Pfarrer gibt die Schachtel wieder dem Bürgermeister zurück.

DER PFARRER: Wie schon der Prophet Amos gesagt hat –
15 ILL: Bitte nicht.

Ill raucht.

DER PFARRER: Sie fürchten sich nicht?
ILL: Nicht mehr sehr.

Ill raucht.

20 DER PFARRER *hilflos*: Ich werde für Sie beten.
ILL: Beten Sie für Güllen.
DER BÜRGERMEISTER: Erheben Sie sich, Alfred Ill.

Ill zögert.

DER POLIZIST: Steh auf, Du Schwein.

25 *Er reißt ihn in die Höhe.*

DER BÜRGERMEISTER: Polizeiwachtmeister, beherrschen
Sie sich.

DER POLIZIST: Verzeihung. Es ging mit mir durch.

DER BÜRGERMEISTER: Kommen Sie, Alfred Ill.

30 *Ill läßt die Zigarette fallen, tritt sie mit dem Fuß aus. Geht dann
langsam in die Mitte der Bühne, kehrt sich mit dem Rücken gegen
das Publikum.*

DER BÜRGERMEISTER: Gehen Sie in die Gasse.

Ill zögert.

35 DER POLIZIST: Los, geh.

Ill geht langsam in die Gasse der schweigenden Männer. Ganz
hinten stellt sich ihm der Turner° entgegen. Ill bleibt stehen, kehrt
sich um, sieht wie sich unbarmherzig° die Gasse schließt, sinkt
in die Knie. Die Gasse verwandelt sich in ein Menschenknäuel°,
40 *lautlos, der sich ballt°, der langsam niederkauert°. Stille. Von links*
vorne kommen Journalisten. Es wird hell.

PRESSEMANN I: Was ist denn hier los?

Der Menschenknäuel lockert sich auf°. Die Männer sammeln sich
im Hintergrund, schweigend. Zurück bleibt nur der Arzt, vor einem
45 *Leichnam knieend, über den ein kariertes Tischtuch gebreitet ist,*
wie es in Wirtschaften üblich ist. Der Arzt steht auf. Nimmt das
Stethoskop ab.

DER ARZT: Herzschlag.

Stille.

50 DER BÜRGERMEISTER: Tod aus Freude.

PRESSEMANN II: Das Leben schreibt die schönsten Geschichten.

PRESSEMANN I: An die Arbeit.

Die Journalisten eilen nach rechts hinten. Von links kommt Claire
Zachanassian, vom Butler gefolgt. Sie sieht den Leichnam, bleibt
55 *stehen, geht dann langsam nach der Mitte der Bühne, kehrt sich*
gegen das Publikum.

CLAIRE ZACHANASSIAN: Bringt ihn her.

Roby und Toby kommen mit einer Bahre°, legen Ill darauf und
bringen ihn vor die Füße Claire Zachanassians.

60 CLAIRE ZACHANASSIAN *unbeweglich*: Deck ihn auf, Boby.

Der Butler deckt das Gesicht Ills auf. Sie betrachtet es, regungslos,
lange.

CLAIRE ZACHANASSIAN: Er ist wieder so, wie er war, vor langer
Zeit, der schwarze Panther. Deck ihn zu.

65 *Der Butler deckt das Gesicht wieder zu.*

CLAIRE ZACHANASSIAN: Tragt ihn in den Sarg.

Roby und Toby tragen den Leichnam links hinaus.

Marginal glosses (left column):

gymnast
mercilessly
tangle of people
that balls up / moves downward

opens up

stretcher

CLAIRE ZACHANASSIAN: Führ mich in mein Zimmer, Boby. Laß die Koffer packen. Wir fahren nach Capri.

70 *Der Butler reicht ihr den Arm, sie geht langsam nach links hinaus, bleibt stehen.*

CLAIRE ZACHANASSIAN: Bürgermeister.

Von hinten, aus den Reihen der schweigenden Männer, kommt langsam der Bürgermeister nach vorne.

75 CLAIRE ZACHANASSIAN: Der Check.

Sie überreicht ihm ein Papier und geht mit dem Butler hinaus. Drückten die immer besseren Kleider den anwachsenden Wohlstand aus, diskret, unaufdringlich, doch immer weniger zu sehen, wurde der Bühnenraum stets appetitlicher, veränderte es sich,
step ladder 80 *stieg er in seiner sozialen Stufenleiter°, als siedle man von einem Armeleutequartier unmerklich in eine moderne wohlsituierte*
relocate *Stadt über°, reicherte er sie an, so findet diese Steigerung nun im Schlussbild ihre Apotheose. Die einst graue Welt hat sich in etwas technisch Blitzblankes, in Reichtum verwandelt, mündet in*
leads into 85 *ein Welthappy-End ein°. Fahnen, Girlanden, Plakate, Neonlichter umgeben den renovierten Bahnhof, dazu die Güllener, Frauen und*
tuxedos *Männer in Abendkleidern und Fräcken°...*

Wortschatz

(etwas) **andeuten** *to hint at something*

jmd. etwas **angehen** (ging an, hat angegangen) *to concern someone*

das geht mich etwas/nichts an *this (doesn't) concern(s) me*

appetitlich *appetizing, delicious*

(sich) **beherrschen** *to restrain oneself*

betrachten *to look at, to examine*

eilen *to hurry*

etwas **einsehen** (sieht ein, sah ein, hat eingesehen) *to realize*

der **Lebensunterhalt** *living expenses*

der **Leichnam, -e** *corpse*

regungslos *motionless*

der **Reichtum** *prosperity*

unaufdringlich *discreet, unobtrusive*

undeutlich *fuzzy, obscure*

der **Wohlstand** *wealth*

zerreißen (zerriss, hat zerrissen) *to tear apart*

zerfallen (zerfällt, zerfiel, ist zerfallen) *to decay*

47 **Fragen zum Text**

1. Wie gibt der Pfarrer Ill zu verstehen, dass er sterben muss?
2. Wie spricht Ill mit dem Pfarrer?
3. Wie behandelt der Polizist Ill? Wie behandelt ihn der Bürgermeister?
4. Wie stirbt Ill?
5. Wie reagieren die Journalisten auf Ills Tod?
6. Wie reagiert Claire auf Ills Tod?
7. Claire fährt am Ende nach Capri. Warum wählt sie wohl gerade dieses Reiseziel? Was assoziieren Sie mit einem Ort wie Capri, inwiefern ist das ein Kontrast zu Güllen?

48 **Vergleiche**

Arbeiten Sie in kleinen Gruppen und vergleichen Sie die Bühnenbilder im ersten und letzten Akt. Wie hat sich Güllen verändert? Wie beschreibt Dürrenmatt diese Veränderungen?

49 **Vorhang auf!**

Spielen Sie die Szene nach. Verteilen Sie die Rollen und lesen Sie die Szene mehrmals mit verteilten Rollen durch. Dann überlegen Sie sich, wie sie sich auf der Bühne stellen und bewegen und welche Requisiten oder Kostüme Sie brauchen. Lernen Sie Ihren Text so gut wie möglich auswendig und stellen Sie dann Ihre Inszenierung im Kurs vor.

50 **Fragen zum Nachdenken und Diskutieren**

1. Wie würden Sie sich verhalten, wenn Sie ein Bürger der Stadt Güllen wären?
2. Wie würden Sie sich verhalten, wenn Sie Ill wären?
3. Wie würden Sie sich verhalten, wenn Sie Claire Zachanassian wären?
4. Welche Haltung hat Dürrenmatt zu den Personen in seinem Stück?
5. Dürrenmatt sagte: „Der Schweizer braucht nicht immer an die Schweiz zu denken." Wie ist das mit den Deutschen?
6. Heinz Ludwig Arnold schrieb über Dürrenmatt: „Er hatte die Welt im Kopf." Was meinte er damit?

51 ***Der Besuch der alten Dame* auf der Bühne und im Film**

Der Besuch der alten Dame ist Dürrenmatts international meistproduziertes Stück in Theater und Film. Auf der folgenden Seite sehen Sie verschiedene Plakate zum Stück. Suchen Sie weitere Bilder, Plakate, Filmausschnitte und Fotos im Internet.

1. Welcher Film präsentiert *Der Besuch* am interessantesten?
2. Welche Schauspielerin spielt die Claire Zachanassian am überzeugendsten?
3. Welche Produktion ist am beeindruckendsten?
4. Wo sieht Güllen am verwahrlosesten aus?
5. Welches Plakat ist am attraktivsten?
6. Was sagen die verschiedenen Plakate über die Interpretation des Stückes aus?
7. Wenn Sie wollen, entwerfen Sie Ihr eigenes Plakat.

Programmheft der Aufführung 1959 in Prag. Regie: Miroslav Hornicek.

Programmzeitschrift zur deutschen Aufführung des Hollywood-Films *The Visit / Der Besuch* (1964) mit Ingrid Bergman und Anthony Quinn. Regie: Bernhard Wicki.

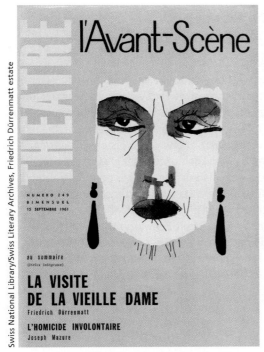

Ankündigung des Gastspiels der „Comédie de l'Est" im September 1961 in Paris mit Valentine Tessier als Claire Zachanassian. Regie: Hubert Gignoux.

Programmheft der Aufführung im Cameri Theatre in Tel Aviv, 1974. Regie: Joseph Millo.

52 ### Schreibübungen

Die folgenden Zitate stammen von Interviews mit Friedrich Dürrenmatt. Kommentieren Sie eines der Zitate schriftlich. Erklären Sie, was das Zitat für Friedrich Dürrenmatt bedeutet, oder geben Sie Ihre eigene Meinung.

„*Der Besuch der alten Dame* ist eine Geschichte, die sich irgendwo in Mitteleuropa in einer kleinen Stadt ereignet, geschrieben von einem, der sich von diesen Leuten durchaus nicht distanziert und der nicht so sicher ist, ob er anders handeln würde ...“

„Wir könnten wahrscheinlich nicht leben, wenn wir wüssten, welche Faktoren den Verlauf *(course)* der Politik bestimmen.“

„Lesen ist eine ebenso große Kunst wie Schreiben.“

„Eine Veränderung der Gesellschaft ohne eine Veränderung des Menschen gibt es nicht.“

„Politisch halte ich den Kleinstaat für eine weitaus klügere Erfindung als einen Großstaat oder gar eine Supermacht.“

Zum Schluss

53 ### Die Schweiz als Modell für Europa?

In einem Interview mit Heinz Ludwig Arnold sagte Dürrenmatt 1979:

„Die Schweiz ist nicht ein Kleinstaat, sondern ein Bund von Kleinstaaten. Es gibt ja auch nicht Schweizer, das heißt es gibt nicht eine schweizerische Nation, sondern es gibt Deutschschweizer, Welschschweizer, Tessiner, Reste von Rätoromanen, etwas künstlich gepflegt, es gibt jüdische Schweizer, es gibt sogar einige mohammedanische Schweizer. Alle diese Schweizer sind aus sehr verschiedenen Gründen Schweizer geworden. Die Schweiz ist etwas, das historisch aus ganz bestimmten Gründen entstanden ist. Man könnte vielleicht etwas zusammengezogen sagen, Grenzbevölkerungen haben sich, um sich vor der Zentralisation durch eine entfernte Hauptstadt zu retten, zu einer Nation zusammengefunden. Die Schweiz ist ein Staatenbund und vor allem ein Kunststaat°. Und wenn man das einmal begriffen hat, muß man sagen, ist die Schweiz etwas sehr Modernes und könnte etwas sehr Modernes sein. Wenn Sie zum Beispiel die heutige Europa-Frage nehmen: Europa kann ja nicht zu einer Nation gemacht werden, es müßte also irgendwie zu einer Art Schweiz gemacht werden.“

artificial state

Diskutieren Sie, inwiefern die Schweiz ein Vorbild für Europa sein kann.

Das letzte Wort: Europäische Union

Nach dem Ende des Zweiten Weltkrieges wurde 1951 die **Europäische Gemeinschaft für Kohle und Stahl** *(coal and steel)* (EGKS) gegründet. Die EGKS bestand aus Belgien, der Bundesrepublik Deutschland, Frankreich, Italien, Luxemburg und den Niederlanden. Nachdem der Plan einer Europäischen Verteidigungsgemeinschaft *(defense community)* 1954 in der französischen Nationalversammlung scheiterte *(failed)*, konzentrierte man sich zunächst auf die Wirtschaft. 1957 wurden die **Europäische Wirtschaftsgemeinschaft** *(economic union)* (EWG) und die **Europäische Atomgemeinschaft** (EAG) gegründet. Aus diesen drei Institutionen (EGKS, EWG und EAG) wurde die **Europäische Gemeinschaft** (EG), die im Laufe der Zeit immer größer wurde. Der Vertrag von Maastricht 1992 beschloss die Gründung der **Europäischen Union** (EU) und die Einführung des Euro im Jahr 2002. Seit 2013 hat die EU 28 Mitgliedsländer.

Im Moment sind die wichtigsten Debatten innerhalb der Europäischen Union die Europäische Verfassung *(constitution)*, die Erweiterung nach Süden und Osten, die finanzielle Stabilität der Mitgliedstaaten und die Beziehungen zu den Vereinigten Staaten.

Glauben Sie, die EU wird die Beziehungen der EU-Länder zueinander verbessern?

Europäische Union Quiz. Finden Sie die Länder, die nicht Mitglied der EU sind!

Belgien	Irland	Österreich	Slowenien
Bulgarien	Italien	Polen	Spanien
Dänemark	Kroatien	Portugal	Tschechien
Deutschland	Lettland	Rumänien	Türkei
Estland	Litauen	Russland	Ungarn
Finnland	Luxemburg	Schweden	Vereinigtes Königreich
Frankreich	Malta	Schweiz	Zypern
Griechenland	Niederlande	Slowakei	

Die Deutschen im Ausland

Über 70 % der Deutschen machen einmal im Jahr eine Reise ins Ausland. In welche Länder sind Sie schon gereist?

The final chapter revolves around Germans abroad, their travel dreams and habits, and their reputation as popular tourists. You will learn about exiles, immigration, and migration, and about the thrills and disappointments of travelling.

◎ Station

Die Deutschen sind die beliebtesten Touristen?

- **Ein berühmter Deutscher im Ausland**
  Bertolt Brecht

◎ Einblicke

Jeder sechste Amerikaner hat deutsche Vorfahren

- **Strukturen**
  Nähere Informationen geben: Präpositionen

  Präpositionen ersetzen: *Da*- und *Wo*-Komposita

  Idiomatisches: Verben mit Präpositionen

◎ Lektüre

New Yorker Woche Jurek Becker

Materialien

Arbeitsbuch

iLrn

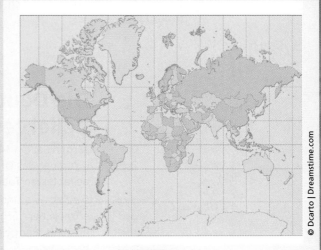

© Dcarto | Dreamstime.com

STATISTIK

Anzahl der deutschen Staatsbürger, die im Jahr 2011 in andere Länder auswanderten:	140 200
Ausgaben deutscher Touristen im Ausland im Jahr 2011:	€ 61,7 Milliarden

◉ Station

Was wissen Sie schon?

1. Sind Sie ein „guter" Tourist?
2. Wie sollten Touristen sich verhalten? Was sollten sie im Ausland (nicht) tun?
3. Haben Sie schon einmal deutsche Touristen getroffen? Wie haben Sie erkannt, dass sie Deutsche sind? Waren sie höflich, respektvoll und großzügig *(generous)*?

© apply pictures / Alamy

Die Deutschen sind die beliebtesten Touristen?

study Jürgen Seiler (34) ist Marketingmanager bei expedia.de. Eine Umfrage° des Online-Reisebüros hat die Deutschen als die beliebtesten Touristen ermittelt.

astonishing DIE ZEIT: Wie sind Sie denn zu dem so erstaunlichen° wie
pleasant 5 erfreulichen° Ergebnis gekommen, dass die Deutschen im
appreciated Ausland sehr geschätzt° sind?

questionnaire SEILER: Wir haben einen Fragebogen° entworfen und an 17 Fremdenverkehrsämter in beliebten internationalen Ferienregionen geschickt. Darunter waren die Côte d'Azur,
10 London, Mallorca, New York, Paris, Rom. Wir haben gebeten: Nennt doch für jede unserer Kategorien die beiden besten und die beiden schlechtesten Nationalitäten.

ZEIT: Nach welchen Kriterien haben Sie gefragt, und wo haben die
am ... scored highest Deutschen am besten abgeschnitten°?

manners 15 SEILER: Es ging um Benehmen° allgemein, Höflichkeit, die
willingness Bereitschaft°, eine fremde Sprache zu lernen und zu sprechen, die Aufgeschlossenheit der einheimischen Küche gegenüber und die
expenditures Ausgaben°. Die Deutschen sind die Besten, was das Benehmen
behave / customs, mores betrifft, also wie man sich im Land verhält°, auf Gepflogenheiten°
20 Rücksicht nimmt. Auch bei der Rubrik fremde Sprachen haben die Deutschen sehr gut abgeschnitten. Egal, wo sie sind, die Deutschen versuchen, im Gegensatz zu Briten, Russen oder Spaniern, die Sprache des Landes zu sprechen. Es geht gar nicht darum, perfekt zu sein, der gute Wille kommt offensichtlich
phrases 25 sehr an, auch wenn es nur Floskeln° sind. Bei Höflichkeit lagen allerdings die Amerikaner vor uns, während zum Beispiel die Russen da ziemlich weit unten landeten.

ZEIT: Und in welcher Disziplin lagen die Deutschen nicht so gut?

SEILER: Beim Geldausgeben. Da haben die Amerikaner gewonnen
service 30 und die Japaner. Gute Leistung° mit hohem Trinkgeld zu
reward / anchored belohnen° ist in der amerikanischen Kultur verankert°.

ZEIT: Wie sind Sie auf die Idee gekommen, diese Umfrage zu starten? War das eine reine PR-Aktion?

SEILER: Klar hat das einen PR-Hintergrund. Aber es hat uns
35 einfach interessiert, welchen Ruf die deutschen Touristen im Ausland eigentlich genießen. Wenn das Ergebnis nicht so schön ausgefallen wäre, hätte man sich vielleicht Gedanken darüber machen müssen. Die Briten kamen ja nicht so gut weg, sie liegen mit Abstand an letzter Stelle, das wird jetzt auch in der Presse
40 diskutiert.

(fam.) the press   *ZEIT:* Was stand denn so in den britischen Blättern°?

SEILER: Eine Schlagzeile lautete *Brits suck abroad*. Ich möchte das jetzt nicht übersetzen. Die Briten hat es genervt, dass gerade die Deutschen die Besten sind.

45 *ZEIT:* Warum sind denn die Engländer so weit nach unten
nach … slid down   gerutscht°?
durch … across the board   *SEILER:* Die Engländer haben durch die Bank° schlecht abgeschnitten, außer was das Geldausgeben betrifft. Und es liegen Welten zwischen den Letzten, den Briten, und den
50 Vorletzten, den Iren. Die Briten haben 44 Minuspunkte, die Iren 6. Bei den oberen Plätzen ist der Unterschied nicht so gravierend. Die Deutschen führen mit 41 Pluspunkten vor den Amerikanern mit 32 und den Japanern mit 24.

ZEIT: Auf welchen Sieger hätten Sie gesetzt?

55 *SEILER:* Ich hätte die Deutschen genommen. Es überrascht mich eigentlich nicht. Ich glaube, der Fremdsprachenunterricht in den Schulen spielt eine große Rolle, hier findet eine Sensibilisierung auch für die Kultur anderer Länder statt. Gleichzeitig kommen die Deutschen einfach viel in der Welt rum und haben gelernt, dass
rules of conduct 60 es im Ausland andere Verhaltensregeln° gibt. Bei der fremden
bravest   Küche sind zum Beispiel die Italiener am mutigsten°, aber auch
keine … no fear   die Spanier und die Deutschen zeigen keine Scheu°. Während die Briten *fish and chips* brauchen und auch die Inder und Amerikaner keine Experimente mögen.

65 *ZEIT:* Was hat Sie am meisten überrascht?

SEILER: Das schlechte Abschneiden der Briten, die doch als höflich
sophisticated   und vornehm° gelten.

---

1   **Fragen zum Text**
1. Warum sind die Deutschen beliebte Touristen?
2. In welchen Aspekten haben die deutschen Touristen besonders viele Punkte bekommen?
3. Wo haben sie schlecht abgeschnitten?
4. Welche Nationalität hat am schlechtesten abgeschnitten?
5. Haben Sie persönliche Erfahrungen *(experiences)* mit Touristen aus verschiedenen Ländern?
6. Sind die Resultate der Studie Ihrer Meinung nach korrekt?

2 Partnerinterview

Befragen Sie Ihren Partner / Ihre Partnerin über seine/ihre Urlaubserlebnisse *(holiday experiences)* und berichten Sie im Kurs über die interessantesten Aspekte Ihres Interviews.

1. Was war dein schönster Urlaub? Wie lange warst du dort? Wie bist du gereist? Wo hast du übernachtet? Was hast du dort gemacht?
2. Mit wem machst du am liebsten Urlaub? Mit wem machst du nicht gern Urlaub?
3. Was war dein schönstes Erlebnis im Urlaub? Und dein schrecklichstes *(most horrible)*?
4. Wo würdest du gerne einmal Urlaub machen? Warum?

Grundwortschatz:
Reisen

ankommen (kam an, ist angekommen) *to arrive*	**unternehmen** (unternimmt, unternahm, hat unternommen) *to do, to take steps*
erleben (hat erlebt) *to experience*	**unterwegs** *on the way*
die **Fahrt, -en** *drive, trip*	der **Urlaub, -e** *vacation*
packen (hat gepackt) *to pack*	das **Ziel, -e** *destination, goal*
der **Tourismus** *tourism*	**zurückkommen** (kam zurück, ist zurückgekommen) *to return*

3 Verben

Arbeiten Sie gemeinsam mit einem Partner / einer Partnerin und finden Sie die passenden Verben.

1. den Koffer	a. reisen
2. am Ziel	b. machen
3. aus dem Urlaub	c. erleben
4. Urlaub	d. packen
5. ein Abenteuer	e. zurückkommen
6. nach Indien	f. ankommen

4 Partnerinterview: Was für ein Tourist bist du?

Fragen Sie Ihren Partner / Ihre Partnerin, ob er/sie ein „guter" Tourist ist. Berichten Sie einen interessanten Aspekt im Kurs.

1. Glaubst du, du bist ein „netter" Tourist?
2. Bist du immer höflich und respektvoll, wenn du im Ausland bist?
3. Versuchst du die Sprache des Landes zu sprechen oder zu lernen?
4. Welche exotischen Gerichte hast du auf Reisen probiert?
5. Gibst du auf Reisen viel Geld aus oder versuchst du, sparsam zu sein?
6. Besuchst du gern die typischen Sehenswürdigkeiten oder magst du die weniger touristischen Aspekte lieber?
7. Was machst du am liebsten auf Reisen im Ausland?

Umfrage

Beantworten Sie die folgenden Fragen.

1. Mehr als 70 % der Deutschen machen mindestens eine längere Auslandsreise im Jahr. Fahren Sie jedes Jahr ins Ausland? In welches Land würden Sie gerne einmal fahren?

2. Ungefähr 50 % der Deutschen machen am liebsten Urlaub in Deutschland. An der Spitze der Reiseziele in Europa liegen schon seit 30 Jahren Spanien (2012: 10,3 %) und Italien (2012: 9,8 %) und dann erst das Nachbarland Österreich (2012: 6,1 %). Warum sind Spanien und Italien für Deutsche attraktiv?

3. Die meisten Deutschen reisen mit dem eigenen Auto (54,7 %). Wie reisen Sie am liebsten?

4. Natur und Erholung ist den meisten Deutschen im Urlaub am wichtigsten. Was ist Ihnen im Urlaub wichtig?

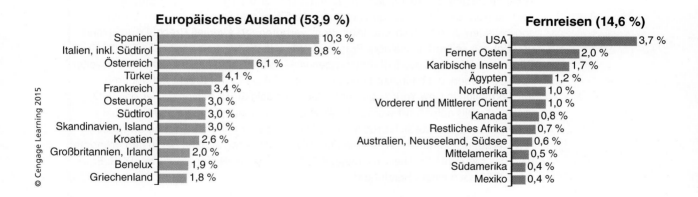

Europäisches Ausland (53,9 %)

Spanien	10,3 %
Italien, inkl. Südtirol	9,8 %
Österreich	6,1 %
Türkei	4,1 %
Frankreich	3,4 %
Osteuropa	3,0 %
Südtirol	3,0 %
Skandinavien, Island	3,0 %
Kroatien	2,6 %
Großbritannien, Irland	2,0 %
Benelux	1,9 %
Griechenland	1,8 %

© Cengage Learning 2015

Fernreisen (14,6 %)

USA	3,7 %
Ferner Osten	2,0 %
Karibische Inseln	1,7 %
Ägypten	1,2 %
Nordafrika	1,0 %
Vorderer und Mittlerer Orient	1,0 %
Kanada	0,8 %
Restliches Afrika	0,7 %
Australien, Neuseeland, Südsee	0,6 %
Mittelamerika	0,5 %
Südamerika	0,4 %
Mexiko	0,4 %

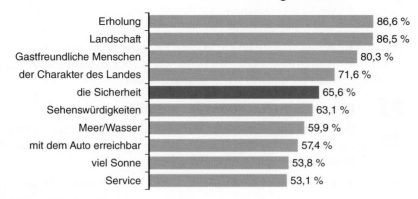

Entscheidungskriterien

Erholung	86,6 %
Landschaft	86,5 %
Gastfreundliche Menschen	80,3 %
der Charakter des Landes	71,6 %
die Sicherheit	65,6 %
Sehenswürdigkeiten	63,1 %
Meer/Wasser	59,9 %
mit dem Auto erreichbar	57,4 %
viel Sonne	53,8 %
Service	53,1 %

Ein berühmter Deutscher im Ausland

Bertolt Brecht (1898–1956)

Bertolt Brecht wurde am 10. Februar 1898 in Augsburg (Bayern) geboren. Nach dem Abitur 1917 immatrikulierte sich Brecht an der Universität München für Medizin, obwohl er lieber schreiben wollte. Schon 1922 wurde sein erstes Theaterstück in München aufgeführt. 1924 zog er nach Berlin, um für Max Reinhardt als Dramaturg am Deutschen Theater zu arbeiten. 1928 wurde mit großem Erfolg seine *Dreigroschenoper* aufgeführt, die 1931 auch verfilmt wurde. Die *Dreigroschenoper* gilt als Beginn des sogenannten epischen

Bertolt Brecht in Paris, 1954

Theaters, mit dem Brecht nicht Identifikation beim Publikum erreichen wollte, sondern kritische Distanz. Er wollte, dass die Zuschauer über die Themen seiner Stücke nachdenken. Brechts folgende Theaterstücke führten zu Skandalen oder wurden sogar wegen „kommunistischer Agitation" verboten. 1933 verließ Brecht Deutschland und floh mit seiner Familie über Prag nach Wien, in die Schweiz und schließlich nach Dänemark. Während des Exils entstanden viele seiner Gedichte. 1939 zog Brecht weiter nach Schweden, dann Finnland und 1941 in die USA. 1943 traf Brecht mit anderen Intellektuellen in New York zusammen. Nachdem sein Stück *Galileo Galilei*, das 1947 in Beverly Hills aufgeführt wurde, die Atombomben über Hiroshima und Nagasaki kommentierte, musste sich Brecht vor dem Komitee für unamerikanische Umtriebe° rechtfertigen°. Daraufhin reiste er in die Schweiz; 1949 zog er nach Berlin und gründete bald das berühmte Berliner Ensemble. 1951 bekam er den Nationalpreis der DDR. Er starb 1956 nach einem Herzinfarkt.

Komitee ... *House Un-American Activities Committee (HUAC)* • **sich rechtfertigen** *justify himself*

6   Fragen über Brecht

1. Wo ist Brecht geboren?
2. Was hat er studiert?
3. Warum musste Brecht 1933 ins Exil gehen?
4. Warum ist er 1949 nach Deutschland zurückgekehrt? Warum ist er nicht, wie viele andere, in den USA geblieben?

7   Fragen zum Nachdenken und Diskutieren

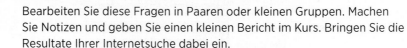

Bearbeiten Sie diese Fragen in Paaren oder kleinen Gruppen. Machen Sie Notizen und geben Sie einen kleinen Bericht im Kurs. Bringen Sie die Resultate Ihrer Internetsuche dabei ein.

1. Kennen Sie andere deutsche Künstler und Intellektuelle, die in der Nazizeit ins Exil gehen mussten? An welche Beispiele erinnern Sie sich aus vorhergehenden Kapiteln?
2. Vergleichen Sie Brecht mit anderen Deutschen im Exil. Was unterscheidet Brecht von ihnen?

8   Reise planen im Internet

Recherchieren Sie ein Reiseziel, das Ihnen gefällt! Welche Angebote
gibt es? Wie viel kostet die Reise?

Gerhard Polt in seinem Film *Man spricht
Deutsh*

FILMTIPP: *Man spricht Deutsh* (Gerhard Polt, 1987)

Komödie über eine deutsche Familie im Urlaub am Mittelmeer (*Mediterranean*).

9   Das Auswärtige Amt *(ministry of foreign affairs)*

Das Auswärtige Amt in Berlin vertritt die Interessen Deutschlands im
Ausland. Suchen Sie Informationen zu den folgenden Fragen.

1. Wie heißt der Bundesaußenminister *(foreign secretary)*? In welcher Partei
   ist er?
2. Welche Informationen gibt es über Europa?
3. Bei den Länder- und Reiseinformationen gibt es Informationen über die
   Beziehungen *(relations)* zwischen Deutschland und anderen Ländern.
   Suchen Sie Interessantes über ihr Reiseland aus Aufgabe 8.

10   Fragen zum Nachdenken und Diskutieren

1. Welche Stereotype gibt es über die Deutschen und andere Nationalitäten?
   Wie denkt man über die Deutschen in Ihrem Land?
2. Was haben Sie bei den Stationen in diesem Buch über die Deutschen,
   Schweizer und Österreicher gelernt, das Sie überrascht hat?
3. Wie denken die Deutschen wohl über andere Nationalitäten?
   Spekulieren Sie.

⊙ Einblicke

11 **Fragen zum Thema**

1. Warum wollen Menschen wissen, wer ihre Vorfahren waren?
2. Kennen Sie Amerikaner, die deutsche Vorfahren haben? Was bedeutet das für sie?
3. Warum ist es interessant, etwas über die Emigration der Vorfahren zu erfahren?

Jeder sechste Amerikaner hat deutsche Vorfahren°

ancestors

Ungefähr 43 Millionen Amerikaner (15,2 % der Bevölkerung) gaben in

census

der Volkszählung° 2000
5 an, deutsche Vorfahren zu haben. Deutschland war damals das am häufigsten genannte Herkunftsland°

origin, descent

der Amerikaner, gefolgt
10 von Irland (10,8 % der Bevölkerung und Afrika (8,8 % der Bevölkerung). Bei der Volkszählung 1990 gaben sogar 23 % der Amerikaner

Bettmann/Corbis

Deutsche Auswanderer auf dem Weg in die Neue Welt

15 an, deutscher Herkunft zu sein. Diese Veränderung von 23 % 1990 auf 15,2 % 2000 kann man dadurch erklären, dass viele Amerikaner bei der Volkszählung 2000 die Kategorien *Nordeuropäisch* oder *Westeuropäisch* wählten, anstatt mit *Deutsch* ihre genaue Herkunft anzugeben.

Die ersten amerikanischen Einwanderer aus Deutschland folgten
20 1683 einer Einladung von William Penn. Sie kamen aus Krefeld im Rheinland und nahmen eine 73 Tage lange Reise auf sich, um die Stadt Germantown zu gründen (heute ein Stadtteil von Philadelphia). Zwischen 1850 und 1934 kamen 5 Millionen Menschen über Hamburg in die USA, darunter viele Deutsche. Mithilfe der Hamburger Internet-Initiative *Link*
25 *to your roots* können die Nachkommen vieler Auswanderer Informationen über die Emigration ihrer Vorfahren erhalten.

12 **Fragen zum Text**

1. Wie viel Prozent der Amerikaner gaben bei der Volkszählung 1990 an, deutsche Vorfahren zu haben?
2. Wie viel Prozent waren es 2000?
3. Wie lässt sich diese Veränderung erklären?
4. Woher kamen die Gründer der Stadt Germantown in Pennsylvania?
5. Wie kann man etwas über die Emigration seiner europäischen Vorfahren erfahren?

13 Partnerinterview

Befragen Sie Ihren Partner / Ihre Partnerin über seine/ihre Vorfahren und berichten Sie dann im Kurs.

1. Woher kommen deine Vorfahren?
2. Wann sind sie hierher gekommen und warum?
3. Was haben deine Vorfahren gemacht? Welche Berufe hatten sie?
4. Wie hast du über deine Vorfahren erfahren? Wer sind die Ahnenforscher *(genealogists)* in deiner Familie?
5. Was bedeutet es für dich, dass deine Vorfahren aus _____ kommen?
6. Bist du schon einmal in _____ gewesen? Möchtest du gerne einmal hinfahren?

14 Fragen zum Nachdenken und Diskutieren

1. Was bedeutet es für Amerikaner, welche Vorfahren sie haben?
2. Welchen Ruf *(reputation)* haben Deutsche in Amerika oder anderen Ländern?
3. Bei der Volkszählung 1990 gaben 23 % der Amerikaner an, deutsche Vorfahren zu haben. Im Jahr 2000 waren es nur 15,2 %. Wie kann man die Resultate der Volkszählungen 1990 und 2000 mit dem Thema Patriotismus und Nationalstolz aus *Station 7* in Verbindung bringen?

Strukturen

Nähere Informationen geben

Präpositionen

Prepositional phrases give information about persons and things in relation to where (space), when (time), how (modality), and why (reason) something happens. Many prepositions have multiple meanings, and their use is often highly idiomatic. Each preposition requires the prepositional object (noun or pronoun) to be in a specific case (accusative, dative, or genitive), which depends on the meaning of the sentence and the use of the preposition.

> Im Sommer kann man viele Urlauber **mit großen Rucksäcken** sehen.

> Italien ist ein beliebtes Urlaubsland **mit südlichem Flair.**

> Viele umweltbewusste Urlauber reisen **mit dem Zug.**

> Es passiert, dass Menschen enttäuscht **aus dem Urlaub** zurückkommen.

Certain other prepositions require either the accusative case (when referring to direction from or toward a place) or the dative case (when referring to location).

> Beim Urlaub zu Hause kann man auch **an einen See** fahren.

> Im Sommer verbringen viele Menschen ihre Urlaubstage **an einem See**.

● Describing Space with Prepositions

Preposition	Case	General meaning	Examples
an	Akk.[1]	direction: near something or someone	**an** den Tisch kommen
	Dat.[2]	location: near something or someone	**am** Tisch stehen; Frankfurt **an** der Oder
auf	Akk.	direction: on top of something or someone	den Reiseführer **auf** den Tisch legen
	Dat.	location: on top of something or someone	Das Glück liegt **auf** der Straße.
aus	Dat.	direction: outside of something or someone	**aus** dem Zug steigen; ein Buch **aus** der Tasche nehmen
		origin: being from a place	**aus** den USA kommen
außerhalb/ innerhalb oberhalb/ unterhalb	Gen.	location: outside / inside / on top of / below something	die kleine Pension **außerhalb** der Stadt
bei	Dat.[3]	location: working at / for a company	**bei** einer Firma arbeiten
		location: being available at a place	Fahrkarten gibt's **bei** der Bahn.
		location: being near a person or place or at a person's place	**bei** dir sein; Gauting liegt **bei** München; **bei** Freunden bleiben
bis	Akk.	direction: as far as a place	**bis** Frankfurt fahren
durch	Akk.	direction: through something	**durch** die Stadt bummeln; **durch** den Regen laufen
gegen	Akk.	direction: against something or someone	**gegen** den Wind segeln; einer **gegen** alle
gegenüber	Dat.	location: across from something or someone	die Kirche **gegenüber** der Post **gegenüber**
hinter	Akk.	direction: behind something or someone	**hinter** den Schreibtisch gehen
	Dat.	location: behind something or someone	**hinter** dem Schreibtisch sitzen

[1] an + das = ans
[2] an + dem = am
[3] bei + dem = beim

in	Akk.[4]	direction: into something or someone	**in** ein Restaurant gehen
	Dat.[5]	location: in something or someone	**im** Restaurant essen
nach	Akk.	direction: to a city or country, or to home	**nach** München fahren; **nach** Hause gehen
neben	Akk.	direction: beside / next to something or someone	Ich stelle den Koffer **neben** das Bett.
	Dat.	location: beside / next to something or someone	**Neben** dem Schloss liegt ein Park.
um **(... herum)**	Akk.	direction / location around something or someone	**um** einen See **(herum)** wandern
unter	Akk.	direction: under something or someone	sich **unter** den Sonnenschirm legen
	Dat.	location: under something or someone	**unter** freiem Himmel schlafen
über	Akk.	direction: above or over something or someone	**über** die Alpen fahren
	Dat.	location: above or over something or someone	Das Schloss liegt **über** der Stadt.
vor	Akk.	direction: in front of / ahead of something or someone	**vor** den Bahnhof fahren
	Dat.	location: in front of / ahead of something or someone	**vor** dem Bahnhof halten
von	Dat.[6]	direction: from somewhere	**von** den Bergen ans Meer fahren
zu	Dat.[7]	direction: to somewhere or someone	**zur** Uni fahren
zwischen	Akk.	direction: between something or someone	sich **zwischen** zwei Leute setzen
	Dat.	location: between something or someone	**zwischen** den Zeilen lesen

[4] in + das = ins
[5] in + dem = im
[6] von + dem = vom
[7] zu + der = zur; zu + dem = zum. *Also, the expression* zu Hause *means "at home."*

15 Urlaubsgrüße vom Bahnhof

Dieter und Sieglinde, zwei deutsche Touristen, wollen eine Reise machen. Am Bahnhof lassen sie sich fotografieren. Zeichnen Sie ein Bild gemeinsam mit Ihrem Partner / Ihrer Partnerin nach dieser Beschreibung:

In der Mitte stehen Dieter und Sieglinde. Zwischen ihnen steht ein Koffer. Vor dem Koffer liegt ein Rucksack. Auf der rechten Seite sieht man einen Kiosk mit einem großen Fenster. Über dem Fenster hängt ein Schild. Auf dem Schild steht *Andenken und Souvenirs*. Im Fenster des Kiosks liegen Bücher und Souvenirs und eine dicke Verkäuferin schaut heraus. Neben dem Kiosk rechts sitzt ein Hund. Gegenüber dem Kiosk, auf der linken Seite des Bildes, steht der Zug, mit dem Dieter und Sieglinde gleich abfahren werden. Vor dem Zug stehen einige Touristen und hinter dem Zug sieht man eine Landschaft mit Bergen.

16 Am Bahnhof

Schreiben Sie gemeinsam mit Ihrem Partner / Ihrer Partnerin einen kleinen Text zu Dieter und Sieglindes Reise. Benutzen Sie dabei die Präpositionalphrasen aus der Liste.

nach Italien – zu ihren Freunden – am Bahnhof – an den Fahrkartenschalter – hinter dem Fahrkartenschalter – ins Bahnhofsrestaurant – neben den Stuhl – unter dem Nachbartisch – auf den Tisch – aus dem Bahnhofsrestaurant – auf den Bahnsteig – auf dem Gleis – in den Zug – im Zugabteil – über den Sitzplatz

17 Gründe in Urlaub zu fahren

Sagen Sie, wo man das am besten machen kann.

z.B. zur Ruhe kommen / abschalten

→ *bei einer Wanderung in den Bergen, auf einer Kreuzfahrt, auf einer einsamen Insel in der Südsee, zu Hause auf dem Balkon*

- zur Ruhe kommen / abschalten
- Sonne / Wärme
- Besichtigungen
- Abwechslung vom Alltag
- Bademöglichkeiten
- landestypisches Leben
- faulenzen
- fremde Kulturen / Länder
- unberührte Natur
- Fitnessaktivitäten

Yuri Arcurs/www.Shutterstock.com

Wo können Sie am besten abschalten?

Describing Time with Prepositions

Preposition	Case	General meaning	Examples
ab	Dat.	from	**Ab** 18 Uhr kommen die Gäste; **ab** Montag sind Ferien.
an	Dat.[8]	in / on (the) . . .	**am** Morgen; **am** Montag
bis + other preposition	Akk./ Dat.	until	**bis** in die tiefe Nacht; **bis** zum späten Abend
gegen	Akk.	around	**gegen** Morgen; **gegen** 8 Uhr
für	Akk.	for	**für** eine Viertelstunde
in	Dat.[9]	in	**in** einer Minute; **im** nächsten Jahrhundert
nach	Dat.	after	**nach** den Sommerferien
seit	Dat.	since; for	**seit** einem Jahr; **seit** Kurzem
um	Akk.	at	**um** 8 Uhr
vor	Dat.	before; ago	**vor** einem Jahr; **vor** wenigen Minuten
während	Gen.	during	**während** der Mittagspause; **während** des Sommers
zwischen	Akk.	between	**zwischen** den Feiertagen

18   **Silvester im Hotel „Tempus"**

Als Dieter und Sieglinde in ihrem Hotel ankommen, finden sie folgende
Broschüre. Ergänzen Sie die Lücken mit den passenden Präpositionen.

> Schon _____ vielen Jahren
> feiern unsere Besucher gemeinsam Silvester.
> _____ 18 Uhr sind Sie in unserer Hotelbar willkommen.
> _____ dem Galadinner servieren wir Ihnen einen Aperitiv.
> Das Dinner selbst beginnt _____ 20 Uhr und wird _____
> 23 Uhr zu Ende sein. _____ den einzelnen Gängen werden Sie von
> unserer Hausband mit swingenden Jazz-Klassikern unterhalten.
> Und _____ dem Dinner wartet DJ Gerd
> auf Sie und spielt Musik zum Tanz _____ in den frühen Morgen.

[8] an + dem = am
[9] in + dem = im

Reisezeiten

Die Deutschen sind das ganze Jahr über unterwegs. Diese Grafik zeigt, zu welcher Zeit die meisten Fernreisen, Campingfahrten, Europa- oder Deutschlandreisen gemacht werden. Schreiben Sie einen kleinen Bericht, der die Daten in dieser Grafik zusammenfasst. Verwenden Sie dabei die folgenden Präpositionalphrasen:

Im März …

Von Juli bis August …

Im Sommer … / Im Winter … / Im Frühling … / Im Herbst …

Zwischen Juni und Dezember …

Gegen Ende des Jahres …

Vor den Sommerferien …

In der Schulferienzeit …

Das ganze Jahr über …

In den Wintermonaten …

Durch die Sommermonate …

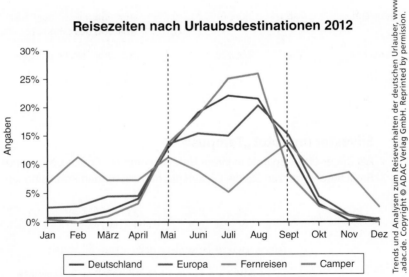

Reisezeiten nach Urlaubsdestinationen 2012

Trends und Analysen zum Reiseverhalten der deutschen Urlauber, www.media
.adac.de. Copyright © ADAC Verlag GmbH. Reprinted by permission.

- Describing Modality with Prepositions

Preposition	Case	General meaning	Examples
auf	Akk.	in this way	**auf** diese Art; **auf** Deutsch
aus	Dat.	out of	**aus** reiner Baumwolle
außer	Dat.	except	alle **außer** mir; alles **außer** Fleisch
für	Akk.	for	**Für** meinen Urlaub brauche ich noch Geld.
mit	Dat.	with by (means of)	Mineralwasser **mit** Kohlensäure **mit** dem Auto; **mit** dem Zug; **mit** dem Rad
ohne	Akk.	without	**ohne** Grund; nicht **ohne** meinen Reisepass
(an)statt	Gen.	instead of	**Statt** des Zugs nehmen wir das Auto.
von	Dat.[10]	by of	Das Buch ist **von** Goethe. Der Vater **von** Sieglinde heißt nicht Siegfried.

20 **Ein Picknick im Zugabteil**

Dieter und Sieglinde machen während ihrer Reise ein Picknick. Schreiben Sie gemeinsam mit Ihrem Partner / Ihrer Partnerin jeweils einen Satz über die beiden und verwenden Sie dabei die angegebene Präpositionalphrase.

1. auf Italienisch
2. alle außer Sieglinde
3. für Dieter
4. mit Messer und Gabel
5. von bester Qualität
6. ohne Rucksack
7. statt der guten Oliven

- Expressing Circumstance with Prepositions

Preposition	Case	General meaning	Examples
anlässlich	Gen.	on the occasion of	**anlässlich** des schönen Wetters
bezüglich	Gen.	in reference to	**bezüglich** meines Urlaubs
trotz	Gen.	in spite of	**trotz** des schlechten Wetters
wegen	Gen.	because of	**wegen** des schönen Wetters; **wegen** dir

[10] von + dem = vom

Mehr Urlaub, bitte

 Vor seinem Urlaub in Italien hat Dieter eine E-Mail an seinen Chef geschrieben. Formulieren Sie die folgenden Sätze um und benutzen Sie dabei jeweils eine kausale Präposition.

z.B. **Sieglinde und ich möchten nach Italien fahren, weil wir silberne Hochzeit feiern.** →

Anlässlich unserer silbernen Hochzeit möchten Sieglinde und ich nach Italien fahren.

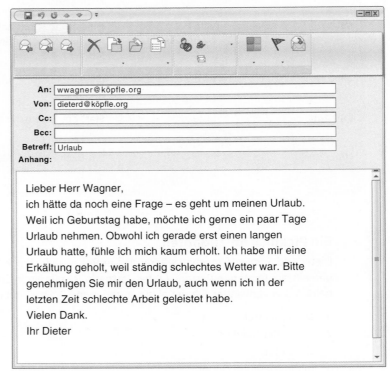

An: wwagner@köpfle.org
Von: dieterd@köpfle.org
Cc:
Bcc:
Betreff: Urlaub
Anhang:

Lieber Herr Wagner,
ich hätte da noch eine Frage – es geht um meinen Urlaub.
Weil ich Geburtstag habe, möchte ich gerne ein paar Tage
Urlaub nehmen. Obwohl ich gerade erst einen langen
Urlaub hatte, fühle ich mich kaum erholt. Ich habe mir eine
Erkältung geholt, weil ständig schlechtes Wetter war. Bitte
genehmigen Sie mir den Urlaub, auch wenn ich in der
letzten Zeit schlechte Arbeit geleistet habe.
Vielen Dank.
Ihr Dieter

© Cengage Learning 2015

 Mein Traumurlaub

 Beschreiben Sie Ihren Traumurlaub. Wohin möchten Sie einmal fahren und warum? Tauschen Sie Ihre Beschreibung mit anderen Studenten im Kurs aus und finden Sie jemanden, der ähnliche Reisepläne hat.

 Partnerinterview: Berühmte Deutsche, Schweizer und Österreicher im Ausland

Fragen Sie Ihren Partner / Ihre Partnerin. Berichten Sie das Interessanteste in der Klasse.

1. Welche berühmten Deutschen, Schweizer oder Österreicher kennst du?
2. Woher kommen sie genau? Wo leben sie jetzt?

FILMTIPP: *Erleuchtung garantiert* (Doris Dörrie, 2000)

Zwei deutsche Brüder reisen nach Japan, um in einem buddhistischen Kloster die Erleuchtung zu finden. Es wird abenteuerlich, als sie in Tokio plötzlich ohne Pässe und Kreditkarten dastehen.

---

24 **Berühmte Deutsche in der amerikanischen Geschichte**

Setzen Sie die folgenden Präpositionen ein, damit sich sinnvolle Sätze ergeben!

auf – aus – bis – für – gegen – in (2) – nach – von (2)

1. 1688 schrieb Franz Daniel Pastorius, der Bürgermeister _____ Germantown (Philadelphia), das erste amerikanische Manifest _____ den Sklavenhandel.
2. 1743 druckte Christopher Saur die erste amerikanische Bibel _____ deutscher Sprache.
3. 1777 trainierte der preußische Baron Friedrich Wilhelm von Steuben amerikanische Truppen _____ Benjamin Franklin.
4. Margarethe Meyer Schurz gründete 1856 den ersten Kindergarten _____ Amerika.
5. Der deutsche Revolutionär Carl Schurz ging 1861 als amerikanischer Botschafter _____ Spanien.
6. Der Ingenieur John August Roebling kam _____ Thüringen. Er und sein Sohn bauten 1869–1883 die Brooklyn Bridge.
7. Dank der Arbeit des deutschen Weltraumforschers Wernher von Braun landete 1969 der erste Amerikaner _____ dem Mond.
8. Der in Fürth (Bayern) geborene Henry Kissinger war _____ 1973 _____ 1977 Außenminister der USA.

Kennen Sie andere Deutsche, Schweizer oder Österreicher, die im Ausland Geschichte gemacht haben?

25 **Nicht nur zum Baden und Sonnen**

Neben dem typischen Strandurlaub werden auch andere Urlaubsformen immer interessanter. Welche Urlaubsformen werden hier beschrieben? Arbeiten Sie mit einem Partner / einer Partnerin und, wenn nötig, mit dem Wörterbuch.

 auf hoher See dem Horizont entgegen fahren / ohne Verkehrsstress / bei Sonnenuntergang an Deck sitzen

→ Schiffsreise

Abenteuerurlaub – Bauernhofurlaub – Bildungsreise – Cluburlaub – Eventreise – Kulturreise – Rundreise – Schiffsreise – Skiurlaub – Sporturlaub – Städtereise – Wellnessurlaub

1. weil man viel mehr sieht und erlebt / anstatt immer an einem Ort zu sitzen / immer auf Achse sein / weil der Weg das Ziel ist
2. weg von der Stadt / raus aufs Land / um das einfache Leben zu genießen / ohne Auto
3. zur körperlichen und geistigen Entspannung / weil es dem Körper gut tut / wegen der Gesundheit / richtig schön relaxen
4. durch Museen schlendern / ins Theater gehen / wegen der Architektur / durch Geschäfte bummeln
5. ohne zu wissen, was kommt / von einem Abenteuer zum anderen / einmal nicht nach Plan leben / einfach drauf los

Strukturen

Präpositionen ersetzen:

Da- und Wo-Komposita

In German, only those pronouns that refer to living beings can be the object of a preposition. If a pronoun refers to a nonliving object or an idea, a **da**-compound is used.

LIVING BEING	
preposition + noun	Im Exil dachten viele deutsche Künstler **an die Verwandten zu Hause**.
preposition + pronoun	Im Exil dachten viele deutsche Künstler **an sie**.

IDEA/NON-LIVING BEING	
preposition + noun	Die meisten deutschen Künstler im Exil waren **gegen den Nationalsozialismus**.
da-compound	Die meisten deutschen Künstler im Exil waren **dagegen**.

- **Da**-compounds are formed by attaching the prefix **da** to a preposition. If the preposition starts with a vowel, an **r** is added between the prefix and the preposition.

  Viele Künstler im Exil beschäftigten sich **mit Deutschland**.

  Viele Künstler im Exil beschäftigten sich **damit**.

  Viele Exilkünstler dachten **an Deutschland**.

  Viele Exilkünstler dachten **daran**.

- There are no **da**-compounds for the genitive prepositions and **außer**, **bis**, **entlang**, **gegenüber**, **ohne**, and **seit**.

- If the object of a prepositional phrase is an entire clause including a verb, German uses a construction with an anticipatory **da**-compound. At the end of a main clause, the **da**-compound signals that the information pertinent to the preposition will follow.

Viele Exilkünstler waren **damit** beschäftigt, ihre Isolation zu bekämpfen.	*Many exiled artists were busy fighting their isolation.*
Viele Exilkünstler interessierten sich **dafür**, was in Deutschland während ihrer Abwesenheit geschah.	*Many exiled artists were interested in what was happening in Germany during their absence.*

- As the examples above show, anticipatory **da**-compounds can be followed by either an infinitive clause or a subordinated clause. In cases where the subject of the verb in the main clause is different from the subject of the other verb or infinitive, a subordinate clause is required and an infinitive construction cannot be used.

Rule	Example	English equivalent
Identical Subjects (main clause can be followed by infinitive clause or subordinate clause)	**Viele Deutsche** freuen sich darüber, im Süden Urlaub machen zu können. *Or:* **Viele Deutsche** freuen sich darüber, dass sie im Süden Urlaub machen können.	*Many Germans are happy to be able to go on vacation in the South. Or: Many Germans are happy that they are able to go on vacation in the South.*
Different Subjects (subordinate clause has to follow main clause)	**Viele Deutsche** freuen sich darüber, dass im Süden **das Wetter** besser ist.	*Many Germans are happy about the weather being better in the South.*

- A **wo**-compound is used as a question word to ask for the object of a prepositional phrase referring to a nonliving object or an idea. Like **da**-compounds, **wo**-compounds are formed by attaching the prefix **wo** to a preposition; if the preposition starts with a vowel, an **r** is added between the prefix and the preposition.

   Worauf freuen sich alle Schüler? —Auf die Sommerferien.

   Womit beschäftigt man sich in den Sommerferien? —Wahrscheinlich nicht mit der Schule!

26   **Nützliche Reisebegleiter**

Wozu kann man diese Dinge benutzen? Versuchen Sie, möglichst viele Verwendungszwecke *(uses)* zu finden.

 ein Reiseführer →

    Man kann sich damit über ein Reiseziel informieren.

    Man kann darin über Hotels lesen.

    Man kann einen Reiseführer auch dazu benutzen, ein gutes Restaurant zu finden.

1. ein Handy
2. eine Reisetasche
3. ein Tagebuch
4. ein Reisepass
5. ein Reisewecker
6. gute Laune
7. Reiseschecks

27   **Urlaubsfotos**

 Bringen Sie ein Foto von Ihrem letzten Urlaub mit und beschreiben Sie es den anderen Kursteilnehmern. Verwenden Sie dabei möglichst viele (mindestens fünf) **Da**-Komposita.

 Hier ist der Marktplatz von Heidelberg. Davor sieht man ein kleines Restaurant. Daneben steht das Denkmal von ...

Urlaubsquiz

Ergänzen Sie die Fragen mit dem passenden **Wo**-Kompositum und machen Sie dann ein kleines Interview. Notieren Sie sich die Antworten und berichten Sie anschließend im Kurs.

1. _____ fährst du am liebsten in Urlaub – mit dem Zug, mit dem Auto, mit dem Fahrrad?
2. _____ würdest du lieber übernachten – in einem Iglu, in einem Tipi, in einer Raumstation?
3. _____ denkst du lieber – an die Sommerferien, an die Winterferien?
4. _____ braucht man im Urlaub ein Handy – für Notfälle, für Verabredungen, zum Quatschen?
5. _____ freust du dich im Urlaub am meisten – auf ein neues Land, auf Entspannung, auf Freizeit oder auf neue Menschen?

Wortschatz

abreisen (reist ab, ist abgereist) *to leave, depart*

abschneiden (schneidet ab, schnitt ab, hat abgeschnitten) *to score (in a test or study)*; **Deutsche Touristen haben gut abgeschnitten.** *German tourists scored high.*

aufgeschlossen *open, accepting (of new or different things)*

die **Aufgeschlossenheit** *openness*

auswandern (wandert aus, wanderte aus, ist ausgewandert) *to emigrate*

der **Auswanderer, -** *emigrant*

buchen (bucht, buchte, hat gebucht) *to book*

einwandern (wandert ein, wanderte ein, ist eingewandert) *to immigrate*

der **Einwanderer, -** *immigrant*

das **Ergebnis, -se** *result*

etwas **erleben** (hat erlebt) *to experience s.th.*

die **Fahrkarte, -n** *ticket*

der **Feiertag, -e** *holiday (e.g., national holiday)*

fliehen (floh, ist geflohen) *to flee*

fremd *foreign*

der **Fremdenverkehr** *tourism*

die **Herkunft** *origin, decent*

reisen (ist gereist) *to travel*

das **Reiseziel, -e** *travel destination*

die **Rücksicht** *consideration*; **Rücksicht nehmen auf** *to be considerate*

der **Ruf** *reputation*; **einen guten Ruf haben** *to have a good reputation*

die **Speise, -n** *dish*

übernachten (hat übernachtet) *to stay (overnight)*

die **Umfrage, -n** *study, questionnaire, survey*

der **Urlaub, -e** *vacation*

verreisen (ist verreist) *to travel*

die **Vorfahren** *ancestors*

FILMTIPP: *Friendship!* (Markus Goller, 2010)

Road-Movie und Komödie über zwei Freunde aus der DDR, die nach dem Mauerfall 1989 nach San Francisco reisen wollen.

29 **Definitionen**

 Finden Sie die richtigen Definitionen für die folgenden Begriffe!

1. fremd
2. Herkunft
3. Vorfahren
4. Auswanderer
5. Einwanderer

a. das Land, aus dem die vorigen Generationen einer Familie kommen
b. die vorigen Generationen einer Familie
c. Person, die ihre Heimat verlässt
d. was man nicht kennt
e. Person, die in einem anderen Land leben will

30 **Was machen Sie im nächsten Urlaub?**

 Vervollständigen Sie die folgenden Sätze, indem Sie Ihre eigenen Erlebnisse und Präferenzen beschreiben.

(z.B.) Meine letzte große Reise war ein Sommerprogramm in Deutschland. Ich war für sechs Wochen mit einer Studentengruppe in Köln, um Deutsch zu lernen. Es war sehr interessant und hat viel Spaß gemacht.

1. Meine letzte große Reise war …
2. Mein schönstes Erlebnis im Urlaub war …
3. Die exotischste Speise, die ich im Urlaub gegessen habe, war …
   Es hat _____ geschmeckt.
4. Ich kann mich am besten erholen, wenn ich …
5. In meinem nächsten Urlaub möchte ich …
6. Ich reise am liebsten mit …
7. Ich buche meine Flüge immer …
8. Deutsche Touristen sind …

31 **Erklären Sie!**

 Ein Freund war in Spanien und möchte wissen, warum dort so viele deutsche Touristen waren. Erklären Sie ihm, was Sie darüber wissen und was Sie über deutsche Touristen gehört haben. Verwenden Sie dabei die folgenden Begriffe!

aufgeschlossen – beliebt – bezahlter Urlaub – deutsche Touristen – exotische Speisen – Feiertage – Geld – Höflichkeit – reisen – Reiseziele – Ruf – Spanien – Sprache – Umfrag

32 **Traumreise?**

 Beschreiben Sie die Situation im Bild und verwenden Sie dabei wenigstens zehn der folgenden Wörter.

abreisen	fremd
aufgeschlossen	reisen
buchen	Reiseziel
Ergebnis	Speise
etwas erleben	übernachten
Fahrkarte	Urlaub
fliehen	verreisen

© Cengage Learning

33 Reiseberichte

Arbeiten Sie in kleinen Gruppen und schreiben Sie Szenen (zum Beispiel in einer deutschen Familie), die Sie im Kurs vorspielen können. Geben Sie jeder Person in der Gruppe eine Rolle und erzählen Sie in Ihren Szenen etwas über die letzte Reise, die Sie gemacht haben. Seien Sie dabei kreativ!

Wann sagt man was?

bleiben, übernachten; das Erlebnis, die Erfahrung

Arbeiten Sie mit dem Wörterbuch und suchen Sie präzise Definitionen für die Verben **bleiben** und **übernachten** und auch für die Begriffe **Erlebnis** und **Erfahrung**. Entscheiden Sie dann, welches Wort am besten in die folgenden Beispiele passt.

1. Unser letzter Urlaub in Spanien war sehr interessant. Wir wollten nur eine Woche auf Mallorca _____, aber dann sind zehn Tage daraus geworden.

2. Wir haben zuerst in einem sehr alten Hotel _____. Die Zimmer waren gar nicht schön, und wir haben uns beim Fremdenverkehrsamt darüber beschwert (complained).

3. Zuerst haben die Leute vom Fremdenverkehrsamt gesagt, sie können uns nicht helfen und wir müssen in dem alten Hotel _____, weil alle Hotels auf Mallorca voll sind.

4. Aber dann hat uns ein Taxi abgeholt und uns in ein anderes Hotel gefahren. Die Fahrt war ein interessantes _____. Der Fahrer war ein ganz junger Mann, der nicht sehr gut Auto fahren konnte. Einmal sind wir fast gegen einen Baum gefahren.

5. Als wir in dem neuen Hotel angekommen sind, sagte uns ein Mann an der Rezeption, dass das Hotel schon voll ist. Der junge Taxifahrer hat dann gesagt, wir können bei ihm zu Hause _____, bis ein Zimmer frei wird. Aber der Mann an der Rezeption sagte uns, wir sollen lieber im Hotel _____ und einen Moment an der Rezeption warten.

6. Der Mann an der Rezeption telefonierte und sagte uns dann, dass er ein Zimmer in einer Pension für uns gefunden hat. Wir sind mit einem anderen Taxi in die Pension gefahren. Die Pension gehörte einem deutschen Mann aus Kassel, und wir haben dort in einem sehr schönen Zimmer _____. Der Mann in der Pension hat uns viel über seine _____ mit Touristen aus der ganzen Welt erzählt.

7. Er sagte, dass er sich immer freut, wenn Deutsche bei ihm _____. Es war so schön auf Mallorca, dass wir noch drei Tage länger _____ sind.

FILMTIPP: *Nirgendwo in Afrika* (Caroline Link, 2002)

Dieser Film folgt einer jüdischen Familie, die der Naziherrschaft entkommt. Auf einer Farm in Kenia kommen die Familienmitglieder auf verschiedene Weise damit zurecht, dass sie ihre Heimat verlassen mussten.

Redemittel zum Diskutieren

Sagen was man vorhat

Wir wollen ...	**Wir wollen** dieses Jahr in den Ferien mehr Sport treiben.
Wir haben vor, ...	**Wir haben vor,** nach Korsika zu fahren und dort viele Wanderungen zu machen.
Ich habe mir vorgenommen, ...	**Ich habe mir vorgenommen,** dieses Jahr im Urlaub weniger zu essen.
Wir haben uns überlegt, ...	**Wir haben uns überlegt,** dieses Jahr nur für zehn Tage in Urlaub zu fahren, um etwas Geld zu sparen.
Ich wollte schon immer (mal) ...	**Ich wollte schon immer mal** ein Haus direkt am Meer mieten.
Ich habe mir schon lange gewünscht, ...	**Ich habe mir schon lange gewünscht,** einmal mit Freunden zusammen in Urlaub zu fahren.
Ich bin fest entschlossen, ...	**Ich bin fest entschlossen,** dieses Jahr allen meinen Kollegen Postkarten zu schreiben.

34 **Traumurlaub**

Welche der folgenden Aktivitäten oder Pläne könnten Ihre sein? Beginnen Sie mit **Ich möchte gerne einmal nach _____ fahren**. Verwenden Sie dann die Redemittel, um Ihre Pläne zu beschreiben. Seien Sie kreativ und sagen Sie, was sie sonst noch vorhaben.

auf dem Campingplatz übernachten	per Anhalter fahren *(to hitchhike)*
das ganze Land sehen	Postkarten schreiben
ein Auto mieten	uns selbst etwas kochen
im Urlaub so viel wie möglich lesen	viel über das Land und die Leute lernen
mit dem Auto fahren	viele Fotos machen
morgens immer lange schlafen	viele Leute kennenlernen
nicht so viele Souvenirs kaufen	viele Sehenswürdigkeiten sehen
oft abends ausgehen	viele Wanderungen machen

35 **Fragen zur Diskussion**

Diskutieren oder schreiben Sie über eines der folgenden Themen. Verwenden Sie dabei die Redemittel.

1. Warum reisen die Deutschen so viel und so gerne? Spekulieren Sie!
2. Was ist Ihre Motivation zum Reisen?
3. Für viele ist das Reisen zum Statussymbol geworden. Muss man reisen, um viel über die Welt zu wissen?
4. Viele Umweltschützer *(environmentalists)* sind gegen den Massentourismus. Sie nennen den sanften Tourismus (ohne Flug- und Autoreisen) als Alternative. Was spricht für und gegen das Reisen in ferne Länder?

Strukturen

Idiomatisches

Verben mit Präpositionen

Prepositional phrases are frequently combined with certain verbs.

Viele Menschen **freuen sich auf** ihren Urlaub.	*Many people are looking forward to their vacation.*
Viele Menschen **haben Angst vor** dem Fliegen.	*Many people are afraid of flying.*

- An anticipatory **da**-compound is used when the prepositional object is a subordinate clause or an infinitive clause.

Viele Schüler **freuen sich darüber**, dass die Sommerferien so lang sind.	*Many students are happy about the summer vacation being so long.*

- A **wo**-compound is used to ask for the object of the preposition if it is not a living being.

> **Worüber** freuen sich viele Schüler? —Über die Ferien.

> *but:* **Über wen** ärgert sich der Kellner? —Über die unfreundlichen Touristen.

- Here are some common verbs with prepositions that take the **accusative case.**

sich ärgern über	*to be annoyed about*
sich beklagen (über)	*to complain about*
sich beschweren über	*to complain about*
sich beziehen auf	*to refer to*
denken an	*to think of*
diskutieren über	*to talk about, discuss*
sich entscheiden für	*to decide on*
sich freuen auf	*to look forward to*
sich freuen über	*to be happy about*
sich gewöhnen an	*to get used to*
glauben an	*to believe in*
hoffen auf	*to hope for*
sich interessieren für	*to be interested in*
sich konzentrieren auf	*to concentrate on*
sich verlassen auf	*to rely on*
sich verlieben in	*to fall in love with*
warten auf	*to wait for*

- Here are some common verbs with prepositions that take the **dative case.**

aufhören mit	to stop doing
sich beschäftigen mit	to occupy o.s. with
rechnen mit	to count on
leiden an	to suffer from

36 Persönliches

Wählen Sie sechs Verben mit Präpositionen aus der Liste, formulieren Sie Fragen mit *Wo*-Komposita, interviewen Sie einen Partner / eine Partnerin und machen Sie sich Notizen. Berichten Sie dann im Kurs über einige bemerkenswerte Aussagen.

S1: Wofür interessierst du dich besonders?

S2: Ich interessiere mich besonders für das Thema „Reisen". (*oder* Ich interessiere mich besonders dafür, wie die Deutschen ihren Urlaub verbringen.)

37 Reisetipps

Was sollte man auf Reisen im Ausland machen oder nicht machen? Schreiben Sie gemeinsam mit Ihrem Partner / Ihrer Partnerin Ratschläge und benutzen Sie dabei die Verben mit Präpositionen und ein vorgestelltes *Da*-Kompositum. Fragen Sie dann die anderen Kursteilnehmer nach ihren Ratschlägen und diskutieren Sie sie.

Frage: Wofür sollte man sich interessieren?

Ratschlag: Man sollte sich dafür interessieren, wie die Menschen am Urlaubsort leben und denken. (*oder* wie die einheimischen Speisen schmecken.)

38 Die Deutschen im Ausland

Schreiben Sie gemeinsam mit Ihrem Partner / Ihrer Partnerin Sätze über die Deutschen im Ausland. Welche Stereotype fallen Ihnen ein? Welche Beobachtungen haben Sie selbst schon gemacht? Benutzen Sie dabei die Verben, die Ihnen zugeteilt werden. Stellen Sie dann Ihre Sätze im Kurs vor.

39 Persönlichkeiten

Suchen Sie Informationen über die folgenden Personen und berichten Sie im Kurs.

Felix Bloch
Meyer Guggenheim
Fritz Lang
Wolfgang Pauli
Arnold Schoenberg
Carl Schurz
Gottlieb Storz
Billy Wilder

Als einflussreicher (*influential*) Politiker wurde Carl Schurz mit einer Briefmarke geehrt.

◉ Lektüre

Jurek Becker

Als Sohn polnischer Juden kam Jurek Becker (1937–1997) 1945 nach Ost-Berlin, wo er Deutsch lernte. Nach dem Abitur und mehreren Jahren Studium an der Humboldt-Universität und der Filmhochschule Babelsberg arbeitete Becker als freiberuflicher Schriftsteller und Drehbuchautor.

1977 verließ Becker die DDR, um als Gastprofessor an verschiedenen Universitäten zunächst in den USA und dann in der Bundesrepublik zu lehren. Er veröffentlichte mehrere erfolgreiche Romane und Drehbücher für Film und Fernsehen.

INTERFOTO / Alamy

Vor dem Lesen

40 **Fragen zum Thema**

1. Reisen Sie gern allein? Warum (nicht)?
2. Was machen Sie in einer fremden Stadt am liebsten?
3. In welcher fremden Stadt haben Sie sich besonders wohl gefühlt? Warum?
4. Was ist wohl für einen Europäer in New York beim ersten Besuch besonders interessant? aufregend? schockierend?

41 **Auf Reisen**

Diskutieren Sie in Gruppen oder Paaren, ob die folgenden Aussagen des Erzählers aus Jurek Beckers *New Yorker Woche* auch auf Sie zutreffen könnten° oder nicht.

auch ... could be true for you as well

1. Ich weiß sofort, daß ich nie zuvor so viele Lampen auf einmal habe brennen sehen.

desolation

2. Die Verwahrlosung° der Stadt trifft mich nicht unvorbereitet. [...] Ich frage mich, was erst in jenen Vierteln los ist, vor denen man mich gewarnt hat.
3. Ich weiß nicht, was New York zu bedeuten hat.
4. Ich vermute, daß man es in New York sich schneller als anderswo abgewöhnt, verwundert zu sein über das, was man nie zuvor gehört oder gesehen hat.

42 Übersetzung

Arbeiten Sie in Gruppen oder Paaren und übersetzen Sie die folgenden Abschnitte ins Englische. Vergleichen Sie einige Beispiele im Kurs, um Beckers Stil besser zu verstehen. Diskutieren Sie auch, nach welchem Prinzip Sie übersetzen: wörtlich, kreativ, poetisch?

1. Du kommst in eine neue Stadt: du hast vorher viel über sie gehört, dein Kopf ist voll von mitgebrachten Richtersprüchen°. Du stellst fest, daß jedes deiner Vorurteile sich belegen läßt, ohne große Mühe eigentlich, an jedem einzelnen ist etwas dran. Du sammelst Beobachtungen wie Beweise. Du willst dir zeigen, wie gut du die Stadt schon kanntest, bevor du dort gewesen bist. Du bringst es fertig. Das Resultat ist eine verlorene Woche, die sonstwas hätte werden können. *judgements*

2. Im letzten Autobus fragst du mich, wie du dazu kommst, mit einer Strichliste durch die Straßen zu ziehen, den Bleistift zum Abhaken in der Hand: Richtig, Armut. Richtig, Rassenprobleme. Richtig, Kriminalität. Eine tadellose öde Reihe von Rubriken. Was, so fragst du dich, hast du dich unentwegt abzuplagen für das längst Bewiesene? Wer hat dich beauftragt mit diesem sterbenslangweiligen Job? Dein Gewissen? Lächerlich. Kommst hier an mit dem festen Vorsatz, nicht nur die Oberfläche zu sehen, und die Folge ist: du siehst gar nichts.

3. Jetzt ärgerst du dich, daß du nicht eine Sekunde versunken bist in der aufregenden Stadt. Daß du dich nie hast fallen lassen, wo so viel Gelegenheit war. Dabei hast du sie nicht etwa übersehen, die Gelegenheiten. Jedesmal hast du den Schritt beschleunigt, bloß weg. In den langweiligen Augenblicken hast du die Augen schön offen gehalten. Du wolltest immer nur sehen, was alle schon wissen, und nie was keiner weiß.

4. Plötzlich fürchtest du um deine Fähigkeit aufgeregt zu sein. Stellst dir jemanden vor, der sich unentwegt vor dem Überraschenden hütet. Der sich alles im Voraus ausrechnet, und der dann versucht, so zu leben, daß die vorher gemachte Rechnung stimmt.

Beim Lesen

In dieser Erzählung beschreibt ein Reisender seine Eindrücke während einer Woche in New York. Entscheiden Sie in Aktivität 43, ob der Erzähler dem typischen deutschen Touristen entspricht *(corresponds to)*. In Aktivität 44 machen Sie Notizen über die Erlebnisse des Erzählers, in Aktivität 45 achten Sie darauf, welche Vorstellungen und Informationen der Erzähler schon vor seiner Reise gehabt hat.

43 Ein typischer deutscher Tourist?

Deutsche Touristen sind sehr beliebt, weil sie „sich im Ausland ordentlich benehmen", weil sie „versuchen, die Sprache des Landes zu sprechen", gerne die „Spezialitäten des Landes probieren" und die „Gepflogenheiten des Landes respektieren". Nur im Geldausgeben sind sie nicht die besten Touristen. Treffen diese Charakteristiken auf den Reisenden in New York zu? Machen Sie Notizen.

44 Sieben Tage in New York

Machen Sie Notizen, was der Reisende in New York erlebt, wen er trifft oder was er macht. Was erfährt man nicht über seine Reise nach New York?

45 Vor der Reise

Machen Sie eine Liste der Vorstellungen von New York und Informationen über die Stadt, die der Erzähler schon vor der Reise hatte.

New Yorker Woche

Jurek Becker

1. Tag

New York fängt gut an, das Flugzeug muß 50 Minuten über dem
Kennedy-Airport kreisen, weil nach dem Schneesturm keine
Landebahn für uns frei ist. Ich schaue aus dem Fenster und
to be captured   5 möchte gern ergriffen sein° bei dem Gedanken. Das da unten ist
also New York.

Es ist Abend und wolkig, ich weiß sofort, daß ich nie zuvor
so viele Lampen auf einmal habe brennen sehen. Zu einem
besonders hellen Strich denke ich mir das Wort *Broadway*. Nach
10 zwanzig Minuten Kreisen ist das Licht aber nur noch das Licht.
Nicht einmal mehr die Kinder schauen aus dem Fenster.

Mein Visum verrät mich als einen, der nicht zur
Einwanderung berechtigt ist. Der Paßbeamte studiert es lange.
Dann fragt er mich, ob ich wirklich nicht hierzubleiben vorhabe.
15 In seiner Stimme klingt unüberhörbar mit: Na los, sag schon, wir
sind unter uns. Ich bin froh, weil ich den Sinn seiner Worte sofort
verstehe. Ich lächle und schüttle den Kopf, er kann beruhigt sein.
Denke aber im nächsten Augenblick: Woher will ich das jetzt
schon wissen? [...]

20 2. Tag

Von Amerika-Kennern ist mir dringend geraten worden, nie mehr
als zwanzig Dollar bei mir zu tragen, und sie jedem Räuber auf
daringly   Verlangen sofort zu geben. Kühn° halte ich aber 45 Dollar in der
Tasche sowie den Schlüssel zum Hotelsafe. Dort liegt der Rest des
GDR passport   25 Geldes, dazu mein DDR-Paß°, ja auch ein Wertstück.

Das erste Problem, als ich am Morgen auf die Straße trete:
ich kenne die Umrechnungsformel von Fahrenheit auf Celcius
nicht. Es ist kalt, doch ich weiß nicht wie kalt. Ich weiß nicht, wie
sehr ich zu frieren habe, das soll kein Witz sein. Ich vermute, daß
30 man in gleichem Maße nach dem Thermometer friert, wie man
etwa nach der Uhr hungrig wird; eine Art Opportunismus der
Empfindungen.

Ein zweiter Rat ist, in New York soll ich laufen, laufen. Ich
laufe also los und komme mir schon an der ersten Kreuzung
35 wohlberaten vor. Ich erkundige mich nicht nach der Richtung, weil
ich in jede gehen möchte.

desolation   Die Verwahrlosung° der Stadt trifft mich nicht unvorbereitet.
Dennoch habe ich das Gefühl, einen Rekord zu sehen: das
Äußerste, was sich an Verwahrlosung rausholen läßt. Ich frage
40 mich, was erst in jenen Vierteln los ist, vor denen man mich
gewarnt hat. [...]

Im Bett weiß ich noch lange nicht, was New York zu bedeuten
hat. Ich sage mir: Ist ja normal, du bist hier nicht in Jena. Ich finde
es selbst ein wenig lächerlich, mir so verloren vorzukommen.

45 3. Tag

Beim Frühstück eine Show im Fernsehen, in der dreimal gebetet
wird: einmal für George Foreman, einen untergegangenen
Boxer, einmal für ein gelähmtes Mädchen, das blankgeputzt in
seinem Rollstuhl vor der Kamera sitzt, einmal für ganz Amerika.

50 Ich schalte aus und wieder ein, ich will das bis zum Ende sehen.

sarcastic judgements — Hämische Urteile° gehen mir im Kopf herum. Das in Mitteleuropa,
denke ich, und dann ein Kritiker sein. Dann die Frage: Aber
haben die nicht alles durchgerechnet? Brauchen die denn nicht
einen bestimmten Standard, um den Preis für die Werbesekunde

55 hochzuhalten? Am Ende steht schon lange fest, daß so die wahre
Show geht, nur bis zu uns da drüben hat es sich noch nicht
herumgesprochen?

Mir fällt auf, wie oft ich plötzlich EUROPA denke, ein Wort,
das mir vorher kaum in den Sinn gekommen ist. Bis hierher gab

60 ich mir immer viel detailiertere Namen: ich war Berliner, ich war
Köpenicker. DDR-Bürger. Ein Deutscher – das kam mir schon
exotisch vor. Und auf einmal bin ich Europäer, nicht weniger.

Vor allem Laufen. Wenn ich etwas kaufen möchte und viel
Zeit mit meinem Englisch brauche, hat man Geduld mit mir. Es ist

Es ... it's ok, not an embarrassment — 65 keine Schande° hier, nicht gut Englisch zu können. Im Reisebüro
vor mir zum Beispiel ein steinalter Mann und seine Frau, die nach

crude, unrefined — Las Vegas möchten. Das Englisch der beiden ist verwegen°,
das höre sogar ich, es ist schlechter noch als meins. Dabei kein
Zweifel, daß sie Amerikaner sind, man sieht es schon an ihren

70 Jacken. Ich überlege, warum der Angestellte nicht auch mich für
einen Amerikaner halten wird. [...]

7. Tag

Du kommst in eine neue Stadt: du hast vorher viel über sie

judgements — gehört, dein Kopf ist voll von mitgebrachten Richtersprüchen°.

75 Du stellst fest, daß jedes deiner Vorurteile sich belegen läßt, ohne
große Mühe eigentlich, an jedem einzelnen ist etwas dran. Du
sammelst Beobachtungen wie Beweise. Du willst dir zeigen, wie
gut du die Stadt schon kanntest, bevor du dort gewesen bist.
Du bringst es fertig. Das Resultat ist eine verlorene Woche, die

80 sonstwas hätte werden können.

Im letzten Autobus fragst du mich, wie du dazu kommst, mit
einer Strichliste durch die Straßen zu ziehen, den Bleistift zum
Abhaken in der Hand: Richtig, Armut. Richtig, Rassenprobleme.
Richtig, Kriminalität. Eine tadellose öde Reihe von Rubriken.

85 Was, so fragst du dich, hast du dich unentwegt abzuplagen
für das längst Bewiesene? Wer hat dich beauftragt mit diesem
sterbenslangweiligen Job? Dein Gewissen? Lächerlich. Kommst
hier an mit dem festen Vorsatz, nicht nur die Oberfläche zu
sehen, und die Folge ist: du siehst gar nichts.

90 Jetzt ärgerst du dich, daß du nicht eine Sekunde versunken
bist in der aufregenden Stadt. Daß du dich nie hast fallen
lassen, wo so viel Gelegenheit war. Dabei hast du sie nicht etwa
übersehen, die Gelegenheiten. Jedesmal hast du den Schritt

beschleunigt, bloß weg. Ohne nachzudenken, hast du gedacht:
95 Wo soll das hinführen? Und jetzt fragst du dich, wohin das führen
soll. In den langweiligen Augenblicken hast du die Augen schön
offen gehalten. Du wolltest immer nur sehen, was alle schon
wissen, und nie was keiner weiß.

Plötzlich fürchtest du um deine Fähigkeit aufgeregt zu sein. Stellst
100 dir jemanden vor, der sich unentwegt vor dem Überraschenden hütet.
Der sich alles im Voraus ausrechnet, und der dann versucht, so zu
leben, daß die vorher gemachte Rechnung stimmt. Vielleicht komme
ich irgendwann noch einmal nach New York, das wäre gut. Vorerst
fahre ich mit dem Autobus zum Flughafen La Guardia.

105 Ich habe einen Fensterplatz und mache die Augen zu, sobald
Schwarze zu sehen sind, verwahrloste Straßen, Polizisten, Weiße,
Reklameschilder, Verkehrschaos.

Ein Teil der Erzählung "New Yorker Woche" from: Jurek Becker, Nach der ersten Zukunft.
© Suhrkamp Verlag Frankfurt am Main 1980. Reprinted with friendly permission.

Wortschatz

abhaken (hakt ab, hat abgehakt) *to check off (a list)*

aufgeregt *excited*

aufregend *exciting*

der **Beweis, -e** *proof*

erste Eindrücke *first impressions*

der **Gedanke, -n** *thought*

die **Gelegenheit, -en** *opportunity*

gelähmt *handicapped*

sich **herumsprechen** (hat sich herumgesprochen) *to become well known*

der **Kenner, -** *afficionado*

in gleichem Maße *in the same measure, the same way*

die **Oberfläche, -n** *surface*

der **Pass, ̈e** *passport*

der **Rat** *advice*

das **Reisebüro, -s** *travel agency*

spazieren *to stroll, walk*

die **Strichliste, -n** *check list*

sich **verloren vorkommen** *to feel lost*

verwahrlost *desolate*

die **Verwahrlosung** *desolation*

das **Visum (Visa)** *visa*

der **Vorsatz, ̈e** *intention, resolution*

das **Vorurteil, -e** *prejudice*

das soll kein Witz sein *no kidding*

der **Zweifel, -** *doubt*

Nach dem Lesen

46 **Fragen zum Text**

1. Was denkt der Erzähler vor der Landung in New York?
2. Warum sieht sich der Passbeamte das Visum so genau an?
3. Wer hat dem Reisenden geraten, er soll viel laufen? Welche Ratschläge hat er noch bekommen?
4. Was sind die ersten Eindrücke von New York, die der Erzähler schildert?
5. Wie fühlt sich der Erzähler am Ende des ersten Tages?
6. Wie kommt der Erzähler mit seinem Englisch zurecht?
7. Wie beschreibt der Erzähler seine eigene Identität?
8. Wie fühlt sich der Reisende am 7. Tag? Wie sieht er seine Reise am Ende?

47 Fragen zum Nachdenken und Diskutieren

1. Im Reisebüro sieht der Erzähler ein älteres Ehepaar und es besteht für ihn „kein Zweifel, daß sie Amerikaner sind, man sieht es schon an ihren Jacken." Kann man sich so sicher sein? Erkennen Sie an der Kleidung, woher jemand kommt?

2. Der Erzähler fühlt sich in New York nicht mehr als Berliner, sondern als Europäer. Wie würden Sie sich selbst beschreiben? Gibt es Orte und Situationen, in denen sich das ändert?

3. Kann man in eine Stadt reisen, ohne dass die Idee, die man schon vorher von dieser Stadt hat, die neuen Eindrücke beeinflusst?

4. Der Erzähler ärgert sich, dass er „nicht eine Sekunde versunken ist in der aufregenden Stadt". Was hätte er anders machen sollen? Wie kann man in einen Ort „versinken"?

48 Schreibübungen

1. Schreiben Sie die Geschichte weiter. Was passiert am nächsten Tag? Seien Sie kreativ und versuchen Sie, im Stil Jurek Beckers weiterzuschreiben.

2. Schreiben Sie einen Bericht in der dritten Person, der zusammenfasst, was dieser Reisende in New York erlebt hat.

> **z.B.** *Die New-York-Reise für X fing gut an. Sein Flugzeug musste über New York kreisen, weil keine Landebahn frei war …*

3. Berichten Sie über eine Reise in eine fremde Stadt im Stil von Beckers New Yorker Woche. Seien Sie kreativ und versuchen Sie, wie Becker, durch bestimmte Details eine bestimmte Stimmung zu erzeugen, aus der hervorgeht, wie Sie sich bei dieser Reise gefühlt haben.

Zum Schluss

49 Reisepläne

Planen Sie eine Reise mit einem Partner / einer Partnerin oder in einer Gruppe im deutschsprachigen Raum. Gehen Sie noch einmal durch die Stationen, die Sie in diesem Buch kennengelernt haben. Wohin würden Sie gerne reisen? Was würden Sie gerne dort sehen? Was würden Sie gerne dort machen? Wie würden Sie reisen? Wo würden Sie übernachten?

Das letzte Wort: *Heimweh*

Wenn man von zu Hause weg geht, ob für lange oder kurze Zeit, kann es sein, dass man seine Heimat vermisst und Sehnsucht *(longing)* nach bestimmten Personen oder Dingen hat.

Wonach haben Sie **Heimweh**, wenn Sie ins Ausland fahren? Was vermissen Sie? Was nicht?

Appendix A

USEFUL GERMAN-LANGUAGE WEBSITES

Google Deutschland (www.google.de)
Deutschsprachige Version von www.google.com

Yahoo Deutschland (www.yahoo.de)
Deutschsprachige Version von www.yahoo.com

LEO online Wörterbuch (dict.leo.org)
Das kostenlose LEO Wörterbuch wird am Institut für Informatik der Technischen Universität München bereitgestellt. Im LEO Wörterbuch kann man Deutsch-Englisch und Englisch-Deutsch nachschlagen. Man muss für deutsche Wörter keine Umlaute eingeben (z. B. Bücher = Buecher). Vorsicht: Es gibt kein www im URL.

Wissen (www.wissen.de)
Wissen.de ist ein kostenfreies **Wissensportal,** das aus **Lexika** und **Wörterbüchern** besteht. Darunter ist das *Bertelsmann Wörterbuch* und das große *Wahrig Wörterbuch der Rechtschreibung.* Darüberhinaus kooperiert wissen.de mit anderen Publikationen wie z. B. *Financial Times Deutschland*, mit dem Verlag Langenscheidt und dem Kulturmagazin *Geo*. Wissen.de ist besonders gut, wenn man eine gute **deutsche Definition** für ein schwieriges deutsches Wort oder **Fremdwort** sucht.

Wikipedia (www.wikipedia.de)
Wikipedia ist eine freie **Enzykopädie,** die es in mehr als hundert Sprachen gibt. Jeder, der etwas über ein Thema weiß, kann einen Artikel in Wikipedia.de schreiben. Man muss deshalb etwas vorsichtig sein, denn es ist möglich, dass die Daten nicht immer ganz korrekt sind. Wikipedia.de ist besonders gut, wenn man über einen **Autor** oder **Künstler,** eine literarische oder künstlerische **Epoche** oder **Bewegung** etwas lernen will. Man kann dort auch über **Städte** und **Regionen** oder andere **kulturelle Themen** forschen.

Meine Stadt (www.meinestadt.de)
Meinestadt.de ist eines der populärsten Internetportale in Deutschland. Darin kann man Informationen über **die meisten deutschen Städte und Gemeinden** finden. Meinestadt.de ist besonders hilfreich, wenn man etwas über eine Stadt oder Region erfahren will und **Links zu lokalen Institutionen sucht.**

Deutsches Historisches Museum (www.dhm.de)
Das Deutsche Historische Museum in Berlin bietet auf dieser Webseite ein **lebendiges virtuelles Museum online** an. Klicken Sie von der Startseite auf den LeMO Link. Das LeMO beinhaltet **eine Chronik der deutschen Geschichte** nach Epochen und Jahren. Wenn man auf *Suche* klickt, kann man Suchbegriffe* [*search terms*] eingeben.

Deutsche Welle (www.dw.de)
Bei Deutsche Welle gibt es Nachrichten aus aller Welt aus einer deutschen Perspektive. Es gibt langsam gesprochene Nachrichten und ein online Lernprogramm Deutsch Interaktiv.

Lebendiges Virtuelles Museum Online (www.hdg.de/lemo)
LeMO ist ein Gang durch die deutsche Geschichte von der Gründung des Deutschen Reiches im 19. Jahrhundert bis zur Gegenwart. Das Angebot verknüpft informative Texte mit musealen Objekten sowie Film- und Tondokumenten.

Laut (www.laut.de)
Internet-Musikmagazin. Hier findet man Informationen, Videos, Berichte und Kritiken zur Rock- und Popmusikszene.

Appendix B

GRAMMAR SUMMARY

I. Verbs

A. Active Voice Tenses and Conjugations

1. Indicative Mood

PRESENT

	gehen	sein	haben	sehen	arbeiten	können
ich	gehe	bin	habe	sehe	arbeite	kann
du	gehst	bist	hast	siehst	arbeitest	kannst
er/es/sie	geht	ist	hat	sieht	arbeitet	kann
wir	gehen	sind	haben	sehen	arbeiten	können
ihr	geht	seid	habt	seht	arbeitet	könnt
sie/Sie	gehen	sind	haben	sehen	arbeiten	können

SIMPLE PAST

ich	ging	war	hatte	sah	arbeitete	konnte
du	gingst	warst	hattest	sahst	arbeitetest	konntest
er/es/sie	ging	war	hatte	sah	arbeitete	konnte
wir	gingen	waren	hatten	sahen	arbeiteten	konnten
ihr	gingt	war	hattet	saht	arbeitetet	konntet
sie/Sie	gingen	waren	hatten	sahen	arbeiteten	konnten

PRESENT PERFECT

ich	bin	
du	bist	
er/es/sie	ist	gegangen
wir	sind	gewesen
ihr	seid	
sie/Sie	sind	

PRESENT PERFECT

ich	habe	
du	hast	gehabt
er/es/sie	hat	gesehen
wir	haben	gearbeitet
ihr	habt	gekonnt
sie/Sie	haben	

PAST PERFECT

ich	war	
du	warst	
er/es/sie	war	gegangen
wir	waren	gewesen
ihr	wart	
sie/Sie	waren	

PAST PERFECT

ich	hatte	
du	hattest	gehabt
er/es/sie	hatte	gearbeitet
wir	hatten	gesehen
ihr	hattet	gekonnt
sie/Sie	hatten	

1. Indicative Mood

FUTURE

ich	werde	gehen
du	wirst	sein
er/es/sie	wird	haben
wir	werden	sehen
ihr	werdet	arbeiten
sie/Sie	werden	können

FUTURE PERFECT

ich	werde	gegangen sein
du	wirst	gewesen sein
er/es/sie	wird	gehabt haben
wir	werden	gearbeitet haben
ihr	werdet	gesehen haben
sie/Sie	werden	gekonnt haben

2. Subjunctive Mood

SUBJUNCTIVE II (Hypotheses)

	gehen	sein	haben	sehen	arbeiten	können
ich	ginge/ würde gehen	wäre	hätte	sähe/ würde sehen	arbeitete/ würde arbeiten	könnte
du	gingest/ würdest gehen	wärest	hättest	sähest/ würdest sehen	arbeitetest/ würdest arbeiten	könntest
er/es/sie	ginge/ würde gehen	wäre	hätte	sähe/ würde sehen	arbeitete/ würde arbeiten	könnte
wir	gingen/ würden gehen	wäre	hätten	sähen/ würden sehen	arbeiteten/ würden arbeiten	könnten
ihr	ginget/ würdet gehen	wäret	hättet	sähet/ würdet sehen	arbeitetet/ würdet arbeiten	könntet
sie/Sie	gingen/ würden gehen	wären	hätten	sähen/ würden sehen	arbeiteten/ würden arbeiten	könnten

PAST SUBJUNCTIVE

ich	wäre	
du	wärst	
er/es/sie	wäre	gegangen
wir	wären	gewesen
ihr	wärt	
sie/Sie	wären	

PAST SUBJUNCTIVE

ich	hätte	
du	hättest	gehabt
er/es/sie	hätte	gearbeitet
wir	hätten	gesehen
ihr	hättet	gekonnt
sie/Sie	hätten	

2. Subjunctive Mood

SUBJUNCTIVE I (Indirect Discourse)

Forms in bold are specific to Subjunctive I. All other forms are identical to those in Subjunctive II.

	gehen	sein	haben	sehen	arbeiten	können
ich	ginge/ würde gehen	**sei**	hätte	sähe/ würde sehen	arbeitete/ würde arbeiten	könnte
du	**gehest**	**seist**	**habest**	**sehest**	arbeitetest/ würdest arbeiten	könntest
er/es/sie	**gehe**	**sei**	**habe**	**sehe**	**arbeite**	**könne**
wir	gingen/ würden gehen	**seien**	hätten	sähen/ würden sehen	arbeiteten/ würden arbeiten	könnten
ihr	**gehet**	**seiet**	hättet	**sehet**	arbeitetet/ würdet arbeiten	könntet
sie/Sie	gingen/ würden gehen	**seien**	hätten	sähen/ würden sehen	arbeiteten/ würden arbeiten	könnten

3. Imperative Mood

IMPERATIVE

	gehen	sehen	arbeiten
(du)	geh(e)	sieh	arbeite
(ihr)	geht	seht	arbeitet
wir	gehen wir	sehen wir	arbeiten wir
Sie	gehen Sie	sehen Sie	arbeiten Sie

B. Passive Voice Tenses and Conjugations

PRESENT

ich	werde	
du	wirst	
er/es/sie	wird	gesehen
wir	werden	
ihr	werdet	
sie/Sie	werden	

SIMPLE PAST

ich	wurde	
du	wurdest	
er/es/sie	wurde	gesehen
wir	wurden	
ihr	wurdet	
sie/Sie	wurden	

PRESENT PERFECT

ich	bin	
du	bist	
er/es/sie	ist	gesehen worden
wir	sind	
ihr	seid	
sie/Sie	sind	

PAST PERFECT

ich	war	
du	warst	
er/es/sie	war	gesehen worden
wir	waren	
ihr	wart	
sie/Sie	waren	

FUTURE	ich	werde	
	du	wirst	
	er/es/sie	wird	gesehen werden
	wir	werden	
	ihr	werdet	
	sie/Sie	werden	

FUTURE PERFECT	ich	werde	
	du	wirst	
	er/es/sie	wird	gesehen worden sein
	wir	werden	
	ihr	werdet	
	sie/Sie	werden	

SUBJUNCTIVE II	ich	würde	
	du	würdest	
	er/es/sie	würde	gesehen (werden)
	wir	würden	
	ihr	würdet	
	sie/Sie	würden	

PAST SUBJUNCTIVE	ich	wäre	
	du	wärest	
	er/es/sie	wäre	gesehen worden
	wir	wären	
	ihr	wäret	
	sie/Sie	wären	

SUBJUNCTIVE I	ich	sei	
	du	seist	
	er/es/sie	sei	gesehen worden
	wir	seien	
	ihr	seiet	
	sie/Sie	seien	

C. Principal Parts of German Strong and Mixed Verbs Grouped According to Stem-Vowel Changes

Infinitive	3rd-Person Singular (if irregular)	Simple Past	Past Participle
		a	**a**
brennen		brannte	gebrannt
bringen		brachte	gebracht
denken		dachte	gedacht
kennen		kannte	gekannt
nennen		nannte	genannt
rennen		rannte	ist gerannt
senden		sandte	gesandt
tun		tat	getan
stehen		stand	gestanden
wenden		wandte	gewandt
		a	**e**
bitten		bat	gebeten
essen	er/es/sie isst	aß	gegessen
fressen	er/es/sie frisst	fraß	gefressen
geben	er/es/sie gibt	gab	gegeben
geschehen	er/es/sie geschieht	geschah	ist geschehen
lesen	er/es/sie liest	las	gelesen
liegen		lag	gelegen
messen	er/es/sie misst	maß	gemessen
sehen	er/es/sie sieht	sah	gesehen
sitzen		saß	gesessen
treten	er/es/sie tritt	trat	ist getreten
vergessen	er/es/sie vergisst	vergaß	vergessen
		a	**o**
befehlen	er/es/sie befiehlt	befahl	befohlen
beginnen		begann	begonnen
bergen	er/es/sie birgt	barg	geborgen
brechen	er/es/sie bricht	brach	hat/ist gebrochen
empfehlen	er/es/sie empfiehlt	empfahl	empfohlen
gebären		gebar	geboren
gelten	er/es/sie gilt	galt	gegolten
gewinnen		gewann	gewonnen
helfen	er/es/sie hilft	half	geholfen

Infinitive	3rd-Person Singular (if irregular)	Simple Past	Past Participle
kommen		kam	ist gekommen
nehmen	er/es/sie nimmt	nahm	genommen
schwimmen		schwamm	ist geschwommen
spinnen		spann	gesponnen
sprechen	er/es/sie spricht	sprach	gesprochen
stechen	er/es/sie sticht	stach	gestochen
stehlen	er/es/sie stiehlt	stahl	gestohlen
sterben	er/es/sie stirbt	starb	ist gestorben
treffen	er/es/sie trifft	traf	getroffen
verderben	er/es/sie verdirbt	verdarb	verdorben
werben	er/es/sie wirbt	warb	geworben
werden	er/es/sie wird	wurde	ist geworden
werfen	er/es/sie wirft	warf	geworfen
		a	**u**
binden		band	gebunden
dringen		drang	gedrungen
finden		fand	gefunden
gelingen		gelang	ist gelungen
klingen		klang	geklungen
ringen		rang	gerungen
schlingen		schlang	geschlungen
schwinden		schwand	ist geschwunden
schwingen		schwang	geschwungen
singen		sang	gesungen
sinken		sank	ist gesunken
springen		sprang	ist gesprungen
stinken		stank	gestunken
trinken		trank	getrunken
winden		wand	gewunden
zwingen		zwang	gezwungen
		i	**a**
blasen	er/es/sie bläst	blies	geblasen
braten	er/es/sie brät	briet	gebraten
fallen	er/es/sie fällt	fiel	ist gefallen
fangen	er/es/sie fängt	fing	gefangen
gehen		ging	ist gegangen

Infinitive	3rd-Person Singular (if irregular)	Simple Past	Past Participle
hängen		hing	gehangen
halten	er/es/sie hält	hielt	gehalten
lassen	er/es/sie lässt	ließ	gelassen
raten	er/es/sie rät	riet	geraten
schlafen	er/es/sie schläft	schlief	geschlafen
		i	**i**
beißen		biss	gebissen
erbleichen		erblich	ist erblichen
gleichen		glich	geglichen
gleiten		glitt	ist geglitten
greifen		griff	gegriffen
pfeifen		pfiff	gepfiffen
reißen		riss	ist gerissen
reiten		ritt	ist geritten
scheißen		schiss	geschissen
schleichen		schlich	ist geschlichen
schmeißen		schmiss	geschmissen
schreiten		schritt	ist geschritten
streichen		strich	gestrichen
streiten		stritt	gestritten
weichen		wich	ist gewichen
leiden		litt	gelitten
schneiden		schnitt	geschnitten
		ie	**ie**
bleiben		blieb	ist geblieben
leihen		lieh	geliehen
scheiden		schied	geschieden
scheinen		schien	geschienen
schreiben		schrieb	geschrieben
schreien		schrie	geschrien
schweigen		schwieg	geschwiegen
steigen		stieg	ist gestiegen
weisen		wies	gewiesen
verzeihen		verzieh	verziehen
		ie	*various*
heißen		hieß	geheißen

Infinitive	3rd-Person Singular (if irregular)	Simple Past	Past Participle
laufen	er/es/sie läuft	lief	ist gelaufen
rufen		rief	gerufen
stoßen	er/es/sie stößt	stieß	gestoßen
		o	**o**
biegen		bog	gebogen
bieten		bot	geboten
erwägen		erwog	erwogen
fliegen		flog	ist geflogen
fliehen		floh	ist geflohen
fließen		floss	ist geflossen
frieren		fror	gefroren
genießen		genoss	genossen
gießen		goss	gegossen
heben		hob	gehoben
kriechen		kroch	ist gekrochen
lügen		log	gelogen
riechen		roch	gerochen
saugen		saugte/sog	gesaugt/gesogen
schieben		schob	geschoben
schießen		schoss	geschossen
schließen		schloss	geschlossen
schmelzen	er/es/sie schmilzt	schmolz	ist geschmolzen
schwellen	er/es/sie schwillt	schwoll	ist geschwollen
schwören		schwor	geschworen
trügen		trog	getrogen
verdrießen		verdross	verdrossen
verlieren		verlor	verloren
wiegen		wog	gewogen
ziehen		zog	gezogen
		u	**a**
fahren	er/es/sie fährt	fuhr	ist gefahren
graben	er/es/sie gräbt	grub	gegraben
schaffen		schaffte/schuf	geschaffen
laden	er/es/sie lädt	lud	geladen
schlagen	er/es/sie schlägt	schlug	geschlagen
tragen	er/es/sie trägt	trug	getragen
wachsen	er/es/sie wächst	wuchs	ist gewachsen
waschen	er/es/sie wäscht	wusch	gewaschen

D. Common German Verbs with Prepositions

Preposition	Verb	Case	English Equivalent
an	arbeiten an	D	to work on (s.th.)
	denken an	A	to think of (s.o./s.th.)
	jdn erinnern an	A	to remind s.o. of (s.o./s.th.)
	sich erinnern an	A	to remember (s.o./s.th.)
	sich gewöhnen an	A	to get used to (s.o./s.th.)
	glauben an	A	to believe in (s.o./s.th.)
	jdn hindern an	D	to prevent s.o. from doing (s.th.)
	leiden an	D	to suffer from (s.th.)
	schreiben an	A	to write to (s.o.)
	sterben an	D	to die of (s.th.)
	teil·nehmen an	D	to participate in (s.th.)
	zweifeln an	D	to doubt (s.th.)
auf	achten auf	A	to pay attention to (s.o./s.th.)
	antworten auf	A	to reply to (s.th.)
	auf·passen auf	A	to pay attention to/keep an eye on (s.o./s.th.)
	bestehen auf	A	to insist on (s.o./s.th.)
	beschränken auf	A	to limit to (s.o./s.th.)
	sich beziehen auf	A	to refer to (s.o./s.th.)
	sich freuen auf	A	to look forward to (s.o./s.th.)
	hin·weisen auf	A	to point to (s.o./s.th.)
	hoffen auf	A	to hope for (s.o./s.th.)
	sich konzentrieren auf	A	to concentrate on (s.o./s.th.)
	reagieren auf	A	to react to (s.o./s.th.)
	sich verlassen auf	A	to rely on (s.o./s.th.)
	verzichten auf	A	to do without (s.o./s.th.)
	warten auf	A	to wait for (s.o./s.th.)
	zählen auf	A	to count on (s.o./s.th.)
aus	bestehen aus	D	to consist of (s.th.)
	entnehmen aus	D	to gather from (s.th.)
	sich ergeben aus	D	to result from (s.th.)
	schließen aus	D	to conclude from (s.th.)
für	sich begeistern für	A	to be enthusiastic about (s.th.)
	jdm danken für	A	to thank s.o. for (s.th.)
	sich eignen für	A	to be suitable for (s.o./s.th.)

Preposition	Verb	Case	English Equivalent
	sich entscheiden für	A	to decide in favor of (s.o./s.th.)
	jdn/etw halten für	A	to consider s.o./s.th. to be (s.o./s.th.)
	sich interessieren für	A	to be interested in (s.o./s.th.)
	sorgen für	A	to take care of (s.o./s.th.)
in	jdn ein·führen in	A	to introduce s.o. to (s.th.)
	sich ein·mischen in	A	to intervene in, meddle in (s.th.)
	ein·willigen in	A	to agree to (s.th.)
	sich verlieben in	A	to fall in love with (s.o./s.th.)
	sich vertiefen in	A	to become engrossed in (s.o./s.th.)
mit	sich ab·finden mit	D	to be satisfied with (s.o./s.th.)
	an·fangen mit	D	to start with (s.o./s.th.)
	auf·hören mit	D	to stop doing (s.th.)
	sich befassen mit	D	to deal with (s.o./s.th.)
	sich beschäftigen mit	D	to be busy with (s.o./s.th.)
	rechnen mit	D	to count on (s.o./s.th.)
	sprechen mit	D	to speak with (s.o./s.th.)
	telefonieren mit	D	to talk on the phone with (s.o.)
	überein·stimmen mit	D	to agree with (s.o./s.th.)
	sich unterhalten mit	D	to converse with (s.o.)
nach	aus·sehen nach	D	to look like (s.o./s.th.)
	sich erkundigen nach	D	to inquire about (s.o./s.th.)
	fragen nach	D	to ask about (s.o./s.th.)
	greifen nach	D	to grab at (s.o./s.th.)
	riechen nach	D	to smell like/of (s.o./s.th.)
	schmecken nach	D	to taste like (s.th.)
	sich sehnen nach	D	to long for (s.o./s.th.)
	streben nach	D	to strive for (s.th.)
	suchen nach	D	to search for (s.o./s.th.)
über	sich ärgern über	A	to be annoyed about (s.o./s.th.)
	sich beschweren über	A	to complain about (s.o./s.th.)
	diskutieren über	A	to discuss (s.o./s.th.)
	sich informieren über	A	to get informed about (s.o./s.th.)
	klagen über	A	to complain about (s.o./s.th.)
	lachen über	A	to laugh about (s.o./s.th.)

Preposition	Verb	Case	English Equivalent
	nach·denken über	A	to think about (s.o./s.th.)
	spotten über	A	to mock (s.o./s.th.)
	sprechen über	A	to talk about (s.o./s.th.)
	sich streiten über	A	to argue about (s.o./s.th.)
	urteilen über	A	to judge (s.o./s.th.)
	verfügen über	A	to have (s.th.) at one's disposal
	sich wundern über	A	to be surprised at/about (s.o./s.th.)
um	sich bemühen um	A	to try hard/endeavor to do (s.th.); to look after (s.o.)
	jdn betrügen um	A	to cheat s.o. out of (s.th.)
	bitten um	A	to ask for (s.th.)
	sich handeln um	A	to be about (s.o./s.th.)
	kämpfen um	A	to fight about (s.o./s.th.)
	konkurrieren um	A	to compete for (s.o./s.th.)
	sich kümmern um	A	to take care of (s.o./s.th.)
von	ab·hängen von	D	to depend on (s.o./s.th.)
	ab·raten von	D	to advise against (s.o./s.th.)
	ab·sehen von	D	to disregard (s.o./s.th.)
	erholen von	D	to recover from (s.o./s.th.)
	erzählen von	D	to tell about (s.o./s.th.)
	etw halten von	D	to think s.th. of (s.o./s.th.)
	sprechen von	D	to speak of (s.o./s.th.)
	träumen von	D	to dream of (s.o./s.th.)
	jdn überzeugen von	D	to convince s.o. of (s.th.)
	wissen von	D	to know of (s.o./s.th.)
vor	Angst haben vor	D	to be afraid of (s.o./s.th.)
	jdn beschützen vor	D	to protect s.o. from (s.o./s.th.)
	fliehen vor	D	to flee from (s.o./s.th.)
	sich fürchten vor	D	to be afraid of (s.o./s.th.)
	sich hüten vor	D	to be on guard against (s.o./s.th.)
	jdn/etw retten vor	D	to save s.o./s.th. from (s.o./s.th.)
	warnen vor	D	to warn against (s.o./s.th.)
zu	bei·tragen zu	D	to contribute to (s.th.)
	jdn bewegen zu	D	to induce/persuade s.o. to do (s.th.)
	dienen zu	D	to serve the purpose of (s.th.)

Preposition	Verb	Case	English Equivalent
	sich eignen zu	D	to be suitable as (s.o./s.th.)
	führen zu	D	to lead to (s.th.)
	gehören zu	D	to be part of (s.o./s.th.)
	gratulieren zu	D	to congratulate on (s.o./s.th.)
	heraus·fordern zu	D	to challenge to (s.th.)
	neigen zu	D	to lean toward (s.o./s.th.)
	passen zu	D	to suit (s.o./s.th.)
	rechnen zu	D	to count as one of (s.o./s.th.)
	jdn treiben zu	D	to drive/push s.o. to (s.th.)
	jdn überreden zu	D	to talk s.o. into (s.th.)
	zählen zu	D	to count as one of (s.o./s.th.)
	zwingen zu	D	to force into (s.th.)

E. Common German Verbs with Dative Objects

Verb	English Equivalent	Example
antworten	to answer	Ich antworte dir morgen!
befehlen	to order	Ich befehle dir: Hör auf!
begegnen	to encounter	Ich bin dir gestern begegnet.
beistehen	to stand at s.o.'s side	Ich stehe meinen Eltern in schweren Zeiten bei.
danken	to thank	Ich danke dir.
einfallen	to recall	Da fällt mir ein: . . .
erwidern	to respond to	Ich erwidere dem Professor: . . .
fehlen	to be missed by	Du fehlst mir!
folgen	to follow	Folgen Sie mir!
gefallen	to be liked by	Du gefällst mir!
gehören	to belong to	Das Buch gehört mir.
gehorchen	to obey	Du musst mir gehorchen, Hund!
gelingen	to succeed	Der Kuchen ist mir gelungen.
genügen	to suffice	Ein Bier genügt mir.
glauben	to believe	Du kannst mir glauben!
gratulieren	to congratulate	Ich gratuliere dir.
helfen	to help	Können Sie mir helfen?
misslingen	to fail	Der Kuchen ist mir misslungen.
sich nähern	to near	Ich nähere mich der Stadt.
nützen	to be useful	Das nützt mir nichts!

Verb	English Equivalent	Example
raten	to advise	Ich rate dir: Lern Deutsch!
schaden	to do damage	Ein bisschen Regen wird mir nicht schaden.
schmecken	to taste	Der Kuchen schmeckt mir gut.
vertrauen	to trust	Du kannst mir hundertprozentig vertrauen!
verzeihen	to forgive	Ich habe dir schon lange verziehen.
widersprechen	to contradict	Manchmal soll man Professoren widersprechen.
zuhören	to listen	Hören Sie mir doch zu!
zusehen	to watch	Ich kann dir kaum zusehen!
zustimmen	to agree	Da stimme ich dir zu.

II. Nouns, Pronouns, and Adjectives

A. Declension

		Definite Article	Relative & Demonstrative Pronouns	3rd-Person Personal Pronoun	Der-word[1]	Strong Adjective	Indefinite Article	Possessive Adjective & *kein*
Nom.	m	der	der	er	jeder	großer	ein	mein
	n	das	das	es	jedes	großes	ein	mein
	f	die	die	sie	jede	große	eine	meine
	pl	die	die	sie	alle	große	—	meine
Acc.	m	den	den	ihn	jeden	großen	einen	meinen
	n	das	das	es	jedes	großes	ein	mein
	f	die	die	sie	jede	große	eine	meine
	pl	die	die	sie	alle	große	—	meine
Dat.	m	dem	dem	ihm	jedem	großem	einem	meinem
	n	dem	dem	ihm	jedem	großem	einem	meinem
	f	der	der	ihr	jeder	großer	einer	meiner
	pl	den	denen	ihnen	allen	großen	—	meinen
Gen.	m	des	dessen	seiner[2]	jedes	großen	eines	meines
	n	des	dessen	seiner	jedes	großen	eines	meines
	f	der	deren	ihrer	jeder	großer	einer	meiner
	pl	der	deren	ihrer	aller	großer	—	meiner

[1]Other **der**-words are listed in a chart in section G.
[2]In modern German, genitive personal pronouns are rarely used. Dative personal pronouns are used instead.

B. Noun Declension

	Masculine		Neuter		Feminine	
	Singular	**Plural**	**Singular**	**Plural**	**Singular**	**Plural**
Nom.	der Baum	die Bäume	das Blatt	die Blätter	die Blume	die Blumen
Acc.	den Baum	die Bäume	das Blatt	die Blätter	die Blume	die Blumen
Dat.	dem Baum	den Bäumen	dem Blatt	den Blättern	der Blume	den Blumen
Gen.	des Baum(e)s	der Bäume	des Blatt(e)s	der Blätter	der Blume	der Blumen

C. Weak Masculine Nouns

Weak masculine nouns have an **-n** or **-en** ending in all forms except the nominative singular. They are masculine nouns that end in an unstressed **-e** (e.g., **der Name, der Löwe**) or in one of the following suffixes:

Suffix	Nominative	Accusative, Dative, Genitive, Plural
-ant	Praktikant	Praktikanten
-arch	Monarch	Monarchen
-ast	Cineast	Cineasten
-ege	Kollege	Kollegen
-ent	Student	Studenten
-ist	Pianist	Pianisten
-oge	Pädagoge	Pädagogen
-oph	Apostroph	Apostrophen
-ot	Idiot	Idioten

Other weak masculine nouns include **Bauer, Christ, Graf, Held, Herr, Mensch, Nachbar, Narr, Oberst, Prinz.**

D. Noun Suffixes Indicating Noun Gender

Masculine

Suffix	Example	Suffix	Example
-ig	der König	-or	der Diktator
-ling	der Säugling	-us	der Zirkus

Neuter

Suffix	Example	Suffix	Example
-chen	das Märchen	-ment	das Monument
-lein (*Dialect versions:* -erl, el, le, li)	das Büchlein	-um	das Studium

Feminine

Suffix	Example
-anz	die Toleranz
-ei	die Bäckerei
-enz	die Ambivalenz
-ie	die Symphonie
-ik	die Grammatik
-ion	die Religion

Suffix	Example
-heit	die Klugheit
-keit	die Heiterkeit
-schaft	die Feindschaft
-tät	die Majestät
-ung	die Verteilung
-ur	die Kultur

E. Personal Pronouns

	Singular			Plural		
	1st person	**2nd person**	**3rd person**	**1st person**	**2nd person**	**3rd person**
Nom.	ich	du/Sie	er/es/sie	wir	ihr/Sie	sie
Acc.	mich	dich/Sie	ihn/es/sie	uns	euch/Sie	sie
Dat.	mir	dir/Ihnen	ihm/ihm/ihr	uns	euch/Ihnen	ihnen
Gen.	meiner	deiner/Ihrer	seiner/seiner/ihrer	unser	euer/Ihrer	ihrer

F. Interrogative Pronouns

Nom.	wer	was
Acc.	wen	was
Dat.	wem	
Gen.[1]	wessen	

G. Reflexive Pronouns

	Singular			Plural		
	1st person	**2nd person**	**3rd person**	**1st person**	**2nd person**	**3rd person**
Acc.	mich	dich/sich	sich	uns	euch/sich	sich
Dat.	mir	dir/sich	sich	uns	euch/sich	sich

[1]In modern German, genitive personal pronouns are rarely used. Dative personal pronouns are used instead.

H. *Der*-words

Der-word	English Equivalent
all	all
dies-	this/these
jed-	each, every
manch-	many a/some
solch-	such
welch-	which

i. Possessive Adjectives and Pronouns

Personal Pronoun	Possessive Adjective	Possessive Pronoun Masculine/Neuter/Feminine/Plural
ich	mein	meiner/mein(e)s/meine/meine
du	dein	deiner/dein(e)s/deine/deine
er/es/sie	sein/sein/ihr	seiner/sein(e)s/seine/seine seiner/sein(e)s/seine/seine ihrer/ihres/ihre/ihre
wir	unser	unserer/unseres/unsere/unsere
ihr	euer	eu(e)rer/eu(e)res/eu(e)re/eu(e)re
sie	ihr	ihrer/ihres/ihre/ihre
Sie	Ihr	Ihrer/Ihres/Ihre/Ihre

J. Attributive Adjectives

		Masculine	Neuter	Feminine	Plural
Nom.	weak	der schöne Schmetterling	das schöne Gras	die schöne Blume	die schönen Bäume
	strong	schöner Schmetterling	schönes Gras	schöne Blume	schöne Bäume
Acc.	weak	den schönen Schmetterling	das schöne Gras	die schöne Blume	die schönen Bäume
	strong	schönen Schmetterling	schönes Gras	schöne Blume	schöne Bäume
Dat.	weak	dem schönen Schmetterling	dem schönen Gras	der schönen Blume	den schönen Bäumen
	strong	schönem Schmetterling	schönem Gras	schöner Blume	schönen Bäumen
Gen.	weak	des schönen Schmetterlings	des schönen Grases	der schönen Blume	der schönen Bäume
	strong	schönen Schmetterlings	schönen Grases	schöner Blume	schöner Bäume

Note: If an adjective is preceded by an **ein-**word that indicates gender, number, and case, the adjective takes a weak ending (e.g., **keinen schönen Schmetterling**). If it is preceded by an **ein-**word that doesn't give clear information about gender, number, and/or case, the adjective takes a strong ending (e.g., **ein schöner Schmetterling**).

K. Common Adjective + Preposition Combinations

Adjective + Preposition	Case	English Equivalent
abhängig von	D	dependent on
arm an	D	poor in
begeistert von	D	enthusiastic about
bereit zu	D	ready to
böse auf	A	angry at
fähig zu	D	able to
gespannt auf	A	in suspense about
gewöhnt an	A	accustomed to
interessiert an	D	interested in
neidisch auf	A	envious of
neugierig auf	A	curious about
reich an	D	rich in
stolz auf	A	proud of
überzeugt von	D	convinced of
verrückt auf (etwas/jemanden) verrückt nach (etwas/jemandem)	A D	crazy about (something/someone)

III. Common Prepositions and Their Cases

Case	Preposition	English Equivalent
Accusative	bis	until; to
	durch	through; by
	für	for
	gegen	against; towards
	ohne	without
	um	around; at
	wider	against; contrary to
Dative	aus	out of; from
	außer	out of; apart from; aside from
	bei	near; by; at; with
	entgegen	against
	entsprechend	according to
	gemäß	in accordance with
	mit	with
	nach	to; for; after; according to
	seit	since; for
	von	from; of; by
	zu	to; towards at

Case	Preposition	English Equivalent
Accusative/Dative	an	at; to
	auf	on; in; at; onto
	hinter	behind; after
	in	in; at; into; to
	neben	next to; beside
	über	over; above; across; about; for
	unter	under; below; among; amongst
	vor	in front of; ahead of; before; ago
	zwischen	between; among; amongst
Genitive	abseits	away from
	abzüglich	less
	anlässlich	on the occasion of
	außerhalb	outside of
	betreffs/bezüglich	concerning
	diesseits	on this side of
	einschließlich	including
	innerhalb	within; inside
	jenseits	on the other side of; beyond
	laut	according to
	mangels	in the absence of
	oberhalb	above
	statt; anstatt	instead of
	trotz	in spite of; despite
	um ... willen	for the sake of
	unterhalb	below
	während	during; for
	wegen	because of

The German-English Vocabulary

The German-English Vocabulary includes general active and passive vocabulary used in *Stationen*. Students should use a dictionary to supplement this vocabulary.

NOUNS Nouns are followed by their plural endings unless the plural is rare or nonexistent. In the case of **n**-nouns, the singular genitive ending is also given: **der Herr, -n, -en**. Nouns that require adjective endings appear with two endings: **der Angestellte (ein Angestellter)**. Female forms of masculine nouns are usually not listed if only **-in** needs to be added: **der Apotheker**.

VERBS For regular weak verbs only the infinitive is listed. All irregular weak verbs and basic strong verbs are given with their stem forms: **bringen, brachte, gebracht; schreiben, schrieb, geschrieben**. Separable-prefix verbs are identified by a dot between the prefix and the verb: **mit·bringen**. Compound mixed and **n**-verbs are printed with an asterisk to indicate that the stem forms can be found under the listing of the basic verb: **mit·bringen*, beschreiben***. When **sein** is used as the auxiliary of the perfect tenses, the form **ist** is given: **wandern (ist); kommen, kam, ist gekommen**.

ADJECTIVES AND ADVERBS Adjectives and adverbs that have an umlaut in the comparative and the superlative are identified by an umlauted vowel in parentheses: **arm (ä) = arm, ärmer, am ärmsten**.

Abbreviations

~	repetition of the key word	*conj.*	subordinate conjunction	*o.s.*	oneself
abbrev.	abbreviation	*dat.*	dative	*pl.*	plural
acc.	accusative	*fam.*	familiar	*refl. pron.*	reflexive pronoun
adj.	adjective	*gen.*	genitive	*rel. pron.*	relative pronoun
adv.	adverb	*inf.*	infinitive	*sg.*	singular
coll.	colloquial	*lit.*	literally	*s.o.*	someone
comp.	comparative	*nom.*	nominative	*s.th.*	something

A

ab- away, off

ab starting, as of

ab·bauen to reduce, cut back

ab·brechen* to break off; to interrupt, discontinue

ab·brennen* to burn down

ab·drängen (von der Straße) to force off

der **Abend, -e** evening; **(Guten) ~!** (Good) evening; **am ~** in the evening; **gestern ~** yesterday evening; **heute ~** this evening

das **Abendbrot** evening meal

das **Abendessen, -** supper, evening meal; **zum ~** for supper

abends in the evening, every evening

das **Abenteuer, -** adventure

aber but, however; flavoring particle expressing admiration

ab·fahren* (von) to depart, leave (from)

die **Abfahrt, -en** departure; descent

der **Abfall, ⸚e** waste, garbage

ab·fliegen* (von) to take off, fly (from)

die **Abgase** *(pl.)* exhaust fumes

ab·geben* to give away, hand in

abhängig (von) dependent (on)

die **Abhängigkeit** dependence

ab·haken to check off (a list)

das **Abitur, -e = Abi** *(coll.)* final comprehensive exam at the end of the "Gymnasium"

ab·laden* to dump

ab·laufen* to run

ab·lehnen to reject

die **Abmachung, -en** agreement

die **Abmeldung, -en** report that one is leaving or moving

ab·nehmen* to take s.th. from, take away

abonnieren to subscribe

ab·reisen* to leave, depart

ab·reißen* to tear down, demolish

der **Abriss** demolition

ab·rücken (von + dat.) (ist) to move away from

der **Absatz, ⸚e** paragraph

ab·schaffen to do away with, abolish

der **Abschied, -e** goodbye, parting; **Abschied nehmen** to say goodbye

ab·schließen, schloss ab, abgeschlossen* to conclude, finish, complete; **das Studium / die Ausbildung ~** to graduate, finish one's degree/education

der **Abschluss, ⸚e** degree, diploma, completion of course of study; **krönender ~** grand finale

die **Abschlussparty, -s** graduation party

die **Abschlussprüfung, -en** final exam

ab·schneiden* to cut off; to score (in a test or study); **Deutsche Touristen haben gut abgeschnitten.** German tourists scored high.

der **Absender, -** (*abbrev.* **Abs.**) return address

ab·setzen (von der Steuer) to write off (s.th.)

sich **ab·sichern** to secure one's livelihood

absichtlich intentional(ly)

absolut absolute(ly)

absolvieren to complete

ab·sperren to lock

die **Abstufung, -en** gradation

ab·wandern* to leave an area

sich **ab·wechseln** to take turns

die **Abwechslung, -en** distraction, change, variety

ach: Oh; ~ so! Oh, I see!; **~ was!** Oh, come on!

die **Achtung** respect; **~!** Watch out! Be careful!

der **ADAC = Allgemeiner Deutscher Automobil-Club** a German automobile association

addieren to add

ade (or **adé**) goodbye, farewell

das **Adjektiv, -e** adjective

der **Adler, -** eagle

die **Adresse, -n** address

das **Adverb, -ien** adverb

die **Aerobik** aerobics

ähnlich similar(ly); **Das sieht dir ~.** That's typical of you.

der **Akademiker, -** (university) graduate

der **Akkusativ, -e** accusative

der **Akt, -e** act (play); nude (art)

das **Aktiv** active voice

die **Aktivität, -en** activity

aktuell up-to-date, current

der **Akzent, -e** accent (pronunciation)

akzeptieren to accept

der **Alkohol** alcohol

all- all; **vor ~em** above all, mainly; **~e drei Jahre** every three years

allein alone

allerdings however

die **Allergie, -n** allergy

allergisch gegen allergic to

allerlei all sorts of

alles everything, all; **Das ist ~.** That's all.; **Alles in allem** all in all

allgemein general(ly); **im ~en** in general

allmählich gradual(ly)

der **Alltag** everyday life

alltäglich common, everyday

die **Alpen** (*pl.*) Alps

als as; *(conj.)* (at the time) when; (after *comp.*) than

also therefore, thus, so; in other words; well

alt (ä) old; **~er Finne** wow; **stein~** very old; **ur~** ancient

das **Alter** age

(das) **Amerika** America

der **Amerikaner, -** American person

amerikanisch American

die **Ampel, -n** traffic light

das **Amt, ̈er** office

der **Amtsrichter, -** judge

sich **amüsieren** to have fun

an (+ *acc./dat.*) to, at (the side of), on (vertical surface)

an- to, up to

die **Analyse, -n** analysis

analysieren to analyze

an·bieten* to offer

die **Andacht, -en** (religious) service; devotion; meditation, prayer

ander- other; **~e** others; **der/ die ~e** the other one; **die ~en** the others; **etwas (ganz) ~es** s.th. (quite) different

andererseits on the other hand

(sich) **ändern** to change; to alter

andernfalls otherwise

anders different(ly), in other ways

an·deuten to show, hint at s.th.

anerkannt recognized, accredited

an·erkennen* to recognize; to acknowledge

die **Anerkennung, -en** recognition; **Anerkennung zollen** to give respect to s.o.

der **Anfall, ̈e** momentary desire

der **Anfang, ̈e** beginning, start; **am ~** in the beginning; **~ der Woche** (at the) beginning of the week

der **Anfänger, -** beginner

die **Angabe, -n** information

angeblich supposedly

das **Angebot, -e** offer

(jemanden etwas) **an·gehen** to concern s.o.

die **Angelegenheit, -en** affair, issue, concern, matter

angepasst geared to, adjusted to

angeschlagen posted

der **Angestellte (ein Angestellter) / die Angestellte, -n, -n** employee, clerk

angewiesen sein* auf (+ *acc.*) to be dependent on

die **Anglistik** English studies

der **Angriff, -e** attack; raid

die **Angst, ̈e** fear, anxiety; **~ bekommen*** to become afraid, get scared; **~ haben*** (**vor** + dat.) to fear, be afraid (of)

angstfrei without fear

an·halten* to continue

der **Anhang, ̈e** appendix

anhänglich devoted, attached

sich **an·hören** to listen to; **Hör dir das an!** Listen to that.

an·kommen* (**in** + *dat.*) to arrive (in); **Das kommt darauf an.** That depends.

an·kreuzen to mark with an X

die **Ankunft, ̈e** arrival

anlässlich (+ *gen.*) on the occasion of

an·machen to turn on (a radio, etc.)

die **Anmeldung, -en** reception desk; registration

die **Annahme, -n** hypothetical statement or question; supposition

an·nehmen* to accept; to suppose

der **Anorak, -s** parka

anpassungsfähig adaptable

die **Anrede, -n** address, form of address; **~form** form of address

an·reden to address

an·richten to do (damage)

der **Anruf, -e** (phone) call

der **Anrufbeantworter, -** answering machine

an·rufen* to call up, phone

an·sagen to announce

sich **an·schauen** to look at; to watch

an·schlagen* to post

sich **an·schließen*** to join a group

der **Anschluss, ̈e** connection, annexation

die **Anschrift, -en** address

(sich) **an·sehen*** to look at; to watch

die **Ansicht, -en** opinion, attitude; view

die **Ansichtskarte, -n** (picture) postcard

an·sprechen* to address, speak to (s.o.)

(an)statt (+ *gen.*) instead of

ansteckend contagious

anstrengend strenuous

die **Anstrengung, -en** effort

der **Anteil, -e** share; proportion; **Anteil nehmen** (**an** + *dat.*) to participate

der **Antrag, ˝e** application

die **Antwort, -en** answer

antworten to answer

an·wachsen* to increase

der **Anwalt, ˝e / die Anwältin, -nen** lawyer

die **Anweisung, -en** order

die **Anwesenheitskontrolle, -n** attendance list

die **Anzahl, -en** number, amount

die **Anzeige, -n** ad

der **Anzug, ˝e** mens suit

an·zünden to light

der **Apfel, ˝** apple

der **Apfelstrudel, -** apple strudel

die **Apotheke, -n** pharmacy

der **Apotheker, -** pharmacist

appellieren to appeal

der **Appetit** appetite; **Guten ~!** Enjoy your meal.

appetitlich appetizing, delicious

die **Aprikose, -n** apricot

der **April** April; **im ~** in April

das **Äquivalent, -e** equivalent

die **Arbeit, -en** work; **sich an die ~ machen** to get busy

arbeiten to work

der **Arbeiter, -** (blue-collar) worker; **Vor~** foreman

das **Arbeiterviertel, -** working-class neighborhood

der **Arbeitgeber, -** employer

der **Arbeitnehmer, -** employee

arbeitsam hard-working

das **Arbeitsbuch, ˝er** workbook

die **Arbeitserlaubnis, -se** work permit

das **Arbeitsheft, -e** workbook

das **Arbeitsklima** work climate

die **Arbeitskraft, ˝e** worker

das **Arbeitsleben** work life, career

die **Arbeitsleistung, -en** output; performance

arbeitslos unemployed

der **Arbeitslose (ein Arbeitsloser) / die Arbeitslose, -n, -n** unemployed person

die **Arbeitslosigkeit** unemployment

der **Arbeitsmarkt, ˝e** job market

der **Arbeitsplatz, ˝e** job; work place, place of employment

das **Arbeitszimmer, -** study

die **Archäologie** archaeology

der **Architekt, -en, -en** architect

die **Architektur** architecture

das **Archiv, -e** archive

ärgerlich annoying

sich **ärgern über** (+ *acc.*) to get annoyed/upset about; **Das ärgert mich.** That makes me angry/mad.

arm (ä) poor

der **Arm, -e** arm

die **Armbanduhr, -en** wristwatch

die **Armee, -n** army, military

die **Armut** poverty

arrogant arrogant

die **Art, -en (von)** kind, type (of)

-artig -like

der **Artikel, - (von)** article (of)

der **Arzt, ˝e / die Ärztin, -nen** physician, doctor

die **Asche** ashes

assoziieren to associate

ästhetisch aesthetic

die **Astronomie** astronomy

der **Asylant, -en, -en** asylum seeker

der **Atem** breath

atmen to breathe

die **Atmosphäre, -n** atmosphere

die **Attraktion, -en** attraction

attraktiv attractive

auch also, too; **ich ~** me too

auf (+ *acc./dat.*) on (top of); open

auf- up, open

auf·atmen to breathe a sigh of relief

auf·bauen to build, construct, put up; **wieder ~** to rebuild

aufeinander treffen* (**ist**) to come together

der **Aufenthalt, -e** stay, stopover; **Auslands~** stay abroad

die **Aufenthaltserlaubnis, -se** residence permit

auf·essen* to eat up

auf·fassen to consider (to be)

auf·fordern to ask, to order

auf·führen to perform

die **Aufführung, -en** performance

die **Aufgabe, -n** assignment; task, challenge

auf·geben* to give up

aufgeregt excited

aufgeschlossen open, accepting (of new or different things)

die **Aufgeschlossenheit** openness

aufgespalten fragmented

auf·halten* to hold open; to stay

auf·heben* to rescind, nullify

auf·hören (**zu** + *inf.*) to stop (doing s.th.)

die **Aufklärung** enlightenment

der **Aufkleber, -** sticker

die **Auflage, -n** edition

auf·legen to hang up (the phone)

sich **auf·lockern** to open up

sich **auf·lösen** to dissolve, disintegrate

auf·machen to open

die **Aufmerksamkeit** attention

die **Aufnahme** audio recording; photograph, footage, shot; acceptance; reception; **das ~gerät, -e** recording equipment

auf·nehmen* to take (a picture)

auf·passen to pay attention, watch out

auf·räumen to clean up

das **Aufräumen** cleanup

aufregend exciting

aufrichtig honest

der **Aufsatz, ˝e** essay, composition, paper

auf·schieben, schob auf, aufgeschoben to put off, postpone

der **Aufschieber, -** procrastinator

der **Aufschnitt** (*sg.*) assorted meats, cheeses, cold cuts

auf·schreiben* to write down

Aufsehen machen to attract interest, show off

auf sein* to be/stay up; **lange auf sein** to be/stay up late

auf·stehen* to get up

auf·stellen to put up, set up

auf·treten* to appear

der **Auftritt, -e** performance

auf·wachen (ist) to wake up

auf·wachsen* to grow up

der **Aufzug, ˝e** elevator

das **Auge, -n** eye

der **Augenblick, -e** moment;
(**Einen**) ~! Just a minute!

der **August** August; **im** ~ in
August

aus (+ *dat.*) out of, from (a place
of origin); ~ **sein*** to be over; **Ich
bin** ~ . . . I'm from . . .

aus- out, out of

aus·arbeiten to work out

aus·(be)zahlen to pay out

aus·bilden to train, educate

die **Ausbildung, -en** training,
education

aus·bleiben* to not come, not
happen

der **Ausdruck, ̈e** expression;
das **~smittel, -** means of
expression

sich **auseinander entwickeln** to
develop apart

sich **(mit etwas) auseinander·
setzen** to confront (s.th.), deal
(with s.th.)

die **Auseinandersetzung, -en**
confrontation

die **Ausfuhr** export

aus·füllen to fill out

die **Ausgabe, -n** expenditure

der **Ausgang, ̈e** exit

der **Ausgangspunkt, -e** starting
point

aus·geben* to spend (money)

ausgebildet (als) trained (as);
gut ~ well-trained

ausgebucht booked, sold out

aus·gehen* to go out

ausgezeichnet excellent

aus·halten* to bear, endure
(s.th.); **Ich halt(e) es nicht
mehr aus.** I can't take it
anymore.

aus·helfen* to help out

die **Aushilfskraft, ̈e** temporary
help

die **Auskunft, ̈e** information

das **Ausland** (*sg.*) foreign
country/countries; **im/ins** ~
abroad

der **Ausländer, -** foreigner; **~hass**
xenophobia

ausländisch foreign

der **Auslandsaufenthalt, -e** stay
abroad

das **Auslandsprogramm, -e**
foreign study program

der **Ausläufer, -** offshoot
(weather)

aus·leihen* to loan, lend out

aus·lesen* to pick out

aus·machen to turn off (a radio,
etc.); to characterize

die **Ausnahme, -n** exception

aus·nutzen to take advantage of

aus·packen to unpack

aus·probieren to try out

die **Ausrede, -n** excuse

ausreichend sufficient; approx.
grade D

aus·richten to tell; **Kann ich
etwas ~?** Can I take a message?

das **Ausrufungszeichen, -**
exclamation mark

aus·schalten to turn off

aus·schlachten to exploit

aus·sehen* (**wie** + *nom.*) to look
(like)

das **Aussehen** looks,
appearance

außer (+ *dat.*) besides, except for

äußer- outer

außerdem (*adv.*) besides

außerhalb (+ *gen.*) outside (of)

außerordentlich extraordinary

die **Aussicht, -en** (**auf** + *acc.*)
prospect (for); view (of)

die **Aussichtsplattform, -en**
observation deck

der **Aussiedler, -** emigrant;
ethnic immigrant

die **Aussprache** pronunciation

aus·steigen* to get off

aus·stellen to issue; to exhibit

die **Ausstellung, -en** exhibit,
exhibition, (art) show

aus·sterben* to become extinct

der **Austausch** exchange; **das
~programm, -e** exchange
program

aus·tauschen to exchange
(jemandem etwas) **aus·treiben***
to cure s.o. of s.th.

aus·treten* to leave (a club
or association), cancel
membership

der **Austritt, -e** leaving

ausverkauft sold out

die **Auswahl** (**an** + *dat.*) choice,
selection (of)

der **Auswanderer, -** emigrant

aus·wandern (ist) to emigrate

der **Ausweis, -e** ID, identification

auswendig by heart

aus·werten to evaluate, assess

sich **aus·wirken** (**auf** + *acc.*) to
affect

aus·zahlen to pay out

aus·zeichnen to award

die **Auszeichnung, -en** award

der **Auszubildende (ein
Auszubildender) / die
Auszubildende, -n, -n = Azubi, -s**
(*coll.*) trainee

authentisch authentic

das **Auto, -s** car

die **Autobahn, -en** freeway

autofrei free of cars

der **Automat, -en, -en** machine

automatisiert automated

der **Autor, -en** author

autoritätsgläubig believing in
authority

 B

**backen (bäckt), backte,
gebacken** to bake

der **Bäcker, -** baker

die **Bäckerei, -en** bakery

das **Bad, ̈er** bath(room)

die **Badeanstalt, -en** public pool
or spa

der **Badeanzug, ̈e** swimsuit

die **Badehose, -n** swimming
trunks

baden to bathe, swim; **sich** ~ to
take a bath

die **Badewanne, -n** bathtub

das **Badezimmer, -** bathroom

die **Bahn, -en** railway, train;
~übergang, ̈e railroad
crossing

der **Bahnhof, ̈e** train station

der **Bahnsteig, -e** platform

die **Bahre, -n** stretcher

bald soon; **Bis ~!** See you soon!;
so~ (*conj.*) as soon as

baldig soon-to-come

der **Balkon, -s/-e** balcony

der **Ball, ̈e** ball, dance

sich **ballen** to ball up

der **Ballsaal** (*pl.* **Ballsäle**)
ballroom

die **Bank, -en** bank; **eine sichere** ~
a sure thing

die **Bank, ̈e** bench; **durch die** ~
across the board

der **Bann** ban

die **Bar, -s** bar, pub

der **Bär, -en, -en** bear

barfuß barefoot

das **Bargeld** cash

der **Bart, ̈e** beard

der **Bau** (*no pl.*) construction

der **Bau, -ten** building

der **Bauch, ̈e** stomach, belly

bauen   to build, construct;
~ **lassen*** to have (s.th.) built
der **Bauer, -n, -n**   farmer
der **Bauernhof, ⸚e**   farm
das **Baugesetz, -e**   building code
der **Bauingenieur, -e**   structural
engineer
das **Bauland**   building lots
der **Baum, ⸚e**   tree
die **Baumwolle**   cotton
die **Baustelle, -n**   construction
site
der **Baustoff, -e**   building
material
der **Bayer, -n, -n**   Bavarian person
bay(e)risch   Bavarian
(das) **Bayern**   Bavaria (in
southeast Germany)
der **Beamte (ein Beamter) / die
Beamtin, -nen**   civil servant
beängstigend   frightening(ly)
beantworten   to answer
der **Bedarf (an + *dat.*)**   need (for),
demand
die **Bedenken** *(pl.)*   doubts
bedeutend   important,
meaningful
die **Bedeutung, -en**   meaning;
significance, importance
bedingt   related to, caused by
bedrohen   to threaten
bedroht   threatened; **sich ~
fühlen** to feel threatened
das **Bedürfnis**   need, desire
sich **beeilen**   to hurry
beeindrucken   to impress
beenden   to finish, complete
der **Befehl, -e**   instruction,
request, command
**befehlen (befiehlt), befahl,
befohlen**   to order, command
die **Befreiung**   liberation
befriedigend   satisfactory;
approx. grade C
die **Befriedigung**   satisfaction
befürchten   to fear
die **Begabung, -en**   talent
begegnen (ist)   to encounter,
meet s.o.
begehrlich   desiring
begehrt   desired
begeistert   excited(ly),
enthusiastic(ally)
die **Begeisterung**   excitement,
rapture
der **Beginn**   beginning; **zu ~** in
the beginning
beginnen, begann, begonnen   to
begin

begleiten   to accompany, come
with s.o.
der **Begleiter, -**   companion
die **Begleitung**   accompaniment
**begraben (begräbt) begrub,
begraben**   to bury
begreifen*   to understand,
comprehend, grasp
begrenzt   limited
die **Begrenzung, -en**   limit(ation),
restriction
begrüßen   to greet, welcome
die **Begrüßung, -en**   greeting;
zur ~ as a greeting
behalten*   to keep; **bei ~** to
retain; **etwas für sich ~** to keep
s.th. to oneself; **Das solltest du
für dich ~.** You'd better keep
that to yourself.
der **Behälter, -**   container
behandeln (wie)   to treat (like)
die **Behandlung, -en**   treatment
beherrschen   to dominate, rule
bei (+ *dat.*)   at, near, at the
home of
beide   both
der **Beifall**   applause; **mit ~
quittieren** to reward with
applause
beige   beige
bei·legen   to enclose
das **Bein, -e**   leg; **auf den ~en** on
the go
das **Beispiel, -e**   example; **zum ~
(z. B.)** for example (e.g.,)
der **Beitrag, ⸚e**   contribution
bei·tragen* (zu)   to contribute
(to)
bei·treten*   to join
bekämpfen   to combat
bekannt   well-known; **Das
kommt mir ~ vor.** That seems
familiar to me.
der **Bekannte (ein Bekannter) /
die Bekannte, -n, -n**
acquaintance
bekennen*   to reveal; to confess
das **Bekenntnis, -se**   loyalty
bekommen* (hat)   to get,
receive
bekümmert   sad
(etwas) **bekunden**   to express
belasten   to burden; pollute
belästigen   to bother
belegen   to sign up for, enroll in;
take (a course)
die **Beleidigung, -en**   offense,
insult
beleuchten   to illuminate

belgisch   Belgian
belohnen   to reward
die **Belohnung, -en**   reward
**belügen (belügt), belog,
belogen**   to lie, prevaricate
belustigt   amused
bemerken   to notice
sich **bemühen**   to try (hard)
das **Benehmen**   manners
(jemanden um etwas) **beneiden**
to envy
benennen* nach   to name after
benutzen   to use
das **Benzin**   gas(oline)
beobachten   to watch, observe
(s.th., s.o.)
die **Beobachtung, -en**
observation
bequem   comfortable,
convenient
der **Berater, -**   counselor, adviser,
consultant
die **Beratung, -en**   counseling
berauben   to rob
der **Bereich, -e**   area, field
die **Bereitschaft**   willingness
der **Berg, -e**   mountain, hill
bergab   downhill
bergauf   uphill
die **Bergbahn, -en**   mountain
train
der **Bergbauer, -n**   Alpine dairy
farmer
bergsteigen gehen*   to go
mountain climbing
die **Bergtour, -en**   mountain
hike
der **Bericht, -e**   report
berichten   to report
berüchtigt   notorious
der **Beruf, -e**   profession
beruflich   professional(ly);
~ engagiert professionally
active
das **Berufsleben**   professional life
die **Berufsschule, -n**   vocational
school
der **Berufstätige (ein
Berufstätiger) / die
Berufstätige, -n, -n**   someone
working in a profession;
employee
die **Berufswahl**   choice of
profession
beruhigend   calming
berühmt   famous
beschädigt   damaged
sich **beschäftigen (mit + *dat.*)**
to be concerned with

die **Beschäftigung**   activity; occupation

beschämend   embarrassing

bescheinigen   to verify, document

beschließen*   to decide, make a decision

beschönigen   to gloss over

beschreiben*   to describe

die **Beschreibung, -en**   description

beschriftet   labeled

beschuldigen   to accuse

besetzen   to fill, occupy

besichtigen   to visit, look at (an attraction, a monument), tour

der **Besitz**   property, possession

besitzen*   to own

der **Besitzer, -**   owner

besonders   especially; **nichts Besonderes** nothing special

die **Besonnenheit**   levelheadedness

besorgt   worried

besprechen*   to discuss, talk about

besser   better

die **Besserung**   improvement; **Gute ~!** Get well soon.

best-   best; **am ~en** best

bestätigen   to confirm

bestechen   to bribe

die **Bestechung**   bribery

bestehen*   to pass (an exam); **~ auf** (+ *dat.*) to insist on; **~ aus** (+ *dat.*) to consist of; **es besteht** there is

besteigen*   to climb on

bestellen   to order

die **Bestellung, -en**   order

bestimmen   to determine, characterize

bestimmt   surely, for sure, certain(ly)

bestreiten   to deny

der **Besuch, -e**   visit; visitor(s); **auf ~** for a visit

besuchen   to visit; attend

der **Besucher, -**   visitor

beten   to pray

der **Beton**   concrete

betonen   to stress, emphasize

betrachten   to look at, examine

betreffen*   to concern; **was das Essen betrifft** as far as the food is concerned

betreten*   to enter, step on

der **Betrieb, -e**   workplace, factory

der **Betriebswirt, -e**   graduate in business management

die **Betriebswirtschaft**   business administration

betroffen   affected, touched, moved

das **Bett, -en**   bed; **ins ~** to bed

sich **beugen über** (+ *acc.*)   to bend over

beunruhigend   disturbing

die **Beute, -n**   loot, booty

bevor *(conj.)*   before

bewachen   to guard, watch over

bewältigen   to overcome, cope with; finish

sich **bewegen**   to move

die **Bewegung, -en**   exercise, movement

der **Beweis, -e**   proof

beweisen*   to prove

sich **bewerben (bewirbt), bewarb, beworben (um** + *acc.*)   to apply (for)

die **Bewerbung, -en (um** + *acc.*)   application (for)

bewerten   to rate, judge, consider (as)

die **Bewertung, -en**   evaluation, grading

die **Bewirtung**   service

der **Bewohner, -**   inhabitant; resident

bewölkt   cloudy

bewundern   to admire

die **Bewunderung**   admiraton

bewusst   conscious(ly)

das **Bewusstsein**   consciousness

bezahlen   to pay (for)

bezeichnen   to call, name, refer to as

beziehen*   to draw, receive; **Hartz IV ~** to receive welfare benefits; **sich ~ auf** (+ *acc.*) to refer to

die **Beziehung, -en**   relationship

die **Bibliothek, -en**   library

die **Biene, -n**   bee

das **Bier, -e**   beer; **~ vom Fass** draught beer

der **Bierkrug, ⁻e**   stein

bieten, bot, geboten   to offer

der **Bikini, -s**   bikini

die **Bilanz, -en: eine ~ auf·stellen**   to make an evaluation

das **Bild, -er**   picture

bilden   to form; **~ Sie einen Satz!** Make/Form a sentence.

die **Bildung**   education

das **Billard**   billiards

binden, band, gebunden   to bind

die **Biochemie**   biochemistry

der **Biochemiker, -**   biochemist

Biographisches   biographical data

der **Bio-Laden, ⁻**   health-food store

der **Biologe, -n, -n / die Biologin, -nen**   biologist

die **Biologie**   biology

die **Birne, -n**   pear

bis   to, until; **~ bald!** See you soon!; **~ gleich!** See you in a few minutes; **~ später!** See you later! So long!

bisher   until now

bisherig   previous

bisschen: ein ~   some, a little bit (of)

bitte   please; **~! / ~ bitte!** You're welcome.; **~ schön!** You're welcome.; **~ schön?** May I help you?; **Hier ~!** Here you are.; **Wie ~?** What did you say? Could you say that again?

die **Bitte, -n**   request

bitten, bat, gebeten (um)   to ask (for), request; **um Verzeihung ~** to ask for forgiveness

das **Blatt, ⁻er**   leaf; sheet

blau   blue

das **Blei**   lead

bleiben, blieb, ist geblieben   to stay, remain

der **Bleistift, -e**   pencil

der **Blick (in/auf** + *acc.*)   view (of); glance at

der **Blickpunkt, -e**   focus

blind   blind

der **Blitz, -e**   flash of lightning

blitzen   to sparkle; **es blitzt** there's lightning

der **Block, ⁻e**   block

die **Blockade, -n**   blockade

die **Blockflöte, -n**   recorder (musical instrument)

blockieren   to block

blöd   stupid(ly), idiotic(ally)

blond   blond

bloß   only

blühen   to flourish; to bloom

die **Blume, -n**   flower

der **Blumenstrauß, ⁻e**   bunch of flowers

die **Bluse, -n**   blouse

der **Boden**   ground, floor

der **Bogen, ⁻**   bow; arch

die **Bohne, -n** bean
der **Bomber, -** bomber
der **Bootssteg, -e** dock
borgen to borrow
borniert narrow-minded
die **Börse, -n** stock market, stock exchange
der **Börsenmakler, -** stockbroker
böse angry, mad, upset; **~ sein auf** (+ *acc.*) to be mad at
die **Branche, -n** branch; business sector
die **Bratwurst, ̈e** fried sausage
der **Brauch, ̈e** custom
brauchen to need
brauen to brew
die **Brauerei, -en** brewery
die **Braut, ̈e** bride
der **Bräutigam, -e** bridegroom
die **BRD (Bundesrepublik Deutschland)** FRG (Federal Republic of Germany)
brechen (bricht), brach, -gebrochen to break
breit broad, wide
die **Breite, -n** latitude
die **Brezel, -n** pretzel
der **Brief, -e** letter
der **Briefkasten, ̈** mailbox
brieflich by letter
die **Briefmarke, -n** stamp
der **Briefsortierer, -** mail sorter
der **Briefträger, -** mailman
die **Brille, -n** glasses
bringen, brachte, gebracht to bring
die **Broschüre, -n** brochure
das **Brot, -e** bread
das **Brötchen, -** roll; **belegtes ~** sandwich
der **Bruder, ̈** brother
brüllen to scream
brummig grouchy
der **Brunnen, -** fountain
die **Brust, ̈e** chest, breast
das **Buch, ̈er** book; **Arbeits~** workbook
der **Buchdruck** book printing
buchen to book
die **Buchführung** bookkeeping
der **Buchhalter, -** bookkeeper
der **Buchhandel** book trade
der **Buchhändler, -** book trader, book retailer
die **Buchhandlung, -en** bookstore
die **Buchmesse, -n** book fair
die **Bude, -n** booth, stand; **Schieß~** shooting gallery

das **Büfett, -s** dining room cabinet; buffet
die **Bühne, -n** stage; **auf der ~** on stage
der **Bummel** stroll
bummeln (ist) to stroll
der **Bund, ̈e** confederation; federal government; **einen Bund schließen** to form a federation
der **Bundesbruder, ̈** fraternity brother
der **Bundesbürger, -** citizen of the Federal Republic
die **Bundesfeier, -n** Swiss national holiday
das **Bundesland, ̈er** federal state
die **Bundesrepublik** Federal Republic
der **Bundesstaat, -en** federal state
der **Bundestag** German federal parliament
bunt colorful; multi-colored
die **Burg, -en** castle, fortress
der **Bürger, -** citizen
die **Bürgerinitiative, -n** interest group
bürgerlich bourgeois, middle-class
der **Bürgersteig, -e** sidewalk
das **Bürgertum** citizenry
das **Büro, -s** office
die **Bürokratie** bureaucracy, red tape
die **Burschenschaft, -en** fraternity
die **Bürste, -n** brush
der **Bus, -se** bus; **mit dem ~ fahren*** to take the bus
der **Busbahnhof, ̈e** bus-depot
der **Busch, ̈e** bush
die **Butter** butter

C

das **Café, -s** café
campen to camp; **~ gehen*** to go camping
der **Campingplatz, ̈e** campground
die **CD, -s** CD, compact disc
CH = Confoederatio Helvetica Helvetic Confederation (Switzerland)
das **Chaos** chaos

chaotisch chaotic
die **Charakterisierung, -en** characterization
charakteristisch characteristic
charmant charming
der **Charme** charm
der **Chauffeur, -e** chauffeur
der **Chef, -s** (or **-en**) boss, supervisor
die **Chemie** chemistry
die **Chemikalie, -n** chemical
chemisch chemical(ly)
der **Chinese, -n, -n / die Chinesin, -nen** Chinese person
chinesisch Chinese
der **Chor, ̈e** choir
chronologisch chronological
der **Clown, -s** clown
die **Cola** cola drink, soft drink
das **College, -s** college
der **Computer, -** computer; **~künstler, -** graphic designer
computerisiert computerized
der **Container, -** container
der **Cousin, -s / die Cousine, -n** cousin
cremig creamy, smooth

D

da there; **~ drüben** over there
dabei along; there; yet; **~ haben*** to have with o.s.; **~ sein*** to be there; to participate
das **Dach, ̈er** roof
dagegen against it; **Hast du etwas ~, wenn . . . ?** Do you mind if . . . ?
daheim at home
daher therefore, hence; from there
dahin: bis ~ until then; **Das steht noch ~.** This is not clear yet.
damalig (*adj.*) then
damals then, in those days
die **Dame, -n** lady; **Sehr geehrte ~n und Herren!** Ladies and gentlemen!
der **Dampf, ̈e** steam; smog
das **Dampfbad, ̈er** steam bath
danach later, after that
der **Dank: Gott sei ~!** Thank God!; **Vielen / Herzlichen ~!** Thank you very much.
dankbar grateful, thankful
danke thank you; **~ schön!** Thank you very much; **~ gleichfalls!** Thanks, the same to you.

danken (+ *dat.*) to thank; **Nichts zu ~!** You're welcome. My pleasure.

dann then

dar·stellen to portray

der **Darsteller, -** actor

darum therefore; **eben ~** that's why

das that

dass (*conj.*) that; **so~** (*conj.*) so that

der **Dativ, -e** dative

das **Datum, Daten** (calendar) date; **Welches ~ ist heute?** What date is today?

die **Dauer** length, duration; **auf ~** in the long run

dauern to last (duration); **Wie lange dauert das?** How long does that take?

der **Daumen, -** thumb

davon of that, about that; **~ kann keine Rede sein** that is not the case

dazu: dazu gehören to belong with

die **DDR (Deutsche Demokratische Republik)** (former) German Democratic Republic (GDR); East Germany

die **Decke, -n** blanket; tablecloth

definieren to define

dein (*sg. fam.*) your

die **Dekoration, -en** decoration

dekorieren to decorate

demnächst before long

der **Demokrat, -en, -en** democrat

die **Demokratie** democracy

demokratisch democratic(ally)

der **Demonstrant, -en, -en** demonstrator

die **Demonstration, -en** demonstration

demonstrieren to demonstrate; to demonstrate in protest

denken, dachte, gedacht to think; **~ an** (+ *acc.*) to think of/about

der **Denker, -** thinker

das **Denkmal, ¨er** monument

denn because, for; flavoring particle expressing curiosity, interest

die **Depression, -en** (mental) depression

derb coarse

deshalb therefore

deskriptiv descriptive

deswegen therefore

deutsch German

(das) **Deutsch: auf ~** in German; **Hoch~** (standard) High German; **Platt~** Low German (northern German dialect); **Sprechen Sie ~?** Do you speak German?

der **Deutsche (ein Deutscher) / die Deutsche, -n, -n** German person

die **Deutsche Demokratische Republik (DDR)** German Democratic Republic (GDR)

(das) **Deutschland** Germany

deutschsprachig German-speaking

d. h. (das heißt) that is, (i.e.,)

das **Dia, -s** slide (photograph)

der **Dialekt, -e** dialect

der **Dichter, -** writer, poet; der **Dichterling, -e** little poet

dick thick, fat; **~ machen** to be fattening

die **Diele, -n** foyer

dienen to serve

der **Diener, -** servant

der **Dienst, -e** service; **öffentliche ~** civil service

der **Dienstag** Tuesday; **am ~** on Tuesday

der **Dienstleistungssektor, -en** service industry

dies- this, these

diesmal this time

diffamieren to defame

das **Diktat, -e** dictation

die **Dimension, -en** dimension

das **Ding, -e** thing

das **Diplom, -e** diploma (e.g., in natural and social sciences, engineering), M.A.

der **Diplomat, -en, -en** diplomat

direkt direct(ly)

der **Direktor, -en, -en** (school) principal, manager

der **Dirigent, -en, -en** (orchestra) conductor

dirigieren to conduct (an orchestra)

die **Diskothek, -en = Disko, -s** discotheque

die **Diskussion, -en** discussion

diskutieren to discuss

sich **distanzieren** to keep apart

die **Disziplin** discipline

doch yes (I do), indeed, sure; yet, however, but; on the contrary; flavoring particle expressing concern, impatience, assurance

der **Dokumentarfilm, -e** documentary

der **Dollar, -(s)** dollar

der **Dolmetscher, -** interpreter

der **Dom, -e** cathedral

dominieren to dominate

donnern to thunder; **es donnert** it's thundering

donnernd rumbling

der **Donnerstag** Thursday; **am ~** on Thursday

donnerstags on Thursdays

der **Doppelpunkt, -e** colon (*punctuation*)

doppelt double

das **Doppelzimmer, -** double room

das **Dorf, ¨er** village

dort (over) there

dorthin to there

die **Dose, -n** can; **~npfand** desposit on a can

der **Drachenflieger, -** hangglider

dran at it; **Jetzt sind Sie ~!** Now it's your turn.

draußen outside, outdoors; **hier ~** out here; **weit ~** far out

drehen to turn; **einen Film ~** to make a movie; **sich ~** to turn; **sich ~ um** to revolve around

dringen (in + *acc.*) to reach

das **Drittel, -** third

drittgrößte third largest

die **Droge, -n** drug

die **Drogerie, -n** drugstore

drohen to threaten

der **Druck** pressure; printout

drücken to press; **jemandem etwas in die Hand ~** to give s.o. s.th.

duften to smell good

dulden to tolerate

dumm (ü) stupid, silly; **Das ist (wirklich) zu ~.** That's (really) too bad.

die **Dummheit, -en** stupidity

der **Dummkopf, ¨e** dummy, dunce, stupid person

die **Düne, -n** dune

das **Düngemittel, -** fertilizer

dunkel dark; **~haarig** dark-haired; **im Dunkeln** in the dark(ness)

die **Dunkelheit** darkness

dünn thin, skinny

durch (+ *acc.*) through; **mitten~** right through; by (agent)

durchbrechen* to break through, penetrate

der **Durchbruch** breakthrough

durchdacht thought through, well-planned

durcheinander mixed up, confused

durch·fallen* to flunk (an exam)

der **Durchschnitt** average; **im ~** on the average; **der ~smensch** average person

dürfen (darf), durfte, gedurft to be allowed to, may; **Was darf's sein?** May I help you?

der **Durst** thirst; **Ich habe ~.** I'm thirsty.

die **Dusche, -n** shower

(sich) **duschen** to take a shower

das **Duschgel** shower gel

der **Duschvorhang, ⸚e** shower curtain

das **Dutzend, -e** dozen

duzen to address (s.o.) with "du"; **sich duzen** to call each other "du"

die **DVD, -s** DVD

die **Dynamik** dynamics

dynamisch dynamic

die **Ebbe** ebb tide, low tide

eben after all, just (flavoring particle); **mal ~** just for a minute

ebenfalls also, likewise

ebenso just as, just the same

der **EC, -s** EuroCity (train)

die **Ecke, -n** corner; **um die ~** around the corner

der **Effekt, -e** effect

egal the same; **Das ist doch ~.** That doesn't matter.; **~ wie/wo** no matter how/where; **Es ist mir ~.** It's all the same to me. I don't care.

die **Ehe, -n** marriage

ehemalig former

das **Ehepaar, -e** married couple

eher rather

die **Ehre, -n** honor

der **Ehrenbürger, -** honorary citizen

ehrgeizig ambitious

ehrgeizlos without ambition

ehrlich honest

die **Ehrlichkeit** honesty

das **Ei, -er** egg; **ein gekochtes ~** boiled egg; **Rühr~** scrambled egg; **Spiegel~** fried egg; **verlorene ~er** poached eggs

die **Eidgenossenschaft** Swiss Confederation

das **Eigelb** egg yolk

eigen- own

die **Eigenschaft, -en** characteristic

eigentlich actual(ly); **~ schon** actually, yes

der **Eigentümer, -** owner

die **Eigentumswohnung, -en** condo(minium)

eilen (ist) to hurry

eilig hurried; **es ~ haben*** to be in a hurry

ein a, an; **die ~en** the ones

einander each other, one another

die **Einbahnstraße, -n** one-way street

der **Einbau** installation

sich **ein·bilden** to have the impression, imagine

der **Einblick, -e** insight

die **Einbürgerung** naturalization (of citizens)

der **Eindruck, ⸚e** impression; **erste Eindrücke** first impressions

eine(r) von Ihnen one of you

einerlei: Das ist nun ~. That doesn't matter anymore; **Es ist mir ~.** I don't care.

einerseits . . . andererseits on the one hand . . . on the other hand

einfach simple, simply

die **Einfahrt, -en** driveway; **Keine ~!** Do not enter.

ein·fangen* to trap

einfarbig all one color

der **Einfluss, ⸚e** influence

die **Einfuhr** import

ein·führen to introduce

die **Einführung, -en** introduction

der **Eingang, ⸚e** entrance

eingebildet conceited

ein·gehen* (auf + *acc.***)** to agree to

ein·gipsen to put in a plaster cast

ein·greifen, griff ein, eingegriffen to intercept

der/die **Einheimische, -n (ein Einheimischer)** local person

einig- (*pl. only*) some, a few; **so ~es** all sorts of things

einigen to unite; **sich ~ (auf** + *acc.***)** to agree (on)

die **Einigkeit** unity

ein·kaufen to shop; **~ gehen*** to go shopping

die **Einkaufsliste, -n** shopping list

die **Einkaufstasche, -n** shopping bag

das **Einkaufszentrum, -zentren** shopping center

das **Einkommen, -** income

ein·laden (lädt ein), lud ein, eingeladen (zu) to invite (to)

die **Einladung, -en** invitation

sich **ein·leben** to settle down

ein·lösen to cash (in); **das Pfand ~** to collect the deposit; **einen Scheck ~** to cash a check

(ein)mal once, (at) one time/day; **auch ~** for once; **erst ~** first of all; **es war ~** once upon a time; **nicht ~** not even; **noch ~** once more, again; one order of

einmalig unique, incredible

der **Einmarsch, ⸚e** entry, invasion

ein·münden to lead into

die **Einnahmen** (*pl.*) revenue

ein·ordnen to categorize

ein·packen to pack (in a suitcase)

ein·richten to furnish

die **Einrichtung, -en** furnishings and appliances

einsam lonely

die **Einsamkeit** loneliness

ein·schätzen to determine (s.o.'s character)

ein·schlafen* (ist) to fall asleep

ein·schließen* to lock up

(sich) **ein·schränken** to limit (o.s.)

sich **ein·schreiben*** to register

das **Einschreibungsformular, -e** application for university registration

(etwas) **ein·sehen** to realize

sich **ein·setzen (für)** to support actively

einst once

ein·steigen* to get on/in

die **Einstellung, -en** attitude; **die Feineinstellung, -en** fine tuning

eintönig monotonous

ein·treten* to join (a club or association)

der **Eintritt** entrance (fee), admission (fee)

der **Einwanderer, -** immigrant

ein·wandern* to immigrate

die **Einwanderung** immigration
einzeln individual(ly)
der **Einzelne (ein Einzelner) (das Individuum, -en)** individual
das **Einzelzimmer, -** single room
einzig- only; **ein ~er** just one
das **Eisen** iron
eitel vain
ekelhaft disgusting
sich **ekeln** to be disgusted
die **Elbe** a river in Germany
elektrisch electric
die **Elektrizität** electricity
elsässisch Alsatian
die **Eltern** (*pl.*) parents; **Groß~** grandparents; **Schwieger~** parents-in-law; **Stief~** stepparents; **Urgroß~** great-grandparents
die **E-Mail, -s** e-mail; **~-Adresse, -n** e-mail address
die **Emanzipation** emancipation
emanzipiert emancipated
emigrieren (ist) to emigrate
emotional emotional(ly)
empfangen* to receive
empfehlen (empfiehlt), empfahl, empfohlen to recommend
die **Empfehlung, -en** recommendation
empfindlich delicate; sensitive
die **Empfindlichkeit, -en** sensibility, sensitivity
das **Ende** end; **am ~** in the end; **~ der Woche** at the end of the week; **zu ~ sein*** to be finished
enden to end
die **Endung, -en** ending
die **Energie, -n** energy
eng narrow
sich **engagieren (in** + *dat.*) to get involved/engaged (in); to commit o.s. (to)
der **Engel, -** angel
der **Enkel, -** grandchild
das **Enkelkind, -er** grandchild
der **Enkelsohn, ⸚e** grandson
die **Enkeltochter, ⸚** granddaughter
enorm enormous; **~ viel** an awful lot
entartet degenerate
entdecken to discover
entfernen to remove
entfernt away
entgegen·nehmen* to accept
enthalten* to contain
der **Enthusiasmus** enthusiasm
entlang along

entrüstet appalled
die **Entscheidung, -en** decision; **eine ~ treffen*** to make a decision
sich **entschließen*** to decide
entschuldigen to excuse; **~ Sie bitte!** Excuse me, please.
die **Entschuldigung, -en** excuse; **~!** Excuse me! Pardon me!
entsetzt appalled
sich **entspannen** to relax
entspannt relaxed
entsprechen* to correspond to; **~d** corresponding
entstehen* (ist) to develop, emerge, come into existence, be built; **neu ~** to reemerge
enttäuscht disappointed
entwerten to cancel (ticket); devalue (currency)
(sich) entwickeln to develop; change, transform; **sich auseinander·~** to develop apart
die **Entwicklung, -en** development
der **Entwurf, ⸚e** draft, design
das **Entzücken, -** delight
entzwei·brechen* to break apart
(sich) entzwei·reißen* to tear (o.s.) apart
sich **erbauen an** (+ *dat.*) to be delighted about, enjoy
die **Erbauung, -en** edification
das **Erbe** heritage
das **Erdbeben, -** earthquake
die **Erde** earth; **unter der ~** underground; **zur ~ fallen*** to fall down
das **Erdgeschoss, -e** ground level; **im ~** on the ground level
das **Ereignis, -se** event
erfahren* to find out, learn; to experience, encounter
die **Erfahrung, -en** experience; **Lebens~** life experience
erfinden* to invent
der **Erfolg, -e** success
erfolgreich successful
erfreulich pleasant
erfrieren* (ist) to freeze to death
erfüllen to fulfill; **sich ~** to be fulfilled, come true
die **Erfüllung** fulfillment
ergänzen to supply, add to
das **Ergebnis, -se** result
ergrauen to turn grey
ergreifen* to take (hold of)

ergriffen sein to be captured
erhalten* to keep up, preserve, maintain; receive, be given
die **Erhaltung** preservation
die **Erhellung** illumination
die **Erhöhung, -en** uplifting, respectful experience
sich **erholen** to recuperate
die **Erholung** recuperation; rest, relaxation
die **Erinnerung, -en (an** + *acc.*) reminder, memory (of)
erkalten (ist) to grow cold; *(poetic)* to become insensitive
sich **erkälten** to catch a cold
die **Erkältung, -en** cold
erkennen* to recognize; **zum Erkennen** for recognition
erklären to explain
die **Erklärung, -en** explanation
erlauben to permit, allow
die **Erlaubnis, -se** permit, permission; **Arbeits~** work permit; **Aufenthalts~** residence permit
erleben to experience
das **Erlebnis, -se** experience
erleichtern (jemandem etwas) to make (s.th.) easier (for s.o.)
erlesen exquisite, high-quality
die **Ermäßigung, -en** discount
ermitteln to investigate (a crime); to find out
die **Ernährung** nutrition
erneuerbar renewable
die **Erniedrigung, -en** humiliation
ernst serious(ly); (etwas) **ernst nehmen*** to take (s.th.) seriously
die **Ernte, -n** harvest
eröffnen to open up, establish
erproben to put to the test
die **Erregung, -en** excitement, arousal
erreichen to reach
erschöpft exhausted
die **Erschöpfung** exhaustion
erschrecken (erschrickt), erschrak, ist erschrocken to be frightened
ersetzen to replace
erst only, not until
erst- first
das **Erstaunen** astonishment
erstaunlich astonishing(ly)
ersticken (ist) to suffocate
erstklassig first class, excellent(ly)

ertragen* to tolerate, stand

der Erwachsene, -n, -n (ein Erwachsener) / die Erwachsene, -n, -n adult

erwähnen to mention

erwärmen to heat (up)

erwarten to expect

sich **erweisen*** to prove to be

erweitern to expand; **erweitert** expanded

der Erwerbstätige, -n (ein Erwerbstätiger) / die Erwerbstätige, -n employee

erzählen to tell; **~ von** (+ *dat.*) to tell about; **nach·~** to retell

erziehen* to educate, raise

die **Erziehung** education

der **Espresso, -s** espresso

der **Esprit** esprit; wit

essbar edible

essen (isst), aß, gegessen to eat

das **Essen, -** food, meal; **beim ~** while eating; **schweres ~** heavy food

die **Essgewohnheit, -en** eating habit

der **Essig** vinegar

der **Esslöffel, -** tablespoon

die **Etage, -n** floor

ethnisch ethnic

etliche many

etwa about, approximately

etwas some, a little; something; **noch ~** one more thing, s.th. else; **so ~ wie** s.th. like; **Sonst noch ~?** Anything else?

euer (*pl. fam.*) your

der **Euro, -s** euro; **zehn ~** ten euros

(das) **Europa** Europe

der **Europäer, -** European person

europäisch European

die **Europäische Union (EU)** European Union; **in der EU ~** in the EU

die **Europäische Zentralbank** European Central Bank

die **Europäisierung** Europeanization

europaweit all over Europe; Europe-wide

der **Evangelist, -en, -en** evangelist

eventuell perhaps, possibly

ewig eternal(ly); **für ~** forever

die **Ewigkeit** eternity

exakt exact(ly)

das **Examen, -** exam; **Staats~** comprehensive state exam

das **Exemplar, -e** sample, copy

das **Exil, -e** exile

existieren to exist

experimentell experimental(ly)

der **Experte, -n, -n / die Expertin, -nen** expert

exzentrisch excentric

F

die **Fabel, -n** fable

fabelhaft fabulous

die **Fabrik, -en** factory

das **Fach, ¨er** subject (of study); special field; **Haupt~** major (field of study); **Neben~** minor (field of study); **Schwerpunkt~** major (field)

der **Fachbereich, -e** department (of a university)

die **Fachhochschule, -n** university of applied sciences

die **Fachkenntnis, -se** special skill

die **Fach(ober)schule, -n** business or technical school, not college or university level

die **Fachrichtung, -en** field of study, specialization

das **Fachwerkhaus, ¨er** half-timbered house

der **Faden, ¨** thread

die **Fähigkeit, -en** ability

die **Fähre, -n** ferry

fahren (fährt), fuhr, ist gefahren to drive, go (by car, etc.)

die **Fahrerei** (incessant) driving

die **Fahrkarte, -n** ticket

der **Fahrplan, ¨e** schedule (of trains, etc.)

das **(Fahr)rad, ¨er** bicycle; **mit dem ~ fahren*** to bicycle

der **(Fahr)radweg, -e** bike path

der **Fahrstuhl, ¨e** elevator

die **Fahrt, -en** trip, drive

fair fair(ly)

faken (*slang*) to fake

die **Fakultät, -en** college, division (in a university)

der **Fall, ¨e** case; **auf jeden ~** in any case

die **Falle, -n** trap; **in die ~ gehen*** to run into the trap

fallen (fällt), fiel, ist gefallen to fall; **~ lassen*** to drop; **jemandem leicht ~** to come easy (to s.o.); **Das fällt mir nicht leicht.** It doesn't come easy to me.

falsch wrong, false

die **Familie, -n** family

der **Familienstand** marital status

fangen (fängt), fing, gefangen to catch

die **Fantasie, -n** fantasy, imagination

fantastisch fantastic(ally)

die **Farbe, -n** color; **Welche ~ hat . . . ?** What color is . . . ?

färben to dye

der **Farbstoff, -e** dye, (artificial) color

der **Fasching** carnival; **zum ~** for carnival (Mardi Gras)

das **Fass, ¨er** barrel, cask; **Bier vom ~** beer on tap

die **Fassade, -n** façade

fast almost

die **Faszination** fascination

faszinieren to fascinate

faul lazy

die **Faulheit** laziness

das **Fax, -e** fax

das **Faxgerät, ¨e** fax machine

der **Februar** February; **im ~** in February

fechten (ficht), focht, gefochten to fence

fehlen to be missing, lacking; **hier fehlt was** s.th. is missing (here); **Was fehlt?** What's missing?

fehlend missing

der **Fehler, -** mistake

die **Feier, -n** celebration, party

feierlich festive

der **Feiertag, -e** holiday (e.g. national holiday)

feige cowardly; **er ist ~** he's a coward

fein fine

die **Feind, -e** enemy

feindlich hostile

das **Feld, -er** field

das **Fenster, -** window

die **Ferien** (*pl.*) vacation

der **Ferienplatz, ¨e** vacation spot

fern far, distant

die **Ferne** distance

der **Fernfahrer, -** truck driver

das **Ferngespräch, -e** long-distance call

fern·sehen* to watch TV

das **Fernsehen** TV (the medium); **im ~** on TV

der **Fernseher, -** TV set

fertig finished, done; **~·machen** to finish

das **Fest, -e** celebration

festgesetzt fixed

fest·halten* (an + *dat.*) to hold on to (s.th.)

festlich festive(ly)

das Festspiel, -e festival

fest·stellen to realize; to notice

die Festung, -en castle

die Fete, -n (*coll.*) party

das Feuer, - fire

das Feuerwerk, -e firework(s)

die Figur, -en figure

fiktiv pretend, fictitious

der Film, -e film

filmen to shoot a film

der Filzpantoffel, -n felt slipper

die Finanzen (*pl.*) finances

finanziell financial(ly)

finanzieren to finance

die Finanzierung financing

finden, fand, gefunden to find; **Das finde ich auch.** I think so, too.; **Ich finde es . . .** I think it's . . .

der Finger, - finger; **Zeige**~ index finger

der Fingernagel, ⸚ fingernail

der Finne, -n, -n / die Finnin, -nen Finn, Finnish person; **alter Finne** wow

finnisch Finnish

(das) Finnland Finland

die Firma, Firmen company, business

der Fisch, -e fish

der Fischfang fishing

fit in shape; **sich ~ halten*** to keep in shape

flach flat

der Flachs flax

die Flagge, -n flag

die Flamme, -n flame

die Flasche, -n bottle; **eine ~ Wein** a bottle of wine; **Mehrweg~** bottle with a deposit

das Fleisch (*sg.*) meat

der Fleischer, - butcher

die Fleischerei, -en butcher shop

fleißig diligent(ly), conscientious(ly), industrious(ly), hard-working

flexibel flexible, flexibly

die Flexibilität flexibility

flicken to patch

Flieder lavender

die Fliege, -n fly

fliegen, flog, ist geflogen to fly; **mit dem Flugzeug ~** to go by plane

fliehen, floh, ist geflohen to flee, escape

die Fliese, -n tile

fließen, floss, ist geflossen to flow

fließend fluent(ly)

die Flitterwochen (*pl.*) honeymoon

flitzen (ist) to dash

der Flohmarkt, ⸚e flea-market

die Floskel, -n phrase

das Floß, ⸚e raft

die Flöte, -n flute; (**Block**) ~ recorder, wooden flute

die Flotte, -n fleet

die Flucht escape

der Flüchtling, -e refugee

der Flug, ⸚e flight

der Flugbegleiter, - / die Flugbegleiterin, -nen flight attendant

der Flügel, - wing

der Flughafen, ⸚ airport

die Flugkarte, -n plane ticket

der Flugsteig, -e gate

das Flugzeug, -e airplane

der Flur hallway, entrance foyer

der Fluss, ⸚e river

die Flut, -en flood; high tide

folgen (ist) (+ *dat.*) to follow

folgend following

der Fokus focus

der Fön, -e hair dryer

das Fondue, -s fondue

fordern to demand

fördern to encourage

die Forelle, -n trout

die Form, -en form, shape

das Formular, -e form

formulieren to formulate

die Forschung, -en research; **der ~szweig, -e** field of research; **die ~seinrichtung, -en** research facilities

der Förster, - forest ranger

die Forstwirtschaft forestry

fort- away

das Fortbewegungsmittel, - means of transportation

fort·fahren* to drive away; to continue

der Fortschritt, -e progress

fort·werfen* to throw away

die Fotografie photo(graph); photography

fotografieren to take pictures

der Frack, ⸚e tuxedo

die Frage, -n question; **Ich habe eine ~.** I have a question.; **jemandem eine ~ stellen** to ask s.o. a question

der Fragebogen, ⸚ questionnaire

fragen to ask; **sich ~** to wonder

das Fragezeichen, - question mark

fraglich questionable

der (Schweizer) Franken, - (Swiss) franc

fränkisch Franconian

(das) Frankreich France

der Franzose, -n, -n / die Französin, -nen French person

französisch French

(das) Französisch; **auf ~** in French; **Ich spreche ~.** I speak French.

die Frau, -en Mrs., Ms.; woman; wife

frech impertintent(ly), impudent(ly), sassy, fresh

die Frechheit impertinence

frei free; available; **der freie Mitarbeiter (ein freier Mitarbeiter)** freelancer

freiberuflich self-employed, freelance

freigiebig generous(ly)

die Freiheit freedom; **die akademische ~** academic freedom

das Freilichtspiel, -e outdoor performance

frei·nehmen* to take time off

der Freitag Friday; **am ~** on Friday; **Kar~** Good Friday

freitags on Fridays

freiwillig voluntary; voluntarily

die Freizeit leisure time

die Freizügigkeit permissiveness; forwardness

fremd foreign, strange

der/die Fremde, -n (**ein Fremder**) foreigner

die Fremde (*sg.*) foreign countries

der Fremdenverkehr tourism

das Fremdenzimmer, - guest-room

die Fremdsprache, -n foreign language

der Fremdsprachenkorrespondent, -en, -en bilingual secretary

fressen (frisst), fraß, gefressen to eat (like a glutton or an animal); **auf~** to devour

die Freude, -n joy; fun

freuen: Das freut mich für dich. I'm happy for you.; **Freut mich.** I'm pleased to meet you.; **(Es) freut mich auch.** Likewise, pleased to meet you, too.

sich **freuen auf** (+ *acc.*) to look forward to; **sich freuen über** (+ *acc.*) to be happy about (s.th.)

der **Freund, -e** (boy)friend

die **Freundin, -nen** (girl)friend

freundlich friendly

die **Freundlichkeit** friendliness

die **Freundschaft, -en** friendship

der **Frieden** peace

das **Friedensgebet, -e** prayer for peace

friedlich peaceful(ly)

frisch fresh(ly)

friesisch Frisian

fröhlich happy

fromm pious, religious

früh early, morning

früher earlier, once, former(ly)

der **Frühling, -e** spring

das **Frühjahrssemester, -** spring semester

das **Frühstück** breakfast; **Was gibts zum ~?** What's for breakfast?

frühstücken to eat breakfast

der **Frust** frustration

frustriert frustrated

die **Frustrierung** frustration

der **Fuchs, ̈e** fox; **schlau wie ein ~** clever as a fox; **ein alter ~** a sly person

sich **fühlen** to feel (a certain way); **sich wohl ~** to feel good, be comfortable

führen to lead; **(zu etwas) führen** to lead (to s.th.); **aufs Glatteis ~**

der **Führerschein, -e** drivers license

die **Führung, -en** guided tour

die **Fülle** abundance

füllen to fill

füllig stocky, husky

die **Funktion, -en** function

für (+ *acc.*) for; **was ~ ein . . .?** what kind of a . . . ?

die **Furcht** fear, awe

furchtbar terrible, terribly, awful(ly), horrible; horribly

fürchten um to worry about

sich **fürchten** (**vor** + *dat.*) to be afraid (of)

fürchterlich horrible; horribly

der **Fürst, -en, -en** sovereign, prince

das **Fürstentum, ̈er** principality

der **Fuß, ̈e** foot; **mit Füßen treten*** to treat (s.o.) badly, with disrespect; **zu ~ gehen*** to walk, go on foot

der **Fußball, ̈e** soccer (ball)

der **Fußgänger, -** pedestrian; **~überweg, -e** pedestrian crossing; **~weg, -e** pedestrian sidewalk; **~zone, -n** pedestrian zone

G

die **Gabe, -n** gift; **in kleinen ~n** in small doses

die **Gabel, -n** fork

gähnen to yawn

die **Galerie, -n** gallery

der **Galgenhumor** gallows humor

die **Galgenlieder** (*pl.*) gallows songs

die **Garage, -n** garage

garantieren to guarantee

die **Gardine, -n** curtain

gar nicht not at all

der **Garten, ̈** garden; **Bier~** beer garden

das **Gartenstück, -e** garden plot

die **Gasse, -n** narrow street

der **Gast, ̈e** guest, patron

der **Gastarbeiter, -** foreign (guest) worker

das **Gästezimmer, -** guest room

das **Gasthaus, ̈er** restaurant, inn

der **Gasthof, ̈e** small hotel

die **Gaststätte, -n** restaurant, inn

die **Gastwirtschaft, -en** restaurant, inn

der **Gatte, -n, -n / die Gattin, -nen** husband / wife (*formal*)

der **Gaukler, -** storyteller

das **Gebäck** pastry; pastries, baked goods

das **Gebäude, -** building

geben (gibt), gab, gegeben to give; **es gibt** there is, there are

das **Gebet, -e** prayer

das **Gebiet, -e** area, region

gebildet well-educated

das **Gebirge, -** mountains, mountain range

geboren: Ich bin . . . ~. I was born . . .; **Wann sind Sie ~?** When were you born?; **Wann wurde . . . ~?** When was . . . born?

die **Geborgenheit** security

gebrauchen to use, utilize

die **Gebühr, -en** fee

gebunden tied down; **orts~** tied to a certain town or place

die **Geburt, -en** birth

der **Geburtstag, -e** birthday; **Alles Gute / Herzlichen Glückwunsch zum ~!** Happy birthday!; **Ich habe am . . .-(s) ten ~.** My birthday is on the . . . (date); **Ich habe im . . . ~.** My birthday is in . . . (month).; **Wann haben Sie ~?** When is your birthday?; **zum ~** at the / for the birthday

der **Geburtsort, -e** place of birth

das **Gebrüll** roar, yelling

das **Gedächtnis** memory

der **Gedanke, -ns, -n** thought

die **Geduld** patience

geduldig patient; **~ wie ein Lamm** really patient

die **Gefahr, -en** danger

gefährlich dangerous

das **Gefälle, -** decline

gefallen (gefällt), gefiel, gefallen (+ *dat.*) to like, be pleasing to; **Das gefällt mir aber!** I really like it.; **Es gefällt mir.** I like it.

gefangen halten* to keep prisoner

das **Gefängnis, -se** prison

gefettet greased

der **Geflügelhof, ̈e** poultry farm

der **Gefrierschrank, ̈e** freezer

das **Gefühl, -e** feeling; **Mit~** compassion; **ein ~ des Ausgeliefertseins** a feeling of helplessness

gegen (+ *acc.*) against; toward (time), around

die **Gegend, -en** area, region; **aus der ~** from around here

der **Gegensatz, ̈e** contrast, opposite

gegensätzlich opposing

gegenseitig mutual(ly)

das **Gegenteil, -e** opposite; **im ~** on the contrary

gegenüber (**von** + *dat.*) across (from)

die **Gegenwart** present (tense)

der **Gegner, -** opponent

das **Gehalt, ⁻er** salary
gehalten sein (etwas zu tun) to be expected
gehen, ging, ist gegangen to go, walk; **Das geht.** That's OK.; **Das geht (heute) nicht.** That won't work (today).; **Es geht mir . . .** I am (feeling) . . .; **wenn es darum geht** when it's a matter of; **Wie geht's? Wie geht es Ihnen?** How are you?; **zu Fuß ~** to walk, go on foot
geheim secret(ly)
Gehör finden to get attention
gehorchen to obey
gehören (+ *dat.*) **/ gehören zu** to belong to, be a part of; **dazu ~** to belong with
die **Geige, -n** violin
die **Geisteswissenschaft, -en** humanities
der **Geisteswissenschaftler, -** humanities scholar
geistig mental(ly); intellectual(ly)
das **Geistige** intellectual work
geistreich ingenious
geizig stingy
gekoppelt connected
das **Geländer, -** railing, banister
gelassen relaxed(ly)
gelb yellow
das **Geld** money; **Bar~** cash; **Erziehungs~** government stipend for child care; **~ aus·geben*** to spend money; **Klein~** change
der **Geldautomat, -en, -en** ATM machine
der **Geldschein, -e** banknote
die **Gelegenheit, -en** opportunity, chance
gelegentlich occasionally
gelingen, gelang, ist gelungen to succeed; **Es gelingt mir nicht.** I can't.
gelten (gilt), galt, gegolten to apply to, be valid for, be true
das **Gemälde, -** painting
die **Gemeinde, -n** community
gemeinsam together, shared, joint(ly); (in) common; **gemeinsam haben*** to have (s.th.) in common
die **Gemeinschaft, -en** community; association
das **Gemisch** mixture
gemischt mixed
das **Gemüse, -** vegetable(s)

gemütlich cozy, pleasant, comfortable, convivial
die **Gemütlichkeit** nice atmosphere, coziness
genau exact(ly); **~!** Exactly! Precisely!; **~so** the same; **~so . . . wie** just as . . . as; **~ wie** (+ *nom.*) just like
genehmigen to permit
die **Generation, -en** generation
sich **genieren** to be embarrassed
genießen, genoss, genossen to enjoy
der **Genitiv, -e** genitive
genug enough; **Jetzt habe ich aber ~.** That's enough. I've had it.
genügen to suffice
geöffnet open
die **Geographie** geography
das **Gepäck** baggage, luggage
die **Gepäckaufgabe, -n** baggage check
die **Gepflogenheit, -en** custom, mores
gepunktet dotted
gerade just, right now; **~ als** just when; **(immer) ~aus** (keep) straight ahead
das **Geräusch, -e** noise
das **Gericht, -e** dish (prepared food); court; **Haupt~** main dish, **das Kammer~** court
der **Gerichtshof, ⁻e** court
gering little, small; **~er** less
germanisch Germanic
die **Germanistik** study of German language and literature
gern (lieber, liebst-) gladly; **furchtbar ~** very much; **~ geschehen!** Glad to . . . ; **~ haben*** to like, be fond of; **Ich hätte ~.** I'd like to have . . .
das **Geröll, -e** rubble
das **Gerücht, -e** rumor
Gesamt- (as a) whole
das **Geschäft, -e** business; store
geschäftlich concerning business
die **Geschäftsfrau, -en** businesswoman / **Geschäftsmann, -er** businessman / **Geschäftsleute** (*pl.*) business people
geschätzt appreciated
geschehen (geschieht), geschah, ist geschehen to happen; **Das geschieht dir recht.** That serves you right.

das **Geschenk, -e** present
die **Geschichte, -n** history; story
geschickt talented, skillful
geschieden divorced
das **Geschlecht, -er** gender, sex
geschlossen closed
das **Geschrei** screaming
die **Geschwindigkeit, -en** speed; **~sbegrenzung** speed limit; **Richt~** recommended speed
die **Geschwister** (*pl.*) brothers and/or sisters, siblings
der **Geselle, -n, -n / die Gesellin, -nen** journeyman/ journeywoman
gesellig sociable
die **Gesellschaft, -en** society; company
gesellschaftlich societal, social(ly)
gesellschaftspolitisch sociopolitical
das **Gesellschaftsspiel, -e** parlor game
die **Gesellschaftswissenschaft, -en** social science
das **Gesetz, -e** law
gesetzlich legal(ly)
gesichert secure
das **Gesicht, -er** face
der **Gesichtspunkt, -e** point of view; **unter romantischen ~en** from a romantic perspective
gespannt curious
das **Gespräch, -e** conversation, dialogue; **der ~spartner, -** interlocutor
das **Geständnis, -se** confession
gestern yesterday; **~ Abend** last/yesterday evening; **~ Nacht** last night; **vor~** the day before yesterday
gestreift striped
gesucht wird wanted
gesund (ü) healthy
geteilt divided; shared
getrennt separated, separate(ly)
das **Getue (um)** fixation (on s.th.)
gewähren to allow
die **Gewalt** force; violence
die **Gewaltlosigkeit** nonviolence
die **Gewerkschaft, -en** trade/ labor union
der **Gewinn, -e** gain, profit, benefit
gewinnen, gewann, gewonnen to win
gewiss for sure

gewissermaßen in a certain way

das **Gewitter, -** thunderstorm

sich **gewöhnen an** (+ *acc.*) to get used to

die **Gewohnheit, -en** habit

gewöhnlich usual(ly)

(an etwas) **gewöhnt sein** to be used to

das **Gewürz, -e** spice

gierig greedy

gießen, goss, gegossen to pour; **es gießt** it's pouring

das **Gift, -e** poison

der **Giftstoff, -e** toxic waste

der **Gipfel, -** mountain top

die **Giraffe, -n** giraffe

die **Gitarre, -n** guitar

der **Glanz** brilliance, splendor

das **Glas, ̈er** glass; **ein ~** a glass of

glauben to believe, think; **~ an** (+ *acc.*) to believe in; **Ich glaube es/ihr.** I believe it/her.

glaubhaft convincing(ly)

gleich equal(ly), same; right away; like; **Bis ~!** See you in a few minutes! **in ~em Maße** in the same measure, the same way

gleichberechtigt with equal rights

die **Gleichberechtigung** equality, equal rights

gleichfalls: Danke ~! Thank you, the same to you.

gleichgeschlechtlich same-sex

gleichmäßig regularl(ly)

das **Gleichnis, -se** parable

das **Gleis, -e** track

der **Gletscher, -** glacier

global global

die **Glocke, -n** bell

der **Glockenton, ̈e** sound of a bell

glorreich glorious

die **Glotze** (*slang*) television, "the tube"

das **Glück** luck, happiness; **Du ~spilz!** You lucky thing!; **~ gehabt!** I was (you were, etc.) lucky!; **~ haben*** to be lucky; **Viel ~!** Good luck!; **zum ~** luckily

glücklich happy, happily

der **Glückwunsch, ̈e** congratulation; **Herzliche -Glückwünsche!** Congratulations! Best wishes!; **Herzlichen ~ (zum Geburtstag)!** Congratulations (on your birthday)!

das **Gold** gold

golden golden

die **Goldgrube, -n** gold mine

der **Gott** God; **~ sei Dank!** Thank God!

der **Grad, -e** degree

die **Grammatik** grammar

grammatisch grammatical(ly)

die **Grapefruit, -s** grapefruit

das **Gras** grass

gratulieren (+ *dat.*) to congratulate; **Wir ~! / Ich gratuliere!** Congratulations!

die **Gratwanderung, -en** difficult journey

grau gray

greifen, griff, gegriffen to grab, seize

die **Grenze, -n** border

grenzen (**an** + *acc.*) to border

grenzenlos unlimited, endless(ly)

der **Grieche, -n, -n / die Griechin, -nen** Greek person

(das) **Griechenland** Greece

griechisch Greek

die **Grippe** flu, influenza

grollen to grumble

groß (größer, größt-) large, big, tall; **im Großen und Ganzen** on the whole, by and large

die **Größe, -n** size, height

die **Großeltern** (*pl.*) grandparents; **Ur~** great-grandparents

der **Größenwahn** megalomania

größenwahnsinnig megalomaniacal

die **Großmacht, ̈e** superpower

das **Großmaul, ̈er** big mouth

die **Großmutter, ̈** grandmother; **Ur~** great-grandmother

die **Großstadt, ̈e** metropolis, big city

der **Großteil** major part / portion

der **Großvater, ̈** grandfather; **Ur~** great-grand-father

die **Grotte, -n** grotto

Grüezi! Hi! (in Switzerland)

grün green; **ins Grüne / im Grünen** out in(to) nature

der **Grund, ̈e** reason; **auf Grund** (+ *gen.*) because of; **aus diesem ~** for that reason; **im ~e genommen** basically

gründen to found

die **Gründerzeit** late 1800s (years of rapid industrial expansion in Germany)

das **Grundgesetz** Constitution, Basic Law

grundlos without reason

die **Grundschule, -n** elementary school, grades 1–4

das **Grundstück, -e** building lot

der **Grundstücksmakler, -** real estate broker

die **Gründung, -en** founding; foundation

die **Grünfläche, -n** green area

die **Gruppe, -n** group

der **Gruß, ̈e** greeting; **Viele Grüße (an** + *acc.* . . .)! Greetings (to . . .)!

grüßen to greet; **Grüß dich!** Hi!; **Grüß Gott!** Hello! Hi! (in southern Germany)

der **Gummi** rubber

gurgeln to gargle

die **Gurke, -n** cucumber; **saure ~** pickle

der **Gürtel, -** belt

der **Guss: aus einem Guss** out of the same mold

gut (besser, best-) good, fine; well; **Das ist noch mal ~ gegangen.** Things worked out all right (again); **~** approx. grade B; **~ aussehend** good-looking; **Mach's ~!** Take care.; **na ~** well, all right; **sehr ~** approx. grade A

das **Gute: Alles ~!** All the best!; **Alles ~ zum Geburtstag!** Happy birthday!

die **Güte** goodness; **Ach du meine ~!** My goodness!

gütig kind(ly)

das **Gymnasium, Gymnasien** academic high school (grades 5–13)

(H)

das **Haar, -e** hair

der **Haarriss, -e** hairline fracture

haben (hat), hatte, gehabt to have; **gemeinsam ~** to have (s.th.) in common; **gern ~** to like, be fond of; **Ich hätte gern . . .** I'd like (to have) . . .

der **Habitus** manner

die **Habsburger** (*pl.*) the Habsburg Dynasty (Austrian emperors from 1765–1918)

der **Hacken, -** heel; **Scheiße am ~ haben*** (*vulgar*) to be in real trouble

der **Hafen,** ⁼ harbor, port
die **Haferflocken** (*pl.*) oatmeal
das **Hähnchen, -** grilled chicken
halb half (to the next hour);
~**tags** part-time; **in einer ~en Stunde** in half an hour
die **Hälfte, -n** half
die **Halle, -n** large room for work, recreation, or assembly
Hallo! Hello! Hi!
der **Hals,** ⁼**e** neck, throat; **Das hängt mir zum ~ heraus.** I'm fed up (with it).
das **Halsband,** ⁼**er** collar
Halt! Stop!
halten (hält), hielt, gehalten to hold; stop (a vehicle); ~ **für** to take (s.th.) for (s.th else), think (s.th) is (s.th. else); ~ **von** to think of, be of an opinion about
die **Haltestelle, -n** (bus, etc.) stop
das **Halteverbot, -e** no stopping or parking
hämisch sarcastic
die **Hand,** ⁼**e** hand; **jemandem etwas in die ~ drücken** (*slang*) to give s.o. s.th.
die **Handarbeit, -en** needle-work
der **Handball,** ⁼**e** handball
der **Handel** commerce, trade
das **Handeln** action
die **Handelsbeziehung, -en** trade relation(s)
die **Handelsnation, -en** trading nation
der **Handelspartner, -** trading partner
das **Handgelenk, -e** wrist
der **Händler, -** merchant, dealer
der **Handschuh, -e** glove
das **Handtuch,** ⁼**er** towel
der **Handwerker, -** craftsman
das **Handy, -s** cellular phone
hängen to hang (up)
hängen, hing, gehangen to hang (be hanging)
die **Hanse** Hanseatic League
der **Hanswurst** (*coll.*) fool
harmonisch harmonious
hart (ä) hard; tough
(das) **Hartz IV** welfare benefits (specific to Germany)
das **Häschen, -** rabbit, bunny
der **Hass** hate
hassen to hate
hässlich ugly
die **Haube, -n** hood

der **Hauch** breeze
das **Hauptfach,** ⁼**er** major (academic field of study)
der **Hauptmann,** ⁼**er** captain
die **Hauptrolle, -n** leading role
die **Hauptsache, -n** main thing
hauptsächlich mainly
die **Hauptsaison** (high) season
die **Hauptschule, -n** basic high school (grades 5–9)
die **Hauptstadt,** ⁼**e** capital city
das **Hauptwort,** ⁼**er** noun
das **Haus,** ⁼**er** house; **nach ~e** (toward) home; **zu ~e** at home
der **Hausbesetzer, -** squatter
das **Häuschen, -** little house
die **Hausfrau, -en** housewife
der **Haushalt, -e** household
der **Haushälter, -** housekeeper
häuslich home-loving, domestic
das **Haustier, -e** pet
die **Hauswirtschaft** home economics
die **Haut** skin
die **Hautpflege** skin care
das **Heft, -e** notebook
heilig holy; **Aller~en** All Saints Day; ~**e Drei Könige** Epiphany
der **Heiligabend** Christmas Eve; **am ~** on Christmas Eve
das **Heilkraut,** ⁼**er** medicinal herbs
die **Heimat** homeland, home, place of origin
der **Heimcomputer, -** home computer
heimlich secret(ly), in secret
die **Heimreise, -n** trip home
das **Heimweh** homesickness, nostalgia
Heimweh haben* to be homesick
heiraten to marry, get married
heiratslustig eager to marry
heiß hot(ly)
heißen, hieß, geheißen to be called; **Ich heiße . . .** My name is . . .; **Wie ~ Sie?** What's your name?
die **Heizung** heating (system)
helfen (hilft), half, geholfen (+ *dat.*) to help
hell light, bright; **Sei ~e!** Be smart!
der **Helm, -e** helmet
das **Hemd, -en** shirt; **Nacht~** nightgown
die **Henne, -n** hen
her- toward (the speaker)

herab·blicken (**auf** + *acc.*) to look down (on)
herab·schauen (**auf** + *acc.*) to look down (on)
herab·sehen (**auf** + *acc.*) to look down (on)
heran- up to
heran·schlurren to shuffle up (to s.o./s.th.)
heraus·finden* to find out
die **Herausforderung, -en** challenge
sich **heraus·halten*** to keep out of (s.th.)
heraus·rieseln to trickle out
die **Herberge, -n** hostel, simple hotel
der **Herbst, -e** fall, autumn
der **Herd, -e** (kitchen) range
herein- in(to)
herein·kommen* to come in, enter
herein·lassen* to let in
der **Hering, -e** herring
die **Herkunft** origin, descent
der **Herr, -n, -en** Mr., gentleman; Lord; **Sehr geehrte Damen und ~en!** Ladies and gentlemen!
das **Herrchen, -** (*coll.*) (male) owner of a pet
herrlich wonderful(ly), great(ly), splendid(ly)
herrschen to rule, dominate
her·stellen to manufacture, produce
herum- around
heruntergekommen run down
hervor·bringen* to produce
hervor·gehen* to originate
das **Herz, -ens, -en** heart; **mit ~** with feelings
herzförmig heart-shaped
der **Herzog,** ⁼**e** duke
heulen to cry; howl
der **Heurige, -n** (*sg.*) new wine
die **Heurigenschänke, -n** Viennese wine-tasting inn
heute today; **für ~** for today; ~ **Abend** this evening; ~ **Nacht** tonight
heutig- of today
heutzutage nowadays
hier here
die **Hilfe, -n** help
hilflos helpless
hilfsbereit helpful
das **Hilfsverb, -en** auxiliary verb
der **Himmel** sky; heaven
himmlisch heavenly

hin- toward (the speaker)

hinauf·fahren* to go or drive up (to)

das **Hindernis, -se** obstacle, hurdle, impediment

hinein·gehen* to go in(to), enter

hinein·passen to fit in

die **Hin- und Rückfahrkarte, -n** round-trip ticket

hingegen on the other hand

hin·kommen* to get/come to

hin·legen to lay or put down; **sich ~** to lie down

hin·nehmen* to accept

sich **(hin)setzen** to sit down

hinter (+ *acc./dat.*) behind

der **Hintergrund, ⸚e** background

hinterwäldlerisch provincial

hinunter·fahren* to drive down

hinzu- added to

hinzu·fügen to add

das **Hirn** brain

der **Hirsch, -e** red deer

historisch historical(ly)

das **Hobby, -s** hobby

hoch (hoh-) (höher, höchst-) high(ly)

das **Hochdeutsch** standard High German

das **Hochhaus, ⸚er** high-rise building

hoch·kriechen* (**an** + *dat.*) to creep up (on)

hoch·legen to put up (high)

die **Hochnäsigkeit** arrogance

die **Hochschule, -n** university, college; institution of higher education; **Fach~** university of applied sciences

die **Hochzeit, -en** wedding; **der ~stag, -e** wedding day / anniversary

(das) **Hockey** hockey

der **Hof, ⸚e** court, courtyard, yard; farm

hoffen to hope

hoffentlich hopefully, I hope

die **Hoffnung, -en** hope

höflich polite(ly)

die **Höflichkeitsform, -en** polite form (of address)

die **Höhe, -n** height, altitude; **Das ist doch die ~!** That's the limit!; **in die ~** up high

der **Höhepunkt, -e** climax

hohl hollow

die **Höhle, -n** cave

(sich) **holen** to (go and) get, pick up, fetch

der **Holländer, -** Dutchman, Dutch person

holländisch Dutch

die **Hölle** hell

das **Holz** wood

hölzern wooden

der **Honig** honey

hoppla oops, whoops

hörbar audible, audibly

horchen (**nach**) to listen (for)

hören to hear

der **Hörer, -** listener; (telephone) receiver

der **Hörsaal, -säle** lecture hall

das **Hörspiel, -e** radio play

das **Hörverständnis** listening comprehension (activity)

die **Hose, -n** slacks, pants

der **Hosenanzug, ⸚e** pant suit

das **Hotel, -s** hotel

hübsch pretty

der **Hügel, -** hill

das **Huhn, ⸚er** chicken

das **Hühnchen, -** little chicken

der **Humor** (sense of) humor

der **Hund, -e** dog

hundert hundred; **Hunderte von** hundreds of

der **Hunger** hunger; **Ich habe ~.** I'm hungry.

hungrig hungry, hungrily

hupen to honk (the horn in a car)

hüpfen (ist) to hop

der **Hut, ⸚e** hat

hüten to watch (over)

die **Hütte, -n** hut, cottage

die **Hymne, -n** hymn, anthem

die **Hypnose** hypnosis

der **ICE, -s** InterCityExpress (train)

ideal ideal(ly)

das **Ideal, -e** ideal

der **Idealismus** idealism

die **Idee, -n** idea; **Gute ~!** That's a good idea!

sich **identifizieren** to identify o.s.

identisch identical(ly)

die **Identität, -en** identity

idyllisch idyllic(ally)

ignorieren to ignore

ihr her; its; their

Ihr (formal) your

imaginär imaginary

der **Imbiss** snack; food stand

die **Imbissbude, -n** snack bar, fast-food stand

die **Immatrikulation** enrollment (at university)

immer always; **~ geradeaus** always straight ahead; **~ länger** longer and longer; **~ noch** still; **~ wieder** again and again

der **Imperativ, -e** imperative

das **Imperfekt** imperfect, simple past

in (+ *acc./dat.*) in, into, inside of; **im Gegenteil** on the contrary; **im Rausch** delirious; **~ Verbindung bringen (mit)** to associate (with), relate (to)

inbegriffen (**in** + *dat.*) included (in)

der **Indianer, -** Native American person

der **Indikativ** indicative

indirekt indirect(ly)

die **Individualität** individuality

individuell individual(ly)

das **Individuum, -en** individual

die **Industrie, -n** industry

der **Industriekaufmann / die ~kauffrau / die ~leute** industrial manager(s)

industriell industrial

das **Industrieunternehmen, -** large industrial company

der **Infinitiv, -e** infinitive

die **Informatik** computer science

die **Information, -en** information

die **Informationssuche** search for information

informativ informative

informieren (**über** + *acc.*) to inform (about); **sich ~** to inform oneself, find out (about)

der **Ingenieur, -e** engineer

die **Initiative, -n** initiative

inlineskaten to rollerblade; **~ gehen*** to go rollerblading

innen (*adv.*) inside

der **Innenhof, ⸚e** inner court

die **Innenstadt, ⸚e** center (of town), downtown

der **Innenstädter, -** city dweller

inner- inner

innerhalb within

die **Inschrift, -en** inscription

die **Insel, -n** island

insgesamt altogether

das **Institut, -e** institute

das **Instrument, -e** instrument; **Musik~** musical instrument

die **Inszenierung,
-en** production
integrieren to integrate
intellektuell intellectual(ly)
intelligent intelligent(ly)
die **Intelligenz** intelligence
der **Intendant, -en, -en** artistic
director
intensiv intensive(ly)
interessant interesting; **etwas
Interessantes** s.th. interesting;
unheimlich ~ really interesting
sich **interessieren für** to be
interested in
international international(ly)
das **Internet** Internet
interpretieren to interpret
das **Interview, -s** interview
interviewen to interview
intolerant intolerant
das **Inventar, -e** inventory
investieren to invest
der **Investor, Investoren** investor
inzwischen in the meantime
irden (*poet.*) earthen
irgend: ~wie somehow; **~wo**
somewhere
(das) **Italien** Italy
der **Italiener, -** Italian person
italienisch Italian

die **Jacke, -n** jacket
die **Jagd, -en hunt**
jagen (hat) to hunt
jagen (ist) to race
der **Jäger, -** hunter
das **Jahr, -e** year; **Ein gutes
neues ~!** Have a good New Year!
jahrelang for years
die **Jahreszeit, -en** season
das **Jahrhundert, -e** century
die **Jahrhundertwende** turn of
the century
jährlich yearly
-jährig years old; years long
das **Jahrtausend, -e** millennium;
die ~wende turn of the millennium
jammern to complain
der **Januar** January; **-im ~** in
January
der **Japaner, -** Japanese
japanisch Japanese
je (+ *comp.*) **... desto** (+ *comp.*) **...**
the . . . the . . .; **~ nachdem**
depending on

jed- (*sg.*) each, every
jedenfalls in any case
jeder each one, everyone,
everybody
jederzeit any time
jedoch however
jemand someone, somebody
jetzt now
der **Job, -s** job
jobben to have a job that is not
one's career
das **Joch, -e (der Knechtschaft)**
yoke (of slavery)
joggen to jog; **~ gehen*** to go
jogging
der **Jog(h)urt** yogurt (regionally
also used with **das**)
der **Journalist, -en,
-en** journalist
das **Jubiläum,
Jubiläen** anniversary; jubilee
der **Jude, -n, -n / die Jüdin, -nen**
Jewish person, Jew
das **Judentum** Jewry
jüdisch Jewish
die **Jugend** youth
die **Jugendherberge, -n** youth
hostel
der **Juli** July; **im ~** in July
jung (ü) young
der **Junge, -n, -n** boy
die **Jungfrau, -en** virgin; Virgo
der **Junggeselle, -n, -n** bachelor
der **Juni** June; **im ~** in June
Jura law, law studies; **Er studiert ~.**
He's studying law.
das **Jurastudium** law school
juristisch pertaining to (the
study of) law
der **Juwelierladen, ¨** jewelry
store

das **Kabarett, -e (or -s)** cabaret
das **Kabelfernsehen** cable TV
die **Kacktasche, -n** (*vulgar*) ugly
bag
der **Kaffee** coffee; **~ mit Schlag**
coffee with whipped cream
das **Kaffeehaus, ¨er** traditional
Austrian café
der **Kaffeeklatsch** coffee
klatsch, chatting over coffee
(and cake)
der **Kaiser, - / Kaiserin,
-nen** Emperor, Empress

der **Kaiserschmarren** pancakes
pulled to pieces and sprinkled
with powdered sugar and raisins
der **Kakao** hot chocolate
das **Kalb, ¨er** calf; **die ~sleber**
calves liver
der **Kalender, -** calendar
kalt (ä) cold; **~ oder warm?**
chilled or heated?
die **Kälte** cold(ness)
die **Kamera, -s** camera
der **Kamin, -e** fireplace
der **Kamm, ¨e** comb
(sich) **kämmen** to comb (o.s.)
die **Kammer, -n** chamber
der **Kampf, ¨e (um)** fight,
struggle (for)
kämpfen (um + *acc.*) to fight,
struggle (for)
(das) **Kanada** Canada
der **Kanadier, -** Canadian person
kanadisch Canadian
die **Kantine, -n** cafeteria (at a
workplace)
der **Kanton, -e** canton
das **Kanu, -s** canoe
der **Kanzler, -** chancellor
das **Kapitel, -** chapter
kaputt broken
kaputt·gehen* to get broken,
break
der **Karfreitag** Good Friday
kariert checkered
der **Karneval** carnival
die **Karotte, -n** carrot
die **Karriere, -n** career
die **Karte, -n** ticket; card; map;
~n spielen to play cards
die **Kartoffel, -n** potato; **der
~brei** (*sg.*) mashed potatoes;
die ~chips (*pl.*) potato chips;
das ~mehl potato flour, starch;
der ~salat potato salad
der **Käse** cheese; **Das ist (doch) ~!**
That's nonsense; **Kräuter~**
herbed cheese
die **Kasse, -n** cash register,
cashier's window
die **Kassette, -n** cassette
die **Kassierer, -** cashier; clerk,
teller
der **Kasten, ¨** crate
die **Katastrophe, -n** catastrophe
die **Katze, -n** cat
kauen to chew
der **Kauf** purchase
kaufen to buy
das **Kaufhaus, ¨er** department
store

der **Kaufmann** / die **Kauffrau** / die **Kaufleute** business man/woman/persons

kaum hardly, barely, scarcely

kegeln to bowl

kein no, not a, not any; **(Ich habe) keine Ahnung!** I have no idea!

der **Keller, -** basement, cellar

kennen, kannte, gekannt to know, be acquainted with

kennen·lernen to get to know, meet

der **Kenner, -** connoisseur

die **Kenntnis, -se** knowledge, skill

der **Kerl, -e** (*coll.*) guy, chap; **ein guter Kerl** a nice guy

der **Kern, -e** core

die **Kernenergie** nuclear energy

kernlos seedless

die **Kerze, -n** candle

die **Kette, -n** chain, necklace

die **Kettenreaktion, -en** chain reaction

das **Kilo, -s (kg)** kilogram

der **Kilometer, - (km)** kilometer

das **Kind, -er** child

der **Kindergarten, ⸚** kindergarten

der **Kindergärtner, -** kindergarten teacher

kinderlieb fond of children; **sie ist ~** she loves children

das **Kinn, -e** chin

das **Kino, -s** movie theater

der **Kiosk, -e** newsstand

die **Kirche, -n** church

die **Kirsche, -n** cherry

kitschig cheesy, kitschy

klagen (über + acc.) to complain (about)

die **Klammer, -n** parenthesis

die **Klamotten** (*pl.*) (*slang*) clothing

klappen to work out

klappern to rattle

klar clear; **eins ist ~** one thing is for sure; **(na) ~!** Sure! Of course!

klasse (*adj.*) great, superb

die **Klasse, -n** class

der **Klassenkamerad, -en, -en** classmate

das **Klassentreffen, -** class reunion

das **Klassenzimmer, -** classroom

klassisch classical(ly)

klatschen to clap; to gossip

die **Klausur, -en** written test, midterm, final exam

das **Klavier, -e** piano

das **Kleid, -er** dress

der **(Kleider)bügel, -** clothes hanger

der **Kleiderschrank, ⸚e** closet

die **Kleidung** clothing

der **Kleidungsartikel, -** article of clothing

klein small, little, short

die **Kleinbürgerlichkeit** narrow-mindedness

das **Kleingeld** change

der **Klempner, -** plumber

der **Klient, -en, -en** client

das **Klima, -s** climate

die **Klimaanlage, -n** air conditioning

klingeln to ring a (door) bell

klingen, klang, geklungen to sound; **(Das) klingt gut.** (That) sounds good.

das **Klo, -s** (*coll.*) toilet

klopfen to knock

das **Kloster, ⸚** monastery; convent

der **Klub, -s** club

klug (ü) smart, clever(ly)

knabbern to nibble

der **Knabe, -n, -n** boy

das **Knäcke, -** crisp bread

das **Knäuel, -** tangle

die **Knechtschaft** slavery

die **Kneipe, -n** pub, bar

das **Knie, -** knee

der **Knirps, -e** little fellow, dwarf

der **Knoblauch** garlic

der **Knöd(e)l, -** dumpling (in southern Germany)

der **Knopf, ⸚e** button

der **Knoten, -** knot

der **Knüppel, -** club

knuspern to nibble

der **Koch, ⸚e / die Köchin, -nen** cook

kochen to cook; **zum Kochen bringen** to bring to a boil

der **Koffer, -** suitcase

die **Köfte, -** (Turkish) meatball

die **Kohle** coal

das **Kohlendioxid, -e** carbon dioxide

der **Kollege, -n, -n / die Kollegin, -nen** colleague, co-worker; **Zimmer~** roommate

die **Kolonialisierung** colonization

das **Koma, -s** coma

kombinieren to combine

der **Komfort** comfort

komisch funny, strange(ly), comical(ly)

das **Komitee, -s** committee

das **Komma, -s** comma

kommen, kam, ist gekommen to come; **Komm rüber!** Come on over!

der **Kommentar, -e** commentary

kommentieren to comment

kommerziell commercial(ly)

die **Kommode, -n** dresser

kommunistisch communist

der **Komparativ, -e** comparative

die **Komplikation, -en** complication

kompliziert complicated

komponieren to compose (music)

der **Komponist, -en, -en** composer

das **Kompott, -e** stewed fruit

der **Kompromiss, -e** compromise

die **Konditorei, -en** pastry shop

die **Konferenz, -en** conference

der **Konflikt, -e** conflict

der **Kongress, -e** conference

der **König, -e** king; **Heilige Drei ~e (die Heiligen Drei ~e)** Epiphany (Jan. 6)

die **Königin, -nen** queen

das **Königreich, -e** kingdom

konjugieren to conjugate

die **Konjunktion, -en** conjunction

der **Konjunktiv** subjunctive

die **Konkurrenz** competition

konkurrieren to compete

können (kann), konnte, gekonnt to be able to, can

die **Konsequenz, -en** consequence

konservativ conservative

das **Konservierungsmittel, -** preservative

das **Konsulat, -e** consulate

die **Kontaktlinse, -n** contact lense

der **Kontrast, -e** contrast

die **Kontrolle, -n** control

kontrollieren to control, check

die **Konversation, -en** conversation; **~sstunde, -n** conversation lesson

das **Konzentrationslager, -** concentration camp

sich **konzentrieren (auf + acc.)** to focus (on), concentrate (on)

das **Konzert, -e** concert

die **Kooperation** cooperation

der **Kopf, ⸚e** head; **~ stehen*** to stand on one's head; **pro ~** per person

das **Kopftuch, ⸚er** head scarf

die **Kopie, -n** copy
der **Kopierer, -** copy machine
der **Korbball, ⁻e** basketball
der **Körper, -** body
die **Körperkultur** culture of the body
körperlich physical(ly)
die **Korrektur, -en** correction
der **Korrespondent, -en, -en** correspondent
korrigieren to correct
kosten to cost
die **Kosten** (*pl.*) cost(s)
kostenlos free (of charge)
das **Kostüm, -e** costume; lady's suit
die **Krabbe, -n** crab
der **Kracher, -** firecracker
die **Kraft, ⁻e** strength, power
die **Kralle, -n** claw
der **Kram** (*coll.*) stuff
der **Kran, ⁻e** crane
krank (ä) sick, ill
der **Kranke (ein Kranker) /** die **Kranke, -n, -n** sick person
der **Krankenbesuch, -e** sick visit
die **Krankengymnast, -en, -en** physical therapist
das **Krankenhaus, ⁻er** hospital
die **Krankenkasse, -n** health insurance agency
die **Krankenpflege** nursing
der **Krankenpfleger, -** male nurse
die **Krankenschwester, -n** female nurse
die **Krankenversicherung, -en** health insurance
die **Krankheit, -en** sickness, illness, disease
der **Kranz, ⁻e** wreath; **Advents~** Advent wreath
der **Krapfen, -** fried pastry, filled doughnut
der **Kratzer, -** scratch
das **Kraut** cabbage
der **Krawall, -e** riot
die **Krawatte, -n** tie
kreativ creative(ly)
die **Kreativität** creativity
der **Krebs, -e** crab; cancer; Cancer; **das ~forschungszentrum, -zentren** cancer research center
die **Kreditkarte, -n** credit card
die **Kreide** chalk
der **Kreis, -e** circle; county
das **Kreuz, -e** cross, mark
die **Kreuzung, -en** intersection

das **Kreuzworträtsel, -** crossword puzzle
kriechen, kroch, ist gekrochen to creep, crawl
der **Krieg, -e** war; **die Nach~szeit** postwar period
der **Krimi, -s** detective story
die **Kriminalität** crime
das **Kriterium, Kriterien** criterion
die **Kritik** criticism
der **Kritiker, -** critic
kritisch critical(ly)
kritisieren to criticize
die **Krone, -n** crown
krönen to crown; **~der Abschluss** grand finale
die **Krücke, -n** crutch
die **Küche, -n** kitchen; cuisine
der **Kuchen, -** cake
der **Küchenschrank, ⁻e** kitchen cabinet
die **Kugel, -n** ball
die **Kuh, ⁻e** cow
kühl cool
der **Kühlschrank, ⁻e** refrigerator
kühn daring(ly)
der **Kuli, -s** pen
die **Kultur, -en** culture
kulturell cultural(ly)
sich **kümmern (um)** to take care (of)
die **Kunst, ⁻e** art
der **Künstler, -** artist; **Computer~** graphic designer
künstlerisch artistic(ally)
künstlich artificial; man-made
die **Kunstmesse, -n** art fair
das **Kupfer** copper
kupfern (*adj.*) (made of) copper
die **Kuppel, -n** cupola, dome
der **Kurfürst, -en, -en** elector (prince)
der **Kurort, -e** health resort, spa
der **Kurs, -e** course
kurz (ü) short(ly), brief(ly); **~ vor** shortly before; **vor Kurzem** recently
die **Kürze** shortness, brevity; **In der ~ liegt die Würze.** Brevity is the soul of wit. (*lit.*, In brevity lies the seasoning.)
das **Kurzgespräch, -e** brief conversation
die **Kusine, -n** (*fem.*) cousin
die **Küste, -n** coast

L

das **Labor, -s (or -e)** lab(oratory)
der **Laborant, -en, -en** lab assistant
lächeln to smile; **~ über** (+ *acc.*) to smile about
lächelnd smiling
lachen to laugh
lächerlich ridiculous
laden (lädt), lud, geladen to load
lahm lame; lacking enthusiasm
lallen to babble
das **Lamm, ⁻er** lamb
die **Lampe, -n** lamp
das **Land, ⁻er** country, state; **auf dem ~(e)** in the country; **aufs ~** in(to) the country(side)
landen (ist) to land
die **Landeskunde** cultural and geographical study of a country
die **Landkarte, -n** map
die **Landschaft, -en** landscape, countryside, scenery
die **Landsleute** (*pl.*) countrymen
die **Landung, -en** landing
der **Landwirt, -e** farmer
die **Landwirtschaft** agriculture
landwirtschaftlich agricultural (ly)
lang (ä) (*adj.*) long
lange long, for a long time; **noch ~ nicht** not by far; **schon ~ (nicht mehr)** (not) for a long time; **wie ~?** how long?
langsam slow(ly)
sich **langweilen** to get/be bored
langweilig boring, dull
lassen (lässt), ließ, gelassen to leave (behind)
lässig casual(ly)
die **Last, -en** burden
(das) **Latein** Latin
die **Laterne, -n** lantern
laufen (läuft), lief, ist gelaufen to run, walk
laut loud(ly), noisy; **Lesen Sie ~!** Read aloud.; **Sprechen Sie ~er!** Speak up.
der **Laut, -e** sound
läuten to ring
der **Lavastrom, ⁻e** lava flow
die **Lawine, -n** avalanche
leben to live
das **Leben** life; **ums ~ kommen*** to die, perish

lebend living; **etwas Lebendes** s.th. living

lebendig alive; lively

der **Lebensabschnitt, -e** phase of one's life

die **Lebensfreude** zest for life

lebensfroh cheerful, full of life

der **Lebensgefährte, -n, -n / die Lebensgefährtin, -nen** life companion

der **Lebenslauf, ⁼e** (course of one's) life; CV, résumé

die **Lebensmittel** (*pl.*) groceries

der **Lebensstandard** standard of living

die **Lebensumstände** (*pl.*) living conditions; life circumstances

der **Lebensunterhalt** living expenses

die **Leber, -n** liver; **Kalbs~** calves liver

der **Leberkäs(e)** (Bavarian) meatloaf made from minced pork

die **Leberwurst** liver sausage

der **Lebkuchen, -** gingerbread

das **Leder** leather

die **Lederhose, -n** leather pants

ledig single

leer empty; **leer stehen** to sit vacant

leeren to empty

legen to lay, put (flat); **auf etwas Wert ~** to insist on s.th.; **Darauf lege ich viel Wert.** That is very important to me. ; **sich (hin·)~** to lie down

das **Lehrbuch, ⁼er** textbook

die **Lehre, -n** apprenticeship

lehren to teach

der **Lehrer, -** teacher

der **Lehrling, -e** apprentice

die **Lehrstelle, -n** apprenticeship (position)

der **Leichnam, -e** corpse

leicht light; easy, easily; **Das fällt mir nicht ~.** It doesn't come easy to me.; **etwas ~ nehmen** to take s.th. lightly

das **Leid** misery; **Es tut mir leid.** I'm sorry.

leiden, litt, gelitten to suffer

die **Leidenschaft, -en** passion

leidenschaftlich passionate

leihen, lieh, geliehen to lend

die **Leine, -n** leash

leise quiet(ly), soft(ly)

leisten to achieve, do; **sich etwas ~ to afford s.th. (a purchase)**

die **Leistung, -en** achievement, accomplishment; service; **~spunkt, -e** credit

leiten to be in charge; to lead, to direct

der **Leiter, -** director

die **Leiter, -n** ladder

die **Leitung** leadership, direction; organizers, directors; line, pipe

das **Leitungswasser** tap water

lenken to direct

lernen to learn, study

lesbar legible, legibly

lesen (liest), las, gelesen to read; **~ Sie laut! / ~ Sie es vor!** Read it aloud.

der **Leser, -** reader

die **Leseratte, -n** bookworm

der **Lesesaal, -säle** reading room

letzt- last

(das) **Letzeburgisch** Luxembourg dialect

letztendlich finally, in the end

leuchtend bright, vibrant (color)

die **Leute** (*pl.*) people

licht (*poetic*) light

das **Licht, -er** light; **das ~ erlöscht** the light goes out; **ins ~ treten*** to step out into the light

die **Lichterkette, -n** candlelight march

der **Lichtschalter, -** light switch

lieb- dear

die **Liebe** love

lieben to love

lieber rather; **Es wäre mir ~, wenn . . .** I would prefer it, if . . .

der **Liebestrank, ⁼e** love potion

liebevoll loving

der **Liebhaber, -** enthusiast

der **Liebling, -e** darling, favorite; **~sdichter** favorite poet; **~sfach** favorite subject; **~splatz** favorite place

liebst-: am ~en best of all

liegen, lag, gelegen to lie, be (located); be lying (flat)

der **Liegestuhl, ⁼e** lounge chair

lila purple

die **Lilie, -n** lily

die **Limonade, -n** soft drink; **die Zitronen~** carbonated lemonade

die **Linguistik** linguistics

die **Linie, -n** line

link- left; **auf der ~en Seite** on the left

links left; **erste Straße ~** first street on the left

die **Liste, -n** list; **eine ~ auf·stellen** to make a list

der **Liter, -** liter

die **Literatur** literature

das **Loch, ⁼er** hole

locken to lure, attract

locker relaxed, laid back; **(etwas) ~ sehen** to be casual about (s.th.), make light of (s.th.); **etwas locker sehen** to take s.th. lightly, make light of s.th.

der **Löffel, -** spoon; **-Ess~** tablespoon (of); **Tee~** teaspoon (of)

logisch logical(ly)

sich **lohnen** to be worth it

lokal local(ly)

los: ~·werden* to get rid of; **etwas ~ sein*** to be happening, going on; **Was ist ~?** What's the matter?

lose loose

lösen to solve; **ein Problem ~** to solve a problem; **sich ~ von** to free o.s. of

die **Lösung, -en** solution

die **Lotterie, -n** lottery

der **Löwe, -n, -n / die Löwin, -nen** lion; Leo

lückenhaft fragmented

die **Luft** air

der **Luftangriff, -e** air raid

die **Luftbrücke** airlift

die **Luftpost** airmail; **per ~** by airmail

die **Luftverschmutzung** air pollution

die **Lüge, -n** lie

lügen to lie

lustig funny; **reise~ sein*** to love to travel; **sich ~ machen (über +** *acc.*) to make fun of

luxuriös luxurious(ly)

der **Luxus** luxury

machen to make; to do; **Aufsehen ~** to attract interest, show off; **(Das) macht nichts.** (That) doesn't matter. That's okay.; **Das macht zusammen . . .** That comes to . . .; **Mach's gut!** Take care!; **Spaß ~** to be fun; **Was machst du Schönes?** What are you doing?

die **Macht, ⁻e** power; die
Westmächte (*pl.*) western Allies
das **Mädchen, -** girl
das **Magazin, -e** magazine;
feature (e.g., on TV)
die **Magd, ⁻e** (*archaic*) maid
der **Magen, ⁻** stomach
der **Magister, -** master's degree,
M.A.
die **Mahlzeit, -en** meal; **~!** Enjoy
your meal (food)!; **eine kleine ~**
a small snack
das **Mahnmal, -e** memorial (of
admonishment)
der **Mai** May; **im ~** in May
der **Mais** corn
mal times, multiplied by; **~
sehen!** Let's see.
das **Mal, -e: das erste ~** the
first time; **zum ersten ~** for the
first time
malen to paint
der **Maler, -** painter (artist);
house painter
man one (they, people, you)
man (*adv.*; north German coll.):
Komm ~! Come on!; **Lass ~ gut
sein!** Forget it!
das **Management** management
manch- many a, several, some
manchmal sometimes
der **Mangel (an +** *dat.*) lack (of)
mangelhaft poor, unsatisfactory
(grade in school)
manipuliert manipulated
der **Mann, ⁻er** man; husband
männlich masculine, male
die **Mannschaft, -en** team;
military unit
der **Mantel, ⁻** coat
das **Manuskript, -e** manuscript
das **Märchen, -** fairy tale
die **Margarine, -n** margarine
die **Marine, -n** navy
die **Marke, -n** brand
markieren to mark
der **Markt, ⁻e** market; **Super~**
supermarket; **Wachstums~**
growth market
die **Marmelade, -n** marmalade,
jam
die **Marotte, -n** tic, habitual
quirk
der **März** March; **im ~** in March
die **Maschine, -n** machine
der **Maschinenbau** mechanical
engineering
die **Maske, -n** mask
die **Massage, -n** massage

die **Masse, -n** mass
die **Massenmedien** (*pl.*) mass
media
der **Mast, -en** ship mast
die **Maßnahme, -n** step,
measure
das **Material** material
die **Mathematik** mathematics
der **Maurer, -** bricklayer
die **Maus, ⁻e** mouse; **~efalle, -n**
mousetrap
der **Mechaniker, -** mechanic
die **Medien** (*pl.*) media
die **Medienverwahrlosung** social
neglect coinciding with
excessive media consumption
das **Medikament, -e** medicine,
medication
die **Medizin** (the field of)
medicine
das **Meer, -e** ocean, sea
das **Mehl** flour
mehr more; **immer ~** more and
more; **~ als** more than
mehrer- (*pl.*) several
die **Mehrheit, -en** majority
die **Mehrwertsteuer, -n** value-
added tax
die **Mehrzahl** plural
meiden, mied, gemieden to
avoid
mein my
meinen to mean, think (be of an
opinion); **Wenn du meinst.** If you
think so.
die **Meinung, -en** opinion;
meiner ~ nach in my opinion
der **Meinungsaustausch** exchange
of opinion
die **Meinungsumfrage, -n**
opinion poll
meist-: am ~en most
der **Meister, -** master
die **Melange** coffee with
whipped cream
die **Melone, -n** melon
die **Menge, -n** crowd; **jede ~** all
sorts of
die **Mensa** (*pl.* **Mensen**) student
cafeteria
der **Mensch, -en, -en** human
being, person; people (*pl.*);
~! Man! Boy! Hey!; **Mit~** fellow
human being
die **Menschheit** humankind
das **Menü, -s** complete meal
(usually including soup
and dessert); **Tages~** daily
special

merken to notice, find out
die **Messe, -n** (trade) fair
das **Messegelände, -** fairgrounds
das **Messer, -** knife; **Taschen~**
pocket knife; eine **~spitze Salz** a
pinch of salt
das **Metall, -e** metal
der **Meter, -** meter
die **Metropole, -n** metropolis
der **Metzger, -** butcher
die **Metzgerei, -en** butcher shop
die **Meute, -n** band, mob
mies miserable
mieten to rent
der **Mieter, -** renter, tenant
die **Mietwohnung,
-en** apartment
der **Mikrowellenherd, -e =** die
Mikrowelle, -n microwave
oven
die **Milch** milk
das **Militär** military, army
der **Militärdienst** military service
militärisch military
der **Million, -en** million
der **Millionär, -e** millionaire
die **Minderheit** minority
der **Mindestbestellwert** minimum
order
mindestens at least
die **Mineralogie** mineralogy
minus minus
die **Minute, -n** minute
mischen to mix; **darunter·~** to
blend in
die **Mischung, -en** (**aus +** *dat.*)
mixture (of)
miserabel miserable, miserably
missbrauchen to abuse; to
misuse
die **Mission, -en** mission
misstrauisch suspicious(ly)
das **Missverständnis,
-se** misunderstanding
mit (+ *dat.*) with; along
mit- together, with, along
das **Mitbestimmungsrecht** right
to participate in the decision-
making process
der **Mitbewohner, -** housemate
mit·fahren* to drive along
mit·feiern to join in the
celebration
das **Mitgefühl** compassion
mit·gehen* to go along
das **Mitglied, -er** member
mit·kommen* to come along
das **Mitleid** pity
mit·machen to participate

mit·nehmen* to take along
mit·schicken to send along
mit·singen* to sing along
der **Mittag, -e** noon; **heute ~** at noon today
das **Mittagessen, -** lunch, mid-day meal; **beim ~** at lunch; **zum ~** for lunch
mittags at noon; **dienstag~** Tuesdays at noon
die **Mittagspause, -n** lunch break
das **Mittagstief, -s** midday low
die **Mitte** middle, center; **~ des Monats** in the middle of the month; mid-month
das **Mittel, -** means (of)
das **Mittelalter** Middle Ages; **im ~** in the Middle Ages
mittelalterlich medieval
(das) **Mitteleuropa** Central Europe
mittelgroß average size
mitten: ~drin right in the middle of it; **~durch** right through the middle of
die **Mitternacht: um ~** at midnight
der **Mittwoch** Wednesday; **am ~** on Wednesday; **Ascher~** Ash Wednesday
mittwochs on Wednesdays
mit·wirken to participate
die **Möbel** (*pl.*) furniture
der **Mönch, -e** monk
die **Mobilität** mobility
möbliert furnished
möchten (subj. of **mögen**) would like; **Ich möchte . . .** I would like (to have) . . .
das **Modalverb, -en** modal auxiliary
die **Mode, -n** fashion, trend; custom; **in ~** in(to) vogue
der **Moderator, -en** moderator, TV-host
mögen (mag), mochte, gemocht to like; **Ich mag kein(e/en) . . .** I don't like (any) . . . (+ *acc. noun*)
möglich possible; **alle ~en** all sorts of; **Das ist doch nicht ~!** That's impossible!
die **Möglichkeit, -en** possibility
der **Moment, -e** moment; **(Einen) ~!** One moment! Just a minute!
momentan at the moment, right now
der **Monat, -e** month; **im ~** a month, per month; **einen ~** for one month
monatelang for months
monatlich monthly
der **Montag** Monday ; **am ~** on Monday

montags on Mondays
die **Moral** moral
der **Mörder, -** murderer
morgen tomorrow; **Bis ~!** See you tomorrow; **für ~** for tomorrow; **über~** the day after tomorrow
der **Morgen** morning: **Guten ~!** Good morning.; **heute ~** this morning
morgens in the morning, every morning; **montag~** Monday mornings
der **Moslem, -s / die Moslime, -n** Moslem man/woman
moslemisch Moslem
die **Mozartkugel, -n** chocolate candy invented in Salzburg
der **MP3-Spieler,-** MP3 player
müde tired
die **Müdigkeit** fatigue
die **Mühe, -n** effort
mühelos without trouble, easily
multikulturell multicultural
der **Müll** garbage, waste
die **Mülldeponie, -n** landfill
der **Mülleimer, -** trash can
die **Mülltonne, -n** garbage can
die **Mülltrennung** garbage sorting
der **Mund, ⁻er** mouth
die **Mundart, -en** dialect
mündlich oral(ly)
die **Münze, -n** coin
die **Muschel, -n** clam; shell
das **Museum, Museen** museum
die **Musik** music
musikalisch musical(ly)
der **Musiker, -** musician
die **Musikwissenschaft** musicology
(der) **Muskat** nutmeg
das **Müsli** (Swiss: **Müesli**) cereal (with fruits and nuts)
müssen (muss), musste, gemusst to have to, must
mutig brave
die **Mutter, ⁻** mother; **Groß~** grandmother; **Schwieger~** mother-in-law; **Urgroß~** great-grandmother
mütterlich motherly
die **Muttersprache** mother tongue

 N

na well; **~ also** well; **~ gut** well, all right; **~ ja** well; **~ klar** of course; **~ und?** So what?

nach (+ *dat.*) after (time), to (cities, countries, continents); **je ~** depending on
nach- after, behind
der **Nachbar, -n, -n** neighbor
die **Nachbarschaft, -en** neighborhood; neighborly relations
nachdem (*conj.*) after; **je ~** depending on
nach·denken* über to reflect, think about
nacherzählt retold, adapted
die **Nachfrage** demand
nachher afterward
nach·kommen* to follow
die **Nachkriegszeit** period after the war
nach·laufen* to run after
nach·machen to imitate
der **Nachmittag, -e** afternoon; **am ~** in the afternoon; **heute ~** this afternoon
nachmittags in the afternoon, every afternoon
der **Nachname, -ns, -n** last name
die **Nachricht, -en** news (e.g., on TV)
nächst- next
die **Nacht, ⁻e** night; **gestern ~** last night; **Gute ~!** Good night!; **heute ~** tonight
der **Nachteil, -e** disadvantage
das **Nachthemd, -en** nightgown
der **Nachtisch** dessert; **zum ~** for dessert
der **Nachtmensch, -en, -en** night person
nachts during the night, every night; **sonntag~** Sunday nights
der **Nachttisch, -e** nightstand
der **Nachtwächter, -** night watchman
nach·weisen* to prove
nach·werfen* to throw after
nackt naked, nude
die **Nacktheit** nudity, nakedness
die **Nadel, -n** needle
nah (näher, nächst-) near
die **Nähe** nearness, vicinity; **in der ~** nearby; **in der ~ von** (+ *dat.*) near (somewhere)
nähen to sew
der **Name, -ns, -n** name; **Mädchen~** maiden name; **Mein ~ ist . . .** My name is . . .; **Nach~** last name; **Spitz~** nickname; **Vor~** first name
nämlich namely, you know

die **Nase, -n** nose; **Ich habe die ~ voll.** I'm fed up (with it).

nass wet

die **Nation, -en** nation, state

national national(ly)

der **Nationalismus** nationalism

die **Nationalität, -en** nationality

der **Nationalsozialismus** National Socialism (Nazism)

der **Nationalstolz** national pride

die **Natur** nature

natürlich natural(ly), of course

das **Naturschutzgebiet, -e** nature preserve

die **Naturwissenschaft, -en** natural science

naturwissenschaftlich scientific(ally)

der **Nebel** fog

neben (+ acc./dat.) beside, next to

nebeneinander next to each other

das **Nebenfach, ⸚er** minor (academic field of study)

der **Nebensatz, ⸚e** subordinate clause

neblig foggy

der **Neffe, -n, -n** nephew

negativ negative(ly)

nehmen (nimmt), nahm, genommen to take; to have (food); **etwas leicht ~** to take s.th. lightly; **Stellung nehmen** (**zu** + dat.) to take a position

nein no

die **Nelke, -n** carnation

nennen, nannte, genannt to name, call

nett nice

das **Netzwerk, -e** network

neu new(ly); **Was gibts Neues . . . ?** What's new?

neugierig curious(ly)

der **Neujahrstag** New Year's Day

nicht not; **gar ~** not at all; **~ nur . . ., sondern auch** not only . . . but also; **~ wahr?** isn't it?, right?

die **Nichte, -n** niece

nichts nothing; **~ Besonderes/ Neues** nothing special/new

nicken to nod

nie never; **noch ~** never before, not ever

nieder·kauern to crouch down

sich **nieder·legen** to lie down

niedrig low

niemand nobody, no one

nirgends nowhere; **ins Nirgends** into nowhere

nobel noble, nobly

noch still; **~ ein** another; **~ (ein) mal** once more, again; **~ etwas** s.th. else; **~ kein(e)** still no; **~ lange nicht** not by far; **~ nicht** not yet; **~ nie** never (before), not ever; **immer ~** still; **Sonst ~ etwas?** Anything else?; **was ~?** what else?; **weder . . . ~** neither . . . nor

der **Nominativ, -e** nominative

die **Nonne, -n** nun

der **Norden: im ~** in the north

nördlich (von) to the north, north (of)

normal normal; by regular (surface) mail

die **Nostalgie** nostalgia

nostalgisch nostalgic

die **Note, -n** grade

der **Notendurchschnitt, -e** grade point average

nötig necessary, needed

die **Notiz, -en** note; **~en machen** to take notes

notwendig necessary

der **November** November; **im ~** in November

nüchtern sober

die **Nudel, -n** noodle

null zero

der **Numerus clausus** admissions restriction at a university

die **Nummer, -n** number; **eine ~ wählen** to dial a number (on the phone)

nun now; **~, . . .** well, . . .

nur only

nuscheln to mumble

die **Nuss, ⸚e** nut

nutzen to use

nutzlos useless

O

ob (conj.) if, whether; **Und ~!** You bet. You better believe it.

oben upstairs ; up; **~ genannt** above-mentioned; **~ ohne** topless

oberflächlich superficial

die **Oberstufe, -n** upper level

das **Oberteil, -e** top (e.g., of a bikini)

das **Objekt, -e** object

objektiv objective(ly)

das **Obst** (sg.) fruit

obwohl (conj.) although

oder or; **~?** Isn't it? Don't you think so?

der **Ofen, ⸚** oven

offen open

die **Offenheit** openness

die **Öffentlichkeit, -en** public

offiziell official(ly)

der **Offizier, -e** title of high military rank, officer

öffnen to open; **~ Sie das Buch auf Seite . . . !** Open the book to page . . . !

oft often

ohne (+ acc.) without

(die) **Ohnmacht: in ~ fallen*** to faint

das **Ohr, -en** ear

Oje! Oops! Oh no!

der **Ökologe, -n, -n /** die **Ökologin, -nen** ecologist

die **Ökologie** ecology

das **Ökosystem, -e** ecological system

der **Oktober** October; **im ~** in October

das **Öl, -e** oil; lotion

oliv olive-colored

der **Ölwechsel** oil change

die **Olympiade, -n** Olympics

der **Onkel, -** uncle

die **Oper, -n** opera ; **Seifen~** soap opera

die **Operette, -n** operetta

das **Opfer, -** victim

optimal optimal(ly)

optimistisch optimistic(ally)

orange (color) orange

die **Orange, -n** orange

das **Orchester, -** orchestra

ordentlich orderly; regular(ly)

die **Organisation, -en** organization

der **Organisator, -en** organizer

(sich) **organisieren** to organize

die **Orgel, -n** organ

die **Orientierung** orientation

das **Original, -e** original

der **Ort, -e** place, location; town

der **Ossi, -s** (derogatory nickname) East German person

die **Ostalgie** nostalgia for the days of the DDR and life in East Germany

der **Osten: im ~** in the east

(das) **Österreich** Austria

der **Österreicher, -** Austrian person
österreichisch Austrian
der **Ozean, -e** ocean

P

paar: ein ~ a couple of, some
das **Paar, -e** couple, pair
die **Pacht** lease; **der ~vertrag, ⁼e** lease agreement/contract
pachten to lease
packen to pack; to grab
die **Pädagogik** education
das **Paket, -e** package, parcel
die **Paketkarte, -n** parcel form
der **Palast, ⁼e** palace
pampig miffed, insolent(ly)
das **Panorama** panorama
das **Papier, -e** paper
die **Pappe** cardboard
die **Parabel, -n** parable
die **Parade, -n** parade
das **Paradies** paradise
der **Paragraph, -en, -en** paragraph
das **Parfüm, -s** perfume
der **Park, -s** park
parken to park
das **Parkett: im ~** (seating) in the orchestra
der **Parkplatz, ⁼e** parking lot
parlamentarisch parliamentary
die **Parole, -n** slogan
die **Partei, -en** (political) party
der **Parteivorsitzende, -n** party leader
das **Parterre: im ~** on the first/ground floor
das **Partizip, -ien** participle
der **Partner, -** partner
die **Partnerschaft, -en** partnership
die **Party, -s** party
der **Pass, ⁼e** passport
passen to fit
passend appropriate(ly), suitable, suitably
passieren (ist) to happen; **es ist etwas passiert** something happened
passiv passive(ly)
das **Passiv** passive voice
das **Patentamt, ⁼er** patent office
patriotisch patriotic
der **Patriotismus** patriotism
pauken to cram

die **Pause, -n** intermission, break; **eine ~ machen** to take a break
das **Pech** tough luck; **~ haben*** to be unlucky
der **Pelzmantel, ⁼** fur coat
der **Pelzmütze, -n** fur hat
pendeln (ist) to commute; **hin und her·~** to commute back and forth
die **Pension, -en** bed and breakfast; boarding house
die **Pensionierung** retirement
das **Perfekt** present perfect
permanent permanent(ly)
perplex baffled
die **Person, -en** person; **pro ~** per person
das **Personal** personnel, staff; **die ~kosten** (*pl.*) staffing cost
persönlich personal(ly)
der **persönliche digitale Assistent, -en, -en (PDA)** personal digital assistant
die **Persönlichkeit, -en** personality
die **Perspektive, -n** perspective
pessimistisch - pessimistic(ally)
die **Petersilie** parsley
das **Pfand, ⁼er** deposit; security; **das ~ einlösen** to collect the deposit
die **Pfandflasche, -n** deposit bottle
der **Pfannkuchen, -** pancake
der **Pfarrer, -** (Protestant) minister; cleric
der **Pfeffer** pepper
die **Pfefferminze** peppermint
die **Pfeife, -n** pipe
pfeifen, pfiff, gepfiffen to whistle; boo
der **Pfeil, -e** arrow
das **Pferd, -e** horse
der **Pferdewagen, -** horse-drawn wagon
der **Pfiff, -e** whistling
die **Pflanze, -n** plant
das **Pflaster, -** adhesive bandage
die **Pflaume, -n** plum
pflegen to maintain, take care of, cultivate; **er pflegt, das zu tun** he usually does that
die **Pflegeversicherung, -en** long-term care insurance
die **Pflicht, -en** requirement, duty, obligation
das **Pflichtfach, ⁼er** required subject

das **Pfund, -e** pound; **zwei ~** two pounds (of)
die **Pharmazie** pharmaceutics; pharmacy
die **Philologie** philology
der **Philosoph, -en, -en** philosopher
die **Philosophie** philosophy
die **Physik** physics
der **Physiker, -** physicist
physisch physical(ly)
der **Pianist, -en** pianist
das **Picknick, -s** picnic
picknicken to (have a) picnic; **~ gehen*** to go picnicing
die **Piefke** (*pl.*) Austrian slang for German people
der **Pilot, -en, -en** pilot
die **Pille, -n** (birth control) pill; **die Antibabypille, -n** birth control pill
der **Pinsel, -** paintbrush
die **Pizza, -s** pizza
(jemanden) **plagen** to bother (s.o.)
der **Plan, ⁼e** plan; **Spiel~** schedule of performances
die **Plane, -n** tarp
planen to plan
das **Plastik** plastic
die **Plastikflasche, -n** plastic bottle
die **Plastiktüte, -n** plastic bag
platschen to patter
das **Plattdeutsch** Low German (dialects spoken in the flatlands of northern Germany)
die **Platte, -n** record; platter
der **Plattenbau, -ten** housing projects typical for GDR
der **Plattenspieler, -** record player
der **Platz, ⁼e** place, room, space; (town) square; seat
die **Platzanweiser, -** usher
das **Plätzchen, -** cookie
plaudern to chat
plötzlich sudden(ly)
der **Plural, -e (von)** plural (of)
plus plus
der **Plüsch** plush
das **Plusquamperfekt** past perfect
der **Pole, -n, -n / die Polin, -nen** native of Poland
(das) **Polen** Poland
die **Politik** politics
der **Politiker, -** politician
die **Politik(wissenschaft)** political science, politics

politisch political(ly)

die **Polizei** (*sg.*) police; die **Verkehrspolizei** traffic police

der **Polizist, -en, -en** policeman

polnisch Polish

die **Pommes frites** (*pl.*) French fries

populär popular(ly)

die **Popularität** popularity

das **Portemonnaie, -s** wallet

der **Portier, -s** desk clerk

das **Porto** postage

das **Porträt, -s** portrait

(das) **Portugal** Portugal

der **Portugiese, -n, -n** / die **Portugiesin, -nen** the Portuguese

portugiesisch Portuguese

das **Porzellan** porcelain

die **Post** post office; mail

der **Postbote, -n, -n** / die **Postbotin, -nen** mail carrier

der **Postdienst** postal service

der **Posten, -** position

das **Postfach, ⸚er** post office (P.O.) box

die **Postkarte, -n** plain postcard

die **Postkutsche, -n** carriage

die **Postleitzahl, -en** ZIP code

die **Postwertzeichen** (*pl.*) postage

die **Pracht** splendor

prägen to shape, influence

der **Praktikant, -en** intern

praktisch practical(ly)

die **Präposition, -en** preposition

das **Präsens** present time

präsentieren to present

der **Präsident, -en, -en** president

predigen to give a sermon

die **Predigt, -en** sermon

der **Preis, -e** price; prize

die **Preiselbeeren** (*pl.*) type of cranberries

die **Presse** press; **Tages~** daily press

das **Prestige** prestige

prima great, wonderful

primitiv primitive(ly)

der **Prinz, -en, -en** prince

die **Prinzessin, -nen** princess

das **Prinzip, -ien** principle; **im ~** in principle

privat private(ly)

das **Privileg, Privilegien** privilege

pro per

die **Probe, -n** test; **auf die ~ stellen** to test

proben to rehearse

probieren to try

das **Problem, -e** problem; **(Das ist) kein ~.** (That's) no problem.; **ein ~ lösen** to solve a problem

problematisch problematic

das **Produkt, -e** product

die **Produktion** production; **Buch~** book publishing

der **Produzent, -en, -en** producer

produzieren to produce

der **Professor, -en** professor

das **Profil, -e** profile

profitieren to profit

das **Programm, -e** program, channel

der **Programmierer, -** programmer

das **Projekt, -e** project

prominent illustrious, famous

promovieren to earn a doctorate

das **Pronomen, -** pronoun

proportional proportional(ly)

die **Prosa** prose

Prost! Cheers!

der **Protest, -e** protest

protestieren to protest

protzen to brag

das **Provisorium** provisional state

provozieren to provoke

das **Prozent, -e** percent

die **Prüfung, -en** test, exam; **bei einer ~ durch·fallen*** to flunk an exam; **eine ~ bestehen*** to pass an exam; **eine ~ machen** to take an exam; **das ~swesen** exam routine

das **Pseudonym, -e** pseudonym

der **Psychiater, -** psychiatrist

die **Psychoanalyse** psychoanalysis

der **Psychologe, -n, -n** / die **Psychologin, -nen** psychologist

die **Psychologie** psychology

psychologisch psychological (ly)

das **Publikum** audience

der **Pudel, -** Poodle

die **Puderdose, -n** compact

der **Pudding, -s** pudding

der **Pulli, -s** sweater

der **Pullover, -** pullover, sweater; **Rollkragen~** turtleneck sweater

das **Pulver** powder

der **Punkt, -e** point; period

pünktlich on time

die **Puppe, -n** doll

die **Pute, -n** turkey hen

putzen to clean; **sich die Zähne ~** to brush ones teeth

die **Putzfrau, -en** cleaning lady

die **Pyramide, -n** pyramid

 Q

der **Quadratkilometer, -** square kilometer

der **Quadratmeter, -** square meter

die **Qual, -en** torment, agony

die **Qualifikation, -en** qualification

qualifiziert qualified

die **Qualität, -en** quality; **Lebens~** quality of life

die **Quantität** quantity

das **Quartal, -e** quarter (university)

das **Quartett, -e** quartet

das **Quartier, -s** (or **-e**) lodging

der **Quatsch** nonsense

die **Quelle, -n** source

quer durch all across

das **Quiz** quiz

die **Quote, -n** quota

 R

das **Rad, ⸚er** bicyle, bike; **~ fahren*** to bicycle

radeln (ist) (*coll.*) to bike

der **Radiergummi, -s** eraser

das **Radieschen, -** radish

das **Radio, -s** radio

der **Rand, ⸚er** edge; **am ~e** (+ *gen.*) at the outskirts

der **Rang, ⸚e** theater balcony

ran·gehen* (ist) to answer the telephone

die **Rangordnung, en** ranking

ranzig rancid

der **Rasen, -** lawn

der **Rat** advice, counsel

raten (rät), riet, geraten to advise; to guess

das **Rathaus, ⸚er** city hall

das **Rätsel, -** riddle

die **Ratte, -n** rat

der **Raum** space

räumen to clear

räumlich geographic(ally)

das **Raumschiff, -e** spaceship

der **Rausch: im Rausch** delirious

reagieren (auf + *acc.*) to react (to)

die **Reaktion, -en** reaction

die **Realität** reality

die **Realschule, -n** lower-tier high school, grades 5–10

rebellieren to rebel

rechnen to calculate

die **Rechnung, -en** check, bill

recht: Das geschieht dir ~. That serves you right; **Du hast ~.** You're right.

recht-: auf der ~en Seite on the right side

das **Recht, -e** right; **Du hast ~.** You're right.

sich **rechtfertigen** to justify o.s.

rechts right; **erste Straße ~** first street to the right

der **Rechtsanwalt, ̈e / die Rechtsanwältin, -nen** lawyer

der **Rechtsradikalismus** right-wing radicalism

die **Rechtswissenschaft** study of law

rechtwinklig (zu+ *dat.*) perpendicular to

die **Rede, -n** speech; **davon kann keine ~ sein** that is not the case; **indirekte ~** indirect speech

reden (mit/über) to talk (to/about)

die **Redewendung, -en** idiom, saying

reduzieren to reduce

das **Referat, -e** oral presentation (in class); **ein ~ halten*** to give an oral presentation

referieren to give a talk, deliver a speech

reflexiv reflexive(ly)

das **Reformhaus, ̈er** health-food store

das **Regal, -e** shelf

rege frequent(ly), active(ly); **ein reges Kommen und Gehen** frequent come and go

die **Regel, -n rule**

regelmäßig regular(ly)

regeln to regulate

der **Regen** rain

der **Regenschirm, -e** umbrella

die **Regie** prompting; (stage *or* film) direction

die **Regierung, -en** government

das **Regime, -s** regime

die **Region, -en** region

regional regional(ly)

der **Regisseur, -e** director (film)

registrieren to register

regnen to rain; **Es regnet.** It's raining.

regulieren to regulate

regungslos motionless

reiben, rieb, gerieben to rub

reich rich(ly)

das **Reich, -e** empire, kingdom

der **Reichtum, ̈er** wealth

reif ripe; mature

die **Reife** maturity; **Mittlere ~** diploma of a Realschule

die **Reihe, -n** row

die **Reihenfolge, -n** order, sequence

das **Reihenhaus, ̈er** townhouse, row house

der **Reim, -e** rhyme

sich **reimen** to rhyme

der **Reis** rice

die **Reise, -n** trip; **eine ~ machen** to take a trip, travel

das **Reisebüro, -s** travel agency

der **Reiseführer, -** travel guide; guide book

der **Reiseleiter, -** tour guide

reiselustig sein* to love to travel

reisen (ist) to travel

die **Reisesperre, -n** travel curfew

das **Reiseziel, -e** travel destination

reißen, riss, ist gerissen to tear

reiten, ritt, ist geritten to ride (on horseback)

die **Reitschule, -n** riding academy

die **Reklame** commercial; publicity

der **Rektor, -en** university president

relativ relative(ly)

das **Relativpronomen, -** relative pronoun

der **Relativsatz, ̈e** relative clause

die **Religion, -en** religion

das **Rendezvous, -** date

renommiert renowned, well-known

renovieren to renovate

die **Rente, -n** pension

die **Rentenversicherung** social security

das **Rentier, -e** reindeer

die **Reparatur, -en** repair

reparieren to repair

der **Repräsentant, -en, -en** representative

repräsentativ representative

der **Reservat, -e** reservation, preserve

reservieren to reserve

die **Reservierung, -en** reservation

die **Residenz, -en** residence

resignieren to resign, give up

der **Respekt** respect

der **Rest, -e** rest; **der ~ des Tages** the rest of the day

das **Restaurant, -s** restaurant

restaurieren to restore

die **Restaurierung** restoration

das **Resultat, -e** result

(sich) **retten** to save, rescue (o.s.)

der **Retter, -** savior

das **Rezept, -e** recipe

die **Rezeption, -en** reception (desk)

der **Richter, -** judge

der **Richterspruch, ̈e** judgement

die **Richtgeschwindigkeit, -en** recommended speed limit

richtig right, correct

die **Richtigkeit** correctness

die **Richtung, -en** direction; **in ~** in the direction of

riechen, roch, gerochen to smell

der **Riese, -n, -n** giant

das **Riesenrad, ̈er** ferris wheel

riesig huge, enormous(ly)

der **Ring, -e** ring

rings um (+ *acc.*) all around

das **Risiko, Risiken** risk

der **Riss, -e** crack

der **Ritter, -** knight

roh raw

der **Rohmilchkäse** cheese made from raw milk

der **Rolladen, ̈** (roller) shudder

die **Rolle, -n** role; **Haupt~** leading role

das **Rollo, -s** (roller) blind

der **Roman, -e** novel

die **Romanistik** study of Romance languages

die **Romantik** romanticism

romantisch romantic(ally)

der **Römer, -** Roman; die **Römerzeit** Roman period

römisch Roman

rosa pink

die **Rose, -n** rose

die **Rosine, -n** raisin

rot red; **bei Rot** at a red light

die **Rote Grütze** berry pudding

rötlich reddish

rot werden* to blush

die **Roulade, -n**   stuffed beef roll
die **Routine, -n**   routine
der **Rückblick, -e**   review
der **Rücken, -**   back
die **(Hin- und) Rückfahrkarte, -n**
   round-trip ticket
der **Rückgang, ⸚e**   decline
der **Rucksack, ⸚e**   backpack
die **Rücksicht**   consideration;
   ~ nehmen auf   to be
   considerate (of)
rückständig   underdeveloped,
   behind the times
der **Rückweg, -e**   return trip,
   way back
das **Ruderboot, -e**   rowboat
rudern   to row
der **Ruf, -e**   call; reputation; **einen
   guten ~ haben***   to have a good
   reputation
rufen, rief, gerufen   to call
die **Ruhe**   peace and quiet; **in ~**
   quietly, without being rushed;
   ~ haben*   to have peace, be
   undisturbed
der **Ruhetag, -e**   holiday, day off
ruhig   quiet
der **Rumäne, -n, -n / die Rumänin,
   -nen**   Rumanian
rumänisch   Rumanian
rühren   to stir; **sich ~** to move; **Ich
   kann mich kaum ~.** I can hardly
   move.
der **Rum**   rum
rum·schreien* (slang)   to yell
rum·stottern (slang)   to stutter
rund   round
der **Rundblick, -e**   panorama,
   view
die **Rundfahrt, -en**   sightseeing
   trip
der **Rundfunk**   radio,
   broadcasting
der **Russe, -n, -n / die Russin,
   -nen**   the Russian
russisch   Russian
(das) Russland   Russia
**rutschen: nach unten
   rutschen**   to slide down

S

der **Saal, Säle**   large room, hall
die **Sache, -n**   thing; matter,
   issue; aspect **Das ist deine ~.**
   That's your business.; **Haupt~**
   main thing

sächsisch   Saxonian
der **Saft, ⸚e**   juice
sagen   to say, tell; **wie gesagt** as I
   (you, etc.) said
die **Sahne**   cream
die **Saison, -s**   season
der **Salat, -e**   salad, lettuce
die **Salbe, -n**   ointment
das **Salz**   salt
salzig   salty
sammeln   to collect
die **Sammelstelle, -n**   collection
   site
der **Sammler, -**   collector
der **Samstag**   Saturday; **am ~** on
   Saturday
samstags   on Saturdays
der **Samt**   velvet
der **Sand**   sand
die **Sandale, -n**   sandal
sanft   soft(ly), gentle/gently,
   calm(ly)
der **Sängerknabe, -n, -n**   choir
   boy
die **Sanierung, -en**   renovation
der **Satellit, -en, -en**   satellite
die **Satellitenschüssel, -**   satellite
   dish
satteln   to saddle
der **Satz, ⸚e**   sentence
die **Sau, ⸚e**   dirty pig, lit. sow;
   So ein ~wetter! What nasty
   weather!
sauber   clean, neat
die **Sauberkeit**   cleanliness
sauber·machen   to clean
sauer   sour; acid
das **Sauerkraut**   sauerkraut
die **Säule, -n**   column
die **S-Bahn, -en = Schnellbahn**
   commuter train
das **Schach: ~ spielen**   to play
   chess
schade   too bad
schaden   to hurt, damage
der **Schaden, ⸚**   damage;
   Total~ total loss
das **Schaf, -e**   sheep
der **Schäferhund, -e**   German
   shepherd
schaffen, schaffte, geschafft
   to work hard, accomplish;
   Das kann ich nicht ~. I can't
   do it.
schaffen, schuf, geschaffen   to
   create; to shape
der **Schaffner, -**   conductor
die **Schale, -n**   shell, peel
die **(Schall)platte, -n**   record

der **Schalter, -**   ticket window,
   counter
die **Scham**   shame
sich **schämen**   to be embarrassed
die **Schande: Es ist keine
   Schande.**   It's o.k., not an
   embarrassment.
scharfsinnig   quick witted,
   astute(ly)
der **Schatten, -**   shadow
schattenhaft   shadow-like
die **Schattenseite, -n**   dark side
schätzen   to appreciate
schauen   to look at, watch;
   to see; **Mal ~.** I'll have to see.
   (= I don't know yet.); **Schau
   mal!** Look!
das **Schaumbad, ⸚er**   bubble
   bath
der **Schauspieler, -**   actor
der **Scheck, -s**   check
sich **scheiden lassen***   to get
   divorced
die **Scheidung, -en**   divorce
der **Schein, -e**   certificate; **Geld~**
   banknote
scheinbar   apparently
die **Scheindiskussion, -en**
   fabricated issue
scheinen, schien, geschienen
   to shine; to seem (like), appear
   (to be)
die **Scheiße: ~ am Hacken haben***
   (vulgar) to be in real trouble
schenken   to give (as a present)
die **Schere, -n**   scissors
die **Scheu**   shyness; **keine Scheu**
   no fear
scheußlich   terrible, terribly,
   disgusting(ly)
die **Schicht, -en**   level; **die obere ~**
   upper level (of society)
schick   chic(ly), neat(ly)
schicken   to send
schief   crooked, not straight;
   ~ gehen* to go wrong;
   (jemanden) **~ anschauen** to
   criticize
schießen, schoss, geschossen   to
   shoot; **wie Pilze aus dem Boden ~**
   to sprout
der **Schießbefehl, -e**   order to
   use weapons
die **Schießbude, -n**   shooting
   gallery
das **Schiff, -e**   ship, boat; **mit
   dem ~ fahren*** to go by boat
das **Schild, -er**   sign
die **Schildkröte, -n**   turtle

der **Schinken, -** ham
der **Schirm, -e** umbrella
der **Schlachter, -** butcher
der **Schlafanzug, ⁼e** pyjama
schlafen (schläft), schlief,
  geschlafen to sleep
schlaflos sleepless
der **Schlafsack, ⁼e** sleeping bag
das **Schlafzimmer, -** bedroom
schlagartig abruptly
schlagen (schlägt), schlug,
  geschlagen to hit, beat
die **Schlagsahne** whipped
  cream, whipping cream
das **Schlagzeug** drums
die **Schlange, -n** snake
schlank slim, slender
schlau clever(ly), sly(ly); **~ wie**
  ein Fuchs clever as a fox
das **Schlauchboot, -e** rubber
  boat
schlecht bad(ly)
schleichen, schlich, ist
  geschlichen to creep
schließen, schloss, geschlossen
  to lock, close
das **Schließfach, ⁼er** locker
schließlich after all, in the end,
  finally
schlimm bad, awful
der **Schlips, -e** tie
der **Schlitten, -** sled
das **Schloss, ⁼er** castle; palace
schlürfen to sip, slurp
der **Schlüssel, -** key
schmecken to taste (good); **Das**
  schmeckt (gut). That tastes
  good.
schmelzen (schmilzt), schmolz,
  ist geschmolzen to melt
der **Schmerz, -en** pain, ache;
  ~en haben* to have pain; **Ich**
  habe (Kopf)schmerzen. I have a
  (head)ache.
der **Schmetterling, -e** butterfly
der **Schmied, -e** blacksmith
der **Schmutz** dirt
schmutzig dirty
das **Schnäppchen, -** bargain
schnarchen to snore
schnaufen to puff, pant
der **Schnee** snow
schneiden, schnitt,
  geschnitten to cut
schneien to snow; **es schneit** it's
  snowing
schnell quick(ly), fast
der **Schnellweg, -e** express
  route

der **Schnickschnack** (*coll.*) frills
das **Schnitzel, -** veal cutlet
der **Schock, -s** shock
die **Schokolade** chocolate
schon already; **das ~** that's
  true, sure
schön fine, nice(ly), beautiful(ly)
schonen to protect
die **Schönheit, -en** beauty
der **Schrank, ⁼e** closet,
  cupboard
der **Schreck** shock; **Ach du ~!** My
  goodness!
schrecklich terrible, terribly
schreiben, schrieb, geschrieben
  to write; **~ Sie bitte!** Please
  write!; **Wie schreibt man das?**
  How do you write that?; **~ an**
  (+ *acc.*) to write to
die **Schreibmaschine, -n**
  typewriter
der **Schreibtisch, -e** desk
schreien, schrie, geschrien to
  scream
der **Schreinergehilfe, -n,**
  -n carpenters' helper
die **Schrift, -en** script; (hand)
  writing
schriftlich written; in writing
der **Schriftsteller, -** writer,
  author
der **Schritt, -e** step; gait; pace
  (unit of measure)
schrumpfen (ist) to shrink
schubsen to shove
schüchtern shy
der **Schuh, -e** shoe; **Sport~** gym
  shoe, sneaker
die **Schuld** guilt
die **Schulden** (*pl.*) debt
die **Schule, -n** school
der **Schüler, -** pupil, student
die **Schulter, -n** shoulder;
  (jemandem) **auf die ~ klopfen**
  to slap
die **Schürze, -n** apron
die **Schüssel, -n** bowl
der **Schutt** debris
schütteln to shake
schütten (in + *acc.*) to dump,
  pour (into), spill
der **Schutz** protection; **Umwelt~**
  environmental protection
der **Schütze, -n, -n** rifleman,
  marksman; Sagittarius
schützen to protect
der **Schwabe, -n, -n /** die
  Schwäbin, -nen the Swabian
(das) **Schwaben(land)** Swabia

schwäbisch (*adj.*) Swabian
schwach weak
die **Schwäche, -n** weakness
der **Schwager, -** brother-in-law
die **Schwägerin, -nen** sister-in-law
schwanger pregnant
schwänzen to skip class
schwärmen (von + *dat.*) to rave
  (about)
schwarz black; **~·fahren*** to ride
  (a bus, subway, etc.) without
  paying
das **Schwarzbrot, -e** rye bread
der **Schwede, -n, -n /** die
  Schwedin, -nen the Swede
(das) **Schweden** Sweden
schwedisch Swedish
schweigen, schwieg,
  geschwiegen to be/remain
  silent, say nothing
das **Schwein, -e** pig, pork;
  scoundrel; **~ gehabt!** I was (you
  were, etc.) lucky!
der **Schweinebraten** pork roast
die **Schweinshaxe, -n** pigs
  knuckles
der **Schweiß** sweat
die **Schweiz** Switzerland
der **Schweizer, -** the Swiss
Schweizer/schweizerisch Swiss
das **Schweizerdeutsch** German
  dialect of Switzerland
das **Schweizer**
  Hochdeutsch variant of
  Standard German, spoken in
  Switzerland
schwer heavy, heavily, hard,
  difficult; **~es Essen** heavy food
die **Schwerarbeit** hard / menial
  work
der **Schwerbehinderte (ein**
  Schwerbehinderter) / die
  Schwerbehinderte, -n, -n
  handicapped person
der **Schwerpunkt, -e** emphasis,
  concentration
die **Schwester, -n** sister
das **Schwesterchen, -** little sister
Schwieger- in-law; **die ~eltern**
  parents-in-law, in-laws; **die**
  ~mutter mother-in-law; **der**
  ~vater father-in-law
die **Schwierigkeit, -en** difficulty;
  der ~sgrad, -e level of difficulty;
  in ~en sein* to be in trouble
das **Schwimmbad, ⁼er** (large)
  swimming pool
die **Schwimmbekleidung** swim
  wear

schwimmen, schwamm, ist geschwommen to swim; **~ gehen*** to go swimming

der **Schwimmer, -** swimmer

der **Schwindel** corruption, dishonesty

schwul gay

schwül humid

der **Schwund** loss

ein **Sechstel** one sixth

der **See, -n** lake

die **See** sea, ocean

der **Seehund, -e** seal

die **Seelentätigkeit, -en** mental activity

das **Segelboot, -e** sailboat

segelfliegen gehen* to go gliding

segeln to sail; **~ gehen*** to go sailing

der **Segen** blessing

sehen (sieht), sah, gesehen to see, look; **(etwas) locker sehen** to be casual (about s.th.), make light of (s.th.); **Mal ~!** Let's see!

die **Sehenswürdigkeit, -en** sight, tourist attraction

die **Sehnsucht, ̈e** longing, yearning

sehr very

die **Seide, -n** silk

die **Seife, -n** soap

die **Seilbahn, -en** cable car, lift, gondola

sein his, its

sein (ist), war, ist gewesen to be

seit (+ *dat.*) since, for (time)

seitdem since then

die **Seite, -n** page

die **Sekretär, -e** secretary

der **Sekt** champagne

die **Sekunde, -n** second

selbst self; **~ wenn** even if

selbstbewusst self-confident, self-assured

das **Selbstbewusstsein** self-confidence

das **Selbstmitleid** self-pity

selbstständig (selbständig) self-employed, independent

die **Selbstständigkeit (Selbständigkeit)** independence

selten seldom

seltsam strange, bizarre, weird

das **Semester, -** semester

das **Seminar, -e** seminar

die **(Seminar)arbeit, -en** term paper

die **Semmel, -n** roll (regional term)

der **Sender, -** (radio or TV) station

die **Sendung, -en** TV or radio program

der **Senf** mustard

der **September** September; **im ~** in September

die **Serie, -n** series

servieren to serve (food)

die **Serviette, -n** napkin

Servus! Hi!/Bye! (in Bavaria and Austria)

der **Sessel, -** armchair

der **Sessellift, -e** chairlift

setzen to set (down), put; **sich ~** to sit down; **sich dazu ~** to join s.o. at a table

seufzen to sigh

das **Shampoo, -s** shampoo

sicher sure, certain; safe, secure; **eine ~e Bank** a sure thing; **Es geht ~.** It's probably all right.; **Ja, ~.** Yes, sure.; **sich ~ sein** to be certain

die **Sicherheit** safety, security; confidence; **mit ~** definitely

sicherlich surely, certainly, undoubtedly

sichern to secure

die **Siedlung, -en** settlement, subdivision

der **Sieg, -e** victory

der **Sieger, -** victor

siezen to call each other "Sie"

die **Silbe, -n** syllable

das **Silber** silver; **der ~schmied, -e** silver smith

silbern (*adj.*) silver

(das) **Silvester: zu ~** at/for New Year's Eve

sinken, sank, ist gesunken to sink

der **Sinn, -e** mind, sense, meaning; **in den ~ kommen*** to come to mind

die **Situation, -en** situation

die **Sitzecke, -n** corner bench (seating arrangement)

sitzen, saß, gesessen to sit (be sitting)

der **Ski, -er** ski; **~ laufen*** to ski; **~laufen gehen*** to go skiing

der **Skilanglauf** cross-country skiing

der **Skiläufer, -** skier

der **Skilift, -e** ski lift

die **Skipiste, -n** ski slope

der **Skorpion, -e** scorpion; Scorpio

skrupellos unscrupulous(ly)

die **Skulptur, -en** sculpture

die **Slawistik** study of Slavic language and literature

der **Slowake, -n, -n /** die **Slowakin, -nen** the Slovak

slowakisch Slovakian

die **Slowakische Republik = Slowakei** Slovak Republic = Slovakia

der **Slowene, -n, -n /** die **Slowenin, -nen** the Slovene

(das) **Slowenien** Slovenia

slowenisch Slovenian

so so; **so viel** as much as; **~ ich weiß** as much as I know

sobald as soon as

die **Socke, -n** sock

das **Sofa, -s** sofa, couch

sofort immediately, right away

sogar even

sogenannt so-called

der **Sohn, ̈e** son

solch- such

der **Soldat, -en, -en** soldier

sollen (soll), sollte, gesollt to be supposed to

der **Sommer, -** summer; **im ~** in the summer

das **Sonderangebot, -e: im ~** on sale, special

sonderbar strange

sondern but (on the contrary); **nicht nur, . . . ~ auch** not only . . . but also

der **Sonnabend** Saturday (in northern and central Germany)

die **Sonne** sun

sich **sonnen** to lie in the sun

der **Sonnenaufgang, ̈e** sunrise

die **Sonnenblume, -n** sunflower

die **Sonnenbrille, -n** sunglasses

die **Sonnencreme, -s** suntan lotion

das **Sonnenöl** suntan lotion

der **Sonnenuntergang, ̈e** sunset

sonnig sunny

der **Sonntag** Sunday; **am ~** on Sunday; **Toten~** Memorial Day

sonntags on Sundays

die **Sorge, -n** worry, concern; **sich** (*dat.*) **~n machen (um)** to be concerned (about), be worried (about) sich **sorgen** to worry; sich ~ **um** (+ *acc.*) to worry about; to take care of

die **Sorte, -n** type, variety

sortieren to sort

die **Soße, -n** sauce, gravy

die **Souveränität** sovereignty

sowie as well as

sowieso anyway, anyhow

sowjetisch Soviet

sowohl . . . als auch . . . as well as

die **Sozialhilfe** social welfare

der **Sozialismus** socialism

sozialistisch socialist

die **Sozialkunde** social studies

der **Sozialpädagoge, -n, - n** / die **Sozialpädagogin, -nen** social worker

das **Sozialsystem, -e** social system

die **Sozialwissenschaft, -en** social science

die **Soziologie** social studies, sociology

(das) **Spanien** Spain

der **Spanier, -** the Spaniard

spanisch Spanish

spannend exciting, suspenseful

die **Spannung, -en** tension; suspense

sparen to save (money or time)

der **Spargel** asparagus

die **Sparkasse, -n** savings bank

sparsam thrifty

spartanisch Spartan, frugal(ly)

der **Spaß** fun; ~ **machen** to be fun; **Das macht (mir) ~.** That's fun. I love it.

spät late; **Wie ~ ist es?** What time is it?

später later; **Bis ~!** See you later!

der **Spatz, -en** sparrow

die **Spätzle** (*pl.*) tiny Swabian dumplings

spazieren to stroll, to walk; ~ **gehen*** to go for a walk

der **Spaziergang, ̈e** walk

der **Speck** bacon

die **Speise, -n** food, dish; **Vor~** appetizer

die **Speisestärke** cornstarch

der **Speisewagen, -** dining car

die **Spekulation, -en** speculation

die **Spezialisierung** specialization

der **Spezialist, -en, -en** specialist

die **Spezialität, -en** specialty

spezifisch specific(ally)

der **Spiegel, -** mirror

das **Spiel, -e** game, play

spielen to play

der **Spielplan, ̈e** program, performance schedule

der **Spielplatz, ̈e** playground

das **Spielzeug** toy(s)

spitze (*adj.*) great, super

die **Spitze, -n** top

der **Spitzenkandidat, en** important figures (in a political party)

der **Spitzname, -ns, -n** nickname

spontan spontaneous(ly)

der **Sport** sport(s); ~ **treiben*** to engage in sports

der **Sportler, -** athlete

sportlich athletic(ally), sporty

der **Sportverein, -e** sports club

spöttisch cynical(ly)

der **Spottvers, -e** satirical verse

die **Sprache, -n** language

sprechen (spricht), sprach, gesprochen to speak; **Ist . . . zu ~?** May I speak to . . . ?; **Man spricht . . .** They (People) speak . . .; ~ **Sie langsam bitte!** Speak slowly, please.; ~ **Sie lauter!** Speak louder.; ~ **von** (+ *dat.*) / **über** (+ *acc.*) to speak of/about

der **Sprecher, -** speaker, announcer, anchor

die **Sprechsituation, -en** (situation for) communication

das **Sprichwort, ̈er** saying, proverb

springen, sprang, ist gesprungen to jump

das **Spritzgebäck** cookies shaped with a cookie press

der **Spruch, ̈e** saying

der **Sprung, ̈e** jump

spülen to wash dishes

die **Spülmaschine, -n** dishwasher

das **Spülmittel, -** dishwashing liquid; detergent

die **Spur, -en** trace

spüren to feel, sense

der **Staat, -en** government; state

staatlich public; ~ **kontrolliert** state-controlled

die **Staatsangehörigkeit** citizenship

der **Staatsbürger, -** citizen

die **Staatsbürgerschaft, -en** citizenship

der **Staatssicherheitsdienst = die Stasi** GDR secret police

das **Stadion, -s** stadium

das **Stadium** Stadien stage

die **Stadt, ̈e** city, town

das **Stadthaus, ̈er** townhouse (3 to 4 stories or more)

die **Stadtmauer, -n** city wall

der **Stadtrand** outskirts (of town)

die **Stadtratte, -n** city person (*lit.* city rat)

das **Stadtviertel, -** city neighborhood, quarter

der **Stall, ̈e** stable

der **Stamm, ̈e** tribe

der **Stammbaum, ̈e** family tree

stammen (**aus** + *dat.*) to descend (from), come (from), stem (from), originate (in)

stampfen to stomp

der **Stand, ̈e** booth (i.e., in a market)

der **Standard, -s** standard

das **Standesamt, ̈er** marriage registrar

standesgemäß according to one's social standing

die **Stange, -n** pole, bar

stark strong(ly)

starren to stare

die **Station, -en** (bus) stop

die **Statistik, -en** statistic

statt (+ *gen.*) instead of; ~**dessen** instead of that

statt·finden* to take place

der **Stau, -s** traffic jam

der **Staub** dust

der **Staubsauger, -** vacuum cleaner

staunen to be amazed

stechen (sticht), stach, gestochen to prick, sting

stecken to stick

stehen, stand, gestanden to stand (or be standing)

stehen bleiben* to come to a stop, remain standing

der **Stehplatz, ̈e** standing ticket (for the Opera)

steif stiff(ly)

steigen, stieg, ist gestiegen to go up, rise, climb

steigern to increase

steil steep(ly)

der **Stein, -e** stone

der **Steinbock, ̈e** ibex; Capricorn

die **Stelle, -n** job, position, place; **an deiner ~** in your shoes, if I were you

stellen to stand (upright), put; **eine Frage ~** to ask a question

das **Stellenangebot, -e** job opening/offer

das **Stellwerk, -e** railway control center

sterben (stirbt), starb, ist gestorben to die

die **Stereoanlage, -n** stereo system

das **Sternzeichen, -** sign of the zodiac

das **Stichwort, ̈er** key word

Stief-: die ~eltern stepparents; **die ~mutter** stepmother; **der ~vater** stepfather

der **Stiefel, -** boot

die **Stiefelette, -n** short boot

der **Stier, -e** bull; Taurus

der **Stil, -e** style

still quiet(ly)

die **Stimme, -n** voice

stimmen to be right/true; **(Das) stimmt.** (That's) true. (That's) right.

die **Stimmung, -en** atmosphere, mood

das **Stipendium, Stipendien** scholarship

die **Stirn** forehead

stöhnen to groan, moan, complain

der **Stollen, -** Christmas cake / bread with almonds, raisins, and candied peel

stolz (auf + acc.) proud (of); proudly

der **Stolz** pride

der **Stopp, -s** stop

das **Stoppschild, -er** stop sign

der **Storch, ̈e** stork

stören to bother, disturb; to disrupt

die **Strafe, -n** punishment

der **Strafzettel, -** (traffic violation) ticket

strahlen to shine

der **Strand, ̈e** beach; **~korb, ̈e** beach basket (chair)

die **Straße, -n** street

die **Straßenbahn, -en** streetcar

das **Straßenbild** scene

die **Strategie, -n** strategy

strategisch strategic(ally)

der **Strauch, ̈er** bush

der **Strauß, ̈e** bouquet (of flowers)

streben (nach) to strive (for)

der **Streber, -** one who studies excessively, grind

strebsam ambitious(ly)

der **Streich, -e** prank

die **Streife, -n** patrol; **~ fahren** to patrol

der **Streifen, -** strip of land

streng severe(ly), strict(ly)

der **Stress** stress; **zu viel ~** too much stress

die **Strichliste, -n** check list

das **Stroh** straw

der **Strom** electricity

der **Strom, ̈e** flow, river

die **Strophe, -n** stanza

die **Struktur, -en** structure; grammar

der **Strumpf, ̈e** stocking

der **Student, -en, -en** student

das **Studentenwohnheim, -e** student residence, dorm(itory)

der **Studienaufenthalt, -e** study-abroad stay

das **Studienbuch, ̈er** course record book (kept by students)

der **Studiengang, ̈e** course of study, major

die **Studiengebühr, -en** tuition

der **Studienplatz, ̈e** opening to study at the university

studieren to study a particular field, be a student at a university; **~ (an + dat.)** to be a student (at)

der **Studierende (ein Studierender) / die Studierende, -n, -n** student

das **Studio, -s** studio

das **Studium, Studien** course of study, university degree program

die **Stufe, -n** step

der **Stuhl, ̈e** chair

die **Stunde, -n** hour, class lesson; **in einer Dreiviertel~** in 45 minutes; **in einer halben ~** in half an hour; **in einer Viertel~** in 15 minutes

stundenlang for hours

stur stubborn(ly)

stürmisch stormy

das **Subjekt, -e** subject

subventionieren to subsidize

die **Suche** search; **auf der ~ nach** in search for

suchen to look for; **gesucht wird** wanted

süchtig (nach + dat.) addicted

der **Süden: im ~** in the south

südlich (von) south (of), to the south (of)

super superb(ly), terrific(ally)

der **Superlativ, -e** superlative

der **Supermarkt, ̈e** supermarket

supermodern very modern

die **Suppe, -n** soup

surfen to surf; **wind~ gehen*** to go windsurfing

süß sweet, cute; **Ach, wie ~!** Oh, how cute!

das **Sweatshirt, -s** sweatshirt

der **Swimmingpool, -s** pool

das **Symbol, -e** symbol

symbolisieren to symbolize

die **Sympathie** congeniality

sympathisch congenial, likable; **sie sind mir ~** I like them

die **Symphonie, -n** symphony

die **Synagoge, -n** synagogue

synchronisiert dubbed

das **System, -e** system

die **Szene, -n** scene

die **Tabelle, -n** chart

die **Tablette, -n** pill

tabu taboo

tadellos above reproach

die **Tafel, -n** (black)board; **Gehen Sie an die ~!** Go to the (black)board.

der **Tag, -e** day; **am ~** during the day; **eines Tages** one day; **jeden ~** every day; **(Guten) ~!** Hello! Hi! (informal); **~ der Arbeit** Labor Day

das **Tagebuch, ̈er** journal, diary

tagelang for days

-tägig days long

täglich daily

das **Tal, ̈er** valley

das **Talent, -e** talent

talentiert talented

die **Tankstelle, -n** gas station

die **Tante, -n** aunt

der **Tanz, ̈e** dance

tanzen to dance

die **Tanzfläche, -n** dance floor

tappen (ist) to tiptoe

die **Tasche, -n** bag, pocket; **Hand~** handbag

die **Taschenlampe, -n** flashlight

das **Taschenmesser, -** pocket knife

die **Tasse, -n** cup; **eine ~** a cup of
die **Tatsache, -n** fact
taub deaf
die **Taube, -n** dove; pigeon
tauchen (in + *acc.*) to dip (into)
tauschen to trade
das **Taxi, -s** taxi
die **Technik** technic
der **Techniker, -** technician
technisch technical(ly)
die **Technologie, -n** technology
der **Tee, -s** tea
der **Teenager, -** teenager
der **Teil, -e** part
teilen to share, divide
die **Teilnahme** participation
teil·nehmen* (**an** + *dat.*) to participate, take part (in)
der **Teilnehmer, -** participant
teils partly
die **Teilung, -en** division
teilweise partly
das **Telefon, -e** telephone
telefonieren to call up, phone
die **Telefonkarte, -n** telephone card
die **Telefonnummer, -n** telephone number
die **Telefonzelle, -n** telephone booth
die **Telekommunikation** telecommunications
der **Teller, -** plate
das **Temperament, -e** temperament
temperamentvoll dynamic
die **Temperatur, -en** temperature
das **Tempo, -s** speed;
das **Tempolimit, -s** speed limit
das **Tennis: ~ spielen** to play tennis
der **Teppich, -e** carpet
die **Terrasse, -n** terrace
der **Terrier, -** Terrier
der **Terrorismus** terrorism
das **Testament, -e** last will and testament
testen to test
der **Teufel, -** devil
der **Text, -e** text
das **Textilgeschäft, -e** clothing store
das **Theater, -** theater
das **Thema, Themen** topic
der **Theologe, -n, -n / die Theologin, -nen** theologian
die **Theologie** theology
die **Theorie, -n** theory

die **Therapie, -n** therapy
das **Thermalbad, ⁻er** thermal bath/spa
das **Thermometer, -** thermometer
thüringisch Thuringian
tief deep
die **Tiefebene, -n** lowlands
tiefgefroren frozen
die **Tiefkühlkost** frozen foods
das **Tier, -e** animal; **Haus~** pet; **Jedem ~chen sein Pläsierchen.** To each his own
die **Tierart, -en** animal species
tierlieb fond of animals
das **Tierkreiszeichen, -** sign of the zodiac
die **Tiermedizin** veterinary science
der **Tiger,-** tiger
die **Tinte** ink
das **Tintenfass, ⁻er** inkwell
der **Tisch, -e** table; **Nacht~** nightstand
die **Tischdecke, -n** tablecloth
der **Tischler, -** cabinet maker
das **Tischtuch, ⁻er** tablecloth
der **Titel, -** title
tja well
der **Toast, -s** (piece of) toast
das **Toastbrot, -e** (packaged loaf of) toast
der **Toaster, -** toaster
die **Tochter, ⁻** daughter
der **Tod** death; **dem Tod entrinnen*** to escape death narrowly
todmüde dead-tired
die **Toilette, -n** toilet
tolerant tolerant
die **Toleranz** tolerance
toll great, terrific
die **Tomate, -n** tomato
das **Tomatenmark** tomato paste
der **Ton, ⁻e** tone, note, pitch
der **Topf, ⁻e** pot
das **Tor, -e** gate, gateway
die **Torte, -n** (fancy) cake
tot dead
total total(ly)
der **Totalschaden, ⁻** total wreck
der **Tote (ein Toter) / die Tote, -n, -n** dead person
töten to kill
die **Tour, -en** tour
der **Tourismus** tourism
der **Tourist, -en, -en** tourist
das **Tournier, -e** tournament
traditionell traditional(ly)

die **Tragetasche, -n** tote bag
der **Trainer, -** coach
das **Training** training
die **Trambahn, -en** streetcar
die **Träne, -n** tear
transportieren to transport
die **Traube, -n** grape
trauen (+ *dat.*) to trust; **ein Paar ~** to marry a couple
der **Traum, ⁻e** dream
träumen (von) to dream (of)
der **Träumer, -** dreamer
traurig sad(ly)
die **Traurigkeit** sadness
die **Trauung, -en** wedding ceremony
das **Treffen, -** meeting, reunion
der **Treffpunkt, -e** meeting place
treiben, trieb, getrieben to push; **Sport ~** to engage in sports
der **Treibhauseffekt** greenhouse effect
(sich) **trennen** to separate
die **Treppe, -n** stairs, stairway
das **Treppenhaus, ⁻er** stairwell
der **Tresen, -** counter, bar
treten (tritt), trat, ist getreten to step; **mit Füßen ~** to treat (s.o.) badly, with disrespect
treu faithful(ly), true, loyal(ly)
sich **trimmen** to keep fit
trinken, trank, getrunken to drink
der **Trockner, -** dryer
die **Trommel, -n** drum
die **Trompete, -n** trumpet
trösten to console
trotz (+ *gen.*/[+ *dat.*]) in spite of
trotzdem nevertheless, in spite of that
die **Trümmer** (*pl.*) rubble; ruins
der **Trümmerhaufen, -** pile of rubble
der **Tscheche, -n, -n / die Tschechin, -nen** Czech person
tschechisch Czech
die **Tschechische Republik = (das) Tschechien** Czech Republic
die **Tschechoslowakei** (former) Czechoslovakia
Tschüs! So long; (Good)bye!
das **T-Shirt, -s** T-shirt
tüchtig (very) capable
tun (tut), tat, getan to do
die **Tür, -en** door
der **Türke, -n, -n / die Türkin, -nen** Turkish person

die **Türkei** Turkey
türkis turquoise
türkisch Turkish
der **Turm, ⁼e** tower; steeple
der **Turner, -** gymnast
turnen to do sports or gymnastics
die **Turnhalle, -n** gym;
der **Turnverein, -e** athletic club
die **Tüte, -n** bag
typisch typical(ly)

die **U-Bahn, -en =
Untergrundbahn** subway
über (+ *acc./dat.*) over, above;
about
überall everywhere
der **Überblick** overview
überein·stimmen to agree
überfliegen* (hat) to skim
überfordert overworked,
overtaxed
überfüllt (over)crowded
überhaupt at all; **~ kein Problem**
no problem at all; **~ nicht** not
at all
das **Überholverbot, -e** no
passing restriction
überlassen bleiben* to be left
up to (s.o.); **Das Studium bleibt
den Studenten überlassen.** The
course of study is left up to the
students.
überleben to survive
überlegen to wonder, ponder
überlegen (*adj.*) superior
übermorgen the day after
tomorrow
übernachten to stay
(overnight); to spend
the night
die **Übernachtung, -en** (overnight) accommodations
überprüfen to check
überraschen to surprise
überrascht surprised; with
surprise
die **Überraschung, -en** surprise;
So eine ~! What a surprise!
übersetzen to translate
die **Übersetzung, -en** translation
über·siedeln to relocate
übersinnlich psychic,
paranormal
die **Überstunde, -n** overtime
übertreiben* to exaggerate

überzeugen to convince;
überzeugt sein to be convinced
die **Überzeugung,
-en** conviction, opinion
überzüchtet overly cultivated
üblich usual, customary
übrig bleiben* to be left, left
over, remain
übrigens by the way
die **Übung, -en** exercise, practice
das **Ufer, -** riverbank
die **Uhr, -en** watch, clock;
o'clock; **~zeit** time of the day;
Wie viel ~ ist es? What time is it?
der **Uhrmacher, -** watchmaker
der **Ukrainer, -** Ukrainian
ukrainisch Ukrainian
um (+ *acc.*) around (the
circumference); at . . . o'clock;
fast ~ almost over; **~ . . . zu** in
order to
um- around, over, from one to
the other
um sein* to be over/up; **deine
Zeit ist ~** your time is up
sich **um·blicken** to look around
um·bringen* (+ *acc.*) to kill (s.o.)
der **Umbruch, ⁼e** radial change
um·denken to think differently
die **Umfrage, -n** survey,
questionnaire; study;
Meinungs~ opinion poll
die **Umgangsform, -en** manners
die **Umgangssprache** colloquial
speech
umgeben (von) surrounded by
die **Umgebung** surrounding
region
umgekehrt vice versa
umher·sehen* to look around
um·kehren to turn around
(um·)kippen (ist) to tip over
um·leiten to detour
umliegend surrounding
ummauern to surround by a wall
der **Umsatz** sales, spending
sich **um·sehen*** to look around
die **Umsicht** care
der **Umstand, ⁼e** circumstance
um·steigen* (ist) to change
(trains, etc.)
der **Umtausch** exchange
um·tauschen to exchange
die **Umwelt** environment;
surroundings
umweltbewusst
environmentally aware
der **Umweltminister, -**
environmental secretary

der **Umweltschützer, -**
environmentalist
**um·ziehen (zieht um), zog um,
ist umgezogen** to move; **sich
um·ziehen*** to change (clothing),
get changed
der **Umzug, ⁼e** parade; move,
moving
unabhängig (von) independent
(of); independently
unangenehm unpleasant
unattraktiv unattractive(ly)
unaufdringlich discreet,
unobtrusive
unbarmherzig mercilessly
unbebaut vacant, empty
unbedingt definitely
unbegehrt undesired
unbegrenzt unlimited
unbequem uncomfortable,
inconvenient
unbeschwert carefree
unbewohnt unoccupied
und and
und so weiter = usw. and so
on, etc.
undeutlich fuzzy, obscure
unecht fake
unehrlich dishonest(ly)
unentrinnbar inescapable
unerfahren inexperienced
der **Unfall, ⁼e** accident
unflexibel inflexible
unfreiwillig involuntary,
involuntarily
unfreundlich unfriendly
der **Unfug** nonsense,
foolishness
der **Ungar, -n, -n** Hungarian
person
ungarisch Hungarian
(das) **Ungarn** Hungary
ungebildet uneducated
ungeduldig impatient(ly)
ungefähr about, approximately
ungemütlich unpleasant,
uncomfortable
ungenügend insufficient;
approx. grade F
ungestört unhindered
ungesund unhealthy
unglaublich unbelievable,
unbelievably, incredible,
incredibly; **(Das ist doch) ~!**
(That's) unbelievable / hard
to believe!
das **Unglück** bad luck
unglücklich unhappy,
unhappily

unheimlich tremendous(ly), extreme(ly); **(Das ist) ~ interessant.** (That's) really interesting.

unhöflich impolite(ly)

die **Universität, -en = Uni, -s** (*coll.*) university

unkompliziert uncomplicated

unmittelbar right, directly

unmöbliert unfurnished

unmöglich impossible, impossibly

Unrecht haben* to be wrong; **jemandem Unrecht tun*** to do an injustice

uns us, to us; **bei ~** at our place; in our city/country

unscheinbar unconspicuous

unselbstständig dependent

unser our

unsicher insecure, unsafe

die **Unsicherheit, -en** insecurity

der **Unsinn** nonsense

unsportlich unathletic

unsympathisch uncongenial, unlikable, unpleasant

untalentiert untalented

unten downstairs

unter (+ *acc./dat.*) under, below; among; **~ einander** among each other / one another

die **Unterdrückung** oppression

der **Untergang** fall, downfall

sich **unterhalten* (mit)** to converse, have a conversation (with)

unterhaltend entertaining

die **Unterhaltung, -en** conversation; entertainment

unternehmen* to do, undertake; to take steps

das **Unternehmen, -** company, business, corporate enterprise

unternehmungslustig enterprising

das **Unterpfand** pledge (for)

der **Unterricht** instruction, lesson, class

unterrichten to teach

unterscheiden, unterschied, unterschieden to differentiate; **sich ~** to differ

unterschreiben* to sign

die **Unterschrift, -en** signature

die **Unterschriftenaktion, -en** referendum

unterstützen to support

die **Unterstützung** support

unterwegs on the way, traveling

untreu unfaithful; **sich ~ sein*** to be unfaithful to oneself

unübersehbar obvious

die **Unübersichtlichkeit, -en** confusion, mess

unverblümt unvarnished

unverheiratet unmarried, single

unverschämt impertinent

unverzeihlich unforgivable

unvollständig incomplete, incompletely

die **Unwahrscheinlichkeit** improbability; unlikelyhood; unreal condition

unwillig reluctant(ly)

unzerstört intact

unzufrieden discontent

unzuverlässig unreliable, unreliably

uralt very old

Urgroß-: die ~eltern great-grandparents; **die ~mutter** great-grandmother; **der ~vater** great-grandfather

der **Urheber, -** originator

der **Urlaub, -e** (paid) vacation; **im ~** on vacation; **der Mutterschafts~** maternity leave

der **Urlaubstag, -e** (paid) vacation day

die **Ursache, -n** reason

der **Ursprung, ¨e** origin

ursprünglich original(ly)

das **Urteil, -e** judgement

die **USA = Vereinigten Staaten von Amerika** (*pl.*) USA

usw. (und so weiter) etc. (and so on)

der **Valentinstag** Valentines Day

die **Vanille** vanilla

die **Variante, -n** variation

die **Variation, -en** variation

variieren to vary

die **Vase, -n** vase

der **Vater, ¨** father; **Groß~** grandfather; **Stief~** stepfather; **Urgroß~** great-grandfather

das **Vaterland** native country, country of origin, homeland

die **Vaterschaft, -en** fatherhood

der **Vati, -s** Dad

der **Vegetarier, -** vegetarian

sich **verabreden** to arrange to meet

verallgemeinern to generalize

die **Verallgemeinerung, -en** generalization

verankert anchored

die **Veranstaltung, -en** event

die **Verantwortung, -en** responsibility

verantwortungsvoll responsible, responsibly

verarmt impoverished

die **Verarmung** impoverishment

das **Verb, -en** verb; **Hilfs~** auxiliary verb; **Modal~** modal auxiliary; **reflexives ~** reflexive verb

verbannen to ban

sich **verbergen (verbirgt), verbarg, verborgen** to hide

verbessern to improve

sich **verbeugen** to bow

verbieten, verbot, verboten to forbid, prohibit

verbinden, verband, verbunden to connect, tie together, link, make a connection

die **Verbindung, -en** connection, association, relation; fraternity; **in Verbindung bringen* (mit)** to associate (with), relate (to)

verbittert bitter

verblüffend astounding

das **Verbot, -e** restriction

verboten prohibited, forbidden

der **Verbrauch** consumption

verbrauchen to consume

der **Verbraucher, -** consumer

verbreiten to distribute, spread

verbreitern to widen

die **Verbreitung, -en** distribution

verbrennen, verbrannte, verbrannt to burn

verbringen* to spend (time)

verbunden in touch, close

die **Verbundenheit** closeness

verdammen to curse; **Verdammt noch mal!** Damn it!

verderben (verdirbt), verdarb, verdorben to spoil

verdorben rotten

der **Verein, -e** club, association; **Turn~** athletic club

vereinigen to unite; **wieder~** to reunite

die **Vereinigten Staaten (USA)** (*pl.*) = **die Staaten** (*coll.*) the United States (U.S.)

die **Vereinigung** unification; **die Wieder~** reunification

vereint united

vereinzelt solitary, single

die **Verfassung, -en** constitution; **das ~sgericht** Constitutional Court

jemanden verfehlen to miss s.o., fail to meet

Verflixt! Darn it!

verfolgen to persecute

der **Verfolgte (ein Verfolgter)** persecuted person

die **Verfügung: zur ~ stehen** to be at one's disposal, be available

die **Vergangenheit** past; past tense; simple past

vergeben* to forgive

vergehen* (ist) to pass (time); end

vergessen (vergisst), vergaß, vergessen to forget

der **Vergleich, -e** comparison

das **Vergnügen** pleasure

die **Vergnügung, -en** leisure time, entertainment; little pleasure, pastime

verhaften to arrest

sich **verhalten*** to behave

das **Verhalten (gegenüber +** *dat.*) behavior (toward); **die ~sregel, -n** rule of conduct

das **Verhältnis, -se** relationship, condition

verheiratet married

die **Verherrlichung** glorification

verhindern to prevent

verhungern (ist) to starve (to death)

die **Verkabelung** connection by cable

verkaufen to sell

der **Verkehr** traffic

das **Verkehrsmittel, -** means of transportation

verklagen to sue

sich **verkneifen, verkniff, verkniffen** to suppress; **sich den Schmerz ~** to suppress the pain

verkrampft tense

verlachen: jemanden ~ to make fun of s.o.

der **Verlag, -e** publisher, publishing company

das **Verlagswesen, -** publishing business/industry

verlangen to demand

das **Verlangen, -** desire

verlassen (verlässt), verließ, verlassen to leave

verlässlich reliable, certain

der **Verlauf, ⸚e** course, development (of s.th.)

sich **verlaufen*** to get lost

verlegen to transfer, relocate; to publish

die **Verleihung, -en (eines Preises)** awards ceremony

verletzen to hurt

sich **verlieben (in** + *acc.*) to fall in love (with)

verliebt (in + *acc.*) in love (with)

verlieren, verlor, verloren to lose; **verloren gehen*** to be lost

verlockend tempting

verloren lost; **~ gehen*** to be lost; **sich ~ vor·kommen*** to feel lost

vermeiden, vermied, vermieden to avoid

vermeintlich so-called

vermieten to rent out

der **Vermieter, -** landlord

vermissen to miss

vermitteln to help find

die **Vermutung, -en** assumption

vernachlässigen to neglect

verneinen to negate

die **Vernichtung** destruction

die **Vernunft** reason; common sense

veröffentlichen to publish

verreisen* (ist) to travel

die **Verringerung** reduction

verrückt (nach) crazy (about/for)

versäumen to miss

verschenken to give away

verschieden various, different

verschlechtern to deteriorate

verschlingen, verschlang, verschlungen to gulp down, devour

verschlossen closed, locked

verschmelzen, verschmolz, ist verschmolzen (mit) to melt together (with)

die **Verschmutzung** pollution

verschönern to beautify

verschwiegen discreet

verschwinden, verschwand, ist verschwunden to disappear

verschwitzt sweaty

verschwommen fuzzy

versichern to insure; **jemandem etwas ~** to assure s.o. of s.th.

die **Versicherung, -en** insurance

der **Versicherungsagent, -en, -en** insurance agent

der **Versicherungsvertreter, -** insurance representative

versinken* to sink (in)

die **Version, -en** version

versorgen to take care of

(sich) verspäten to be late

die **Verspätung** delay; **Der Zug hat ~.** The train is late.

versprechen* to promise

der **Versprecher, -** slip of the tongue

der **Verstand** reasoning, logic; common sense

verständlich understandable, comprehensible

verständnislos lacking empathy

verständnisvoll with understanding

verstecken to hide

verstehen* to understand; **Das verstehe ich nicht.** I don't understand (that).

versuchen to try

die **Verteidigung** defense

der **Vertrag, ⸚e** contract

vertragen* to stand, tolerate

vertrauen to trust

verträumt dreamy

vertreiben* to chase away

die **Vertreibung, -en** displacement

vertreten* to represent; **~ sein*** to be represented

der **Vertreter, -** representative

verwahrlost desolate

die **Verwahrlosung** desolation

die **Verwaltung, -en** administration; headquarters

verwandeln to change, transform; **sich ~** to change (into s.th. else)

verwandt related

der **Verwandte (ein Verwandter) / die Verwandte, -n, -n** relative

verwegen crude, unrefined

verweigern to refuse

verwenden to use, utilize

verwitwet widowed

verwöhnen to indulge, spoil; **sich ~ lassen*** to let o.s. be spoiled

verwöhnt entitled, spoiled

verworren convoluted

verwunden to wound

das **Verzeichnis, -se** index, catalog

verzeihen, verzieh, verziehen to forgive; **~ Sie (mir)!** Forgive me. Pardon (me)!

die **Verzeihung** pardon; **~!** Excuse me! Pardon me!; **um ~ bitten*** to ask for forgiveness

verzichten (**auf** + *acc.*) to do without (s.th.)

der Vetter, - (alternate form for male cousin)

das Video, -s video

der Videorekorder, - VCR

die Videothek, -en video store

viel- (mehr, meist-) much, many; **ganz schön ~** quite a bit; **so ~ ich weiß** as far as I know

die Vielfalt versatility

vielleicht perhaps

vielseitig versatile

vielsprachig multilingual

viereckig square

die Viersprachigkeit quadri-lingualism, speaking four languages

der Villenvorort, -e upscale suburb

die Vision, -en vision

vital energetic, vital

das Vitamin, -e vitamin

die Vitrine, -n display case

der Vogel, ⸚ bird

die Vokabel, -n (vocabulary) word

das Vokabular vocabulary

das Volk, ⸚er folk; people, nation

die Völkerkunde ethnology

die Volksherrschaft rule by the people

die Volkskammer (GDR) house of representatives

das Volkslied, -er folk song

der Volksmarsch, ⸚e group hiking event

der Volksmund vernacular, the people's language; **wie es im ~ heißt** as they say

der Volkspolizist, -en, -en = Vopo, -s member of the GDR militia

der Volksstamm, ⸚e ethnic group

der Volkswagen, - VW

die Volkswirtschaft (macro) economics

die Volkszählung, -en census

vollenden: etwas ~ to complete s.th.

vollends completely

der Volleyball, ⸚e volleyball

völlig fully, completely, totally

volljährig 21 years old

voll·laufen*: sich ~ lassen *(slang)* to get drunk

sich voll·saufen (säuft sich voll), soff sich voll, sich vollgesoffen to get drunk *(vulgar)*

vollständig complete(ly)

der Vollzeitstudent, -en, -en full-time student

das Volontariat, -e internship

von (+ *dat.*) of, from, by; **~ . . . bis** from . . . until; **vom . . . bis zum** from the . . . to the

vor (+ *acc.* / *dat.*) in front of, before; **~ allem** above all, mainly; **~ einer Woche** a week ago

vor- ahead, before

voran·kommen* to advance

der Vorarbeiter, - foreman

vorausgehend preceding

voraus·sehen* to foresee

die Voraussetzung, -en condition

vorbei- past, by

vorbei·bringen* to bring over

vorbei·fahren* to drive by, pass

vorbei·führen (**an** + *dat.*) to pass (by), guide along

vorbei·gehen* (**bei** + *dat.*) to pass by

vorbei·kommen* to come by, pass by

vorbei sein* to be over, finished

(sich) vor·bereiten (**auf** + *acc.*) to prepare (for)

die Vorbereitung, -en preparation

die Vorbeugung, -en prevention

das Vorbild, -er model

voreilig premature(ly)

die Vorfahren ancestors

die Vorfahrt right of way

vor·gehen* to proceed; **der Reihe nach ~** to proceed one after the other

der/die Vorgesetzte, -n (ein Vorgesetzter) superior, person in authority

vorgestern the day before yesterday

vor·haben* to plan (to), intend (to)

der Vorhang, ⸚e curtain

vorher ahead (of time), in advance; before, previously

vorhergehend preceding; **das ~e Wort** antecedent

vorhersehbar predictable

vor·kommen* (**in** + *dat.*) to appear (in); **Das kommt mir . . . vor.** That seems . . . to me.

das (flache) Vorland tidal flats

die Vorlesung, -en lecture, class (university); **~sverzeichnis** course catalog

die Vorliebe, -n liking, enthusiasm (for s.th.)

der Vormittag, -e (mid-)morning; **heute ~** this (mid-)morning

der Vorname, -ns, -n first name

vornehm sophisticated

der Vorort, -e suburb

die Vorschau preview

der Vorschlag, ⸚e suggestion

vorschlagen* to suggest

die Vorsicht: ~! Careful!

vorsichtig cautious

der/die Vorsitzende, - (ein Vorsitzender) leader, head (of an organization)

die Vorspeise, -n appetizer, hors d'oeuvre

vorspielen to play in front of (an audience)

vor·stellen to introduce; **Darf ich ~?** May I introduce?

sich vor·stellen to imagine; **ich stelle mir vor, dass . . .** I imagine that . . .

die Vorstellung, -en performance; idea

vor·tanzen to dance in front of (an audience)

der Vorteil, -e advantage

der Vortrag, ⸚e talk, speech, lecture

vor·tragen* to recite

das Vorurteil, -e prejudice

die Vorwahl, -en area code

vor·wärmen to preheat

der Vorwurf, ⸚e accusation; **jemandem einen Vorwurf machen** (**für** + *acc.*) to accuse

vor·ziehen* to prefer

W

die Waage, -n scale, Libra

das Wachs wax

wachsen (wächst), wuchs, ist gewachsen to grow; **zusammen·wachsen*** to grow together

das Wachstum growth

der Wächter, - guardian

die Waffe, -n weapon

die Waffel, -n waffle

wagen to dare

der Wagen, - car; railroad car

die Wahl choice, selection

wählen to choose; elect; select; **eine Nummer ~** to dial a number (on the phone) das **Wahlfach, -er** elective (subject)

das **Wahlrecht** right to vote

der **Wahlzettel, -** election ballot

der **Wahnsinn** insanity; **(Das ist ja) ~!** (That's) crazy/awesome/unbelievable!

wahnsinnig crazy, crazily

wahr true; **Das kann doch nicht ~ sein!** That can't be true!; **nicht ~?** isn't it?, doesn't he, etc.

während (+ *gen.*) during; while (*conj.*)

wahrlich (*poetic*) truly

wahr·nehmen* to notice, to realize

der **Wahrsager** fortune teller

wahrscheinlich probable, probably

die **Währung, -en** currency; **die ~sunion** currency union

der **Wald, -er** forest, woods

der **Walzer, -** waltz

die **Wand, -e** wall

die **Wanderausstellung, -en** traveling exhibitions

der **Wanderer, -** hiker

wandern (ist) to hike

der **Wanderweg, -e** (hiking) trail

wann? when?, at what time?

die **Ware, -n** goods, wares, merchandise

warm warm(ly)

die **Wärme** warmth

warnen (**vor** + *dat.*) to warn (against)

warten to wait; **~ auf** (+ *acc.*) to wait for; **Warten Sie!** Wait!

die **Wartungskosten** (*pl.*) maintenance costs

warum? why?

was? what?; **~ für (ein)?** what kind of (a)?; **~ für ein(e) . . . !** What a . . . !

das **Waschbecken, -** sink

die **Wäsche** laundry; **~ waschen*** to do the laundry

die **Waschecke, -n** corner reserved for washing

(sich) **waschen (wäscht), wusch, gewaschen** to wash (o.s.)

der **Waschlappen, -** washcloth (*fig., coll.* wimp)

die **Waschmaschine, -n** washing machine

das **Waschmittel, -** (washing) detergent

das **Wasser** water

der **Wassermann, -er** Aquarius

das **Watt(enmeer)** tidal flats

die **Webseite, -n** Web page

die **Website, -s** Web site

der **Wechsel** change

der **Wechselkurs, -e** exchange rate

wechseln to change, exchange, switch

die **Wechselstube, -n** exchange bureau

wecken to wake (s.o.) up

weder . . . noch neither . . . nor

weg away, gone

der **Weg, -e** way, path, trail; route; **nach dem ~ fragen** to ask for directions; **einen ~ einschlagen / den Weg (nach . . .) einschlagen** to take a turn (toward . . .); **den Weg versperren** to block the path

wegen (+ *gen.* or *dat.*) because of

weg·werfen* to throw away

der **Wehrdienst** military service

sich **wehren** to defend oneself

weh·tun* to hurt; **Mir tut (der Hals) weh.** My (throat) hurts. I have a sore throat.

weich soft

weichen, wich, ist gewichen to give way to

die **Weide, -n** willow

(das) **Weihnachten: Frohe/ Fröhliche ~!** Merry Christmas!; **zu ~** at / for Christmas

weil (*conj.*) because

die **Weile: eine ~** for a while

weilen (*poetic*) to stay, be

der **Wein, -e** wine; **herber ~** dry wine; **Qualitäts~** quality wine; **Qualitäts~ mit Prädikat** superior wine; **Tafel~** table wine

das **Weinanbaugebiet, -e** vinyard

der **Weinberg, -e** vineyard

weinrot wine-red

die **Weinstube, -n** wine cellar, tavern

die **Weintraube, -n** grape

weise wise

die **Weise: auf diese ~** (in) this way

der **Weise (ein Weiser) / die Weise, -n, -n** wise man / woman

weisen, wies, gewiesen to point

weiß white

weit far

die **Weite** distance; wide-open space(s)

weiter: und so ~ (usw.) and so on (etc.); **~ draußen** farther out; **Wie geht's ~?** How does it go on? What comes next?

weiter- additional

Weiteres additional words and phrases

weiter·fahren* (ist) to drive on, keep on driving; to continue the trip

weiter·geben* to pass on

weiter·gehen* (ist) to continue, go on

welch- which; **Welche Farbe hat... ?** What color is . . . ?

die **Welle, -n** wave

die **Welt, -en** world; **aus aller ~** from all over the world

weltberühmt world-famous

der **Weltkrieg, -e** world war

der **Weltschmerz** world-weariness

weltoffen cosmopolitan

wem? (to) whom?

wen? whom?

die **Wende** turn(ing)/change; the change of East Germany from a socialist country to a democracy and subsequent unification with West Germany.

wenden to turn

wenig- little (not much), few; **immer ~er** fewer and fewer

wenigstens at least

wenn (*conj.*) if, (when)ever; **selbst ~** even if

wer? who?; who(so)ever

die **Werbung** advertisement; advertising, marketing

werden (wird), wurde, ist geworden to become, get; **es wird dunkel** it's getting dark; **Ich will . . . ~.** I want to be a . . . .; **Was willst du ([ein]mal) ~?** What do you want to be (one day)?;

werfen, (wirft), warf, geworfen to throw; **weg·~** to throw away

die **Werft, -en** shipyard

das **Werk, -e** work; piece of music

der **Wert, -e** value; worth; **auf etwas ~ legen** to insist on s.th.; **Darauf lege ich viel ~.** That is very important to me.

wertvoll valuable

das **Wesen** essence; realm (when combined with another noun, e.g., **Verlagswesen**)

wessen? (+ *gen.*) whose?

der **Wessi, -s** (nickname) West German

die **Weste, -n** vest

der **Westen** West Germany; the West; **im ~** in the west

westlich von west of

die **Westmächte** (*pl.*) western Allies

der **Wettbewerb, -e** contest

das **Wetter** weather

wichtig important

wickeln (in + *acc.*) to wrap (into)

der **Widder, -** ram; Aries

der **Widerstand, ⸚e** resistance

widerstehen* (+ *dat.*) to withstand

der **Widerspruch, ⸚e** objection; contradiction; **ohne Widerspruch** without objection

widerwillig unwillingly, unenthusiastically, reluctantly

wie? how?; like, as; **so . . . ~** as . . . as; **~ bitte?** What did you say, please?; **~ gesagt** as I (you, etc.) said; **~ lange?** how long?; **~ sagt man . . . ?** How does one say . . . ?

wieder again; **immer ~** again and again, time and again; **schon ~** already again

der **Wiederaufbau** rebuilding, reconstruction

wieder auf·bauen to rebuild

die **Wiedergeburt** rebirth

wiederholen to repeat

die **Wiederholung, -en** repetition, review

wieder·hören to hear again; **Auf Wiederhören!** Goodbye. (on the phone)

wieder·kehren to return

wieder·sehen* to see again; **Auf Wiedersehen!** Goodbye

wieder·vereinigen to reunite

wiegen, wog, gewogen to weigh; **Lass es ~!** Have it weighed.

der **Wiener, -** the Viennese

Wieso (denn)? How come? Why?

wie viel? how much?

wie viele? how many?

wild wild(ly)

der **Wille, -ns, -n** will; **Wo ein ~ ist, ist auch ein Weg.** Where there's a will, there's a way.; **böser Wille** malice; **Es war kein böser Wille.** No bad intention.

willkommen sein* to be welcome

willkürlich at random

die **Wimper, -n** eyelash

der **Wind, -e** wind

windig windy

die **Windmühle, -n** wind mill

das **Windrad, ⸚er** propellor

windsurfen gehen* to go wind surfing

winken to wave (at s.o.)

der **Winter, -** winter; **im ~** in (the) winter

das **Winzerfest, -e** wine festival

der **Wipfel, -** tree top

wirklich real, genuine; really, indeed

die **Wirklichkeit, -en** reality

die **Wirtschaft, -en** economy

wirtschaftlich economical(ly)

die **Wirtschaftskrise, -n** economic crisis

die **Wirtschaftswissenschaft** economics; economic science

das **Wirtschaftswunder** economic boom (*lit.* miracle)

wissen (weiß), wusste, gewusst to know (a fact); **Ich weiß (nicht).** I (don't) know.; **so viel ich weiß** as far as I know

das **Wissen** knowledge

die **Wissenschaft, -en** science, academic discipline; scholarship; **Natur~** natural science(s)

der **Wissenschaftler, -** scientist, scholar

wissenschaftlich scientific(ally), scholarly

der **Witz, -e** joke; **Mach (doch) keine ~e!** Stop joking!

witzig witty, funny

wo? where?

woanders somewhere else

wobei where

die **Woche, -n** week; **diese ~** this week; **zwei ~n** for two weeks

das **Wochenende, -n** weekend; **am ~** on the weekend; **(Ein) schönes ~!** Have a nice weekend!

wochenlang for weeks

wöchentlich weekly

-wöchig weeks long

woher? from where?

wohin? where to?

wohl well; flavoring particle expressing probability; **sich ~ fühlen** to feel good, be comfortable

das **Wohlbefinden** well-being

wohlriechend fragrant

der **Wohlstand** affluence, wealth

die **Wohnanlage, -n** housing development

die **Wohngemeinschaft, -en = WG, -s** group sharing a place to live

wohnen to live, reside

das **Wohnsilo, -s** (*coll.*) (high-rise) apartment (cluster)

der **Wohnsitz, -e** residence

die **Wohnung, -en** apartment, flat

der **Wohnwagen, -** camper

das **Wohnzimmer, -** living room

der **Wolf, ⸚e** wolf

die **Wolke, -n** cloud

der **Wolkenkratzer, -** skyscraper

die **Wolle** wool

wollen (will), wollte, gewollt to want to

der **Wollhändler, -** wool merchant

das **Wort, -e** (connected) word; **mit anderen ~en** in other words

das **Wort, ⸚er** (individual) word; **vorhergehende ~** antecedent; **zusammengesetzte ~** compound noun

das **Wörtchen, -** little word

das **Wörterbuch, ⸚er** dictionary

der **Wortschatz** vocabulary

das **Wunder, -** wonder, miracle

wunderbar wonderful(ly)

sich **wundern** to be surprised; **~ Sie sich nicht!** Don't be surprised.

wunderschön very beautiful

der **Wunsch, ⸚e** wish; **~traum, ⸚e** ideal dream

(sich) **wünschen** to wish

die **Wurst, ⸚e** sausage; **Das ist (mir) doch ~!** I don't care.

das **Würstchen, -** wiener, hot dog

die **Wurzel, -n** root; **~ schlagen** to put down roots

würzen to season

wütend furious, enraged; angrily, in a rage

Z

zaghaft cautious(ly)

die **Zahl, -en** number

zählen to count

der **Zahn, ⸚e** tooth

die **Zange, -n** pliers

zart tender

zärtlich affectionate(ly)

die **Zärtlichkeit** affection

der **Zauber** magic (power)

der **Zauberspruch, ⸚e** magic spell

z. B. (zum Beispiel) e.g. (for example)

die **Zehe, -n** toe

das **Zeichen, -** signal, sign, indication

der **Zeichentrickfilm, -e** cartoon, animated film

die **Zeichnung, -en** drawing

der **Zeigefinger, -** index finger

zeigen to show

die **Zeile, -n** line

die **Zeit, -en** time; tense; ; . . . **aller Zeiten** . . . of all times; **die gute alte ~** the good old days;

die **Zeitform, -en** tense

der **Zeitgenosse, -n /** die **Zeitgenossin, -nen** contemporary

zeitgenössisch contemporary

zeitlos timeless

zeitraubend time-consuming

die **Zeitschrift, -en** magazine

die **Zeitung, -en** newspaper; **Wochen~** weekly newspaper

der **Zeitvertreib, -e** pastime

die **Zelle, -n** cell, booth

das **Zelt, -e** tent

zensieren to censor

zentral central(ly)

die **Zentralheizung** central heat

das **Zentrum, Zentren** center; **im ~** downtown

zerbersten to burst, explode

zerbomben to destroy by bombing

zerbrechen* to break

zerdrücken to mash

zerfallen* to decay

zerreißen* to tear apart

zerschlagen* to break, smash

zersplittern to split apart

zerstören to destroy

die **Zerstörung** destruction

das **Zerwürfnis, se** disagreement

das **Zeugnis, -se** report card

die **Ziege, -n** goat

ziehen, zog, gezogen to pull; to raise (vegetables, etc.)

ziehen, zog, ist gezogen to move (relocate)

das **Ziel, -e** goal, objective; target; destination

die **Zielvorstellung, -en** goal

ziemlich quite, fairly

die **Ziffer, -n** number

die **Zigeuner, -** gypsy

das **Zimmer, -** room

der **Zimmerkollege, -n, -n /** die **Zimmerkollegin, -nen** roommate

die **Zimmervermittlung** room-referral agency

zischen to fizz, to hiss

das **Zitat, -e** quote

zitieren to quote, cite

die **Zitrone, -n** lemon

die **Zitronenlimonade** carbonated lemonade

der **Zitronensaft, ¨e** lemonade

zittern to tremble, shake

zittrig shaky

der **Zivildienst** alternative to military service, e.g., in hospitals

zögerlich cautious(ly)

der **Zoll** customs; toll

die **Zone, -n** zone, area

der **Zoo, -s** zoo

der **Zorn** anger

zu (+ *dat.*) to, in the direction of, at, for (purpose); too; closed; (+ *inf.*) to; **~ mir** to my place

zu- closed

zu·bleiben* (ist) to stay closed

der **Zucker** sugar; **der Kandiszucker** rock sugar

zu·decken to cover

zuerst (at) first

zufrieden satisfied, content; with satisfaction

der **Zug, ¨e** train; procession; **mit dem ~ fahren*** to go by train

die **Zugabe, -n** encore

zugestehen, gestand zu, zugestanden to allow

zugleich at the same time, simultaneously

zugrunde gehen* to perish

zu·halten* to hold closed

das **Zuhause** home; **zu Hause sein** to be at home

zu·hören to listen; **Hören Sie gut zu!** Listen well/carefully.

der **Zuhörer, -** listener

die **Zukunft** future

zukunftsorientiert future-oriented

zuletzt last (of all); finally

zu·machen to close

zunehmend increasing(ly)

die **Zunge, -n** tongue

der **Zungenbrecher, -** tongue twister

zurück- back

zurück·bleiben* to stay behind

zurück·bringen* to bring back

zurück·fliegen* to fly back

zurück·geben* to give back, return

zurück·halten* to hold back

zurückhaltend reserved(ly), cautious(ly)

zurück·kommen* to come back, return

zurück·nehmen* to take back

zurück·sehen* to look back

zurück·treten* to resign

zurück·weichen* to withdraw

sich **zurück·ziehen*** to withdraw

zusammen together; **alle ~** all together; **~gewürfelt** thrown together

zusammen·arbeiten to work together, cooperate

der **Zusammenbruch** collapse

die **Zusammenfassung, -en** summary

die **Zusammengehörigkeit** affiliation; solidarity

der **Zusammenhang, ¨e** connection, context

sich **zusammen·schließen*** to unite, form a union

zusammen·wachsen* to grow together

das **Zusatzeinkommen, -** side income

der **Zuschauer, -** viewer, spectator; (*pl.*) audience

zu·schließen* to lock

zu·sehen* to watch; to see to it

der **Zustand, ¨e** conditions

zu·stimmen to agree

die **Zutat, -en** ingredient

zu·treffen* (**auf** + *acc.*) to be true for (s.o. / s.th)

zuverlässig reliable, reliably

die **Zuverlässigkeit** reliability

zuvor previously; **wie nie ~** as never before

die **Zuwanderung** immigration

etwas zuwege bringen to accomplish s.th.

jemandem etwas zuweisen to assign s.th. to s.o.

der **Zweifel, -** doubt

die **Zwiebel, -n** onion

der **Zwilling, -e** twin; Gemini

zwingen, zwang, gezwungen to force

zwischen (+ *acc./dat.*) between; **in~** in the meantime; **~durch** in between

die **Zwischenlandung, -en** stopover

die **Zwischenzeit** time in between; **in der ~** in the meantime, meanwhile

Index

Deutschland

DEUTSCHE
DEMOKRATISCHE
REPUBLIK

BUNDESREPUBLIK
DEUTSCHLAND

DÄNEMARK

Sylt

Nordfriesische Inseln

Flensburg

SCHLESWIG-
HOLSTEIN

Puttgarden

Fehmarn

Husum   Kiel ★

Neumünster

Lübeck

Bad Segeberg

Rügen   Ostsee

Stralsund

Rostock   Greifswald

Wismar   MECKLENBURG-
VORPOMMERN

Schwerin   Neubrandenburg

Nordsee

Helgoland

Ostfriesische Inseln

Emden

Westerstede   Elsfleth

Oldenburg

Bremerhaven

HAMBURG ★

Hamburg ★
Reinbek

Müritz

Prenzlau

Schwedt

BREMEN

Bremen

Lüneburg

LÜNEBURGER
HEIDE

die Elbe

die Oder   POLEN

die Havel

Wittenberge

NIEDERSACHSEN

die Weser

Celle

Hannover ★

Wolfsburg

Braunschweig

Hildesheim

Hameln

Salzwedel

Stendal

Magdeburg ★

Berlin ★ Berlin

Potsdam   Frankfurt
(Oder)

BRANDENBURG   die Oder

NIEDERLANDE

Münster   Bielefeld

Osnabrück

Detmold

HARZ

Göttingen

SACHSEN-ANHALT

Halberstadt

Wernigerode   Dessau

Eisleben   Halle

Wittenberg

Cottbus

die Spree   die Neiße

NORDRHEIN-
WESTFALEN

Gelsenkirchen
Dortmund
Essen   Bochum
Duisburg
★ Düsseldorf

die Ruhr

Kassel

Mühlhausen

Sondershausen

Wurzen
Leipzig

Meißen

Bautzen

SACHSEN

Dresden ★

Köln
Bergisch-Gladbach

Aachen   Donrath
Bonn ★

der Rhein

WESTERWALD

Marburg

Giessen

Eisenach
Weimar   Jena
Erfurt   Gera   Zwickau
THÜRINGEN   Rudolstadt
THÜRINGER WALD

Chemnitz

Plauen   ERZGEBIRGE

die Elbe

BELGIEN

EIFEL

Koblenz

RHEINLAND-
Bacharach
Bingen ★ Mainz

Wiesbaden

Frankfurt a. M.

Fulda

HESSEN

Suhl

der Main

Bayreuth

Bamberg

Würzburg

Ochsenfurth

Erlangen

Nürnberg

TSCHECHISCHE
REPUBLIK

LUXEMBURG

die Mosel

PFALZ

Trier

Kaiserslautern
Worms

Mannheim
Heidelberg

Weinheim

Rothenburg

Ansbach

BAYERN

Regensburg

BAYERISCHER WALD

SAARLAND

★ Saarbrücken

der Neckar

Karlsruhe

Baden-Baden   ★ Stuttgart

die Donau

Augsburg

München ★

der Inn

die Isar

Passau

die Donau

FRANKREICH

SCHWARZWALD

Tübingen

BADEN-WÜRTTEMBERG   Ulm

Freiburg
Bad Krozingen

der Rhein

Konstanz

Bodensee

Kaufbeuren

Starnberger
See

Tegernsee   Chiemsee

BAYERISCHE ALPEN

Berchtesgaden

ÖSTERREICH

LIECHTENSTEIN

SCHWEIZ

der Inn

Garmisch-Partenkirchen

| 0 | 50 | 100 | 150 km |
| 0 | | 50 | 100 mi |

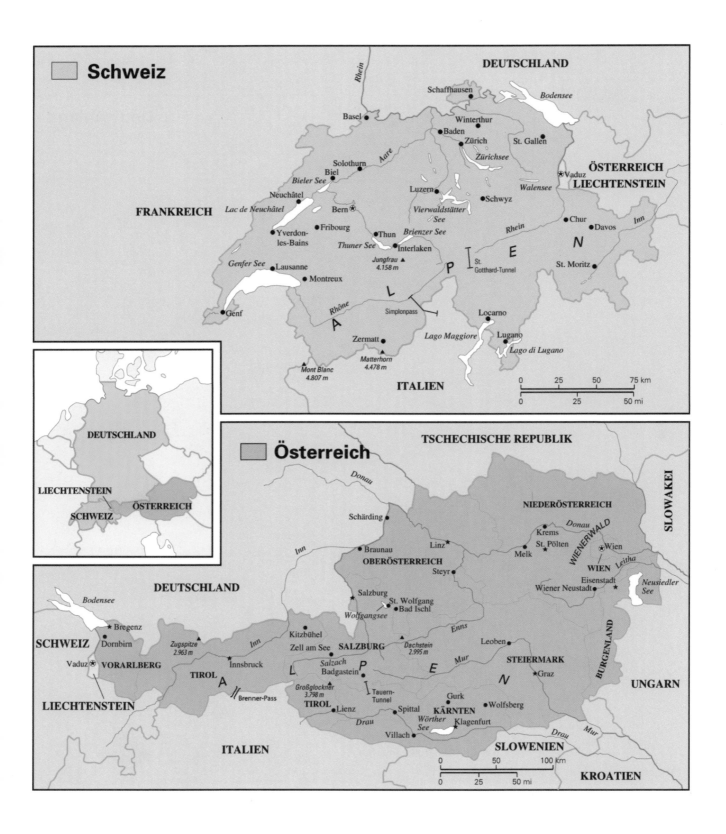